Hochschul
Verlag

Einführung in die linguistische Aphasiologie

Theorie und Praxis

Herausgegeben von
Gerhard Blanken

Studienausgabe

HochschulVerlag

Die Deutsche Bibliothek – CIP-Einheitsaufnahme

Einführung in die linguistische Aphasiologie : Theorie und Praxis / hrsg. von Gerhard Blanken. – Studienausg. – Freiburg (Breisgau) : Hochschul-Verl., 1991

ISBN 3-8107-5055-7

NE: Blanken, Gerhard [Hrsg.]

Inhalt

Die Autoren

Gerhard Blanken
Neurologische Klinik der Albert-Ludwigs-Universität Freiburg i. Br.
Hansastraße 9, D-7800 Freiburg i. Br.

Ria De Bleser
Neurologische Klinik der Medizinischen Fakultät
Klinikum der RWTH Aachen
Pauwelsstraße, D-5100 Aachen

Jürgen Dittmann
Institut für Deutsche Sprache und Ältere Literatur
Albert-Ludwigs-Universität Freiburg i. Br.
Werthmannplatz, D-7800 Freiburg i. Br.

Manfred Herrmann
Abteilung für Rehabilitationspsychologie
Albert-Ludwigs-Universität Freiburg i. Br.
Belfortstraße 16, D-7800 Freiburg i. Br.

Annelie Kotten
Abteilung für Neuropsychologie
Fachklinik Bad Heilbrunn
Wörnerweg 30, D-8173 Bad Heilbrunn

Klaus-Jürgen Schlenck
Abteilung für Neurologie und Neuropsychologie
Fachklinik Enzensberg
Höhenstraße 56, D-8958 Hopfen am See

Heinz Karl Stark
Ludwig Boltzmann Gesellschaft, Institut für Hirnkreislaufforschung
Neurologisches Krankenhaus »Rosenhügel«, A-1130 Wien

Jacqueline A. Stark
Kommission für Linguistik und Kommunikationsforschung
Österreichische Akademie der Wissenschaften
Kegelgasse 27, A-1030 Wien

Jürgen Tesak
Interdisziplinäre Forschungsgruppe »Neurolinguistik und Sprachpathologie« am Deutschen Seminar der Albert-Ludwigs-Universität Freiburg i. Br. Werthmannplatz, D-7800 Freiburg i. Br.

Wolfram Ziegler
Entwicklungsgruppe Klinische Neuropsychologie
Städtisches Krankenhaus München-Bogenhausen
Dachauer Straße 164, D-8000 München 50

1. Einleitung

Was will und was tut die linguistische Aphasiologie? Eine Einführung am Beispiel der lexikalischen Verarbeitung

Gerhard Blanken
Neurologische Klinik der Universität Freiburg

Linguistische Aphasiologie – was ist das?

Die »Neurolinguistik« beziehungsweise die »Neuropsychologie der Sprache« ist ein interdisziplinäres Wissenschaftsgebiet, das sich historisch aus der neurologischen Aphasielehre unter anwachsender Hinzuziehung psychologischer und linguistischer Kenntnisse entwickelt hat. Wie das Kompositum schon zu erkennen gibt, geht es in der Neurolinguistik um die Erforschung der Beziehungen zwischen Sprache und den relevanten Anteilen des Nervensystems, die der Sprache beziehungsweise Sprachverarbeitung zugrunde liegen. Ganz eindeutig stehen hier Untersuchungen zum Sprachverhalten von Menschen mit Hirnschädigungen im Mittelpunkt. Prinzipiell gehören jedoch auch Untersuchungen zur Sprache/Gehirn-Beziehung bei gesunden Probanden in den Bereich der Neurolinguistik (vgl. zum Beispiel Studien mit Blutfluß-Messungen, zum Beispiel Wallesch, Henriksen, Kornhuber & Paulson, 1985). Hierin unterscheidet sich die Neurolinguistik von der ihr verwandten »Patholinguistik« (vgl. Peuser, 1978). Letztere beschäftigt sich mit allen Störungen der Sprache und des Sprechens, einschließlich nicht-organisch bedingter Fehlleistungen (zum Beispiel Versprechern). Die sogenannte »Klinische Linguistik« wiederum unterscheidet sich von der Neuro- und Patholinguistik durch ihre im Vordergrund stehende anwendungsbezogene Komponente in Diagnose und Therapie (vgl. Crystal, 1984).

Innerhalb der Neurolinguistik lassen sich grob drei Unterbereiche unterscheiden, die sich trotz ihrer gegenseitigen Bezüge als unterschiedliche Schwerpunkte herausgebildet haben:

1. Die hirnanatomische Lokalisation sprachlicher Funktionen und die physiologischen Grundlagen sprachlicher Prozesse. Die Fragen nach der Lokalisation und der nervlichen »Hardware« sprachlicher Fähigkeiten war bestimmend gewesen für die Anfänge der klinischen Aphasiologie im letzten Jahrhundert (vgl. insbesondere die Arbeiten von P. Broca und C. Wernicke; vgl. den Überblick in

Wallesch, 1988) und ist bis in die Gegenwart ein wichtiger Forschungsbereich der Neurolinguistik geblieben. Im Unterschied zu den früheren Post-mortem-Untersuchungen können heute auch am lebenden Menschen Blutfluß- beziehungsweise Stoffwechselveränderungen des Gehirns durch moderne bildgebende Verfahren sichtbar gemacht werden und bei der Lokalisierung von Hirnverletzungen eingesetzt werden.

2. Die klinisch-diagnostische Einteilung von Patienten mit neurogenen Sprachstörungen in Gruppen beziehungsweise Syndrome mit Hilfe von geeigneten Test- und Prüfverfahren. Die Tatsache, daß aphasische Störungen zum einen in sehr unterschiedlicher Form und zum anderen häufig in bestimmten wiederkehrenden Symptomkombinationen auftreten, hatte sehr frühzeitig dazu geführt, aphasische Störungsformen als Syndrome aufzufassen und Taxonomien der Störungsformen zu entwickeln, die auf der Lokalisation der Hirnverletzung und/oder Verhaltenssymptomen beruhen. Auch das von der Aachener Gruppe entwickelte Klassifikationssystem geht bei den sogenannten Standardsyndromen (globale, Wernicke-, Broca- und amnestische Aphasie) neben linguistischen Kriterien von einer differentiellen lokalisatorischen Basis aus (vgl. Huber, Poeck & Weniger, 1989). Für den deutschen Sprachraum liegt mit dem Aachener Aphasie-Test (AAT; Huber, Poeck, Weniger & Willmes, 1983) ein psychometrisch abgesicherter Aphasietest vor, der unter anderem bei der Patientenklassifikation benutzt werden kann.

3. Die linguistische Beschreibung der Symptome neurogener Sprachstörungen und ihre Einordnung in Modelle normaler Sprachverarbeitung. Ziel dieses dritten Unterbereiches der Neurolinguistik ist es, eine Beziehung herzustellen zwischen linguistischen und psycholinguistischen Theorien auf der einen Seite und pathologischen Sprachverhaltensmustern, die durch Hirnschädigungen bedingt sind, auf der anderen Seite. Dieser Teilbereich der Neurolinguistik unterhält besonders enge Verbindungen zur Psycholinguistik beziehungsweise zu kognitiven Theorien der Sprachprozessierung in Mensch und Computer.

Dieser dritte Bereich der Neurolinguistik bildet den Gegenstand des vorliegenden Sammelbandes. Der Forschungsstand in diesem Bereich läßt erkennen, daß die psycholinguistisch orientierte Neurolinguistik in den letzten Jahren, insbesondere in Nordamerika und in England, eine Fülle von empirischen Ergebnissen und theoretischen Reflexionen hervorgebracht hat. Nicht zuletzt wird in jüngster Zeit zunehmend erkannt, daß sowohl die Erforschung der Grundlagen als auch die Planung von Aphasietherapien im Rückbezug auf psycholinguistische Theorien verbessert werden können (vgl. hierzu zum Beispiel de Partz, 1986; Lesser, 1987; Hanke, 1987; Johannsen-Horbach & Wallesch, 1988; Kotten, in diesem Band).

Der Bereich 3 kann noch einmal in zwei Abteilungen mit unterschiedlichen Interessen aufgeteilt werden: in den Bereich der »linguistischen Aphasiologie« und den Bereich der »kognitiven Neurolinguistik«. In Einengung der von Caplan (1987) gegebenen Bestimmung soll die linguistische Aphasiologie dadurch gekennzeichnet sein, daß die Aphasien hier wesentlich unter Rückgriff auf ein schon bestehendes linguistisches beziehungsweise psycholinguistisches Wissen (zum Beispiel Konzepte, Hypothesen, Theorien) analysiert werden, das heißt, die linguistische Aphasiologie versucht, externes theoretisches Wissen nutzbar zu machen oder anzuwenden bei ihrer Bemühung, aphasisches Sprachverhalten zu analysieren. Hier arbeiten also Linguistik und Psycholinguistik mit ihren Theorieangeboten der Neurolinguistik zu.

Hingegen will die kognitive Neurolinguistik selbst einen theoretischen Beitrag für die kognitive Erforschung der intakten Sprachfunktionen liefern. Sie versucht, über den Weg der Analyse pathologisch gestörter Sprache die normalen kognitiven Mechanismen der Sprachverarbeitung freizulegen und zu beschreiben. Vertreter der kognitiven Neurolinguistik teilen die Überzeugung, daß die Muster gestörten und verschonten Sprachverhaltens, die bei hirnverletzten Patienten beobachtet werden können, Rückschlüsse zulassen auf die kognitive Organisation des intakten mentalen Sprachapparates (vgl. Blanken, 1988a und die dort angegebene Literatur). Hier profitieren also Linguistik und Psycholinguistik von neurolinguistischen Forschungen.

Alle Beiträge dieses Bandes haben gemeinsam, daß ihre Autoren sich auf Theorien und Modellvorstellungen aus Linguistik oder Psycholinguistik beziehen und dieses Wissen in der Analyse aphasischer Sprachstörungen anwenden, mithin linguistische Aphasiologie betreiben. In vielen Fällen dürften die dargestellten Ergebnisse über die Aphasieforschung hinaus auch für eine systematische kognitive Wissenschaft von Interesse sein.

Aphasieforschung und -therapie mit den Mitteln der Linguistik und Psycholinguistik zu betreiben, hat sich in den letzten beiden Jahrzehnten zu einer der wichtigsten Richtungen, wenn nicht der dominierenden Richtung in der Aphasiologie entwickelt. Dieses Buch will eine möglichst umfassende und allgemeinverständliche Einführung in die aktuellen Fragestellungen und Entwicklungen dieser Forschungsrichtung geben.

Die meisten Beiträge dieses Sammelbandes widmen sich den aphasischen Störungen auf unterschiedlichen Ebenen der Sprachverarbeitung. Die sprechapraktischen Störungen werden in einem eigenen Kapitel dargestellt. Zwei Beiträge behandeln die spezifischen Störungen der Schriftsprachverarbeitung (Alexien/Agraphien). Darüber hinaus werden die nonverbalen Kommunikationsmöglichkeiten aphasischer Patienten beschrieben. Das Schlußkapitel gibt eine Einführung in aktuelle Entwicklungen neurolinguistisch orientierter Aphasietherapie.

Im weiteren Verlauf dieses Einleitungskapitels werden zunächst einige wichtige psycholinguistische Modelle der Sprachverarbeitung vorgestellt. Anschließend soll am Beispiel der lexikalischen Verarbeitung gezeigt werden, wie aus der Konfrontation aphasischer Symptome (zum Beispiel semantischer und formaler Paraphasien) mit psycholinguistischen Sprachverarbeitungsmodellen Hypothesen über die Entstehung der spezifischen Fehlleistungsmuster formuliert werden können, Hypothesen, die nicht nur im Sinne der Grundlagenforschung unser Wissen über die aphasischen Störungen erweitern, sondern auch bei einer symptomorientierten Sprachtherapie eine wesentliche Rolle spielen können.

Kognitive Modelle der normalen Sprachverarbeitung

Modelle mit serieller Informationsverarbeitung

Abbildung 1 zeigt ein einfaches serielles Modell der Einzelwortproduktion (nach Ellis, 1985). Es wird hier angenommen, daß die intendierte Äußerung zunächst semantisch spezifiziert wird (»Conceptual Semantic System«), dann die Wortform als Einheit im phonologischen Ausgangslexikon (»Speech Output Lexicon«) aktiviert wird und anschließend auf der Ebene kleinteiliger Segmente (»Phoneme Level«) sozusagen ausbuchstabiert wird. Die auf den Sprechvorgang beziehungsweise die Artikulation bezogenen Prozesse werden mit dem Ausdruck »Speech« zusammengefaßt. Das Modell wird als »seriell« bezeichnet, weil die Prozesse der einzelnen Verarbeitungsstufen oder -komponenten in einer festen Reihenfolge (Serie) – und zwar von oben nach unten – angeordnet sind (wie die Pfeile zwischen den Boxen zeigen).

Dieses Wortproduktionsmodell ist in sehr ähnlicher Weise auch im sogenannten Logogen-Modell von J. Morton enthalten (zum Beispiel Morton, 1979, 1980, 1981; vgl. auch Kremin & Ohlendorf, 1988). In zwei Punkten unterscheiden sich die beiden Modellvorstellungen. Bestandteil der Logogen-Theorie ist die Annahme, daß die Einheiten des Output-Lexikons nur dann »abgefeuert« werden können, wenn sie eine ge-

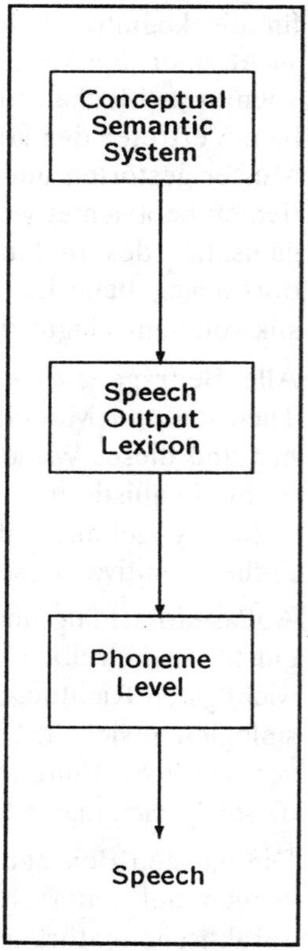

Abbildung 1
Ein einfaches serielles Modell der Einzelwortproduktion (nach Ellis, 1985)

nau definierte Höhe der Aktivierung (sogenannter »Schwellenwert«) überschritten haben. Nach Ellis existiert ein solcher Ja/Nein-Schwellenwert nicht, sondern die Einträge des Lexikons können auch bei unzureichender Aktivierung, dann allerdings in phonematisch fehlerhafter Weise produziert werden. Ellis verfolgt hier Annahmen der sogenannten Interaktiven Aktivationstheorie (siehe dazu unten). Ein zweiter Unterschied betrifft die Phonem-Ebene. Dies ist für Ellis die Komponente, die für die phonematisch-segmentale Verarbeitung verantwortlich ist. Ein solcher Ort war in den frühen Versionen des Logogen-Modells nicht vorgesehen. Morton nahm an, daß die im Lexikon aktivierten Wortformen (oder Output-Logogene) in einen phonologischen Arbeitsspeicher (»response buffer«) gefüttert würden, wo sie für eine kurze Zeit dem Sprecher zur Verfügung gehalten würden. Die meisten Vertreter des Logogen-Modells gehen jetzt jedoch von einem Zwitterstatus dieses Arbeitsspeichers aus, das heißt, daß hier sowohl eine phonematische Verarbeitung (zum Beispiel bei der Produktion von Nonsenswörtern) als auch eine kurzfristige Speicherung phonologischen Materials stattfindet.

Im Unterschied zu dem Wortproduktionsmodell von Ellis (1985) ist das Logogen-Modell ein multi-modales Modell der Sprachverarbeitung (vgl. jedoch auch das multi-modale Modell von Ellis, 1982). Es wurde in der Neurolinguistik insbesondere zur Beschreibung der Lese- und Schreibperformanz alektischer beziehungsweise agraphischer Patienten angewendet, aber auch zum Beispiel bei Störungen des Nachsprechens (vgl. zum Beispiel Michel, 1979). Das Modell beschränkt sich auf die Abbildung der Einzelwortverarbeitung. Im Mittelpunkt steht die Annahme der Existenz relativ separater Verarbeitungsroutinen (dargestellt mit Hilfe von Pfeilen und Kästchen), die jeweils eine unterschiedlich »tiefe« (segmentale, lexikalische oder semantische) Verarbeitung erlauben. Wie die Pfeile zeigen, wurde das Logogen-Modell überwiegend als ein serielles Modell konzipiert. Ausnahmen bilden zugelassene Interaktionen zwischen den Input-Lexika und dem »Cognitive System« (vgl. Abbildung 2).

Neben dem Logogen-Modell hat das psycholinguistische Satzproduktionsmodell von Garrett starken Einfluß auf die linguistische Aphasiologie ausgeübt. Garrett selbst hat in zwei Arbeiten (1982, 1984) aphasiologische Daten im Rahmen seiner Modellhypothese ausführlich diskutiert und damit sein Modell als ein einheitliches Bezugssystem für die psycho- und neurolinguistische Erforschung der Satzproduktion angeboten. In Fortführung seiner Überlegungen diskutierte Schwartz (1987) die unterschiedlichen Sprachdefizite bei Broca- und Wernicke-Aphasie und plädierte für eine Klassifikation aphasischer Sprachstörungen auf der Grundlage psycholinguistischer Theorien. Weiterhin hat Garretts Hypothese von der Existenz zweier Vokabulartypen (nämlich der »offenen Klasse«, zum Beispiel Nomina und Verben, und der »geschlossenen Klas-

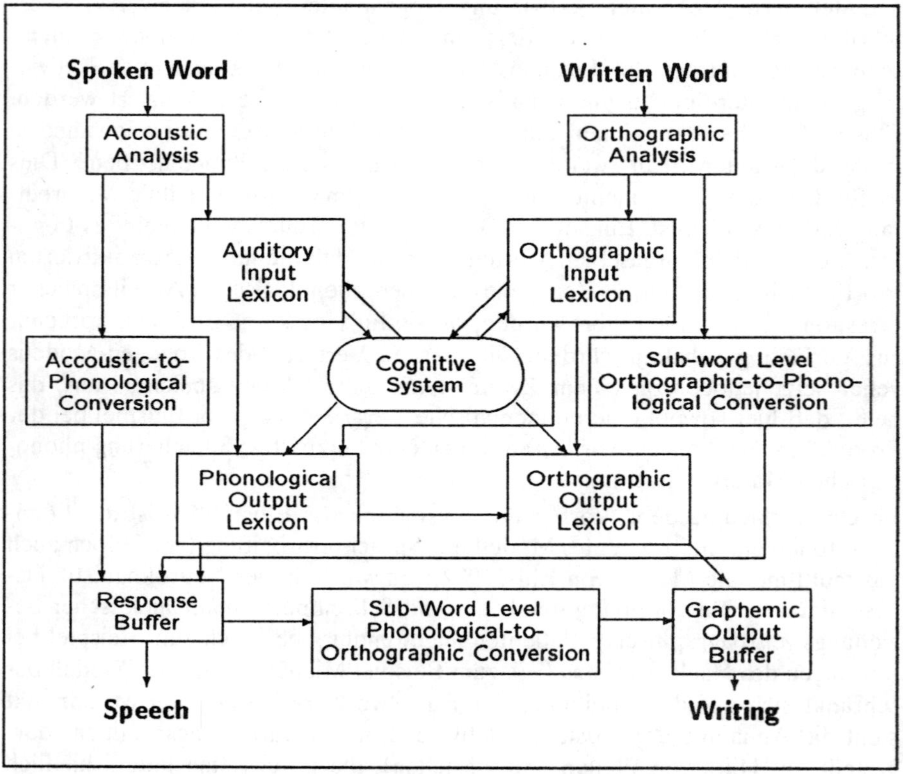

Abbildung 2 Das Logogen-Modell (nach Patterson & Shewell, 1987)

se«, zum Beispiel Konjunktionen und Artikel) und deren unterschiedlichen Funktion im Satzbildungsprozeß zu einer Reihe von neurolinguistischen Experimenten Anlaß gegeben (vgl. zum Beispiel Bradley, Garrett & Zurif, 1980; Friederici, 1984, 1987). Schließlich wurden auch detaillierte Erklärungsansätze für die Produktion phonematischer Paraphasien und neologistischen Jargons auf der Grundlage des Garrett-Modells entwickelt (vgl. Buckingham, zum Beispiel 1987).

Abbildung 3 zeigt Ausschnitte aus dem Garrett-Modell. Wie der Output-Prozeß im Logogen-Modell läuft auch hier der Verarbeitungsprozeß über verschiedene Ebenen beziehungsweise Stufen nur in einer Richtung. Wie aus der Graphik deutlich wird, geht es in Garretts Modell wesentlich um die Integration lexikalischer und syntaktischer Aspekte in der Satzplanung.

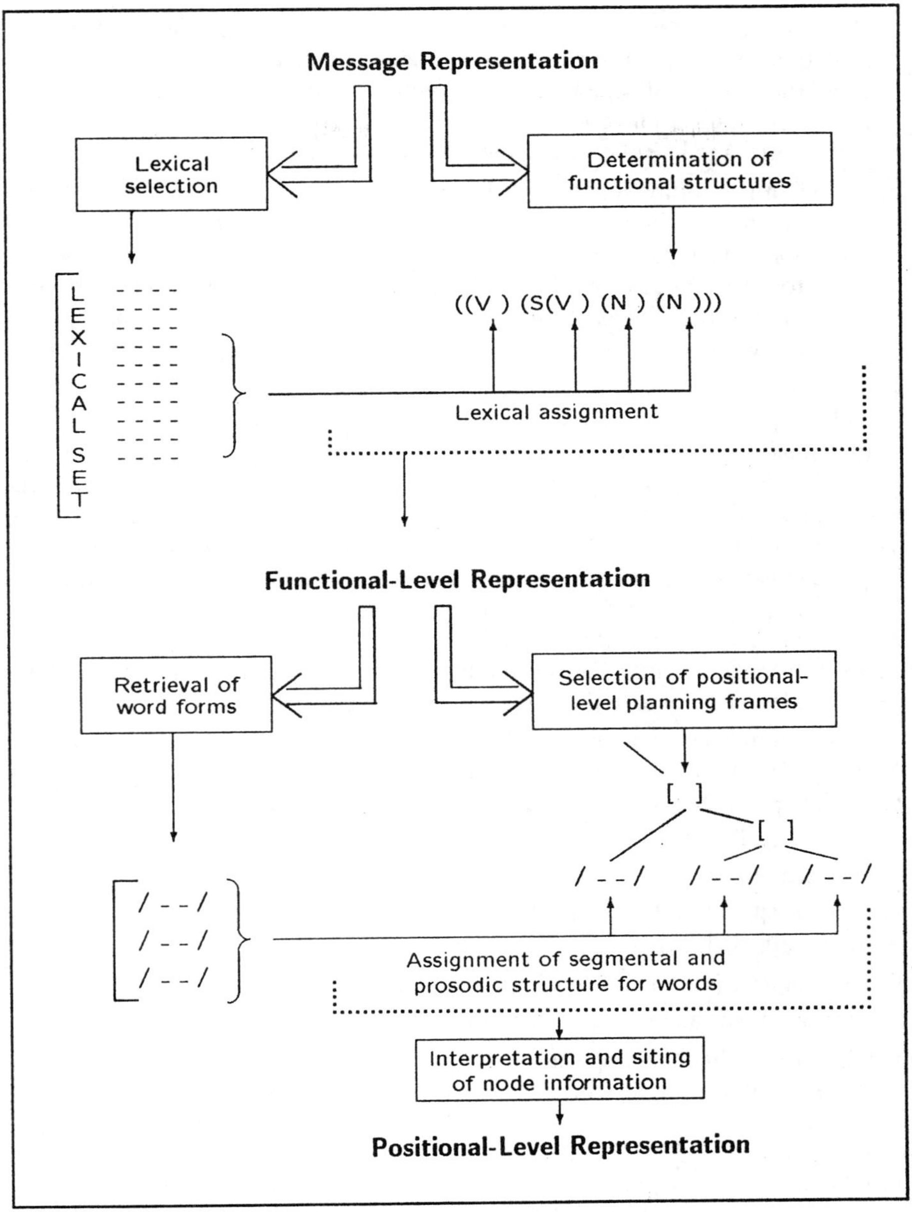

Abbildung 3 Ausschnitt aus dem Satzproduktionsmodell von M. F. Garrett
(Graphik nach Garrett, 1990)

a) Zwischen der »Message Representation« und der »Functional-Level Representation« werden die lexikalischen Bedeutungen inhaltstragender Wörter spezifiziert (»lexical selection«) und anschließend in logisch-funktionale Argumentstrukturen eingesetzt (hier wird zum Beispiel entschieden, welches Nomen die Agent-Rolle oder Objekt-Rolle übernimmt).

b) Zwischen der »Functional-Level Representation« und der »Positional-Level Representation« findet eine Vielzahl von Prozessen statt. So wird hier die phonologische Form der inhaltstragenden Wörter spezifiziert (»retrieval of word forms«). Ebenso wird hier die gesamte morphosyntaktische Oberflächenstruktur des Satzes festgelegt (mit der endgültigen Wortfolge, allen Funktionswörtern (zum Beispiel Artikeln) und morphologischen Markierungen (zum Beispiel Verbflexion)).

Serielle Theorien konzipieren die verschiedenen Komponenten beziehungsweise Ebenen als *autonome* Prozessoren der Sprachverarbeitung, das heißt zum Beispiel, daß die formbezogenen (phonematischen) Prozesse völlig unabhängig von semantischen Prozessen erfolgen. Zwar gibt die Semantik den Anstoß zur Wortformsuche, kann dann aber bei der Wortformspezifikation keine Hilfestellung mehr geben. Umgekehrt können phonologische Prozesse keinen direkten Einfluß auf semantische Entscheidungen ausüben. Bei einer autonomen Konzeption sind die Komponenten also allein über ihre Eingaben (Input) und Ausgaben (Output) miteinander verbunden. Es besteht jedoch keine Verbindung zwischen den komponenteninternen Verarbeitungsprozessen.

Komponenten, die als autonome Prozessoren modelliert werden, weisen eine Nähe zu Eigenschaften von »kognitiven Modulen« auf, wie Fodor (1983)[1] sie beschrieben hat. Nach Fodor sind Module in ihrer Informationsverarbeitung:

- hochspezialisiert
- sehr schnell
- bereichsspezifisch festgelegt (lokal)
- quasi-reflexhaft organisiert (»mandatory«)
- eingekapselt (»informationally encapsulated«)
- verbunden mit einer fixierten nervlichen Hardware.

Die überwiegende Zahl linguistisch-aphasiologischer Arbeiten ist vor dem theoretischen Hintergrund der Serialitäts- und Modularitätsannahme entstanden.

---

1 Es ist zu beachten, daß Fodor (1983) nicht einzelne Komponenten der Sprachverarbeitung im Auge hatte, sondern kognitive »Fähigkeiten« zum Beispiel des visuellen Systems (Farbwahrnehmung, Gestaltanalyse, Analyse dreidimensionaler räumlicher Relationen) und bei der Sprachverarbeitung die Sprachperzeption als Ganzes.

Modelle mit interaktiver Informationsverarbeitung

Vertreter der Interaktiven Aktivationstheorie beziehungsweise des sogenannten Konnektionismus gehen meist von folgenden Grundannahmen aus:

- Die Sprachverarbeitung findet in Netzwerken statt (mit Knoten (Einheiten) und Kanten (Verbindungen));
- Die Netze entsprechen unterschiedlichen Ebenen (zum Beispiel semantische Ebene, Wort- beziehungsweise Morphemebene, Phonemebene);
- Die Ebenen bilden eine hierarchische Struktur;
- Die Ebenen können parallel aktiviert werden;
- Angrenzende Ebenen interagieren miteinander (einige Autoren plädieren für die Möglichkeit auch nichtlokaler Interaktion);
- Die Informationsverarbeitung erfolgt durch die Aktivierung der Netze beziehungsweise Ebenen;
- Die Aktivierung breitet sich über die Kanten und Knoten im Netzwerk in alle Richtungen hin aus (»spreading activation«);
- Neben der positiven Aktivierung existiert die Möglichkeit der negativen Aktivierung (Inhibition);
- Die Knoten (Einheiten, zum Beispiel Wörter, Phoneme) sind graduell aktivierbar (bis zur maximalen beziehungsweise Vollaktivation);
- Die Knoten mit den höchsten Aktivierungsniveaus setzen sich am stärksten durch und geben ihre Aktivierung über die Kanten weiter;
- Die Knoten besitzen unterschiedliche Aktivationsniveaus im Ruhezustand (»resting level of activation«), die wesentlich von ihrer Verwendungsfrequenz abhängen.

Die Interaktive Aktivationstheorie hat ihren Ursprung in der Lese- beziehungsweise Buchstaben-/Worterkennungsforschung. Eine von vielen Fragen auf diesem Gebiet war, warum wir zum Beispiel so große Probleme haben, Tippfehler in Typoskripten zu finden. Die Antwort im Rahmen der Interaktiven Aktivationstheorie lautet, daß die perzeptiven Prozesse nicht seriell organisiert sind (das heißt, daß wir nach einer Merkmalsanalyse nicht zunächst die Buchstaben entdecken und anschließend die Wörter und deren Bedeutungen), sondern daß das Wissen um die Buchstaben und die Wörter gleichzeitig über das Ergebnis des Leseprozesses entscheiden. Dieser Theorie zufolge sind beim Lesen die Buchstabenebene und die Wortebene »parallel« aktiviert, und beide Ebenen können sich gegenseitig beeinflussen. Ein Modell, das sowohl Bottom-up als auch Top-down-Prozesse (oder Feedforward und Feedback) zuläßt, wird als »interaktiv« bezeichnet (vgl. McClelland & Rumelhart, 1981; Rumelhart & McClelland, 1982).

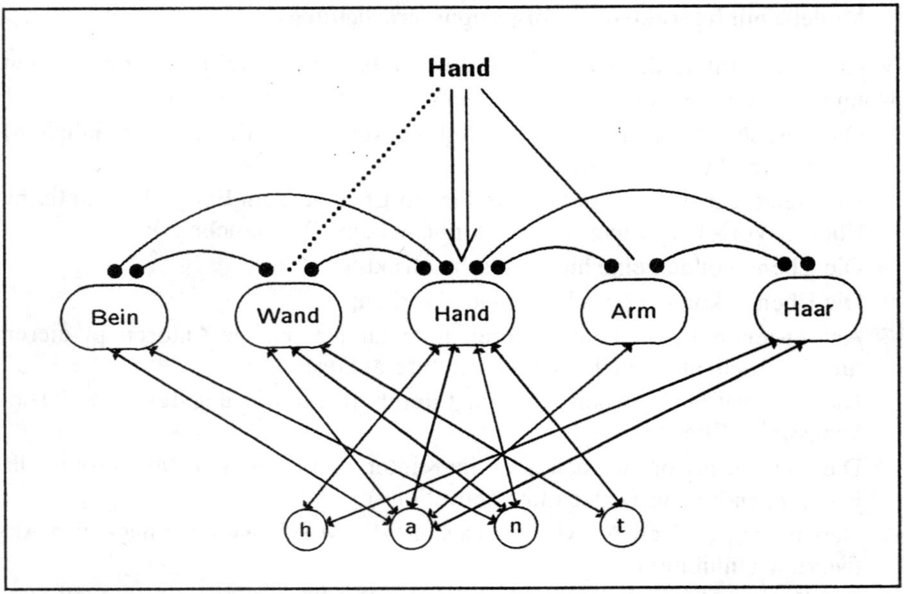

Abbildung 4 **Die Graphik zeigt drei Ebenen des Modells (semantische, lexikalische, Phonem-Ebene). Die Pfeile stehen für aktivierende Verbindungen. Die Verbindungen mit den punktförmigen Enden üben eine hemmende Funktion aus. (In Anlehnung an Stemberger, 1985).**

Auch für die Modellierung der mündlichen Sprachproduktion sind Interaktive Aktivationstheorien angewendet worden. Abbildung 4 zeigt einen Ausschnitt aus dem Modell von Stemberger (1985), nämlich die Interaktionen zwischen der Phonem-Ebene und der Wort- beziehungsweise Morphem-Ebene.

Der Streit zwischen Anhängern der Modularitäts- und der Interaktionshypothese wird gegenwärtig heftig ausgefochten. Trotz vieler ungelöster Fragen scheint die Interaktionstheorie in bestimmten Ausschnitten der kognitiven Architektur an Boden zu gewinnen. Hierzu gehört insbesondere der Bereich der lexikalischen und phonematischen Verarbeitung.

Dells Untersuchungen zu spontanen und experimentell induzierten Versprechern (siehe Dell, 1988 für einen zusammenfassenden Überblick; vgl. auch Berg, 1988) erbrachten eine Reihe von Befunden, die unter der Interaktionsannahme eine natürliche Erklärung finden. Zu seinen Ergebnissen gehören:

a) die überzufällige Neigung von Ganzwortsubstitutionen, zugleich eine semantische und phonologische Ähnlichkeit zum Zielwort aufzuweisen;

b) die überzufällige Neigung bei Phonemvertauschungen zwischen zwei Wörtern (zum Beispiel *dean bad → bean dad*), statt Nonsenswörter ganze Wörter zu erzeugen (sogenannter »lexical bias«);

c) die überzufällige Neigung von initialen Phonemen in Phonemantizipationen oder -vertauschungen (zum Beispiel *deal beak → beal...*) verwickelt zu werden, wenn die zwei Wörter den benachbarten Vokal oder den finalen Konsonanten teilen (sogenannter »adjacent- and non-adjacent-repeated-phoneme effect«).

Interaktive, das heißt nicht-serielle Theorien zur Sprachproduktion sind im Rahmen der neurolinguistischen Forschung bisher nur selten angewendet worden (vgl. dazu Stemberger, 1984; Ellis, 1985; Miller & Ellis, 1987).

Der Versuch einer Synthese: Das Modell von W. J. M. Levelt

Abbildung 5 zeigt das Sprachverarbeitungsmodell von Levelt, so wie er es in seinem 1989 erschienenen Buch »Speaking« beschrieben hat. Das Modell stellt

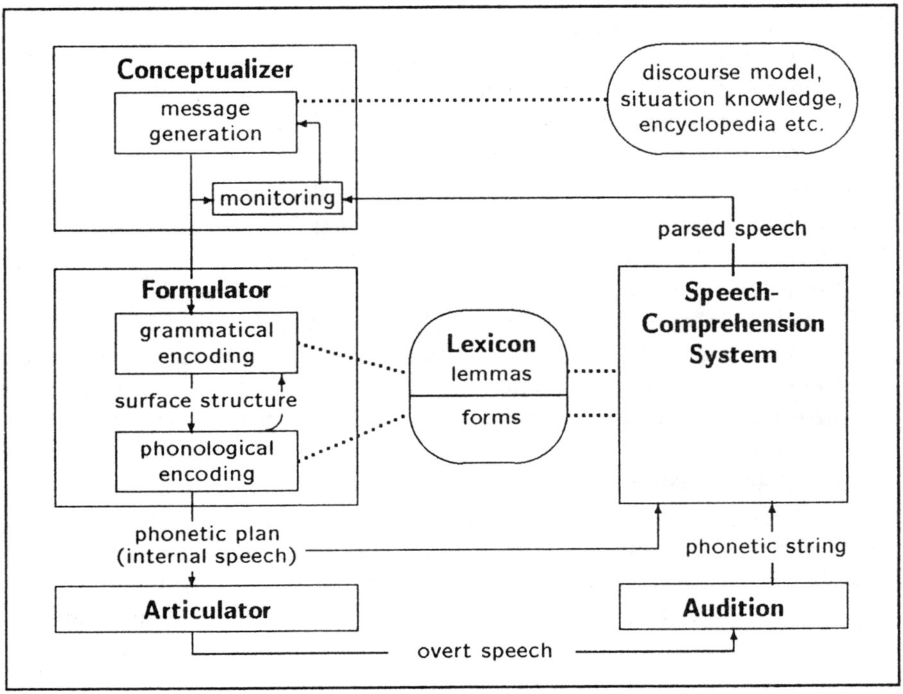

Abbildung 5 Das Sprachverarbeitungsmodell von Levelt (Graphik nach Levelt, 1989)

eindeutig die Darstellung der Sprachproduktionsprozesse in den Mittelpunkt, bildet jedoch ebenfalls das Sprachverstehenssystem (hier nur als intern undifferenziertes System) sowie die prä- und postartikulatorischen Monitoringrouten ab (vgl. Schlenck, Huber & Willmes, 1987, für neurolinguistische Evidenzen zu den Monitoringrouten).

Levelts Ansatz steht – obwohl er den Begriff der Modularität nicht in Anspruch nimmt – eindeutig den modularen und seriellen Theorien (zum Beispiel von Garrett) näher als den interaktiven oder konnektionistischen Theorien. Statt von Modulen oder autonomen Ebenen spricht er jedoch vorsichtiger von Verarbeitungskomponenten als relativ autonomen Spezialisten. Wie bei anderen Theoretikern vor ihm, ist sein Produktionsmodell in drei Makrokomponenten aufgeteilt (»Conceptualizer« – »Formulator« – »Articulator«), die seriell verschaltet sind.

Trotz eines oberflächlich gesehen ähnlichen Zuschnitts verbergen sich in Abbildung 5 eine Reihe von Positionen, die prinzipiell von Garretts Theorie abweichen. Hierzu gehören folgende Punkte:

- Anders als bei Garrett, dessen Theorie von einer Dominanz und Vorgängigkeit syntaktischer Prozesse ausgeht (»slot-and-filler theory«) und damit eher als »syntaxlastig« bezeichnet werden kann[2], steht in Levelts Ansatz das lexikalische Wissen des Sprechers im Mittelpunkt, wie auch die Graphik zeigt. Das Lexikon bildet den entscheidenden Vermittler zwischen den konzeptuellen, grammatischen und phonologischen Prozessen.
- Es sind auch die lexikalischen Bedeutungen (»lemmas«), die bei Levelt im Prozeß der grammatischen Enkodierung die syntaktischen Oberflächenstrukturen (vgl. dazu Bresnan, 1982) entfalten. Diese Repräsentationen dienen dann als Input für die phonologische Enkodierung. Nicht-oberflächennahe Prozesse werden an den »Conceptualizer« abgegeben. Bei Garrett werden die lexikalischen Bedeutungen auf einer sprachlichen Ebene in eine logisch-funktionale Struktur eingebettet, die noch keine Ähnlichkeit zur späteren Satzoberfläche hat. Erst anschließend wird die Oberflächenstruktur zusammen mit der phonologischen Spezifizierung der Inhaltswörter und der Aktivierung der Funktionswörter festgelegt.
- Für Garrett ist die Zwei-Stufen-Theorie des lexikalischen Zugriffs (zuerst die Wortbedeutung, dann die Wortform) ein unverzichtbarer Kernbereich seiner seriellen und modularen Theorie. Levelt verhält sich bei dem vorliegenden Stand der Forschung agnostisch zu dieser Frage. Auch Garretts Hypothese

---

2 In der Tat wurzelt Garretts Theorie in der Auseinandersetzung psycholinguistischer Überlegungen mit der Theorie der Generativen Grammatik (vgl. Fodor, Bever & Garrett, 1974).

eines gesonderten Zugriffs auf die Morpheme der geschlossenen Klasse wird von Levelt nicht geteilt.

- Ein besonders markanter Unterschied zum Garrett-Modell liegt in der prinzipiellen Bereitschaft Levelts, Interaktionen in bestimmten Modellbereichen, genauer: zwischen den beiden Prozeßkomponenten des Formulators (vgl. hierzu besonders S. 275 ff. und 351 ff. in Levelt, 1989), zuzulassen. Levelt glaubt, daß an dieser Stelle des Modells ausreichende Evidenzen vorliegen, um die Hypothese einer strengen Autonomie zugunsten einer Interaktionshypothese aufzugeben.

In mehreren Kapiteln dieses Bandes werden die Positionen von Levelt und Garrett eine Rolle spielen. Hier sei jedoch besonders auf den letzten der oben genannten Punkte der Levelt/Garrett-Differenz hingewiesen. Dieser Punkt ist aus folgendem Grund von entscheidender Bedeutung:

Levelts Versuch, eine kognitive Theorie der Sprachproduktion zu entwerfen, fällt in der gegenwärtigen Forschungssituation mitten in ein Spannungsfeld zweier relativ disparater und konkurrierender theoretischer Ansätze, der modularen und der konnektionistischen Position(en). Ähnlich wie Garrett und andere Modularisten versteht Levelt unter einer kognitiven Theorie ein kohärentes Aussagengefüge, das Beschränkungen über einen empirischen Gegenstandsbereich formuliert. Methodisch gewendet heißt dies, daß eine kognitive Theorie um so gehaltvoller ist, je mehr negative Verhaltensvoraussagen sich aus ihr ableiten lassen. Modulare Theorien zielen also auf Aussagen, die Verhaltensbeschränkungen oder -dissoziationen beschreiben und voraussagen, das heißt letztlich immer auf eine Zergliederung des Gegenstandsbereichs. Die Interaktive Aktivationstheorie beziehungsweise der Konnektionismus stellt hingegen einen theoretischen Rahmen zur Verfügung, der in erster Linie auf die Beschreibung oder Darstellung synergetischer Prozesse gerichtet ist. Nicht die Zergliederung, sondern die Beschreibung der Kooperation und des Zusammenspiels potentiell sehr unterschiedlicher Elemente stehen hier im Mittelpunkt. Levelt zeigt als erster, wie Elemente oder Ausschnitte konnektionistischer Theorien in das Rahmenwerk einer modular orientierten Modellhypothese integriert werden können. Für Levelt ist die Frage der Wahl zwischen modularen und interaktiven Theorien keineswegs apriorischer Natur. Es ist für ihn eine empirische Frage, ob und zwischen welchen Bereichen des Modells scharfe Trennlinien gezogen werden können oder ein interaktives Zusammenspiel verschiedener Prozeßtypen angenommen werden muß.

Levelts Strategie, die Strenge modularer Theorien soweit wie möglich aufrechtzuerhalten, gleichzeitig jedoch »weichere« Schnittstellen im Rückgriff auf konnektionistische Darstellungsweisen zu modellieren, scheint mir richtungsweisend zu sein.

Im folgenden soll am Beispiel der lexikalischen Verarbeitung gezeigt werden, wie sprachpathologische Symptome im Rahmen psycholinguistischer Modellvorstellungen interpretiert werden können. Es wird sich dabei erweisen, daß die verschiedenen theoretischen Annahmen, die den oben angesprochenen Modellen inhärent sind, keineswegs gleich geeignet sind, konsistente Antworten für das Zustandekommen bestimmter Fehlertypen zu geben. Im Vordergrund der Diskussion stehen semantische und formale Paraphasien, die beide aufgrund ihres Ganzwortstatus mit Störungen auf der Lexikon-Ebene in Zusammenhang gebracht werden können.

Linguistische Aphasiologie am Beispiel der lexikalischen Verarbeitung

Wichtige Fragestellungen der Semantik-Forschung in der linguistischen Aphasiologie

Störungen der Wortverarbeitung gehören zum charakteristischen Störungsbild aller aphasischen Patienten (vgl. für Details zum Beispiel Friederici, 1984; Kremin, 1988; Kelter, 1990). Bei vielen aphasischen Patienten bilden semantische Fehler (neben zum Beispiel formbezogenen Fehlern und Wortfindungsstörungen) einen hohen Anteil des Gesamtfehleraufkommens oder stehen sogar im Mittelpunkt der Symptomatik. Jedoch neigen auch zum Beispiel Patienten mit degenerativen Erkrankungen (Alzheimersche Demenz) oder anderen als fokalen Hirnverletzungen (zum Beispiel Multi-Infarkt-Demenz) zu ganz ähnlichen semantischen Fehlern. Schließlich können auch bei Gesunden gelegentliche semantische Fehlleistungen registriert werden, die bisher qualitativ von den pathologischen Abweichungen nicht unterschieden werden konnten.

Tabelle 1 zeigt Beispiele semantischer Paraphasien aus der Spontansprache eines Wernicke-Aphasikers. Die Durchsicht der Fehler ergibt, daß die spontan geäußerten semantischen Paraphasien die folgenden auffälligen Eigenschaften in bezug auf ihre Zielwörter aufweisen:

- sie zeigen eine mehr oder weniger enge semantische Beziehung;
- sie stammen in der Regel aus dem gleichen semantischen Feld;
- es kommt zu häufigeren Verwechslungen bei Antonymen;
- sie sind meist gleicher Wortart;
- sie haben oft eine geringe oder keine phonematische Ähnlichkeit.

Semantische Fehlleistungen können bei vielen aphasischen Patienten sowohl in produktiven als auch perzeptiven sprachlichen Modalitäten (Sprechen, Schreiben, Lesen und auditives Sprachverstehen) gefunden werden. Zur Prüfung semantischer Fähigkeiten in den verschiedenen Modalitäten benutzt die linguisti-

Zielwort → semantische Paraphasie	
south (Süden) → north (Norden)	knuckles (Knöchel) → fingers (Finger)
hot (heiß) → cold (kalt)	cherries (Kirschen) → apples (Äpfel)
ears (Ohren) → eyes (Augen)	oranges (Orangen) → apples (Äpfel)
nose (Nase) → ear (Ohr)	sandwich → crackers
hear (hören) → talk (sprechen)	summer (Sommer) → winter (Winter)
hear (hören) → see (sehen)	Easter (Ostern) → Christmas (Weihnachten)
ride (reiten) → run (laufen)	husband (Ehemann) → wife (Ehefrau)
showed (zeigte) → saw (sah) (I saw you the pictures)	sons (Söhne) → daughters (Töchter)
eat (essen) → drink (trinken)	Florida → New York
write (schreiben) → read (lesen)	shoulder (Schulter) → mouth (Mund)
white (weiß) → red (rot)	grape (Traube) → orange (Orange)
green (grün) → red (rot)	yellow (gelb) → gray (grau)
small (klein) → big (groß)	lunch (Mittagessen) → breakfast (Frühstück)
sister (Schwester) → brother (Bruder)	Thanksgiving (Erntedankfest) → Easter (Ostern)
hotter (heißer) → colder (kälter)	

Tabelle 1 **Beispiele für semantische Paraphasien aus der Spontansprache eines Wernicke-Aphasikers (aus Buckingham, 1980)**

sche Aphasiologie eine Reihe von Aufgabentypen und experimentellen Methoden, die im Vergleich zu Spontansprachanalysen einen kontrollierteren Zugang zum Bereich semantischer Störungen bei neurologischen Patienten eröffnen. Zur Prüfung der Sprachproduktion werden häufig mündliche oder schriftliche Benennaufgaben angewendet, in denen die Patienten gezwungen sind, präzise und vom Untersucher nachprüfbare semantische Entscheidungen über die Namen von Objekten oder deren Abbildungen zu treffen. Ähnliches gilt für das laute Lesen oder das Diktatschreiben. Auch hier können abweichende Leistungen sofort erkannt werden. Daneben existieren experimentelle Verfahren, um die rezeptiven und metasprachlichen semantischen Leistungen der Patienten zu prüfen. Die folgenden Aufgabentypen geben Beispiele für solche Verfahren:

- Wort/Bild-Verifikationsaufgaben bei mündlicher oder schriftlicher Zielwortvorgabe:
  - Ja/Nein-Entscheidungsaufgaben
  - Mehrfachwahlaufgaben mit (phonologischen und/oder semantischen Ablenkern)

- Kategorisieren von Bildern oder Schriftbildern nach semantischen Kriterien (zum Beispiel nach semantischen Kategorien oder bestimmten semantischen Merkmalen)
- Relationale metasprachliche Entscheidungsaufgaben (Beurteilung der Art oder Nähe der semantischen Beziehung zwischen vorgegebenen Wörtern)
- Zeichnen des Referenten eines Wortes
- Nonverbale (zum Beispiel gestische) Nachahmung einer Bedeutung
- Verbale Definitionen oder Umschreibungen einer Bedeutung
- Cueing-Experimente (zum Beispiel durch korrekte oder semantisch irreführende Anlautvorgabe)
- Semantische Priming-Experimente.

Zu den gegenwärtig wichtigsten Forschungsbereichen der neurolinguistischen Semantik-Forschung gehören die folgenden Themenkomplexe:

Semantische Störungen und sensorische Modalität. Gibt es neurolinguistische Evidenzen, die dafür sprechen, »multiple semantic representation systems« zu postulieren, zum Beispiel eines für visuell-semantische und ein anderes für verbal-semantische Repräsentationen? Fallstudien, die in diesen Zusammenhängen diskutiert werden, sind zum Beispiel die von Lhermitte & Beauvois (1973) für die sogenannte optische Aphasie, von Beauvois & Saillant (1985) für die sogenannte optische Aphasie für Farben und von Beauvois, Saillant, Meininger & Lhermitte (1978) für die sogenannte taktile Aphasie. Shallice (1987) hat in dem Versuch, Argumente für modalitätsspezifische Lexika[3] ins Feld zu führen, eine heftige Kontroverse ausgelöst (vgl. insbesondere Riddoch, Humphreys, Coltheart & Funnell, 1988; Humphreys & Riddoch, 1988; Hillis, Rapp, Romani & Caramazza, 1990).

Semantische Störungen und sprachliche Modalität. Können semantische Störungen innerhalb der sprachlichen Domäne modalitätsspezifisch auftreten oder sind sie immer supramodaler Natur? Es besteht unter Aphasiologen sicher Einigkeit darüber, daß semantische Störungen in der überwiegenden Zahl der Fälle modalitätsübergreifend auftreten, was als Evidenz für modalitätsneutrale (verbale) semantische Repräsentationen gewertet werden könnte. Experimentelle Evidenzen für parallele semantische Konfusionen im mündlichen Output und auditivem Input geben zum Beispiel die Gruppenstudie von Butterworth, Howard & McLoughlin (1984) und die Einzelfallstudie von Howard & Orchard-Lisle (1984). Auch die Studie von Hillis et al. (1990), in der ein Patient

---

3 Hierher gehören – neben den sogenannten modalitätsspezifischen Aphasien – auch die sogenannten modalitätsspezifischen Priming-Effekte und modalitätsspezifischen Defizite des semantischen Gedächtnisses (vgl. Shallice, 1987).

beschrieben wird mit etwa gleichhäufigen semantischen Fehlern in allen sprachlichen Modalitäten, kann Evidenzen für die Existenz modalitätsneutraler semantischer Repräsentationen liefern. Daneben scheinen jedoch auch Patienten zu existieren, deren semantische Fehler sich auf einzelne Modalitäten beschränken können. Caramazza & Hillis (1990) glauben, daß solche semantischen Fehler durch Störungen auf der Ebene der formbezogenen lexikalischen Verarbeitung oder Repräsentation und nicht auf der Ebene des modalitätsneutralen semantischen Systems erklärt werden können. Hinzuweisen ist in diesem Kontext auch auf Fälle mit einer Häufung semantischer Fehler im Lesen und/oder Schreiben (Tiefenalexie/-agraphie). Diese Patienten leiden in der Regel unter begleitenden starken Störungen phonologischer Output-Prozesse, was einen exakten Modalitätsvergleich verhindert. Für solche Fälle wird jetzt auch eine gestörte Interaktion zwischen lexikalischen und sublexikalischen Prozessen als Ursache modalitätsspezifischer semantischer Fehler diskutiert (vgl. Hillis & Caramazza, in Vorbereitung).

Kategorienspezifische Störungen. Können semantische Störungen in kategorienspezifischer Weise auftreten, so daß bestimmte Kategorien selektiv gestört oder verschont werden? Inzwischen existiert eine Vielzahl von Falldarstellungen, die Evidenzen für diese Möglichkeit liefern. Nach Goodglass, Klein, Carey & Jones (1966) kann das Benennen von Buchstaben insbesondere bei flüssigen Aphasikern relativ verschont sein, während das auditive Diskriminieren von Buchstabennamen und von Körperteilnamen besonders schwerfällt. Selektive Schwierigkeiten einzelner Patienten beim Verständnis von Farbnamen und von Hausgegenständen wurden von Yamadori & Albert (1973) berichtet. Dennis (1976) und McKenna & Warrington (1978) beschrieben selektive Verständnisprobleme beim Unterscheiden von Körperteilbezeichnungen. Warrington (1975) dokumentierte einen Patienten, der konkrete Wörter schlechter verstehen konnte als abstrakte Wörter (im Gegensatz zur Mehrheit der Aphasiker). Ein weiterer Patient zeigte überlegene Leistungen beim Verstehen von Nahrungsmitteln und lebendigen Objekten gegenüber anderen semantischen Kategorien (Warrington, 1981). Warrington & McCarthy (1983) beschreiben einen Patienten mit selektiver Verschonung der semantischen Kategorien »Nahrungsmittel«, »Tiere« und »Blumen«, und Warrington & Shallice (1984) berichten über einen Patienten, dem es schwerer fiel, lebendige Objekte zu benennen als unbelebte Dinge. Dieses Defizit war auch im Verständnis nachweisbar. Hart, Berndt & Caramazza (1985) fanden einen Fall mit selektiven Problemen bei der mündlichen Produktion von Früchte- und Gemüsenamen. Das auditive Sprachverständnis war hingegen intakt. Der Patient von Goodglass & Budin (1988) zeigte bei intaktem Lesesinnverständnis besondere auditive Verständnisprobleme bei »Körperteilen«, »Farben«, »Zahlen« und »Buchstaben«. Trotz der Vielzahl der Fallberichte – darunter einige eher impressionistischer Natur – muß man in diesem Bereich ein deutliches theoretisches Defizit konstatieren. In der Tat existieren bis heute keine ausgefeilteren Erklärungsansätze für das Phänomen kategorienspezifischer Störungen. In vielen Fällen ist auch nicht völlig geklärt, ob wirklich semantische Defizite oder aber Defizite auf der Ebene der Input- oder Output-Lexika ausschlaggebend für die beobachteten Dissoziationen sind.

Repräsentations- versus Zugriffsstörung. Resultieren semantische Fehler aus Störungen auf der Ebene semantischer Repräsentationen oder ist der Zugang zum Speicher der semantischen Repräsentationen gestört, wobei die semantischen Einträge selbst intakt sein können? Für die Beantwortung dieser Frage sind unter anderem die Ergebnisse der semantischen Priming-Studien relevant. Allgemein gesagt geht es hier um die Frage der Beeinflußbarkeit semantischer Prozesse durch Kontextfaktoren. Bedeutsam sind hier ebenfalls Analysen zur itemspezifischen Fehlerkonsistenz beziehungsweise -inkonsistenz. Zur Debatte steht, ob semantische Fehler in überzufälliger Weise durch bestimmte Zielwörter ausgelöst werden können oder nicht. Diese Fragen sollen im folgenden Abschnitt genauer diskutiert werden.

Semantische Störungen im Sprachverarbeitungsmodell: Hypothesen aus der Sicht der linguistischen Aphasiologie

Versuchen wir nun im Rahmen von psycholinguistischen Modellvorstellungen der Sprachverarbeitung eine genauere Charakterisierung der semantischen Prozesse und der Herkunft semantischer Fehler bei hirnorganisch erkrankten Patienten zu geben. Als Modellgrundlage dient Abbildung 6. Die Graphik stellt ein Modell der Einzelwortproduktion dar, das aus dem Satzproduktionsmodell von Levelt (1989) abgeleitet ist. Das Modell bildet die vorsprachliche »message«-Ebene ab sowie zwei Aktivierungs- beziehungsweise Verarbeitungskomponenten, die eine für Wortbedeutungen und die die andere für Wortformen. Die im Langzeitspeicher aufbewahrten lexikalischen Repräsentationen (aufgeteilt in lexikalische Bedeutungen und Formen) sind mittels der Ellipse dargestellt.

Oben war gesagt worden, daß nicht nur Aphasiker, sondern auch demente Patienten zu semantischen Fehlern in der Sprachverarbeitung neigen. Bisher ist es nicht gelungen, auf einer deskriptiven Ebene die semantischen Abweichungen der Aphasiker von denen der Dementen zu unterscheiden. In der Tat scheinen die semantischen Störungen beider Patientengruppen, so wie sie sich an der Verhaltensoberfläche manifestieren, sehr ähnlich zu sein. Dennoch gibt es aus experimentellen Forschungsergebnissen der letzten Jahre eine Reihe von Hinweisen darauf, daß den semantischen Fehlleistungen der beiden diagnostischen Gruppen unterschiedliche Defizite zugrunde liegen.

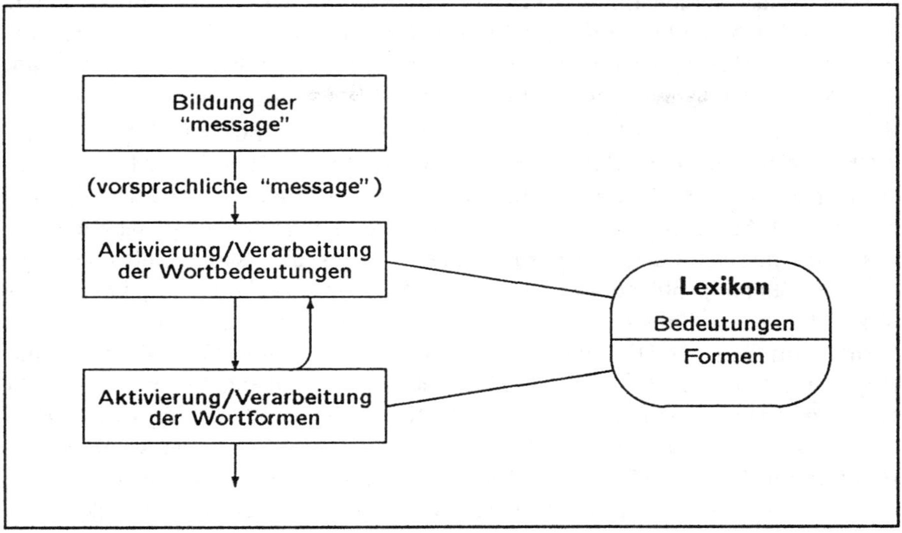

Abbildung 6 Ausschnitt aus einem Modell der Wortproduktion (in enger Anlehnung an Levelt, 1989).

Ein erster Indikator für nicht-identische gruppentypische semantische Störungen sind Beobachtungen zur Fehlerkonsistenz beziehungsweise -inkonsistenz bei Aphasikern und Dementen. Ein konsistentes Antwortmuster liegt dann vor, wenn die Patienten bei intermodalen Vergleichen oder bei intramodalen Test-Retest-Vergleichen in überzufälliger Weise über dieselben Items stolpern, beziehungsweise wenn sogar der Fehlertyp sich als itemabhängig erweist. Kommt es über die Items hinweg zu einer zufälligen Fehlerverteilung, so liegt ein inkonsistentes Verhaltensmuster vor.

Warrington (zum Beispiel Warrington & Shallice, 1979; Warrington & McCarthy, 1983, 1987) stellte die Hypothese auf, daß bei Störungen der semantischen Repräsentationen ein konsistentes Antwortmuster erwartbar sei; bei Störungen im Zugang beziehungsweise Zugriff zu den Repräsentationen sei hingegen ein inkonsistentes Verhalten vorauszusagen, das in den oben genannten Studien auch demonstriert werden konnte. Ebenso wurden in modalitätsvergleichenden Untersuchungen (mündliches Benennen / auditives Sprachverstehen) bei Aphasikern inkonsistente Reaktionsmuster gefunden (Butterworth et al., 1984; Howard & Orchard-Lisle, 1984).

Für Alzheimer-Patienten wird hingegen von Huff, Corkin & Growdon (1986) (vgl. ebenso Chertkow, Bub & Seidenberg, 1989) eine hohe Übereinstimmung der fehlerauslösenden Items bei einem Vergleich ihrer Benenn- und Verständnisleistungen berichtet. Huff und Mitarbeiter nehmen deshalb für die Dementen einen Verlust supramodaler semantisch-lexikalischer Repräsentationen an, für Aphasiker hingegen eine Störung des Zugriffs zum lexikalischen Wissen.

Neuere Ergebnisse von Huff, Mack, Mahlmann & Greenberg (1988) lassen jedoch Zweifel an einer klaren syndromspezifischen Ja/Nein-Verteilung beider Verhaltensmuster aufkommen. Ein Ergebnis dieser Studie war nämlich, daß bei Test-Retest-Analysen auch die aphasische Vergleichsgruppe (sogenannte »anomische« Aphasiker) ein zwar geringer ausgeprägtes, aber signifikantes itemspezifisches Benennprofil bot (vgl. Howard, Patterson, Franklin et al., 1984; Hillis et al., 1990 für weitere Beobachtungen zu konsistentem Verhalten von Aphasikern). Huff et al. (1988) schlagen deshalb vor, ein kombiniertes Zugriffs- und Repräsentationsdefizit für lexikalisch-semantische Informationen in beiden Gruppen anzunehmen, wobei allerdings für Alzheimer-Patienten der Verlust semantischen Wissens und für Aphasiker die Zugriffsstörung im Vordergrund stehe. Nach der Hypothese von Huff und Mitarbeitern leiden also die Alzheimer-Patienten unter zentraleren semantischen Störungen als die Aphasiker.

Huffs Hypothese konvergiert recht gut mit den Ergebnissen von Wernicke-Aphasikern in semantischen Priming-Experimenten. In solchen Experimenten sollen Wort/Nichtwort-Entscheidungen getroffen werden, wobei in der Priming-Bedingung dem kritischen Item ein semantisch verwandtes Wort und unter der Vergleichsbedingung ein unrelationiertes Wort vorausgeht. Signifikante Reaktionszeitverkürzungen in der Priming-Bedingung werden als Priming-Effekte bezeichnet. In der Tat zeigten Wernicke-Aphasiker sowohl bei visueller Vorgabe als auch bei auditiver Vorgabe der Stimuli in der Priming-Bedingung ähnliche Erleichterungseffekte wie die normalen Kontrollpersonen (bei allerdings längeren Latenzen; Milberg & Blumstein, 1981; Blumstein, Milberg & Shrier, 1982; vgl. auch Milberg, Blumstein & Dworetzky, 1987). Bei degradierten oder verlorenen semantisch-lexikalischen Repräsentationen wären solche Priming-Effekte nicht voraussagbar. Blumstein und Milberg nehmen deshalb für die Wernicke-Aphasiker intakte Repräsentationen an. Gestört sei die kontrollierte, mehr bewußte Verarbeitung semantischer Informationen (zum Beispiel in metasprachlichen Aufgaben). Im automatischen Zugriff hingegen (zum Beispiel unter Priming-Bedingungen) sei die semantische Information kurzzeitig verfügbar. Daß Zeitfaktoren für die Aphasiker eine große Rolle spielen, konnte Hagoort (1988) demonstrieren. Bei Variation der Interstimulusintervalle zeigte sich, daß die Priming-Effekte für die Wernicke-Aphasiker bei Verlängerung der Intervalle schneller zurückgehen als für die gesunde Vergleichsgruppe.

Für die Gruppe der Alzheimer-Dementen ist Huffs Hypothese eines Verlustes semantischer Repräsentationen nicht kompatibel mit den Priming-Ergebnissen, die bei dieser Patientengruppe erzielt werden konnten. So berichten Nebes, Martin & Horn (1984) für das Lesen von Items, denen semantisch verwandte Stimuli vorausgingen, vergleichbar verkürzte Reaktionen wie für die gesunde Kontrollgruppe. Albert & Milberg (1989) fanden in einer lexikalischen Entscheidungsaufgabe mit visueller Stimulusdarbietung, daß sechs der zehn Patienten die typischen Erleichterungseffekte in der semantisch bezogenen Kontextbedingung demonstrierten, darunter drei mit stärkeren Effekten als die gesunden Kontrollsubjekte (»exaggerated priming effect«). Auch Chertkow et al. (1989) stellten bei den von ihnen untersuchten Alzheimer-Patienten größere Priming-Effekte fest als bei den gesunden Kontrollpersonen, die größten Effekte paradoxerweise für die Items, die zuvor als semantisch degradiert identifiziert worden waren. Auch im Satzkontext konnten bei Alzheimer-Patienten semantische Priming-Effekte nachgewiesen werden (Nebes, Boller & Holland, 1986).

Diese Ergebnisse zeigen, daß auch die Alzheimer-Patienten von der Priming-Bedingung profitieren können, ein Resultat, das bei einem wirklichen Verlust semantischen Wissens nicht voraussagbar ist. Die pathologisch erhöhten Priming-Effekte, die zum Teil bei den Dementen gefunden wurden, sind gegenwärtig nicht sicher interpretierbar, deuten jedoch auf nichtidentische Störungen beider Gruppen hin.

Wenn nicht von einem Verlust semantischen Wissens ausgegangen werden kann, entsteht unter anderem die Frage, ob auch die Alzheimer-Dementen, ähnlich wie die Wernicke-Aphasiker, vorwiegend unter Zugriffs- beziehungsweise Verarbeitungsstörungen leiden. Blanken (1991) untersuchte die Benennleistungen von Wernicke-Aphasikern und Alzheimer-Patienten, die in ihren Fehlerzahlen und -mustern vergleichbar waren. Bei paarweisen Abfolgen semantisch bezogener Zielwörter (zum Beispiel *Stuhl–Tisch*) zeigten für den Fall korrekter initialer Items (zum Beispiel *Stuhl*) die Dementen einen signifikanten Erleichterungseffekt für die jeweils zweiten Items (zum Beispiel *Tisch*), nicht jedoch die Wernicke-Aphasiker. Das schlechte Abschneiden der Wernicke-Aphasiker bestätigt frühere Cueing-Studien (vgl. zum Beispiel Pease & Goodglass, 1978; Kelter, Höhle & Merdian, 1989). Das differentielle Verhalten der Dementen deutet für diese Gruppe auf andere Störungsbedingungen als für die Wernicke-Aphasiker.

Zeitliche Faktoren der Priming- beziehungsweise Cueing-Bedingung scheinen für die Aphasiker eine größere Rolle zu spielen als für die Dementen. In semantischen Cueing-Studien, die mit wesentlich längeren Interstimulusintervallen als Priming-Studien arbeiten, können Wernicke-Aphasiker nicht oder nur geringfügig von den Cues profitieren. Wernicke-Aphasiker scheinen somit schwerpunktartig unter Störungen der zeitbezogenen Aktivierung beziehungsweise Verarbeitung semantischer Informationen zu leiden. Die Dementen hingegen haben offenbar wesentlich geringere Probleme im Bereich der Aktivierung und Verarbeitung der Wortbedeutungen. Somit entsteht erneut die Frage, woher ihre semantischen Fehler stammen. Nach dem negativen Ausschlußverfahren bietet es sich an, bei den Dementen das wesentliche Defizit im Bereich der vorsprachlichen konzeptuellen Operationen zu vermuten. Die Ursache der Benennstörungen (zum Beispiel semantische Paraphasien) wäre dann bei den Alzheimer-Dementen, anders als bei den Aphasikern, nicht auf der Ebene sprachlichen Wissens und seiner Prozessierung zu suchen, sondern bei jenen kognitiven Prozessen, die die Sprachverwendung initiieren und kontrollieren. Die Neigung zu itemkonsistentem Fehlverhalten bei Dementen (vgl. Huff und Mitarbeiter) kann unter dieser Hypothese durch eine Entdifferenzierung des (präverbalen) konzeptuellen Wissens und nicht durch einen Verlust semantisch-lexikalischer Repräsentationen erklärt werden.

Eine vergleichende Analyse der Spontansprache von Alzheimer-Dementen und Wernicke-Aphasikern (Blanken, 1986; Blanken, Dittmann, Haas & Wallesch, 1987) konnte indirekte Evidenzen für eine solche Hypothese liefern. Die Analyse ergab, daß die Spontansprache der Dementen trotz semantischer Konfusionen im Vergleich zu den Aphasikern durch ein weit geringeres Aufkommen an Wortfindungsstörungen und grammatischen Abweichungen gekennzeichnet ist. Für die Alzheimer-Patienten nehmen die Autoren deshalb eine schwerpunktartige Störung oberhalb der Ebene linguistischer Prozesse und Repräsentationen an.

Eine solche prälinguistische Ebene der Sprachkontrolle wird von vielen Psycholinguisten postuliert (vgl. zum Beispiel Garretts »message level« oder Levelts »conceptualizer«; vgl. dazu die Modelle oben). Vor dem Hintergrund dieser Theorien schlägt Blanken (1986, 1988b[4]) die Hypothese einer doppelten Dissoziierbarkeit linguistischer und prälinguistischer Prozesse bei Aphasie und Demenz vor. Bei Aphasie sei (in der Regel) die Spezifizierung der konzeptuellen Botschaft intakt, während sie bei Demenz gestört sei. Bei Demenz sei (in vielen Fällen) die linguistische Verarbeitung verschont, dagegen sei sie bei Aphasie gestört. (Vgl. jedoch zum Beispiel Kelter, 1990 für andere Auffassungen in dieser Frage).

Unimodale semantische Störungen

Bisher war die Rede von Patienten, die semantische Fehler aufgrund relativ zentraler Störungen produzierten, nämlich (per Hypothese) aufgrund von vor-

4 Vgl. Blanken (1988b) für den Versuch, die Grenzziehung zwischen der »message«-Ebene und den sprachlichen Prozessen aus neurolinguistischer Perspektive zu motivieren.

sprachlichen konzeptuellen Störungen oder von lexikalisch-semantischen Verarbeitungsschwierigkeiten. Beide Ursachen scheinen supramodale semantische Störungen zu erzeugen, das heißt, daß sowohl Wernicke-Aphasiker als auch Alzheimer-Demente in der Regel durch semantische Fehler in allen Modalitäten charakterisiert sind. Daneben scheint es jedoch einzelne Patienten zu geben, die modalitätsspezifische semantische Fehlleistungen zeigen. Marshall (1987) weist darauf hin, daß es Patienten gibt, die die Kriterien einer Tiefenalexie erfüllen, also unter anderem viele semantische Paralexien produzieren, jedoch keine semantischen Fehler in Wort/Bild-Zuordnungsaufgaben machen und häufig in der Lage sind, ihre eigenen semantischen Paralexien zu bemerken. Marshall glaubt, daß solchen semantischen Fehlern Probleme beim Zugriff auf die korrekten phonologischen Informationen zugrunde liegen. Caramazza & Hillis (1990) berichten über zwei Fälle (HW und RGB), die häufige semantische Fehler im mündlichen Benennen und lauten Lesen produzierten. Hingegen waren bei beiden Patienten weder im Sprachverständnis (auditives und Lesesinnverständnis) noch in Schreibaufgaben (Diktat und Benennen) semantische Fehler nachweisbar. Caramazza und Hillis nehmen für solche Patienten eine Störung »auf der Ebene« des phonologischen Lexikons beziehungsweise Wortformlexikons an.

Wie kommt es nach Caramazza und Hillis zu semantischen Fehlern unterhalb des semantischen Lexikons? Ihr Erklärungsvorschlag geht wie folgt: Zunächst werden die Wortbedeutungen aktiviert; diese Informationen werden dann (in serieller Manier) zur folgenden Ebene weitergegeben, und es kommt hier zur Aktivierung der passenden Wortformen. Wenn man davon ausgeht, daß eine parallele Aktivierung mehrerer lexikalischer Items möglich und auch die Regel ist (wie es zum Beispiel die Logogen-Theorie oder Netzwerktheorien postulieren), dann wird nicht nur eine einzige Wortform, die Zielform, sondern es werden auch semantisch verwandte Einträge mitaktiviert. Das heißt, die Wortbedeutung STUHL würde innerhalb des phonologischen Lexikons nicht nur die Wortform /ʃtu:l/ aktivieren, sondern auch zum Beispiel /tiʃ/, /zo:fa/, /zɛsəl/, etc. Die Aktivationsstärke der Einträge steht dabei in Proportion zum Grad der semantischen Ähnlichkeit zur ausgewählten Wortbedeutung. In der Regel erhält die adäquate Wortform (hier /ʃtu:l/) das Maximum an Aktivierung und wird damit zur Produktion freigegeben. Bei pathologischen Störungen können jedoch Zugangsblockaden zu bestimmten Wortformen vorliegen, und unter solchen Umständen können nach Caramazza und Hillis andere als die Zielformen so hoch aktiviert werden, daß sie den Output dieser Komponente bilden.

Caramazza und Hillis sind sehr vorsichtig in ihrem Versuch, das den modalitätsspezifischen semantischen Fehlern zugrundeliegende Defizit genauer zu lokalisieren. Sie schlagen vor, daß die Fehler ihrer beiden Patienten – wie sie sagen – »auf der Ebene« des Wortform-Lexikons entstehen und möchten offenlassen, ob die Störung während der Überleitung der Information zwischen der Wortbedeutungs- und Wortformverarbeitungskomponente, im Zugriff auf das Wortform-Lexikon oder innerhalb des Wortform-Lexikons selbst liegt.

Offen bleibt auch, warum die beiden beschriebenen Patienten keine (RGB) oder nur sehr wenige (HW) phonematische Fehler (zum Beispiel phonematische Neologismen, phonematische und formale Paraphasien) zeigten. Hätten Störungen auf der Ebene der Wortformrepräsentationen oder deren Verarbeitung oder auch eine (partielle) Diskonnexion des Wortform-Lexikons vorgelegen, dann wäre ein recht hoher Anteil formbezogener Fehler erwartbar gewesen.

Es kann darauf hingewiesen werden, daß Interaktive Aktivationstheorien andere Hypothesen zulassen, die unter Umständen eine adäquatere Erklärung für modalitätsspezifische semantische Fehler liefern könnten. Insbesondere lassen interaktiv konzipierte Modelle prinzipiell neben der Feedforward-Verarbeitung einen Feedback-Fluß zwischen den (zu spezifizierenden) Prozeßebenen oder komponenten zu. Bei fehlerhaftem Feedback zwischen der semantisch-lexikalischen und phonologisch-lexikalischen Prozeßebene könnte es zu zahlreichen semantischen Fehlaktivierungen kommen, ohne daß phonematische Probleme im Feedforward-Bereich auftreten müßten. Diese alternative Hypothese soll hier nur angedeutet werden. Es gibt in bezug auf modalitätsspezifische semantische Fehler keine direkten empirischen Evidenzen für oder gegen sie. Allerdings gibt es psycholinguistische Evidenzen dafür, daß prinzipiell zwischen den Verarbeitungsebenen für Wortbedeutungen und -formen interaktive Prozesse ablaufen können (vgl. zum Beispiel Dell, 1988). Die interaktive Hypothese könnte auch für modalitätsspezifische semantische Fehler bei hirnverletzten Patienten an Plausibilität gewinnen, wenn nachweisbar wäre, daß interaktive Prozesse auch bei aphasischen Symptomen eine relevante Rolle spielen können.

Woher kommen formale Paraphasien?

Formale Paraphasien zeigen keine semantische, sondern eine phonologische Ähnlichkeit zum Zielwort, das heißt, es handelt sich um formbezogene Ganzwortfehler. Berichte über diesen Fehlertyp sind jedoch relativ rar, und in der Tat sind formale Paraphasien bei der überwiegenden Zahl der Aphasiker nicht häufig zu finden. Formbezogene Fehlleistungen treten bei Aphasie in aller Regel als phonematische Neologismen oder phonematische Paraphasien auf, verletzen also den Ganzwortstatus der Zielform.

Dennoch können auch bei Aphasikern formale Paraphasien in Benennaufgaben beobachtet werden (zum Beispiel *love* (Liebe) → *glove* (Handschuh), *ship*

(Schiff) → *stick* (Stock) (vgl. Weinstein & Keller, 1963; Schuell, 1950; Luria, 1974). Nach Lecours (1982) treten formale Paraphasien häufiger bei Leitungs- und Wernicke-Aphasikern auf als bei Patienten anderer Syndrome. Falls sie auftreten, werden sie jedoch in aller Regel nur neben zahlreichen anderen phonematischen Fehlleistungen (phonematischen Paraphasien und Neologismen) gesehen.

Einige Forscher haben deshalb den wirklichen Ganzwort-Charakter dieses Fehlertyps angezweifelt und vorgeschlagen, sie als Zufallsprodukt segmentaler Fehler zu erklären (zum Beispiel Lecours, 1982). Zum Beispiel würde die Paraphasie *Tag*→*Tat* bei dieser Hypothese durch eine phonematische Substitution /k/→/t/ erklärt werden können. Evidenzen für diese Auffassung kamen aus einer Computersimulation, in der einzelne segmentale Paraphasien erzeugt werden sollten. Es zeigte sich, daß neben den segmentalen Fehlern eine Reihe von Ganzwortfehlern mitgeneriert wurden (Lecours, Deloche & Lhermitte, 1973). Auch Buckingham (1980) sah keine Evidenzen für eine wirkliche Produktion von formalen Paraphasien bei Aphasie und glaubte, daß sie, wenn sie auftreten, durch denselben Mechanismus wie die phonematischen Paraphasien erklärt werden könnten, aber zusätzlich durch einen angenommenen »output editor« (Baars, Motley & MacKay, 1975) auf ihren intakten lexikalischen Status überprüft worden sein könnten. Ellis (1985) zeigte sich ebenfalls skeptisch und vermutete, daß formale Paraphasien eher auf ein System verweisen, das relativ effizient arbeiten kann, und daß sie deshalb nicht (oder nicht als häufiges Symptom) bei einem von Aphasie geschädigten System erwartet werden dürften.

In Übereinstimmung mit der Annahme von Ellis wurden formale Wortsubstitutionen häufig unter den Sprechfehlern nichthirngeschädigter Sprecher gefunden (sogenannte »Malapropismen«; vgl. zum Beispiel Nooteboom, 1969; Bierwisch, 1970; Fromkin, 1971; Tweney, Tkackz & Zaruba, 1975; Browman, 1978). Malapropismen sind Versprecher auf der Ganzwortebene, wobei wiederum keine semantische, sondern eine formale Ähnlichkeit zum Zielwort erkennbar sein muß (zum Beispiel *springt*→*spricht*, *Zeppelin*→*Penezillin*). Sie bilden bei gesunden Sprechern einen relativ häufig zu beobachtenden Sprechfehlertypus. Malapropismen als okkasionelle Fehlleistungen des Sprachsystems sind zu unterscheiden von Fehlern, die aufgrund von Ignoranz oder unvollständigen sprachlichen Kenntnissen entstehen. Letztere werden auch »klassische Malapropismen« (Zwicky, 1982) genannt[5].

Fay & Cutler (1977) untersuchten 183 Malapropismen, die als Versprecher in der Spontansprache geäußert wurden. Vgl. das folgende Beispiel und Tabelle 2:

---

5 Die Bezeichnung »Malapropismus« verdanken wir einer literarischen Figur des irischen Autors R. B. Sheridan, Mrs. Malaprop, die ständig ähnlich klingende Fremdwörter verwechselt.

If these two vectors are equivocal (→ equivalent), then ...

lawn (→ line)	week (→ work)
easy (→ early)	determination (→ denomination)
position (→ condition)	tambourines (→ trampolines)
musician (→ magician)	subjective (→ suggestive)
insect (→ index)	conclusion (→ confusion)

Tabelle 2 Beispiele für Malapropismen in der Spontansprache gesunder Sprecher (aus Fay & Cutler, 1977)

Die Analyse des gesamten Corpus ergab eine hohe Fehler-Zielwort-Übereinstimmung hinsichtlich folgender Eigenschaften:

- grammatische Kategorie (Wortart) (99 Prozent)
- Silbenzahl (87 Prozent)
- Akzentmuster (98 Prozent)
- Anlaut (87 Prozent)

Aitchison & Straf (1982) bestätigten in ihren Versprecheranalysen die häufige Anlautüberlappung bei den Malapropismen; im Gegensatz zu Fay & Cutler fanden sie jedoch auch eine hohe Übereinstimmung im Bereich der Auslautkonsonanten. Die relativ hohe Übereinstimmung im Auslaut von Malapropismen wird auch durch Hurfords (1981) Reanalyse des Korpus von Fay und Cutler bestätigt. Aitchison (1987) bezeichnet diese Verteilung von phonologischer Korrespondenz über die verschiedenen segmentalen Wortpositionen hinweg als »Badewanneneffekt«. Auch die Versprecheranalysen von Dell & Reich (1981) belegen die herausgehobene Stellung der »Köpfe« und »Füße« von Wörtern im Gegensatz zum Mittelteil. Sie fanden in ihrem Korpus sowohl für semantisch bezogene als auch für nicht-semantisch bezogene Wortsubstitutionen, daß die phonologische Ähnlichkeit am stärksten über den Anlaut und am geringsten über wortinterne Laute hergestellt wird (vgl. in diesem Kontext auch die »tip-of-the-tongue« Studien von zum Beispiel Brown & McNeill, 1966; Browman, 1978).

Zusammengenommen liegen beträchtliche Evidenzen für eine differenzierte Erhaltung bestimmter Zielwortmerkmale bei Malapropismen vor. Malapropismen zeigen eine hohe Zielwortübereinstimmung in der grammatischen Kategorie und im Silben- und Akzentmuster. Der Anlaut ist besser erhalten als der Auslaut, und der Wortmittelteil ist besonders anfällig für phonematische Veränderungen.

Bis jetzt können drei wesentliche psycholinguistische Hypothesen über die Entstehung von Malapropismen und formalen Paraphasien unterschieden werden, ein segmentaler, ein lexikalischer und ein interaktiver Erklärungsansatz. Beim segmentalen Ansatz ist angenommen worden, daß formale Paraphasien verursacht werden durch denselben Fehlermechanismus, der auch für phonematische Paraphasien verantwortlich ist (Lecours, 1982).

Der lexikalische Erklärungsansatz von Fay & Cutler (1977) beinhaltet, daß Malapropismen bei Normalsprechern aus Selektionsfehlern zwischen lexikalischen Nachbarn im mentalen Lexikon resultieren. Dieses Lexikon sei nach Gesichtspunkten phonologischer Ähnlichkeit aufgebaut, wobei die Ähnlichkeit der Wortanfänge dominierend sei und dann im Wort von links nach rechts abnehme. Garrett integrierte die Ergebnisse von Fay & Cutler in sein Satzproduktionsmodell und legte großes Gewicht auf die Unterscheidung zwischen bedeutungs- und formbezogenen Wortsubstitutionen. Er postulierte zwei unterschiedliche Systeme der lexikalischen Selektion, die er zwei autonomen und seriell verschalteten Sprachprozeßebenen zuwies, der funktionalen und der positionalen Ebene. Nach Garrett entstehen Malapropismen und formale Paraphasien nach der semantischen Spezifikation des Zielwortes, aber vor der Planung phonetischer Details.

In einer zweiten Modell-Familie wird ein liberalerer Informationsfluß angenommen. Dell & Reich (1981) und Dell (zum Beispiel 1984, 1985, 1986, 1988; vgl. auch Stemberger, zum Beispiel 1985) präsentierten Versprecherdaten, die eine strenge Zwei-Stufen-Theorie der lexikalischen Selektion in Frage stellen. Sie fanden unter anderem, daß erstens Phonemvertauschungen (zum Beispiel *barn door* → *darn bore*) eine Neigung zur Aufrechterhaltung des lexikalischen Status der phonematisch veränderten Wörter aufweisen (sogenannter »lexical bias«) und daß zweitens Wortsubstitutionen häufig sowohl semantisch als auch phonologisch auf ihre Zielwörter bezogen sind (vgl. jetzt auch Martin, Weisberg & Saffran, 1989 für weitere Evidenzen). Diese Ergebnisse unterstützen die Annahme einer parallelen Aktivierung unterschiedlicher Verarbeitungsebenen und einer Interaktion tieferer (späterer) mit höheren (früheren) Ebenen.

Stemberger (1985) beschreibt die Aktivierung lexikalischer Einheiten als eine lexikalisch-segmentale Schleife. Als Ausgangspunkt dient dabei das Konzept einer netzwerkartigen Repräsentation der Verarbeitungseinheiten und insbesondere der mehrfachen und parallelen Aktivierbarkeit dieser Einheiten im Netzwerk. Auch innerhalb des Wortform-Netzwerkes können also mehrere Einheiten, die mit den Beschränkungen der semantischen und der formalen Aktivierung des lexikalischen Systems vereinbar sind, parallel aktiviert werden, wobei das Zielwort das höchste Maß an Aktivation auf sich vereinen sollte. Wichtige formbezogene Kriterien scheinen dabei der Anlaut, die Silbenzahl, das Akzentmuster und die grammatische Kategorie zu bilden. Die ausgesuchten Wortformen geben ihre Aktivierung an die korrespondierenden segmentalen Einheiten, Silbenmuster und Betonungsschemata weiter. Letztere wiederum senden ein Feedback an die lexikalischen Einheiten »nach oben« zurück, was eine Verstärkung der Aktivierung bestimmter Einheiten, insbesondere des Zielwortes zur Folge hat. Zusätzlich jedoch werden durch die Aktivierungsvorgänge alle lautbezogenen Einheiten im lexikalischen Netzwerk durch »spreading activation« sekundär mitaktiviert. Aufgrund von Störungen (»noise«) im Netzwerk kann das schon durch Feedback verstärkte Zielwort inhibiert werden, und ein phonologisch ähnliches Wort, dessen Aktivierung sekundär angehoben wurde, kann freigegeben werden und ersetzt damit die intendierte lexikalische Einheit.

Vor dem Hintergrund dieser psycholinguistischen Hypothesen zu den Entstehungsursachen von formalen Wortsubstitutionen soll im folgenden das Sprachverhalten des Aphasikers RB, der das seltene Symptom frequenter formaler Wortsubstitutionen im mündlichen Benennen, lauten Lesen und Diktatschreiben zeigte, beschrieben werden (vgl. Blanken, 1990 für die vollständige Fallanalyse; Tabelle 3 gibt Beispiele für RBs Wortsubstitutionen).

Benennen	**Lesen**	**Diktat**
Karre (→ Tasse)	Rose (→ Hose)	Luxus (→ Luchs)
Speer (→ Pferd)	Zahn (→ Hahn)	Messer (→ Wetter)
Glas (→ Rad)	Zirkus (→ Ritus)	Mosaik (→ Musik)
Wurst (→ Buch)	Dorf (→ Norm)	Fahrzeug (→ Fazit)
Schuh (→ Stuhl)	Axt (→ Hast)	Motor (→ Motto)
Spaten (→ Straße)	Kröte (→ Chronik)	Gemüse (→ Gemüt)

Tabelle 3 **Beispiele für RBs formale Wortsubstitutionen im mündlichen Benennen, lauten Lesen und Diktatschreiben**

Eine phonologische Analyse von RBs formalen Fehler im mündlichen Benennen zeigte eine hohe Zielwortübereinstimmung in der Wortart (95 Prozent), in der Silbenzahl (92 Prozent), im Akzentmuster (97,8 Prozent) und auch in den betonten Vokalen (79 Prozent). Die Übereinstimmung bei den Anlauten war jedoch mit 38 Prozent überraschend niedrig gemessen an den Überlappungsmustern bei den Malapropismen.

Zwei weitere Ergebnisse waren aus der Sicht einer streng modularen und seriellen Theorie unerwartet: (1) Sowohl beim Diktatschreiben als auch beim Lesen kam es zu Abstraktheitseffekten, das heißt, die Anzahl formaler Paralexien beziehungsweise Paragraphien war bei den abstrakten Zielwörtern signifikant größer als bei den konkreten Zielwörtern. (2) Ein hoher Anteil formal bezogener Paraphasien im mündlichen Benennen zeigte eine zusätzliche semantische Beziehung zum Zielwort (>20 Prozent; zum Beispiel *Boot* zu *Floß*). Reine semantische Paraphasien traten nur selten auf.

Welcher der oben genannten Erklärungsansätze ist mit dem Verhaltensmuster von RB kompatibel? Beginnen wir mit dem segmentalen Ansatz: In der Tat gibt es keinen (bekannten) Grund, warum phonematische Paraphasien genau jene Segmente umgehen sollten, die zufällig für lexikalische Unterscheidungen kritisch sind. Deshalb kann der segmentale Ansatz nicht generell als eine mögliche Erklärung der Entstehung von formalen Paraphasien ausgeschlossen werden. Für RBs formale Fehler muß ein rein segmentaler Erklärungsansatz jedoch als sehr unplausibel angesehen werden. Seit Beginn seiner Aphasie waren Ganzwortfehler viel häufiger als segmentale Fehler, und 16 Monate nach Beginn waren phonematische Paraphasien und Neologismen nahezu verschwunden, während formale Paraphasien und zugleich phonologisch und semantisch bezogene Wortsubstitutionen etwa 40 Prozent seiner Benennreaktionen ausmachten. Dieses Reaktionsmuster ist völlig unvereinbar mit der Hypothese einer zufälligen Entstehung ganzer Wörter im Zusammenhang segmentaler Konfusionen.

Versuchen wir, RBs Fehler- und Verhaltensmuster zu der seriellen und modularen Modellhypothese von Garrett in Beziehung zu setzten, so stehen zwei empirische Befunde im Widerspruch zu ihren Voraussagen. Erstens konnte gezeigt werden, daß der Faktor »Abstraktheit/Konkretheit« die Anzahl formaler Wortsubstitutionen im Lesen und Diktatschreiben beeinflußte. Dieser Zusammenhang zwischen semantischen Faktoren und dem Auftreten formaler Fehler ist nicht kompatibel mit der Theorie einer strengen seriellen Aktivierung von Wortbedeutungen und -formen innerhalb vollständig autonomer Prozeßebenen. Nach der modularen Theorie einer autonomen Semantik-Komponente wäre bei den abstrakten Items allein eine Zunahme semantischer Fehler erwartbar gewesen, nicht jedoch formbezogener Fehler. Zweitens zeigte ein großer Anteil von RBs formalen Fehlern eine zusätzliche semantische Ähnlichkeit zum Zielwort. Die hohe Frequenz von formalen/semantischen Paraphasien ist nicht vereinbar mit einer modularen Zwei-Stufen-Theorie der lexikalischen Selektion. Dieser Theorie zufolge sollten doppelt bezogene Wortsubstitutionen das Zufallsniveau nicht übersteigen, genauer: sie sollten nicht häufiger sein als die Summe der Wahrscheinlichkeiten für das Auftreten von formalen Paraphasien mit semantischem Bezug und von semantischen Paraphasien mit phonologischem Bezug (vgl. Martin et al., 1989). Der Anteil dieses Fehlertyps bei RB von etwa 20 Prozent läßt sich mit Zufallshypothesen nicht mehr erklären. Es kommt hinzu, daß reine semantische Fehler nur selten auftraten. Auf der anderen Seite sind beide Ergebnisse – der Abstraktheitseffekt und die hohe Frequenz doppelt bezogener Fehler – konsistent mit einer Theorie, die parallel-interaktive Prozesse in der lexikalischen Aktivierung erlaubt.

In bezug auf die Modellierung des Wortproduktionsprozesses kann somit festgehalten werden, daß das Fehlermuster bei RB nicht mit einer strengen seriellen Zwei-Stufen-Theorie von Garrett verträglich ist. Stattdessen geben die Daten Evidenzen für die Möglichkeit einer Interaktion (Feedforward und Feedback) zwischen den Ebenen oder Komponenten der Wortbedeutungs- und Wortformverarbeitung. Die Annahme einer interaktiven Kooperation beider Ebenen ist in dem Modell von Levelt (1989) durch einen Pfeil von der Komponente für »phonological encoding« hoch zur Komponente für »grammatical encoding« dargestellt worden (vgl. ähnlich den Feedback-Pfeil zwischen den bedeutungs- und formbezogenen Verarbeitungsprozessen auf der Wortebene in Abbildung 6).

Wie schon oben beschrieben, fanden Fay und Cutler und andere Forscher eine hohe Anlautübereinstimmung zwischen den Malapropismen und ihren Zielwörtern. Vor dem Hintergrund dieser psycholinguistischen Studien ist das Korrespondenzmuster bei RBs formalen Paraphasien überraschend. Die phonologische Analyse zeigte, daß die Anlautübereinstimmung vergleichsweise gering war, während die Überlappung in den Stammvokalen zwischen Zielwort und Paraphasie sehr hoch war. Dieses Ergebnis legt nahe, unterschiedliche Mechanismen für Malapropismen und RBs formale Paraphasien anzunehmen. Die Entstehung von RBs formalen Paraphasien scheint im Gegensatz zu den meisten Malapropismen mit Problemen der Anlautaktivierung im Zusammenhang zu stehen. In der Tat scheinen Anlaute verglichen mit anderen Segmentpositionen einen Sonderstatus einzunehmen. Dies wird auch deutlich aus Versprecheranalysen, die eine besonders hohe Anfälligkeit von initialen Konsonanten für segmentale Vertauschungen beschrieben haben (zum Beispiel Shattuck-Hufnagel, 1987; Dell, 1988). Denkbar ist die Hypothese, daß Anlaute ein höheres Maß an Aktivierung benötigen als andere Segmente. Im folgenden soll die Rolle phonematischer Segmente für die Entstehung von Malapropismen und formalen Paraphasien im Rahmen der Interaktiven Aktivationstheorie genauer beschrieben werden.

Entscheidend für den Erklärungsansatz von formbezogenen Wortsubstitutionen innerhalb der Interaktiven Aktivationstheorie sind die Interaktionsprozesse und deren Störungen zwischen den aktivierten Wortformen auf der einen Seite und ihren Segmenten auf der anderen Seite. Anders als Levelts Modell, das die Wortform- und Segmentverarbeitung in einer Komponente (»phonological encoding«) situiert, gehen Vertreter der Interaktiven Aktivationstheorie von mindestens drei Ebenen der Sprachverarbeitung aus, der semantischen, der Wortform- und der Phonem-Ebene (oder Segment-Ebene)[6]. Abbildung 7 zeigt das

---

6 Aus neurolinguistischer Sicht ist die Entscheidung, ob die Phonem-Ebene eine eigene Komponente darstellt oder ob sie ein Teilsystem einer übergeordneten phonologischen Verarbeitungskomponente ist, gegenwärtig nicht leicht zu treffen. Evidenzen für eine deutliche Unterscheidung im Modell und die relative Dissoziabilität lexikalischer und segmentaler Prozesse kommen

oben benutzte Modell der Wortproduktion, das um eine Komponente der Aktivierung und Verarbeitung von Segmenten von Phonem-Größe erweitert wurde. Zwischen den formbezogenen lexikalischen Prozessen und den sublexikalischen, segmentalen Prozessen werden interaktive Aktivierungsabläufe angenommen, wie die Feedback-Schleife anzeigt.

Es ist vorstellbar, daß der Feedback-Prozeß von seiten der Segmente an unterschiedlichen Stellen der Segmentkette zusammenbricht. So scheinen Normalsprecher bei ihren Malapropismen in der Regel relativ spät, das heißt nach dem Anlaut »aus der Spur zu kommen«, und konkurrierende Wörter können sich dann durchsetzten. Bei RB schienen Vokale im Inlaut gut aktiviert werden zu können, während die Aktivierbarkeit der initialen Konsonanten und damit die zur korrekten lexikalischen Selektion notwendige Feedback-Schleife an dieser Wortposition pathologisch geschwächt war. Daß in der Tat ein Zusammenhang zwischen der geschwächten Aktivierung initialer Konsonanten und der Produktion von formalen Paraphasien bei RB bestand, zeigte der Sachverhalt, daß die Anzahl seiner formalen Paraphasien bei Vorgabe von Anlauthilfen signifikant zurückging.

Abbildung 8 illustriert die interaktive Aktivationsschleife zwischen den aktivierten Wortformen und den phonematischen Segmenten. In diesem Beispiel soll *Waage* das Zielwort bilden. Das Beispiel zeigt, daß zusammen mit dem Zielwort *Waage* ähnlich klingende zweisilbige Nomina wie zum Beispiel *Hase*, *Vase*, *Sage* etc. wegen ihrer formalen Ähnlichkeit aktiviert sind. Jede Phonemkategorie trägt Informationen über ihre sequentielle Position und benutzt dieses Wissen für die segmentale Selektion (vgl. Dell, 1988). Wesentlich ist in diesem Modell, daß die exakte phonematische Form der gespeicherten Wortformen nicht verfügbar ist, bevor die Aktivation der Segmente abgeschlossen ist. Das bedeutet, daß sowohl die Segment- als auch die Morphemebene zur phonematischen Spezifizierung des Zielwortes beitragen. Im Falle einer gestörten Interaktion zwischen der Wortform- und der Segmentebene ist das Zustandekommen von formalen Wortsubstitutionen möglich.

---

insbesondere aus der Alexie- und Agraphieforschung. Innerhalb der spontanen mündlichen Sprachproduktion kann meines Erachtens von einer relativ engen interaktiven Kooperation beider Ebenen ausgegangen werden. Neurolinguistische Evidenzen für den Komponentenstatus der Phonem-Ebene könnten zum Beispiel durch eine Falldarstellung eines Aphasikers mit besseren Leistungen beim Nachsprechen von Pseudowörtern im Vergleich zu realen Wörtern geliefert werden. Da die Frage vor dem jetzigen Forschungsstand relativ offen ist, gleichzeitig jedoch Vertreter der Interaktiven Aktivationstheorie und viele Vertreter der Logogen-Theorie von einer Segment-Ebene neben der Lexikon-Ebene ausgehen, entscheide ich mich hier für die Einführung einer getrennt aufgeführten, aber nicht-autonomen Phonem- oder Segment-Ebene (vgl. Bub, Black, Howell & Kertesz, 1987, für neurolinguistische Evidenzen für eine Interaktion zwischen lexikalischen und phonematisch-segmentalen Prozessen).

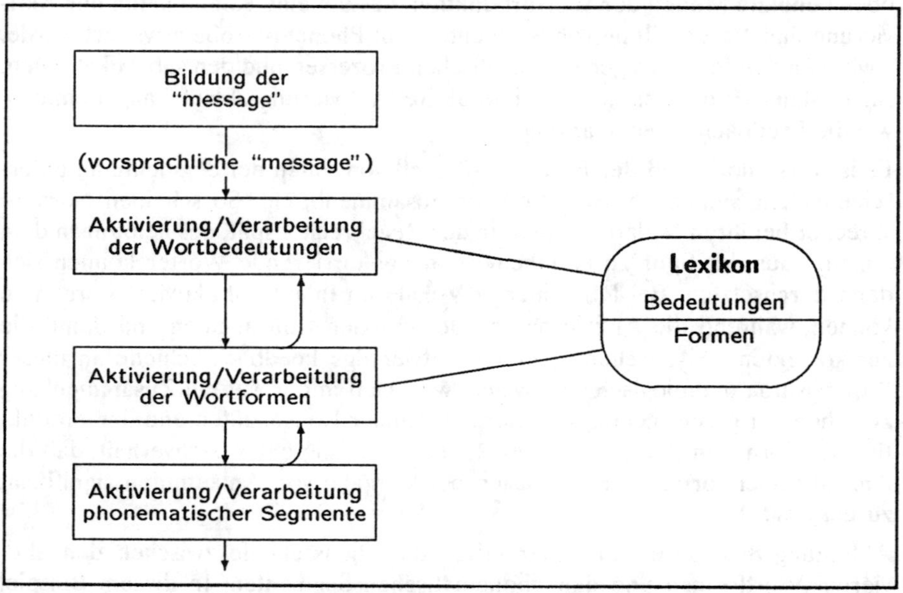

Abbildung 7 Das Modell der Wortproduktion erweitert um eine Ebene der segmentalen (phonematischen) Verarbeitung.

Die Figur konzentriert sich auf die Abbildung der Interaktionsprozesse zwischen den Einheiten auf der Wortform-Ebene und der phonematischen Segment-Ebene. Jedes Segment besitzt Informationen über seine sequentielle Position im Wort (angezeigt durch die Indices $_i$, $_f$, und $_s$ für prävokalischer Konsonant, postvokalischer Konsonant, und Suffix-Vokal. Die durchbrochene Linie symbolisiert eine gestörte Interaktion zwischen dem Segment /v/ und dem Zielwort *Waage*. /h/ ist das höchst aktivierte Segment und verursacht die Selektion der formalen Paraphasie *Hase*.

In Interaktiven Aktivationstheorien der Sprachproduktion wurde bisher angenommen, daß die Aktivation der Segmente parallel erfolgt, das heißt, daß der Informationsfluß alle segmentalen Einheiten gleichzeitig erreicht ohne jede sequentielle Präferenz. Neuere Ergebnisse der Versprecherforschung (vgl. die oben erwähnte Anfälligkeit initialer Konsonanten für segmentale Konfusionen; Shattuck-Hufnagel, 1979, 1987; Dell, 1988) und auch der hier diskutierte Fall legen nahe, daß die segmentale Wortorganisation sequentiellen Effekten, das heißt Links-Rechts-Effekten ausgesetzt ist. In Abbildung 8 sind auf der Phonem-Ebene Links-Rechts-Verbindungen eingetragen, um den sequentiellen Charakter der phonematischen Aktivierung abzubilden.

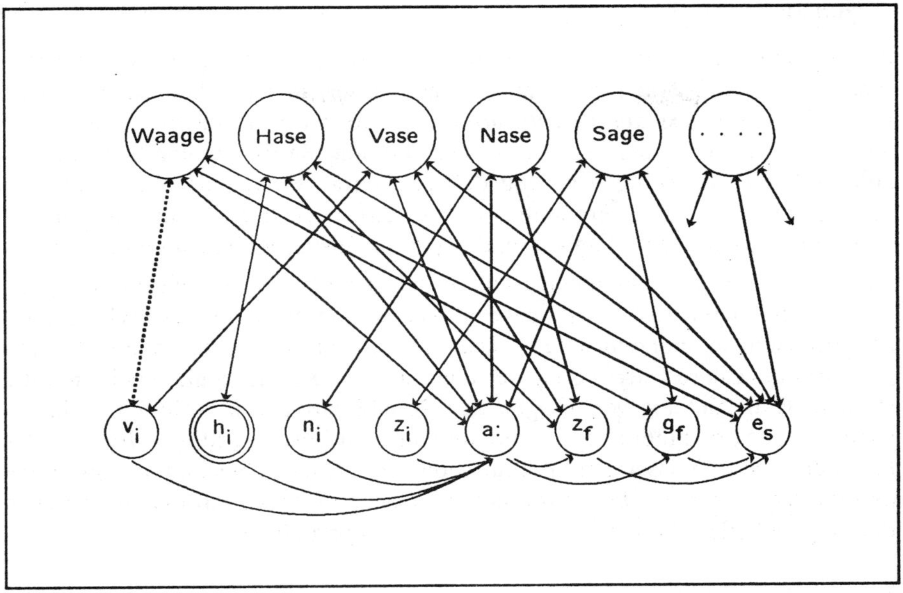

Abbildung 8 Ausschnitt aus einem Interaktiven Aktivationsmodell der Wortproduktion

Der Einfluß lexikalischen Wissens kann wiederum die sequentielle Aktivierung der Phoneme steuern. Angenommen *Waage* ist das Zielwort (vgl. Abbildung 8) und aufgrund einer gestörten Interaktion zwischen der Wortform *Waage* und dem Phonem /vi/ wird das Phonem /hi/ am höchsten aktiviert, was sich positiv auf alle Wortformen mit dem Initial /h/ auswirkt. Allerdings existiert im Deutschen kein selbständiges Wort /ha:ge/, und bei Fehlaktivation von initialem /h/ könnte *Hase* statt des Zielwortes *Waage* aktiviert werden unter Einschluß der postvokalischen Veränderung /g/→/z/. In solchen Fällen kann die postvokalische Veränderung induziert werden durch eine Fehlselektion des initialen Konsonanten, das heißt, die Veränderung tritt nur als Folgefehler zu einem früheren Phonemselektionsfehler auf.

Insgesamt gesehen können somit RBs formale Paraphasien nicht allein auf Probleme der Wortform-Selektion zurückgeführt werden. Stattdessen müssen semantische, phonologisch-lexikalische und segmentale Einflüsse auf die Fehlerentstehung angenommen werden. Serielle und streng modulare Modelle waren nicht in der Lage, RBs Fehler- und Verhaltensmuster zu erklären. Die Annahme interaktiver Prozesse zwischen bestimmten Ebenen der Sprachverarbeitung ist hingegen kompatibel mit dem bei RB gefundenen Störungsmuster.

Schluß

Am Anfang dieses einleitenden Kapitels stand die Frage nach den theoretischen Zielen und dem praktischen Vorgehen der linguistischen Aphasiologie. Am Beispiel der lexikalischen Verarbeitung haben wir zu zeigen versucht, daß das Ziel ein verbessertes Verständnis der funktionalen Entstehungsbedingungen aphasischer Fehlleistungen ist und daß das Vorgehen aus einer Detailanalyse der (spontanen und experimentell evozierten) Verhaltensphänomene aphasischer Patienten vor dem Hintergrund psycholinguistischer Theorien besteht.

Die in diesem Band zusammengestellten Beiträge können die Leistungsfähigkeit eines psycholinguistisch ausgerichteten Ansatzes in der Aphasieforschung meines Erachtens in überzeugender Weise demonstrieren. Von besonderer Bedeutung für die weitere Entwicklung der linguistischen Aphasiologie scheint mir die stärkere Einbeziehung von Fragen der Rehabilitation von Aphasikern, insbesondere der Sprachtherapie und des sprachlichen Lernens, zu sein. In dem Maße, in dem unser Wissen über die funktionalen Ursachen bestimmter Symptome und die Verfahren der Diagnose dieser Ursachen wächst, verbessern sich auch die Möglichkeiten für gezielte therapeutische Interventionen.

Literatur

Aitchison, J. (1987) *Words in the Mind. An Introduction to the Mental Lexicon.* Oxford: Blackwell.

Aitchison, J. & Straf, M. (1982) Lexical storage and retrieval: A developing skill? In: A. Cutler (1982) *Slips of the Tongue and Language Production.* Berlin: Mouton.

Albert, M. & Milberg, W. (1989) Semantic processing in patients with Alzheimer's disease. *Brain and Language, 37,* 163-171.

Baars, B. J., Motley, M. T. & MacKay, D. G. (1975) Output editing for lexical status in artificially elicited slips of the tongue. *Journal of Verbal Learning and Verbal Behavior, 14,* 382-391.

Beauvois, M. F. & Saillant, B. (1985) Optic aphasia for colours and colour agnosia: A distinction between visual and visuo-verbal impairments in the processing of colours. *Cognitive Neuropsychology, 2,* 1-48.

Beauvois, M. F., Saillant, B., Meininger, V. & Lhermitte, F. (1978) Bilateral tactile aphasia: A tacto-verbal dysfunction. *Brain, 101,* 381-401.

Berg, Th. (1988) *Die Abbildung des Sprachproduktionsprozesses in einem Aktivationsmodell.* Tübingen: Niemeyer.

Bierwisch, M. (1970) Fehler-Linguistik. *Linguistic Inquiry, 1,* 397-414.

Blanken, G. (1986) *Gestörtes Sprachverhalten bei seniler Demenz und Aphasie.* Diss. phil., Freiburg i. Br..

Blanken, G. (1988a) Anmerkungen zur Methodologie der Kognitiven Neurolinguistik. *Neurolinguistik, 2,* 127-147.

Blanken, G. (1988b) Zur Ausgrenzbarkeit der linguistischen Formulierungsprozesse. Neurolinguistische Evidenzen. In: G. Blanken, J. Dittmann & C. W. Wallesch (Hgg.) *Sprachproduktionsmodelle. Neuro und psycholinguistische Theorien zur menschlichen Spracherzeugung.* Freiburg: HochschulVerlag.

Blanken, G. (1990) Formal paraphasias: A single case study. *Brain and Language, 38,* 534-554.

Blanken, G. (1991) Objektbenennen bei seniler Demenz vom Alzheimertyp und bei Wernicke-Aphasie: Die Rolle des semantischen Kontextes. In: J. Tesak (Hg.) *Neuro- und Patholinguistik. Grazer Linguistische Studien, 35,* 129-141.

Blanken, G., Dittmann, J., Haas, J. C. & Wallesch, C. W. (1987) Spontaneous speech in senile dementia and aphasia. Implications for a neurolinguistic model of language production. *Cognition, 27,* 247-274.

Blumstein, S. E., Milberg, W. & Shrier, R. (1982) Semantic processing in aphasia: Evidence from an auditory lexical decision task. *Brain and Language, 17,* 301-315.

Bradley, D. C., Garrett, M. F. & Zurif, F. B. (1980) Syntactic deficits in Broca's aphasia. In: D. Caplan (ed.) *Biological Studies of Mental Processes.* Cambridge, Mass.: MIT Press.

Bresnan, J. (ed.) (1982) *The Mental Representation of Grammatical Relations.* Cambridge, MA: The MIT Press.

Browman, C. P. (1978) Tip of the tongue and slip of the ear: Implications for language processing. UCLA Working Papers in Phonetics, 42.

Brown, R. & McNeill, D. (1966) The "tip of the tongue" phenomenon. *Journal of Verbal Learning and Verbal Behaviour, 5,* 325-337.

Bub, D., Black, S., Howell, J. & Kertesz, A. (1987) Damage to input and output buffers – what's a lexicality effect doing in a place like that? In: E. Keller & M. Gopnik (eds.) *Motor and Sensory Processes of Language.* Hillsdale, NJ: Erlbaum.

Buckingham, H. W. (1980) On correlating aphasic errors with slips-of-the-tongue. *Applied Psycholinguistics, 1,* 199-220.

Buckingham, H. W. (1987) Phonemic paraphasias and psycholinguistic production models for neologistic jargon. *Aphasiology, 1,* 381-400.

Butterworth, B., Howard, D. & McLoughlin, P. (1984) The semantic deficit in aphasia: The relationship between semantic errors in auditory comprehension and picture naming. *Neuropsychologia, 22,* 409-426.

Caplan, D. (1987) *Neurolinguistics and Linguistic Aphasiology. An Introduction.* Cambridge, Mass.: University Press.

Caramazza, A. & Hillis, A. E. (1990) Where do semantic errors come from? *Cortex, 26,* 95-122.

Chertkow, H., Bub, D. & Seidenberg, M. (1989) Priming and semantic memory loss in Alzheimer's disease. *Brain and Language, 36,* 420-446.

Crystal, D. (1984) *Linguistic Encounters with Language Handicap.* Oxford: Blackwell.

De Partz, M.-P. (1986) Re-education of a deep dyslexic patient. Rationale of the method and results. *Cognitive Neuropsychology, 3,* 149-177.

Dell, G. S. (1984) Representation of serial order in speech: Evidence from the repeated phoneme effect in speech errors. *Journal of Experimental Psychology, Learning, Memory, and Cognition, 10,* 222-233.

Dell, G. S. (1985) Positive feedback in hierarchical connectionist models: Application to language production. *Cognitive Science, 9,* 3-23.

Dell, G. S. (1986) A spreading-activation theory of retrieval in sentence production. *Psychological Review, 93,* 283-321.

Dell, G. S. (1988) The retrieval of phonological forms in production: Tests of predictions from a connectionist model. *Journal of Memory and Language, 27,* 124-142.

Dell, G. S. & Reich, P. A. (1981) Stages in sentence production: An analysis of speech error data. *Journal of Verbal Learning and Verbal Behavior, 20,* 611-629.

Dennis, M. (1976) Dissociated naming and locating of body parts after left anterior temporal lobe resection: An experimental case study. *Brain and Language, 3,* 147-163.

Ellis, A. W. (1982) Spelling and writing (and reading and speaking). In: A. W. Ellis (ed.) *Normality and Pathology in Cognitive Functions.* London: Academic Press.

Ellis, A. W. (1985) The production of spoken words: A cognitive neuropsychological perspective. In: A.W. Ellis (Hg.) *Progress in the Psychology of Language, Vol. 2.* London: Erlbaum.

Fay, D. & Cutler, A. (1977) Malapropisms and the structure of the mental lexicon. *Linguistic Inquiry, 8,* 505-520.

Fodor, J. A. (1983) *The Modularity of Mind.* Cambridge, Mass.: MIT Press.

Fodor, J., Bever, T. & Garrett, M. F. (1974) *The Psychology of Language.* New York: McGraw-Hill.

Friederici, A. D. (1984) *Neuropsychologie der Sprache.* Stuttgart: Kohlhammer.

Friederici, A. D. (1987) *Kognitive Strukturen des Sprachverstehens.* Berlin: Springer.

Fromkin, V. A. (1971) The non-anomalous nature of anomalous utterances. *Language, 47,* 27-52.

Garrett, M. F. (1982) Production of speech: Observations from normal and pathological use. In: A. W. Ellis (Hg.) *Normality and Pathology in Cognitive Functions.* London: Academic Press.

Garrett, M. F. (1984) The organization of processing structure for language production. Applications to aphasic speech. In: D. Caplan, A. R. Lecours & A. Smith (eds.) *Biological Perspectives on Language.* Cambridge, Mass.: MIT Press.

Garrett, M. F. (1990) Sentence processing. In: D. Osherson & H. Lasnik (eds.) *An Invitation to Cognitive Science: Language, Vol. 3.* Cambridge, Mass.: MIT Press.

Goodglass, H. & Budin, C. (1988) Category and modality specific dissociations in word comprehension and concurrent phonological dyslexia. *Neuropsychologia, 26,* 67-78.

Goodglass, H., Klein, B., Carey, P. & Jones, K. J. (1966) Specific semantic word categories in aphasia. *Cortex, 2,* 74-89.

Hagoort, P. (1988) *Temporal aspects of semantic priming in aphasia. Paper presented at the Academy of Aphasia, October 16-18, 1988,* Montreal.

Hanke, R. (1987) Zur Therapie schriftsprachlicher Störungen bei Aphasie. Eine modellorientierte Einzelfallanalyse. *Neurolinguistik, 1,* 41-55.

Hart, J., Berndt, R. S. & Caramazza, A. (1985) Category-specific naming deficit following cerebral infarction. *Nature, 316,* 439-440.

Hillis, A. E. & Caramazza, A. (in Vorbereitung) Category specific semantic deficit in naming and comprehension but not in reading: Evidence for the interaction of lexical and nonlexical phonological processes in spoken production.

Hillis, A. E., Rapp, B., Romani, C. & Caramazza, A. (1990) Selective impairment of semantics in lexical processing. *Cognitive Neuropsychology, 7,* 191-243.

Howard, D. & Orchard-Lisle, V. (1984) On the origin of semantic errors in naming: Evidence from the case of a global aphasic. *Cognitive Neuropsychology, 1,* 163-190.

Howard, D., Patterson, K., Franklin, S., Morton, J. & Orchard-Lisle, V. (1984) Variability and consistency in picture naming by aphasic patients. In: F. C. Rose (ed.) *Advances in Neurology, Vol. 42: Progress in Aphasiology.* New York: Raven Press.

Huber, W., Poeck, K. & Weniger, D. (1989) Aphasie. In: K. Poeck (Hg.) *Klinische Neuropsychologie.* Stuttgart: Thieme. (1. Auflage 1982).

Huber, W., Poeck, K., Weniger, D. & Willmes, K. (1983) *Der Aachener Aphasie-Test (AAT).* Göttingen: Hogrefe.

Huff, F. J., Corkin, S. & Growdon, J. H. (1986) Semantic impairment and anomia in Alzheimer's disease. *Brain and Language, 28,* 235-249.

Huff, F. J., Mack, L., Mahlmann, J. & Greenberg, S. (1988) A comparison of lexical-semantic impairments in left hemisphere stroke and Alzheimer's disease. *Brain and Language, 34,* 262-278.

Humphreys, G. W. & Riddoch, M. J. (1988) On the case for multiple semantic systems: A reply to Shallice. *Cognitive Neuropsychology, 5,* 143-150.

Hurford, J. R. (1981) Malapropisms, left-to-right listing, and lexicalism. *Linguistic Inquiry, 12,* 419-423.

Johannsen-Horbach, H. & Wallesch, C. W. (1988) Sprachproduktionsmodelle und »nonverbale« Behandlungsmethoden in der Aphasietherapie. In: G. Blanken, J. Dittmann & C. W. Wallesch (Hgg.) *Sprachproduktionsmodelle. Neuro- und psycholinguistische Theorien der menschlichen Spracherzeugung.* Freiburg: HochschulVerlag.

Kelter, S. (1990) *Aphasien. Hirnorganisch bedingte Sprachstörungen und Kognitive Wissenschaft.* Stuttgart: Kohlhammer.

Kelter, S., Höhle, B. & Merdian, G. (1989) Bahnung und Interferenz bei der Bildbenennung von Aphasikern. *Neurolinguistik, 3,* 35-56.

Kremin, H. (1988) Naming and its disorders. In: F. Boller & J. Grafman (eds.) *Handbook of Neuropsychology, Vol. 1.* New York: Elsevier.

Kremin, H. & Ohlendorf, I. (1988) Einzelwortverarbeitung im Logogenmodell. Neurolinguistische Evidenzen. *Neurolinguistik, 2,* 67-100.

Lecours, A. R. (1982) On neologisms. In: J. Mehler, E. C. T. Walker & M. Garrett (eds.) *Perspectives on Mental Representations.* Hillsdale, N.J.: Erlbaum.

Lecours, A. R., Deloche, G. & Lhermitte, F. (1973) Paraphasies phonémiques: description et simulation sur ordinateur. In: *Colloques I.R.I.A.-Informatique Médicale (Vol. 1),* 311-350), Institut de Recherche d'Informatique et d'Automatique, Rocquencourt, 1973.

Lesser, R. (1987) Cognitive neuropsychological influences on aphasia therapy. *Aphasiology, 1,* 189-200.

Levelt, W. J. M. (1989) *Speaking. From Intention to Articulation.* Cambridge, MA: MIT Press.

Lhermitte, F. & Beauvois, M. F. (1973) A visual-speech disconnection syndrome: Report of a case with optic aphasia, agnosic alexia, and colour agnosia. *Brain, 96,* 695-714.

Luria, A. R. (1974) Language and the brain: Towards the basic problems of neurolinguistics. *Brain and Language, 1,* 1-14.

Marshall, J. C. (1987) Routes and representations in the processing of written language. In: E. Keller & M. Gopnik (eds.) *Motor and Sensory Processes of Language.* Hillsdale, N.J.: Lawrence Erlbaum.

Martin, N., Weisberg, R. W. & Saffran, E. M. (1989) Variables influencing the occurrence of naming errors: Implications for models of lexical retrieval. *Journal of Memory and Language, 28,* 462-485.

McClelland, J. L. & Rumelhart, D. E. (1981) An interactive activation model of context effects in letter perception: Part I. An account of basic findings. *Psychological Review, 88,* 375-407.

McKenna, P. & Warrington, E. K. (1978) Category-specific naming preservation: A single case study. *Journal of Neurology, Neurosurgery, and Psychiatry, 41,* 571-574.

Michel, F. (1979) Préservation du langage écrit malgré un déficit majeur du langage oral (A propos d'un case clinique). *Lyon Médical, 241,* 141-149.

Milberg, W. & Blumstein, S. E. (1981) Lexical decision and aphasia. Evidence for semantic processing. *Brain and Language, 14,* 371-385.

Milberg, W., Blumstein, S. E. & Dworetzky, B. (1987) Processing of lexical ambiguities in aphasia. *Brain and Language, 31,* 138-150.

Miller, D. & Ellis, A. W. (1987) Speech and writing errors in "neo-logistic jargonaphasia": A lexical activation hypothesis. In: M. Coltheart, G. Sartori & R. Job (eds.) *The Cognitive Neuropsychology of Language.* London: Erlbaum.

Morton, J. (1979) Facilitation in word recognition: Experiments causing change in the logogen model. In: P. A. Kolers & H. Bouma (eds.) *Processing of Visible Language.* New York: Plenum.

Morton, J. (1980) The logogen model and orthographic structure. In: U. Frith (ed.) *Cognitive Processes in Spelling.* London: Academic Press.

Morton, J. (1981) The status of information processing models of language. *Philosophical Transactions of the Royal Society of London, B 295,* 387-396.

Nebes, R. D., Boller, F. & Holland, A. (1986) Use of semantic context by patients with Alzheimer's disease. *Psychology and Aging, 1,* 261-269.

Nebes, R. D., Martin, D. C. & Horn, L. C. (1984) Sparing of semantic memory in Alzheimer's disease. *Journal of Abnormal Psychology, 93,* 321-330.

Nooteboom, S. G. (1969) The tongue slips into patterns. Reprinted in: V. Fromkin (ed.) (1973) *Speech Errors as Linguistic Evidence.* The Hague: Mouton.

Patterson, K. E. & Shewell, C. (1987) Speak and spell: Dissociations and word-class effects. In: M. Coltheart, G. Sartori & R. Job (eds.) *The Cognitive Neuropsychology of Language.* London: Erlbaum.

Pease, D. M. & Goodglass, H. (1978) The effects of cueing on picture naming in aphasia. *Cortex, 14,* 178-189.

Peuser, G. (1978) *Aphasie.* München: Fink.

Riddoch, M. J., Humphreys, G. W., Coltheart, M. & Funnell, E. (1988) Semantic systems or system? Neuropsychological evidence reexamined. *Cognitive Neuropsychology, 5,* 3-25.

Rumelhart, D. E. & McClelland, J. L. (1982) An interactive activation model of context effects in letter perception: Part 2. The contextual enhancement effect and some tests and extensions of the model. *Psychological Review, 89,* 60-94.

Schlenck, K.-J., Huber, W. & Willmes, K. (1987) "Prepairs" and "repairs": Different monitoring functions in aphasic language production. *Brain and Language*, 226-244.

Schuell, H. (1950) Paraphasia and paralexia. *Journal of Speech and Hearing Disorders, 15,* 291-306.

Schwartz, M. F. (1987) Patterns of speech production deficit within and across aphasia syndromes: Application of a psycholinguistic model. In: M. Coltheart, G. Sartori & R. Job (eds.) *The Cognitive Neuropsychology of Language.* London: Erlbaum.

Shallice, T. (1987) Impairments of semantic processing: Multiple dissociations. In: M. Coltheart, G. Sartori & R. Job (eds.) *The Cognitive Neuropsychology of Language.* London: Erlbaum.

Shattuck-Hufnagel, S. (1979) Speech errors as evidence for a serial order mechanism in sentence production. In: W. E. Cooper & E. C. T. Walker (eds.) *Sentence Processing.* Hillsdale, NJ: Erlbaum.

Shattuck-Hufnagel, S. (1987) The role of word-onset consonants in speech production planning: New evidence from speech error patterns. In: E. Keller & M. Gopnik (eds.) *Motor and Sensory Processes of Language.* Hillsdale, NJ.: Erlbaum.

Stemberger, J. P. (1984) Structural errors in normal and agrammatic speech. *Cognitive Neuropsychology, 1,* 281-313.

Stemberger, J. P. (1985) An interactive activation model of language production. In: A. W. Ellis (ed.) *Progress in the Psychology of Language, Vol. 1.* London: Erlbaum.

Tweney, R. D., Tkackz, S. & Zaruba, S. (1975) Slips of the tongue and lexical storage. *Language and Speech, 18,* 388-396.

Wallesch, C. W. (1988) Neurologische Sprachproduktionsmodelle. In: G. Blanken, J. Dittmann & C. W. Wallesch (Hgg.) *Sprachproduktionsmodelle. Neuro- und psycholinguistische Theorien der menschlichen Spracherzeugung.* Freiburg: HochschulVerlag.

Wallesch, C. W., Henriksen, L., Kornhuber, H.-H. & Paulson, O. B. (1985) Observations on regional cerebral blood flow in cortical and subcortical structures during language production in normal man. *Brain and Language, 25,* 224-233.

Warrington, E. K. (1975) The selective impairment of semantic memory. *Quarterly Journal of Experimental Psychology, 27,* 635-657.

Warrington, E. K. (1981) Concrete word dyslexia. *British Journal of Psychology, 72,* 175-196.

Warrington, E. K. & McCarthy, R. (1983) Category specific access dysphasia. *Brain, 106,* 859-878.

Warrington, E. K. & McCarthy, R. (1987) Categories of knowledge. Further fractionations and an attempted integration. *Brain, 110,* 1273-1296.

Warrington, E. K. & Shallice, T. (1984) Category-specific semantic impairments. *Brain, 107,* 829-854.

Warrington, E. K. & Shallice, T. (1979) Semantic access dyslexia. *Brain, 102,* 43-63.

Weinstein, E. A. & Keller, N. J. A. (1963) Linguistic patterns of misnaming in brain injury. *Neuropsychologia, 1,* 79-90.

Yamadori, A. & Albert, M. L. (1973) Word category aphasia. *Cortex, 9,* 83-89.

Zwicky, A. M. (1982) Classical malapropisms and the creation of a mental lexicon. In: L. K. Obler & L. Menn (eds.) *Exceptional Language and Linguistics.* New York: Academic Press.

2. Phonematische Störungen bei Aphasie

Jürgen Dittmann
Deutsches Seminar I der Universität Freiburg im Breisgau

Einleitung: Definitionen und Inhaltsübersicht

Gegenstand dieses Beitrages sind in erster Linie solche lautlichen Abweichungen in den Äußerungen von Aphasikern, die sich mit dem Vokabular der Phonologie – unter Ausschluß der Prosodie – *beschreiben* lassen. Dabei ist der Hinweis auf den zunächst nur deskriptiven Anspruch, den das Wort *beschreiben* ja impliziert, wichtig: Wie sich zeigen wird, ist die Frage nach den Ursachen, die für das Auftreten phonematischer Störungen verantwortlich gemacht werden können, also ihre *explanative* Erfassung, nicht allein in den Termini der Phonologie zu beantworten, sondern erfordert die Einbeziehung phonetischer Methoden (insbesondere von Methoden der »akustischen Phonetik«) und phonetischer Konzepte (vgl. im folgenden und unten, Abschnitt »Phonologie versus Phonetik«). Der Begriff »phonematisch« im Titel wird also hier in seiner weitesten Bedeutung (»Gesamtgebiet von Phonetik, Psychophonetik und Phonologie« verwendet; vgl. Lewandowski, 1985).

Neben dem Begriff des »Phonems«, der für die kleinsten bedeutungsunterscheidenden Einheiten des Sprachsystems steht (vgl. /h/ und /m/ im deutschen »Minimalpaar« *Haus* versus *Maus*), spielt der Begriff »phonologisches Merkmal« (auch: »distinktives Merkmal«) eine wichtige Rolle in diesem Beitrag. Phonologische Merkmale werden zumeist nach artikulatorischen, also phonetischen Kriterien definiert, das heißt in bezug auf die Bildungsweise der Lautsegmente. So läßt sich jeder Konsonant des Deutschen durch Angabe der Artikulationsstelle (labial, dental, alveolar, palatal, velar, uvular) und der Unterscheidung stimmhaft/stimmlos einerseits sowie der Artikulationsart (Verschlußlaute, Spiranten, Affrikaten, Nasale, Liquide) andererseits definieren (vgl. Heidolph, Flämig, Motsch et al., 1981). Das Phonem /p/ erhält mithin die Beschreibung »labialer, stimmloser Verschlußlaut«, das Phonem /b/ ist ein »labialer, stimmhafter Verschlußlaut«, das Phonem /n/ ein »dentaler, stimmhafter Nasal« usw.

Wenn man so das Phonem zugleich als kleinste bedeutungsunterscheidende Einheit des Sprachsystems und als Bündel phonologischer Merkmale beschreibt, ergibt sich eine Komplikation: Zum einen gibt es Lautsegmente, die nie in der gleichen Position eines Wortes stehen, also keine Opposition im Sinne eines Minimalpaares bilden können (vgl. deutsch *ich* (-/ç/) versus *Dach* (-/x/). In diesem Fall spricht man von zwei »kombinatorischen Varianten« eines Phonems (nämlich /x/). Zum anderen gibt es phonetisch nahe Realisierungsvarianten von Phonemen, die ebenfalls keine bedeutungsunterscheidende Funktion in einer Einzelsprache haben, so zum Beispiel im Deutschen das Zungen- und das Zäpfen-r ([r] versus [ʀ]); hier handelt sich um »fakultative Varianten«. Beide Variantentypen bezeichnet man auch mit dem Begriff »Allophon«. Als Oberbegriff zu »Phonem« und »Allophon« ist der Terminus »Segment« in Gebrauch (vgl. Heidolph et al., 1981: 148; Kent, 1983).

Eine *Abweichung* in der lautlichen Realisierung einer Äußerung liegt dann vor, wenn ein Segment oder mehrere Segmente in der Äußerung nicht dem/den erwartbaren (und möglicherweise auch intendierten) entspricht. Dabei sind zwei Fälle zu unterscheiden: Ein Segment kann abweichend artikuliert werden, derart, daß es weder dem Ziellaut, noch einem anderen Phonem der jeweiligen Sprache entspricht. Dann liegt eine »phonetische Verzerrung« (»phonetic distortion«; vgl. Blumstein, Cooper, Goodglass et al., 1980) oder »Lautentstellung« (Ziegler & v. Cramon, 1989) vor. Lautentstellungen unterlaufen auch in den Äußerungen Sprachgesunder, wenn diese »undeutlich« sprechen. Sie kennzeichnen aber vor allem die Dysarthrie, also Störungen der Sprechmotorik, die durch beeinträchtigte Funktionen der Sprechmuskulatur verursacht sind (vgl. Huber, 1989). Zum Beispiel kommt es hier zur Zentralisierung der Vokale, die dann alle ähnlich klingen wie der Schwa-Laut (das /e/ in unbetonten Silben), zur Erniedrigung hoher Vokale, so daß zum Beispiel /y/ eher wie /ø/ klingt, oder zur gedehnten und unpräzisen Bildung von Diphthongen. Weiterhin treten Lautentstellungen bei Patienten mit »Sprechapraxie« auf (vgl. den Beitrag von Ziegler, in diesem Band), bei denen zum Beispiel Hyper- und Hyponasalität (offenes beziehungsweise geschlossenes Näseln) und Abweichungen hinsichtlich der Artikulationsstelle (zum Beispiel Anstoßen der Zunge bei der Realisierung des /s/) vorkommen. Der Ziellaut kann aufgrund von Lautentstellungen noch erkennbar oder aber bis zur Unkenntlichkeit verändert sein, das heißt, das Segment ist dann nicht mehr als Phonem der jeweiligen Einzelsprache zu identifizieren.

Wird, zweitens, ein Segment geäußert, das ein anderes Phonem als das erwartbare repräsentiert, spricht man von »kategorialer Lautabweichung« (vgl. Ziegler & v. Cramon, 1989), im Fall des Vorliegens einer Sprachstörung, also unter pathologischen Bedingungen, von »phonematischer Paraphasie«. Es handelt sich per definitionem um eine Störung des »phonemischen Setup« eines Wortes, in Abgrenzung gegen »allophonische und/oder phonetische Ersetzungen« (Dressler, 1988). Terminologisch wäre es konsequenter, im vorliegenden Bei-

trag den Begriff »phonologische Paraphasie« (vgl. englisch »phonological paraphasia«) zu verwenden, denn »phonematisch« wird nun im engeren Sinne, das heißt unter Ausschluß der Phonetik verstanden. Jedoch hat sich im Deutschen der Begriff »phonematische Paraphasie« durchgesetzt[1]. Eine phonematische Paraphasie liegt demnach zum Beispiel vor, wenn ein Aphasiker beim Benennen nicht die Zielform *Kind* /kint/, sondern /kilt/ realisiert[2]. Dabei wird ein methodisches Problem deutlich: Das Erkennen einer phonematischen Paraphasie setzt die Identifikation einer (nicht geäußerten) Zielform voraus (vgl. Dressler, 1988), das heißt einen interpretativen Akt, der durchaus fehlgehen kann. Die Situation ist beim Benennen wegen des bekannten Zielwortes und der mithin bekannten Zielform weniger schwierig als zum Beispiel in der Spontansprache, wo die vom Patienten intendierte beziehungsweise vom Rezipienten erwartete Zielform unter Umständen nicht eindeutig bestimmt werden kann. So weist Blumstein (1973) darauf hin, daß in der spontansprachlichen Äußerung *I saw a /læt/* nicht zu entscheiden ist, ob der Patient /kæt/ *cat*, /ræt/ *rat* oder /næt/ *gnat* intendierte.

Wie dieses Beispiel zeigt, können phonematische Paraphasien zur Äußerung von in einer Einzelsprache nicht existenten phonologischen Formen führen. In einem weiter gefaßten Sinne dieses Terminus handelt es sich bei /læt/ um einen »Neologismus«, jedoch um einen solchen, der in gewisser Weise »zielformbezogen« zu sein scheint, bei dem also die intendierte Form nicht gänzlich unerschließbar ist (vgl. Buckingham, 1987). Ein Problem der Abgrenzung entsteht hier gegen möglicherweise lexikalisch-semantisch verursachte Neologismen, bei denen allerdings regelmäßig die phonologische Nähe der beteiligten Wörter beziehungsweise die Existenz einiger gemeinsamer Phoneme eine Rolle spielt. So diskutiert Dressler (1988) den Fehler eines Aphasikers, der das Zielwort englisch *abandon* (deutsch *preisgeben, zurücklassen*) als *abandomen* las. Hierbei scheint es sich um eine Kontamination des Zielwortes mit dem englischen Wort *abdomen* (deutsch *(Unter)leib, Bauch*) zu handeln.

Produziert ein Aphasiker eine phonologische Form, der selbst vom gutwilligen Hörer keine lexikalische Einheit der Muttersprache des Patienten zugeordnet werden kann, spricht man von »abstrusem Neologismus« (vgl. Lecours, 1982; Buckingham & Kertesz, 1976). Ein solcher ist in der folgenden Äußerung eines

---

1 Vgl. schon Pilch & Hemmer (1970), die unter der Überschrift »phonematische Aphasie« von einem Patienten berichten, bei dem »allein die Beherrschung des deutschen Phonemsystems [gestört war]«.

2 Im folgenden werden deutschsprachige Beispiele für phonematische Paraphasien dann ohne weiteren Kommentar der Forschungsliteratur oder Transkripten der Freiburger Forschungsgruppe »Neurolinguistik/Sprachpathologie« entnommen, wenn es lediglich um die Illustration verschiedener Typen von Paraphasien geht.

Wernicke-Aphasikers durch die Form *teránnegúnte* repräsentiert: *Ja ich bin ... ich war unter teránnegúnte* ... (Huber, Poeck & Weniger, 1989). Mit Neologismen (und dem sogenannten Jargon bei Aphasie) werde ich mich in einem eigenen Abschnitt befassen.

Ein Problem der Abgrenzung von phonematischen Paraphasien gegen lexikalisch-semantisch verursachte Fehler entsteht auch dann, wenn die geäußerte Form wieder einem Wort der jeweiligen Sprache entspricht, zum Beispiel im Fall der Realisierung von *Tanne* /tane/ anstelle des Zielwortes *Kanne* /kane/ beim Benennen. In einem solchen Fall könnte ja statt der phonematischen Paraphasie, hier der Ersetzung des Phonems /k/ durch /t/, auch eine »semantische Paraphasie« (in der englischsprachigen Forschungsliteratur auch »verbal paraphasia« genannt) vorliegen, das heißt die Abwahl eines falschen Wortes aus dem mentalen Lexikon. Die Entscheidung, welcher Typ von Paraphasie anzunehmen ist, kann nur interpretativ gefällt werden. Grob gesagt ist es bei semantisch wenig verwandten Wörtern (wie *Tanne* und *Kanne*) plausibler, eine phonematische Paraphasie anzunehmen, während bei semantisch nahen Wörtern eher von einer semantischen Paraphasie auszugehen ist. So spricht Blumstein (1973) zum Beispiel bei der Ersetzung von /ti:δ/ *to teethe* (*zahnen*) durch /ti:θ/ *teeth* (*Zähne*) von einer »offensichtlichen Ersetzung eines Wortes durch ein anderes«, einer »verbal paraphasia«. Hier liegt jedenfalls ein ungelöstes und wegen der unvermeidlichen interpretativen Komponente wohl auch nicht lösbares methodisches Problem ersten Ranges vor, das im Einzelfall durchaus zu falschen Zuordnungen führen kann (vgl. auch Buckingham, 1980).

Auch kategoriale Lautabweichungen kommen nicht nur in den Äußerungen von Aphasikern vor, sondern ebenso in denen anderer neurologischer Patienten, in Äußerungen von Schizophrenen und in denen Sprachgesunder. Bei letzteren handelt es sich dann um »Versprecher« auf Lautebene, die einer Beschreibung in Termini der Phonologie unterzogen werden können (vgl. Berg, 1988; Dittmann, 1988). Vergleiche zwischen Versprechern und phonematischen Paraphasien sind in der Forschungsliteratur häufig vorgenommen worden, da man sich von ihnen Aufschlüsse über die Natur dieser Fehlleistungen erhofft (vgl. unten, Abschnitt »Phonematische Paraphasien und Versprecher Sprachgesunder«).

Es ist einleuchtend, daß eine extreme Lautentstellung eines Segments zur Artikulation eines in der Einzelsprache existierenden Phonems führen kann, nur eben eines anderen als des intendierten. Eine phonematische Paraphasie könnte also eine extreme Lautentstellung repräsentieren, die vom Hörer als Instanz eines anderen Phonems als des Zielphonems perzipiert wird (vgl. Blumstein et al., 1980). Um die Frage entscheiden zu können, ob hier ursächlich ein Fehler auf der Ebene der phonologischen Planung einer Äußerung oder auf der Ebene der phonetisch-artikulatorischen Ausführung vorliegt, bedarf es, wie eingangs bereits erwähnt, einer akustisch-phonetischen Feinanalyse lautlich abweichender Äußerungen – ein derzeit in der Forschung intensiv verfolgtes Thema, das jedoch nicht im Zentrum dieses Beitrages steht (vgl. aber den Beitrag von Ziegler, in diesem Band, sowie unten, Abschnitt »Phonologie versus Phonetik«).

Phonematische Paraphasien sind in der Aphasiologie nicht zuletzt deshalb von besonderem Interesse, weil sie prinzipiell mit allen Aphasieformen einhergehen. Mit »Aphasieformen« bezeichne ich im folgenden durchweg die Syndrome im Sinne der Klassifikation nach dem »Aachener Aphasie-Test« (AAT; Huber, Poeck, Weniger & Willmes, 1983), der die sogenannte Standardsyndrome »amnestische«, »Broca-«, »Wernicke-« und »globale Aphasie« sowie die sogenannten Sonderformen »Leitungsaphasie« und »Transkortikale Aphasien« unterscheidet (vgl. Huber, Poeck & Weniger, 1989). Da unter anderem in der amerikanischen Forschungsliteratur häufig andere Klassifikationskriterien angewendet werden, zum Beispiel »flüssig« versus »nicht flüssig«, »anterior« versus »posterior«, gibt es jedoch gelegentlich Probleme der Vergleichbarkeit verschiedener Studien. Auffälligkeiten auf Lautebene wurden im übrigen zumeist an Patienten mit Broca-, Wernicke- und Leitungsaphasie untersucht (weniger an globalen Aphasikern – bei amnestischer Aphasie treten diese Auffälligkeiten weniger hervor), so daß es im folgenden zumeist um diese Patientengruppen gehen wird.

Einen weiteren Gegenstand dieses Beitrages stellen die »Wortfindungsstörungen« bei Aphasie dar, und zwar vor allem insoweit sie hypothetisch mit Problemen des Zugriffs auf die phonologische Form des gesuchten Wortes in Zusammenhang zu bringen sind. Auch Wortfindungsstörungen sind eine Erscheinung, die bei Sprachgesunden zu beobachten ist. Wir alle kennen das »Es-liegt-mir-auf-der-Zunge«-Phänomen (in der Forschungsliteratur »tip of the tongue state«=TOT genannt), bei dem wir wissen, daß wir das Zielwort kennen, bei dem wir häufig das Anfangsphonem und die Silbenzahl korrekt angeben können, ohne aber momentan die volle phonologische Form verfügbar zu haben (vgl. Brown & McNeill, 1966; Aitchison, 1987).

Der Gegenstandsbereich des vorliegenden Beitrages läßt sich auch im Rahmen gängiger psycholinguistischer Modelle der Sprachverarbeitung situieren: Im Modell von Levelt (1989), das in der Einleitung zu diesem Band vorgestellt wird, sind es die Komponenten »lexicon«, und zwar der Teil des Lexikons, der die »lexikalischen Formen« enthält[3], »phonological encoding« sowie die Reprä-

---

3 Levelt (1989) postuliert ein zweigeteiltes mentales Lexikon: Es enthält erstens »Lemmata«, das sind die Bedeutungseinträge der lexikalischen Einheiten, und zweitens »lexikalische Formen«, das sind die Informationen über die interne Struktur der Einheiten, also über Morphologie, silbischen und phonologischen Aufbau sowie Akzent. Die Information über die »lexikalischen Formen« kann nicht einfach abgerufen und an den »Artikulator« übergeben werden, denn es

sentationsebene »phonetic plan (internal speech)« und die Komponente »articulator«[4], die für das Thema »phonematische Störungen« von Belang sind.

Phonematische Paraphasien

Ein Klassifikationsvorschlag

Phonematische Paraphasien lassen sich, wie auch Versprecher Sprachgesunder auf Segmentebene, in die vier Typen »Phonemersetzung«, »-auslassung«, »-hinzufügung« und »Umgebungsfehler« einteilen (vgl. Blumstein, 1973). Eine Phonemersetzung liegt in der oben angeführten Substitution von /n/ durch /l/ (*Kinder→Kilder*) vor oder im Fall von *Kubel* für *Kugel*, eine Auslassung in *Schruch* statt *Spruch*, eine Hinzufügung in *Lotterie→Klotterie.* Unter »Umgebungsfehlern« versteht Blumstein Phonemsubstitutionen, die durch den Einfluß des phonologischen Kontextes entstehen. Ein erster Subtyp von Umgebungsfehlern entsteht durch »Assimilation«. Zu unterscheiden ist hier zwischen der »Antizipation« eines Phonems (»regressive Assimilation«), wie in *Schlitten→Schtitten*, und der »Perseveration« eines Phonems (»progressive Assimilation«), wie in *Pilot→Pilop.* Beide Beispiele repräsentieren die Assimilation innerhalb eines Morphems (Blumstein: »intramorphemische« Assimilation). Wenn eine Assimilation die Morphemgrenze überschreitet, spricht man von »intermorphemischer« Assimilation wie in der Perseveration *Gestern war im Park ein Patzkonzert* (nach Peuser, 1978). Blumstein (1973) berücksichtigt allerdings in ihrer Untersuchung nur Einheiten von Wortgröße, das heißt, intermorphemische Assimilationen werden bei ihr nur in Einheiten bis zur Größe von Komposita erfaßt (wie in der Antizipation /hıstri bUks/ *history books*→/bistri bUks/)[5]. Ein zweiter Subtyp von Umgebungsfehlern kommt durch »Umstellung« (»Metathese«) zweier Phoneme in einer Segmentkette zustande, wie /r/ und /a/ in *Krawatte→ Karlwatte*[6]. Blumstein berücksichtigte in ihrer Klassifikation zusätzlich »Silbenauslassungen«, wie in *Lilliputaner→Lilputaner*, und »Silbenhinzufügungen«, wie in *Tollotterie* statt *Lotterie.*

---

handelt sich nicht um voll spezifizierte phonetische Muster oder motorische Programme. Vielmehr muß sie den artikulatorischen Anforderungen der zusammenhängenden Rede erst angepaßt werden, zum Beispiel durch die Bildung kontrahierter Formen, wie englisch *wanna* aus *want to*, und die Syllabifizierung, wie in *gave it*→/gei-vit/. Das ist die Aufgabe des »phonologischen Enkodierers«. Das Resultat der »phonologischen Enkodierung« ist dann der »phonetische« oder »artikulatorische Plan« der Äußerung.

4 Der »phonetische Plan« wird sukzessive in einen »artikulatorischen Zwischenspeicher (buffer)« überführt und in motorische Signale zur Steuerung der Artikulation umgesetzt. Dies ist Aufgabe des »Artikulators«.

5 Für eine Kritik an dieser Einschränkung vgl. Lecours & Caplan, 1975.

6 Ich komme auf dieses Beispiel (genauer: die Addition des /l/) unten, Abschnitt »Replikationen und Erweiterungen der Blumstein-Studie«, zurück.

Zusammenfassend haben wir es also nach Blumstein (1973) mit folgenden Typen phonematischer Paraphasien zu tun:

A. Phonemsubstitution
B. Auslassung von Phonemen (zusätzlich berücksichtigt: von Silben)
C. Hinzufügung von Phonemen (zusätzlich berücksichtigt: von Silben)
D. Umgebungsfehler
- Assimilation von Phonemen:
  (a) intramorphemisch
    - regressiv (Antizipation)
    - progressiv (Perseveration)
  (b) intermorphemisch
    - regressiv (Antizipation)
    - progressiv (Perseveration)
- Umstellung (Metathese) von Phonemen

Phonematische Paraphasien bei Broca-, Wernicke- und Leitungsaphasie

In ihrer Studie über die Spontansprache (semi-standardisierte Interviews) von 17 Aphasikern (sechs Broca-, fünf Leitungs- und sechs Wernicke-Aphasiker) verfuhr Blumstein (1973) für die quantitative Auswertung des Korpus methodisch so, daß sie Paraphasien in nicht eindeutig identifizierbaren Zielwörtern ebenso ausschloß wie solche in »offensichtlichen« semantischen Paraphasien (vgl. oben, »Einleitung«). Die wichtigsten Resultate ihrer Studie sind folgende:

1) Phonem-Frequenz-Verteilungen und Distribution phonematischer Paraphasien

Die Vorhersage war, daß analog zu anderen Ebenen der Sprache auch auf Phonemebene die Fehlerhäufigkeit mit der Vorkommenshäufigkeit der Phoneme im Englischen umgekehrt korreliert sei: Die häufiger vorkommenden Phoneme sollten proportional weniger fehleranfällig sein als die weniger häufigen des englischen Phoneminventars. Es zeigte sich, (a) daß die Phonemdistribution im Korpus der aphasischen Äußerungen der Distribution in einem Korpus von Äußerungen Sprachgesunder entsprach und (b) daß entsprechend der Vorhersage bei den Aphasikern tatsächlich eine umgekehrte Korrelation zwischen der Vorkommenshäufigkeit der Phoneme und ihrer Fehleranfälligkeit bestand. Daraus folgert Blumstein, daß Frequenzfaktoren die Performanz der Aphasiker auf der phonologischen Ebene ebenso beeinflussen wie auf anderen Ebenen.

2) Verteilung der phonematischen Paraphasien in bezug auf die Aphasietypen

Die unterschiedlichen Typen von phonematischen Paraphasien (Ersetzung, Auslassung, Hinzufügung, Umgebungsfehler) wurden zu den aphasischen Syndromen in Beziehung gesetzt. Es zeigte sich, daß in den drei Aphasikergruppen die Fehlertypen dieselbe Ordnung aufwiesen: Am häufigsten waren in allen Gruppen Phonemsubstitutionen (Broca- und Leitungsaphasiker: ca. 50 Prozent, Wernicke-Aphasiker: ca. 35 Prozent), gefolgt von Auslassungen (Broca- und Leitungsaphasiker: ca. 25 Prozent, Wernicke-Aphasiker: ca. 30 Prozent), Umgebungsfehlern (Broca- und Wernicke-Aphasiker: ca. 20 Prozent, Leitungsaphasiker: ca. 15 Prozent) und Hinzufügungen (Broca-Aphasiker: ca. 7 Prozent, Leitungsaphasiker: ca. 8 Prozent, Wernicke-Aphasiker: ca. 14 Prozent). Bei den absoluten Zahlen gab es jedoch große Differenzen: Broca-Aphasiker produzierten 1.993, Leitungsaphasiker 590 und Wernicke-Aphasiker 219 phonematische Paraphasien. Blumstein schließt daraus, daß Broca-Aphasiker erheblich mehr Probleme mit dem »phonologischen System« hätten als »flüssige Aphasiker« (Leitungs- und Wernicke-Aphasiker), innerhalb dieser Gruppe wiederum Leitungs-Aphasiker größere Probleme als Wernicke-Aphasiker.

3) Merkmalsanalyse der Phonemsubstitutionen

Die aus der Forschung abgeleitete Hypothese war, daß sich die an einer Substitution beteiligten Phoneme, also Ziel- und geäußertes Phonem, häufiger in nur einem distinktiven Merkmal unterscheiden sollten als in mehreren distinktiven Merkmalen. Diese Vorhersage bestätigte sich für alle Aphasikergruppen hochsignifikant. Es ist also wahrscheinlicher, daß phonologisch nahe Phoneme in Substitutionen verwickelt werden, und die annähernd gleiche Verteilung bei allen Aphasikergruppen spricht nach Blumstein dafür, daß in allen Gruppen dasselbe »pattern of phonological dissolution« vorliegt.

Weiterhin untersuchte Blumstein, ob phonematische Paraphasien die hierarchische Organisation der distinktiven Merkmale widerspiegeln, die von Roman Jakobson für den Spracherwerb postuliert worden war (sogenannte Regressionshypothese). Und zwar sollte die Hierarchie der betroffenen distinktiven Merkmale in phonematischen Paraphasien im umgekehrten Verhältnis zur Reihenfolge des Erwerbs der Merkmale im primären Spracherwerb stehen[7]. Obwohl die hierarchische Organisation der Merkmale in den phonematischen Paraphasien in den Aphasikergruppen nicht identisch war, ergab sich ein allge-

[7] Diese Hypothese wurde zuerst in Jakobson (1941/1969) vertreten. Auf Einzelheiten des Systems der distinktiven Merkmale, das der Überprüfung der Hypothese bei Blumstein zugrundeliegt, gehe ich hier nicht ein.

meines Muster, das, mit einer Ausnahme (dem Merkmal [strident]), diese Hypothese bestätigte.

Weiterhin überprüfte Blumstein die Vorhersage, daß bei phonematischen Paraphasien eine Tendenz besteht, ein »markiertes« Phonem durch ein »unmarkiertes« zu ersetzen. Der Begriff »Markiertheit«, eingeführt von Trubetzkoy (1939/1958) und revidiert von Jakobson (1971), impliziert die Annahme einer hierarchischen Beziehung zwischen Phonemen, die auf den {±}-Werten der Merkmale basiert: So ist die Beziehung zwischen /d/ und /t/ definiert durch das Vorliegen von [+ stimmhaft] für /d/, [− stimmhaft] für /t/, bei Identität aller anderen distinktiven Merkmale (vgl. Heidolph et al., 1981), mithin ist /d/ hinsichtlich der Merkmalsdimension [Stimme] »markiert«. Die Vorhersage, derzufolge also eher /d/ durch /t/ ersetzt werden soll als umgekehrt, basiert bei Blumstein auf der Annahme, daß die markierten Phoneme größeren artikulatorischen Aufwand erfordern als die unmarkierten. Die Vorhersage bestätigte sich für die Gruppen der Broca- und Wernicke-Aphasiker (signifikant) und für die Leitungsaphasiker als Tendenz (nicht-signifikant), so daß Blumstein zu dem Schluß kommt, die »Richtung« der Substitutionen zeige bei Aphasikern in der Tat eine Tendenz, markierte Konsonanten durch unmarkierte zu ersetzen.

4) Kontextuelle Analyse phonematischer Paraphasien

Während bis hierher phonematische Paraphasien unabhängig von ihrem phonologischen Kontext betrachtet wurden, ging es in diesem Teil der Analyse um mögliche kontextuelle Einflüsse auf die Paraphasien der unterschiedlichen Typen. Es zeigte sich folgendes:

a) Bei den Ersetzungen machten *Broca-Aphasiker* die meisten Fehler bei Einzelphonemen am Wortanfang (53,6 Prozent), deutlich weniger bei Einzelphonemen in der Wortmitte (14,5 Prozent) und am Wortende (9,7 Prozent). Die Fehlerrate in initialen Konsonantenclustern war bei ihnen höher (11,7 Prozent) als in Clustern in der Wortmitte (7,7 Prozent) und am Wortende (2,8 Prozent). Auch bei den *Leitungsaphasikern* waren Einzelphoneme am Wortanfang deutlich stärker betroffen (45,9 Prozent) als in der Wortmitte (17,8 Prozent); am Wortende lag ihre Fehlerrate jedoch deutlich höher als die der Broca-Aphasiker (13,4 Prozent). Ebenfalls im Unterschied zu den Broca-Aphasikern machten sie mehr Fehler in Clustern in der Wortmitte (12,1 Prozent) als in Clustern am Wortanfang (7,1 Prozent). Die *Wernicke-Aphasiker* hatten hingegen mehr Probleme mit Einzelphonemen am Wortende (29,3 Prozent) als am Wortanfang (27,7 Prozent). Ähnlich wie die Leitungsaphasiker machten sie mehr Fehler in Konsonantenclustern in der Wortmitte (11,8 Prozent) als am Wortanfang (5,6 Prozent). Gegenüber den Leitungsaphasiker hatten sie aber mehr Probleme mit Clustern am Wortende

(6,0 Prozent, Leitungsaphasiker 3,7 Prozent). Sowohl das Überwiegen von Einzelphonemersetzungen als auch die Verteilung der Fehler insgesamt war nicht allein durch Frequenzeffekte (Häufigkeit des Vorkommens der verschiedenen Positionen von Phonemen bei Sprachgesunden) zu erklären. Blumstein spekuliert, daß Konsonanten in Clustern deshalb weniger von Substitutionen betroffen sein könnten, weil die strukturellen Abhängigkeiten der Phoneme untereinander in Clustern stärker seien; die Komplexität dieser Beziehungen scheine das Auftreten von Ersetzungsfehler innerhalb von Clustern zu hemmen.

b) Bei den Auslassungen hatten alle Gruppen die höchsten Werte in Clustern, wobei sich die größte Diskrepanz bei den Wernicke-Aphasikern – mit 84,1 Prozent Auslassungen in Clustern und 15,9 Prozent Auslassungen von Einzelkonsonanten – zeigte. Bei den Broca- und Leitungsaphasikern lagen die Werte jeweils bei ca. 73 und ca. 27 Prozent. Die Broca-Aphasiker und die Wernicke-Aphasiker machten mehr Fehler in wortinitialen Clustern als in Clustern am Wortende (29,7 zu 24,8 Prozent bei Broca-, 28,8 zu 27,1 Prozent bei Wernicke-Aphasikern), die Leitungsaphasiker hingegen mehr Fehler in Clustern am Wortende (22,2 zu 31,1 Prozent). Es ergab sich zudem die Tendenz, daß Auslassungen die Silbenstruktur der betroffenen Wörter in Richtung auf die unmarkierte, kanonische Silbenstruktur CV (Konsonant + Vokal) veränderten. So betreffen tendenziell Einzelphonemauslassungen den letzten Konsonanten einer Silbe der Form CVC, die damit auf die unmarkierte Struktur CV reduziert wird.

c) Hinsichtlich der Hinzufügungsfehler ergab sich, daß sie zumeist in Konsonantenclustern auftraten (im Schnitt ca. 60 Prozent der Hinzufügungen bei den drei Aphasikergruppen), diese also vergrößerten. Broca-Aphasiker machten die meisten Fehler in Clustern in der Wortmitte, Leitungsaphasiker hingegen in Clustern am Wortanfang, und die Wernicke-Aphasiker machten etwa gleich viele Fehler bei Einzelkonsonanten am Wortanfang und Clustern am Wortanfang. Es zeigte sich, daß die überwiegende Zahl der Hinzufügungen nicht zufällig, sondern durch den phonologischen Kontext motiviert war. Ein erster Typ bestand in der Hinzufügung eines Konsonanten vor einen initialen Vokal, wie in /armi/ *army*→/jarmi/. Das heißt, hier wird aus der Silbe #V die kanonische Form #CV, die Hinzufügung vereinfacht also theoretisch die Silbenstruktur. Ein zweiter Typ kann nach Blumstein als »artikulatorisch basiert« beschrieben werden: Der hinzugefügte Konsonant ist hinsichtlich des Artikulationsortes dem der Zielsilbe ähnlich, unterscheidet sich von ihm aber hinsichtlich der Artikulationsart. So zum Beispiel in /wEpənz/ *weapons*→/wEpmənz/. Beim dritten Typ wird einem Verschlußlaut ein Liquid oder Halbkonsonant hinzugefügt, wie in /tami/ *Tommy*→/trami/. Dadurch entsteht der im Englischen am häufigsten vorkommende Konsonantenclustertyp.

d) Bei den Umgebungsfehlern traten in der Gruppe der Broca- und Leitungsaphasiker mehr intramorphemische Assimilationen, bei den Wernicke-Aphasikern mehr intermorphemische Assimilationen auf. Dabei waren durchweg Antizipationen häufiger als Perseverationen. Daß hier also ein Phonem durch ein solches ersetzt wird, das in der Kette später auftritt, wertet Blumstein als Indiz dafür, daß die zeitliche Steuerung der Serialisierung von Segmenten modifiziert worden sein muß, bevor das Muster der artikulatorischen Bewegungen »implementiert« wurde. Mit anderen Worten: Das Überwiegen von Antizipationen deutet ihrer Meinung nach darauf hin, daß das phonologische Muster aphasischen Sprechens eher eine Störung der *phonologischen* Mechanismen als eine der *phonetischen* Mechanismen reflektiert.

Die kontextuelle Analyse der Umgebungsfehler ergab, daß – wie bei den Phonemsubstitutionen – die größte Zahl der Assimilationen Einzelkonsonanten betraf. Blumstein vertritt auch dazu die Hypothese, mit zunehmender Silbenkomplexität würden die strukturellen Abhängigkeiten der Phoneme untereinander größer, was das Auftreten einer Paraphasie hemme.

Weiterhin zeigte sich, daß intramorphemische Assimilationen häufiger zwischen Konsonanten auftreten, die nur durch einen Vokal getrennt sind, wie in /big/ *big*→/bib/, als wenn zusätzlich ein Konsonant oder mehrere Konsonanten dazwischen liegen, wie in /bɪznəs/ *business*→/bɪzbəs/. Dasselbe gilt für Umstellungsfehler (Metathesen).

Die Analyse der intermorphemischen Assimilationen ergab, daß in mehr als 70 Prozent der Fälle die beteiligten Phoneme in ihrer jeweiligen Silbe den gleichen Platz einnahmen, wie in /hɪstri bUks/ *history books*→/bɪstri bUks/, oder jeweils am Wortanfang standen.

Zusammenfassend stellt Blumstein zur kontextuellen Analyse der phonematischen Paraphasien fest, daß alle Fehlertypen an den phonologischen Kontext gebunden seien, mithin die Beziehung zwischen paradigmatischen und syntagmatischen Aspekten der Phonologie ein dynamisches Band darstelle, das das phonologische Muster aphasischen Sprechens charakterisiere. Nach Blumstein ist das vor allem offensichtlich, wenn man die phonematischen Paraphasien zu den phonotaktischen Regeln des Englischen in Beziehung setzt. Phonotaktische Regeln definieren in einer Einzelsprache mögliche Phonemkombinationen; zum Beispiel ist die initiale Phonemkombination /dl/ wie in dem Versprecher *die Dlei – Dreigliederung des Dialogs* (Berg, 1988) im Deutschen nicht zulässig. In 2,3 Prozent der Paraphasien von Broca-Aphasikern, 3,3 Prozent der Paraphasien von Leitungsaphasikern und 4,3 Prozent der Paraphasien von Wernicke-

Aphasikern in Blumsteins Korpus wurden phonotaktische Regeln verletzt, eine Rate, die sie für niedrig hält.

Welche Implikationen haben diese Ergebnisse für die Aphasiologie? Zunächst ergibt die phonologische Analyse keine konsistenten Unterschiede zwischen den drei Gruppen von Aphasikern. Jedoch meint Blumstein, daß die Unterschiede in der Quantität der phonologischen Paraphasien bei den Aphasietypen zusammen mit dem unterschiedlichen Gesamtbild der Sprachstörung die Vermutung nahelegen, daß die Mechanismen, die die pathologischen phonologischen Muster hervorbringen, für jeden Aphasietyp unterschiedlich sein könnten.

Replikationen und Erweiterungen der Blumstein-Studie

Die Ergebnisse dieser Pionierarbeit wurden in einer Fülle von Folgestudien überprüft und erweitert. Im folgenden beziehe ich mich auf die Untergliederung des vorigen Abschnitts.

Zu 1a): Zwar ergab Blumsteins Studie eine grobe Parallelität der Phonem-Frequenz-Verteilungen bei Aphasikern und Sprachgesunden. Aber in mehreren Studien wurde gefunden, daß das Phoneminventar von Aphasikern sich von dem Sprachgesunder unterscheiden kann. Dressler (1988) kritisiert zunächst die Auffassung Jakobsons (1941/1969), die Störung des Phoneminventars sei ein Hauptmerkmal der Aphasien, und bemerkt, nur in Fällen schwerer Aphasie komme es zum Ausfall zum Beispiel seltener Phoneme, wie der Affrikata /pf/ im Deutschen. Auch komme es selten zur Produktion von Phonemen, die in der Sprache des Patienten nicht existent sind, wie im Deutschen /θ/ (der stimmlose postdentale Frikativ, vgl. englisch th*ink*), oder /Φ/ (der im Japanischen als Allophon vorkommende stimmlose bilabiale Frikativ, der sich anhört, als blase man eine Kerze aus), wie in dem Beleg /Φraeç/ für *Fleisch*. Dressler konstatiert hier, in bezug auf »anteriore« Aphasiker, eine Tendenz zur Erweiterung des Phoneminventars um markierte Phoneme. Veränderungen des Phoneminventars werden auch von Pilch & Hemmer (1970) berichtet, deren Patient in der frühen Phase seiner Aphasie den dunklen Zischlaut /ʃ/ und die Affrikata /ts/ nicht produzierte.

Wenngleich diese Phänomene eher selten zu sein scheinen, mithin Jakobsons Aussage in ihrer Geltung einzuschränken ist, zeigt sich doch, daß Aphasien mit Veränderungen des Phoneminventars, über das der einzelne Patient verfügt, einhergehen können. Insbesondere gilt dies für aphasischen »Jargon« bei Wernicke-Aphasie (vgl. unten, Abschnitt »Neologismen und phonematischer Jargon«). Es ist naheliegend, zu vermuten, daß man hierin ein Indiz für das Vorliegen einer Störung auf der Ebene postlexikalischer, phonologischer Verarbeitungsprozesse zumindest bei Wernicke-Aphasikern sehen kann.

Zu 1b): Bestätigt wurde Blumsteins Ergebnis, daß zwischen der Fehleranfälligkeit der Phoneme und ihrer Frequenz in einer Sprache eine umgekehrte Korrelation besteht, in einer Studie von Trost & Canter (1974) an zehn Broca-Aphasikern mit Sprechapraxie[8].

Zu 2): Während Blumstein für die drei Aphasiesyndrome eine identische prozentuale Häufigkeitsverteilung der von ihr definierten Fehlertypen fand, ergaben andere Studien hiervon abweichende Resultate, wobei die Vergleichbarkeit allerdings durch unterschiedliche Zählungen beeinträchtigt ist. Trost & Canter (1974) stellten für die von ihnen untersuchten Broca-Aphasiker mit Sprechapraxie folgende Reihenfolge fest: Für Einzelphoneme: Ersetzungen 67,1 Prozent, Hinzufügungen 12,6 Prozent, Auslassungen 5,7 Prozent, kombinierte Fehler (zum Beispiel /sw/ für /ʃ/) 5,7 Prozent. Für Konsonantencluster ergab sich jedoch die Reihenfolge: Auslassungen 31,2 Prozent, kombinierte Fehler 26,8 Prozent, Ersetzungen 18,2 Prozent, Hinzufügungen 1,9 Prozent (die übrigen Fehlertypen führe ich hier nicht an). Diese Daten sind mit denen der Blumstein-Studie schwer vergleichbar, weil Trost & Canter erstens von vornherein zwischen Einzelphonemen und solchen in Clustern unterschieden. Nimmt man diese Kategorien zusammen, so scheint das Resultat sich zwar von dem Blumsteins nicht stark zu unterscheiden, die insgesamt mehr Auslassungen als Hinzufügungen fand, jedoch ist die Fehlerdistribution in den beiden Studien nicht identisch (vgl. Blumstein, 1981). Zweitens verwendeten Trost & Canter Daten aus Benenn- und Nachsprech-Tests, nicht Spontansprache. Blumstein (1981) merkt dazu an, daß Unterschiede in der Fehlerverteilung bei unterschiedlichen Testanforderungen durchaus erwartbar sind, so daß nur Resultate über Fehlerverteilungen verglichen werden sollten, die aus identischen Aufgabenstellungen stammen.

Monoi, Fukusako, Itoh & Sasanuma (1983) kamen bei drei japanischen Broca- und drei Leitungsaphasikern, allerdings auch aufgrund von Daten aus Benenn- und Nachsprech-Tests, zu einem von Blumstein deutlich abweichenden Ergebnis: Ihre Leitungsaphasiker machten fast so viele Umgebungsfehler wie Ersetzungen, während Blumstein deutlich mehr Ersetzungen fand. Bei den Broca-

---

8 Es ist in der Forschungsliteratur immer wieder diskutiert worden, ob Broca-Aphasie und Sprechapraxie, die häufig mit Symptomen der Broca-Aphasie einhergeht, systematisch unterschieden werden müssen, etwa derart, daß die Sprechapraxie ein nicht-aphasisches, artikulatorisches Defizit sei. Für den gegenwärtigen Zusammenhang schließe ich mich dem »konservativen« Standpunkt an, demzufolge die Ausfälle auf Lautebene bei Broca-Aphasie ähnliche Muster zeigen wie die bei Sprechapraxie (vgl. Blumstein, 1981). Vgl. aber unten, Abschnitt »Phonologie versus Phonetik«, sowie Ziegler, in diesem Band.

Aphasikern waren wie in der Blumstein-Studie Ersetzungen der häufigste Fehlertyp. (Auf das Problem der Vergleichbarkeit der Studien von Monoi et al. (1983) und Blumstein (1973) komme ich im folgenden zu sprechen.)

Zu 3): Es wurde, in Einklang mit dem Ergebnis der Blumstein-Studie, immer wieder gefunden, daß bei Ersetzungen die beteiligten Phoneme häufiger phonologisch ähnlich als stark unterschieden sind, sich also eher in einem distinktiven Merkmal unterscheiden als in zwei oder mehr Merkmalen (vgl. schon Pilch & Hemmer, 1970 für einen deutschen Aphasiker; vgl. Dressler, 1988 für weitere Literatur). Während in der Blumstein-Studie die prozentuale Verteilung (ein distinktives Merkmal – mehr als ein distinktives Merkmal) für Broca-, Leitungs- und Wernicke-Aphasiker annähernd gleich war und die Zahl der Ersetzungen von Phonemen, die sich in nur einem Merkmal unterscheiden (»Ein-Merkmal-Fehler«), jeweils deutlich höher war, ergab jedoch die Studie von Monoi et al. (1983) (Benenn- und Nachsprech-Tests an drei japanischen Broca- und drei Leitungsaphasikern) eine andere Verteilung: Im Unterschied zu den Broca-Aphasikern machten die Leitungsaphasiker beim Benennen mehr Ersetzungen von Phonemen, die sich in mehr als einem Merkmal unterschieden (60 Prozent) als in nur einem Merkmal (40 Prozent), beim Nachsprechen war die Rate 50 Prozent zu 50 Prozent.

Monoi et al. weisen selbst darauf hin, daß ein Problem der Vergleichbarkeit der Studien besteht: Blumstein verwendete Spontansprache, diese Autoren hingegen (wie schon Trost & Canter, 1974; vgl. oben, zu 2)) Daten aus Benenn- und Nachsprech-Tests. Insbesondere zeigte sich, daß die Leitungsaphasiker unter Testbedingungen versuchten, sich durch Approximation an das Zielwort zu korrigieren, während Monoi et al. andererseits unterstellen, daß Leitungsaphasiker in der Spontansprache das fehlerhafte Zielwort nicht korrigieren, sondern ein phonologisch einfacheres äußern würden. Außerdem war die Fehlerklassifikation in ihrer Studie nicht völlig identisch mit der von Blumstein zugrundegelegten.

Auch Burns & Canter (1977) fanden für die von ihnen untersuchten »posterioren« Aphasiker (Wernicke- und Leitungsaphasiker) eine ähnliche Verteilung: Ca. 60 Prozent der Paraphasien unterschieden sich in mehr als einem Merkmal, nur 40 Prozent in einem Merkmal. Diese Resultate stehen im Widerspruch zu der von Blumstein (1981) in ihrem Überblicksartikel geäußerten gängigen Auffassung, auch »posteriore« (Wernicke- und Leitungs-)Aphasiker produzierten mehr »Ein-Merkmal-Fehler« als »Zwei- und Drei-Merkmal-Fehler«. Wichtig ist in diesem Zusammenhang die Studie von Canter, Trost & Burns (1985) an 10 Broca-Aphasikern mit Sprechapraxie und zehn Patienten, die als »paraphasic speakers« bezeichnet werden (fünf Leitungs- und fünf Wernicke-Aphasiker). Getestet wurden wiederum Benennen und Nachsprechen. In beiden Gruppen waren zwar, im Einklang mit Blumstein, die »Ein-Merkmal-Fehler« häufiger als die »Zwei- und Drei-Merkmal-Fehler«. Jedoch waren erstere bei den Broca-Aphasikern häufiger als bei den »paraphasischen Sprechern«, und »Drei-Merkmal-Fehler« traten bei den »paraphasischen Sprechern« sogar dreimal so häufig auf wie bei den Broca-Aphasikern. Die Autoren schließen daraus auf einen qualitativen Unterschied der Fehlerursache (vgl. unten, zu 4)).

Anhand eines Korpus von 300 »lautlichen Fehlleistungen« von deutschen Broca-, Wernicke- und globalen Aphasikern, die in unterschiedlichen Modalitäten erhoben wurden (Benennen, Nachsprechen, Lesen, Spontansprache), kommen Klein & Leuninger (1988) zu einem vergleichbaren Resultat: Die »Ein-«, »Zwei-« und »Drei-Merkmals-Fehler« verteilen sich auf die Patientengruppen wie folgt: Broca: 74 / 22 / 4 Prozent, Wernicke: 53 / 36 / 7 Prozent, globale: 58 / 31 / 11 Prozent. Das heißt, auch hier machten die Broca-Aphasiker deutlich mehr »Ein-Merkmal-Fehler« als die Wernicke-Aphasiker, und bei letzteren waren die »Zwei-Merkmal-Fehler« mehr als eineinhalbmal so häufig wie bei den Broca-Aphasikern, die »Drei-Merkmal-Fehler« waren sogar fast doppelt so häufig. Bemerkenswert ist auch, daß bei den Wernicke-Aphasikern »Vier-Merkmal-Fehler« (mit 4 Prozent Anteil) vertreten waren, die bei Broca-Aphasiker überhaupt nicht vorkamen.

Betrachtet man die auf Daten aus Benenn- und Nachsprech-Tests basierenden Studien von Monoi et al. (1983) und Canter et al. (1985) für sich, so ergeben sich insgesamt Abweichungen in den Fehlermustern zwischen den Aphasiesyndromen, die der Interpretation bedürfen. Zu berücksichtigen ist dabei zusätzlich die Verteilung der Fehler auf Konsonanten- und Vokalphoneme, eine Fragestellung, der Blumstein (1973) nicht nachging. Trost & Canter (1974) zeigten, daß die von ihnen untersuchten Broca-Aphasiker deutlich mehr Konsonantenfehler als Vokalfehler machten. Peuser (1978, S. 99) fand, daß bei zwanzig von ihm untersuchten deutschen Aphasikern verschiedener Syndrome (entsprechend etwa Broca-Aphasikern, globalen Aphasikern und Wernicke-Aphasikern) die Vokalproduktion erheblich besser erhalten war als die Konsonantenproduktion. Auch bei Vokalsubstitutionen wurde im übrigen für Broca-Aphasiker die Tendenz zu »Ein-Merkmal-Fehlern« nachgewiesen (vgl. Trost & Canter, 1974; zur Vokalproduktion vgl. auch Ryalls, 1987). Blumstein (1981) resümiert den Forschungsstand dahingehend, daß sowohl für »anteriore« als auch für »posteriore« Aphasiker das Überwiegen von Konsonantenfehlern gelte. Ähnlich war das Resultat der Studie von Canter et al. (1985): Beide Patientengruppen (Broca-Aphasiker mit Sprechapraxie versus Wernicke- und Leitungsaphasiker) wiesen mehr Konsonantenfehler als Vokalfehler auf, wobei die Broca-Aphasiker prozentual weniger Vokalfehler machten als die Wernicke- und Leitungsaphasiker. Ein differenzierteres Ergebnis erzielten jedoch Monoi et al. (1983), die zeigten, daß ihre Leitungsaphasiker sowohl beim Benennen als auch beim Nachsprechen etwa dieselbe Fehlerrate bei Konsonanten und Vokalen aufwiesen. Somit erscheint es notwendig, zwischen Wernicke- und Leitungsaphasikern zu trennen. Ausgehend von der Tatsachen, daß Vokale »einfacher« zu produzieren sind als Konsonanten (vgl. Canter et al., 1985), interpretiert Canter (1988) dieses Resultat als ein Indiz dafür, daß Broca-Aphasiker (mit Sprechapraxie) im Gegensatz zu Leitungsaphasikern mehr Fehler machen, wenn die artikulatorische Komplexität der Zielformen ansteigt.

Diese referierten Studien legen also nahe, im Unterschied zu Blumstein *nicht* von einem identischen »pattern of phonological dissolution« für die verschiedenen Aphasiesyndrome auszugehen. Ich werde unten (zu 4)) auf eine modellgeleitete Interpretation dieser unterschiedlichen Ausfallmuster zurückkommen.

Gegen Blumsteins Versuch, eine Parallele zwischen dem Erwerb der distinktiven Merkmale durch das Kind und der Fehleranfälligkeit bei Aphasie zu ziehen, also ihre Version der Jakobsonschen Regressionshypothese, wendet sich Leuninger (1989) im wesentlichen mit den beiden folgenden Argumenten: (1) Bei Aphasie – wobei Leuninger sich auf Broca-Aphasie beschränkt – liege, im Gegensatz zum ungestörten Spracherwerb, ein pathologischer Zustand des Gehirns vor. (2) In einer bestimmten Entwicklungsphase verfüge ein Kind noch nicht über bestimmte Merkmale. Broca-Aphasiker hingegen verfügten prinzipiell noch über alle distinktiven Merkmale, realisierten sie nur nicht immer. Sie regredierten also nicht auf den Kenntnisstand von Kindern. Wenn man diese Argumente ernstnimmt, müßte die von Blumstein gefundene weitgehende Bestätigung der Regressionshypothese also nicht auf vergleichbaren generellen Bedingungen des Erwerbs beziehungsweise Verlusts beruhen, sondern auf Faktoren, die sowohl den Erwerb als auch den Verlust determinieren. Eine entsprechende Hypothese auf der Grundlage der sogenannten natürlichen Phonologie wird im folgenden vorgestellt.

Die von Blumstein gefundene Tendenz, markierte Phoneme durch unmarkierte zu ersetzen, wurde in mehreren Studien bestätigt. Schon Mößner & Pilch (1971) beobachteten bei englischen Aphasikern die Enttonung von Obstruenten am Wortende (/b/, /d/, /g/, /z/ usw.→/p/, /t/, /k/, /s/ usw.). Entsprechende Ergebnisse fanden unter anderem Ulatowska & Baker (1977) und Nespoulous, Joanette, Béland et al. (1984). Tuller & Story (1987) weisen darauf hin, daß man diese Tendenz für Broca-Aphasiker erwartet habe, wenn man voraussetze, daß diese Patienten Schwierigkeiten mit der Steuerung der Artikulationsmotorik haben (vgl. auch oben, zu Canter et al., 1985): Markiertheit bedeutet größere artikulatorische Komplexität. Sie bezeichnen es deshalb als überraschend, daß auch für Wernicke- und Leitungsaphasiker diese Tendenz nachgewiesen wurde.

In ihrer Studie an deutschen Aphasikern fanden Klein & Leuninger (1988) allerdings eine Tendenz der Ersetzung in Richtung markiert→unmarkiert bei den Broca-Aphasikern (54 Prozent, unmarkiert→markiert: 32 Prozent; gleich: 14 Prozent) und den globalen Aphasikern (47 zu 39 Prozent, gleich: 14 Prozent), nicht jedoch bei den Wernicke-Aphasikern (41 zu 38 Prozent; gleich: 21 Prozent).

Dressler (1988) gibt in bezug auf Broca- und Wernicke-Aphasiker für die unterschiedlichen Fehlermuster und die Tendenz, markierte durch unmarkierte Phoneme zu ersetzen, eine Erklärung in Termini der sogenannten natürlichen Phonologie: Er unterscheidet »backgrounding« und »foregrounding processes«. Erstere sind unter anderem Vokalverkürzung, Auslassungen von Phonemen und Assimilationen, letztere unter anderem Dehnungsprozesse, Vokaleinfügungen und Polarisierungsprozesse (zum Beispiel Diphthongierung). Im Spracherwerb müssen Kinder nach dieser Theorie diese »universalen natürlichen phonologischen Prozesse« je nach Einzelsprache anwenden, so zum Beispiel die Enttonung der Obstruenten am Silbenende im Deutschen, oder »unterdrücken«, so die Enttonung durch Kinder, die das Englische erlernen. Dressler vertritt die Hypothese, daß »foregrounding processes« bei Broca-Aphasikern auftreten, hingegen nur selten bei Wernicke-Aphasikern, und begründet das mit folgenden Beobachtungen: »Foregrounding processes« treten bei langsamer Sprechweise gehäuft auf; diese ist aber charakteristisch für Broca-Aphasiker[9]. Sie werden im allgemeinen mit größerer artikulatorischer Anstrengung produziert als »backgrounding processes«; auch dies ist ein Merkmal der Broca-Aphasie. Schließlich treten »foregrounding processes« häufiger in Situationen auf, in denen dem Sprechen größere Aufmerksamkeit gewidmet wird, beziehungsweise sie sind häufiger in »starken« Positionen im Wort, zum Beispiel in betonten Silben oder in wort- beziehungsweise silbeninitialer Position. Broca-Aphasiker aber widmen ihrem Sprechen mehr Aufmerksamkeit als Wernicke-Aphasiker. Nach dieser Theorie werden also einzelsprachliche Ausprägungen universaler phonologischer Prozesse unter Bedingungen von Aphasie »gelockert« oder »nicht unterdrückt«.

Zu 4): Die kontextuelle Analyse der phonematischen Paraphasien durch Blumstein (1973) ergab ein auf den ersten Blick verwirrendes Bild. Es läßt aber, wie Blumstein (1981) resümiert, immerhin erkennen, daß Broca-Aphasiker mehr Probleme mit dem Wortanfang haben und daß bei ihnen Auslassungen häufiger

---

9 Umgekehrt gilt allerdings nicht, daß alle Wernicke-Aphasiker eine erhöhte Sprechgeschwindigkeit aufweisen (vgl. Ehinger, Lutzenberger, Dittmann & Blanken, 1990).

in Clustern vorkommen als bei Einzelphonemen[10]. Die Schwierigkeiten am Wortanfang werden traditionell als Problem der Initiierung des Sprechens bei Broca-Aphasie (beziehungsweise Sprechapraxie) gedeutet und im Zusammenhang mit der Sprachanstrengung dieser Patienten gesehen (vgl. Canter, 1988). Canter et al. (1985) fanden, daß auch bei ihren Broca-Aphasikern mit Sprechapraxie die meisten Konsonantenfehler in wortinitialer Position vorkamen (26 Prozent Einzelphoneme, 57 Prozent in Clustern; am Wortende waren es 23 Prozent Einzelphoneme, 30 Prozent in Clustern). Das Bild bei ihren »paraphasischen« Patienten (Wernicke- und Leitungsaphasiker) war deutlich anders. Hier traten 22 Prozent der Einzelphonemfehler und 25 Prozent der Fehler in Clustern am Wortanfang, 31 Prozent Einzelphonemfehler und 48 Prozent Fehler in Clustern am Wortende auf.

Ein vergleichbares Bild ergab eine Studie an fünf deutschen Broca- und sechs Wernicke-Aphasikern: Auch hier traten Konsonantenhinzufügungen und -auslassungen bei den Broca-Aphasikern häufiger am Silbenanfang, bei den Wernicke-Aphasikern hingegen am Silbenende auf (vgl. Dressler, 1988).

Eine modellbezogene Interpretation dieser Befunde könnte folgendermaßen aussehen: Canter et al. (1985) schlagen vor, die phonematischen Paraphasien bei Leitungs- und Wernicke-Aphasie in erster Linie als Störungen des Zugriffs auf die phonologische Form der Zielwörter zu interpretieren. Im Levelt-Modell ist das der Abruf der Information über die »lexikalische Form« aus dem mentalen Lexikon zur Weiterverarbeitung im »phonological encoding«. Die Patienten hätten nur unvollständigen Zugang zur phonologischen Form, vergleichbar dem »tip of the tongue state«, also etwa zum Wortanfang oder zur Silbenzahl, ohne das phonologische Muster vollständig ausbuchstabieren zu können. Das – intakte – motorische Enkodierungssystem produziere dann eine vollständige Struktur auf der Basis eines partiell oder abgeschwächt repräsentierten Musters. An dieser Stelle sei darauf hingewiesen, daß man sich den »Informationsfluß« vom Lexikon zur phonologischen Verarbeitung nicht als eine »Einbahnstraße« vorzustellen hat: Nach neueren Modellvorstellungen hat man die Aktivierung der Einheiten auf den unterschiedlichen Ebenen der Sprachverarbeitung als bidirektionalen Prozeß zu verstehen (parallel-interaktive Modelle; vgl. Stemberger, 1985; Ellis, 1985; Dell, 1986; ders., 1988). So besteht bei Versprechern Sprachgesunder eine Tendenz, wieder lexikalische Formen der jeweiligen Sprache zu kreieren (»lexical bias«; vgl. Levelt, 1989, S. 355f.). Mit der Annahme eines Feedback zwischen Lexikon und phonologischer Verarbeitung läßt sich dieses Phänomen elegant erklären. Bei Aphasie jedoch wird »lexical bias« sel-

10 Dieses Resümee wird allerdings dadurch etwas getrübt, daß nach Blumstein (1973) die prozentuale Diskrepanz zwischen Auslassungen bei Einzelphonemen und bei Clustern im Fall der Wernicke-Aphasiker deutlich größer ist als für Broca- und Leitungsaphasiker (vgl. oben).

ten beobachtet. Ein Beispiel könnte die oben, im Abschnitt »Ein Klassifikationsvorschlag«, gegebene Addition von /l/ bei Metathese von /r/ und /a/ in *Krawatte→Karlwatte* darstellen. Man kann daraus zumindest auf einen quantitativen Unterschied der Probleme des Informationsflusses zwischen Lexikon und phonologischer Verarbeitung bei phonematischen Paraphasien einerseits und Versprechern andererseits schließen (vgl. Dressler, 1988, zum »morphological editing«)[11].

Die Probleme der Lautproduktion bei Broca-Aphasikern mit Sprechapraxie sind nach Canter et al. (1985) hingegen als Störung des Enkodierens phonologischer Muster in angemessene artikulatorische Muster zu interpretieren (im Levelt-Modell als Störung der Prozesse des »phonological encoding«, die den »phonetischen oder artikulatorischen Plan« der Äußerung erstellen).

Dahinter steht die Hypothese, daß sich Probleme des Zugriffs auf die lexikalische Form eher in einem »Zufallsmuster« phonematischer Paraphasien niederschlagen sollten, das heißt, daß auch »Zwei- und Drei-Merkmals-Fehler« auftreten sollten, wie sie vermehrt bei Wernicke- und Leitungsaphasikern nachgewiesen wurden (vgl. oben), während sich Probleme der Enkodierung beziehungsweise »Implementierung« von phonologischen Formen in artikulatorische Muster eher in Paraphasien äußern sollten, die nahe an der Zielform liegen, wie bei den Broca-Aphasikern (vgl. auch Canter, 1988). Auch sollte im letzteren Fall die Fehlerrate mit der artikulatorischen Komplexität der Zielformen zunehmen, wie das Canter et al. (1985) gezeigt hatten: Sie wiesen eine Zunahme der Fehler entlang der Linie Vokale–Einzelkonsonanten–Konsonantencluster für ihre »apraktischen« Patienten (Broca-Aphasiker) und für ihre »paraphasischen« Patienten (Leitungs- und Wernicke-Aphasiker) nach, jedoch unterschieden sich die Gruppen insofern, als die Fehlerratendifferenz zwischen Vokalfehlern und Konsonantenfehlern in Clustern bei letzteren 21 Prozent, bei ersteren aber 42 Prozent betrug. Das heißt, daß die Broca-Aphasiker bei zunehmender artikulatorischer Komplexität deutlich mehr Fehler machten als die Vergleichsgruppe.

Auch eine deutsche Untersuchung thematisierte den Zusammenhang von phonologischer Komplexität von Konsonantengruppen und phonematischen Paraphasien, und zwar in den Modalitäten Nachsprechen, auditives Wortverständnis, lautes Lesen und leises Lesen (Wurzel & Böttcher, 1980). Als Material wurden je dreißig Substantive und Verben verwendet, die sechs Silbenstrukturgruppen zugeordnet waren:

---

[11] Für die Anwendung eines parallel-interaktiven Modells auf die Produktion von formbezogenen Ganzwortsubstitutionen, sogenannten formalen Paraphasien, (zum Beispiel *Frosch→Schrott*) durch einen Aphasiker vgl. Blanken, 1990.

I	/KVK-/	*Reifen / saugen*
II	/KKVK-/	*Stiefel / stauben*
III	/KKKVK-/	*Streifen / sträuben*
IV	/KVKK-/	*Silber / danken*
V	/KVKKK-/	*Förster / fürchten*
VI	/KKVKK-/	*Klinke / flüchten*

Versuchspersonen waren ein Patient mit »partiell restituierter sensorischer Aphasie mit amnestischen Zügen« und eine Patientin mit »prädominant motorischer Aphasie mit leichteren sensorisch-aphasischen Komponenten«. Die Autoren stellten fest, daß mit zunehmender Komplexität auch die Fehlerzahl deutlich anstieg, und zwar in allen Modalitäten, allerdings war der Anstieg in den verschiedenen Modalitäten sehr ungleichmäßig. Hinsichtlich der Position der Cluster im Wort ergaben sich, Zwei- und Dreiphonemcluster zusammengenommen, für beide Patienten bessere Leistungen bei postvokalischen, inlautenden Konsonantenclustern als bei prävokalischen, anlautenden Konsonantenclustern, wobei die Fehler mit zunehmender Zahl der Konsonanten ebenfalls zunahmen. Die Autoren kommen zu dem Schluß, daß es erstens im Bereich der prävokalischen und postvokalischen Konsonantencluster einen eindeutigen Zusammenhang gibt zwischen der Komplexität der Lautstrukturen im Sinne der Theorie der Phonologie und dem Schwierigkeitsgrad, den diese Lautstrukturen für Aphasiker aufweisen, und daß, zweitens, zumindest im Fall der Konsonantencluster die phonologische Komplexität keine nur-artikulatorische, sondern eine Sprecher-Hörer-neutrale, *phonologische* Größe ist, da nicht nur die expressiven, sondern auch die rezeptiven Modalitäten betroffen sind (vgl. unten, Abschnitt »Phonemperzeption«).

Des weiteren hatte Blumstein (1973) darauf hingewiesen, daß Hinzufügungen von Phonemen durchaus zur »Vereinfachung« der Silbenstruktur führen können, indem nämlich die kanonische Silbenform CV erzeugt wird. Bestätigt wurde dies für deutsche Aphasiker in einer Magisterarbeit, die Dressler (1988, S. 13) referiert. Die parallele Beobachtung machte Leuninger (1989, S. 37) ebenfalls anhand deutschen Materials, wie /gelinik/ statt *Klinik* (Hinzufügung) oder /galuben/ statt *glauben* (Splitting des Diphthong). Beidemal wird eine CCV-Folge in eine CV-Folge aufgelöst[12].

Eine weitere Frage, der Blumstein (1973) nachging, war schließlich die nach dem Auftreten von Verletzungen von phonotaktischen Regeln. Sie hielt die Vorkommensraten in ihrem Korpus für niedrig, jedoch kann man, umgekehrt,

---

12 Den Fall, daß es zur Vereinfachung der Silbenstruktur bei gleichbleibendem Lautbestand kommt, hatte, wie Leuninger (1989, S. 37) richtig anmerkt, Blumstein allerdings nicht vorgesehen.

auch argumentieren, daß die Existenz solcher Verletzungen, die von Buckingham (1980) bestritten wurde, ein wichtiges Faktum ist. In einer deutschen Studie wurde eine deutlich höhere Vorkommensrate als in Blumsteins Korpus gefunden, nämlich 9,2 Prozent für Broca- und 5 Prozent für Wernicke-Aphasiker (Blumstein: 2,3 und 4,3 Prozent) (vgl. Dressler, 1988). Dressler interpretiert die Produktion von im Deutschen nicht existierenden Clustern durch Konsonantenhinzufügung (wie in silbeninitialem /bm-/ oder wortinitialem /dspr-/) als Indiz für die Lockerung von Beschränkungen über die noch zulässige Komplexität von Silben in der jeweiligen Einzelsprache.

Phonematische Paraphasien und Versprecher Sprachgesunder

Vergleiche zwischen phonematischen Paraphasien und Versprechern Sprachgesunder sind in der Forschungsliteratur häufig angestellt worden (vgl. den Überblick in Ellis & Young, 1988, S. 137). Wie gesagt kann man beide Typen von Fehlleistungen prinzipiell auf einer deskriptiven Ebene mit denselben groben Kategorien erfassen (Ersetzung, Auslassung etc.), jedoch ist die Frage interessant, ob es quantitative und qualitative Differenzen gibt, die einen Einblick in die jeweils zugrundeliegenden Störungsmechanismen gestatten. Während Ellis & Young (1988, S. 136) durchweg auf der Basis älterer Untersuchungen die Auffassung vertreten, Versprecher und phonematische Paraphasien seien hinreichend ähnlich, so daß man einen identischen Typ von Störung annehmen könne, der bei Sprachgesunden okkasionell, bei Aphasikern jedoch eher rekurrent auftrete, zeigen Feinanalysen dieser Fehlleistungen, daß quantitative und qualitative Unterschiede bestehen, die für unterschiedliche Störungsmechanismen sprechen (vgl. Dressler, 1988).

In ihrem Vergleich von 300 phonematischen Paraphasien, produziert von Broca-, Wernicke- und globalen Aphasikern in verschiedenen Modalitäten, und 100 lautlichen Versprechern kamen Klein & Leuninger (1988) zu folgenden Resultaten: In beiden Korpora überwogen Fehlleistungen, bei denen sich die Segmente durch nur ein distinktives Merkmal unterschieden (vgl. oben, zu den phonematischen Paraphasien). Auch in bezug auf die Tendenz, markierte durch unmarkierte Phoneme zu ersetzen (und umgekehrt), kommen die Autorinnen zu dem Schluß, daß prinzipiell in beiden Korpora eine »Markiertheitssymmetrie« bestehe (gleichermaßen Markiertheitsreduktion, -erhöhung oder -identität), allerdings bei tendenzieller Asymmetrie für Broca- und globale Aphasiker (vgl. oben, für die phonematischen Paraphasien). Meines Erachtens ist hier in der Tat die Asymmetrie relevanter als die Symmetrie, so daß ich diese Daten gegen die »Markiertheitssymmetrie«-Hypothese für Aphasie deuten würde. Die dritte untersuchte Dimension war das Kriterium der Distanz zwischen Ziel- und tatsächlich produzierter Form. So ist zum Beispiel *Trostlaus* für *Trostlauf* nur durch eine Perseveration entstanden, während für *Kemmerlich* statt *Schmetterling* komplexe Prozesse verantwortlich sind. Es zeigte sich, daß sich bei den Versprechern Ziel- und tatsächlich produziertes Wort in 99 Prozent der Fälle durch nur eine Veränderung unterschieden, während dies bei den Aphasikern nur in 54 Prozent der Fälle galt.

Die Distanz zwischen Ziel- und tatsächlich geäußerter Form scheint also eine Dimension zu sein, in der sich lautliche Versprecher und phonematische Paraphasien unterscheiden, eine Hypothese, die mit dem klinischen Eindruck beziehungsweise der Intuition über lautliche Versprecher gut übereinstimmt. In einer Folgestudie untersuchten Klein & Leuninger (1990) konsequenterweise die Struktur von Einheiten über Phonemgröße (Silbe und Wort) hinsichtlich ihrer Fehleranfälligkeit bei phonematischen Paraphasien und Versprechern (330 phonematische Paraphasien von Broca-, Wernicke- und globalen Aphasikern, 110 spontansprachliche Versprecher und Verleser von Sprachgesunden). Die zugrundegelegte phonologische Theorie war in dieser Studie die »Theorie der Lexikalischen Phonologie« (Wiese, 1988). Diese Theorie gestattet es, jedem Wort eine Silben- und eine Segmentstruktur zuzuweisen und lautliche Fehlleistungen in ihrer strukturverändernden Wirkung zu »berechnen«. Zum Beispiel liegt in /ʃtʀumpf/→/ʃtumpf/ eine Veränderung der segmentalen Form des Wortes vor, in struktureller Hinsicht aber eine Silbenstrukturveränderung, da ein C-Element wegfällt. Nur letztere wird gezählt. Ist die geäußerte Form /tʀum/, liegt eine Wortstrukturveränderung (wegen Tilgung der wortinitialen Position) und eine Silbenstrukturveränderung vor (wegen Tilgung der letzten C-Position). Wie sich bei der Auswertung des Korpus zeigte, verändern lautliche Versprecher (Ersetzungen, Vertauschungen, Perseverationen, Antizipationen) durchweg nicht die Wortstruktur, betreffen also weder die Silbenzahl noch die wortinitiale Position. Anders gesagt: Praktisch alle Versprecher in diesem Korpus entstehen durch »segmentale Fehlberechnungen«. Anders im Fall der phonematischen Paraphasien: Zwar machten die Broca-, Wernicke- und globalen Aphasiker mehr Segmentfehler (96, 103, 133) als Fehler der Silbenstruktur (69, 55, 112) beziehungsweise Wortstruktur (8, 18, 39), jedoch war die Zahl der Fehler, die die nicht-lineare Struktur der Items betraf, unvergleichlich höher als bei den Sprachgesunden.

Die Autorinnen kommen zu dem Fazit, daß phonematische Paraphasien, im Gegensatz zu Versprechern, »sowohl die Gesamtgestalt eines Items als auch die segmentale Auffüllung dieser Gestalt« betreffen. Ein interessantes Argument, das die Autorinnen aus ihren Resultaten ableiten, betrifft die Broca-Aphasiker: Wenn phonematische Paraphasien die hierarchische Struktur phonologischer Formen, also etwa die Silbenstruktur, betreffen, deutet das auf einen »frühen« Zeitpunkt ihrer Genese in der Sprachproduktion, möglicherweise schon im Lexikon (der phonologischen Formen) oder beim Zugriff auf die phonologischen Formen. Im Levelt-Modell ist das die Komponente des mentalen Lexikons, die die »lexikalischen Formen« enthält, und der Abruf der dort gespeicherten Information zum Zweck des »phonological encoding«. Das Vorkommen solcher Fehler bei Broca-Aphasikern spricht also, nach Ansicht der Verfasserinnen, *gegen* die Auffassung, lautliche Fehlleistungen von Broca-Aphasikern seien allein der Ebene der phonetischen Implementierung zuzurechnen, also als Sprechapraxien zu klassifizieren. (Im Levelt-Modell ist das die Ebene der Steuerung und Kontrolle der sprechmotorischen Prozesse im »Artikulator«.) Mithin kommen diese Autorinnen zu einem anderen Schluß und einer anderen modellgeleiteten Vorstellung als Canter et al. (1985; vgl. oben). Ich komme auf diese Fragestellung im folgenden Abschnitt zurück.

»Phonologie versus Phonetik«

In der Forschungsgeschichte ist immer wieder die Auffassung vertreten worden, »flüssige« Aphasiker (Wernicke- und Leitungsaphasiker) hätten primär Probleme auf der Ebene phonologischer Verarbeitung, »nicht flüssige« (vor allem Broca-Aphasiker) hingegen auf der Ebene der phonetischen Verarbeitung, also der Steuerung der Artikulation (»articulatory implementation«, Blumstein 1981; »speech-motor control«, Tuller & Story, 1987; dort auch weitere Literatur), die in phonematische Paraphasien münden könnten (vgl. oben, »Einleitung«). Während zunächst angenommen wurde, phonologische Analysen, wie die in Blumstein (1973), seien nicht geeignet, zwischen diesen Patientengruppen zu unterscheiden (vgl. Blumstein, 1981), argumentieren Canter et al. (1985), wie wir gesehen haben, durchaus auf der Basis einer phonologischen Analyse für die Zuordnung: Broca- – phonetische Störung, Wernicke- und Leitungsaphasiker – phonematische Störung. Im Gegensatz dazu vertreten Klein & Leuninger (1990), ebenfalls aufgrund phonologisch analysierter Daten, die Hypothese, bei Broca-Aphasikern liege zumindest *auch* eine Störung auf »höheren« Verarbeitungsebenen – Lexikon der phonologischen Formen beziehungsweise Zugriff auf das Lexikon – vor (vgl. oben, Abschnitt »Phonematische Paraphasien und Versprecher Sprachgesunder«).

Zur Lösung der hier implizierten Probleme ist es notwendig, die Äußerungen von Aphasikern einer phonetischen Feinanalyse zu unterziehen, das heißt insbesondere zu zeigen, daß Broca-Aphasiker im Gegensatz zu Wernicke- und Leitungsaphasikern Lautverzerrungen aufweisen, woraus auf Probleme der »artikulatorischen Implementation« geschlossen werden könnte. (Selbstverständlich dürfen die betreffenden Aphasiker keine Dysarthrie haben.)

Eine solche Untersuchung führten Blumstein, Cooper, Goodglass et al. (1980) an vier Broca-, vier Leitungs-, fünf Wernicke-Aphasikern, einem nicht-aphasischen Dysarthriker und vier sprachgesunden Kontrollpersonen durch. Die Autoren gehen davon aus, daß auch bei Broca-Aphasikern kategoriale Lautfehler vorkommen (wie in den phonologischen Analysen ja gezeigt wurde), erwägen aber die Möglichkeit, phonologische Fehler könnten extreme Lautverzerrungen repräsentieren, die als Instanzen eines anderen Phonems der jeweiligen Sprache interpretierbar seien. Es sei mithin nicht klar, ob die sogenannten phonematischen Paraphasien bei »anterioren« Aphasikern denselben Typ von Produktionsdefizit widerspiegeln wie die von »posterioren« Aphasikern. Das methodische Vorgehen dieser Studie war eine Verbindung von phonologischer und phonetischer Analyse bei allen Patienten, wobei die phonetische Analyse in Form der Messung der »Voice Onset Time« (VOT) durchgeführt wurde. VOT ist die Zeitrelation zwischen der Verschlußlösung und dem Einsatz der Stimmgebung bei Verschlußlauten. Stimmhafte Verschlußlaute haben eine kurze VOT-Verzögerung von ca. 0 msec (gleichzeitige Verschlußlösung und Stimmeinsatz) bis ca. 25 msec (Stimmeinsatz ca. 25 msec nach Verschlußlösung), aber auch ein Stimmeinsatz vor der Verschlußlösung kommt vor. Stimmlose Verschlußlaute haben dagegen eine längere VOT-Verzögerung im Bereich von ca. 35 bis 80 msec.[13] Sprachgesunde zeigen für stimmhafte beziehungsweise stimmlose Verschlußlaute (bei der Artikulation von Einzelsilben) zwei distinkte oder minimal überlappende VOT-Bereiche. Genau diese Tatsache machten sich Blumstein et al. (1980) zunutze: Sie definierten einen phonologischen Fehler operational als einen Ersetzungsfehler, bei dem der VOT-Wert des Ziellautes in den VOT-Bereich der entgegengesetzten phonologischen Kategorie fiel, also wenn zum Beispiel das Zielphonem /g/ mit einem VOT-Wert von 60 msec geäußert wurde (VOT-Bereich des /g/ ist 25 msec oder weniger, des stimmlosen Pendants /k/ 45 msec oder mehr)[14]. Ein phonetischer Fehler wurde operational definiert als Ersetzungsfehler, bei dem der VOT-Wert für ein Zielphonem zwischen die normale Verteilung für die stimmlose und die stimmhafte Variante fiel, also zum Beispiel für das Zielphonem /g/ bei einem VOT-Wert von 30 msec. Blumstein et al. fanden zunächst, daß die Sprachgesunden und die Wernicke-Aphasiker nicht-überlappende VOT-Werte für stimmhafte und stimmlose Verschlußlaute aufwiesen, während bei den Broca-Aphasikern eine breite Überlappung vorlag. Weiterhin zeigte sich, daß in allen aphasischen Gruppen phonetische und phonologische Fehler auftraten, jedoch machten die Broca-Aphasiker signifikant mehr phonetische Fehler als die Wernicke-Aphasiker. Weiterhin gingen die Autoren der Frage nach, ob den phonologischen Fehlern extreme Lautverzerrungen, also eine phonetische Ursache, zugrundegelegen haben könnten. Zu diesem Zweck verglichen Sie die Fehlermuster für phonetische und phonologische Fehler. Wenn nämlich zum Beispiel phonetische Fehler vermehrt bei stimmlosen, phonologische aber vermehrt bei stimmhaften Verschlußlauten vorkommen

---

13 Diese Werte sind der Literatur entnommen, die sich auf das amerikanische Englisch bezieht.

14 Bei süddeutschen Sprechern liegen die VOT-Werte für /g/ in *Gasse* zwischen 10 und 40 msec, für /k/ in *Kasse* zwischen 40 und 100 msec (vgl. Ziegler, in diesem Band).

würden, wäre das ein starkes Argument gegen die Annahme, daß die phonologischen Fehler einen extremen Fall von Lautverzerrung darstellen würden. Sie fanden in ihren Daten tatsächlich eine Dissoziation in der Prädominanz phonetischer und phonologischer Fehler: So traten bei den Broca-Aphasikern mehr phonetische Fehler bei /d/ (stimmhaft) als bei /t/ (stimmlos) auf, aber mehr phonologische Fehler bei /t/ als bei /d/. Bei den Wernicke-Aphasikern traten mehr phonetische Fehler bei /t/, mehr phonologische bei /d/ auf. Die Autoren interpretieren dies als Indiz gegen das Zugrundeliegen eines einzigen Mechanismus, der für die phonologischen und phonetischen Fehler verantwortlich wäre.

Eine Analyse der korrekten Phonemproduktionen (VOT im Normbereich) ergab, daß die Werte für die Broca-Aphasiker von denen der Sprachgesunden und der Wernicke-Aphasiker deutlich abwichen, wobei diese Abweichung auf eine weitere Streuung der Werte für stimmlose Verschlußlaute zurückzuführen war. Nach Auffassung der Autoren zeigt dies deutlich das Vorliegen einer massiven »phonetischen Störung« bei Broca-Aphasie, die sich nicht nur in phonetischen Fehlern äußert, sondern auch bei den Realisationen, die in den korrekten Zielphonem-Bereich fallen.

Schließlich gingen die Autoren der Frage nach, ob die Störung bei Broca-Aphasie auf ein Defizit der artikulatorischen Planung oder auf ein Defizit der »low-level motor control« zurückzuführen sei, wie es bei (nicht-aphasischen) dysarthrischen Patienten auftritt. Es zeigte sich, daß in bezug auf die Produktion alveolarer Verschlußlaute die VOT-Verteilung bei den Broca-Aphasikern völlig anders war als bei dem getesteten Dysarthriker. Die Autoren schließen daraus, daß das Produktionsdefizit der Broca-Aphasiker eher ein Problem des »articulatory encoding« als eine »low-level motor disorder« widerspiegele.

Die wichtigsten Resultate dieser Studie sind, daß die phonologischen Fehler bei Broca-Aphasikern nicht einfach auf phonetische Probleme zurückzuführen sind und daß die Zuordnung »anteriore« Patienten – »phonetische Störungen« / »posteriore« Patienten – »phonologische Störungen« so nicht einschränkungslos zutrifft. Auch »posteriore« Patienten machen phonetische Fehler, und auch Broca-Aphasiker haben anscheinend ein Defizit, das Probleme mit der Verarbeitung auf Phonem-Ebene widerspiegelt, das heißt, ihre Störung ist, wie die Autoren schreiben, »sowohl phonologischer als auch phonetischer Natur«.

VOT-Analysen wurden in einer Reihe weiterer Studien vorgenommen, und regelmäßig fand man bei Broca-Aphasikern hier gravierende Probleme (vgl. Blumstein, 1988; für das Deutsche vgl. Ziegler, 1989, mit weiterer Literatur), darunter auch in Thai, einer Sprache, bei der VOT im Unterschied zum Deutschen und Englischen drei Kategorien differenziert (stimmhaft mit vorlaufender Stimmgebung, /b/, stimmlos mit kurzer VOT-Verzögerung, /p/, und stimmlos aspiriert, /p^h/ (Gandour & Dardarananda, 1984)).

Allerdings ist die Voice Onset Time nur *ein* phonetischer Parameter, und die Frage ist, ob sich das Bild der Studie von Blumstein et al. (1980) auch hinsichtlich anderer Parameter bestätigt. Shinn & Blumstein (1983) überprüften deshalb die Lautproduktion von Broca-Aphasikern hinsichtlich des Artikulationsortes. Es zeigte sich, daß hinsichtlich dieses Parameters die Broca-Aphasiker bemerkenswert gute Resultate erzielten. Im Gegensatz zur VOT-Analyse zeigten die Patienten kein durchgehendes Defizit, sondern nur bei der Produktion alveolarer Verschlußlaute wichen sie systematisch von Wernicke-Patienten und sprachgesunden Kontrollpersonen ab. Die Autoren schließen daraus, daß bei Broca-Aphasikern die »statischen« Aspekte der Lautproduktion (hier die korrekte motorische Kontrolle des Artikulationsortes) besser erhalten sind als die »dynamischen«, zeitbezogenen, wie die Steuerung der Abfolge Verschlußlösung – Stimmeinsatz. Die Hypothese einer gravierenden Störung des »artikulatorischen Timing« wird unterstützt durch die Beobachtung, daß auch die zeitliche Abstimmung zwischen Verschluß des Velums und der Verschlußlösung bei Verschlußlauten, die den Kontrast zwischen Nasalen und Verschlußlauten konstituiert, bei Broca-Aphasikern gestört sein kann (vgl. Itoh, Sasanuma & Ushijima, 1979). Weiterhin sind Evidenzen dafür gefunden worden, daß Broca-Aphasiker Störungen der Koartikulation von Konsonanten und Vokalen aufweisen (vgl. Ziegler, 1989; Tuller & Story, 1987). »Koartikulation« bedeutet, daß Sequenzen von Phonemen anders artikuliert werden als Einzelphoneme. So werden zum Beispiel bei der Aussprache von *Glück* die Lippen bereits zu einem stummen /y/-Laut gerundet, bevor die Produktion des Wortes überhaupt begonnen hat, ein Vorgang, der selbstverständlich für die Artikulation eines isolierten /g/ nicht zu beobachten ist (vgl. Tillmann & Mansell, 1980). Auch dies ist ein »dynamischer« Prozeß im Sinne von Shinn & Blumstein (1983). Allerdings wird diese Störung bei Broca-Aphasikern derzeit nicht einhellig beurteilt. So vertritt Blumstein (1988) die Auffassung, diese Patienten zeigten »relativ normale Koartikulationseffekte«, die lediglich zeitlich etwas verzögert seien. Bei Wernicke-Aphasikern scheinen hingegen die Prozesse der Koartikulation ungestört zu verlaufen (vgl. Tuller & Story, 1987).

Allerdings ist nicht klar, ob dieses Timing-Problem der Broca-Aphasiker alle phonetischen Dimensionen erfaßt (vgl. Blumstein, 1988): So scheint zwar die absolute Dauer der Vokale beeinträchtigt zu sein, nicht aber die relative Vokaldauer, wie in englisch *bead* versus *bid*.

Schließlich zeigte sich in einer Studie von Tuller (1984), daß auch die Stellung der Phoneme im Wort beachtet werden muß: Tuller replizierte zunächst den Befund, daß gemessen an den VOT-Werten »nicht flüssige« Aphasiker mehr phonetische, »flüssige« Aphasiker mehr phonologische Fehler machen. Jedoch wies sie nach, daß die Fehlermuster der einzelnen Patienten für Verschlußlaute am Wortanfang (gemessen in VOT-Werten) kein guter Prädiktor für die Fehlermuster bei Verschlußlauten am Wortende (gemessen durch die Dauer des vorhergehenden Vokals) sind. Vielmehr unterschied sich die Zahl der phonologischen Fehler bei jedem Patienten stark in Abhängigkeit von der Phonemposition. VOT-Daten können also nicht umstandslos zur Charakterisierung der Lautproduktion als ganzer verwendet werden. Auch zeigt ihre Studie wieder, daß die Zuordnung »nicht-flüssige Aphasie – phonetische Fehler« / »flüssige Aphasie – phonologische Fehler« ein zu einfaches Bild suggeriert.

Zusammenfassend ergibt sich folgendes (vgl. auch Blumstein, 1988; Lecours & Nespoulous, 1988): Bei Broca-Aphasikern finden sich häufig starke Abweichungen der Lautproduktion im Sinne phonetischer Fehler. Es ist plausibel, anzunehmen, daß diese Abweichungen in einer relativ »späten« Phase der Äußerungsproduktion, nämlich bei der phonologischen Endkodierung, entstehen (vgl. das Levelt-Modell). Jedoch treten auch Abweichungen auf, die als phonematische Paraphasien zu interpretieren sind. Über die quantitative Bedeutung dieser Paraphasien besteht noch keine Klarheit (vgl. Ziegler, 1989), jedoch erscheint es beim derzeitigen Kenntnisstand sinnvoll, von einer multifaktoriellen Verursachung der Störungen der Lautproduktion bei Broca-Aphasie auszugehen. Wernicke- und Leitungsaphasiker produzieren hingegen vornehmlich phonematische Paraphasien, so daß eine dominante Störung auf der Ebene der phonologisch-lexikalischen Repräsentation und/oder des Zugriffs auf die phonologischen Formen der Lexikoneinträge vermutet werden muß (vgl. das Levelt-Modell). Jedoch sind auch bei diesen Patienten phonetische Abweichungen (Lautverzerrungen) nachgewiesen worden.

Phonemperzeption

Studien zur Phonemperzeption bei Aphasie sind aus zwei Gründen von Interesse: Erstens ist die Frage zu klären, ob Aphasiker Probleme der Perzeption beziehungsweise Diskrimination von Phonemen aufweisen und inwieweit Perzeptionsprobleme zur Störung des Sprachverständnisses beitragen. Zweitens muß, wenn ein Perzeptionsdefizit vorliegt, geklärt werden, ob Produktions- und Perzeptionsdefizit korrelieren und damit auf eine gemeinsame, supramodale Störungsursache geschlossen werden kann.

Blumstein, Baker & Goodglass (1977) zeigten, daß vornehmlich Wernicke-Aphasiker, aber auch andere aphasische Patienten, Probleme mit der Verarbeitung phonologischer Kontraste haben. Zu beurteilen ist bei diesen Tests, ob zwei natürlich gesprochene Items, zum Beispiel Wörter wie *bait* versus *date* oder Nichtwörter wie /beip/ versus /deip/, identisch oder verschieden sind. Außerdem zeigte sich, daß die Fehlerrate steigt, wenn sich die zu diskriminierenden Phoneme in nur einem distinktiven Merkmal unterscheiden. Schließlich sind Diskriminationsfehler häufiger bei Kontrasten des Artikulationsortes (zum Beispiel /pa/ versus /ta/) als bei Kontrasten der Merkmalsdimension [Stimme] (zum Beispiel /pa/ versus /ba/).

In Studien mit synthetischem Material, das heißt lautlichen Stimuli, die in systematischen Schritten entlang einer bestimmten akustischen Dimension variierten, wurde die Fähigkeit getestet, Phoneme zu benennen (zum Beispiel durch Nachsprechen oder Deuten auf ein Kärtchen mit dem entsprechenden Konsonanten oder der entsprechenden Silbe) oder zu diskriminieren. Hier zeigte sich, daß die Aphasiker Schwierigkeiten mit dem Benennen hatten. Interessanter aber ist der Befund, daß dann, wenn Aphasiker einen der beiden Aufgabentypen beherrschten, es regelmäßig das Diskriminieren war, und zwar waren die Leistungen denjenigen sprachgesunder Kontrollpersonen vergleichbar. Diese Dissoziation wurde als Indiz dafür gedeutet, daß Aphasiker möglicherweise nicht generell ein spezifisches Defizit der Perzeption segmentaler Einheiten hinsichtlich deren Kategorie an sich aufweisen, sondern eher ein Defizit der Perzeption der Kategorien in bezug auf deren Gebrauch in Relation zu »höheren« sprachlichen Prozessen, wie vor allem der lexikalischen Verarbeitung. Es zeigte sich nämlich, daß diese Dissoziation bei Wernicke-Aphasikern stärker ist als bei anderen aphasischen Gruppen (Blumstein, Cooper, Zurif & Caramazza, 1977). In dieselbe Richtung – daß Aphasiker spezifische Probleme der Perzeption haben, wenn die Aufgaben einen »linguistischen Gebrauch« der Einheiten fordern – weisen Untersuchungen, bei denen die semantischen Verarbeitungsanforderungen variiert wurden (vgl. Baker, Blumstein & Goodglass, 1981). Es zeigte sich, daß die Diskriminationsleistungen sinken, wenn die semantische Verarbeitung komplexer wird, wobei Wernicke-Aphasiker größere Probleme haben als Broca-Aphasiker. Das spricht für eine Interaktion phonologischer und lexikalischer Faktoren bei der Perzeption (vgl. auch Blumstein, 1987 für eine Diskussion im Kontext der Modularitätshypothese).

Vergleiche zwischen der phonologischen Perzeptionsfähigkeit von Aphasikern und ihren allgemeinen Sprachverständnisfähigkeiten haben gezeigt, daß hier keine systematischen Zusammenhänge bestehen. Perzeptionsprobleme können also, wie es scheint, zwar zu Sprachverständnisproblemen beitragen, sind offenbar aber nicht deren primäre Grundlage (vgl. Blumstein, 1988).

Die Frage der Korrelation von Produktions- und Perzeptionsdefizit erwies sich als schwer zu beantworten. Eine Reihe von Studien ergab sowohl für »anteriore« als auch »posteriore« Aphasiker, daß beide Defizite zwar grob assoziiert und auch in ihrem Schweregrad korreliert sein können (vgl. den Überblick bei Blumstein, 1981). Jedoch sind in der Literatur immer wieder Dissoziationen zwischen Produktion und Perzeption berichtet worden, so daß man heute dazu

tendiert, eine gemeinsame zugrundeliegende Störungsursache, ein »zentrales phonologisches Defizit«, eher abzulehnen (vgl. Ziegler, 1989).

Neologismen und phonematischer Jargon

Neologismen können, wie wir in der Einleitung bereits gesehen haben, zielformbezogen oder nicht-zielformbezogen (»abstruse Neologismen«) sein, wobei selbstverständlich nicht nur die Inkompetenz des Sprechers, sondern auch die interpretatorische Unzulänglichkeit des Hörers die Klassifikation einer geäußerten Form als »abstrus« herbeiführen kann (vgl. Lecours, 1982). Wenn die Vorkommensrate von Neologismen in den Äußerungen von Aphasikern so hoch ist, daß die Äußerungen als ganze überwiegend unverständlich werden, spricht man von »Jargon«. Die sogenannten Jargonaphasien sind Manifestationen der Wernicke-Aphasie (vgl. Huber, Stachowiak, Poeck & Kerschensteiner, 1975). Seit Brown (1981) unterscheidet man hier zwischen »phonematischem« und »neologistischem Jargon«. Letzterer ist gekennzeichnet durch häufiges Auftreten von Neologismen im Kontext von Wörtern der Muttersprache, wie im folgenden Text (aus Peuser, 1987, S. 247f.):

[Der Patient beschreibt das Binet-Bild I, »Eine Familie spielt Blinde-Kuh«]

I: Nun geben Sie acht / jetzt gebe ich Ihnen drei Bilder / und können Sie mir beschreiben / was Sie / äh / was Sie da sehen / einfach ...

P: Ja / sie machen der ['aisəntər] / mit dem ['ainənɔs] / nicht? [gə'vaigəs] / und die ['maxənt] / die [maxəns] / die mache *das* / oder nicht / und / die ['koytən dans] / die machen das / die eines / die macht das (xxx)

I: Ja / ist das eine Hochzeit?

P: (*lachend*) Neinein / Neineinein /

I: Oder eine Prügelei?

P: Ja / nein / hier / der macht's / nun der ['aikəns] die machen in die ['aikəns 'vaxtər]

I: Oder ist es ein Spiel?

P: Ja / sowas auch /

[...]

I: Oder ist es Karten?

P: Neenee / hier das hier /

I: Blindekuh? Ist es Blindekuh?

P: Nein / [di:t'frdəl laxen] das hier muß es auch sein / muß das da / oder muß es / und der *muß* das auch / und der *kann* das aber auch //

Überwiegen hingegen die Neologismen oder bestehen die Äußerungen gänzlich aus Neologismen, spricht man von »phonematischem Jargon«, wie im folgenden Beispiel (aus Peuser & Temp, 1981: 282):

> [Der Patient liest folgenden Text:] Ein Hund stahl einem Metzger ein Stück Fleisch und trug es eilig im Maule fort. Auf seiner Flucht kam er an einen Bach, über den ein Steg gelegt war. Als er auf diesem dahinlief, erblickte er im Wasser einen zweiten Hund, der ebenfalls ein Stück Fleisch zwischen den Zähnen hielt. [...]
>
> er [geo'lɛ 'do:] ein ['gɛloseɔn]
>
> ['ɩk 'gladusə] gut ['ateuk 'gu:tvɩl] sie ['aŋɩo:n 'ɩgvɔdɩ:r] so ['bɔndrɩu 'ja:lɩç 'i:θ 'o:nən 'halɩ:əvət 'kagləvaɩ] //
>
> so ['kamba'ɩdəm 'gok 'kaɩ 'ɩŋk ge:n'draɩ 'vagɩr 'kalɩdɩs] so ['ɩŋk] der [tɔ'veɩt bɩ'gavlɩu du'kɑm //
>
> 'o: 'vaɩ 'drɩnə di:'ɛrɔt dɩgəvuvu'ɛl 'glɩ:usɩt] er im ['trɩgəlaɔt 'sɑ:gə 'kɛfaldɩ 'vɔzəvɔn] ein ['to:rədɩf] so [yn] die ['kaɩ 'so:dəvɔn] die ['ɛŋəvuθ 'i:θ 'ɛmblɩu 'bo:tsə 'bo:tən] // [...]

Ein dritter, im vorliegenden Zusammenhang nicht relevanter Typ von Jargon, der sogenannte semantische Jargon, ist durch den Gebrauch von Wörtern der betreffenden Sprache auf semantisch unangemessene Weise gekennzeichnet, wobei einzelne Neologismen auftreten können, so daß auch diese Äußerungen weitgehend unverständlich beziehungsweise inhaltlich unangemessen sind, wie im folgenden Text (aus Leuninger, 1989: 39f.):

> [Der Patient soll eine abgebildete Kneifzange benennen]
>
> kann man halt zurechtlegen irgendwie wie man will ... irgendwie drehen ... Sie meinen doch ... wenn da ein Steck dran ist ... halt halt die Uhr kann man da vielleicht abmachen ... könnte man auch ... weiß nicht was da noch dabei dran ... muß abschalten ... nich ... kann es aber auch so machen und irgendwie als was anderes dazu .. vielleicht irgendwie was anbringen muß ... irgendwie vielleicht was Innenverbindung ... und dann wieder dick festmachen oder so was.

Über die Entstehung von Neologismen sind in der Literatur verschiedene Theorien vorgelegt worden. Ein erster Typ dieser Theorien begreift Neologismen als Folge phonematischer Paraphasien (vgl. die entsprechende, als »conduction theory« bezeichnete Auffassung von Lecours & Lhermitte, 1969), ein zweiter Typ hebt dagegen auf Störungen des Zugriffs auf die Formen der Lexikoneinträge ab. Ausgangspunkt dieser »anomia-theory« (auch: »empty-slot-filling-theory«) der Neologismus-Entstehung (vgl. Peuser & Temp, 1981) ist dementsprechend die Annahme, daß Neologismen als Ersatz für Formen des Lexikons auftauchen, die nicht abgerufen werden können (vgl. Butterworth, 1979). Modellhafte Voraussetzung ist dabei die Annahme, daß der lexikalische Zugriff in der Sprachproduktion in zwei Schritten erfolgt: nämlich als Zugriff auf die Bedeutungen der Einträge (im Levelt-Modell also auf die »Lemmata«) und als Zugriff auf die Formen der Einträge (bei Levelt: die »lexikalischen Formen«). Eine solche Lexikonstruktur und einen doppelten Zugriff auf das Lexikon sieht unter anderem das Sprachproduktionsmodell von Garrett (1975; ders. 1984; vgl. die Einleitung zum vorliegenden Band) vor, auf das in der Neologismus-Forschung mehrfach Bezug genommen wurde (so von Ellis, Miller & Sin, 1983; Buckingham, 1987). Ich werde im folgenden jedoch die Terminologie des Levelt-Modells beibehalten. Man kann allerdings fragen, ob nicht nur der Zugriff gestört sein könnte, sondern bereits die Formen der Wörter im Lexikon selbst defizient repräsentiert sein könnten. Jedoch wäre dann die Vorhersage, daß die lexikalischen Formen immer in derselben Weise entstellt abgerufen werden würden – dagegen sprechen die Daten jedoch eindeutig (vgl. Butterworth, 1985). Anders gesagt: Neologistischer beziehungsweise phonematischer Jargon ist keine Sprache in dem Sinne, daß Neologismen idiosynkratisch lexikalisiert würden. Zwar kommen solche Rekurrenzen vor, zumeist handelt es sich bei Neologismen aber um Ad-hoc-Produktionen, wobei es beim einzelnen Patienten zusätzlich zu deutlichen modalitätsspezifischen Unterschieden in der Neologismus-Realisierung kommen kann (vgl. unter anderem Peuser & Temp, 1981).

Eine auf Probleme mit dem Zugriff auf das Lexikon der Formen abhebende Hypothese wurde von Ellis et al. (1983) anhand einer Einzelfallstudie vorgetragen: Ihr Patient, R. D., war offensichtlich in der Lage, die Prozesse des »Conceptualizer« (vgl. das Levelt-Modell) auszuführen, denn er war nicht verwirrt. Außerdem unterstellen die Autoren, daß R. D. Zugang zur Repräsentation der lexikalischen Bedeutungen hatte (die »Lemmata« im Modell von Levelt). Evidenzen für den intakten Zugriff auf die Bedeutungen der Zielformen kann man, wie Buckingham (1987) zeigt, unter Umständen aus dem Äußerungskontext von Neologismen gewinnen. Er beschreibt einen Patienten, der beim Benennen statt der Zielform *knife* die Neologismen /rəkəbz/ oder /rəʃ/ äußerte, aber erläuterte *Yeah, they cut nice too. I had a nice sharp* /rəkəbz/ *... yeah, a sharp one* .... Die Struktur dieser Äußerung erscheint intakt, auch der Zugriff auf die Bedeutung ist offenbar gelungen. Es scheint also, als liege das Problem dieser Patienten tatsächlich im Zugriff auf die Form des Lexikoneintrags. Auch Butterworth (1985) hebt auf Probleme beim »zweiten Zugriffstadium« ab: Bei Sprachgesunden geht die lexikalische Selektion der Bedeutungen mit Gesten einher, die ca. 500 bis 1000 msec vor Beginn der Artikulation beobachtet werden. Sein Jargonaphasiker K. C. zeigte ein in dieser Hinsicht normales Verhalten, so daß Butterworth den Schluß zieht, auch bei K. C. liege das Problem im Zugriff auf die phonologische Form.

Im Fall von R. D. waren die meisten Neologismen zielformbezogen (zum Beispiel *Giraffe→Garfara*), wobei die Silbeninformation besser erhalten war als die segmentale Information, woraus Ellis et al. (1983) auf eine Ähnlichkeit des fehlgeschlagenen Abrufprozesses mit dem »Tip-of-the-tongue«-Zustand bei Sprachgesunden schließen, allgemein aber darauf, daß der Zugriff auf die Formen kein »Alles-oder-nichts-Prozeß« ist, also mehr oder weniger gut gelingen kann[15].

Wenn der Abruf der Form eines Lexikoneintrags nicht gelingt, der Patient aber dennoch eine Form äußert, muß es einen Mechanismus geben, der für diese Produktion verantwortlich ist. Butterworth (1979) schlägt dafür einen »random generator« vor, einen Zufallsgenerator, der die Segmente produziert. Das heißt, dieser Mechanismus setzt, bezogen auf Levelts Modell, dort ein, wo im Normalfall die Forminformation abgerufen und an die Komponente »phonological encoding« weitergeleitet wird (im Modell von Garrett, 1984, zwischen dem »Functional« und dem »Positional Level«), er assoziiert, mit Butterworth, »word-sounds with word-meanings«.

Die Annahme des Zufallsgenerators unterstützt Butterworth mit dem Argument, daß in seiner Einzelfallstudie die Frequenzdistribution der neologistischen Segmente nicht mit der Frequenzdistribution der englischen Phoneme übereinstimmte, sondern eher eine Zufallsverteilung der Segmente vorgelegen habe. Ein ähnliches Ergebnis fanden Peuser & Temp (1981) für einen Fall von neologistischem und einen Fall von phonematischem Jargon[16]: Die Frequenzverteilung wich sowohl von der in der normalen gesprochenen Sprache als auch von der in einer Textvorlage, die die Patienten lesen mußten, ab, und zwar im Lesetest bei der phonematischen Jargonaphasikerin deutlicher als bei dem Patienten mit semantischem Jargon. Die phonematische Jargonaphasikerin zeigte sogar eine nahezu gleiche Verteilung von Konsonanten und Vokalen in beiden Modalitäten, während in der Normalsprache das C-V-Verhältnis bei ca. 60 Prozent zu 40 Prozent liegt. Auch Perecman & Brown (1981) fanden im Fall eines zweisprachigen (Deutsch-Englisch) Patienten mit phonematischem Jargon eine annähernde Gleichverteilung im Deutschen, allerdings so deutlich nur in monologischen Äußerungen. Nach Peuser & Temp spiegelt diese Verteilung die Präferenz ihrer Patientin für einfache CV-Silben wider. Huber, Mayer & Kerschen-

---

15 Eine Reihe der von Ellis et al. (1983) mitgeteilten Beispiele für Neologismen kann allerdings auch problemlos als phonematische Paraphasien erklärt werden, so zum Beispiel *tomato→tomoto*.

16 Der erste von Peuser & Temp (1981) beschriebene Fall war im frühen Stadium neologistisch, entwickelte sich dann zu einem semantischen Jargon, der zweite Fall, den sie als neologistischen Jargon einstufen, ist, vor allem beim Lesen, in der Klassifikation von Brown (1981) eher phonematischer Jargon.

steiner (1978) berichten von einem Wernicke-Aphasiker mit ausgeprägtem phonematischem Jargon, dessen Phoneminventar von dem des Standarddeutschen beziehungsweise auch von dem des Dialekts, den der Patient prämorbid gesprochen hatte, abwich, derart, daß bestimmte Phoneme fehlten, andere hinzugefügt waren (Beispiele werden nicht gegeben).

Da in Butterworth' (1979) Korpus die phonematischen und semantischen Paraphasien der Phonemfrequenzdistribution des Englischen folgten, sah er einen qualitativen Unterschied zwischen abstrusen Neologismen und phonematischen Paraphasien.

Andererseits zeigte sich in der Studie von Butterworth (1979), daß in den Neologismen die phonotaktischen Regeln des Englischen weitgehend beachtet wurden, so daß tatsächlich *keine* reine Zufallsverteilung vorlag; Butterworth spricht deshalb in bezug auf den Zufallsgenerator genauer von einem Mechanismus, der *quasizufällig* Phoneme des Englischen auf phonotaktisch reguläre Weise kombiniert. Buckingham (1987) schlägt dagegen vor, den »random generator« nicht als Segment-, sondern als Silbengenerator zu modellieren: Ein Zufallsgenerator ohne eingebaute phonotaktische Regeln müsse auf eine spätere Filterkomponente bauen, in der diese Regeln wirksam würden. Meines Erachtens sind Butterworth' und Buckinghams Vorschläge aber kompatibel, da Butterworth ja den Zufallsgenerator mit phonotaktischem Wissen ausstattet. Im Unterschied zu Butterworth (1979) fanden Peuser & Temp (1981) vor allem in ihrem Fall von phonematischer Jargonaphasie »viele Vorkommen nicht-deutscher Phonemsequenzen«, also von Verletzungen phonotaktischer Regeln. Das spricht für idiosynkratische Züge in der Ausprägung von Jargonaphasie.

Die Annahme, dem Einsetzen der Funktion des Zufallsgenerators liege ein Problem beim Zugriff auf das Formenlexikon zugrunde, wird von Butterworth (1979) durch die Beobachtung gestützt, daß eine Verzögerung in der Äußerung von ca. 250 msec vor der Produktion eines Neologismus zu verzeichnen war. Das deutet Butterworth als Indiz für das Vorliegen einer (formbezogenen) Wortfindungsschwierigkeit. Vor der Produktion phonematischer oder semantischer Paraphasien wurde diese Verzögerung hingegen nicht beobachtet – ein weiteres Argument für den qualitativen Unterschied dieser Phänomene. Mithin sprechen diese Daten eher gegen das Zutreffen der »conduction theory« der Neologismus-Produktion.

Gegen die Annahme des Zufallsgenerators wurde von Ellis (1985) eingewendet, es sei unplausibel, bei Aphasie eine Komponente des Sprachverarbeitungssystems anzusetzen, die prämorbid nicht vorhanden sei. Dem hält Buckingham (1987) entgegen, prämorbid verfügten die Sprecher über ein Wissen um den Phonembestand ihrer Sprache und über die phonotaktischen Beschränkungen, und der Zufallsgenerator könne als Anwendung dieses Wissens verstanden werden.

Was die Funktion des Zufallsgenerators betrifft, ist es noch wichtig, festzuhalten, daß er nicht nach einfachen (»natürlich-phonologischen«) Prinzipien arbeitet wie Assonanz, Alliteration oder Reduplikation (Prinzipien, die in der frühen Spracherwerbsphase eine Rolle spielen). Dann nämlich wäre phonematischer Jargon reduziert auf eine »Honolulu-Sprache«, was ersichtlich nicht der Fall ist: Man findet durchaus Konsonantencluster und eine Tendenz der Vermeidung von Monotonie durch phonologische Variation (vgl. Peuser & Temp, 1981), die allerdings unterschiedlich stark ausgeprägt sein kann (vgl. oben den Fall der phonematischen Jargonaphasikerin mit deutlicher Präferenz von CV-Strukturen und annähernder Gleichverteilung von Konsonanten und Vokalen).

Hinsichtlich der Struktur von Neologismen vertritt Butterworth (1985) die Auffassung, sie stünden eher für lexikalische Stämme als für ganze Wörter. Er zählte in einem Korpus von 138 nach Wortarten klassifizierbaren Neologismen 45 korrekte grammatische Affixe (Plural, Tempus etc.), 52 trugen ein korrektes Ø-Affix (wie bei Nomina im Singular). Man muß allerdings bedenken, daß bei phonematischem Jargon, im Unterschied zum neologistischen Jargon, die Neologismen im allgemeinen nicht nach Wortarten klassifizierbar sind, hier also eine entsprechende Analyse nicht möglich ist.

Jargon bei Aphasie ist in der Forschung auch kontrastiv zur sogenannten Glossolalie (auch: Xenoglossie) und zur sogenannten Schizophasie bei Schizophrenie untersucht worden. Unter »Glossolalie« (wörtlich: »Zungenreden«) versteht man Äußerungen in Zuständen der religiösen Verzückung, wie sie im Neuen Testament (vgl. 1. Kor. 14), aber auch in der Neuzeit von Anhängern religiöser Bewegungen (Kamisarden, Irvingianer, Pfingstbewegung) berichtet werden (vgl. unter anderem Samarin, 1972). Differentialdiagnostisch ist die Abgrenzung von aphasischem Jargon und Glossolalie uninteressant, da letztere, wenn sie spontan auftritt, an bestimmte Situationen (Gebet) gebundenen und den Sprechern bewußt ist. Allerdings können, unter Umständen entgegen der Selbsteinschätzung der Betroffenen, glossolalische Äußerungen auch auf Aufforderung produziert werden (vgl. Enninger & Raith, 1983; Lecours, Travis & Osborn, 1980). Eine Bedeutung läßt sich den Pseudowörtern und -sätzen glossolalischer Äußerungen nicht zuweisen, auch die Glossolaliker selbst können das nicht. Ein Beispiel für Glossolalie eines Sprechers oder einer Sprecherin des Französischen geben Lecours et al.:

> /putʃta jato amadea se atʃtu ʜoʀa o maʀia ʃtuja talasul e maʀja atunda asuja inʃtigoso jɛtʃteni/ /o maʀja tuskundea deseu in dios kuna majʃte/ /o njanatʃe maʀjana idonjaʃte koskena ɛ no njɔnɛskena/ /o niʃtɛne maʀja tosɛ no no swɔʃtɛnei ɛ no ɛʃeʀo swɔndinu udaʃse/.

Lecours et al. fanden sowohl bei ihren Jargonaphasikern (N=2) als auch bei den Glossolalikern (N=5) deutliche Abweichungen von der Phonemfrequenzdistribution der Normalsprache. Im Unterschied zu den Jargonaphasikern zeigte sich aber bei den Glossolalikern einerseits viel häufiger ein kompletter Verzicht auf einzelne Phoneme, andererseits eine drastische Bevorzugung einzelner Phoneme. So lag die Vorkommensrate von /n/ bei einem Glossolaliker bei 21,9 (normal im Québec-Französischen: 2,5). /b/, /v/ und die Nasale fielen bei allen Glossolalikern fast vollständig oder vollständig aus. Die Verfasser betonen, daß sie für diese Erscheinung keine Erklärung haben. Konsonantencluster kommen in diesem Korpus bei Glossolalie auch initial vor, dies im Unterschied zu den Äußerungen einer amerikanischen Glossolalikerin, die von Enninger & Raith (1983) untersucht wurde und in deren Äußerungen keine silbeninitialen oder -finalen Konsonantencluster vorkamen. Auch bei dieser Probandin zeigte sich eine deutliche Abweichung vom Phoneminventar der Normalsprache, insbesondere eine Bevorzugung von Konsonanten mit dem Merkmal [+ Stimme], was dem intuitiven Eindruck einer »singenden« Sprechweise korrespondiert. Silben der Struktur CV überwogen weit die der Struktur CVC (12:1), Konsonanten und Vokale traten etwa im Verhältnis 1:1 auf. Die Äußerungen dieser Probandin kommen offenbar – im Unterschied zu denen von Jargonaphasikern – einer »Honolulu-Sprache« nahe, leider geben die Verfasser aber keinen Transkriptausschnitt wieder.

In der Forschung wird die Meinung vertreten, die Fähigkeit zu glossolalischen Äußerungen basiere nicht auf einer Transformation normaler Äußerungen, sondern auf dem »kreativen« Gebrauch der Kenntnisse von Phoneminventaren und prosodischen Mustern (vgl. Lecours, 1982). Buckingham (1987) interpretiert diese Fähigkeit deshalb als nicht-pathologischen Gebrauch der Kenntnisse, die im pathologischen Fall dem »Zufallsgenerator« zur Produktion von Neologismen entsprechen.

Unter »Schizophasie« versteht man eine seltene Ausprägung abweichenden sprachlichen Verhaltens, das bei manchen Schizophrenen zeitweise auftritt (vgl. unter anderem Flegel, 1965; Peters & Prelle, 1974; Herbert & Waltensperger, 1980, die den Terminus »schizophrasia« verwenden). Jargon bei Aphasie und Schizophasie sind unter Umständen auf der Grundlage allein von Spontansprachproben schwer zu differenzieren (vgl. Peuser, 1987; vgl. auch Faber, Abrams, Taylor et al., 1983, die Äußerungen von 14 Schizophrenen und 11 »fluent« und zwei »unfluent« Aphasikern differentialdiagnostisch beurteilen ließen; vgl. auch Dittmann, Fehrenbach & Welsh, 1989). Jedoch dominieren in der Regel bei Schizophasie andere Typen von Neologismen als bei Jargonaphasie: Lecours & Vanier-Clément (1976) zeigten, daß vornehmlich bei Schizophasie, kaum jedoch bei Jargonaphasie Neologismen vom Typ »abgeleiteter morphemischer Paraphasien« auftreten, wie in *your athletic equi*vicables (statt: ... *equivalents*), ebenso Neologismen vom Typ »zusammengesetzter morphemischer Paraphasien«, wie in *lie-truths* (für *Halbwahrheiten*). Weiterhin kommen in schizophasischen Äußerungen lautlich oder semantisch assoziierte Wortkombinationen vor, die ebenfalls für Jargonaphasie nicht typisch sind, wie in folgendem Beispiel:

> A cette organisation de travail, il y a donc des plans d'heures et un calendrier du plan des secondes, de minutes, d'heures, d'horlogerie et d'orage. Vous appelez ça des heures-âges, des ors-âges, d'où des tonnes-âges qui, de l'âge du début d'un certain âge, par rapport au calendrier.

Solche Sequenzen sind von den bei Wernicke- beziehungsweise Jargonaphasikern auftretenden Annäherungs- beziehungsweise Korrektursequenzen eindeutig zu unterscheiden.

Viele in der Literatur berichtete schizophasische Äußerungen sind durch Neologismen gekennzeichnet, die auf ungewöhnliche, aber oft semantisch nachvollziehbare und im Kontext interpretierbare Wortbildungen zurückgehen. Peuser (1987) berichtet von einem Patienten, der unter anderem die Neologismen *treuabfertige* und *Blechradwagen* äußerte; Peuser spricht hier von »semantischen Neologismen«, das heißt solchen, die auf der Basis existierender deutscher Morpheme gebildet wurden. Diese kommen in aphasischen Äußerungen nur selten vor und sind im allgemeinen nicht kontextuell sinnvoll interpretierbar[17]. Abstruse Neologismen beziehungsweise phonematischer Jargon kamen bei dem von Peuser untersuchten Patienten nicht vor. Allerdings wird, wie Peuser referiert, in der Literatur durchaus von abstrusen Neologismen bei Schizophasie berichtet[18]. Meines Erachtens stellt sich die differentialdiagnostische Frage tatsächlich nicht zwischen phonematischem Jargon und Schizophasie, sondern zwischen neologistischem oder semantischem Jargon und Schizophasie. Hier sind auf sprachlicher Ebene, selbst wenn die Beurteilung der Spontansprachproduktion zweifelhaft ist, unter anderem die unterschiedlichen Leistungen beim Benennen und im Sprachverständnis als differentialdiagnostisches Kriterium anzu-

---

17 Peuser (1987) vertritt die Auffassung, diese semantischen Neologismen kämen nur in geschriebenem Jargon vor. Das trifft nicht zu: Brown (1981b) berichtet von Aphasikern mit »semantischem Jargon«, die beim mündlichen Benennen Formen wie *floorpark*, *flybrown* oder *smokin mob* (letzteres für *pipe* (*Pfeife*)) produzierten. Auch bei einem von Stark & Stark (im Druck) beschriebenen Wernicke-Aphasiker traten semantische Neologismen auf, die durch sein Problem mit dem zweiten Morphem von Komposita verursacht waren, wie in *Einkaufskorb*→*Einkaufsturm* (lautes Lesen); jedoch unternahm dieser Patient Annäherungs- und (häufig erfolgreiche) Korrekturversuche, wie sie selbstverständlich bei Schizophasie nicht auftreten.

18 Den Fall eines Schizophrenen, der gelegentlich quasi-glossolalische Äußerungen produzierte, berichten Lecours, Travis & Osborn, 1980.

setzen[19], bei denen Schizophrene besser abschneiden als Aphasiker (vgl. für weitere Merkmale die Liste der Kriterien in Peuser, 1987, S. 244).

Wortfindungsstörungen

Unter einer Wortfindungsstörung versteht man eine Situation, in der die Abwahl einer »lexikalischen Form« (vgl. das Levelt-Modell), die unterstelltermaßen im subjektiven Lexikon des Sprechers vorhanden ist, zeitweise blockiert ist (vgl. Blanken, 1986, S. 136f.). Pathologisch bedingte Wortfindungsstörungen gehen mit allen Aphasiesyndromen einher, jedoch in unterschiedlichem Ausmaß und in unterschiedlicher Ausprägung. Goodglass, Kaplan, Weintraub & Ackerman (1976) konnten dies nachweisen, indem sie bei Aphasikern einen »Tip-of-the-tongue«-Zustand (vgl. oben, »Einleitung«) erzeugten: Die Patienten mußten Strichzeichnungen benennen, und wenn sie dazu nicht in der Lage waren, sollten sie den ersten Buchstaben des Zielwortes sowie die Silbenzahl aus einer Menge entsprechender Kärtchen auswählen. Am besten schnitten die Leitungs-Aphasiker ab, sie gaben in 30 Prozent der Fälle, in denen sie beim Benennen scheiterten, den korrekten Anfangsbuchstaben und die korrekte Silbenzahl an. Anomische Aphasiker hingegen waren nur in weniger als 10 Prozent der Fälle erfolgreich, Wernicke-Aphasiker kaum häufiger. Bei den Broca-Aphasikern lag die Erfolgsquote bei 20 Prozent, jedoch war die Gruppe (N = 13) in ihren Leistungen äußerst inhomogen. Die Autoren interpretieren dies Ergebnis folgendermaßen: Für Wernicke- und anomische Aphasiker scheint der Zugriff auf die lexikalische Form, anders als bei Sprachgesunden, eher ein »Alles-oder-nichts-Prozeß« zu sein, derart, daß der Zugriff entweder gelingt oder, wenn er scheitert, wenig partielles Wissen über die Zielform mitgeteilt werden kann. Bei den Leitungsaphasikern scheint hingegen partielles Wissen in größerem Ausmaß vorhanden zu sein.

Von besonderer Bedeutung für die nähere Bestimmung der Natur von Wortfindungsstörungen bei Aphasie ist das unterschiedliche Verhalten der Patienten bei Hilfen, die ihnen in einer Wortfindungsstörungs-Situation gegeben werden, wie Anlautvorgabe, Oberbegriff, Ortsangabe, Reimwort, Funktionsbeschreibung und Lückensatzergänzung. Hier zeigte sich insbesondere (vgl. Goodglass & Stuss, 1979), daß Broca-Aphasiker am stärksten von Anlauthilfen profitieren (76,5 Prozent), Wernicke-Aphasiker deutlich weniger (44,8 Prozent) und anomische Aphasiker am wenigsten (27,7 Prozent). Auch dies deutet auf einen unterschiedlichen Grad der Verfügbarkeit beziehungsweise des Zugriffs auf die lexikalischen Formen hin.

---

19 Selbstverständlich spielen in der Praxis der neuroradiologische Befund und das Vorliegen psychotischer Symptome wie Halluzinationen etc. bei Schizophrenie eine entscheidende Rolle.

Hypothesen über die funktionale Lokalisation von Wortfindungsstörungen bei Aphasie in einem Sprachverarbeitungsmodell, nämlich dem sogenannten Logogen-Modell von Morton (vgl. Morton & Patterson, 1980; Morton, 1984 u. ö.), formulierten Howard & Orchard-Lisle (1984)[20], wobei sie unterschiedliche Voraussagen für die Wirkung von Anlauthilfen machten. Das Logogen-Modell postuliert für die Sprachproduktion ein »phonologisches Ausgangslexikon«, dessen Einträge von einer Komponente »cognitive system« aus aktiviert werden, die unter anderem die lexikalisch-semantische Information enthält. Ein Eintrag, das heißt die lexikalische Form, kann jedoch nur abgerufen werden, wenn seine Aktivierung einen gewissen Schwellenwert überschreitet. Wortfindungsstörungen bei Aphasie könnten, so die *erste Hypothese*, durch pathologisch erhöhte Schwellenwerte im phonologischen Ausgangslexikon bedingt sein. In diesem Fall sollten zwar die lexikalischen Formen korrekt repräsentiert und vom semantischen System aus ansteuerbar sein, jedoch kann die Form aufgrund des erhöhten Schwellenwertes nicht abgerufen werden. Erwartet werden entsprechend dieser Hypothese viele Nullreaktionen, zum Beispiel beim Benennen. Anlauthilfen sollten wirksam sein, weil sie zu einer zusätzlichen Aktivierung aller Einträge mit dem jeweiligen Anlaut führen und entsprechend das Zielwort über die kritische Schwelle bringen können. Die Vorgabe falscher Anlaute sollte dagegen keine Reaktion auslösen, weil sie sich nicht auf die semantisch bereits spezifizierte Wortform beziehen.

Wortfindungsstörungen könnten jedoch auch, so die *zweite Hypothese*, auf eine Abkopplung des phonologischen Ausgangslexikons vom semantischen System zurückgehen. In diesem Fall ist zu erwarten, daß korrekte und inkorrekte Anlauthilfen weitgehend unwirksam sind. Außerdem sind keine Benennversuche zu erwarten, in denen die geäußerten Items zum Zielwort in semantischer Beziehung stehen, sondern eher formbezogene Fehler oder Annäherungen an das Zielwort.

Nach der *dritten Hypothese* können auch Störungen auf der Ebene der semantischen Verarbeitung zu Wortfindungsstörungen führen: Probleme der semantischen Verarbeitung können zur Aktivierung einer falschen, aber semantisch dem Zielwort verwandten lexikalischen Form führen (also zur Äußerung einer »semantische Paraphasie«), oder zur Aktivierung einer Reihe von semantisch verwandten lexikalischen Formen, ohne daß der Schwellenwert eines der Einträge überschritten wird. Im letzteren Fall sollte eine Wortfindungsstörung auftreten, und die Vorgabe korrekter Anlaute sollte die Produktion der Zielform auslösen. Jedoch sollte auch die Vorgabe falscher Anlaute, soweit sie sich auf

---

20 Die folgende Darstellung basiert im wesentlichen auf Blanken (1989).

semantisch verwandte Einträge beziehen, zu Äußerungen führen, und zwar zur Äußerung von dem Zielwort verwandten Wörtern (»semantische Paraphasie«).

Evidenzen dafür, daß alle drei Hypothesen einschlägig sein können, wurden in drei Einzelfallstudien vorgelegt. Howard & Orchard-Lisle (1984) beschrieben die Globalaphasikern JCU, mit deren Verhalten die *dritte Hypothese* kompatibel ist: Sie zeigte beim Benennen fast ausschließlich Nullreaktionen, jedoch erwiesen sich Anlauthilfen als sehr effektiv; semantisch ablenkende Anlaute wurden in der Regel akzeptiert und führten oft zu semantischen Paraphasien. Kam es durch falsche Anlaute zur Äußerung von mit dem Zielwort semantisch nicht verwandten Wörtern, wurden diese in der Regel mit *nein* kommentiert. Die Autoren nehmen ein supramodales semantisches Defizit als Ursache der schweren Wortfindungsstörung an: Bedingt durch unvollständige semantische Repräsentationen werde ein zu weiter Bereich semantisch verwandter Einträge im phonologischen Ausgangslexikon aktiviert, so daß eine ausreichende Aktivation der Zielform nicht stattfinde. Die *zweite Hypothese* ist mit dem Verhalten des von Kay & Ellis (1987) beschriebenen Aphasikers E. S.T. kompatibel, der bei relativ flüssiger Spontansprache und vielen phonematischen Paraphasien unter schweren Wortfindungsstörungen litt. Evidenzen für ein Vorliegen von Störungen der semantischen Verarbeitung zeigten sich bei diesem Patienten nicht. Die Vorgabe von korrekten Anlauten in Wortfindungsstörungs-Situationen war nur von geringer Wirkung, allerdings führte die Vorgabe falscher Anlaute nicht zu semantischen Paraphasien, sondern nur zu Irritationen des Patienten. Der Patient war häufig in der Lage, die Zielform partiell zu spezifizieren oder sich der Zielform über mehrere Versuche anzunähern. Da bei diesem Patienten die Leistungsfluktuation bei identischen Zielformen gegen eine Störung auf der Ebene der Repräsentation der Formen selbst (im phonologischen Ausgangslexikon) spricht, postulieren die Autoren eine partielle Diskonnexion zwischen semantischem System und phonologischem Ausgangslexikon als Ursache der Wortfindungsstörungen.

Die *erste Hypothese* erscheint weitgehend kompatibel mit dem Verhalten des von Blanken (1989) beschriebenen Aphasikers TH. Da sich bei diesem Patienten korrekte Anlauthilfen als sehr wirksam erwiesen, kann ein Verlust der Formrepräsentationen ausgeschlossen werden. Zu semantischen Paraphasien aufgrund falscher Anlautvorgaben kam es nur in wenigen Fällen, das Wortverständnis war relativ gut erhalten, so daß eine primär semantische Basis der Wortfindungsstörungen ausgeschlossen werden kann. Da die gute Deblockierbarkeit durch korrekte Anlaute gegen eine Diskonnexion von semantischer Verarbeitung und phonologischem Ausgangslexikon spricht, scheint hier die erste Hypothese, die das Vorliegen pathologisch erhöhter Schwellenwerte im phonologischen Ausgangslexikon postuliert, einschlägig zu sein. Bestätigt wurde diese

Auffassung durch experimentelle Untersuchungen zum verbalen Lernen des Patienten: Bei erhöhten Schwellenwerten der einzelnen Einträge im phonologischen Ausgangslexikon ist nämlich nicht zu erwarten, daß die Übung von Einzelwörtern sich auf nicht-geübtes lexikalisches Material auswirkt, denn der Übungseffekt sollte lediglich in einer Herabsetzung des Schwellenwertes der geübten Formen bestehen. Im Fall einer Diskonnexion von semantischer Verarbeitung und phonologischem Ausgangslexikon hingegen wäre eine Generalisierung des Übungseffekts (im Sinne eines Transfers auf nicht-geübtes Material) durch die Restitution der Verbindung zwischen diesen Komponenten erwartbar. Daß kein Transfer gefunden werden konnte, interpretiert Blanken als Evidenz für das Zutreffen der ersten Hypothese – erhöhte Schwellenwerte im phonologischen Ausgangslexikon – als Ursache von THs Wortfindungsproblemen.

Als Ergebnis dieser Studien kann beim gegenwärtigen Forschungsstand gefolgert werden, daß Wortfindungsstörungen bei Aphasie unterschiedliche funktional lokalisierbare Ursachen haben. Die zukünftige Forschung zu diesem Thema wird vermutlich starke Impulse durch Modellvorstellungen bekommen, denen zufolge die Aktivierung der Einheiten auf den unterschiedlichen Ebenen der Sprachverarbeitung als bidirektionaler Prozeß zu verstehen ist (parallel-interaktive Modelle). In bezug auf Wortfindungsstörungen steht jedoch die Anwendung dieser Modelle noch ganz am Anfang (vgl. Goodglass, Wingfield & Wayland, 1989 für sprachgesunde Probanden).

Literatur

Aitchison, J. (1987) *Words in the mind. An Introduction to the Mental Lexicon.* Oxford: Basil Blackwell.

Baker, E., Blumstein, S. E., & Goodglass, H. (1981) Interaction between phonological and semantic factors in auditory comprehension. *Neuropsychologia, 19,* 1-16.

Berg, Th. (1988) *Die Abbildung des Sprachproduktionsprozesses in einem Aktivationsflußmodell. Untersuchungen an deutschen und englischen Versprechern.* Tübingen: Niemeyer.

Blanken, G. (1986) *Gestörtes Sprachverhalten bei seniler Demenz und Aphasie. Eine vergleichende neurolinguistische Studie.* Freiburg/Br.: Phil. Diss.

Blanken, G. (1989) Wortfindungsstörungen und verbales Lernen bei Aphasie. Eine Einzelfallstudie. *Neurolinguistik, 3,* 107-126.

Blanken, G. (1990) Formal paraphasias: A single case study. *Brain and Language, 38,* 534-554.

Blumstein, S. E. (1973) *A Phonological Investigation of Aphasic Speech.* The Hague: Mouton.

Blumstein, S. E. (1981) Phonological aspects of aphasia. In: M. T. Sarno (ed.) *Acquired Aphasia*. New York (etc.): Academic Press.

Blumstein, S. E. (1987) Speech perception and modularity: Evidence from aphasia. In: E. Keller & M. Gopnik (eds.) *Motor and Sensory Processes of Language*. Hillsdale, N.J.: Erlbaum.

Blumstein, S. E. (1988) Neurolinguistics: An overview of language-brain relations in aphasia. In: F. J. Newmeyer (ed.) *Linguistics. The Cambridge Survey. Vol. III: Language: Psychological and Biological Aspects*. Cambridge: University Press.

Blumstein, S. E., Baker, E., Goodglass, H. (1977) Phonological factors in auditory comprehension in aphasia. *Neuropsychologia, 15*, 19-30.

Blumstein, S. E., Cooper, W. E., Zurif, E. B. & Caramazza, A. (1977) The perception and production of voice-onset time in aphasia. *Neuropsychologia, 15*, 371-383.

Blumstein, S. E., Cooper, W. E., Goodglass, H., Statlender, S. & Gottlieb, J. (1980) Production deficits in aphasia: A voice-onset time analysis. *Brain and Language, 9*, 153-170.

Brown, J. W. (ed.) (1981) *Jargonaphasia*. New York: Academic Press.

Brown, J. W. (1981a) Introduction. In: J. W. Brown (ed.) *Jargonaphasia*. New York: Academic Press.

Brown, J. W. (1981b) Case reports of semantic jargon. In: J. W. Brown (ed.) *Jargonaphasia*. New York: Academic Press.

Brown, R. & McNeill, D. (1966) The "tip of the tongue" phenomenon. *Journal of Verbal Learning and Verbal Behavior, 5*, 325-337.

Buckingham, H. W., jr. (1980) On correlating aphasic errors with slips of the tongue. *Applied Psycholinguistics, 1*, 199-220.

Buckingham, H. W. (1987) Phonemic paraphasias and psycholinguistic production models for neologistic jargon. *Aphasiology, 1*, 381-400.

Buckingham, H. W. & Kertesz, A. (1976) *Neologistic Jargonaphasia*. Amsterdam: Swets & Zeitlinger.

Burns, M. S. & Canter, G. J. (1977) Phonemic behavior of aphasic patients with posterior cerebral lesions. *Brain and Language, 4*, 492-507.

Butterworth, B. (1979) Hesitation and the production of verbal paraphasias and neologisms in jargon aphasia. *Brain and Language, 8*, 133-161.

Butterworth, B. (1985) Jargon aphasia: processes and strategies. In: St. Neman & R. Epstein (eds.) *Current Perspectives in Dysphasia*. Edinburgh: Churchill Livingstone.

Canter, G. J. (1988) Apraxia of speech and phonemic paraphasia. *Aphasiology, 2*, 251-254.

Canter, G. J., Trost, J. E. & Burns, M. S. (1985) Contrasting patterns of speech in apraxia of speech and phonemic paraphasias. *Brain and Language, 24*, 204-222.

Dell, G. S. (1986) A spreading activation theory of retrieval in sentence production. *Psychological Review, 93*, 283-321.

Dell, G. S. (1988) The retrieval of phonological forms in production: Tests and predictions from a connectionist model. *Journal of Memory and Language, 27*, 124-142.

Dittmann, J. (1988) Versprecher und Sprachproduktion. In: Blanken, G., Dittmann, J. & Wallesch, C.-W. (Hgg.) *Sprachproduktionsmodelle. Neuro- und psycholinguistische Modelle zur menschlichen Spracherzeugung.* Freiburg/Br.: HochschulVerlag.

Dittmann, J., Fehrenbach, R. A. & Welsh, C. (1989) Morphosyntaktische Abweichungen bei Schizophrenie. Ein Überblick über den Stand der Forschung. *Neurolinguistik, 3*, 145-173.

Dressler, W. U. (1988) A linguistic classification of phonological paraphasias. In: W. U. Dressler & J. A. Stark (eds.) *Linguistic Analyses of Aphasic Language.* New York etc.: Springer.

Ehinger, A., Lutzenberger, C., Dittmann, J. & Blanken, G. (1990) Spontane Sprachproduktion bei Wernicke-Aphasie: Eine Pilotstudie. *Neurolinguistik, 4*, 69-81.

Ellis, A. W. (1985) The production of spoken words: A cognitive neuropsychological perspective. In: A. W. Ellis (ed.) *Progress in the Psychology of Language. Vol. 2.* London [etc.]: Erlbaum.

Ellis, A. W., Miller, D. & Sin, G. (1983) Wernicke's aphasia and normal language processing: a case study in cognitive neuropsychology. *Cognition, 15*, 111-144.

Ellis, A. W. & Young, A. W. (1988) *Human Cognitive Neuropsychology.* Hillsdale, N.J.: Erlbaum

Enninger, W. & Raith, J. (1983) Glossolalie: Text oder Untext. In: W. Kühlwein (Hg.) *Texte in Sprachwissenschaft, Sprachunterricht und Sprachtherapie. 13. GAL-Jahrestagung.* Tübingen: Narr.

Faber, F., Abrams, R., Taylor, M. A., Kasprison, A., Morris, C. & Weisz, R. (1983) Comparison of schizophrenic patients with formal thought disorder and neurologically impaired patients with aphasia. *American Journal of Psychiatry, 140*, 1348-1351.

Flegel, H. (1965) *Schizophasie in linguistischer Deutung.* Berlin/Heidelberg/New York: Springer.

Gandour, J. & Dardarananda, R. (1984) Voice onset time in aphasia: Thai. II. Production. *Brain and Language, 23*, 177-205.

Garrett, M. F. (1975) The analysis of sentence production. In: G. H. Bower (ed.) *The Psychology of Learning and Motivation. Advances in Research and Theory. Vol. 9.* New York (etc.): Academic Press.

Garrett, M. F. (1984) The organization of processing structure for language production: Applications to aphasic speech. In: D. Caplan (et al.) (ed.) *Biological Perspectives on Language*. Cambridge, Mass.: MIT-Press.

Goodglass, H., Wingfield, A. & Wayland, S. C. (1989) The nature of prolonged word search. *Brain and Language, 36*, 411-419.

Goodglass, H., Kaplan, E., Weintraub, S. & Ackerman, N. (1976) The "tip-of-the-tongue" phenomenon in aphasia. *Cortex, 12*, 145-153.

Goodglass, H. & Stuss, D. T. (1979) Naming to picture versus description in three aphasic subgroups. *Cortex, 15*, 199-212.

Heidolph, K. E., Flämig, W., Motsch, W. [& Kollektiv] (1981) *Grundzüge einer deutschen Grammatik*. Berlin: Akademie-Verlag.

Herbert, R. K. & Waltensperger, K. Z. (1980) Schizophrasia. Case study of a paranoid schizophrenic's language. *Applied Psycholinguistics, 1*, 81-93.

Howard, D. & Orchard-Lisle, V. (1984) On the origin of semantic errors in naming: Evidence from the case of a global aphasic. *Cognitive Neuropsychology, 1*, 163-190.

Huber, W. (1989): Dysarthrie. In: K. Poeck (Hg.) *Klinische Neuropsychologie, 2. Aufl.* Stuttgart, New York: Thieme.

Huber, W., Mayer, I. & Kerschensteiner, M. (1978) Phonematischer Jargon bei Wernicke-Aphasie. Untersuchung zur Methode und zum Verlauf der Therapie. *Folia Phoniatrica, 30*, 119-135.

Huber, W., Poeck, K. & Weniger, D. (1989) Aphasie. In: K. Poeck (Hg.) *Klinische Neuropsychologie*, 2. Aufl. Stuttgart, New York: Thieme.

Huber, W., Poeck, K., Weniger, D. & Willmes, K. (1983) *Der Aachener Aphasietest*. Göttingen: Hogrefe.

Huber, W., Stachowiak, F.-J., Poeck, K. & Kerschensteiner, M. (1975) Die Wernicke-Aphasie. Klinisches Bild und Überlegungen zur neurolinguistischen Struktur. *Journal of Neurology, 210*, 77-97.

Itoh, M., Sasanuma, S. & Ushijima, T. (1979) Velar movements during speech in a patient with apraxia of speech. *Brain and Language, 7*, 227-239.

Jakobson, R. (1941/1969) *Kindersprache, Aphasie und allgemeine Lautgesetze*. [Zuerst Uppsala 1941]. Frankfurt/M.: Suhrkamp (5. Aufl. 1982).

Jakobson, R. (1971) Observations sur le classement phonologique des consonnes. In: *Selected Writings I. Phonological Studies*. Second, expanded edition. The Hague/Paris: Mouton.

Kay, J. & Ellis, A. W. (1987) A cognitive neuropsychological study of anomia: implications for psychological models of word retrieval. *Brain, 110*, 613-629.

Kent, R. D. (1983) The segmental organization of speech. In: P. F. MacNeilage (ed.) *The Production of Speech*. New York, Heidelberg, Berlin: Springer.

Klein, M. & Leuninger, H. (1988) Gestörtes und nicht gestörtes Sprachverhalten: Zur Struktur lautlicher Fehlleistungen. *Frankfurter Linguistische Forschungen, 4*, 1-19.

Klein, M. & Leuninger, H. (1990) Gestörtes und nicht gestörtes Sprachverhalten: Zur Analyse lautlicher Fehlleistungen im Rahmen nicht-linearer phonologischer Theorien. *Frankfurter Linguistische Forschungen, 8*, 1-17.

Kotten, A. (1984) Phonematische und phonetische Probleme in Sprachproduktion und -perzeption und ihre Konsequenzen für die Aphasietherapie. In: V. M. Roth (Hg.) *Sprachtherapie*. Tübingen: Narr.

Lecours, A. R. (1982) On neologisms. In: J. Mehler, E. Walker & M. F. Garrett (eds.) *Perspectives on Mental Representation*. Hillsdale, N.J.: Erlbaum.

Lecours, A. R. & Lhermitte, F. (1969) Phonemic paraphasias: Linguistic structures and tentative hypotheses. *Cortex, 5*, 193-228.

Lecours, A. R. & Nespoulous, J.-L. (1988) The phonetic-phonemic dichotomy in aphasiology. *Aphasiology, 2*, 329-336.

Lecours, A. R., Travis, L. & Osborn, E. (1980) Glossolalia as a manifestation of Wernicke's aphasia. A comparison to glossolalia in schizophasia and in possession. In: O. Höök & M. T. Sarno (eds.) *Aphasia: Concepts of Analysis and Management*. Stockholm: Almquist & Wiksell.

Lecours, A. R. & Vanier-Clément, M. (1976) Schizophasia and jargonaphasia. A comparative description with comments on Chaika's and Fromkin's respective looks at "schizophrenic language". *Brain and Language, 3*, 516-565.

Leuninger, H. (1989) *Neurolinguistik. Probleme, Paradigmen, Perspektiven*. Opladen: Westdeutscher Verlag.

Levelt, W. J. M. (1989) *Speaking: From Intention to Articulation*. Cambridge, Mass.: MIT-Press.

Lewandowski, Th. (1985) *Linguistisches Wörterbuch*, 2. Aufl. Heidelberg: Quelle & Meyer.

Mößner, A. & Pilch, H. (1971) Phonematisch-syntaktische Aphasie. *Folia Linguistica, 5*, 394-409.

Monoi, H., Fukusako, Y., Itoh, M. & Sasanuma, S. (1983) Speech sound errors in patients with conduction and Broca's aphasia. *Brain and Language, 20*, 175-194.

Morton, J. (1984) Brain-based and non-brain-based models of language. In: D. Caplan et al. (ed.) *Biological Perspectives on Language*. Cambridge, Mass.: MIT-Press.

Morton, J. & Patterson, K. (1980) A new attempt at an interpretation, or, an attempt to a new interpretation. In: M. Coltheart et al. (ed.) *Deep Dyslexia*. London: Routledge & Kegan Paul.

Nespoulous, J.-L., Joanette, Y., Béland, R., Caplan, D. & Lecours, A. R. (1984) Phonological disturbances in aphasia: Is there a "markedness effect" in aphasic phonemic errors? In: F. C. Rose (ed.) *Advances in Neurology, 42*. New York: Raven Press.

Perecman, E. & Brown, J. W. (1981) Phonemic jargon: A case report. In: J. W. Brown (ed.) *Jargonaphasia*. New York: Academic Press.

Peters, U. H. & Prelle, J. A. (1974) Schizophasie: Verschleierung einer Sprachstörung durch Sprache? *Archiv für Psychiatrie und Nervenkrankheiten, 219*, 277-284.

Peuser, G. (1978) *Aphasie. Eine Einführung in die Patholinguistik*. München: Fink.

Peuser, G. (1987) Jargonaphasia and schizophasia: An essay in contrastive patholinguistics. In: R. Wodak & P. van de Craen (eds.) *Neurotic and Psychotic Language Behaviour*. Clevedon, Avon/Philadelphia: Multilingual Matters.

Peuser, G. & Temp, K. (1981) The evolution of jargonaphasia. In: J. W. Brown (ed.) *Jargonaphasia*. New York: Academic Press.

Pilch, H. & Hemmer, R. (1970) Phonematische Aphasie. Ein Sonderfall motorischer Aphasie. *Phonetica, 22*, 231-239.

Ryalls, J. H. (1987) Vowel production in aphasia: Towards an account of the consonant-vowel dissociation. In: J. H. Ryalls (ed.) *Phonetic Approaches to Speech Production in Aphasia and Related Disorders*. Boston: College-Hill.

Samarin, W. J. (1972) *Tongues of Men and Angels*. New York: Macmillan.

Shinn, P. & Blumstein, S. E. (1983) Phonetic disintegration in aphasia: Acoustic analysis of spectral characteristics for place of articulation. *Brain and Language, 20*, 90-114.

Stark, J. & Stark, H. K. (im Druck) On the processing of compound nouns by a Wernicke's aphasic. *Grazer Linguistische Studien, 35*.

Stemberger, J. P. (1985) An interactive activation model of language production. In: A. W. Ellis (ed.) *Progress in the Psychology of Language. Vol. 1*. London/Hillsdale: Erlbaum.

Tillmann, H. G. & Mansell, P. (1980) *Phonetik. Lautsprachliche Zeichen, Sprachsignale und lautsprachlicher Kommunikationsprozeß*. Stuttgart: Klett-Cotta.

Trost, J. E. & Canter, G. J. (1974) Apraxia of speech in a patient with Broca's aphasia: A study of phoneme production accuracy and error patterns. *Brain and Language, 1*, 63-79.

Trubetzkoy, N. S. (1939/1958) *Grundzüge der Phonologie*. Göttingen: Vandenhoeck & Ruprecht (2. Aufl.).

Tuller, B. (1984) On categorizing aphasic speech errors. *Neuropsychologia, 22*, 547-557.

Tuller, B. & Story, R. S. (1987): Anticipatory coarticulation in aphasia. In: J. H. Ryalls (ed.) *Phonetic Approaches to Speech Production in Aphasia and Related Disorders*. Boston: College-Hill.

Ulatowska, H. K. & Baker, W. D. (1977) On the notion of markedness in linguistic systems: Application to aphasia. *Linguistica Silesiana, 2*, 91-103.

Wurzel, W. U. & Böttcher, R. (1980) Konsonantencluster: Phonologische Komplexität und aphasische Störungen. In: M. Bierwisch (Hg.) *Psychologische Effekte sprachlicher Strukturkomponenten*. München: Fink.

Ziegler, W. (1989) Aphasisch-phonologische Störungen der Sprachproduktion. *Neurolinguistik, 3*, 1-34.

Ziegler, W. & von Cramon, D. (1989) Die Sprechapraxie – eine apraktische Störung? *Fortschritte der Neurologie und Psychiatrie, 57*, 198-204.

3. Sprechapraktische Störungen bei Aphasie

Wolfram Ziegler
EKN, Entwicklungsgruppe Klinische Neuropsychologie
Städtisches Krankenhaus München-Bogenhausen

Einleitung

Die Sprechapraxie wird in der Literatur als *Störung der Programmierung von Sprechbewegungen* gekennzeichnet. Sie wird damit in den Bereich der zentralmotorischen Störungen des Sprechens einbezogen, dabei aber von den Dysarthrien, den »elementaren« Störungen sprechmotorischer Steuerungsprozesse abgegrenzt.

Andererseits wird die Sprechapraxie auch unterschieden von den aphasisch bedingten phonologischen Störungen, welche traditionellerweise als Beeinträchtigungen abstrakter sprachlicher Prozesse und Konzepte, insbesondere als Störungen der Selektion und Sequenzierung von Phonemen, angesehen und dabei nicht mit sprechmotorischen Prozessen in Zusammenhang gebracht werden.

Die Interpretation sprechapraktischer Symptome im Sinne einer Programmstörung steht allerdings auf nur schwachen empirischen Beinen, bedingt durch die Schwierigkeit, sprechmotorische Programmierungsprozesse gegenüber anderen Komponenten innerhalb des Prozesses der Transformation von Wörtern und Sätzen in Sprechbewegungen abzugrenzen.

Aus diesem Grund hat sich bis heute eine weit verbreitete Skepsis gegenüber dem Sprechapraxie-Konzept gehalten. Die Vertreter einer streng zweigliedrigen Ordnung von sprechmotorischen und sprachlich-konzeptionellen Prozessen ziehen es vor, das als Sprechapraxie bezeichnete Störungsbild in eine Mischung aus dysarthrischen und aphasischen Symptomen aufzulösen, ohne dabei allerdings angeben zu können, welche spezifischen Pathomechanismen den postulierten dysarthrischen und aphasisch-phonologischen Störungen bei Sprechapraxie zugrundeliegen. Die entscheidende Schwierigkeit bei der Einordnung der sprechapraktischen Funktionsstörung scheint gerade darin zu bestehen, daß offensichtlich Prozesse betroffen sind, die an der Schnittstelle traditioneller psycholinguistischer und phonetischer Sprachproduktionsmodelle liegen und die wegen ihrer Randständigkeit bislang nur sehr unvollständig verstanden werden.

Ungeachtet dieser konzeptionellen Unsicherheiten ist die *klinische* Relevanz des als Sprechapraxie bezeichneten Störungsbildes unumstritten. Für viele aphasische Patienten stellt die Behandlung einer die Kommunikationsfähigkeit entscheidend behindernden Sprechstörung eine vordringliche Rehabilitationsmaßnahme dar, die den Therapeuten zwingt, das Störungsbild in seinen einzelnen Komponenten systematisch zu erfassen.

Der folgende Überblick beginnt daher mit einer ausführlichen Beschreibung der klinischen Merkmale der Sprechapraxie und mit einer Charakterisierung der betroffenen Patientengruppe durch häufig assoziierte allgemein-neuropsychologische Symptome. Wie immer bei solchen Typisierungen kann der Einzelfall dem beschriebenen Bild in vielen Details auch zuwiderlaufen.

In einem weiteren Abschnitt werden dann die oben schon geäußerten Probleme der theoretischen Einordnung der Sprechapraxie diskutiert. Eine solche Diskussion kann sich an verschiedenen noch ungeklärten Punkten entzünden. Hier wurde speziell das Problem der differentialdiagnostischen Abgrenzung anhand operationaler Kriterien als Ausgangspunkt gewählt.

Im letzten Abschnitt werden wiederum klinische Aspekte aufgegriffen und diagnostische und therapeutische Ansätze besprochen. Vor allem der kurze Abschnitt zur Therapie kann nur als grober Überblick verstanden werden, der durch die Lektüre der zitierten ausführlicheren Arbeiten ergänzt werden muß.

Klinik

Symptome der Sprechapraxie

Sprechapraktische Störungen lassen sich auf drei unterschiedlichen Ebenen beschreiben (siehe Tabelle 1): auf der Ebene der Lautbildung (»segmentale Ebene«), auf der Ebene der Prosodie (»suprasegmentale Ebene«) und auf der Ebene linguistisch nicht beschreibbarer Auffälligkeiten beim Sprechen (»Sprechverhalten«).

Segmentale Ebene	Sprechverhalten	Suprasegmentale Ebene
Entstellungen	Suchbewegungen	silbisches Sprechen
Phonemfehler	Initiierungstörung	Sprechpausen
Entstellte Phonemfehler	Sprechanstrengung	Dehnungen, Iterationen

Tabelle 1 **Beschreibungsebenen sprechapraktischer Symptome**

Wie im Abschnitt »Differentialdiagnostik« noch erläutert wird, sind diese drei Merkmalsbereiche nicht als gleichrangig anzusehen. Sowohl aus theoretischen als auch aus methodischen Gründen steht vielmehr der Bereich der gestörten Lautbildung im Vordergrund.

Fehler der Lautbildung

Ein Leitsymptom der Sprechapraxie ist das Auftreten von Fehlern auf der Ebene von Sprach*lauten*. Diese können sich als *Lautentstellungen* (»phonetische Fehler«) oder als *kategoriale Lautabweichungen* (»phonematische Fehler«) zeigen.

Eine *Entstellung* liegt vor, wenn der betroffene Laut nicht korrekt gebildet wird, dabei aber dennoch der Kategorie des Ziellautes zugeordnet werden kann. Häufig auftretende Formen entstellter Lautbildung sind etwa eine inadäquate Längung von Lauten, eine (graduelle) Denasalierung nasaler Konsonanten, eine (graduelle) Entstimmung stimmhafter Konsonanten, eine übermäßige Aspiration stimmloser Plosive, unscharfe oder lateralisierte Frikativrealisierungen oder eine Vor- oder Rückverlagerung lingualer Konsonanten (vgl. Odell, McNeil, Rosenbek & Hunter, 1990; Ziegler & von Cramon, 1986b; Vogel, Ziegler & Morasch, 1988).

Ein *phonematischer Fehler* liegt dagegen dann vor, wenn der Patient anstelle des Ziellautes einen alternativen, korrekt gebildeten Laut realisiert (Substitution), den Laut ausläßt (Elision) oder einen (korrekt gebildeten) Laut hinzufügt (Addition). Eine ausführliche Diskussion dieses Fehlertyps findet sich in dem Beitrag von Dittmann (in diesem Band; vgl. auch Ziegler, 1989).

Lautentstellung:		
1. [l:ø:və]	*Löwe*	Dehnung (von /l/)
2. [bi:n̆ə]	*Biene*	Denasalierung von /n/
3. [bu:d̥ə]	*Bude*	Entstimmung von /d/
4. [k"asə]	*Kasse*	übermäßige Aspiration von /k/
Phonemfehler:		
5. [mo:dəbɛsə]	*Modemesse*	Substitution (/m/→/b/)
6. [tʃtɛçmʏkə]	*Stechmücke*	Addition von /t/
7. [p'i:gəl]	*Spiegel*	Elision von /ʃ/
Entstellter Phonemfehler:		
8. [s̮ɛrə]	*Schere*	Substitution von /ʃ/ durch retroflexes /s/
9. [b̥o:fən]	*Ofen*	Addition eines entstimmten /b/

Tabelle 2 Beispiele segmentaler Fehler

Eine Mischform der beiden genannten Fehlertypen liegt vor, wenn anstelle des zu erwartenden Phonems eine andere Lautkategorie realisiert wird, diese aber nicht wohlartikuliert, sondern phonetisch entstellt ist (Vogel et al., 1988; Odell et al., 1990).

Beispiele für die genannten Fehlertypen sind in Tabelle 2 angegeben.

Phonematische Fehler können nicht nur bei Patienten mit Sprechapraxie, sondern auch bei aphasischen Patienten ohne Sprechapraxie beobachtet werden, vor allem bei Leitungs- und Wernicke-Aphasikern (siehe Dittmann, in diesem Band). Lautentstellungen sind dagegen in erster Linie für die Dysarthrien typisch, etwa in der Form einer Lenisierung von Plosiven, einer Reduktion von Vokalen oder einer durchgängigen Hypernasalität. Im Falle der Dysarthrie sind diese Fehler jedoch konstant und in gewisser Weise vorhersagbar, im Falle der Sprechapraxie dagegen *variabel* und *unvorhersagbar*[1]. Bei Wiederholungen ein und derselben Äußerung kann ein Patient mit Sprechapraxie sowohl die korrekte Form als auch in unterschiedlicher Weise entstellte (und natürlich auch phonematisch abweichende) Formen realisieren (»Fehlerinkonstanz« und »-inkonsistenz«). Ein Beispiel gibt Tabelle 3.

[d̥axl̥]	entstimmtes /d/ für /ʃt/, entstimmtes /l/
[ʃ:a_ťakl̥]	gedehntes /ʃ/, Intrusion, lenisiertes /t/, entstimmtes /l/
[ts_ʃta_xl]	bis auf Fehlversuch und intersilbische Pause korrekt
[tʃ_t"axt]	Fehlversuch, überaspiriertes /t/ für /ʃt/, /l/→/t/
[tsat_d̥l]	/ʃt/→/ts/, Addition von /t/, intersilbische Pause, entstimmtes /d/ für /x/

Tabelle 3 **Inkonstanz und Inkonsistenz segmentaler Fehler.**
Die transkribierten Äußerungen beschreiben fünf (nicht unmittelbar aufeinanderfolgende) Versuche eines Patienten mit Sprechapraxie, das Wort *Stachel* nachzusprechen.

Die in der Tabelle transkribierten Äußerungen des Wortes *Stachel* (/ʃtaxl/) wurden von einem Patienten mit Sprechapraxie innerhalb einer Untersuchung produziert. Sie zeigen beispielsweise für den Laut /l/ korrekte und entstellte Realisierungen (im Sinne einer Entstimmung) sowie einen Substitutionsfehler. Darüber hinaus treten in unsystematischer Weise Fortisierungen, Lenisierungen, Längungen oder Pausen auf.

Der Fehlertyp der Lautentstellung spielt eine wichtige Rolle bei der Abgrenzung der Sprechapraxie von aphasisch-phonologischen Störungen. Bei letzteren wird die Sprachproduktion als *wohlartikuliert*, also nicht phonetisch entstellt, be-

---

1 Ein experimenteller Nachweis der unterschiedlichen »Vorhersagbarkeit« von Lautentstellungen bei Dysarthrie und bei Sprechapraxie findet sich in Ziegler & Hoole (1989).

schrieben. Es gibt bislang allerdings keine einheitliche Vorstellung darüber, wie hoch der Anteil von Lautentstellungen an der Gesamtfehlerzahl eines Patienten sein muß, um den Patienten als sprechapraktisch charakterisieren zu können. Odell et al. (1990) haben bei einer Gruppe von vier Patienten mit reiner Sprechapraxie sehr unterschiedliche Anteile phonetischer Fehler beschrieben; in allen vier Fällen schien jedoch dieser Fehlertyp zu dominieren. Andere Autoren (zum Beispiel Johns & Darley, 1970; Trost & Canter, 1974) beschrieben ein Überwiegen phonematischer Fehler und maßen den Lautentstellungen eine geringere Bedeutung bei. Aller Wahrscheinlichkeit nach beruht diese abweichende Bewertung jedoch auf der geringeren Detailgenauigkeit der phonetischen Analyse (»breite Transkription«) in den genannten Untersuchungen.

Sprechverhalten

Ein in nahezu allen Fallbeschreibungen erwähntes Symptom der Sprechapraxie ist das Auftreten von *Suchbewegungen*. Viele Patienten zeigen beim Sprechen ausgeprägte »suchende« Bewegungen der Artikulationsorgane, was meist mit entsprechend langen Sprechpausen verbunden ist. Dieses Symptom scheint bei der *Initiierung* von Äußerungen besonders hervorzutreten. Es kann jedoch auch innerhalb einer Äußerung beobachtet werden.

In der logopädischen Untersuchung beschränkt sich die Beobachtung von Suchbewegungen auf die sichtbaren Artikulatoren, also Lippen, Kiefer und Vorderzunge. Bei Verwendung geeigneter instrumenteller Verfahren, etwa der nasalen Endoskopie, können ähnliche frustrane Bewegungen aber auch an anderen Sprechorganen, etwa am Kehlkopf, beobachtet werden (Hoole, Schröter-Morasch & Ziegler, 1989).

Suchbewegungen müssen nicht notwendigerweise »stumm« verlaufen, sondern können auch hörbar werden. Die produzierten Laute können je nach Kehlkopfstellung stimmhaft oder stimmlos und durchaus auch einer Phonemkategorie zuordenbar sein (zum Beispiel kann eine »suchende« Lippenbewegung als /m/, /b/ oder /p/ wahrgenommen werden). Insbesondere bei der Befundung nach Tonbandprotokollen ist die Herkunft solcher Laute meist nicht mehr nachvollziehbar, das Resultat erscheint im Transkript dann als (entstellte oder nichtentstellte) Lauthinzufügung (Tabelle 2, Beispiel 9). Damit ist eine Überschneidung der beiden Symptombereiche der segmentalen Fehler und des Sprechverhaltens gegeben. Noch komplizierter wird die Situation, wenn man die Möglichkeit bedenkt, daß während des gesamten Sprechvorgangs feine, visuell nicht wahrnehmbare motorische Anpassungen stattfinden, die ihrer Natur nach den auffälligeren Suchbewegungen vergleichbar sind, dabei aber nicht als solche in Erscheinung treten (vgl. Fromm, Abbs, McNeil & Rosenbek, 1982). Derartige Abweichungen vom normalen Sprechbewegungsablauf können sich als Dehnung von Lauten oder Lautübergängen, als Lautintrusion oder als Substitution beziehungsweise Entstellung zeigen.

Ebenfalls häufig beschrieben, aber noch schwerer faßbar als das Merkmal der Suchbewegungen, ist das Symptom der *Sprechanstrengung*. Sprechanstrengung geht oft mit einer erkennbaren Unzufriedenheit des Patienten über die eigene Leistung und einer Neigung zu häufigen Selbstkorrekturen einher. Sie kann sichtbar – etwa bei auffälligen Mitbewegungen der mimischen Muskulatur – und hörbar sein. Man kann vermuten, daß ein starkes Suchverhalten und die damit verbundene Unflüssigkeit beim Untersucher den Eindruck einer erhöhten Sprechanstrengung erweckt. Der Eindruck angestrengter Sprechweise kann auch durch eine Erhöhung der Sprechstimmlage (vgl. Heeschen, Ryalls & Hagoort, 1988) oder durch eine Störung der Koartikulation (vgl. Ziegler & von Cramon, 1985) hervorgerufen oder unterstützt werden.

Prosodische Störungen

Der dritte Bereich sprechapraktischer Symptome ist der Bereich der Prosodie. Ein Hauptsymptom gestörter Prosodie ist das *silbische Sprechen* (auch als »skandierendes Sprechen« bezeichnet; vgl. Kent & Rosenbek, 1982). Der Eindruck des silbischen Sprechens kann vielerlei Ursachen haben, etwa das Auftreten intersilbischer Pausen, eine Betonung oder Längung von Nebensilben oder eine mangelhafte Koartikulation an Silbengrenzen. Möglicherweise ist silbisches Sprechen nicht unmittelbarer Ausdruck der sprechapraktischen Funktionsstörung, sondern eher Ausdruck einer Anpassung an die Störung. Für diese Interpretation könnte die Tatsache sprechen, daß das Symptom nicht spezifisch für die Sprechapraxie ist, sondern auch im Rahmen einer ataktischen Dysarthrie beobachtet werden kann (Kent & Rosenbek, 1982; Ziegler, Hartmann, Hoole & von Cramon, 1990).

Die prosodische Qualität sprechapraktischer Äußerungen kann durch eine Reihe weiterer Merkmale verändert sein. Häufige *Sprechpausen* oder *Iterationen von Lauten oder Silben* unterbrechen den natürlichen Intonationsverlauf, *Lautdehnungen* oder *Lautauslassungen* verändern die zeitliche Strukturierung von Wörtern und Sätzen. Merkmale, die an den Verlauf der Tonhöhe und der Intensität geknüpft sind, werden als weniger auffällig beschrieben als die Merkmale der zeitlichen Strukturierung von Äußerungen (vgl. zum Beispiel Danly & Shapiro, 1982; Gandour, Petty & Dardarananda, 1989). Bei Patienten mit sehr unflüssiger Sprachproduktion sind diese Aspekte der Prosodie allerdings kaum mehr zuverlässig zu beurteilen. Die Kohärenz aufeinanderfolgender Silben längerer Äußerungen – sofern solche überhaupt vorkommen – ist in der Regel so weit aufgelöst, daß von einer übergreifenden Intonationskontur keine Rede mehr sein kann.

Fehlersystematik

Die segmentalen Fehler sprechapraktischer Patienten wurden als »unvorhersagbar« und »variabel« charakterisiert. Daraus ist jedoch nicht zu folgern, daß die auftretenden Lautentstellungen und phonematischen Fehler völlig unsystematisch verteilt wären. Vielmehr lassen sich charakteristische Fehlermuster beschreiben, ohne daß diese Regularitäten allerdings stark genug wären, um Vorhersagen im Einzelfall daran knüpfen zu können.

Eine erste Beobachtung betrifft die Fehleranfälligkeit verschiedener Lautklassen. Vokale gelten, zumindest nach auditiven Kriterien, im allgemeinen als weniger störbar als Konsonanten (Wertz, La Pointe & Rosenbek, 1984). Nach einigen in der Literatur beschriebenen Fehlerkorpora zu schließen (zum Beispiel Johns & Darley, 1970; Odell et al., 1990) sind Liquide (/l/, /r/) und Frikative (/f/, /s/, /z/ etc.) deutlich fehleranfälliger als etwa Plosive (/b/, /p/, /d/ etc.). Hinsichtlich der Artikulationsstelle beschrieben Odell et al. (1990) die dentalen (zum Beispiel /θ/) und palatalen Laute (zum Beispiel /ʃ/) als relativ häufig betroffen. Desgleichen scheint die Fehleranfälligkeit stimmhafter Konsonanten die der stimmlosen deutlich zu übertreffen (Odell et al., 1990).

Die Analysen nach solchen Fehlermustern sind wegen der mangelnden Symmetrie der Verteilungen innerhalb der einzelnen Lautklassen allerdings vorsichtig zu interpretieren. So läßt sich beispielsweise die hohe Fehleranfälligkeit dentaler Laute (siehe oben) zumindest teilweise daraus erklären, daß diese Lautklasse im Englischen ausschließlich Frikative, also sehr fehleranfällige Laute, enthält. Eine sinnvolle Analyse nach betroffenen Lautklassen müßte solche Abhängigkeiten berücksichtigen. Wenn auch eine nachträgliche Bewertung der vorliegenden Daten ohne Kenntnis des den einzelnen Untersuchungen zugrundeliegenden Sprachmaterials nicht möglich ist, so können einige Aussagen wohl dennoch aufrechterhalten werden. Die Befunde einer relativ höheren Stabilität der Plosive gegenüber den Frikativen und der stimmlosen gegenüber den stimmhaften Konsonanten etwa sind aufgrund der sehr ähnlichen Verteilungen der jeweils verglichenen Lautklassen über das Lautinventar durchaus als gesichert anzusehen.

Zu den beschriebenen Unterschieden in der Störbarkeit verschiedener Klassen von Konsonanten kommt eine höhere Fehleranfälligkeit von Konsonantenverbindungen gegenüber Einzelkonsonanten. In diesem Befund stimmt eine Reihe von Untersuchungen überein (zum Beispiel Canter et al., 1985; Odell et al., 1990).

Eine weitere wichtige Beobachtung, die hier erwähnt werden soll, betrifft die Ähnlichkeit von intendiertem und realisiertem Laut bei segmentalen Fehlern. Beim Auftreten einer Konsonantensubstitution unterscheiden sich Ziel- und Ersatzlaut häufig nur in einem artikulatorischen Merkmal (in Beispiel 5 von Tabelle 2 etwa im Merkmal der Nasalität). Eine wechselseitige Ersetzung artikulatorisch sehr unähnlicher Laute, etwa /ʃ/→/m/ (die beiden Laute unterscheiden sich hinsichtlich *Artikulationsstelle, Artikulationsmodus, Nasalität* und *Stimmhaftigkeit*), ist dagegen selten.

Dieses Ähnlichkeitsprinzip scheint nicht nur für die Substitutionsfehler sprechapraktischer Patienten, sondern auch für aphasisch-phonologische Störungen zu gelten (vgl. Kapitel 2 dieses Bandes; siehe auch Ziegler, 1989). Berücksichtigt man im Falle der Sprechapraxie zusätzlich die auftretenden Lautentstellungen, die ja ebenfalls durch eine hohe artikulatorische Ähnlichkeit von Ziel- und Ersatzlaut charakterisiert sind, so verstärkt sich diese Tendenz noch.

Auch in diesem Punkt ist übrigens die Mehrzahl der vorliegenden Untersuchungen aus methodischen Gründen zu kritisieren. Meist berücksichtigen diese Arbeiten nicht, daß die theoretisch möglichen Vertauschungen von Lauten, die sich hinsichtlich einem, zwei, drei oder vier Merkmalen unterscheiden, sehr ungleich verteilt sind. Eine sinnvolle Analyse von Vertauschungsmustern setzt daher die Zugrundelegung eines geeigneten Verteilungsmodells voraus.

Einflußfaktoren

Die Wahrscheinlichkeit des Auftretens von Fehlern hängt bei den meisten Patienten von einer Reihe von Faktoren ab, wobei – wie im Falle der oben beschriebenen Fehlermuster – zwischen einzelnen Patienten eine hohe Variabilität der Wirksamkeit dieser Faktoren festzustellen ist.

Ein wichtiger, wenn auch noch nicht hinlänglich operationalisierbarer Einflußfaktor scheint der *Grad der sprechmotorischen Anforderungen* zu sein. Die bereits erwähnten Unterschiede in der Störbarkeit verschiedener Lautklassen können in diesem Sinne interpretiert werden: für Frikative beispielsweise gilt in höherem Maße als für Plosive, daß schon geringfügige artikulatorische Abweichungen zu einer deutlich wahrnehmbaren Veränderung der Lautqualität führen. Die plausibelste Erklärung für die hohe Fehleranfälligkeit von Konsonantenverbindungen ist wohl, daß diese eine höhere zeitliche Präzision des Bewegungsablaufs erfordern als einfache Konsonant-Vokal-Sequenzen.

MacNeilage, Hutchinson & Lasater (1981) haben anhand eines Modells relativer artikulatorischer Schwierigkeit von Einzelkonsonanten gezeigt, daß bei Patienten mit »vorderen Aphasien« bevorzugt die »schwierigen« Konsonanten von Fehlern betroffen sind. Nichtsdestoweniger liegt eine universell gültige Hierarchie sprechmotorischer Komplexität auf der Ebene von Sprachlauten nicht vor. Eine Hierarchisierung sprechmotorischer Anforderungen müßte auf alle Fälle über die Lautebene hinausgehen und Lautübergänge und -verbindungen betrachten (vgl. auch den Abschnitt zur Differentialdiagnostik).

Ebenfalls auf der Ebene sprechmotorischer Anforderungen läßt sich vermutlich der häufig beschriebene Wortlängeneffekt ansiedeln. Nach einigen Untersuchungen (zum Beispiel Johns & Darley, 1970) nimmt bei zunehmender Wortlänge, das heißt zunehmender Länge der artikulatorischen Sequenz, die Fehlerhäufigkeit überproportional zu. Längere Bewegungssequenzen können als motorisch komplexer betrachtet werden, zumindest im Hinblick auf deren Störbarkeit bei zentral-motorischen Erkrankungen (zum Beispiel Benecke, Rothwell, Dick, Day & Marsden, 1987) und in Bezug auf den erforderlichen Aufwand an motorischer Programmierung (zum Beispiel Sternberg, Monsell, Knoll & Wright, 1978). Daher liegt eine sprechmotorische Interpretation des Wortlängen-Effektes nahe.

Weitere Einflußfaktoren, die in der Literatur diskutiert werden, sind *lexikalische Merkmale* (Pseudowörter sind in der Regel fehleranfälliger als bedeutungshaltige Wörter), die *Modalität* (mit uneindeutigen Ergebnissen hinsichtlich der Fehlerhäufigkeit in der Spontansprache, beim lauten Lesen oder beim Nachsprechen) und der *Automatisiertheitsgrad* einer Äußerung (mit vielfach störungsfreier Produktion automatisierter Phrasen). Eine zusammenfassende Darstellung findet sich in Wertz et al. (1984), Square-Storer (1987) und Odell et al. (1990).

Subtypen der Sprechapraxie

Ein prinzipielles Problem bei der Charakterisierung sprechapraktischer Störungen ist die hohe Variabilität des Störungsbildes. Diese betrifft die relativen Anteile unterschiedlicher Typen segmentaler Fehler (Entstellungen versus Phonemfehler), die Ausprägung von prosodischen Störungen und von Störungen auf der Ebene des Sprechverhaltens sowie die Fehlermuster und die verschiedenen Einflußfaktoren. Selbst bei Anwendung restriktiver klinischer Selektionskriterien können sich erhebliche Unterschiede zwischen verschiedenen Patienten ergeben (zum Beispiel Odell et al., 1990).

Es ist vielfach vermutet worden, daß sich hinter dieser hohen Variabilität unterschiedliche Subtypen der Sprechapraxie verbergen. Square & Mlcoch (1983) nehmen beispielsweise an, daß der Anteil der beobachtbaren Lautentstellungen mit dem Ausmaß subkortikaler Beteiligung zunimmt. Alexander, Naeser & Palumbo (1990) sind im Gegensatz dazu der Ansicht, daß bei einer Läsion der tieferliegender Faserverbindungen zwischen anterioren und temporoparietalen Sprachregionen die phonematischen Störungsanteile überwiegen, während die phonetischen Fehler (die Autoren bezeichnen sie als dysarthrisch) eher auf eine

Schädigung des motorischen Gesichtskortex zurückzuführen sind (siehe unten). Deutsch (1984) erwartet demgegenüber unterschiedliche Störungsbilder je nach der anterior-posterioren Lokalisation der Läsion, mit einem höheren Anteil von Fehlern der Lautsequenzierung bei Patienten mit parietalen und temporalen Läsionen im Vergleich zu Patienten mit anterioren Läsionen.

Insgesamt lassen die vorliegenden Daten keinen gesicherten Schluß auf umschriebene Subtypen der Sprechapraxie zu.

Allgemein-neuropsychologische Befunde

Ätiologie und neuro-anatomische Korrelate

Die weitaus häufigste Ursache sprechapraktischer Störungen sind cerebro-vaskuläre Erkrankungen. Patienten mit Sprechapraxie haben meist ausgedehnte Läsionen im Versorgungsgebiet der mittleren Hirnarterie links. Zu den häufig betroffenen Arealen gehören der Bereich des motorischen Gesichtskortex, die unmittelbar angrenzenden Regionen des frontalen Operkulums, die Inselrinde sowie das darunterliegende Marklager (vgl. Alexander, Benson & Stuss, 1989; Alexander, Naeser & Palumbo, 1990). Eine Schädigung der Brocaschen Sprachregion muß nicht notwendigerweise vorliegen (vgl. die Fälle in Square-Storer et al., 1988). Dagegen können rein subkortikale Läsionen eine Sprechapraxie verursachen, doch scheinen die von Kertesz (1984) und Marquardt & Sussman (1984) als verantwortlich erachteten Strukturen, das Neostriatum und der vordere Schenkel der inneren Kapsel, keine entscheidende Rolle zu spielen (vgl. etwa die von Odell et al. (1990) berichteten Fälle »reiner« Sprechapraxie).

Fallberichte »gekreuzter« Sprechapraxien sind zwar selten, doch finden sich in einigen Fallbeschreibungen gekreuzter Aphasien implizite Hinweise auf sprechapraktische Symptome.[2]

Unter den wenigen Beschreibungen von Sprechapraxien nicht-vaskulärer Genese befinden sich einige Fälle mit Hirnschädigung nach Schädel-Hirn-Trauma (zum Beispiel Lebrun, Buyssens & Henneaux, 1973; Dunlop & Marquardt, 1977; Collins, 1989), bei zerebralem Tumor (zum Beispiel Deal & Darley, 1972) oder bei entzündlichen Prozessen (zum Beispiel Square-Storer et al., 1988).

---

2 Zum Beispiel phonetische und phonematische Störungen in zwei von zehn Fällen mit gekreuzter Aphasie bei Joanette et al. (1982) und bei einem von Delreux et al. (1989) berichteten Patienten; geringfügige artikulatorische Störungen in einem von sieben Fällen mit gekreuzter Aphasie bei Basso et al. (1985); »Aphemie« nach rechtsseitigem Insel-Infarkt bei einem rechtshändigen Patienten in Starkstein et al. (1988).

Assoziierte neurologische und neuropsychologische Befunde

Im frühen Stadium der Erkrankung sind die Patienten nicht selten kurzzeitig (einige Stunden oder Tage) mutistisch, in wenigen Fällen kann der Mutismus auch über Monate bestehen bleiben (vgl. Simpson & Clark, 1989). Die Patienten haben in der Regel eine rechtsseitige Hemiparese, insbesondere besteht eine Lähmung der rechten unteren Gesichtshälfte. Meist berichten die Patienten auch über Sensibilitätsstörungen der rechten Gesichtshälfte.

Systematische Beobachtungen zur oralen Sensibilität bei Sprechapraxie sind aufgrund methodischer Schwierigkeiten selten. Bei den von Rosenbek, Wertz & Darley (1973) untersuchten Patienten lagen schweregradabhängige Störungen der Kinaesthesie sowie Störungen der oralen Zweipunkt-Diskrimination und der oralen Formerkennung vor. Die Autoren behaupteten einen ursächlichen Zusammenhang der oral-sensiblen Beeinträchtigung mit der Sprechstörung. Dem stehen jedoch Einzelfälle mit nachgewiesener Dissoziation von sensibler und motorischer Störung gegenüber (vgl. Tonkovich & Peach, 1989).

Bemerkenswert ist, daß Patienten mit Sprechapraxie im allgemeinen keine Dysphonie im Sinne einer durchgängigen Veränderung der Stimmqualität oder einer deutlichen Lautstärkeeinschränkung haben.[3] Im initialen Stadium, etwa nach einem bestehenden Mutismus, kann vorübergehend eine Hypophonie auftreten (Schiff et al., 1983).

Das Fehlen einer Stimmstörung im Sinne einer durchgängigen Veränderung von Stimmqualitäts- oder Stimmleistungsmerkmalen (wie etwa in Ziegler & von Cramon (1987) beschrieben) sollte nicht als Hinweis auf eine Aussparung der laryngealen Motorik von der sprechapraktischen Funktionsstörung gesehen werden. Es scheint zwar keine allgemeine Veränderung der laryngealen Spannungsverhältnisse vorzuliegen, dagegen aber Störungen phasischer Ab- und Adduktionsbewegungen der Stimmbänder und eine Dyskoordination laryngealer Einstellbewegungen mit der Artikulomotorik (zum Beispiel Itoh, Sasanuma, Tatsumi, Murakami, Fukusako & Suzuki, 1982; Hoole et al., 1989; Marshall, Gandour & Windsor, 1988).

Häufig sind sprechapraktische Störungen mit einer bukkofazialen Apraxie (nach den Kriterien von Kerschensteiner & Poeck, 1974) assoziiert (vgl. Square-Storer, 1987). Die Rückbildung der bukkofazialen Apraxie verläuft dabei meist schneller als die Besserung der Sprechstörung. Einige Autoren haben die Dis-

---

3 Akustische Untersuchungen berichten über eine Erhöhung der Sprechstimmlage bei Patienten mit Broca-Aphasie. Diese stellt aber kein klinisch auffälliges Merkmal dar und kann eher im Zusammenhang mit dem Symptom der Sprechanstrengung als mit einer laryngealen Spannungsveränderung im Sinne einer zentralen Dysphonie gesehen werden (vgl. Heeschen, Ryalls & Hagoort, 1988).

soziation der beiden Störungsbilder hervorgehoben (vgl. Ziegler & von Cramon, 1989).

Je nach Lage und Ausmaß der Hirnschädigung sind auch akustische Verarbeitungsleistungen, zum Beispiel die auditive Diskrimination und Identifikation von Phonemen, beeinträchtigt, ohne daß allerdings ein ursächlicher Zusammenhang mit der Sprechstörung nachweisbar wäre (Ziegler, 1989). Die von Square-Storer et al. (1988) untersuchten Patienten mit »reiner Sprechapraxie« hatten keine signifikanten Störungen der akustischen Verarbeitung sprachlicher oder nichtsprachlicher Reize.

Assoziierte aphasische Störungen

Die meisten der in der Literatur berichteten Fälle von Sprechapraxie fügen sich in das Bild einer Broca-Aphasie ein. Die Patienten sind unflüssig, haben häufig Schwierigkeiten bei der Initiierung von Äußerungen und sind mehrheitlich agrammatisch. Wortfindungsstörungen treten als relativ universelles aphasisches Symptom häufig hinzu. Bei der Aphasietestung zeigt sich charakteristischerweise eine überproportionale Verschlechterung in Testteilen, die mündliche Sprachproduktion erfordern (zum Beispiel mündliches versus schriftliches Benennen). Das Sprachverständnis ist in typischen Fällen relativ geringgradig gestört.

Im Verlauf kann sich die agrammatische Komponente der Broca-Aphasie zurückbilden und eine Sprechstörung bei nurmehr geringfügigen aphasischen Symptomen beziehungsweise einer nicht klassifizierbaren Aphasie bestehen bleiben.[4] Darüber hinaus scheinen sprechapraktische Symptome gelegentlich auch in weniger typischen Verbindungen, etwa in Zusammenhang mit paragrammatischen Störungen, aufzutreten (zum Beispiel Ziegler & von Cramon, 1986b; Edwards & Miller, 1989). In einigen Fällen wurden auch Sprechapraxien *ohne* begleitende Aphasie beschrieben (»reine Sprechapraxie«; zum Beispiel Square-Storer et al., 1988; Odell et al., 1990).

Bei den von Square-Storer et al. (1988) beschriebenen Patienten (wie auch in einer Reihe weiterer Fälle, die meist unter dem Namen »Aphemie« berichtet wurden; zum Beispiel Schiff et al., 1983) lag im übrigen auch eine Dissoziation zwischen Sprechstörungen und aphasischen Störungen des Schreibens vor. Schiff et al. (1983) betrachten die Schreibleistung als die variabelste Komponente innerhalb der mit Sprechstörungen verbundenen aphasischen Störungs-

4 Die Sprechapraxie ist also nicht an das Bestehen eines Agrammatismus geknüpft. Umgekehrt ist auch Agrammatismus nicht notwendigerweise mit einer Sprechapraxie verbunden (zum Beispiel Henderson, 1985).

bilder. Der Zusammenhang zwischen Sprech- und Schreibstörung bei aphasischen Patienten wurde an anderer Stelle problematisiert (Ziegler, 1989).

Wegen der beschriebenen Dissoziationen ist es sinnvoll, die unter dem Begriff der Sprechapraxie verstandene Störung unabhängig von aphasischen Syndromen zu betrachten. Insbesondere die taxonomische und syndromale Verknüpfung mit der Broca-Aphasie kann wegen der doppelten Dissoziation von Agrammatismus und Sprechstörung nicht aufrechterhalten werden. Für eine Klassifikation nach funktionellen anstelle von syndromalen Kriterien sprechen auch die Ergebnisse klinisch-neuroanatomischer Untersuchungen (vgl. Alexander, Naeser & Palumbo, 1990).

Abgrenzungsfragen und Erklärungsmodelle

Ist die Sprechapraxie ein eigenständiges Syndrom?

Bei der Beschreibung sprechapraktischer Symptome wurden die beiden Fehlertypen der Lautentstellungen und der phonematischen Abweichungen in den Vordergrund gestellt. Es wurde darauf verwiesen, daß Lautentstellungen charakteristisch sind für die Sprechbewegungsstörungen im Rahmen einer Dysarthrie, die phonematischen Fehler andererseits aus verschiedenen aphasischen Syndromen bekannt sind.

Aus dieser Symptomkonstellation könnte man schließen, daß es sich bei dem als Sprechapraxie bezeichneten Störungsbild nicht um ein eigenständiges Syndrom, sondern um ein Mischsyndrom mit dysarthrischen und aphasischen Störungsanteilen handelt. Das Zustandekommen der sprechapraktischen Symptome würde damit zum einen einer elementar-motorischen Störung auf der Ebene der Ausführung von Sprechbewegungen, zum andern einer aphasisch bedingten Störung der Selektion und Sequenzierung von Phonemen zugeschrieben. Das Modell der Sprechapraxie geht demgegenüber von einem Pathomechanismus aus, der als »Programmierungsstörung« bezeichnet und für Lautentstellungen wie auch für phonematische Fehler verantwortlich gemacht wird.

Die Position einer kombinierten dysarthrisch-aphasischen Störung wird von verschiedenen Autoren vertreten (zum Beispiel Kerschensteiner, Poeck, Huber, Stachowiak & Weniger, 1978; Schiff, Alexander, Naeser & Galaburda, 1983). Alexander, Naeser & Palumbo (1990) interpretieren die Ergebnisse ihrer klinisch-neuroanatomischen Untersuchung von neun Patienten mit Läsionen des frontalen Operkulums in einem ähnlichen Sinne: Nach ihrem Modell führen Läsionen des motorischen Gesichtskortex und der absteigenden motorischen Bahnen zu dysarthrischen Störungen, eine Unterbrechung der Faserverbindungen zwischen temporoparietalen Arealen und dem frontalen Operkulum dagegen zu phonematischen Störungen. Das üblicherweise beobachtbare Bild der Sprechapraxie entsteht nach diesem Modell bei ausgedehnten Läsionen, die beide Systeme gleichzeitig betreffen.

Meist wird dieser Position entgegengehalten, daß die Diagnose einer Sprechapraxie ja definitionsgemäß mit der Forderung verbunden ist, daß die beobachtbaren Symptome nicht durch eine »Verlangsamung, Schwäche, Dyskoordination oder Tonusänderung« der Sprechmuskulatur, also nicht im Sinne einer elementar-motorischen (= dysarthrischen) Störung erklärt werden können (zum Beispiel Darley, Aronson, Brown, 1975).

Zum diagnostischen Nachweis einer Sprechapraxie wird allerdings in der Regel keines dieser Kriterien *direkt* überprüft.[5] Vielmehr wird als Kriterium herangezogen, daß sich die bei Sprechapraxie beobachtbaren Lautentstellungen deutlich von den für dysarthrische Patienten typischen Entstellungen unterscheiden, und zwar in erster Linie durch das Merkmal der *Variabilität* (siehe oben). Eine Störung der Bewegungs*ausführung* durch Verlangsamung, Schwäche etc., so das Argument, müßte zu konstanten, vorhersagbaren Abweichungen führen, wie sie etwa von der spastischen oder der schlaffen Dysarthrie bekannt sind (zum Beispiel Darley et al., 1975; Vogel, Ziegler & Morasch, 1988).

Die Annahme, daß die einer Dysarthrie zugrundeliegenden Pathomechanismen immer zu konstanten Lautabweichungen führen müßten, ist allerdings keineswegs begründet. Auch die Leistungen dysarthrischer Patienten sind nämlich durchaus nicht konstant (Ziegler et al., 1990), und insbesondere etwa die ataktische Dysarthrie ist unter anderem durch eine hohe Variabilität verschiedener Sprechparameter charakterisiert (zum Beispiel Kent, Netsell & Abbs, 1979). Es wäre daher auch denkbar, daß eine als »feinmotorisches Defizit« (»clumsiness«) charakterisierbare dysarthrische Störung, etwa infolge einer Schädigung des motorischen Gesichtskortex und der absteigenden motorischen Bahnen (vgl. Davidoff, 1990), zu einem auf der Oberfläche sehr variabel erscheinenden Bild führt. Die negative Abgrenzung gegenüber den dysarthrischen Störungen scheitert demnach am Mangel einer präzisen Bestimmung der möglichen Symptome einer Dysarthrie, insbesondere an der Vagheit des Begriffs der Dyskoordination.

Ein alternativer Weg, das Abgrenzungsproblem zu lösen, könnte in einem direkten Nachweis positiver Kriterien einer »Programmstörung« liegen. Ein experimentelles Paradigma zur Untersuchung von Planungs- und Programmierungsaspekten der Motorik ist die Messung von Wahl-Reaktionszeiten, wobei die unterschiedlichen Latenzen bei der Initiierung unterschiedlich komplexer Be-

5 Dies würde eine Überprüfung von Muskelkraft, Bewegungsgeschwindigkeit und Tonus voraussetzen und überdies eine Operationalisierung des Konzepts der Dyskoordination erfordern. Zumindest auf der Ebene der klinischen Diagnostik ist dies bislang noch völlig unrealistisch.

wegungen als Index des jeweils erforderlichen »Programmierungsaufwandes« betrachtet werden. Abgesehen von der Untersuchung von Towne & Crary (1988), die eine Patientin mit amnestischer Aphasie bei frontaler Läsion mit zwei Fällen von Aphasie bei »posteriorer Läsion« verglichen haben, gibt es bislang keine Arbeiten mit dieser Fragestellung.[6] Allerdings lassen auch solche Untersuchungen nicht ohne weiteres eine endgültige Klärung der Abgrenzungsfrage erhoffen, nachdem – zumindest bei Testung mit komplexeren Bewegungsfolgen der oberen Extremitäten – auch Patienten mit Parkinsonscher Erkrankung (Benecke et al., 1987) oder mit zerebellären Erkrankungen (Inhoff, Diener, Rafal & Ivry, 1989) spezifische Reaktionszeit-Effekte zeigen. Auch dieser »direkte« Abgrenzungsansatz stößt also an die Grenzen mangelnder Präzision der bestehenden Konzepte zur Organisation motorischer Prozesse.

In der Tat ist es demnach also bislang nicht möglich, die Trennungslinie zwischen der Sprechapraxie (unter Ausklammerung der phonematischen Paraphasien) und den Dysarthrien methodisch sauber zu ziehen.

Ähnliches gilt für die Abgrenzung der phonematischen Anteile der Sprechapraxie zu den aphasisch-phonologischen Störungen. Es gibt eine Reihe von Versuchen, die phonematischen Fehler von sprechapraktischen Patienten (respektive Patienten mit Sprechstörungen im Rahmen einer Broca-Aphasie) durch spezifische Fehlermuster zu charakterisieren. Bei zum Teil widersprüchlichen Befunden haben diese Untersuchungen keine konsistenten Unterschiede des Musters phonologischer Störungen bei den verschiedenen Aphasiesyndromen ergeben (vgl. Ziegler, 1989 und Dittmann, in diesem Band).

Ist damit der besprochene Einwand gegen den Syndromstatus der Sprechapraxie berechtigt? Aufgrund der angeführten Abgrenzungsprobleme kann man zunächst zumindest sagen, daß die postulierte Gleichung

<Sprechapraxie> = <Dysarthrie> + <aphasisch-phonologische Störung>

nur eine scheinbare Lösung der Syndromfrage anbietet, nachdem weder das Konzept der Dysarthrie noch das der aphasisch-phonologischen Störungen eine scharf abgrenzbare Einheit darstellt und die Beziehung der phonologischen zur motorischen Ebene völlig ungeklärt ist (Ziegler, 1989).

Ein Ausweg aus diesem Dilemma scheint dennoch möglich, und zwar durch einen Vergleich der bei einem Patienten beobachteten Lautentstellungen (also dem der Dysarthrie zugeordneten Fehlertyp) mit den phonematischen Fehlern dieses Patienten (also dem der Aphasie zugeordneten Fehlertyp). Lassen sich bei einem solchen Vergleich die beiden verschiedenen Fehlertypen in ein ge-

---

6 Die Patientin von Towne & Crary (1988) hatte, abgesehen von einigen Suchbewegungen, keine Symptome einer Sprechapraxie.

meinsames Verteilungsmuster einordnen, so wird die Annahme zweier unterschiedlicher Pathomechanismen eher unwahrscheinlich. Wenn dagegen umgekehrt phonematische und phonetische Fehler völlig unabhängig voneinander verteilt sind, so ist auch die Annahme zweier unabhängiger Entstehungsprozesse gerechtfertigt.

Das in Abbildung 1 dargestellte Beispiel soll diese Argumentationsweise illustrieren.[7] Dabei geht es um die Realisierung der velaren Verschlußlaute /g/ und /k/ in den Wörtern *Gasse* und *Kasse*, insbesondere um die Unterscheidung dieser Laute durch das Merkmal der Stimmhaftigkeit. Dieses Merkmal kann (unter anderem) durch den Parameter der »voice onset time (VOT)« akustisch beschrieben werden: für /g/ in *Gasse* liegt dieser Wert bei süddeutschen Sprechern etwa zwischen 10 und 40 Millisekunden, für /k/ in *Kasse* etwa zwischen 40 und 100 msec (Abbildung 1, oberer Teil).

Im unteren Teil der Abbildung sind die VOT-Werte für jeweils 20 Realisierungen von /g/ (*Gasse*; obere Reihe) und /k/ (*Kasse*; untere Reihe) eines Patienten mit Sprechapraxie dargestellt. Die Wörter wurden auch transkribiert und insbesondere wurden die Realisierungen der initialen Verschlußlaute nach den vier Kategorien *stimmhaft, stimmlos/nicht-aspiriert, stimmlos/aspiriert und stimmlos/ überaspiriert* klassifiziert. Jede dieser Kategorien ist in Abbildung 1 durch ein eigenes Symbol gekennzeichnet.

Phonetisch akzeptable Realisierungen von /g/ (stimmhaft) traten in insgesamt acht Fällen auf (ausnahmslos beim Zielwort *Gasse*), phonetisch akzeptable Realisierungen von /k/ (stimmlos/aspiriert) in insgesamt 14 Fällen, davon sechsmal beim Zielwort *Gasse* (das heißt als phonematische Fehler). In den übrigen 18 Fällen wurden stimmlos/nicht-aspirierte beziehungsweise überaspirierte Realisierungen, also *Lautentstellungen*, transkribiert.

Die Abbildung macht deutlich, daß sich die vom Untersucher als *phonematisch* klassifizierten Fehler (in Abbildung 1 die sechs gefüllten Kreise bei den Realisierungen von *Gasse*) in die Gesamtverteilung aller Realisierungen einfügen, und dabei nichts anderes darstellen, als Extremfälle (bezogen auf das Zielwort *Gasse*) im Rahmen einer generellen Tendenz zur Erhöhung der VOT-Werte, also zu einer Verzögerung des Stimmeinsatzes. Die Annahme getrennter Pathomechanismen für Substitutions- und Entstellungsfehler erscheint angesichts dieser Verteilung willkürlich.

Ähnliche Beispiele solcher Fehlerverteilungen, in der Regel basierend auf akustischen Beschreibungen von Konsonanten- und Vokalrealisierungen, sind mitt-

---

7 Nach: W. Ziegler & E. M. Engl-Kasper, Zur Diagnostik der Sprechapraxie. Jahrestagung der Arbeitsgemeinschaft für Aphasieforschung und -behandlung. München, 5. – 7.11.1987.

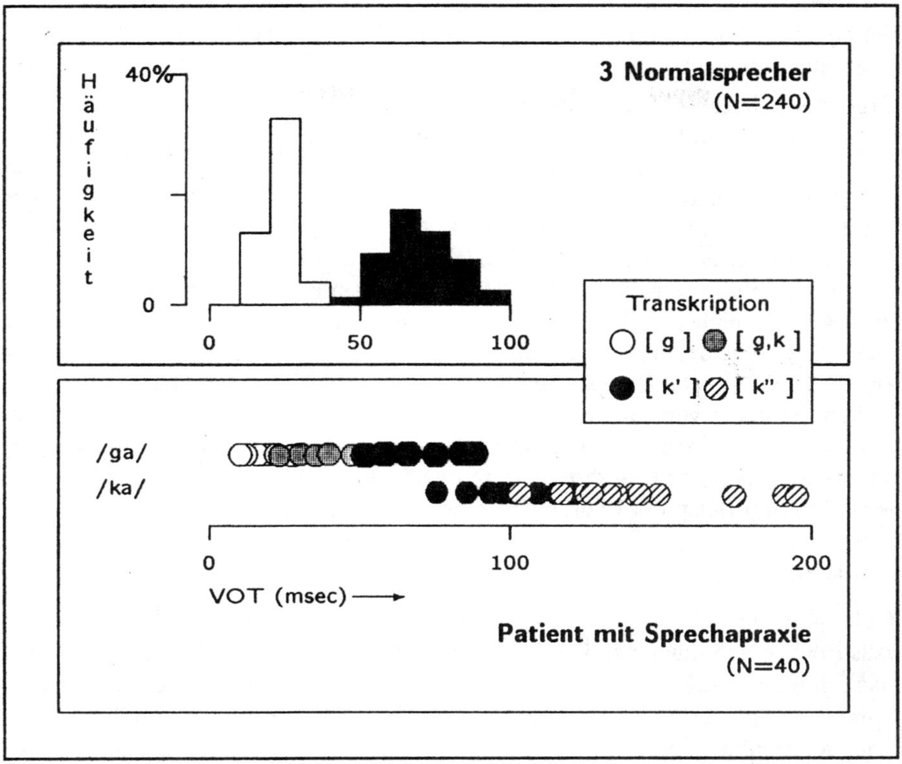

Abbildung 1 **Realisierung von /g/ in *Gassen* und /k/ in *Kassen* durch drei Versuchspersonen ohne Sprechstörung (oben) und einen Patienten mit Sprechapraxie (unten). Die Werte der voice onset time dieser Laute sind als Häufigkeitsdiagramm im Falle der Normalsprecher (N=240) und als Einzelwerte im Falle des Patienten (obere Reihe: *Gasse*, N=20; untere Reihe: *Kasse*, N=20) dargestellt. Die durch ungefüllte Kreise repräsentierten Realisierungen wurden als [g] die durch gefüllte Kreise dargestellten Realisierungen als stimmlos-aspiriertes [k'] transkribiert. Die schattierten und schraffierten Symbole stehen für Lautentstellungen (siehe Text).**

lerweile vielfach publiziert worden (zum Beispiel Itoh et al., 1982; Ziegler & von Cramon, 1986b; Ziegler, 1987; Ziegler & Hoole, 1989).

Auch die Beobachtungen von Konno, Sugishita & Hirose (1987) können in einem ähnlichen Sinne interpretiert werden. Diese Autoren zeichneten mittels eines Röntgen-Mikrostrahl-Gerätes Bewegungen von Zunge, Lippen und Kiefer bei zwei Patienten mit Sprechapraxie auf und berichteten darüber hinaus über die Lautstruktur der aufgezeichneten Äußerungen. Durch ihre Bewegungsanalysen konnten sie in einer Reihe von Fällen eine Verbindung zwischen korrekten Lautrealisierungen, Lautentstellungen und phonematischen Fehlern herstellen und damit unterschiedliche Fehlertypen einem gemeinsamen Erklärungsansatz unterordnen.

Ergebnisse dieser Art sind noch viel zu sehr auf Einzelfälle und auf die Analysen einzelner Lautklassen bezogen, um ein repräsentatives Bild sprechapraktischer Fehlermuster abgeben zu können. Sie verdeutlichen jedoch, daß die Oberflächenkategorien der Lautentstellung und des phonematischen Fehlers nicht notwendigerweise auf zwei qualitativ verschiedene Funktionsstörungen hinweisen. Wenn auch damit die Frage nach einem eigenständigen, von Dysarthrie und Aphasie verschiedenen Pathomechanismus als Grundlage der Sprechapraxie noch nicht zweifelsfrei geklärt ist, so zeigt sich doch, daß die Annahme eines Misch-Syndroms einen unbefriedigenden Erklärungsansatz darstellt. Zukünftige Untersuchungen zu den Grundlagen der sprechapraktischen Störung sollten vielmehr von einem Ansatz ausgehen, der kontinuierliche Übergänge zwischen elementaren sprechmotorischen Störungen und zunehmend komplexeren Störungen der Programmierung und Planung sprechmotorischer Prozesse vorsieht (zum Beispiel Miller, 1989; Ziegler, 1989).

Die Sprechapraxie als apraktische Störung

Geht man davon aus, daß das beschriebene Störungsbild der Sprechapraxie Ausdruck einer eigenständigen Funktionsstörung ist, so stellt sich die Frage nach der Charakterisierung dieser Funktionsstörung. Der Begriff der »Sprechapraxie« impliziert eine Vergleichbarkeit mit den Apraxien der Gliedmaßen und der bukkofazialen Muskulatur bei nichtsprachlichen Bewegungen. So ist auch die von Darley (1968) gegebene Definition zu verstehen, die sich in ihrer Abgrenzung gegenüber elementar-motorischen Störungen (»Verlangsamung,

Fehlertyp	Zielbewegung	realisierte Bewegung
Ersatzhandlung	Nase rümpfen	Mund spitzen
Überschußsymptom	Pfeifen	Pfeifen und Nase rümpfen
fragmentarische Bewegung	mit rundem Mund schmatzen	tonloses Mundspitzen
Conduites d'approche	Unterlippe lecken	Realisierung über mehrere Stufen der Annäherung

Tabelle 4 Fehlerkategorien bei bukkofazialer Apraxie (nach Kerschensteiner & Poeck, 1974; gekürzt)

Schwäche, Dyskoordination, Tonusänderung«) an übliche Definitionen der ideomotorischen Apraxie anlehnt.

Orientiert man sich an operationalen Kriterien der Apraxiediagnostik, so ergeben sich in der Tat zahlreiche Gemeinsamkeiten zwischen den beiden Störungsbildern.

Für einen Vergleich der bukkofazial-apraktischen mit der sprechapraktischen Symptomatik bietet sich ein von Kerschensteiner & Poeck (1974) entwickelter Katalog von Fehlerkategorien zur Diagnostik der bukkofazialen Apraxie an (vgl. Tabelle 4). Versucht man, die bei Sprechapraxie beobachtbaren Fehler aufgrund der für die Lautbildung erforderlichen Bewegungsmuster in das Raster dieser Fehlerkategorien einzuordnen, so zeigt sich eine formale Übereinstimmung: Alle Arten phonematischer und phonetischer Fehler lassen sich auf die von Kerschensteiner & Poeck (1974) als relevant erachteten Kategorien »parapraktischer« Fehler abbilden (vgl. die Beispiele in Tabelle 5; siehe auch Ziegler & von Cramon, 1989). Auch detailliertere Vergleiche hinsichtlich der Rolle von räumlichen Abweichungen, von Störungen der zeitlichen Koordination unterschiedlicher Bewegungsorgane, von Sequenzierungsstörungen oder von Initiierungsstörungen ergeben einen hohen Grad an Übereinstimmung zwischen den Apraxien der Gliedmaßen beziehungsweise der bukkofazialen Apraxie einerseits und der Sprechapraxie andererseits (vgl. Square-Storer & Roy, 1989).

Ein Haupteinwand gegen die Annahme einer »apraktischen« Störung des Sprechbewegungsablaufs bei sprechapraktischen Patienten beruft sich auf die Dissoziation von Sprechapraxie und bukkofazialer Apraxie (zum Beispiel

Fehlertyp	**Zielwort / geforderte Bewegung**	**realisiertes Wort / realisierte Bewegung**
Ersatzhandlung	Dackel / Anhebung der Vorderzunge	[gakl] / Anhebung des Zungenrückens
Überschußsymptom	Bude / Stimmbänder bleiben adduziert	[bu:t'ə] / Abduktion der Stimmbänder
fragmentarische Bewegung	Made / Anhebung des Velums	[mã:nə] / Velum bleibt abgesenkt
Conduites d'approche	Füße / labiodentale Engebildung	[m_p_fy:sə] / stufenweise Annäherung

Tabelle 5 Sprechapraktische Fehler, klassifiziert nach den Kategorien aus Tabelle 4.

Heilman & Rothi, 1985). Nachdem jedoch bislang keines der beiden Störungsbilder psychometrisch einwandfrei erfaßt werden kann, ist dieses Argument nicht sehr stichhaltig. Ferner bestehen viel zu große Unterschiede hinsichtlich Art und Schwierigkeitsgrad der in klinischen Untersuchungen überprüften Aufgaben, als daß eine strenge Assoziation der beiden Störungsbilder zu erwarten wäre. Eine ausführlichere Diskussion dieses Sachverhaltes findet sich in Ziegler & von Cramon (1989).

Die oberflächliche Parallelität zwischen den klinischen Erscheinungsbildern der ideomotorischen Apraxie und der Sprechapraxie ist zwar ein starkes zusätzliches Argument für die im letzten Abschnitt diskutierte syndromale Eigenständigkeit der Sprechapraxie. Sie beantwortet jedoch nicht die Frage nach dem zugrundeliegenden Pathomechanismus, der auch im Falle der ideomotorischen Apraxie der Gliedmaßen noch ungeklärt ist. Untersuchungen, die beispielsweise den Zusammenhang zwischen sensorischen und motorischen Funktionsstörungen überprüfen (zum Beispiel Pause, Kunesch, Binkofski & Freund, 1989), könnten für die zukünftige Erforschung der Grundlagen der Sprechapraxie richtungsweisend sein.

Diagnostische und therapeutische Ansätze

Differentialdiagnostik

Ungeachtet der oben diskutierten theoretischen Vorbehalte ist die diagnostische Erfassung der Symptome einer Sprechapraxie eine Grundvoraussetzung für die Behandlung der betroffenen Patienten.

In einem ersten diagnostischen Schritt geht es darum, das Vorliegen einer Sprechapraxie zu sichern und gegenüber anderen Störungen abzugrenzen.

Besondere differentialdiagnostische Probleme bereiten Patienten mit nur geringer oder völlig fehlender Sprachproduktion (Mutismus). Ein Nachweis der im ersten Teil der Arbeit beschriebenen Symptome ist in diesen Fällen kaum oder nicht möglich. Die Klärung der Frage, ob die schwere Einschränkung der Sprachproduktion durch eine sprechapraktische Störung bedingt ist, erfordert den Ausschluß von Bewußtseinsstörungen, schweren dysarthrischen Bewegungseinschränkungen, einer Störung des Sprechantriebs sowie schweren aphasischen Störungen als mögliche alternative Ursachen des Mutismus (Simpson & Clark, 1989). Relativ erhaltene Schreibleistungen beispielsweise geben einen Hinweis darauf, daß die komplette Einschränkung der mündlichen Sprachproduktion vermutlich nicht aphasisch bedingt ist. Eine erhaltene Beweglichkeit der Zunge, des Kiefers und der Lippen bei der Überprüfung der bukkofazialen Praxie läßt eine dysarthrische Ursache ausschließen (Simpson & Clark, 1989).

Letzte Klarheit über die Natur der mutistischen Störung ergibt sich häufig erst bei der zunehmenden Rückkehr sprachlicher Äußerungen.

Ähnlich schwierig gestaltet sich die Differentialdiagnostik bei Globalaphasikern, deren Sprachproduktion auf *recurring utterances* beschränkt ist und bei denen ebenfalls eine schwere sprechapraktische Störung vermutet werden kann (Stevens, 1989; Blanken, Wallesch & Papagno, 1990). Hier ist vor allem der Ausschluß einer aphasischen Störung als Ursache der Sprechstörung entscheidend (Blanken et al., 1990; vgl. auch Blanken, in diesem Band).

Bei Patienten mit ausreichend erhaltener spontaner Sprachproduktion und mit der Fähigkeit zum Nachsprechen können demgegenüber die eingangs genannten Merkmale einer Sprechapraxie geprüft werden.

Als Grundlage für die klinische Untersuchung sprechapraktischer Störungen[8] bieten sich die Äußerungen des Patienten in einem freien Gespräch sowie ein Nachsprech-Test an. Der Nachsprech-Test sollte Wörter umfassen, die nach Möglichkeit alle Phoneme des Deutschen und einige repräsentative Konsonantenverbindungen im An- und Auslaut enthalten. Die Testwörter sollten *ein- bis zweisilbige, konkrete, hochfrequente, unflektierte Nomina* sein, um lexikalische Effekte und Wortlängen-Effekte gering zu halten. Zur Überprüfung der Fehlerkonstanz und Fehlerkonsistenz sollte eine Auswahl dieser Testwörter während der Testung mehrfach (nicht in Reihe) wiederholt werden.

Die Testung sollte zumindest auf Tonband, nach Möglichkeit sogar auf Videoband protokolliert werden.

Bei der Auswertung müssen die genannten Merkmale, also das Auftreten von Lautentstellungen und phonematischen Fehlern, prosodische Merkmale wie Sprechpausen und silbisches Sprechen, sowie eine eventuell beobachtbare Sprechanstrengung und das Auftreten von Suchbewegungen erfaßt werden.

Die beiden der Ebene des Sprechverhaltens zugeordneten Merkmale der Sprechanstrengung und des artikulatorischen Suchens müssen, sofern kein Video-Protokoll erstellt wird, unmittelbar während der Untersuchung protokolliert werden.

Zur Erfassung der Fehler auf der *segmentalen* und der *suprasegmentalen Ebene* müssen die Äußerungen des Nachsprechtests ganz, die Äußerungen während des freien Gesprächs zumindest teilweise transkribiert werden. Die detailgenaue Beschreibung der Lautsprache, insbesondere der auftretenden Lautentstellungen, ist nur mittels einer »engen« phonetischen Transkription unter Zu-

---

8 Die folgenden Ausführungen zur Differentialdiagnostik beziehen sich auf ein von Engl-Kasper, Vogel und Ziegler entwickeltes Verfahren der »Klinischen Untersuchung sprechapraktischer Störungen«, das noch unveröffentlicht ist und derzeit in der Abteilung für Neuropsychologie des Städtischen Krankenhauses München-Bogenhausen erprobt wird.

hilfenahme spezieller »Diakritika« möglich (vgl. die Beispiele in den Tabellen 2 und 3; vgl. Shriberg & Kent, 1982). In der klinischen Untersuchung beschränkt man sich allerdings auf eine bloße Erfassung des Auftretens von Lautentstellungen, ungeachtet deren spezieller Form, wozu eine modifizierte orthographische Transkription mit einer geeigneten Kennzeichnung der entstellten Laute genügt. Dem Transkript muß auch das Auftreten von Sprechpausen und von Fehlversuchen zu entnehmen sein.

Auf der Grundlage eines solchen Transkripts können die genannten Merkmale der Sprechapraxie quantitativ erfaßt werden.

Zum Ausschluß einer dysarthrischen Störung muß das Tonbandprotokoll beziehungsweise Transkript hinsichtlich des durchgängigen Auftretens bestimmter Störungsmerkmale (zum Beispiel retroflexe Bildung von Vorderzungenlauten, laterales Entweichen von Luft bei der Bildung von /s/ oder /ʃ/, Rückverlagerung der Zunge bei der Bildung von Hinterzungenlauten) überprüft werden. Es ist allerdings zu bedenken, daß solche dysarthrischen Merkmale beobachtbar sein können, ohne gleichzeitig das gesamte Bild der Sprechstörung zu erklären – daß also eine Dysarthrie zur Sprechapraxie hinzutreten kann.

In Abgrenzung zu einer rein aphasisch bedingten phonematischen Störung, etwa bei Wernicke-Aphasie, ist der Anteil der auftretenden Lautentstellungen relevant. Nach theoretischer Erwartung sollten bei aphasisch-phonologischen Störungen keine Lautentstellungen auftreten. Tatsächlich finden sich bei genauer Transkription jedoch auch bei diesen Patienten vereinzelt entstellte Laute, die bei der differentialdiagnostischen Entscheidung allerdings nicht überbewertet werden dürfen. Wie bereits oben erwähnt, läßt sich ein Schwellenkriterium für diese Entscheidung nicht angeben. Die Bedeutung der Artikulationsstörung sollte in Grenzfällen allerdings auch eher unter dem Gesichtspunkt der therapeutischen Relevanz als unter dem Gesichtspunkt einer Syndromzuordnung gesehen werden.

Um die Diagnose einer Sprechapraxie stellen zu können, müssen nicht alle oben erwähnten Symptome vorhanden sein. So spricht etwa die Abwesenheit oder eine nur geringe Ausprägung von Suchbewegungen nicht unbedingt gegen eine Sprechapraxie, da dieses Merkmal möglicherweise vom Grad des *monitoring* der eigenen Sprachproduktion abhängt und nicht untrennbar mit der sprechapraktischen Funktionsstörung verbunden ist. Liegt umgekehrt etwa ausschließlich eine Sprechinitiierungsstörung, silbisches Sprechen oder ein gehäuftes Auftreten von Laut- und Silbeniterationen vor, so reicht dies sicher nicht hin, um auf das Bestehen einer Sprechapraxie zu schließen.

Die größte Spezifität und damit die Priorität in der diagnostischen Entscheidung kommt zweifellos dem Muster der phonematischen und phonetischen

Fehler zu. Darüber hinaus ist das Auftreten von Suchbewegungen ein meist sehr augenfälliges Symptom, das eine starke Stütze für die Vergabe der Diagnose einer Sprechapraxie darstellen kann.

Therapie-orientierte Diagnostik

Nach der Entscheidung, *ob* eine behandlungsrelevante sprechapraktische Störung vorliegt, muß diese Störung nun näher charakterisiert werden, um aussichtsreiche Ansätze für die Therapie bestimmen zu können.

Dabei muß näher bestimmt werden, wo die Schwerpunkte der Störung liegen und welchen Einflüssen sie unterliegt.

Einige Hinweise auf Störungsschwerpunkte – etwa herausragend gestörte Lautklassen – können sich bereits aus der oben beschriebenen differentialdiagnostischen Untersuchung ergeben. Daran anknüpfend müssen, im Sinne einer »experimentierenden« Vorgehensweise, Hypothesen über die Sprechstörung gebildet und durch geeignetes Untersuchungsmaterial näher überprüft werden.

Zeigt ein Patient beispielsweise Anzeichen einer herausragenden Störung nasaler Laute, so sollte eine detailliertere Untersuchung der Velumfunktion durchgeführt werden. Dazu wird Sprachmaterial zusammengestellt, das nasale Konsonanten in verschiedenen Kontexten enthält, zum Beispiel in einfachen Konsonant-Vokal-Verbindungen (zum Beispiel *Mähne, Bohne, Made* etc.), in Verbindung mit homorganischen oralen Konsonanten (zum Beispiel *Bande, Lampe, Anker* etc.) und in Verbindung mit hetero-organischen oralen Konsonanten (zum Beispiel *Imker, Amt, Amsel* etc.). Die Realisierung dieser Wortgruppen erfordert unterschiedliche Bewegungsmuster des Gaumensegels in Verbindung mit Lippen-, Kiefer- und Zungenbewegungen. So bestehen etwa bei der Realisierung des Wortes *Made* weniger restriktive zeitliche Bedingungen für die Anhebung des Velums als bei der Realisierung des Wortes *Imker*. Hat ein Patient besondere Probleme in der Abstimmung von Bewegungen des Gaumensegels mit den übrigen Artikulatoren, so sollten sich vor allem in der direkten Verbindung nasaler und oraler Konsonanten deutliche Auffälligkeiten, etwa im Sinne von Pausen, Substitutionen oder Lautintrusionen, zeigen, da diese Verbindungen meist eine schnelle und zeitlich präzise abgestimmte Anhebung oder Absenkung des Velums erfordern.

Auf ähnliche Weise lassen sich auch andere Sprechorgane in ihrer Abstimmung mit den übrigen Artikulatoren überprüfen und dabei möglicherweise relevante Funktionsstörungen herausarbeiten.

Weitere therapeutisch relevante Fragestellungen könnten den Einfluß der Wortlänge, den Einfluß einer Zergliederung längerer Äußerungen in kleinere Einheiten oder den Einfluß der Vertrautheit der Äußerungen betreffen. Durch geschickte Zusammenstellung von Wortmaterial kann der Therapeut auf diese Weise wichtige Ansatzpunkte für den Einstieg in die Behandlung finden (vgl. Vogel et al., 1988).

Therapieansätze

Die Therapie der Sprechapraxie kann nicht unabhängig von den übrigen Maßnahmen zur Behandlung eines aphasischen Patienten gesehen werden – sie fügt sich vielmehr in einen Gesamtbehandlungsplan ein (Tonkovich & Peach, 1989).

Eine Behandlung der Sprechstörung ist indiziert, wann immer die Störung funktionell relevant ist. Sie erhält Priorität innerhalb des Behandlungsplanes, wenn die Sprechstörung ein herausragendes Symptom darstellt und insbesondere wenn weitere Therapieschritte von einer Verbesserung der mündlichen Sprachproduktion abhängen.

Allerdings ist auch zu beachten, daß je nach Therapieverfahren verschiedene Voraussetzungen erfüllt sein müssen, wie beispielsweise ein ausreichendes Instruktionsverständnis, ausreichend erhaltene Fähigkeiten der akustischen Verarbeitung von Sprachlauten und eine ausreichend erhaltene Merk- und Lernfähigkeit (Vogel et al., 1988).

Eine erste Unterscheidung therapeutischer Vorgehensweisen kann auf der Grundlage des Schweregrads der sprechapraktischen Störung getroffen werden.

Bei mutistischen Patienten und bei Patienten mit stark eingeschränkter (mündlicher) Sprachproduktion stehen zunächst die Bemühungen um eine Anbahnung einfacher willkürlicher Sprachäußerungen im Vordergrund. Simpson & Clark (1989) empfehlen dazu in einem ersten Schritt Satzergänzungsaufgaben, das Aufgreifen spontaner unwillkürlicher Äußerungen des Patienten oder Versuche mit der *Melodic Intonation Therapy (MIT)*. Elementare sprechmotorische Funktionen (zum Beispiel Willkürkontrolle über Atmung und Phonation) können auch über nichtsprachliche Lautäußerungen stimuliert werden (Simpson & Clark, 1989).

Die Behandlung von Patienten mit weniger schweren Störungen legt demgegenüber den Schwerpunkt auf eine Verbesserung der Zielgenauigkeit von Sprechbewegungen und eine Erhöhung der Flüssigkeit sprachlicher Äußerungen.

Bei den meisten Verfahren steht die Erarbeitung einzelner Laute und Lautübergänge im Vordergrund. Die zu beübenden Laute und Lautverbindungen werden zunächst in möglichst kleinen sprachlichen Einheiten, das heißt in der Regel in einsilbigen Wörtern, dargeboten. In schwereren Fällen kann es auch notwendig sein, bis auf die Ebene von Einzellauten zurückzugehen.

Die Steigerung der Äußerungslänge stellt *eine* wichtige Dimension zunehmender Anforderungen an den Patienten dar. Eine zweite Dimension bildet die Komplexität der sprechmotorischen Anforderungen *innerhalb* einer Silbe, gewöhnlich realisiert durch eine patientenspezifische Hierarchie von Schwierigkeitsgraden einzelner Laute und durch die Bildung von Konsonantenhäufungen. Der Therapeut kann dabei die sprechmotorischen Anforderungen sehr spezifisch gestalten, etwa durch eine entsprechende Kombination von nasalen und oralen Lauten als Grundlage eines Trainings der Koordination von Velumbewegungen (vgl. das im vorangehenden Abschnitt gegebene Beispiel). Der systematische Aufbau des Therapiematerials ergibt sich im wesentlichen aus den oben skizzierten diagnostischen Schritten.

Die verschiedenen in der Literatur beschriebenen Verfahren zur Sprechapraxiebehandlung stimmen in ihrem Ziel, an Einzellauten orientierte artikulatorische Konfigurationen zu beüben, weitgehend überein. Sie unterscheiden sich meist lediglich in den Vermittlungstechniken und in der Art der gegebenen Hilfen.

Wichtige Vermittlungstechniken sind im ersten Abschnitt von Tabelle 6 genannt.

So können zur Anbahnung von Einzellauten beispielsweise nichtsprachliche Lautäußerungen (»phonetische Ableitung«) oder bereits verfügbare Laute (»progressive Approximation«) herangezogen werden. Bei der als »phonetic placement« bezeichneten Methode werden die Artikulatoren des Patienten passiv in die erforderliche Konfiguration gebracht.

Ein Grundprinzip bei der Anbahnung von Lauten ist, dem Patienten möglichst viel Information über den beübten Laut zu vermitteln, indem seine Aufmerksamkeit auf das Mundbild des Therapeuten (*Schau mich an!*) und auf den Lautklang (*Hör mir zu!*) gelenkt wird (Rosenbek, 1985).

Während der Übungen kann dem Patienten die Lautbildung durch verschiedene zusätzliche Hilfen erleichtert werden (siehe Tabelle 6). Beispielsweise kann ein System von *lautunterstützenden Gesten* erarbeitet werden, deren Einsatz die Lautbildung fazilitieren soll. Im Verlauf der Therapie werden diese gestischen Hilfen schrittweise reduziert, bis sie allenfalls noch bei der Bildung weniger, für den Patienten besonders schwieriger Laute erforderlich sind.

Ein komplexes und sehr spezifisches, auch dynamische Aspekte einbeziehendes System *taktiler* Hilfen bildet die Grundlage der PROMPT-Methode (Square-Storer & Hayden, 1989). Bei dieser Methode wird jeder Laut durch Berührung einer präzise festgelegten, in der Regel mit der Artikulationsstelle des Lautes in Zusammenhang stehenden Stelle im Bereich des Untergesichts fazilitiert.

1. Segment-orientiertes Artikulationstraining
1.1 Vermittlungstechniken **Phonetische Ableitung:** Die zu beübenden Laute werden aus nichtsprachlichen Gesten (zum Beispiel /t/ aus *Schnalzen,* /k/ aus *Husten*) abgeleitet. **Progressive Approximation:** Die zu beübenden Laute werden über ähnliche, bereits verfügbare Laute angenähert. **»Phonetic placement«:** Artikulatorische Zielkonfigurationen werden durch Manipulieren der Artikulatoren passiv geformt. **1.2 Hilfen** **Visuelle und gestische Hilfen:** Einzelne Laute werden durch visuelle Hilfen (orthographisch, artikulatorisch) oder durch ein System von erlernten Gesten fazilitiert. **PROMPT – Prompts for Restructuring Oral Muscular Phonetic Targets:** Bewegungen von Kiefer, Lippen, Zunge, Gaumensegel und Kehlkopf werden durch ein komplexes System spezifischer taktiler Reize stimuliert.
2. Rhythmische Strukturierung
»Melodic Intonation Therapy«: Die zu beübenden Phrasen werden »intoniert«, die Produktion durch rhythmisches Klopfen unterstützt. **Vibrotaktile Stimulation:** Der Sprechrhythmus mehrsilbiger Äußerungen wird durch vibrotaktile Stimulation des rechten Zeigefingers unterstützt.

Tabelle 6 Therapie-Ansätze (vgl. Rosenbek, 1985; Square-Storer, 1989)

Neben den genannten Verfahren, die ein Training artikulatorisch relevanter Konfigurationen und Bewegungen beinhalten, gibt es Verfahren, die eher mit prosodischen Mitteln arbeiten und auf der rhythmischen Gliederung sprachlicher Äußerungen aufbauen. Beispiele hierfür sind die aus der Aphasietherapie bekannte *Melodic Intonation Therapy (MIT)* und die Technik der vibrotaktilen Stimulation (Tabelle 6). Der Einsatz dieser Techniken ist meist verknüpft mit der Annahme, daß sie durch eine Aktivierung der »gesunden« rechten Hemisphäre eine Verbesserung der Sprechleistung erreichen. Das rhythmische Gliedern von Bewegungsabläufen kann allerdings auch als ein sehr allgemeines Prinzip der Organisation komplexer, hoch trainierter motorischer Aktivitäten gesehen werden (Freund, 1989). Das systematische Beüben eines rhythmischen »Bewegungsrahmens« könnte sich im Sinne dieser Auffassung fazilitierend auf feinere artikulomotorische Leistungen auswirken, ohne daß zur Begründung dieser Wirkung die Aktivierung der rechten Hemisphäre herangezogen werden müßte.

Detailliertere Beschreibungen der hier nur überblicksweise erwähnten Behandlungsverfahren finden sich in Square-Storer (1989), Rosenbek (1985), Vogel et al. (1988) und in den dort zitierten Originalarbeiten.

Literatur

Alexander, M. P., Benson, D. F. & Stuss, D. T. (1989) Frontal lobes and language. *Brain and Language*, *37*, 656-691.

Alexander, M. P., Naeser, M. A. & Palumbo, C. (1990) Broca's area aphasias: Aphasia after lesions including the frontal operculum. *Neurology*, *40*, 353-361.

Basso, A., Capitani, E., Laiacona, M. & Zanobio, M. E. (1985) Crossed aphasia: one or more syndromes? *Cortex*, *21*, 25-45.

Benecke, R, Rothwell J. C., Dick, J. P. R., Day, B. L. & Marsden, C. D. (1987) Disturbance of sequential movements in patients with Parkinson's disease. *Brain*, *110*, 361-379.

Blanken, G., Wallesch, C.-W. & Papagno, C. (1990) Dissociations of language functions in aphasics with speech automatisms (recurring utterances). *Cortex*, *26*, 41-63.

Canter, G. J., Trost, J. E. & Burns, M. S. (1985) Contrasting speech patterns in apraxia of speech and phonemic paraphasia. *Brain and Language*, *24*, 204-222.

Collins, M. J. (1989) Differential diagnosis of aphasic syndromes and apraxia of speech. In: Square-Storer, P. (ed.) *Acquired Apraxia of Speech in Aphasic Adults*. London: Taylor & Francis.

Danly, M. & Shapiro, B. E. (1982) Speech prosody in Broca's aphasia. *Brain and Language*, *16*, 171-190

Darley, F. L., Aronson, A. E. & Brown, J. R. (1975) *Motor Speech Disorders*. Philadelphia: Saunders.

Darley, F. L. (1968) *Apraxia of speech: 107 years of terminological confusion. Paper presented at the Annual Convention of the ASHA*, Denver.

Davidoff, R. A. (1990) The pyramidal tract. *Neurology*, *40*, 332-339

Deal, J. L. & Darley, F. L. (1972) The influence of linguistic and situational variables on phonemic accuracy in apraxia of speech. *Journal of Speech and Hearing Research*, *15*, 639-653.

Delreux, V., de Partz, M.P., Kevers, L. & Callewaert, A. (1989) Aphasie croisée chez un droitier. *Revue Neurologique (Paris)*, *145*, 725-728.

Deutsch, S. E. (1984) Prediction of site of lesion from speech apraxic error patterns. In: Rosenbek, J. C., McNeil, M. R. & Aronson, A. E. (eds.)

Apraxia of Speech: Physiology, Acoustics, Linguistics, Management. San Diego: College Hill Press.

Dunlop, J. M. & Marquardt, T. P. (1977) Linguistic and articulatory aspects of single word production in apraxia of speech. *Cortex, 13,* 17-29.

Edwards, S. & Miller, N. (1989) Using EPG to investigate speech errors and motor agility in a dyspraxic patient. *Clinical Linguistics & Phonetics, 3,* 111-126.

Freund, H. J. (1989) Handmotorik und musikalisches Lernen. In: H. Petsche (Hrsg.) *Musik, Gehirn, Spiel.* Basel: Birkhäuser.

Fromm, D., Abbs, J. H., McNeil, M. R. & Rosenbek, J. C. (1982) Simultaneous perceptual-physiological method for studying apraxia of speech. In: Brookshire, R. (ed.) *Clinical Aphasiology Conference Proceedings.* Minneapolis: BRK Publishers.

Gandour, J., Petty, S. H. & Dardarananda, R. (1989) Dysprosody in Broca's aphasia: a case study. *Brain and Language, 37,* 232-257.

Heeschen, C., Ryalls, J. & Hagoort, P. (1988) Psychological stress in Broca's versus Wernicke's aphasia. *Clinical Linguistics & Phonetics, 2,* 309-316.

Heilman, K. M. & Rothi, L. J. G. (1985) Apraxia. In: Heilman, K. M. & Valenstein, E. (eds.) *Clinical Neuropsychology, 2nd Edition.* New York: Oxford University Press.

Henderson, V. W. (1985) Lesion localization in Broca's aphasia. Implications from Broca's aphasia without hemiparesis. *Archives of Neurology, 42,* 1210-1212.

Hoole, P., Schröter-Morasch, H. & Ziegler, W. (1989) Disturbed laryngeal control in apraxia of speech (abstract). *Folia phoniatrica, 41,* 177.

Inhoff, A. W., Diener, H. C., Rafal, R. D. & Ivry, R. (1989) The role of cerebellar structures in the execution of serial movements. *Brain, 112,* 565-581.

Itoh, M., Sasanuma, S., Tatsumi, I. F., Murakami, S., Fukusako, Y. & Suzuki, T. (1982) Voice onset time characteristics in apraxia of speech. *Brain and Language, 17,* 193-210.

Joanette, Y. (1989) Aphasia in left-handers and crossed aphasia. In: H. Goodglass & A. R. Damasio (eds.) *Handbook of Neuropsychology, Vol. 2.* Amsterdam: Elsevier.

Johns, D. F. & Darley, F. L. (1970) Phonemic variability in apraxia of speech. *Journal of Speech and Hearing Research, 13,* 556-583.

Kent, R. D., Netsell, R. & Abbs, J. H. (1979) Acoustic characteristics of dysarthria associated with cerebellar disease. *Journal of Speech and Hearing Research, 22,* 627-648.

Kent, R. D. & Rosenbek, J. C. (1982) Prosodic disturbance and neurologic lesion. *Brain and Language, 15,* 259-291.

Kerschensteiner, M. & Poeck, K. (1974) Bewegungsanalyse bei buccofacialer Apraxie. *Nervenarzt, 45,* 9-15.

Kerschensteiner, M., Poeck, K., Huber, W., Stachowiak, F. J., Weniger, D. (1978) Die Broca-Aphasie. *Journal of Neurology, 217*, 223-242.

Kertesz, A. (1984) Subcortical lesions and verbal apraxia. In: Rosenbek, J. C., McNeill, M. R. & Aronson, A. E. (eds.) *Apraxia of Speech: Physiology, Acoustics, Linguistics, Management.* San Diego: College Hill Press.

Konno, K., Sugishita, M. & Hirose, H. (1987) Articulatory movements in apraxia of speech. *Annual Bulletin RILP, 21*, 177-191.

Lebrun, Y., Buyssens, E. & Henneaux, J. (1973) Phonetic aspects of anarthria. *Cortex, 9*, 126-135.

MacNeilage, P. F., Hutchinson, J. A. & Lasater, S. A. (1981) The production of speech: Development and dissolution of motoric and premotoric processes. In: J. Long & A. Baddeley (eds.) *Attention and Performance.* Hillsdale: Erlbaum.

Marquardt, T. P. & Sussman, H. (1984) The elusive lesion – apraxia of speech link in Broca's aphasia. In: Rosenbek, J. C., McNeil, M. R. & Aronson, A. E. (eds.) *Apraxia of Speech: Physiology, Acoustics, Linguistics, Management.* San Diego: College Hill Press.

Marshall, R. C., Gandour, J. & Windsor, J. (1988) Selective impairment of phonation: a case study. *Brain and Language, 35*, 313-339.

Miller, N. (1989) Apraxia of speech. In: Code, C. (ed.), *The Characteristics of Aphasia.* London: Taylor & Francis.

Odell, K., McNeil, M., Rosenbek, J. C. & Hunter, L. (1990) Perceptual characteristics of consonant production by apraxic speakers. *Journal of Speech and Hearing Disorders, 55*, 345-359.

Pause, M., Kunesch, E., Binkofski, F. & Freund, H. J. (1989) Sensorimotor disturbances in patients with lesions of the parietal cortex. *Brain, 112*, 1599-1625.

Rosenbek, J. C., Wertz, R. T. & Darley, F. L. (1973) Oral sensation and perception in apraxia of speech and aphasia. *Journal of Speech and Hearing Research, 16*, 22-36.

Rosenbek, J. C. (1985) Treating apraxia of speech. In: Johns, D. F. (ed.) *Clinical Management of Neurogenic Communicative Disorders.* Boston: Little, Brown and Company.

Schiff, H. B., Alexander, M. P., Naeser, M. A. & Galaburda, A. M. (1983) Aphemia. Clinical-anatomic correlations. *Archives of Neurology, 40*, 720-727.

Shriberg, L. & Kent, R. D. (1982) *Clinical Phonetics.* New York: John Wiley & Sons.

Simpson, M. B. & Clark, A. R. (1989) Clinical management of apractic mutism. In: Square-Storer, P. (ed.) *Acquired Apraxia of Speech in Aphasic Adults.* London: Taylor & Francis.

Square, P. A. & Mlcoch, A. G. (1983) The Syndrome of subcortical apraxia of speech: An acoustic analysis. In: Brookshire, R. (ed.) *Clinical Aphasiology Conference Proceedings.* Minneapolis: BRK Publishers.

Square-Storer, P. (1987) Acquired apraxia of speech. In: Winitz, H. (ed.) *Human Communication and Its Disorders.* Norwood: ABLEX.

Square-Storer, P. (ed.) (1989) *Acquired Apraxia of Speech in Aphasic Adults.* London: Taylor & Francis.

Square-Storer, P., Darley, F. L. & Sommers, R. K. (1988) Nonspeech and speech processing skills in patients with aphasia and apraxia of speech. *Brain and Language, 33,* 65-85.

Square-Storer, P. & Hayden, D. (1989) PROMPT treatment. In: Square-Storer, P. (ed.) *Acquired Apraxia of Speech in Aphasic Adults.* London: Taylor & Francis.

Square-Storer, P. & Roy, E. A. (1989) The apraxias: Commonalities and distinctions. In: Square-Storer, P. (ed.) *Acquired Apraxia of Speech in Aphasic Adults.* London: Taylor & Francis.

Starkstein, S. E., Berthier, M. & Leiguarda, R. (1988) Bilateral opercular syndrome and crossed aphemia due to a right insular lesion: A clinicopathological study. *Brain and Language, 34,* 253-261.

Sternberg, S., Monsell, S., Knoll, R. L. & Wright, C. E. (1978) The latency and duration of rapid movement sequences: comparisons of speech and typewriting. In: G. E. Stelmach (ed.) *Information Processing in Motor Control and Learning.* New York: Academic Press.

Stevens, E. R. (1989) Multiple input phoneme therapy. In: Square-Storer, P. (ed.) *Acquired Apraxia of Speech in Aphasic Adults.* London: Taylor & Francis.

Tonkovich, J. & Peach, R. (1989) What to treat: Apraxia of speech, aphasia, or both. In: Square-Storer, P. (ed.) *Acquired Apraxia of Speech in Aphasic Adults.* London: Taylor & Francis.

Towne, R. L. & Crary, M. A. (1988) Verbal reaction time patterns in aphasic adults: Consideration for apraxia of speech. *Brain and Language, 35,* 138-153.

Trost, J. E. & Canter, G. J. (1974) Apraxia of speech in patients with Broca's aphasia: A study of phoneme production accuracy and error patterns. *Brain and Language, 1,* 63-79.

Vogel, M., Ziegler, W. & Morasch, H. (1988) Sprechen. In: D. von Cramon, J. Zihl (Hgg.) *Neuropsychologische Rehabilitation. Grundlagen – Diagnostik – Behandlungsverfahren.* Berlin: Springer.

Wertz, R. T., La Pointe, L. L. & Rosenbek, J. C. (1984) *Apraxia of Speech in Adults. The Disorder and its Management.* Orlando: Grune & Stratton.

Ziegler, W. (1987) Phonetic realization of phonological contrast in aphasic patients. In: J. H. Ryalls (ed.) *Phonetic Approaches to Speech Production in Aphasia and Related Disorders*. Boston: College-Hill Press.

Ziegler, W. (1989) Aphasisch-phonologische Störungen der Sprachproduktion. *Neurolinguistik, 3,* 1-34.

Ziegler, W. & von Cramon, D. (1985) Anticipatory coarticulation in a patient with apraxia of speech. *Brain and Language, 26,* 117-130.

Ziegler, W. & von Cramon, D. (1986a) Disturbed coarticulation in apraxia of speech: Acoustic evidence. *Brain and Language, 29,* 34-47.

Ziegler, W. & von Cramon, D. (1986b) Timing deficits in apraxia of speech. *European Archives of Psychiatry and Neurologic Sciences, 236,* 44-49.

Ziegler, W. & von Cramon, D. (1987) Zentrale Stimmstörungen. In: L. Springer, G. Kattenbeck (Hgg.) *Aktuelle Beiträge zur Dysarthrophonie und Dysprosodie.* München: Tuduv.

Ziegler, W. & von Cramon, D. (1989) Die Sprechapraxie – eine apraktische Störung? *Fortschritte der Neurologie und Psychiatrie, 57,* 198-204.

Ziegler, W., Hartmann, E., Hoole, P. & von Cramon, D. (1990) *Akustische Dimensionen dysarthrischer Störungsmerkmale.* München: GSF.

Ziegler, W. & Hoole, P. (1989) A combined acoustic and perceptual analysis of the tense-lax opposition in aphasic vowel production. *Aphasiology, 3,* 449-463.

4. Die neurolinguistische Basis von Sprachautomatismen

Gerhard Blanken
Neurologische Klinik der Universität Freiburg

Einführung

Eine Untergruppe aphasischer Patienten (wahrscheinlich weniger als 5 Prozent) zeigt in ihrer Sprachproduktion eine inadäquate und quasi-zwanghafte Wiederholung pathologischer Sprachäußerungen, die keine oder eine nur geringe phonologische Variabilität besitzen. Diese Äußerungen können oft über Wochen, Monate oder Jahre verfolgt werden. Solche Äußerungen werden »recurring utterances« (Hughlings Jackson, 1874, 1879), »permanent verbal stereotypies« (Alajouanine, 1956) oder »Sprachautomatismen« (Huber, Poeck & Weniger, 1982) genannt (vgl. Lebrun, 1986; Code, 1989; Blanken, Dittmann & Wallesch, im Erscheinen, für Überblicksartikel).

Der Sprachautomatismus ist eine Manifestationsform repetitiven stereotypen Sprachverhaltens und ist zu unterscheiden von anderen Formen repetitiven Sprachverhaltens, wie der Perseveration, der Palilalie, des Tics und der Echolalie, sowie anderen Formen stereotypen Sprachverhaltens, wie der Stereotypie und der Floskel (vgl. Wallesch, 1990, für einen Überblick über repetitive und stereotype Symptome).

Sprachautomatismen werden von Huber et al. (1982) definiert als »häufig wiederkehrende formstarre Äußerungen, die aus neologistischen Silbenabfolgen, beliebigen Wörtern oder Phrasen bestehen und die weder lexikalisch noch syntaktisch in den sprachlichen Kontext passen und die der Patient gegen die vom Gesprächspartner erwartete Intention hervorbringt.«

Der Anteil der Automatismen an der sprachlichen Gesamtproduktion kann beträchtlich von Patient zu Patient variieren. In einigen Fällen tauchen sie nur selten auf, in anderen Fällen stehen sie jedoch im Vordergrund der Sprachproduktion oder bilden sogar das einzige verbliebene sprachliche Ausdrucksmittel der Patienten.

Der vorliegende Beitrag befaßt sich zunächst mit der Phänomenologie dieses sonderbaren aphasischen Symptoms. Dann wird der Frage nachgegangen, ob die Produktion von Automatismen bestimmten diagnostischen Gruppen zugeordnet werden kann. Im Anschluß daran werden Ergebnisse von Gruppen- und

Fallstudien von Patienten mit Sprachautomatismen berichtet, deren Sprachdefizit im Rahmen von Sprachverarbeitungsmodellen beschreibbar ist. Ziel des Aufsatzes ist es, eine einheitliche Erklärung für die Produktion von Sprachautomatismen in den Termen der Kognitiven Neurolinguistik zu geben.

Zur Geschichte der Automatismusforschung

Geschichtlich können zwei sehr unterschiedliche Richtungen und Positionen in der Erforschung von Sprachautomatismen ausgemacht werden. Die eine Forschungsrichtung kann auf Jackson (1874, 1879) zurückgeführt werden. Nach seiner Auffassung ist der Patient mit (ausschließlicher) Automatismusproduktion zwar nicht stumm, aber sprachlos. Jackson betonte, daß diese Sprachlosigkeit nicht durch eine Schädigung der artikulatorischen und phonatorischen Organe bedingt sei. Auch seien sogenannte inferiore Sprachfähigkeiten, das heißt die nicht-propositionale oder emotionale Sprache (zum Beispiel Flüche, Interjektionen), oft noch vorhanden. Auch das Sprachverständnis sei nicht völlig ausgelöscht. Was der Patient jedoch verloren habe, sei die Fähigkeit zur willentlichen und propositionalen (oder intellektuellen) Sprachverwendung. Nach Jackson ist nicht nur die mündliche Sprachproduktion betroffen, sondern auch die sogenannte innere Sprache und die Fähigkeit zum schriftlichen Ausdruck. Das folgende Zitat soll seine Position verdeutlichen:

> *»He [der Patient mit Sprachautomatismen; G. B.] cannot write. – That is to say he cannot express himself in writing. [...] Since he cannot write, we see that the patient is speechless, not only in the popular sense of being unable to talk, but altogether so; he cannot speak internally«* (1879: 163).

Jackson war der erste, der unterschiedliche linguistische Formen, in denen Automatismen auftreten können, typisiert hat. Er unterschied vier Typen von Automatismen: Jargonäußerungen (zum Beispiel *yabby, me committimy, pittymy, lor, deah*), reale Wörter (zum Beispiel *man; one; awful*) und Phrasen (zum Beispiel *come on to me; yes, but you know*). Daneben wies er gesondert auf die Partikeln *yes* und *no* hin, die häufig als Automatismen erscheinen, sei es allein oder neben anderen stereotypen Ausdrucksformen. Erstaunlicherweise nahm Jackson die relativ häufig vorkommenden silbischen Automatismusformen (zum Beispiel *do-do-do*) nicht in seine Klassifikation auf.

Nachfolger in Jacksons Konzeption vom »speechless man« betrachteten Sprachautomatismen folgerichtig als ein Haupt- oder Leitsymptom der schwersten Aphasieform, der Globalaphasie (vgl. Stachowiak, Huber, Kerschensteiner et al., 1977; Brunner, Kornhuber, Seemüller et al., 1982). Diese Auffassung findet Bestätigung durch Studien zu prosodischen Fähigkeiten (De Bleser & Poeck, 1985) und zur anatomischen Läsion (Poeck, De Bleser & von Keyserlingk, 1984), die an Aphasikern mit KV-Automatismen durchgeführt wurden, wobei alle Patienten als globalaphasisch klassifiziert werden mußten. Für solche schwer geschädigten Aphasiker nehmen Haag, Huber, Hündgen et al. (1985) als Ursache der Automatismusproduktion einen vollständigen Verlust linguistischer Kontrollfähigkeiten an, welcher zu einer repetitiven Freigabe nicht inhibierter artikulatorischer Muster führt.

Ein zweiter Strang der Automatismusforschung nimmt seinen historischen Ausgangspunkt bei Broca (1861). Broca beschrieb zwei Patienten, deren Sprachproduktion auf stereotype Reste reduziert war. Beim Patienten Leborgne bestanden die phonologischen Äußerungen nur aus der KV-Silbe *ta*, und sein Patient Lelong war beschränkt auf die Äußerungen *oui*, *non*, *tois* (für *trois*), *toujours* und einen Teil seines Nachnamens *(lelo)*. Aus seinen Untersuchungen schloß er auf genau das Gegenteil wie Jackson, nämlich daß die Sprachfähigkeit (darunter die Schriftsprache und das Sprachverständnis) bei Patienten mit Automatismen erhalten sei und daß Sprachautomatismen aus einer relativ selektiven Verletzung der Fähigkeit zur Koordination der Artikulationsbewegungen resultierten. Vgl. das folgende Zitat:

> »*[...] la faculté du langage [...] persiste évidemment tout entière, puisque les malades comprennent parfaitement le langage articulé et le langage écrit; [...]. Ce qui a péri en eux, ce n'est donc pas la faculté du langage, ce n'est pas la mémoire des mots, ce n'est pas non plus l'action des nerfs et des muscles de la phonation et de l'articulation, c'est autre chose, c'est une faculté particulière considérée par M. Bouilland comme* la faculté de coordonner les mouvements propres au langage articulé, *ou plus simplement comme* la faculté du langage articulé, *puisque sans elle il n'y a pas d'articulation possible*« (1861: 333; Hervorhebungen im Original).

In der Tat wurden auch in jüngerer Zeit einzelne Patienten mit Automatismen beschrieben, die nicht unter einem vollständigen Sprachverlust litten, sondern relative Verschonungen einzelner Sprachfunktionen erkennen ließen und somit eher Brocas Sicht einer Teilleistungsstörung als Ursache der Automatismen unterstützen.

So berichten zum Beispiel Nespoulous, Dordain, Perron et al. (1988), daß der von ihnen untersuchte Patient Mr. Clermont in den ersten Wochen nach Aphasiebeginn eine völlig stereotype Sprachproduktion aufwies, jedoch ohne jedes Anzeichen einer begleitenden Sprachverständnisstörung. Einige Monate später hatte sich seine Automatismusproduktion in eine agrammatische Sprachproduktion umgewandelt.

Bei anderen Automatismus-Patienten wurden relativ verschonte schriftsprachliche Fähigkeiten gefunden. Zum Beispiel dokumentierte Peuser (1978) den Fall eines Patienten, der im Gegensatz zu seiner auf Automatismen reduzierten Spontansprache recht gut schriftlich kommunizieren konnte und sogar kurze Textstücke (zum Beispiel Briefe), allerdings mit agrammatischen Symptomen, verfaßte.

Der von Kremin (1987) berichtete Fall Michel zeigte trotz einer völlig stereotypen Spontansprache recht gute Leistungen beim Nachsprechen, lauten Lesen und Schreiben auf der Einzelwortebene. Dieser Fall wird weiter unten noch genauer besprochen werden.

Im Verlauf dieses Beitrags soll eine Hypothese entwickelt werden, die versucht, beiden Strängen der Automatismusforschung gerecht zu werden, das heißt sowohl Jacksons Theorie einer zugrunde liegenden schweren aphasischen Störung als auch Brocas Hypothese einer modalitätsspezifischen Produktionsstörung.

alright	I think one two	pardon for you
away away away	I said	Parrot (proper name)
BBC	It's a pity pity pity	piano
because	I want to	Wednesday
Bill Bill	I want to	Percy's died
Billy Billy	I want to one two one two	sister sister
bloody hell	I try one two and I can't	sister
bloody hell bugger	and I want to	so and so
down	John	so so
I'm a stone	milk	better better
I bin to town	money	somewhere somewhere
fuck fuck fuck	no	three three
fuck off	no	time a time
fucking fucking fucking	now wait a minute	tingaling
hell cor blimey	wait a minute	today
funny thing funny thing	wait a minute	two two two
goody goody	off	washing machine
I can't	oh boy	sewing machine
I can't	oh you bugger	well I know
I can talk	oil	yep
I can trie	factory	thing
I can talk and trie	policeman	thingy
I did not hear	on the corner	yes yes yes
I told you	paper and pencil	you can't

Tabelle 1 Lexikalische Sprachautomatismen (»real-word recurring utterances«) (aus Code, 1982)

Auftretensformen von Sprachautomatismen

Im folgenden soll auf einer phänomenologischen Ebene zwischen lexikalischen und nicht-lexikalischen Auftretensformen von Sprachautomatismen unterschieden werden. Diese Unterscheidung entspricht weitgehend der Differenzierung von Code (1982) in »real-word recurrent utterances« und »non-meaningful recurrent utterances«. In der Studie von Code kann die größte Beispielsammlung lexikalischer Sprachautomatismen gefunden werden (vgl. Tabelle 1; eine Sammlung weiterer Beispiele aus der Literatur gibt Lebrun, 1986).

Alle oben aufgelisteten lexikalischen Automatismen (vgl. zum Folgenden Code, 1982, 1989) bestehen aus realen Wörtern der englischen Sprache beziehungsweise Eigennamen. Die meisten der Patienten produzierten nur jeweils eine stereotype Äußerung. Eine Untergruppe (elf der 53 Patienten) zeigte zwei oder drei Automatismusformen, die häufig untereinander eine phonologische Beziehung aufwiesen. Die aufgeführten Äußerungen wurden jedesmal oder fast jedesmal produziert, wenn die Patienten zu sprechen anhoben. Die Äußerungsteile und ihre Abfolge schienen nicht oder nur gering variiert werden zu können und hatten auch keinen Bezug zu der Situation des Sprechers oder dessen (vom Hörer) vermuteten Kommunikationsabsicht. Auffällig in Tabelle 1 ist der hohe Anteil an Eigennamen, Flüchen und Äußerungen mit *I (ich)* am Anfang. Letztere Äußerungen machten etwa 22 Prozent aller stereotypen Formen aus. Die aufgetretenen Eigennamen bezogen sich alle auf Familienangehörige der jeweiligen Patienten. Flüche wurden nur bei Männern gefunden. Daneben existieren jedoch viele Automatismusformen, die nicht leicht in Gruppen eingeordnet werden können (zum Beispiel *milk, today* etc.). Code analysierte das Korpus in Tabelle 1 auch nach phonologischen Gesichtspunkten und fand eine ähnliche Phonemverteilung wie im normalen gesprochenen Englisch. Eine Merkmalsanalyse (nach Artikulationsort, -art und Stimme) ergab jedoch Hinweise auf einen gewissen Rückgang komplexer beziehungsweise markierter Artikulationsmuster.

Tabelle 2 gibt einen Überblick über alle Automatismusformen, die von 27 Patienten mit nicht-lexikalischen Automatismen geäußert wurden (aus Blanken, Wallesch & Papagno, 1990). Alle Automatismen wurden ohne Zeichen artikulatorischer Anstrengung hervorgebracht. Die überwiegende Mehrheit der Patienten produzierte Automatismen vom silbischen oder neologistischen Typ. Nur ein Patient zeigte Vokalsequenzen (Vokal-Vokal-Automatismen) neben dem silbischen Typ. Viele Automatismen wurden einfach wiederholend hintereinander gereiht (zum Beispiel *do-do-do* etc.). Andere Automatismen wie zum Beispiel *na-tá-ta-tá-ta* wurden mit charakteristischer und wiederkehrender Akzentsetzung produziert und schienen als ganzheitliche Äußerung organisiert zu sein.

Wieder andere wie zum Beispiel *bam* wurden dagegen oft als einzelne Silbe produziert und nur bei stärkerem Kommunikationsdruck zu Ketten verknüpft (zum Beispiel *bam-bam-bom*). Eine Untergruppe der Automatismen zeigte trotz ihrer Stereotypikalität eine gewisse Variabilität. So wurde die Form *wedi* auch als *widi*, *weri* oder *wiri* realisiert. Auch bei anderen Patienten konnten – bei erkennbarem Automatismuskern – Versuche der Abwandlung der stereotypen Formen beobachtet werden.

Einige Patienten zeigten mehrere nicht-lexikalische Automatismusmuster nebeneinander (zum Beispiel *nau* und *na-tá-ta-tá-ta*). Besonders interessant ist, daß zwei Patienten neben den nicht-lexikalischen auch lexikalische Automatismen äußerten. Diese Möglichkeit wird von anderen Autoren bestätigt. So be-

ST:	[do-do] [da-da] [na-na] [no-no]
DE:	[vɛdi] [vidi] [vɛti] [viri]
AE:	[di:bn (di)] [ti:bn (di)] [di:] [bitə ze:r]
BE:	[bɔm] [bam] [mam]
SC:	[di:-di] [si:-si] [o:-i:] [o:-si]
MÜ:	[do:-do:] [də-də]
SH:	[de-de] [dɛ-dɛ] [de:s-de:s]
AL:	[do-do]
BA:	[be-be]
PR:	[asa] [aso] [ase]
MA:	[na] [ta] [do]
NE:	[titetote] [tateto] [tetepi]
SW:	[da-da]
UN:	[tsetsétsetsetsétsetsétsin]
SO:	[do-do]
SÜ:	[ɛ:] [hie] [hia]
AM:	[da-da]
GÖ:	[ede] [dede]
BR:	[tau] [ʃau] [to] [ho]
SE:	[da-da] [do-do]
WI:	[də-də]
WO:	[nau] [de:s]
VI:	[da-da] [də-də] [ta] [tat]
FL:	[na-tá-ta-tá-ta] [nau]
PI:	[hia] [hie] [mama-o:ma]
AR:	[ti-ti]
TW:	[gɛl] [gɛlɛl] (und Variationen)

Tabelle 2 Formen der Sprachautomatismen von 27 Aphasikern mit nicht-lexikalischen Sprachautomatismen (aus Blanken et al., 1990)

richtet Lebrun (1986) einen Patienten des französischen Neurologen Auburtin, der einen neologistischen Automatismus produzierte gefolgt von dem Fluch »sacré nom de Dieu«. Auch in der Studie von Code (1982) wird ein Fall berichtet, der sowohl lexikalische als auch nicht-lexikalische Automatismen äußerte.

Spontane Sprachproduktion neben den Automatismen

Falls andere Ausdrucksmittel neben den Automatismen vorkommen, können sie sowohl aus korrekten als auch aus pathologisch gestörten Äußerungen bestehen. Die Wortschatzanalyse in Blanken et al. (1990) macht jedoch deutlich, daß die Spontansprache fast aller Patienten extrem arm an realen Wörtern ist. Nur zwei der 27 untersuchten Patienten äußerten lexikalische Einheiten in einem nennenswerten Ausmaß. Ein beträchtlicher Anteil von Neologismen war bei vielen Patienten neben ihren Automatismen vorhanden. Perseverationen nicht-stereotyper Äußerungen und/oder Echolalien konnten in drei beziehungsweise vier von 27 Fällen beobachtet werden.

Schon Jackson berichtete, daß *yes* und/oder *no* häufig als Automatismen auftauchen, und beide Partikeln finden sich auch in der Liste von Code (vgl. Tabelle 1). Für die Patienten mit nicht-lexikalischen Automatismen (vgl. Tabelle 2) könnte in einigen Fällen die Partikel *ja* ebenfalls eine zusätzliche Automatismusform dargestellt haben. Allerdings ist eine sichere Unterscheidung zwischen dem stereotypen, interjektiven und propositionalen *ja* aufgrund der Unverständlichkeit der Sprachproduktion und der Sprachverständnisstörungen der Patienten oft nicht möglich.

Der Fallbericht von Stengel (1947) bestätigt, daß Automatismus-Patienten zum Echolalieren neigen können. Die Spontansprache der sechzigjährigen Frau war beschränkt auf den Automatismus *te-te*. Das Sprachverständnis war nahezu völlig aufgehoben. Reihensprechen, wie zum Beispiel die Zahlenreihe, und das Singen vertrauter Lieder konnten stimuliert werden. Stengel berichtet, daß die Patientin in der Gesprächssituation häufige Echolalien zeigte. Das gezielte Nachsprechen in Testsituationen war hingegen erheblich gestört.

Daß eine Reihe von Automatismus-Patienten mit Hilfe des Untersuchers auffällig gut zum Hersagen sprachlicher Reihen (zum Beispiel Zahlen, Wochentage, ABC) zu stimulieren ist, wird weiter unten noch einmal angesprochen werden. Hier sei nur hervorgehoben, daß einige Patienten in der Lage sind, sprachliche Reihen spontan zu produzieren. Das Aufsagen dieser Reihen wird dabei in der Regel durch eine Frage (zum Beispiel nach dem Geburtstag, Hausnummer usw.) des Untersuchers/Gesprächspartners ausgelöst.

Auch frequente Interjektionen (zum Beispiel *also; ne*) mit gesprächssteuernder Funktion können bei einigen Patienten gefunden werden.

Insbesondere bei Patienten mit flüssiger Produktion von Automatismen können Pausenfüller (zum Beispiel *äh; mhm*) auftreten, die den Redestrom unterbrechen und an das Verhalten von Sprachgesunden bei Wortfindungsstörungen oder Formulierungsproblemen erinnern (vgl. Lebrun, 1986, für ähnliche Beobachtungen).

Expressive Sprachelemente (zum Beispiel *ah; oh; mhm*) können von vielen Automatismus-Patienten geäußert werden und werden (vielleicht aus Kompensationsgründen) oft übersteigert eingesetzt.

Flüche sind häufig als Automatismusformen beobachtet worden (vgl. Tabelle 1). Emotionale Äußerungen (zum Beispiel Flüche, Klagen, Ausrufe des Erstaunens, zum Beispiel *herrgottsak, achgott, ach herrjeh*) können jedoch von vielen Patienten auch sporadisch und (relativ) situationskonform geäußert werden. Das Inventar solcher Äußerungen scheint für den einzelnen Patienten begrenzt zu sein. Äußerungen dieser Art werden von Huber et al. (1982) als Stereotypien bezeichnet.

Jackson hatte die interessante Beobachtung gemacht, daß Patienten mit ausschließlicher Automatismusproduktion gelegentlich und zur Überraschung des Hörers adäquate Äußerungen (sogenannte »occasional utterances«) produzieren können. Zum Beispiel rief einer seiner Patienten, der auf den Automatismus *yes but you know* festgelegt war, plötzlich *take care*, als er ein Kind sah, das zu fallen drohte. Lebrun (1986) berichtet eine ähnliche Begebenheit, die der französische Neurologe Trousseau bei einem seiner Patienten beobachten konnte. Die Sprachproduktion dieses Patienten bestand nur aus *oui (ja)*. Als dieser Patient eines Tages sein Taschentuch fallenließ und eine Dame es für ihn aufhob, antwortete er spontan *merci (danke)*.

Ob es den Automatismus-Patienten gelingt, mit der prosodischen Variation ihrer Äußerungen zu kommunizieren, ist umstritten. Critchley (1970) glaubte, daß einfache Wünsche oder Einstellungen wie zum Beispiel Zustimmung oder Ablehnung durch prosodische Mittel zum Ausdruck gebracht werden können. Nach De Bleser & Poeck (1985) ist dies keinesfalls bei allen Patienten der Fall. Die von ihnen untersuchten Globalaphasiker mit KV-Automatismen zeigten auch auf prosodischer Ebene ein überwiegend stereotypes Verhalten. Blanken, Dittmann, Haas et al. (1986) betonen, daß nicht von einheitlich gestörten oder verschonten Fähigkeiten auszugehen ist. Sie fanden – neben Fällen mit relativ monotoner Prosodie – auch Patienten, deren Prosodie an Satzintonationsmuster und an einen typischen Erzähltonfall erinnerten. Auch die Veränderung weiterer Ausdrucksmerkmale, wie zum Beispiel Lautstärke und Stimmhöhe, scheint einigen Patienten gewisse Kommunikationsmöglichkeiten zu geben. Die Verständigungsmöglichkeiten über paraverbale Kanäle sind jedoch in jedem Falle sehr eingeschränkt.

Zum Verlauf von Sprachautomatismen

Die Produktion von Sprachautomatismen kann oft über lange Zeiträume beobachtet werden. Wenn sie auftauchen, stehen sie meist im Vordergrund der sprachlichen Symptomatik und verhindern die Produktion nicht-stereotyper Sprache. Die spezifischen Automatismusformen treten kurz nach dem Insult auf, und in vielen Fällen persistieren diese Automatismusmuster in unveränderter oder variierter Form über Monate oder Jahre.

In der Studie von Alajouanine (1956) zeigten 19 von 30 Aphasikern mit Automatismen Rückbildungen, sechs davon spontan in weniger als einem Monat. Alajouanine beschreibt einen stufenweise geordneten Regressionsprozeß: In einem ersten Stadium differenziert sich die Verwendung des Automatismus nach prosodischen Eigenschaften, wie zum Beispiel Intonation und Äußerungsgeschwindigkeit. In einem zweiten Stadium beginnt der Patient die Inadäquatheit seiner Sprachproduktion wahrzunehmen und versucht, den Automatismus zu kontrollieren, zum Beispiel ihn zu verlangsamen oder abzubrechen. Ein drittes Stadium ist erreicht, wenn phonologische Veränderungen auftreten, zum Beispiel ein Wechsel der Automatismusform oder das Erscheinen weiterer Sprachformen neben dem Automatismus. Im letzten Stadium ist der Automatismus verschwunden und an ihre Stelle tritt eine Sprachproduktion, die durch artikulatorische Verlangsamung und phonologische Verzerrungen gekennzeichnet ist. Die überwiegende Mehrheit dieser Patienten zeige eine deutliche agrammatische Symptomatik.

In einer in Freiburg durchgeführten Verlaufsstudie (Blanken, Vielhauer, Wallesch & Dittmann, 1988) wurden insgesamt 14 Aphasiker mit Automatismen, fünf in der akuten Verlaufsphase (innerhalb der ersten drei Monate nach Aphasiebeginn) und neun in der chronischen Verlaufsphase (nach mehr als drei Monaten nach Aphasiebeginn) untersucht. Alle Aphasiker zeigten bei der jeweiligen Erstuntersuchung nicht-lexikalische Automatismen.

In drei von fünf Fällen konnte innerhalb von zwei Monaten eine vollständige Rückbildung der Automatismen beobachtet werden. Auffällig ist dabei die mögliche Schnelligkeit der Rückbildung. Bei zwei Patienten standen die Automatismen initial deutlich im Vordergrund der sprachlichen Symptomatik und waren schon nach einer beziehungsweise drei Wochen vollständig verschwunden. Ein weiterer Patient zeigte eine wesentliche quantitative Reduktion der Symptomatik innerhalb von nur zwei Wochen.

Bei den chronischen Aphasikern bewiesen nur zwei von neun Patienten Leistungsverbesserungen. Ein Patient konnte eine automatismusfreie Sprachproduktion wiedererlangen. Bei dem zweiten Fall war ein Wechsel von einer nicht-lexikalischen zu einer phrasenartigen Automatismusform zu beobachten.

Gleichzeitig verringerte sich seine Automatismusproduktion erheblich. Beide Patienten konnten ihre verbale Kommunikationsfähigkeit deutlich verbessern.

Die Chance zur Rückbildung von Automatismen scheint im akuten Stadium einer Aphasie größer zu sein als in der chronischen Phase. Die Rückbildung erfolgt hier schnell und vollständig. Die Remission bei chronischer Aphasie kann seltener beobachtet werden und scheint eine langsam fortschreitende Verbesserung der mündlichen Sprachfunktionen vorauszusetzen. Die unterschiedlichen Muster der Rückbildung bei akuten und chronischen Aphasikern widersprechen der Hypothese eines einheitlich geordneten Regressionsprozesses von Alajouanine (1956) (vgl. zur Kritik auch Poeck et al., 1984).

Die diagnostische Zuordnung von Patienten mit Automatismusproduktion

Es ist evident, daß Patienten, deren Spontansprache überwiegend oder sogar ausschließlich durch die Produktion von Automatismen charakterisiert ist, unter sehr schweren Störungen des sprachlichen Ausdrucks leiden. Ist mit dieser schweren Störung der mündlichen Sprachproduktion meistens oder sogar notwendig eine schwere Aphasie verbunden beziehungsweise eine Zugehörigkeit zum Syndrom der globalen Aphasie? In diesem Fall sollten auch das Sprachverständnis und schriftsprachliche Leistungen schwer gestört sein. Der folgende Überblick geht der Frage einer möglichen Syndromabhängigkeit der Automatismussymptomatik nach.

Die Fallbeobachtungen der großen Aphasiologen des vergangenen Jahrhunderts sind hinsichtlich dieser Frage nicht weiterführend. Ihre Fallberichte sind eher impressionistischer Natur und lassen für Auslegungen weiten Raum. In bezug auf das Sprachverständnis der Patienten mit Automatismen meinte zum Beispiel Jackson (1874), daß »the speechless man understands all I say to him on ordinary matters«. Doch was sind »ordinary matters«? Broca (1861) nahm für seine Patienten sogar ein völlig intaktes Sprachverständnis an. Doch auch hier ist Skepsis angebracht, denn der Leser erfährt nichts über das angewendete Prüfverfahren. Darüber hinaus wissen wir heute, daß Fälle mit selektiven Sprachproduktionsstörungen außerordentlich selten sind.

Auch die Studie von Alajouanine (1956) läßt viele Fragen offen. So erfährt der Leser zwar, daß unter elf Patienten mit chronischer Automatismusproduktion acht eine totale und drei eine partielle Sprachverständnisstörung aufwiesen und daß in drei Fällen das Schreiben und in vier Fällen das Lesen möglich war. Aber was heißt hier »total«, »partiell« oder »möglich«? Ist etwa beim Schreiben auch das Kopieren eingeschlossen, eine Leistung, die auch bei sehr schweren Aphasien relativ verschont sein kann? Ist beim Lesen das laute Lesen oder nur das Lesesinnverständnis gemeint? Alajouanines Studie gibt leider keine Antworten darauf. Auch bleibt die Frequenz der Automatismusproduktion unspezifiziert. Traten sie nur gelegentlich auf oder standen sie im Vordergrund der expressiven Symptomatik?

Nach Code (1982) sind Sprachautomatismen am häufigsten bei Broca-Aphasikern zu finden, dicht gefolgt von Globalaphasikern. Beide Syndrome machten 93,8 Prozent aller Fälle aus. Fünf der 75 Patienten wurden dem Wernicke-Syndrom zugeordnet. Aufgrund der Methodik dieser Untersuchung – Fragebögen wurden zu einer Vielzahl kooperierender Kliniken mit unterschiedlichen Aphasietests gesandt – liegt jedoch keine homogene psychometrische Basis für die Syndromzuweisung vor, so daß insbesondere die Grenzziehung zwischen schwerer Broca- und globaler Aphasie nicht klar zu definieren ist. Außerdem werden keine Angaben zur Frequenz der Automatismen und zur Dauer der Aphasie gemacht.

Wenn die bisher zusammengefaßten Studien auch Anhaltspunkte dafür geben, daß Aphasiker mit Automatismen keine völlig homogene Gruppe bilden, sondern sich zum Beispiel in bezug auf das Sprachverständnis unterscheiden, so bleibt doch das Problem der diagnostischen Zuordnung bestehen. Denn selbstverständlich können auch die Leistungen der Aphasiker eines Syndroms zum Beispiel hinsichtlich ihrer Sprachverständnisleistungen variieren. Fraglich ist auch, auf welchen Kriterien die Diagnose einer Wernicke-Aphasie gegründet war, vielleicht auf Flüssigkeit oder Prosodie?

Forscher aus Aachen versuchten deshalb den neurolinguistischen Status von Automatismus-Patienten mit Hilfe des Aachener Aphasie Tests zuverlässiger zu beschreiben. Poeck et al. (1984) untersuchten acht Patienten, die in ihrer Spontansprache ausschließlich auf silbische Automatismen (KV- und VK-Formen) festgelegt waren. Vier der Patienten zeigten eine flüssige Sprachproduktion verbunden mit einer relativ variablen Prosodie. Die vier weiteren nicht-flüssigen Patienten litten unter einer schweren Dysarthrie. Die untersuchten Patienten waren in allen Untertests des AAT schwer gestört. Ein Vergleich mit Gruppen von Broca- und Globalaphasikern ohne Automatismen ergab eine klare Zuordnung der Automatismus-Patienten zum Syndrom der globalen Aphasie (klinisch und nach ALLOC). Aufgrund der möglichen flüssigen Sprachproduktion von Automatismus-Patienten, schlagen die Autoren vor, zwei Varietäten der Globalaphasie zu unterscheiden, die »standard nonfluent global aphasics« und die »nonstandard fluent global aphasics« (vgl. für ähnliche Ergebnisse De Bleser & Poeck, 1985).

Die Resultate der Aachener Studien, die auf der psychometrischen Basis des AAT durchgeführt wurden und in denen Automatismusform und Auftretenshäufigkeit kontrolliert wurden, differieren deutlich von den Ergebnissen von

Alajouanine und Code. Allerdings war die Stichprobe relativ klein und das Kriterium einer ausschließlichen Produktion von Automatismen in der Spontansprache sehr streng. Deshalb gingen Blanken et al. (1990) noch einmal der Frage der diagnostischen Zuordnung von Automatismus-Patienten nach.

In dieser Studie wurden 27 aphasische Patienten untersucht, die alle nicht-lexikalische Sprachautomatismen (vgl. Tabelle 2) als hervortretendes Symptom aufwiesen (mehr als 45 Prozent der Silben in der Spontansprache). Alle Patienten zeigten eine relativ stabile Symptomatik und litten mindestens drei Monate unter der Aphasie. Mit einer Ausnahme wurde bei allen Patienten der Aachener Aphasie Test angewandt. Ein italienischer Patient wurde mit Hilfe der Mailänder Aphasieprüfung untersucht.

Von den 26 Fällen, die mit dem AAT untersucht wurden, konnten 24 klar als Globalaphasien klassifiziert werden (nach ALLOC 100 Prozent global). Ein Patient wurde dem Typ der Broca-Aphasie zugeordnet. Bei diesem Fall lagen leichte Störungen im Token Test und mittelschwere Störungen im »Sprachverständnis« vor. Ein weiterer Patient wurde durch ALLOC als Wernicke-Aphasiker klassifiziert. Klinisch ähnelte er einer schweren Leitungsaphasie. Von den Globalaphasikern waren 15 in allen Untertests schwer gestört. Die übrigen neun Patienten zeigten jedoch mittelschwere Störungen in ein oder zwei und in einem Fall in drei Untertests. Mittelschwere Störungen konnten in den Untertests »Token Test«, »Sprachverständnis« und »Schriftsprache« ermittelt werden.

Fünf der 27 Patienten, darunter die beiden nicht-globalen Patienten und der italienische Fall, zeigten relativ verschonte Leistungen im Untertest »Schriftsprache«. Dieses Ergebnis konnte durch weitere Schreibprüfungen erhärtet werden (vgl. dazu die Einzelfallberichte unten).

Zusammenfassend kann gesagt werden, daß das Symptom des Sprachautomatismus nach den Normen des AAT weit überwiegend bei globaler Aphasie auftritt, selten jedoch auch bei anderen Aphasieformen beobachtet werden kann. Das Symptom des Automatismus ist somit zwar sehr häufig, aber keineswegs notwendig mit der globalen Aphasieform assoziiert und kann nicht als sicheres Leitsymptom der Globalaphasie gelten.

Problematisch bei der Klassifikation von Patienten mit ausschließlicher oder überwiegender Automatismusproduktion ist die folgende mögliche Zirkularität: Betrachtet man Automatismen als Ausdruck schwer gestörter Sprachfunktionen, so wird ihr Auftreten im Test mit niedrigen Punktzahlen bewertet. Werden »Spontansprache« und »Benennen« aufgrund der Automatismen schlecht bewertet, so kann dies den Ausschlag für die Diagnose einer globalen Aphasie geben. In der Tat käme es bei einigen Patienten zu klassifikatorischen Unsicherheiten oder Verschiebungen, falls man zu einer Umbewertung des Symptoms »Sprachautomatismus« gelangen würde.

Die »Geburt« eines Sprachautomatismus

Eine interessante und häufig diskutierte Frage ist, ob die spezifischen phonologischen Muster der lexikalischen Automatismen bloß zufälligen Charakter haben oder ob ein Zusammenhang zu einer früheren Situation oder Intention des Patienten rekonstruierbar ist (vgl. zum Folgenden Lebrun, 1986). Jackson vermutete, daß die letzte Äußerung, die der Patient vor dem aphasieauslösenden Ereignis gesagt oder geplant hatte, nach dem Insult als Automatismus reproduziert würde. Jackson berichtet das Beispiel eines Angestellten, der beim Herstellen eines Katalogs erkrankte und dann den Automatismus *list complete* entwickelte. Ein weiteres Beispiel gibt ein Patient mit dem Automatismus *gee gee* (*hü, hottehü*), der beim Reiten eines Esels erkrankt war.

Im Unterschied zu Jackson nahm Critchley (1970) an, daß sich die erste Äußerung *nach* dem Insult als Automatismus verfestigen würde. Critchley berichtet den Fall einer schwer aphasischen Frau, die zusehen mußte, wie ihre Tochter mit dem Inhalt ihrer Schmuckkassette spielte. Sie rief laut *That's mine.* Dieser Ausdruck bildete von da an ihren Automatismus (vgl. für mehr Beispiele Lebrun, 1986).

Nicht kompatibel mit beiden Hypothesen ist die Möglichkeit der Veränderung von Automatismen im Verlauf der Krankheit. Lebrun berichtet über zwei Patienten von Alajouanine. In dem ersten Fall rief ein Aphasiker beim Läuten des Telefons spontan *Telephone!* Diese »occasional utterance« ersetzte im weiteren seinen alten Automatismus. Der zweite Patient äußerte nur *pardon pardon*. Nach dem kräftigen Fluch *merde* hatte sich der Automatismus zu dem Nichtwort *mardon* verändert.

Für eine Reihe von Belegen aus Tabelle 1 hat eine »Post-Insult«-Hypothese eine gewisse Plausibilität, so zum Beispiel für den Automatismus *sister sister*, der in einem Krankenhaus entstanden sein könnte. Ebenso könnten sprachthematisierende Äußerungen wie *I did not hear* oder *I can talk* erst im aphasischen Stadium entstanden sein. Auch *paper and pencil* könnte dem Wunsch entsprungen sein, schriftlich zu kommunizieren. Die meisten Automatismusbeispiele in Tabelle 1 sind jedoch (ohne zusätzliches Wissen) nicht plausibel zu interpretieren.

Zu erwägen ist, daß nicht allein intentionale und spontane Äußerungen des Patienten den Automatismus auslösen könnten, sondern auch von außen herangetragenes Sprachmaterial, das zum Beispiel initial echolalisch produziert worden sein könnte oder aus artifiziellen Situationen stammen könnte, zum Beispiel aus

Nachsprechübungen in der Sprachtherapie oder mit Angehörigen (vgl. Code, 1989).

Propositionale versus nicht-propositionale Sprache

Es waren ganz wesentlich Beobachtungen an Automatismus-Patienten, die Jackson (1874) dazu führten, zwei inhärente Eigenschaften von Sprache zu unterscheiden: ihren willkürlichen, intellektuellen und analytisch-informativen, kurz propositionalen Charakter und ihren automatischen, emotionalen und ganzheitlich-informativen, kurz nicht-propositionalen Charakter. Die automatische Aktivierung von Sprache war für ihn stammesgeschichtlich älter und grundlegend auch für die willkürliche Form der Sprachverarbeitung. Automatische Sprache kann nach Jackson von beiden Hemisphären aktiviert werden. Die Überführung automatischer Sprache in willkürlich kontrollierte Sprache sei jedoch eine spezielle Fähigkeit nur der linken Hemisphäre, und diese Leistung würde bei Aphasie zunächst und am stärksten angegriffen. Die Sprachverwendung gesunder Sprecher zeige alle möglichen Grade auf der Skala zwischen propositionaler und nicht-propositionaler Sprache. Bei Automatismus-Patienten jedoch, bei denen seiner Meinung nach nicht nur ein Defekt, sondern ein Verlust propositionaler Sprache vorliegt, glaubte er, mit der nicht-propositionalen Sprache in relativ reiner Form konfrontiert zu sein und die von der rechten Hemisphäre freigesetzten primitiveren Sprachverhaltensmuster beobachten zu können, welche vor dem Insult inhibiert waren.

Zur nicht-propositionalen und bei Automatismus-Patienten relativ verschonten Sprache zählte Jackson (vgl. 1879) die sogenannte *emotionale Sprache.* Hierher gehören emotionale »occasional utterances«, wie Flüche oder Interjektionen. Zur emotionalen Sprache zählte er auch weite Bereiche – mit expliziter Ausnahme der Pantomime – der nonverbalen und paraverbalen Kommunikation, wie Lachen, Lächeln, Stirnrunzeln und Veränderungen prosodischer Äußerungseigenschaften, daneben auch Variationen der Ausdrucksqualitäten der Stimme und die Fähigkeit des Singens.

Einen zweiten Bereich non-propositionaler Sprache bilden die aus bestimmten sozialen Situationen entstanden Äußerungen. Hierher gehören die oben erwähnten »occasional utterances« wie *merci* und *take care*, aber auch zum Beispiel Begrüßungsformeln. Jackson betont, daß sie durch eine bestimmte situative Bedingung ausgelöst werden und dem Patienten nicht willkürlich zur Verfügung stehen, zum Beispiel auch nicht nachgesprochen werden können.

Der dritte Bereich wird durch die Sprachautomatismusformen selbst gebildet. Automatismen können zwar aus realen Wörtern oder Phrasen bestehen, aber sie besitzen nach Jackson keinen propositionalen Charakter. Automatismen seien »dead propositions«, das heißt sie mögen in ihrer Form propositional seien, aber sie sind es nicht in der Verwendung des Sprechers.

In Anknüpfung an Jacksons Ideen versuchte Van Lancker (1975, 1987) die Hypothese eines Kontinuums zwischen propositionaler und automatischer Sprachverwendung auszubauen. Anders als Jackson, der insbesondere Emotionalität und Situationsgebundenheit als Hauptmerkmale nicht-propositionaler beziehungsweise rechtshemisphärischer Sprache betrachtete, sieht Van Lancker in dem Verarbeitungsmodus automatischer Sprache die spezifische Differenz zur propositionalen Sprache. Vertraute, frequent gebrauchte Äußerungen können als Ganzheiten abgerufen werden, neuartige Äußerungen hingegen müssen neu geplant werden, das heißt aus ihren Teilen zusammengesetzt werden. Vertrautheit und Frequenz bilden somit den gemeinsamen Nenner, der alle automatischen Sprachäußerungen miteinander verknüpft. Wie das Zitat zeigt, geht ihre Liste automatisch produzierbarer Äußerungen über die von Jackson weit hinaus.

> *»Propositional speech is made up of newly-created, original, novel utterances. Nonpropositional speech includes conventional and overlearned expressions of all kinds, including idioms, speech formulas, proverbs, expletives, serial lists, rhymes, song titles, sayings, quotations; in fact any expression which a group of native speakers would reliably rate as 'familiar'«.* (1987, S. 56)

Van Lanckers Beispiele berühren sehr verschiedenartige Bereiche unseres Sprachverhaltens, und die Autorin hat hervorgehoben, daß plausiblerweise von unterschiedlichen Graden der Automatisierung dieser Sprachleistungen ausgegangen werden muß. Ähnlich wie Jackson ist sie der Auffassung, daß die oben aufgeführten automatischen Sprachleistungen, die als Leistungen der rechten Hemisphäre interpretiert werden, bei aphasischen Störungen relativ verschont werden.

Sprachautomatismen als automatische Sprache?

Die Hypothese einer »Heterogenität« sprachlicher Äußerungen in bezug auf ihr Maß an Propositionalität und einer darauf bezogenen differentiellen Aktivierung der Hemisphären liefert einen Erklärungshintergrund für eine Vielzahl unterschiedlicher pathologischer Sprachverhaltensmuster (vgl. Code, 1987; Van Lancker, 1987 für weitere Informationen). Auch für Sprachautomatismen stellt diese Theorie den »klassischen« Erklärungsansatz dar. In heutiger Zeit wird Jacksons Hypothese, daß Sprachautomatismen zur nicht-propositionalen Sprache gehören und durch rechtshemisphärische Mechanismen hervorgebracht werden, insbesondere durch Van Lancker (1975, 1987) und Code (1987, 1989) vertreten.

Im folgenden wird argumentiert, daß die Theorie einer nicht-propositionalen und rechtshemisphärischen Basis keine ausreichende Erklärung für Sprachautomatismen geben kann. Insbesondere liefert sie keine Erklärung der beiden charakteristischen Eigenschaften von Sprachautomatismen, nämlich ihres formstarren und repetitiven Auftretens. Allerdings gibt eine Untergruppe von lexikalischen Automatismusformen Anlaß zu der Vermutung, daß sie bei ihrer initialen Produktion in einem non-propositionalen Modus erzeugt wurden. Dies bedeutet, daß die Theorie zur Aufhellung der initialen Automatismusäußerung, also der »Geburt« eines Automatismus, beitragen kann.

Man muß gleich ergänzen, daß sowohl Code als auch Van Lancker die Hypothese einer nicht-propositionalen Produktion nur für lexikalische Automatismen verfolgen. In der Tat geben nicht-lexikalische Automatismen keine Evidenzen für einen »ganzheitlichen« Modus der Produktion. Van Lancker (1987) sagt zu recht:

> »*[...] if stereotyped expressions are produced by right-hemisphere mechanisms, it is hard to understand how a nonsense phonological fragment, such as the famous 'tan tan', constitutes non-propositional output.*« (S. 89)

Code (1987) vermutet, daß nicht-lexikalische Automatismen durch starke Störungen des segmental-phonologischen Systems bedingt sind. Dieses System, das einzelheitlich und sequentiell arbeitet, lokalisiert er nur in der linken Hemisphäre.

> »*They [nicht-lexikalische Sprachautomatismen, G. B.] do not appear to be produced holistically; there are no 'words' which might implicate emotional or non-propositional right hemisphere processing [...]. The initial production [...] may therefore have been by a severely compromised left hemisphere phonological system [...].*« (S. 70)

Ob Codes Annahme einer phonologischen Störung richtig ist, soll weiter unten noch diskutiert werden. Festgehalten werden muß an dieser Stelle, daß Code und Van Lancker das von Jackson vertretene Konzept einer einheitlichen Erklärung von lexikalischen und nicht-lexikalischen Automatismen aufgegeben haben.

Diese Entscheidung zieht jedoch Probleme nach sich. Oben ist gezeigt worden, daß Sprachautomatismen aus sehr unterschiedlichen Formaten bestehen können, aus Vokalen, Silben, Neologismen, Wörtern, Eigennamen sowie Phrasen und kurzen Sätzen. Alle teilen die Eigenschaft, repetitiv, formstarr und in vielen Fällen als einziges Ausdrucksmittel produziert zu werden. Ein geteilter Erklärungsversuch trägt der, trotz der Vielzahl der Formate, Einheitlichkeit dieses repetitiven und stereotypen Phänomens nicht Rechnung. Problematisch für einen geteilten Erklärungsansatz ist auch die Tatsache, daß Patienten existieren, die nicht-lexikalische und lexikalische Automatismen nebeneinander produzieren oder im Verlauf nacheinander entwickeln.

Wie lauten die Argumente für eine nicht-propositionale Basis lexikalischer Automatismen? Die Argumente basieren im wesentlichen auf einer semantischen Analyse der Automatismusformen. Nach Code setzen sich lexikalische Automatismen (vgl. Tabelle 1) vorwiegend zusammen aus »very personal and emotional expressions, often executed with great feeling and frustration [...]« und stammen aus einem »very restricted semantic range« (Code, 1989, S. 161). Gute Beispiele bilden die zahlreichen Flüche oder die vielen Äußerungen, die mit *I (ich)* beginnen. Daneben finden sich auch einige frequente Ausdrücke, die im Sinne von Van Lancker ganzheitlich hervorgebracht worden sein könnten und damit als Elemente nicht-propositionaler Sprache klassifiziert werden können (zum Beispiel *now wait a minute; well I know*).

Auf der anderen Seite jedoch enthält Tabelle 1 ebenso viele Beispiele, die nach den Kriterien von Van Lancker und Code nicht als non-propositionale Äußerungen einzuordnen sind. Hierher gehören Äußerungen wie *on the corner; washing machine; piano; milk; money* etc. Alle diese Formen gehören nicht in den Kanon automatischer Sprache.

Allerdings kann man nicht ausschließen, daß diese emotional neutralen Äußerungen von den Patienten unter Bedingungen emotionaler Erregung hervorgebracht wurden. Zum Beispiel wurde der für sich genommen relativ neutrale Ausdruck *That's mine* von einer Patientin in einer Situation produziert, als ihre Tochter sich an ihrem Schmuck zu schaffen machte, was die Patientin erregt haben könnte. Ein anderer Patient, der *Telephone!* rief, ebenfalls ein zunächst affektiv neutraler Ausdruck, könnte durch lautes Klingeln aufgeschreckt worden sein. Beide Ausdrücke wurden im weiteren von den Patienten als Automatismus verwendet (vgl. oben). In ähnlicher Weise könnte der Automatismus *milk* zum Beispiel beim Schreck oder Ärger über das Verschütten von Milch entstanden sein. Beispiele wie diese würden eher die Rolle des Affekts betonen und nicht den Modus der ganzheitlichen Produktion. Auf jeden Fall scheint eine Theorie der nicht-propositionalen Automatismuserzeugung zu kurz zu greifen, die den Status einer Äußerung allein durch eine situationsneutrale semantische Analyse bestimmen will.

Es ist gegenwärtig nicht möglich, genaue Angaben über den Anteil von Sprachautomatismen zu machen, der einen non-propositionalen beziehungsweise emotionalen Entstehungshintergrund hat. Jedoch ist es nicht unplausibel anzunehmen, daß – falls es zur Produktion realer Wörter kommt – sowohl Äußerungen, die nach der Theorie von Van Lancker ganzheitlich und automatisch abgerufen werden, als auch Äußerungen, die unter affektgesteuerten Aktivierungsbedingungen produziert werden, eine besonders hohe Chance haben, von einem schwer geschädigten Sprachproduktionssystem hervorgebracht zu werden und deshalb quantitativ unter den Automatismen dominieren.

Die soeben vorgestellte Theorie einer nicht-propositionalen Basis von Sprachautomatismen kann einen Beitrag liefern zur Frage der Entstehung der spezifischen linguistischen Formen lexikalischer Automatismen. Sie liefert jedoch keine Erklärung ihres stereotypen und repetitiven Charakters. Dies erhellt schon daraus, daß die Erklärungen für das Entstehen von Sprachautomatismen und »occasional utterances« sich nicht unterscheiden. »Occasional utterances« können sich zwar in Automatismen verwandeln; viele von ihnen werden jedoch nicht reproduziert (vgl. die obigen Beispiele *merci; take care*). Die Theorie einer nicht-propositionalen Basis ist somit eine Theorie der initialen Produktion beziehungsweise – wie wir oben gesagt haben – eine Theorie der »Geburt« von Automatismen. Streng genommen kann von einem Automatismus jedoch nur vom Zeitpunkt der Wiederholung an gesprochen werden. Genau diesen Aspekt fängt die Theorie nicht mehr ein. Darüber hinaus ist es sehr zweifelhaft, ob die repetitive Hervorbringung etablierter Automatismen durch einen non-propositionalen Modus gesteuert wird. Dies würde bedeuten, daß bei jeder Reproduktion ähnliche zum Beispiel emotionale oder situative Ausgangsbedingungen vorliegen müßten. Automatismen zeichnen sich jedoch gerade dadurch aus, daß sie in ihrem formstarren und repetitiven Auftreten keinen Bezug zur Situation, Motivation und Intention des Patienten erkennen lassen. Auch gewinnt der Hörer häufig den Eindruck, daß der Patient beim Äußern der Automatismen durchaus eine propositionale Mitteilungsabsicht hat und diese durch para- und nonverbale Mittel zum Ausdruck bringt.

Im weiteren Verlauf dieses Beitrags soll versucht werden, die Produktionsbedingungen von Sprachautomatismen zu spezifizieren. Insbesondere wird dabei das Ziel verfolgt, Hypothesen über den für Automatismen verantwortlichen Ort und die Ursachen ihres repetitiv-stereotypen Auftretens im Rahmen kognitiver Modelle der Sprachverarbeitung zu formulieren. Angestrebt wird dabei eine einheitliche Erklärung lexikalischer und nicht-lexikalischer Automatismen.

Der kognitiv-neurolinguistische Status von Patienten mit Automatismusproduktion

Pragmatisch-kommunikative Fähigkeiten von Automatismus-Patienten

Blanken, Dittmann, Haas & Wallesch (1988) gingen der Frage nach, inwieweit Automatismus-Patienten unterschiedliche situative Anforderungen in ihrem Sprachverhalten berücksichtigen können. Zu diesem Zweck wurde mit neun Patienten ein standardisiertes Interview durchgeführt. Die Aphasiker produzierten in ihrer Spontansprache zwischen 66 und 100 Prozent Sprachautomatismen, überwiegend vom nicht-lexikalischen Typ. Das Interview bestand aus insgesamt 45 Fragen und Aufforderungen, darunter 18 Ergänzungsfragen, 18 Ja/Nein-Fragen und neun sogenannte Erzählaufforderungen. Der letztere Typ wurde formal gebildet aus einer W-Frage und der anschließenden stereotypen Aufforderung *Können Sie mir das bitte mal erzählen?* Das Interview enthielt Stimuli zu drei verschiedenen thematischen Feldern.

Die Antwortreaktionen der Patienten wurden darauf analysiert, ob in Abhängigkeit von den unterschiedlichen Stimulustypen quantitative Veränderungen auftraten. Für die Gruppe zeigte sich, daß die Silbenproduktion bei den Erzählaufforderungen signifikant größer war als bei den Reaktionen sowohl auf Ja/Nein-Fragen als auch auf W-Fragen. Der Unterschied zwischen der geäußerten Silbenzahl bei W-Fragen und Ja/Nein-Fragen war ebenfalls signifikant. Das Ergebnis legt nahe, daß die Patienten – trotz ihrer sprachlichen Behinderung – auf die Stimulustypen in ihrer Sprachproduktion differentiell reagierten.

Zur weiteren Analyse wurden größere, »prosodisch segmentierbare Einheiten« (PSE) untersucht. PSE wurden definiert als sprachliche Äußerungen, die begrenzt werden durch stille oder gefüllte Pausen oder Durchführungen von Sprecherwechseln. Das Ergebnis war, daß die Anzahl der produzierten PSE in signifikanter Weise vom Stimulustyp abhing. Ein angeschlossener multipler Vergleich zeigte Unterschiede zwischen den Reaktionen auf Erzählaufforderungen und Ja/Nein-Fragen und zwischen den Reaktionen auf Erzählaufforderungen und W-Fragen.

Die Ergebnisse belegen, daß nicht nur die Silbenmenge, sondern auch die Anzahl produzierter PSE durch die sprachlichen Handlungen des Untersuchers beeinflußt wurde. Dieses Resultat verdeutlicht, daß die Antworten der Patienten nicht aus einer kontinuierlichen Kette silbischer Äußerungen bestanden, sondern durch größere Produktionseinheiten strukturiert wurden. Diese Einheiten bestanden aus Automatismusgruppen, die prosodisch voneinander abgrenzbar waren und vom Patienten Schritt für Schritt hervorgebracht wurden.

Die soeben berichteten Resultate zeigen, daß viele Patienten der untersuchten Gruppe in der Lage waren, erstens die vorgegebenen drei Stimulustypen perzeptiv zu unterscheiden und zweitens die an die Stimulustypen konventionell geknüpften Antwortobligationen in ihrer Sprachproduktion differentiell zu berücksichtigen.

Abbildung 1 stellt das benutzte Sprachproduktionsmodell der Autoren dar (vgl. für weitere Informationen Blanken, 1988). Es nimmt an, daß eine minimale Dekomposition der menschlichen Sprachproduktionsfunktionen drei Makrokomponenten umfaßt: den »pragmatisch-konzeptuellen Apparat«, der die konzeptuelle Struktur intendierter Sprechhandlungen auf einer vorsprachlichen Ebene aufbaut, den »Formulierungsapparat«, der mit der Versprachlichung auf Wort- und Satzebene befaßt ist, und den »Artikulationsapparat«, der mit der Planung und Ausführung artikulatorischer Bewegungen beauftragt ist.

Die oben vorgestellten Daten können in diesem Modell so interpretiert werden, daß trotz der frequenten oder ausschließlichen Automatismusproduktion die Fähigkeit, sprechhandlungsbezogene Entscheidungen durchzuführen, nicht verlorengegangen war und somit die Prozesse des pragmatisch-konzeptuellen Apparates nicht stereotyp organisiert waren. Somit kann die Automatismusproduktion deutlich dissoziieren von den Leistungen des pragmatisch-konzeptuellen Systems. Die Ursachen der Automatismen scheinen also nicht auf dieser »hohen« Stufe der Sprachkontrolle zu liegen.

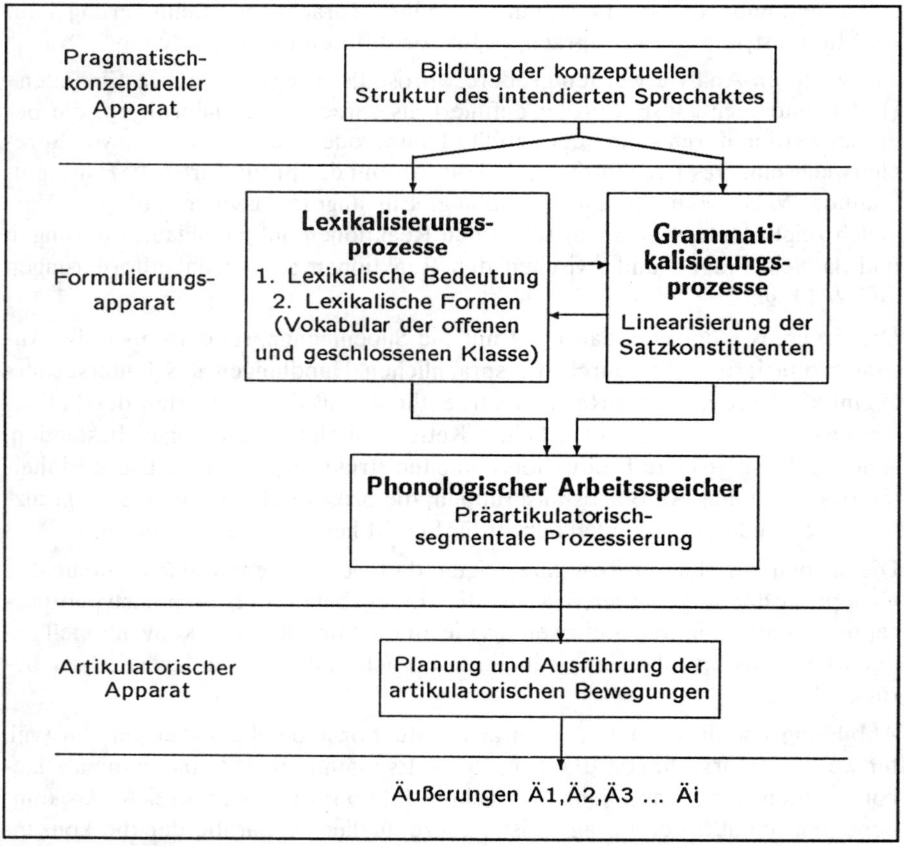

Abbildung 1 Neurolinguistisches Arbeitsmodell der menschlichen Sprachproduktion

Nachdem der pragmatisch-konzeptuelle Apparat als potentieller Ort der Automatismusentstehung ausgeschlossen werden konnte, soll im folgenden Abschnitt geprüft werden, ob Automatismen einem artikulatorischen Defizit entspringen.

Zur Deblockierbarkeit artikulatorischer und phonologischer Leistungen durch non-propositionales Sprachmaterial

Wie oben beschrieben, ist die Hervorbringung ganzheitlich organisierter und hochfrequent gebrauchter Sprachmuster, das heißt der sogenannten non-propositionalen Sprache (im Sinne von Van Lancker, 1987) bei Aphasien oft besser möglich als die Produktion willkürlich und neu zu planender Sprachäußerungen. Um die artikulatorischen und phonologischen Leistungen von Automatismus-Patienten zu untersuchen, wurden deshalb acht Patienten der oben beschriebene Gruppe zum Zweck ihrer sprachlichen Deblockierung mit frequenten sprachlichen Sequenzen konfrontiert. Dabei handelte es sich um automatisierte Reihen (Zahlen von 1 bis 10; Wochentage, Monate), zehn fest assoziierte Wortpaare (*Tag und ...*), sechzehn bekannte deutsche Sprichwörter und acht Redewendungen, beide Gruppen mit offenem Satzende (zum Beispiel *Sie lebten wie Gott in ...*). Bei den Reihen wurden jeweils die ersten drei Items vom Untersucher vorgegeben. Der Patient sollte dann selbständig die Reihe komplettieren. Bei den übrigen Aufgaben mußte nur das letzte Wort vom Patienten ergänzt werden.

Die Ergebnisse belegen, daß vier der acht Patienten in mehr als 50 Prozent aller Stimuli zu semantisch-lexikalisch adäquaten Reaktionen in der Lage waren. Nur etwa die Hälfte dieser Reaktionen zeigte einzelne segmentale Fehler. Der Anteil an Automatismen ging in dieser Gruppe auf 14 Prozent zurück. Die meisten der Reaktionen wurden relativ flüssig und artikulatorisch weitgehend unauffällig hervorgebracht.

Die Leistungen der vier Patienten geben deutliche Evidenzen dafür, daß die Kontrolle über artikulatorische Bewegungsmuster trotz spontaner Automatismusproduktion unter den oben beschriebenen Bedingungen möglich sein kann. Demnach ist die Ursache der Automatismusproduktion für diese Patienten nicht auf der Ebene des artikulatorischen Apparates zu suchen. Vielmehr scheinen Kontrollprozesse, die oberhalb der Planung und Ausführung artikulatorischer Prozesse zu lokalisieren sind, für die Auslösung ihrer Automatismen verantwortlich zu sein.

Anzumerken ist, daß drei der acht Patienten in keiner der Bedingungen deblockierbar waren und ein weiterer nur schwache Leistungsreste bot. Für diese Patienten kann der durchgeführte Schluß nicht angewendet werden. Die Möglichkeit einer zusätzlichen schweren artikulationsbezogenen Störung kann bei diesen Patienten nicht ausgeschlossen werden.

Einzelfallanalysen von Patienten mit Sprachautomatismen

Die oben berichteten Ergebnisse haben erkennen lassen, daß die Gruppe der Automatismus-Patienten keineswegs aus gleichartig und gleichschwer geschädigten Patienten zusammengesetzt ist. Die einzelnen Patienten können sich deutlich unterscheiden, zum Beispiel im Sprachverständnis, in der Schriftsprache, in ihrem kommunikativen Verhalten und ihrer Deblockierbarkeit. Deshalb sollen im folgenden die individuellen Störungsmuster einzelner Patienten im Mittelpunkt stehen. Dabei werden nur Fälle berücksichtigt, die in sehr detaillierter Weise im Rahmen von kognitiv-neurolinguistischen Fallstudien beschrieben worden sind. Die bei den einzelnen Patienten analysierbaren Dissoziationen zwischen gestörten und relativ erhaltenen Teilfunktionen werden dann benutzt, um Annahmen über die funktionale Basis der Automatismusproduktion zu entwickeln.

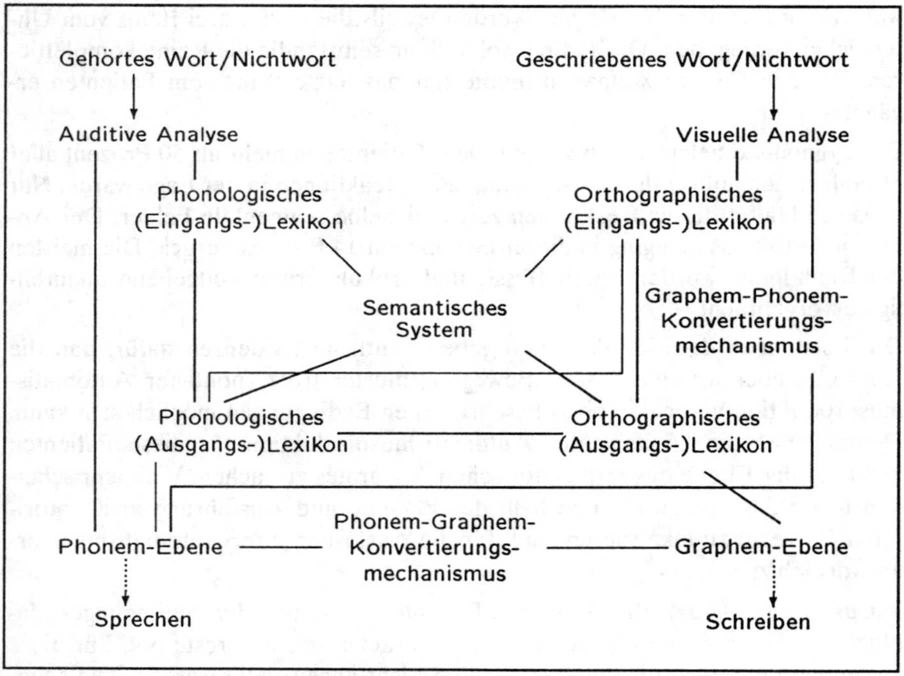

Abbildung 2 Ein multi-modales Modell der Wortverarbeitung

Die Argumentation, die im weiteren entfaltet werden wird, mündet in der Hypothese, daß Sprachautomatismen in einem relativ »späten« Stadium der Spracherzeugung erzeugt werden, nämlich in der Nähe der Schnittstelle zwischen dem Formulierungs- und Artikulationsapparat (vgl. das Modell in Abbildung 1). Diese Annahme wird als die »subphonematische« Hypothese der Automatismusproduktion bezeichnet. Weiterhin wird argumentiert, daß nicht allein unmittelbare Störungen dieser Verarbeitungsstufe Automatismen auslösen können, sondern daß in vielen Fällen der Automatismusgenerierung mittelbare Störungen dieser relativ peripheren Prozeßstufe zugrunde liegen. Letzteres meint, daß schwere Störungen in der zum Beispiel phonematischen, lexikalischen und/oder semantischen Verarbeitung Automatismen verursachen können, falls diese Störungen weitgehende Kontrolldefizite auf der subphonematischen Ebene nach sich ziehen.

Die Evidenzen, die diese Hypothese stützen, stammen nicht allein aus der Analyse der spontanen mündlichen Sprachproduktion, sondern auch zum Beispiel aus Beobachtungen zum Lesen, Schreiben und Nachsprechen. Deshalb soll als Grundlage der weiteren Überlegungen ein verändertes und erweitertes Modell der Sprachverarbeitung dienen. Abbildung 2 stellt ein einfaches multi-modales Modell der Wortverarbeitung dar (Hören, Lesen, Sprechen, Schreiben). In vielen Hinsichten ähnelt es dem Logogen-Modell von Morton und seinen Varianten (vgl. zum Beispiel Morton, 1980; Morton & Patterson, 1980; Ellis, 1982; Ellis & Young, 1988; Hatfield & Patterson, 1984; Kremin & Ohlendorf, 1988).

Sprachautomatismen – ein semantisches Problem?

Der Fall JCU

Die Spontansprache der Globalaphasikerin JCU wird von Howard & Orchard-Lisle (1984) folgendermaßen beschrieben: Sie bestand ausschließlich aus den Partikeln *yes* und *no*, die weitgehend adäquat eingesetzt wurden, und aus den Sprachautomatismen *I understand*, *flipping eck* und *cor blimey*. Das Nachsprechen einzelner Wörter war daneben – trotz einiger phonetischer Abweichungen – recht gut möglich. Das mündliche Benennen war ohne Anlautvorgabe schwer gestört. Mit Anlauthilfen jedoch war JCU in der Lage, etwa 49 Prozent der Abbildungen korrekt oder annähernd korrekt zu benennen. Dieses Phänomen nahmen die Autoren zum Anlaß, das semantische System der Patientin näher zu prüfen. Zu diesem Zweck gaben sie der Patientin nicht nur korrekte Anlauthilfen (zum Beispiel /*t*/ für *Tiger*), sondern auch Zufallsanlaute und Anlaute, die sich auf semantisch eng koordinierte Wörter bezogen (zum Beispiel /*l*/ wie *Löwe* für *Tiger*). In etwa 31 Prozent der Fälle kam es bei den semantisch irreführrenden Anlauten zu den erwarteten Paraphasien. Bei den Zufallsanlauten traten weitaus weniger semantische Fehler und mehr Nullreaktionen auf.

Howard und Orchard-Lisle versuchen nicht, eine Erklärung der stereotypen Äußerungen von JCU zu geben, sondern sind primär an der funktionalen Ursache ihrer Wortfindungsstörungen interessiert. Dennoch ist ihr Erklärungsansatz auch für die Automatismuserforschung von Wichtigkeit. Ihre Hypothese ist, daß bei JCU aufgrund einer Entdifferenzierung innerhalb des semantischen Systems ein zu großer Bereich semantisch-bezogener lexikalischer Einträge im phonologischen (Ausgangs-)Lexikon simultan aktiviert wird. Die Folge ist, daß alle parallel adressierten Einträge in einem bestimmten Maße, aber kein Eintrag ausreichend aktiviert wird, um die kritische Schwelle zur Produktion zu erreichen. Eine zusätzliche Aktivierung durch Anlautvorgabe kann dann eine produktionsauslösende Wirkung für einen der schon teilaktivierten Einträge haben, sei es für das Zielwort oder ein semantisch verwandtes Wort.

Die Studie von Howard und Orchard-Lisle ist in doppelter Hinsicht lehrreich. Zum einen kann sie das oben angesprochene Prinzip einer »mittelbaren« Störung verdeutlichen. Die Patientin JCU litt zwar unter schweren Störungen der Aktivation phonologisch-lexikalischer Einträge, die Ursachen dieser Störungen lagen jedoch – wie die Autoren überzeugend argumentieren – nicht auf der Ebene des phonologischen (Ausgangs-)Lexikons, sondern innerhalb ihres semantischen Systems. Zum anderen kann der Fall JCU deutlich machen, wie sehr ihre Automatismusproduktion vom Aktivationszustand ihres phonologischen Sprachsystems abhing. Gab man ihr bei der Wortsuche phonematische Hilfen, so war die Wortproduktion oft möglich und die Automatismusproduktion ging zurück. Auch das Wiederholen vorgesprochener Wörter war automatismusfrei möglich.

Eine genauere Lokalisation der Automatismuserzeugung selbst ist aufgrund dieser Studie noch nicht möglich. Für den Fall jedoch, daß die oben aufgestellte Hypothese einer subphonematischen Basis von Automatismen zutrifft – was zu zeigen sein wird –, deutet das beschriebene Verhaltensmuster von JCU darauf hin, daß extrem niedrige Aktivationszustände subphonematischer Prozesse verursacht durch ein höheres sprachliches Funktionsdefizit die Freisetzung von Automatismen bewirken können. Umgekehrt gilt, daß Automatismen verhindert werden, sobald eine ausreichende Kontrolle von Seiten phonematischer Prozesse gegeben ist.

Sprachautomatismen – ein Problem der Diskonnexion des phonologischen (Ausgangs-)Lexikons vom semantischen System?

Der Fall Michel

Die Studie von Kremin (1987) gibt eine sehr differenzierte Analyse des Sprachverhaltens von Michel, einem 34jährigem Lehrer, der in seiner Spontansprache auf die invariante Vokalfolge *ah-oh-oh* festgelegt war. Es ist interessant, daß Michel in Aufgaben auf der Einzelwortebene keine Automatismen produzierte und stattdessen in unterschiedlichem Maße eine erfolgreiche Sprachverarbeitung zeigte.

Michels mündliches Benennen war schwer gestört. Es kam jedoch nur zu wenigen Nullreaktionen, und neben vielen phonologischen Annäherungen an das Zielwort gelangen ihm auch einige korrekte Reaktionen. Die Wörter wurden dabei Silbe für Silbe unter großer Anstrengung und mit vielen Selbstkorrekturen hervorgebracht. Das schriftliche Benennen hingegen war weitaus besser erhalten und überwiegend fehlerfrei.

Auch das Nachsprechen kurzer Wörter war relativ erhalten und zwar etwa gleich gut für reale Wörter und Nichtwörter und frequenzangepaßte Inhalts- und Funktionswörter. Michel schien beim Nachsprechen der Wörter einen lexikalischen nicht-semantischen Weg zu benutzen (vgl. Abbildung 2; auditive Analyse, phonologisches (Eingangs-)Lexikon, phonologisches (Ausgangs-)Lexikon, Phonem-Ebene), denn es zeigten sich zum einen klare Frequenzeffekte bei den Inhaltswörtern, was auf eine lexikalische Verarbeitung schließen läßt, zum anderen traten keine semantischen Fehler bei Inhaltswörtern und auch keine Substitutionsfehler bei Funktionswörtern auf, was bei einer semantischen Behandlung erwartbar gewesen wäre. Auf jeden Fall kann gefolgert werden, daß Michels Phonem-Ebene soweit intakt war, daß das Nachsprechen von einsilbigen frequenten Wörtern und von Nichtwörtern in über 70 Prozent der Fälle möglich war.

Das Leistungsniveau beim lauten Lesen von kurzen Stimuli war ungefähr mit dem Nachsprechen vergleichbar. Es traten wiederum Frequenzeffekte, aber keine Wortklasseneffekte auf. Auch semantische Paralexien waren nicht evident. Allerdings fielen die Leistungen beim Lesen von Nichtwörtern deutlich ab, was für eine schwerer gestörte phonologische Leseroute spricht (das heißt Lesen über die Graphem-Phonem-Konvertierung). Kremin nimmt deshalb auch für Michels Lesen eine vorwiegend lexikalisch vermittelte Verarbeitung an, also einen Leseprozeß, der durch eine direkte Verbindung des orthographischen Eingangs-Lexikons mit dem phonologischen Ausgangs-Lexikon zustande kommt (vgl. Abb.2).

Michels Fehlermuster beim Diktatschreiben war anfangs klar im Sinne eines Schreibens über die Semantik beziehungsweise einer Tiefenagraphie beschreibbar: Die Realisierung von Nichtwörtern war völlig aufgehoben, bei Funktionswörtern und abstrakten Wörtern waren deutliche Schwächen erkennbar, und es kam zu vielen semantischen Paragraphien. Die semantischen Paragraphien und andere Wortsubstitutionen entwickelten sich jedoch im Verlauf der Untersuchung weitgehend zurück, während die Anzahl der partiellen Fehler gleichzeitig zunahm. Da gezeigt werden konnte, daß Michel zu diesem Zeitpunkt auch Wörter schreiben konnte, deren Bedeutung er nicht oder nicht vollständig erfaßt hatte, argumentiert Kremin, daß auch Michels Diktatschreiben, zumindest von Inhaltswörtern, über eine lexikalische nicht-semantische Route abgewickelt wurde (phonologisches (Eingangs-)Lexikon, phonologisches (Ausgangs-)Lexikon, orthographisches (Ausgangs-)Lexikon, Graphem-Ebene).

Kremins Schluß in bezug auf Michels Automatismen erscheint konsequent. Ihre erste Prämisse ist: Die Phonem-Ebene und das phonologische (Ausgangs-)Lexikon haben sich in einer Vielzahl von Aufgaben als relativ funktionsfähig erwiesen. Die zweite Prämisse lautet: Aufgrund der guten schriftlichen Benennleistungen und der nicht-schweren Sprachverständnisstörungen scheidet eine Störung des semantischen Systems als Ursache der stereotypen Sprachproduktion aus. Also lautet ihre Konklusion: Michels Automatismen wurden ausgelöst durch eine Diskonnexion des phonologischen (Ausgangs-)Lexikons vom semantischen System.

Eine Komplizierung dieser Position wird allerdings durch Michels mündliche Benennleistungen geschaffen. Hier wurden keine Automatismen produziert, sondern phonologische Annäherungssequenzen und auch einige korrekte Reaktionen. Für Kremins Theorie ist dieses Faktum kein Hindernis, denn sie verfolgt an anderer Stelle (Kremin, 1986) die Hypothese, daß der Benennprozeß nicht notwendig durch semantische Prozesse eingeleitet werden muß, sondern durch eine direkte Verbindung zwischen einer Bild- beziehungsweise Objektkategorisierungskomponente und dem phonologischen (Ausgangs-)Lexikon zustande kommen kann. Folgt man dieser Hypothese aber nicht, sondern vertritt – wie der Autor des vorliegenden Beitrages – die klassische Vorstellung, daß das Benennen von Objekten semantische Prozesse erfordert, so entsteht eine Lücke in der Argumentationskette von Kremin.

Wie wäre der Fall Michel nach der Hypothese einer subphonematischen Basis der Automatismusproduktion zu betrachten? Dieser Hypothese zufolge ist der Ansatzpunkt bei Michels Automatismen nicht der einer Diskonnexion des Lexikons, sondern der eines Aktivationsdefizits subphonematischer Prozesse aufgrund höherliegender Störungen. Die Überführung komplexer Mitteilungsabsichten in die Formulierung spontansprachlicher Äußerungen setzt eine simultane Kontrolle einer Vielzahl geplanter Äußerungselemente voraus mit der Folge einer Diffusion der verfügbaren Aktivationsressourcen. Das Benennen hingegen erfordert eine intentional gesteuerte Bündelung der Aktivationsreserven auf kleinere Ausschnitte des phonologischen (Ausgangs-)Lexikons und schließlich der Phonem-Ebene. Nur unter diesen sehr restriktiven Produktionsbedingungen kann Michels pathologisch geschwächtes System eine ausreichende Kontrolle der subphonematischen Prozesse aufbauen und damit das Auftreten stereotyper Sprache verhindern.

Im Falle von Michel liegt also wiederum – ähnlich wie bei JCU – eine mittelbare Verursachung von Automatismen vor. Im Unterschied zu JCU können jedoch nicht Störungen des semantischen Systems für die Automatismen verantwortlich gemacht werden. Stattdessen müssen Aktivationsstörungen des phonologischen (Ausgangs-)Lexikons angenommen werden. Dies bedeutet, daß unterschiedliche Läsionen des sprachlich-kognitiven Systems zu vergleichbaren stereotypen Symptomen führen können. Die Begründung für die Ähnlichkeit der Symptomatik trotz der unterschiedlichen Ursachen liegt nach der hier verfolgten Theorie in der Identität der funktionalen Herkunft von Automatismen. Sowohl Michels als auch JCUs Automatismen entsprangen unkontrollierten subphonematischen Prozessen.

Doch warum sollen alle Automatismen aufgrund mittelbarer oder unmittelbarer Störungen irgendwo unterhalb der Phonem-Ebene erzeugt werden? Michels Fall kann schon einige Anhaltspunkte dafür geben. Erstens hatten sich in einer Reihe von Aufgaben sowohl sein phonologisches (Ausgangs-)Lexikon[1] (zum Beispiel Nachsprechen, Lesen, Diktatschreiben, mündliches Benennen) als auch seine Phonem-Ebene (Nachsprechen, Lesen, mündliches Benennen) als durchaus funktionsfähig erwiesen. Damit ist anzuzweifeln, daß diese Teilsysteme die Automatismen erzeugt haben. Zweitens sind bei partiellen Schädigungen dieser Komponenten bestimmte und gut beschriebene Fehlermuster erwartbar (zum Beispiel verbale Paraphasien, Neologismen und phonematische Paraphasien), jedoch keine völlig stereotype Sprachproduktion.

---

1 Auch der von Patterson (1986) beschriebene Patient GE, der spontan nur *yes, no, well* und gelegentlich *oh god* äußern konnte, zeigte gleichzeitig relativ verschonte Leistungen im Diktatschreiben über die lexikalisch nicht-semantische Route, mithin relativ intakte phonologisch-lexikalische Repräsentationen.

Sprachautomatismen – Ausdruck einer subphonematischen Störung?

Der Fall FL

Falls die Hypothese zutrifft, daß Sprachautomatismen von subphonematischen Mechanismen erzeugt werden, dann sollte es Patienten geben, die ihre Automatismen aufgrund relativ selektiver oder schwerpunktartiger Störungen unterhalb der Phonem-Ebene produzieren. Für diesen Patiententyp kann ein über verschiedene mündliche Aufgaben hinweg gleichförmiges beziehungsweise gleich schlechtes Ergebnis erwartet werden, denn die subphonematischen Prozesse leiden hier nicht unter einem vom Aufgabentyp oder von Hilfen abhängigen Aktivationsdefizit, das heißt einer von »oben« ausgelösten mittelbaren Störung, sondern unter einer direkten und unmittelbaren Blockade spezifischer subphonematischer Operationen, die für jede Form offener Artikulation vorausgesetzt werden müssen.

FL, von Beruf Facharbeiter (Schlosser), war zum Untersuchungszeitpunkt 61 Jahre alt. Seit Jahren bestanden seine mündlichen Ausdrucksmittel ausschließlich aus den Automatismen *na-ta-ta-ta-ta* und *nau* sowie aus den Expressionen *mhm*, *ah* und *oh*. Auch Deblockierungsversuche durch nicht-propositionales Sprachmaterial erwiesen sich als erfolglos. Auf der anderen Seite zeigte FL, verglichen mit seinen mündlichen Leistungen, relativ verschonte Schreibleistungen sowohl im schriftlichen Benennen als auch im Diktatschreiben.

Im folgenden soll versucht werden, über die Analyse von FLs schriftlicher Sprachproduktion die genauere Natur seiner Sprachautomatismen zu bestimmen (vgl. dazu Blanken et al., 1989). Der Versuch, indirekt, das heißt hier über die Analyse der schriftlichen Modalität, die kognitive Basis von Automatismen einzugrenzen, macht es nötig, eine Reihe von theoretischen Annahmen über die kognitiven Strukturen des Schreibprozesses und ihrer Beziehungen zur mündlichen Sprachproduktion einzuführen. Deshalb soll vor der Fallpräsentation das Drei-Routen-Modell des Schreibens, so wie es insbesondere im Umkreis der Logogentheorie von John Morton entwickelt wurde, kurz vorgestellt werden.

Für das Diktatschreiben (vgl. zum Folgenden das Kapitel über die Störungen des Schreibens) nimmt das Modell (vgl. Abbildung 2) drei mögliche Routen an, die im pathologischen Fall dissoziieren können:

a) Die lexikalisch-semantische Schreibroute (auditive Analyse, phonologisches (Eingangs-)Lexikon, semantisches System, orthographisches (Ausgangs-)Lexikon, Graphem-Ebene). Diese Route kann auch dann benutzt werden, wenn die Funktionen der phonologischen (Ausgangs-)Systeme aufgehoben sind.

b) Die lexikalisch nicht-semantische Schreibroute (auditive Analyse, phonologisches (Eingangs-)Lexikon, phonologisches (Ausgangs-)Lexikon, orthographisches (Ausgangs-)Lexikon, Graphem-Ebene). Dieser Weg setzt phonologische Prozesse auf der Lexikon-Ebene voraus.

c) Die phonologische oder nicht-lexikalische Schreibroute (auditive Analyse, Phonem-Ebene, Phonem-Graphem-Konvertierungsmechanismus, Graphem-Ebene). Dieser Weg erfordert vor dem Schreibvorgang eine detaillierte phonologisch-segmentale Verarbeitung der Zielwörter.

Für die hier verfolgte Fragestellung ist es von besonderem Interesse, ob FL die Routen (b) und (c) benutzen konnte, das heißt, ob er trotz seiner völlig stereotypen Sprache über Wege schreiben konnte, die die Aktivierung phonologischen Wissens voraussetzen. Falls dies der Fall wäre, könnte dies als Evidenz für eine subphonematische Entstehung der Sprachautomatismen gewertet werden.

In der Tat gab FLs Schreibverhalten keinerlei Hinweise auf eine exklusive Benutzung der semantischen Route. Stattdessen schrieb er überwiegend so, wie man es bei Benutzung der lexikalisch nicht-semantischen Route erwarten kann, das heißt semantische Fehler tauchten nicht auf, Funktionswörter wurden nicht schlechter geschrieben als konkrete Nomina, und er war in der Lage, die orthographischen Besonderheiten ambiguer Zielwörter im hohen Maß zu berücksichtigen (wie Auslautverhärtungen, zum Beispiel *Tag*, und stille Konsonanten, zum Beispiel *Lohn*). Darüber hinaus schien auch die phonologische Route partiell funktionstüchtig zu sein. Bei den ein- bis zweisilbigen Nichtwörtern konnten 45 Prozent korrekt oder annähernd korrekt realisiert werden. Zudem schrieb er einige irreguläre Fremdwörter über die phonologische Route (zum Beispiel *Skaut* für *SCOUT*, *Ziti* für *CITY*, *Bebi* für *BABY*).

Weitere Evidenzen für erhaltene phonologische Fähigkeiten bei FL erbrachten sogenannte Bilder-Reim-Aufgaben. In dieser Aufgabe sollte FL zwei von drei simultan vorliegenden Bildern nach phonologischen Kriterien zuordnen. Das eine Bild des Zielpaares wurde vom Untersucher laut benannt, das andere mußte von FL still gezeigt werden. Er zeigte überzufällige Leistungen beim Finden von Minimalpaaren mit unrelationierten Ablenkern (zum Beispiel *Mund–Hund–Brett*) und beim Finden von Minimalpaaren sowohl nach der Vokaldifferenz (zum Beispiel *Kanne–Tanne–Tonne*) als auch nach der Vokallängendifferenz (zum Beispiel *Kuß–Nuß–Fuß*). Da bei der letzten Aufgabe nur Items verwendet wurden, die die Längendifferenz nicht orthographisch anzeigen, beweist dies, daß FL bei der Lösung einen phonologischen Kode benutzt haben muß, das heißt, er hat vor der korrekten Lösung die Bilder in seiner inneren Sprache phonologisch benannt, wobei er lexikalische und segmentale Eigenschaften der Zielwörter berücksichtigen konnte.

Gibt es schriftliche Sprachautomatismen?

Blanken et al. (1990) beschrieben neben FL vier weitere Automatismus-Patienten mit überlegenen Schreibleistungen. Nur einer der Patienten, der Tiefenagraphiker PI, schien ausschließlich über die lexikalisch-semantische Route zu schreiben. VI, eine ehemalige Lehrerin von 81 Jahren, zeigte eine krasse Dissoziation zwischen ihrer mündlichen und schriftlichen Produktion. Sie brachte mündlich nichts weiter als Automatismen und Neologismen hervor, machte jedoch nur 3 von 30 Fehler beim Diktatschreiben frequenter Nomina beziehungsweise Funktionswörter. Das Schreiben von Nichtwörtern gelang in 19 von 30 Fällen fehlerlos. Auch das schriftliche Benennen war mit 23 von 30 korrekten Reaktionen relativ gut erhalten. TW war ein 74jähriger Mann mit akademischer Bildung. Sein Sprachverhalten erinnerte an eine schwere Leitungsaphasie. Die flüssig hervorgebrachte Sprache bestand neben den Automatismen überwiegend aus phonematischen Neologismen und phonematischen Selbstkorrektur- und Annäherungssequenzen. Das Nachsprechen war schwerpunktartig gestört. Während das Diktatschreiben fast nur aus Neologismen bestand, war er im schriftlichen Benennen mit 20 von 30 korrekten Reaktionen recht erfolgreich. Der Schluß liegt nahe, daß TW nur beim Benennen den lexikalisch-semantischen Weg benutzte, beim Diktat jedoch eine phonologisch mediierte Route.

Wenn auch das Leistungsniveau von VI und TW sehr unterschiedlich war, so ist doch für beide Patienten gleichermaßen bemerkenswert, daß sie ihre mündlichen Automatismen zu keinem Zeitpunkt in der Schriftsprache reproduzierten. Dieselbe Beobachtung gilt auch für den weiter oben beschriebenen Fall FL. In allen drei Fällen bildeten Sprachautomatismen das einzige oder das im Vordergrund stehende mündliche Ausdrucksmittel. Falls Automatismen auf der Phonem-Ebene oder auf der Ebene des phonologischen Lexikons erzeugt würden, wäre eine solche Reproduktion bei Anwendung einer phonologisch-lexikalischen oder phonologisch-segmentalen Schreibstrategie jedoch erwartbar, das heißt, die graphischen Produktionsprozesse sollten per Hypothese alle phonologischen Planungseinheiten, auch die stereotypen Einheiten, übernehmen und graphematisch weiterverarbeiten.

Eine nur sehr schwache und unsichere Evidenz für die Möglichkeit einer multimodalen Erzeugung von Automatismen liefert der letzte der vier oben angesprochenen Fälle der Freiburger Studie. Der italienische Patient AR, ein 66jähriger Kaufmann, dessen Lautsprache ausschließlich aus dem Automatismus *ti* bestand, zeigte deutliche Leistungsreste im Diktatschreiben von Nomina und im mündlichen Benennen (13 beziehungsweise 12 von 30 korrekt). Das Interessante dieses Falles ist, daß in sechs von 120 Items (drei im Diktatschreiben und drei im schriftlichen Benennen) die Silbe *ti* in seinen Schreibversuchen auftauchte (zum Beispiel *netivola* für NUVOLA *(Wolke)*). Allerdings können drei der sechs Fälle auch durch Perseverationen erklärt werden, und in Anbetracht der relativen Häufigkeit der Silbe *ti* im Italienischen kann nicht aufgeklärt werden, ob es sich hier wirklich um den schriftlichen Ausdruck seiner mündlichen Automatismen gehandelt hat. Weitere Fallstudien könnten in Zukunft mehr Aufschluß über diese Frage geben.

Mit Ausnahme des unklaren italienischen Falles AR gilt für alle weiteren oben beschriebenen Patienten, daß ihre Sprachautomatismen allein in der mündlichen Sprachproduktion auftraten und offenbar nicht für die Konvertierung in graphische Muster zur Verfügung standen. In der Tat existieren bisher in der gesamten (mir bekannten) Forschungsliteratur zum Symptom des Automatismus keine Beschreibungen von Patienten mit schriftlichen Automatismen. Aber warum treten Sprachautomatismen (fast) ausschließlich modalitätsspezifisch auf und nicht multimodal? Wir glauben, daß das modalitätsspezifische Auftreten von Sprachautomatismen Evidenzen liefern kann für den Ort ihrer funktionalen Herkunft. Da Automatismen den graphischen Prozessen auch bei Benutzung der phonologischen Schreibroute nicht mehr zugänglich sind, scheinen sie auf einer Stufe der Sprachverarbeitung erzeugt zu werden, die unterhalb der Phonem-Ebene liegt.

Einige Schlußüberlegungen

Im Verlauf dieses Artikels sind Beobachtungen und Argumente gesammelt worden mit dem Ziel, eine subphonematische Hypothese der Automatismusproduktion zu begründen. Innerhalb dieser Hypothese sind zwei Verursachungsvarianten unterschieden worden, zum einen eine unmittelbare Störung subphonematischer Prozesse bei potentiell geringfügigem aphasischen Störungsanteil und zum anderen eine mittelbare Aktivationsstörung subphonematischer Prozesse bei schweren aphasischen Störungen auf potentiell unterschiedlichen Ebenen der Spracherzeugung.

Dieser Theorie zur Folge müßten Sprachautomatismen eher eine enge Beziehung zu sprechapraktischen als zu aphasischen Störungen haben, da von vielen Forschern auch Sprechapraxien in der Nähe der Schnittstelle zwischen den Formulierungs- und Artikulationsprozessen angesiedelt werden, genauer, auf der Ebene der Planung oder Programmierung der artikulatorischen Gesten. Klar ist jedoch, daß die sprechapraktischen Symptome keinerlei Ähnlichkeit zum Symptom des Automatismus zeigen. Apraktische Sprache ist vielmehr gekennzeichnet durch ihre langsame und mühevolle Hervorbringung sowie durch viele phonologisch beschreibbare Abweichungen, artikulatorische Suchbewegungen und parapraktische Bewegungsabläufe (vgl. Ziegler, in diesem Band). Hingegen werden Automatismen in der Regel relativ mühelos und flüssig geäußert, und stereotype und wiederkehrende Artikulationsbewegungen, abgesehen von Perseverationen, gehören nicht zum Bild der Sprechapraxie. Zudem wären, falls Automatismen ein Symptom einer außerordentlich schweren apraktischen Störung darstellten, spezifische Rückverlaufsmuster erwartbar, insbesondere ein kontinuierlicher Übergang zu einer apraktischen Symptomatik bei langsamer Rückbildung der Automatismen. Automatismen scheinen sich jedoch entweder im akuten Stadium schnell zurückzuentwickeln, ohne eine schwere Sprechapraxie hinterlassen zu müssen, oder im chronischen Stadium sehr lange zu persistieren. Im letzteren Fall bilden sie in der Regel den Hauptanteil der Sprachproduktion. All diese Beobachtungen sprechen gegen eine gemeinsame Wurzel der Automatismen und der sprechapraktischen Störungen.

Zum Schluß dieses Beitrags soll in erster Annäherung versucht werden, die Herkunft der Sprachautomatismen noch genauer zu lokalisieren. Ziel ist dabei, dem stereotypen und repetitiven Auftreten der Sprachautomatismen Rechnung zu tragen. Die vorgetragenen Überlegungen sind jedoch spekulativer Natur, das heißt, es existieren bisher keinerlei experimentelle Daten, die diese Überlegungen stützen können.

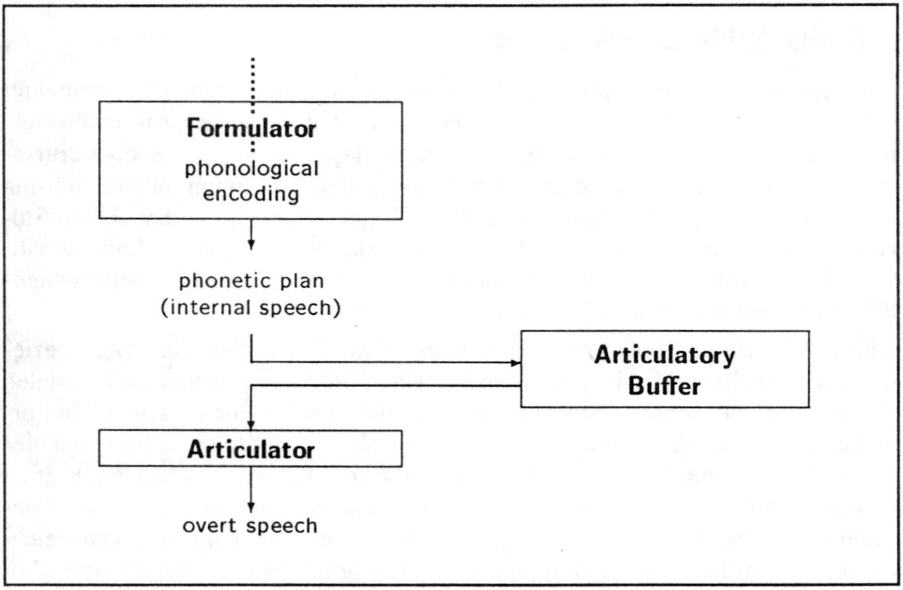

Abbildung 3 **Die Figur gibt einen um den »Articulatory Buffer« ergänzten Ausschnitt aus dem Sprachverarbeitungsmodell von Levelt (1989) wieder. Der durchbrochene Pfeil zeigt ausgesparte Prozeßebenen an.**

Da die stereotypen Äußerungen wiederholt aktiviert werden können, das heißt, dem Sprecher über lange Zeiträume (zum Teil über viele Jahre) zur Verfügung stehen, scheint bei der Produktion von Automatismen ein System involviert zu sein, das Speicher- beziehungsweise Arbeitsspeicherfunktionen umfaßt. In dem Sprachproduktionsmodell von Levelt (1989, vgl. Abbildung 3) ist unterhalb der phonologischen Verarbeitungskomponente (»phonological encoding«) ein Arbeitsspeicher vorgesehen, der sogenannte »Articulatory Buffer«. Nach Levelt erzeugen die phonologischen Enkodierungsprozesse eine spezifische mentale Repräsentation, nämlich den phonetischen Plan (oder das motorische Programm) einer Äußerung. Diesen Plan nennt er auch »internal speech«. Der »Articulatory Buffer« gibt dann den »phonetischen Plan« weiter an die Artikulationsprozesse. Levelt begründet diesen Arbeitsspeicher wie folgt:

> *»In fact, the generation of internal speech may be somewhat ahead of articulatory execution. In order to cope with such asynchronies, it is necessary that the phonetic plan can be temporarily stored. This storage device is called the* Articulatory Buffer.*«* (S. 12).

Es ist vorstellbar, daß der Automatismusproduktion Störungen oder Schädigungen dieses Arbeitsspeicher-Systems zugrunde liegen und daß die einmal gespeicherten motorischen Programme nicht willkürlich ersetzt oder variiert werden können. Sei es, weil Kontrolldefizite aufgrund höherliegender Störungen einen Programmwechsel innerhalb des Speichers verhindern, oder sei es, weil Schädigungen des Buffers selbst die Speicherung neuer Programme nicht erlauben. Die phonetischen Pläne jedoch, die sich innerhalb des Speichers befinden, können die Artikulationsprozesse adäquat instruieren und bilden dann die flüssig produzierten Automatismen. Welche Programme im Speicher repräsentiert bleiben, zum Beispiel der letzte phonetische Plan vor dem Insult, der erste nach dem Insult oder andere, scheint von individuellen Faktoren abzuhängen. Unter besonderen Verarbeitungsbedingungen, zum Beispiel bei starker emotionaler Aktivierung oder erleichterten, ganzheitlichen Planungssbedingungen kann es auch im späteren Verlauf zu einem Programmwechsel kommen, wobei das neue Programm ein potentieller Kandidat für einen neuen Automatismus ist. Stimmt die vorgeschlagene Theorie, so läßt sich die Kapazität dieses artikulatorischen Arbeitsspeichers an den Automatismusformen ablesen, das heißt, seine Kapazität scheint das Format von Phrasen oder kurzen Sätzen nicht zu übersteigen.

Dieser Erklärungsversuch trüge der Einheit des Phänomens Automatismus, nämlich der sonderbaren Stereotypikalität und der damit verbundenen Repetitivität in Gegenwart sehr unterschiedlicher Automatismusformate und -formen Rechnung.

Literatur

Alajouanine, T. (1956) Verbal realization in aphasia. *Brain, 79,* 1-28.

Blanken, G. (1988) Zur Ausgrenzbarkeit der linguistischen Formulierungsprozesse. Neurolinguistische Evidenzen. In: G. Blanken, J. Dittmann & C. W. Wallesch (Hgg.) *Sprachproduktionsmodelle. Neurolinguistische und psycholinguistische Theorien zur menschlichen Spracherzeugung.* Freiburg: HochschulVerlag.

Blanken, G., (im Erscheinen) The functional basis of speech automatisms (recurring utterances). *Aphasiology*

Blanken, G., Dittmann, J., Haas, J. C., Johannsen-Horbach, H. & Wallesch, C. W. (1986) Sprachautomatismen im Sprachproduktionsmodell. *Arbeitsberichte der Linguistischen Sozietät zu Freiburg, 2,* 32-65.

Blanken, G., Dittmann, J., Haas, J. C. & Wallesch, C. W. (1988) Producing speech automatisms (recurring utterances): Looking for what is left. *Aphasiology, 2,* 545-556.

Blanken, G., Dittmann, J. & Wallesch, C. W. (im Erscheinen) Studies on the »speechless man«. The case of speech automatisms. In: B. Brogyanyi & R. Lipp (eds.) *Festschrift for O. Szemerényi on the Occasion of his 75th Birthday.* Amsterdam: Benjamins.

Blanken, G., de Langen, E. G., Dittmann, J. & Wallesch, C. W. (1989) Implications of preserved written language abilities for the functional basis of speech automatisms (recurring utterances): A single case study. *Cognitive Neuropsychology, 6,* 211-249.

Blanken, G., Wallesch, C. W. & Papagno, C. (1990) Dissociations of language functions in aphasics with speech automatisms (recurring utterances). *Cortex, 26,* 41-63.

Blanken, G., Vielhauer, B. & Dittmann, J. (1988) Sprachautomatismen. Eine Verlaufsstudie. 15. Jahrestagung der AG für Aphasieforschung und -behandlung. Bern (Schweiz).

Broca, P. (1861) Remarques sur le siège de la faculté du langage articulé, suives d'une observation d'aphemie (perte de la parole). *Bulletin, Societé Anatomique de Paris, 36,* 330-357.

Brunner, R. J., Kornhuber, H. H., Seemüller, E., Suger, G. & Wallesch, C. W. (1982) Basal ganglia participation in language pathology. *Brain and Language, 16,* 281-299.

Code, C. (1982) Neurolinguistic analysis of recurrent utterance in aphasia. *Cortex, 18,* 141-152.

Code, C. (1987) *Language, Aphasia, and the Right Hemisphere.* London: Wiley.

Code, C. (1989) Speech automatisms and recurring utterances. In: C. Code (Hg.) *The Characteristics of Aphasia.* London: Taylor & Francis.

Critchley, M. (1970) *Aphasiology and Other Aspects of Language.* London: Edward Arnold.

De Bleser, R. & Poeck, K. (1985) Analysis of prosody in the spontaneous speech of patients with CV-recurring utterances. *Cortex, 21,* 405-416.

Ellis, A. W. (1982) Spelling and writing (and reading and speaking). In: A. W. Ellis (ed.) *Normality and Pathology in Cognitive Functions.* London: Academic Press.

Ellis, A. W. & Young, A. W. (1988) *Human Cognitive Neuropsychology.* Hove and London: Erlbaum.

Haag, E., Huber, W., Hündgen, R., Stiller, U. & Willmes, K. (1985) Repetitives Sprachverhalten bei schwerer Aphasie. *Nervenarzt, 56,* 543-553.

Hatfield, F. M. & Patterson, K. E. (1984) Interpretation of spelling in aphasia: The impact of recent developments in cognitive psychology. In: F. C. Rose (ed.) *Progress in Aphasiology. (Advances in Neurology, Vol. 42).* New York: Raven Press.

Howard, D. & Orchard-Lisle, V. (1984) On the origin of semantic errors in naming: Evidence from the case of a global aphasic. *Cognitive Neuropsychology, 1,* 163-190.

Huber, W., Poeck, K. & Weniger, D. (1982) In: K. Poeck (Hg.) *Klinische Neuropsychologie.* Stuttgart: Thieme. (2. Auflage 1989).

Huber, W., Poeck, K., Weniger, D. & Willmes, D. (1983) *Der Aachener Aphasie Test (AAT).* Göttingen: Hogrefe.

Jackson, J. H. (1874) On the nature of the duality of the brain. Reprinted in: *Brain, 38,* 81-103 (1915).

Jackson, J. H. (1879) On affections of speech from disease of the brain. Reprinted in: *Brain, 38,* 107-129 (1915).

Kremin, H. (1986) Spared naming without comprehension. *Journal of Neurolinguistics, 2,* 131-150.

Kremin, H. (1987) Is there more than ah-oh-oh? Alternative strategies for writing and repeating lexically. In: M. Coltheart, G. Sartori & R. Job (eds.) *The Cognitive Neuropsychology of Language.* London: Lawrence Erlbaum.

Kremin, H. & Ohlendorf, I. (1988) Einzelwortverarbeitung im Logogen-Modell. Neurolinguistische Evidenzen. *Neurolinguistik, 2,* 67-100.

Lebrun, Y. (1986) Aphasia with recurrent utterance: A review. *British Journal of Disorders of Communication, 21,* 3-10.

Levelt, W. J. M. (1989) *Speaking. From Intention to Articulation.* Cambridge, MA: The MIT Press.

Morton, J. (1980) The logogen model and orthographic structure. In: U. Frith (ed.) *Cognitive Processes in Spelling.* London: Academic Press.

Morton, J. & Patterson, K. E. (1980) A new attempt at an interpretation, or, an attempt at a new interpretation. In: M. Coltheart, K. E. Patterson & J. C. Marshall (eds.) *Deep Dyslexia.* London: Routledge and Kegan Paul. (2nd edition, 1987).

Nespoulous, J. L., Dordain, M., Perron, C., Ska, B., Bub, D., Caplan, D., Mehler, J. & Lecours, A. R. (1988) Agrammatism in sentence production without comprehension deficits: Reduced availability of syntactic structures and/or of grammatical morphemes? A case study. *Brain and Language, 33,* 273-295.

Patterson, K. E. (1986) Lexical but nonsemantic spelling? *Cognitive Neuropsychology, 3,* 341-367.

Peuser, G. (1978) *Aphasie.* München: Fink.

Poeck, K., De Bleser, R. & von Keyserlingk, D. (1984) Neurolinguistic status and localization of lesion in aphasic patients with exclusively consonant-vowel recurring utterances. *Brain, 107,* 199-217.

Stachowiak, F.-J., Huber, W., Kerschensteiner, M., Poeck, K. & Weniger, D. (1977) Die globale Aphasie. Klinisches Bild und Überlegungen zur neurolinguistischen Struktur. *Journal of Neurology, 214,* 75-87.

Stengel, E. (1947) A clinical and psychological study of echo-reactions. *Journal of Mental Science, 93,* 598-612.

Van Lancker, D. (1975) Heterogeneity in language and speech. *UCLA Working Papers in Phonetics, 29.*

Van Lancker, D. (1987) Nonpropositional speech: Neurolinguistic studies. In: A. W. Ellis (Hg.) *Progress in the Psychology of Language, Vol. 3.* London: Erlbaum.

Wallesch, C. W. (1990) Repetitive verbal behaviour: functional and neurological considerations. *Aphasiology, 4,* 133-154.

Dieser Beitrag über Sprachautomatismen stimmt inhaltlich weitgehend mit meinem englischsprachigen Übersichtsartikel (vgl. Blanken, im Erscheinen) überein.

5. Agrammatismus

Jürgen Tesak
Interdisziplinäre Forschungsgruppe »Neurolinguistik und Sprachpathologie« am Deutschen Seminar der Universität Freiburg

In diesem Beitrag wird die Erscheinung des *Agrammatismus* vorgestellt. Im engeren Sinne handelt es sich dabei um den sogenannten *Produktions-Agrammatismus* in der Spontansprache von Aphasikern, dessen Darstellung im ersten Teil dieses Artikels erfolgt. In einem zweiten Teil werden dann experimentelle Techniken dargestellt, die in der Agrammatismus-Forschung eine wichtige Rolle spielen. Im Zentrum steht dabei die Frage, ob der Produktions-Agrammatismus auch Entsprechungen in nicht-spontansprachlichen Aufgabenstellungen hat.

Der Produktions-Agrammatismus

Definition und Beispiele

Produktions-Agrammatismus bezeichnet eine *Störung des Satzbaus* in der aphasischen Spontansprache (zum Beispiel bei Interviews, Bildbeschreibungen), die häufig bei Broca-Aphasikern auftritt (Goodglass & Kaplan, 1972; Huber, Poeck, Weniger & Willmes, 1983; Lecours, Lhermitte & Bryans, 1983) und die im Kern durch drei Merkmale gekennzeichnet ist (Menn & Obler, 1990; Tesak, 1990a):

1. *verkürzte Satzlänge,*
2. *einfache syntaktische Strukturen,*
3. *Probleme mit morpho-syntaktischen Elementen bei relativer Intaktheit der Inhaltselemente.*

Die folgenden Beispiele für Produktions-Agrammatismus vermitteln einen Eindruck agrammatischen Sprachverhaltens (U = Untersuchender; P = Patient; Darstellung der Pausen durch Punkte und Schrägstriche wie in den Quellen):

1) U: Wie hat das mit Ihrer Krankheit angefangen?
P: Ein, zwei drei, vier Tage ... eh ... Flugzeug ... Sonne scheint und so ... vier Tage und zwei Tage ... eh ... bewußtlos und umfallen und später eine Woche ... Hubschrauber ... zu Hause bleiben und Böblingen Krankenwagen ... Stuttgart Böblingen und später eins zwei Monate ... eh ... hier Böblingen ... eh ...

(Aus: Huber, Poeck & Weniger, 1989, S. 113).

2) U: Als Sie Ihren Schlaganfall bekamen, wo waren Sie damals?

P: ja .. ich allein ... allein allein ... und weit ... Wohnung ... allein ... ich ich ich ... le..ledig ... und 14 Tage ... ich konnt nichts ... und Frau X ... 'ja meine Güte' ... Frau X ... 'Hilfe Hilfe'... und Kol...Polizei und Feuerwehr .... so warte ... ich konnt nicht mehr ... so warte ... und des is ... St. Elisabethen Krankenhaus ... des is gut

(Aus: Huber et al., 1983, S. 10f.).

3) P: ... ja! / ich / äh / immer / äh / äh / denken / äh / ihr? / ihr Buch? / aha! / richtig! / dann immer denken! / und / äh / äh / sprechen // und / äh / und / jemand / äh / zu Hause / mein Mann und ich / Einladung / äh / eingeladen / und ich / äh / scht / äh / immer / ähäh / stumm! / äh / Hemmungen! / und / äh / Bekannten / nich mehr nich mehr Hemmung / aber / äh / im / im Betrieb / äh / Hemmungen / und / äh... / (seufzt)

U: Und das ist jetzt besser geworden? /

P: Nein // der / äh / der / äh / der be / äh / die / äh / die / Fremde / äh / nicht mehr die Krankeits/gegeschichte wissen! / und / äh / ich / äh / mein Mann / mein Gott noch mal! / die Frau! / der dededede's / äh / is / äh / minderbemittelt! / geistig / ... /

(Aus: Peuser, 1978, S. 127).

4) U: Wie hat das angefangen mit ihrer Krankheit?

P: ja /// beim Fußballspielen / in Duschraum / dann // wird mir schwarz vor den Augen // dann // am Abend /// dann / ah / mein Gott // LKH (=Landeskrankenhaus) //// ja / und zwar // bin ich // Station Station // hinten // links

U: Links vom Eingang?

P: nein(*leise*) ja(*laut*)

U: Vom Haupteingang?

P: hm

U: Macht nichts. Und dann waren Sie im Krankenhaus?

P: ja / sechs Wochen // acht Wochen / zwei Monate

(Aus: Tesak, 1988, S. 298).

5) P: Der Wolf hat das Rotkäppchen ... gesucht und ... äh ... Wald und die Flasche ... und ... äh ... ja und äh wuh-wuh und der der Wolf Großmutter gut ... nein gefressen und ... äh Häubchen da ... äh ... das Häubchen.und.äh das . äh und Reg ... äh Rotkäppchen ... äh schlimm das Rotkäppchen ... frißt auf ... auf ... und der Jäger

(Aus: Bayer, De Bleser & Dronsek, 1987, S. 91).

6) U: Und können Sie mir mal etwas sagen wie es gekommen ist mit Ihrer Krankheit?

P: // Tanzen ne // und schlecht // und weg ne // auf a mol weg ne//

U: Beim Tanzen?

P: Ja / i weiß i net // aber Stuhl äh // auf a mol tanzen ja / und schlecht und // und weg / und mei // Operation // oder // Januar neun neunundzwanzigsten Januar/ Operation / München ...

U: Und sind Sie dann gleich in diese Klinik auch gekommen oder?

P: Ah / ah / Bad Neu // Nervenklinik // Nervenklinik / siebzig ne / ah August // und dann / daheim ne / und dann vier Wochen wieder / ah // München / ah / vier Wochen / und dann / ah / daheim//

U: Wo sind Sie denn zuhause?

P: Ingolfingen

U: Können Sie mal sagen wo es ist / ich kenne mich hier gar nicht aus

P: Ah / Landshut / ah / dreißig Kilometer // Landshut / ah / Ingolfingen ja

(Aus: Friederici, 1984, S. 110).

7) U: Erzählen Sie, warum Sie ins Krankenhaus gekommen sind? Wie war das?

P: Ich -- Abend bin ich schlafen gangen. Nicht mehr.

U: Am nächsten Morgen?

P: War nicht mehr da.

U: Was haben Sie beruflich gemacht?

P: ...Bevor . ich geheiratet habe .. bin ich ... hm ... Büro gegangen.

U: Und jetzt beim Sprechen, was für Schwierigkeiten haben Sie jetzt noch?

P: ...Alles . also ... Buchstaben auslassen.

U: Beim Schreiben?

P: Nein, nein --

U: Beim Sprechen?

P: Ja, dann ah ... dann . die . Wort . hm ... hinten und vor . der /ses/-Satzübungen . Ausländer . also.

(Aus: Stark & Dressler, 1990, S. 364).

8) U: Was machen Sie denn, wenn Sie nach Hause kommen?

P: Nur auftehen, un hier äh Betten machen und hier Kaffee un un hier immer so helfen, arbeiten hier ... un immer hier immer mittag Arbeit, ich weiß nich, das is so schlimm zählen, das genau ... Frau B ... ne, Frau L. gut, is gut, auch Arbeit immer ... un eins, zwei hier so hier so Rek, Brett ud das hier so, un hier so Kartoffel un Rüben un alles, alles gut ... so is gut

... Heinrich auch selber koch, Heinrich prima Essen, ja, nit Mann, gar nit Mann, un aber Heinrich is gut
(Aus: Leuninger, 1989a, S. 20)

Prinzipiell hat man den Eindruck, daß Agrammatiker ihre Redeabsicht recht gut vermitteln können. Dies geht auf die *relative* Unversehrtheit der sogenannten *Inhaltswörter* (Nomina, Adjectiva, Verba) zurück, die auch *Elemente der offenen Klasse* genannt werden, weil diese Wortklassen offen für neue Wörter sind, das heißt, Erweiterungen dieser Klassen werden ständig durchgeführt. (Man denke an die vielen Wörter aus dem angelsächsischen Bereich, die Eingang ins heutige Deutsch finden.) Dieser Gruppe stehen die *Elemente der geschlossenen Klasse* gegenüber: Es ist dies die Klasse von Elementen, die in einer Sprache über lange Zeiten stabil bleibt, ohne neue Elemente aufzunehmen. Die geschlossene Klasse wird aus den sogenannten *Funktionswörtern* (Konjunktionen, Präpositionen, Pronomina, Artikel, Hilfszeitwörter, etc.; sogenannte *freie grammatische Morpheme*) und den Flexionsformen (*gebundene grammatikalische Morpheme*) gebildet. Diese Elemente haben primär syntaktische beziehungsweise grammatische Funktion.

Der Begriff der geschlossenen Klasse ist zentral für die moderne Diskussion um den Agrammatismus, denn die Meinung vieler Aphasiologen war beziehungsweise ist, daß es sich beim *Produktions-Agrammatismus* um eine *selektive Störung der Verarbeitung von Elementen der geschlossenen Klasse* handelt.

Symptome

Nach einer ersten Bestimmung des Produktions-Agrammatismus durch die drei oben genannten Merkmale soll jetzt die Symptomatik des Produktions-Agrammatismus näher betrachtet werden. Die folgenden Symptome werden in der Diskussion um den Agrammatismus immer wieder genannt; es sei angemerkt, daß es unterschiedliche Ansichten darüber gibt, welche Symptome zum Agrammatismus gehören.

Symptom 1: Auslassung der Elemente der geschlossenen Klasse

Wenn Leuninger (1989b:197) den Agrammatismus »durch das Auslassen von Elementen der geschlossenen Klasse« charakterisiert, so gibt sie damit eine weit verbreitete Ansicht wieder. Für solch eine Charakterisierung ergeben sich aber die folgenden Probleme:

1) *Die geschlossene Klasse bildet keine einheitliche Klasse*, sondern ist äußerst inhomogen (Goodglass & Menn, 1985). Zusätzlich sind manche Kategorien in ihrer Zugehörigkeit zur offenen beziehungsweise geschlossenen Klasse nicht

eindeutig bestimmbar (zum Beispiel Adverbien; vgl. Feyereisen, 1984; Präpositionen; vgl. Friederici, 1982).

2) *Die geschlossene Klasse fällt nicht in ihrer Gesamtheit aus* (Berndt & Caramazza, 1981), wenn auch ein deutlich verringerter Anteil an Elementen der geschlossenen Klasse feststellbar ist (Howes & Geschwind, 1962; 1964).

3) *Agrammatiker verwenden auch Elemente der geschlossenen Klasse* (Berndt & Caramazza, 1981; Berko-Gleason, Goodglass, Green, Ackerman & Hyde, 1975), manchmal sogar häufiger richtig als fehlerhaft (Menn & Obler, 1988; dies., 1990; Stark & Dressler, 1990; Bates, Friederici & Wulfeck, 1987a).

4) *Elemente der geschlossenen Klasse werden sowohl ausgelassen als auch substituiert* (Grodzinsky, 1984; Stemberger, 1985; Bates & Wulfeck, 1989; Bates et al., 1987a). Im CLAS-Projekt (Menn & Obler, 1988; dies., 1990) wird im Vergleich von vierzehn Sprachen deutlich, daß freie grammatische Morpheme *eher* ausgelassen, gebundene grammatische Morpheme *eher* substituiert werden.

5) *Innerhalb der Elemente der geschlossenen Klasse treten unterschiedliche Muster des Ausfalls und der Substitution auf* (Jakobson, 1964; Tissot, Mounin & Lhermitte, 1973; Bennis, Prins & Vermeulen, 1983; Goodglass & Menn, 1985; Berndt, 1987; Parisi, 1987; Dressler & Pléh, 1984; Nespoulous, Dordain, Perron, Jarema & Chazal, 1990; Miceli, Silveri, Romani & Caramazza, 1989).

6) *Auch Elemente der offenen Klasse sind bei Produktions-Agrammatismus betroffen*, vor allem Verba (vgl. unten) und Adjektiva (Menn & Obler, 1990; Stark & Dressler, 1990). Pränominale Adjektiva werden wie pränominale Funktionswörter behandelt (Menn & Obler, 1990). Seltener wird über Schwierigkeiten mit Nomina berichtet (Magnúsdóttir & Thráinsson, 1990; Stark & Dressler, 1990).

7) *Manche Elemente der geschlossenen Klasse sind in agrammatischer Sprache sogar überrepräsentiert*, zum Beispiel *und, und dann* (Goodglass, 1976; Menn & Obler, 1990).

Zusammenfassend gesehen ist das Symptom *Auslassung der Elemente der geschlossenen Klasse* für eine Bestimmung des Produktions-Agrammatismus allein unzulänglich, weil auch die *Substitution und teilweise Erhaltung* dieser Elemente das Bild agrammatischer Sprache bestimmen. Die Überbetonung der Auslassung der Elemente der geschlossenen Klasse liegt teilweise am »anglozentrischen« Weltbild der Forschung der siebziger Jahre (vgl. Bates & Wulfeck, 1989; Niemi & Laine, 1989); die flexionsarme Sprache Englisch läßt für Substitutionen nur wenig Spielraum. Sprachen mit einem reicheren morphologischen System (wie auch das Deutsche) weisen bei Agrammatismus viel mehr Substitutionen auf (Pick, 1931; Alajouanine, 1968).

Symptom 2: Ersetzung flektierter Verbformen durch Infinitive

Auch die *Ersetzung flektierter Verbformen durch Infinitive* wird als Symptom des Produktions-Agrammatismus genannt (Tissot et al., 1973; Peuser, 1978; Luria, 1970). Die Agrammatiker, so meint man, äußern nur mehr die wesentlichen Elemente im Satz: die Nomina (im Nominativ) und die Verba (im Infinitiv). Luria (1970) spricht von »serial naming«. Allerdings gibt es auch Berichte über die mehr oder weniger völlige Abwesenheit solcher Infinitive (Tsvetkova & Glozman, 1975a; Stark & Dressler, 1990). Zusammenfassend gesehen *kann* häufige Infinitiv-Verwendung bei Agrammatismus auftreten, aber nicht notwendigerweise.

Im Lichte der Tatsache, daß auch Substitutionen von Flexionsendungen zum agrammatischen Erscheinungsbild gehören, könnte man das Symptom der Infinitiv-Substitution eigentlich unter das Symptom *Substitution gebundener grammatikalischer Morpheme* subsumieren. Es ist dies aber nicht angebracht, weil es sich in vielen Fällen um absichtsvoll verwendete Ersetzungen handelt (als so eine Art »Stichwort«), wohingegen die sonstigen Substitutionen der gebundenen grammatischen Morpheme zufällig (wenn auch aus einer kleinen Menge von verwandten Formen) erfolgen.

Symptom 3: Probleme mit der Wortstellung

Sehr umstritten ist das Symptom *Probleme mit der Wortstellung.* Für eine Zugehörigkeit zum Symptomkomplex des Produktions-Agrammatismus argumentieren Saffran, Schwartz & Marin (1980) aufgrund eines Bildbeschreibungsexperimentes, das aber von Kolk & Van Grunsven (1985) nicht repliziert werden konnte. Goodglass (1968) und Caplan (1983a, 1985) sind der Ansicht, daß Wortstellungsprobleme nicht zum agrammatischen Symptom-Komplex gehören.

Bates, Friederici, Wulfeck & Juarez (1988) stellen für deutsche, italienische und amerikanische Broca-Aphasiker fest, daß nicht nur die Wortstellung korrekt realisiert wird, sondern daß die jeweils kanonische Wortstellung sogar in überhöhtem Maße verwendet wird. Stark & Dressler (1990) stellen für das Deutsche fest, daß die serielle Anordnung der Elemente der Oberfläche *relativ* intakt ist, was aber mit dem leichten Schweregrad der untersuchten Agrammatiker zusammen hängen könnte. Dagegen sprechen wiederum die Ergebnisse von Ahlsén & Dravins (1990), in denen einer der beiden ebenfalls nicht schweren (schwedischen) Fälle regelmäßig Fehler in der Worstellung machte.

Symptom 4: Probleme mit Verba

Probleme mit Verba werden von manchen auch zum Syndrombild des Agrammatismus gezählt (Caramazza & Berndt, 1985; Miceli, Silveri, Villa & Caramazza, 1984). Dafür spricht, daß Verba in proportional geringerer Zahl auftreten als Nomina (Hand, Tonkovich & Aitchison, 1979; Gleason, Goodglass, Green, Hyde & Weintraub, 1980; Fillenbaum, Jones & Wepman, 1961). Miceli et al. (1984) berichten über den selektiven Ausfall von Verba bei Agrammatismus. Auch Marin, Saffran & Schwartz (1976) weisen auf spezielle Problem beim Produzieren von Verba hin. Stark & Dressler (1990) zählen die Verba zu den am stärksten gestörten Wort/Morphemgruppen bei den von ihnen untersuchten (deutschsprechenden) agrammatischen Broca-Aphasikern. Für die Verb-Auslassungen ist die folgende Beobachtung aus den Daten in Menn & Obler (1990) interessant: Je mehr eine Sprache flektiert, desto eher kommt es zu Auslassungen der Verba (und auch Nomina): Japanisch mit einfacher und geringer Morphologie beispielsweise hat kaum Auslassungen von Verba, wohingegen im Isländischen und in den slawischen Sprachen mit komplizierter Morphologie viele Auslassungen auftreten.

Bei den Verba gilt es aber zu beachten, daß diese sich von den anderen Worttypen der offenen Klasse generell für Aphasiker unterscheiden (Williams & Canter, 1987). Inwieweit diese allgemein aphasische Erscheinung mit der speziellen Störung bei Agrammatismus zusammenhängt, bleibt zu bestimmen.

Symptom 5: Verkürzte Satzlänge, vereinfachte Syntax

Im klinischen Bereich werden Agrammatiker (über die Zuordnung zur Broca-Aphasie) den *nicht-flüssigen* Aphasieformen zugerechnet, die bekanntlich eine kürzere durchschnittliche Äußerungslänge haben als *flüssige* Aphasieformen (Wagenaar, Snow & Prins, 1973). Goodglass (1976) schlägt das Kriterium der Wortgruppenlänge (*phrase length*) überhaupt als *das* Kriterium vor, agrammatische von nicht-agrammatischen Patienten zu trennen. Die verkürzte Satzlänge, die ein sehr stabiles Symptom zu sein scheint (Goodglass, Quadfasel & Timberlake, 1964; Menn & Obler, 1990), geht einher mit vereinfachten syntaktischen Konstruktionen. Bates & Wulfeck (1989) finden im Vergleich von acht Sprachen bei Broca-Aphasikern deutlich geringere Satzkomplexität als bei Wernicke-Aphasikern und Sprachgesunden.

Die Frage ist nun, inwieweit verkürzte Satzlänge und vereinfachte Struktur spezifisch für Agrammatiker sind. Einerseits gibt es Hinweise auf flüssig sprechende Agrammatiker (Heeschen, 1985; zwei Fälle in Kreindler, Mihailescu & Fradis, 1980; Miceli, Mazzucchi, Menn & Goodglass, 1983; Kolk, Van Grunsven

& Keyser, 1985), andererseits ist nicht-flüssige Sprache ohne Zeichen von Agrammatismus dokumentiert (Rubens, 1975).

Bei leichteren Fällen von Agrammatismus werden zwar typischerweise auch kurze und einfache Äußerungen geäußert, doch werden auch *komplexe Konstruktionen* angestrebt und manchmal auch *richtig* produziert (Stark & Dressler, 1990). Es liegt nahe, den Schweregrad der Aphasie und/oder des Agrammatismus mit verkürzter Satzlänge zu korrelieren, doch gibt es Ausnahmen (Kolk et al., 1985).

Symptom 6: Mühsames Sprechen

Die Broca-Aphasie ist üblicherweise unter anderem durch *mühsames Sprechen* (Sprechanstrengung) charakterisiert. Dieses Symptom ist aber auch Zeichen der Sprechapraxie (vgl. Diskussion in Vogel, Ziegler & Morasch, 1988), die zwar nicht notwendigerweise an Broca-Aphasie gebunden ist, aber oft gemeinsam mit ihr auftritt. Der Produktions-Agrammatismus bei Broca-Aphasie ist daher oft mit mühsamem Sprechen korreliert, aber ob ein direkter Zusammenhang der agrammatischen Sprache und der Sprechanstrengung besteht, ist äußerst unklar (aber vgl. Keller, 1987). Kolk et al. (1985) und Miceli et al. (1983) berichten über Agrammatiker, bei denen das mühsame Sprechen nicht auftritt.

Zusammenfassung

Es ist zur Zeit nicht möglich, für den Produktions-Agrammatismus eine klare und eindeutige Definition zu geben und die obligatorischen von den fakultativen Symptomen zu trennen. Es handelt sich beim Produktions-Agrammatismus um eine Art »fuzzy set« und nicht um eine klar fixierte Gruppe von Symptomen. Der Produktions-Agrammatismus ist im wesentlichen durch das Auftreten der folgenden Symptome gekennzeichnet:

1. verkürzte Satzlänge und vereinfachte syntaktische Konstruktionen,
2. häufiges Auslassen freier grammatikalischer Morpheme,
3. häufige Substitutionen gebundener grammatikalischer Morpheme,
4. Überrepräsentation einzelner grammatikalischer Morpheme,
5. Probleme mit Verba, aber auch mit Adjektiva und Nomina.

Hypothesen

Für Produktions-Agrammatismus wurde ein Vielzahl von Erklärungsansätzen vorgeschlagen. Der folgende Überblick in Kurzcharakteristiken soll eine erste Orientierung bieten. (Zu beachten gilt es, daß einige Hypothesen ihre argumentative Grundlage aus Experimenten beziehen, die im zweiten Teil dieses Beitrags vorgestellt werden.)

1. Ökonomie-Hypothese

Eine vom Beginn der Agrammatismus-Diskussion an wichtige Stelle hat die sogenannte Ökonomie-Hypothese (Salomon, 1914). Pick (1913) sieht im Agrammatismus motorischer Aphasiker eine Art *Notsprache*, die entsteht, um das (artikulatorische) Defizit zu mildern (*Telegramm-Stil*).

Wenn Agrammatismus allein Ergebnis »ökonomischer« Überlegungen wäre, sollte das Erscheinungsbild spontaner agrammatischer Sprache zum Beispiel keine Substitutionen grammatikalischer Morpheme aufweisen, sondern nur Auslassungen. Zudem unterscheiden sich echte Telegramme deutlich von agrammatischem Sprechen (Tissot et al., 1973; Nespoulous, 1973; Tesak & Dittmann, 1990a, 1990b).

2. Kontiguitätshypothese

Jakobson (1956, 1964) geht davon aus, daß dem menschlichen Sprachverhalten zwei grundlegende Operationen zugrundeliegen: Selektion und Kombination, wobei erstere auf Similarität, letztere auf Kontiguität beruhe. Parallel dazu entwickelt Jakobson die Dichotomie *Similaritätsstörung* versus *Kontiguitätsstörung*. Die Kontiguitätsstörung ist die Unfähigkeit, linguistische Elemente zu kombinieren, die Similaritätsstörung eine Störung der Selektion der zu kombinierenden Elemente; Ausdruck der Kontiguitätsstörung (auf der syntaktischen Ebene) sei der Agrammatismus, Ausdruck der Similaritätsstörung der Paragrammatismus. Doch zeigte es sich eben, daß bei Agrammatismus auch Substitutionen auftreten, also Fehler in der Selektion. Zudem wurde die Kontiguitäts-Hypothese für die Ebenen der Syntax und der Phonologie gemeinsam formuliert, was sich empirisch aber nicht halten läßt.

3. Hypothese vom Verlust der prädikativen Funktion

Luria (1970) und Jakobson (1964) betrachten Agrammatismus als Folge des Verlustes der »prädikativen Funktion«; was an Fähigkeiten bleibe, sei die Möglichkeit, nominale Ausdrücke (Bezeichnungen von Objekten und Aktionen) aneinanderzureihen. Das Grundproblem der Agrammatiker sei, zugrundeliegende Relationen in syntaktische Ketten von Wörtern zu bringen.

Diese Hypothese ist für agrammatisches Sprechen, das über einzeln geäußerte Wörter hinausgeht, ungeeignet. Wie in Menn & Obler (1990) deutlich gezeigt wird, können Agrammatiker sehr wohl zugrundeliegende Relationen ausdrücken und beschränken sich nicht auf isolierte Einwort-Sequenzen.

4. Betonungs-Hypothese

Im Zusammenhang mit dem Symptom *mühsames Sprechen* steht die sogenannte Betonungs-Hypothese von Goodglass und Kollegen (Goodglass, 1968; Berko-Gleason et al., 1975; Goodglass,1976). Sie geht auf die Beobachtung zurück, daß Agrammatiker ihre Äußerungen fast immer mit Inhaltswörtern beginnen und Auslassungen von Funktionswörtern am Satzanfang häufiger auftreten als im Satzinneren. Der Kern der Betonungs-Hypothese besagt, daß agrammatische Broca-Aphasiker besondere Schwierigkeiten hätten, das Sprachproduktionssystem zu »mobilisieren«; nur mit (betonten) Inhaltswörtern am Beginn einer Äußerung sei das überhaupt möglich. Wenn eine Äußerung einmal initiiert sei, ginge es zwar besser (weniger Auslassungen unbetonter Elemente), aber der Widerstand des Systems sei so groß, daß nur wenige zusammenhängende Wörter geäußert werden können. Eine Stärke dieser These ist, daß sie Variabilität innerhalb der Elemente der geschlossenen Klasse erlaubt sowie für das Symptom der verkürzten Satzlänge eine Erklärung anbietet.

Die Tatsache, daß nicht nur Auslassungen, sondern auch Substitutionen das Erscheinungsbild des Agrammatismus bestimmen, ist allerdings ein starkes Argument gegen eine Erklärung im Sinne der Betonungs-Hypothese. Ein noch größeres Problem sind Fälle von Agrammatismus, bei denen das mühsame Sprechen der typischen Broca-Aphasiker nicht auftritt (Kolk et al., 1985; Miceli et al., 1983), obwohl es noch unklar ist, inwieweit diese untypischen Fälle als Argument zählen.

5. Die »phonologische« Hypothese

Kean (1977, 1978, 1980) hat vorgeschlagen, Agrammatismus als eine Störung systematisch dadurch zu beschreiben, daß diejenigen Elemente, die bei Agrammatismus erhalten sind (Nomina, Verba, Adjectiva), zu einer Gruppe zusammengefaßt werden, welche im Gegensatz zur Gruppe der Elemente stehen, welche bei Agrammatismus gestört sind. Kean versucht, die beiden Gruppen anhand der Theorie von Chomsky und Halle (1968) zu charakterisieren. Diese unterscheidet zwischen »phonologischen« und »klitischen« Elementen, wobei die erste Gruppe aus autosemantischen, betonten Wörtern besteht und die zweite Gruppe aus synsemantischen, unbetonten Klitika und Endungen (Flexionsaffixe); die erste Gruppe soll bei Agrammatismus erhalten sein, die zweite Gruppe gestört. Agrammatiker reduzieren, so der Kern der Hypothese, ihre Satzstruktur auf die sogenannten »phonologischen« Wörter. Die Auslassung aller übrigen Elemente sei das wesentliche Merkmal des Agrammatismus. (Zwar spricht Kean von der »phonologischen« Analyse des Agrammatismus, doch handelt es sich um eine Hypothese aus der Domäne der Morphologie beziehungsweise Syntax.)

Probleme für diesen Ansatz ergeben sich daraus, daß unterschiedliche Ausfallsmuster innerhalb der geschlossenen Klasse auftreten, daß Elemente der geschlossenen Klasse auch substituiert werden und daß auch Elemente der offenen Klasse bei Produktions-Agrammatismus betroffen sind.

6. Die Hypothese der zentralen Syntax-Störung

Die Hypothese der zentralen Syntax Störung wurde in einer Reihe von Artikeln vertreten (Berndt & Caramazza, 1980, 1981; Caramazza & Berndt 1978, 1982; Caramazza & Zurif, 1976). Die Ansicht war, daß bei agrammatischen Broca-Aphasikern der zentrale syntaktische Prozessor *in toto* ausfällt, das heißt, alle Aufgaben, die auf syntaktischer Analyse beruhen, könnten nicht mehr korrekt durchgeführt werden. Die Grundlage der Hypothese bildeten eine Reihe von Untersuchungen zu syntaktischen Störungen bei Agrammatikern (vgl. dazu weiter unten), doch das Auftreten von Patienten, die durchaus in verschiedenen Bereichen gute bis normale syntaktische Leistungen erbringen konnten, entzog dieser These die Grundlage (Linebarger, Schwartz & Saffran, 1983; Schwartz, Linebarger & Saffran, 1985; Kolk et al., 1985; Miceli et al., 1983; Übersicht in Tesak, 1990a). (Die folgenden Hypothesen 7 bis 9 und 11 sind eigentlich Untertypen der Hypothese der zentralen Syntax-Störung.)

7. Die Hypothese der Störung der S-Struktur

Grodzinsky (1984) bietet eine strukturelle Charakterisierung agrammatischer Sprache, die in einer Beschränkung eines linguistischen Syntax-Modells (Chomsky, 1981) besteht. Die sogenannte *S-Struktur* in diesem Modell hat die Eigenschaft, daß die Hauptwortklassen lexikalisch spezifiziert sind, wohingegen der Rest nur durch Merkmale spezifiziert ist. Für den Satz *The boy kissed the girl* ergibt das die folgende Struktur:

(S(NP(DET + def)(N boy))(VP(V kiss)(INFL + tense))(NP(DET + def)(N girl)))

Die Hypothese ist nun, daß agrammatische Sprache auf dieser Ebene genau repräsentiert und in ihrer Erscheinungsform vorhergesagt werden kann. Der Agrammatiker sei fähig, all jene Elemente zu produzieren, die lexikalisch spezifiziert sind. Das ergibt für den genannten Beispielsatz die folgende (hypothetische) agrammatische Struktur:

(S(NP(DET*)(N boy))(VP(V kiss)(INFL*)(DET*)(N girl)))

(Für eine weitere Variante, vor allem unter Bezug auf Daten aus Verständnis-Tests, vgl. Grodzinsky, 1986.) Aus der obigen Darstellung der agrammatischen

Symptome ist klar, daß Agrammatiker keineswegs in Äußerungen der vorhergesagten Art sprechen. (Für Kritik vgl. Caplan, 1987; Caplan & Hildebrandt, 1988.)

8. Die »lexical node«-Hypothese

Caplan (1983b, 1985) stellte die »lexical node«-Hypothese auf. Diese besagt im Kern, daß Agrammatiker in Produktion und Verständnis keine hierarchisch strukturierten Phrasenmarker erstellen können, weshalb thematische Rollen (in etwa Subjekt, Objekt etc. eines Satzes) nur in linearen Sequenzen von Knoten lexikalischer Hauptwortklassen zugewiesen und verstanden werden. Der Ansatz bezieht sich in dieser Form in der Produktion auf das Symptom *Auslassung von Funktionswörtern und Endungen* und im Verständnis auf die alleinige Berücksichtigung lexikalischer Information. Es ist damit nur ein Aspekt der Produktions- und Verständnisprobleme abgedeckt, was von Caplan auch klar gesehen wird.

9. Die »mapping«-Hypothese

Vor allem unter Bezug zu den Problemen, die Agrammatiker bei reversiblen Sätzen haben, wurde die »mapping«-Hypothese vorgestellt (in verschiedenen Varianten in Saffran et al., 1980; Linebarger et al., 1983; Schwartz, Linebarger, Saffran & Pate, 1987; Schwartz et al., 1985). Der Kernpunkt ist, daß Agrammatiker Probleme hätten, den Übergang von der Satzform zur Satzsemantik (und umgekehrt) durchzuführen. Damit werden die Schwierigkeiten der Agrammatiker nicht auf einer bestimmten linguistischen Beschreibungsebene fixiert, sondern in den Bereich der Verarbeitung (Performanz) bei Intaktheit der involvierten Ebenen geschoben. Wie Schwartz et al. (1985) selbst betonen, bietet die »mapping«-Hypothese nur die Deutung einiger Merkmale des agrammatischen Sprachverhaltens (vgl. auch Baum, 1988; Bayer et al., 1987).

10. Die Hypothese der Störung der positionalen Ebene

Das Satzproduktionsmodell von Garrett (1976, 1980, 1984) ist für die Agrammatismus-Diskussion unter Bezug auf das Symptom *Verlust der geschlossenen Klasse* von Wichtigkeit, weil es unter anderem zwei Ebenen postuliert, die genau mit den beiden Klassen der offenen und geschlossenen Klasse korrelieren. Auf der sogenannten *funktionalen* Ebene werden die lexikalischen Elemente ausgewählt, während auf der sogenannten *positionalen* Ebene die Elemente der geschlossenen Klasse bereitgestellt und im Satzrahmen fixiert werden. Es liegt nahe, bei Agrammatismus eine selektive Störung der positionalen Ebene anzunehmen (vgl. Leuninger, 1989b:194ff; Caramazza & Hillis, 1989). Dieser Ansatz ist natürlich für die unterschiedlichen Ausfallsmuster innerhalb der geschlossenen Klasse unterspezifiziert, und Symptome wie die Defizite bei Inhaltswörtern und verkürzte Satzlänge können nicht erfaßt werden.

11. Der lexikalistische Ansatz

Der lexikalistische Ansatz erscheint in verschiedenen Varianten (Bradley, Garrett & Zurif, 1980; Friederici, 1985; Bates & Wulfeck, 1989). Im Kern geht es immer darum, daß eine bestimmte Gruppe von lexikalischen Elementen für die Agrammatiker Probleme bereitet (zum Beispiel beim Abruf aus dem mentalen Lexikon). Dies wurde vor allem mit sogenannten Wortentscheidungsexperimenten untermauert, in denen sich Agrammatiker anders verhalten als Sprachgesunde. Problematisch für diesen Ansatz ist, daß nicht die Zugehörigkeit zu einer der Klassen allein relevant ist, sondern die syntaktische *Funktion* der Elemente in Betracht gezogen werden muß (Menn & Obler, 1988) und daß ein solcher Ansatz nicht geeignet ist, bereits dokumentierte Dissoziationen innerhalb der geschlossenen Klasse zu erklären (Menn, 1989). Ebenso können Symptome wie verkürzte Satzlänge und Vereinfachung syntaktischer Konstruktionen nicht erfaßt werden; problematisch ist es auch, die auftretenden korrekten Realisierungen von grammatischen Morphemen zu motivieren. (Vgl. Petocz & Oliphant, 1988.)

12. Die Adaptations-Hypothese

Heeschen, Kolk und Mitarbeiter (Kolk, Van Grunsven & Keyser, 1985; Kolk & Van Grunsven, 1984; Heeschen, 1985; Kolk, 1987; Heeschen & Kolk, 1988; Kolk, Heling & Keyser, 1990) haben die sogenannte Adaptationshypothese entwickelt, die im Kern auf Isserlin (1922) zurückgeht. Der Grundgedanke dabei ist, daß das spontane Sprachverhalten bei Agrammatikern nicht ein direkter Reflex des zugrundeliegenden Defizits sei, sondern das Ergebnis einer *Adaptation* an dieses Defizit, die darin bestehe, daß der agrammatische Sprecher auf ganz normale Fähigkeiten zurückgreife, die auch Teil der Sprecher-Kompetenz von Normalen seien: die Fähigkeit der *Ellipsenbildung* und die des »vereinfachten Registers«, wie man es Kindern und Ausländern gegenüber verwendet. Allerdings erfolge dieser Rückgriff mit überdurchschnittlicher Frequenz. Agrammatismus wird in diesem Sinne als *Ergebnis normaler Prozesse* betrachtet, als ein »positives« Symptom. Der zentrale Punkt für die Adaptationshypothese ist der »telegraphische« Stil des Agrammatikers. Allerdings sind »richtige« »telegraphische« Agrammatiker, wenn es sie überhaupt gibt, äußerst selten im zum Agrammatismus untersuchten Krankengut. Als zugrundeliegende Störung wird eine *verminderte Fähigkeit zur gleichzeitigen Repräsentation sprachlicher Elemente* angesehen; diese Repräsentation sei notwendig, um Sätze zu bilden und zu verarbeiten (vgl. Tesak, 1990c für unterstützende Daten). Der Effekt einer solchen verminderten Kapazität der Satzrepräsentation sei ein Verlöschen der Repräsentation, bevor der Satz fertig produziert oder verstanden sei. Bei sogenannter *präventiver* Adaption kann der Patient dem vorschnellen Entschwinden der Satzrepräsentation entgegenwirken, indem er weniger sprachliche Elemente verwendet, das heißt, grammatische Möglichkeiten werden eingeschränkt, einfache Aktivsätze werden bevorzugt, und elliptische Formen werden gebildet.

Dieser Ansatz kann einerseits für manche Dissoziationen Erklärungen anbieten, ist aber zu sehr auf »telegraphischen« Stil fixiert. Es ist gerade die nicht-telegraphische Qualität der typischen Sprache des Agrammatikers, welche das Problem für Theorien über Agrammatismus darstellt. Zwar werden in der Adaptationshypothese wichtige Themen angeschnitten, der Aspekt der Adaptation und Strategie ist als Gesamterklärung jedoch unzureichend.

13. Störung globaler syntaktischer Strukturen

In einer Reihe unterschiedlicher Arbeiten (Tyler, 1985, 1987; Bayer et al., 1987; Tesak, 1988) wird beobachtet, daß Agrammatiker zwar fähig sind, »lokale« syntaktische Strukturen aufzubauen, aber Probleme bei »globalen« syntaktischen Strukturen haben. Bayer et al. nehmen an, daß Agrammatiker im wesentlichen ein intaktes Lexikon zur Verfügung haben und einfache syntaktische Strukturen aufbauen können, aber keine komplexen Strukturen, was im Rahmen einer linguistischen Theorie als *qualitative* Störung einer Teilkomponente der Grammatik betrachtet wird. In Tesak (1990c) wird als zugrundeliegendes Defizit ein beschränkter Arbeitsspeicher postuliert, als deren Folge Beeinträchtigungen im Satzbau (bei komplexeren Konstruktionen) in erster Linie aufgrund *quantitativer* Einschränkungen entstehen (vgl. Adaptations-Hypothese).

Problematisch sind die Verallgemeinerungen dieser Ansätze auf Produktions-Agrammatismus, weil in Tesak (1988, 1990c) und Tyler (1985, 1987) nur einzelne Fälle die Datengrundlage bilden, und in Bayer et al. (1987) die empirische Grundlage ebenfalls nur klein und nicht direkt auf Produktions-Agrammatismus anwendbar ist.

Probleme

Variabilität des Produktions-Agrammatismus

Wie aus der bisherigen Darstellung klar geworden ist, kann die äußere Form des Agrammatismus in bezug auf einzelne Merkmale stark variieren, was auch in der Literatur deutlich dokumentiert ist (Parisi, 1987; Miceli et al., 1989; Berndt, 1987; Jarema & Kądzielawa, 1987; Saffran, 1982; Goodglass & Menn,

1985). In der Folge wurde vorgeschlagen, verschiedene Untertypen von Agrammatismus zu bilden (Miceli et al., 1983; Tissot et al., 1973; Jarema & Kądzielawa, 1987; Bhatnagar & Whitaker, 1984; De Bleser, Dronsek & Bayer, 1987). Und tatsächlich ist es wahrscheinlich, daß es *verschiedene Typen von Agrammatismus* gibt (Caplan & Hildebrandt, 1988), doch sind die bisherigen Unterteilungen entweder intuitiv erstellt oder haben nur wenige Fälle zur Grundlage.

Die große Variationsbreite und Heterogenität agrammatischer Daten hat in der Folge auch dazu geführt, daß einige Forscher argumentieren, die klinische Kategorie des Agrammatismus als *vortheoretisch* aufzugeben, weil es nicht möglich sei, die verschiedenen Erscheinungsformen des Agrammatismus auf *eine* zugrundeliegende Ursache (eine *funktionale Läsion*) zurückzuführen (Badecker & Caramazza, 1985; Caramazza & McCloskey, 1988; Miceli et al., 1989). Ellis & Young (1988) sprechen in diesem Zusammenhang von der »Saga vom Agrammatismus« (vgl. auch Howard, 1985).

Reduktionistische Hypothesen

Der zweite Problemkreis, der die für Agrammatismus vorgeschlagenen Hypothesen betrifft, ist natürlich eng mit dem ersten Problemkreis, der Variabilität der Symptome, verwandt. Wenn es um erklärende Hypothesen geht, wird die Variabilität zum großen Problem. Denn wenn man nicht weiß, *was* man erklären soll, erklärt man das, was man erklären *möchte* oder *kann*. Die Folge davon ist, daß die Hypothesen, die für das agrammatische Sprachverhalten vorgeschlagen wurden, reduktionistisch sind. Und dies aus dreierlei Ursache: Sie sind eindimensional, monokausal und selektiv.

Eindimensional sind die Ansätze, wenn sie versuchen, das Defizit auf *einer* bestimmten Beschreibungsebene zu erfassen; es ist aber noch keineswegs klar, auf welcher Ebene der Grammatik das agrammatische Sprachverhalten am besten charakterisiert werden kann, ob auf der morphologisch-lexikalischen, der syntaktischen oder gar der semantischen (vgl. Goodglass & Menn, 1985). Der Bezug zu einer Ebene allein ist wahrscheinlich ohnedies nicht ausreichend; es häufen sich die Stimmen, die im Agrammatismus ein Phänomen sehen, das *mehrere* linguistische Ebenen erfaßt (Miceli et al., 1983; Berndt & Caramazza, 1985; Stark & Dressler, 1990; Ahlsén & Dravins, 1990; Menn, 1989).

Monokausal sind Ansätze, wenn sie versuchen, *alle* Symptome auf *eine* Ursache zurückzuführen, das heißt, wenn sie versuchen, die Symptome zu einer »natürlichen« Klasse zu verbinden. Zum einen fällt die Gruppe der betroffenen Elemente nicht *en bloc* aus, zum anderen ist wahrscheinlich, daß es sich beim agrammatischen Sprechen um ein Zusammenspiel von strukturellem Defizit (in *verschiedenen* grammatischen Bereichen) und nicht-strukturellen Aspekten handelt (zum Beispiel Strategien, Kompensation; vgl. Kolk et al., 1985; Bates et al., 1987; Magnúsdóttir & Thráinsson, 1990; Goodglass, 1976; Tesak, 1988). In diesen Bereich fallen auch Ansätze, die zu allgemein sind und/oder zuviele Symptome kausal verbinden.

Hypothesen sind *selektiv*, wenn sie nicht auf alle Symptome des Agrammatismus Bezug nehmen beziehungsweise Bezug nehmen *können*. Die Betonungshypothese zum Beispiel ist auf Auslassungen von Funktionswörtern eingeschränkt, die Adaptionstheorie betont selektiv den Telegramm-Stil. Oft sind auch die Ausgangsmodelle dergestalt, daß sie *per definitionem* viele Faktoren ausschließen, die für den Produktions-Agrammatismus aber relevant sind. Dies trifft gleichermaßen auf Modelle der Linguistik, der Psycholinguistik und der Psychologie zu. Für eine Hypothese zum Agrammatismus, die über die linguistische Charakterisierung der betroffenen Elemente allein vorgeht, ist zum Beispiel das Symptom der verkürzten Satzlänge und vereinfachten Syntax nicht zu integrieren (Caplan, 1987; Parisi, 1987).

Zusammenfassung

Aufgrund der beiden Problemkreise »Variabilität der Daten« und »Reduktionistische Ansätze« ergibt sich, daß es bis dato noch nicht gelungen ist, eine Hypothese zu erstellen, die das Erscheinungsbild des Agrammatismus in seiner Variabilität und mit seinen Dissoziationen hinreichend beschreibt oder erklärt. Die bisher erstellten Ansätze klären bestenfalls *Teilbereiche* des Produktions-Agrammatismus. Das Grundproblem ist die Annahme, daß es sich beim Produktions-Agrammatismus um ein *Symptom* handelt, das in kohärenter Weise beschreibbar und erklärbar ist, weil es auf einen *singulären selektiven* Ausfall als Ursache zurückgeht. Diese Sicht ist aber zu einfach und zu *statisch*. Zur Zeit deutet vieles darauf hin, daß es sich beim Produktions-Agrammatismus um ein *variables Syndrom* handelt, das komplexere Beschreibungen und Erklärungen nötig macht.

Perspektiven

Die oben erwähnte Ablehnung, welche die Kategorie des Agrammatismus aufgrund der Variabilität der Daten erfahren hat, beruht zwar auf richtigen Beobachtungen, doch ist Forschung zum Agrammatismus deshalb keineswegs ohne Sinn (Caplan, 1986). Denn es gilt als erstes anzumerken, daß trotz aller Variabilität Agrammatiker in typologisch völlig verschiedenen Sprachen doch sehr ähnliche Störungen und Erscheinungen aufweisen (Menn & Obler, 1990), nämlich eine *Einschränkung der Verfügbarkeit über grammatikalische Aspekte im Satzbau*.

Zum zweiten muß man bedenken, daß Variabilität in aphasischer Sprache ohnedies das übliche ist und kleine, selektive Ausfälle, wenn sie überhaupt auftreten, nur *selten* sind (Nespoulous et al., 1988; Nespoulous, Villiard & Lecours, 1989; Nespoulous & Dordain, 1991). Das Problem ist nicht, daß Variabilität auftritt, sondern, ob man Erklärungen für sie hat.

Da es sich beim Produktions-Agrammatismus um eine *Erscheinung der Oberfläche* handelt, muß man davon ausgehen, daß im Laufe der Äußerungsgenerierung viele verschiedene Faktoren eine Rolle spielen, die nicht primär morphosyntaktische sind. In Tesak (1990a; im Druck) werden (teilweise einander überschneidende) Faktoren aufgelistet, welche verursachen können, daß das äußere Erscheinungsbild des Produktions-Agrammatismus so variabel ist beziehungsweise so *erscheint*:

(1) *Aufgaben- und textspezifische Anforderungen*: Je nach aufgaben- oder textspezifischen Anforderungen treten agrammatische Symptome mehr oder weniger stark zum Vorschein (Linebarger et al., 1983; Kolk et al., 1985; Nespoulous et al., 1990; Nespoulous & Dordain, 1991). Es ist nachvollziehbar, daß zum Beispiel Bildbeschreibungen, Nacherzählungen und Interviews unterschiedliche Anforderungen stellen, was den Grad der Eigenproduktion, die Vorgabe beziehungsweise Verfügbarkeit lexikalischer Mittel und den Grad der Einsetzbarkeit nonverbaler Mittel betrifft. Solche Differenzen werden oft nicht berücksichtigt (zum Beispiel Miceli et al., 1989).

(2) *Soziolinguistische Ursachen*: Weniger & Beck (1985) konnten zeigen, daß sich die Wahl des Registers (zum Beispiel verschiedene dialektale Varianten) auf die Sprachfertigkeit auswirkt, das heißt auf das Auftreten bestimmter Strukturen und Elemente. Zum anderen haben Aphasiker unter Umständen auch Probleme, das richtige Register oder die richtige Variante überhaupt zu wählen (vgl. Stark, Dressler & Moosmüller, 1988, für Phonologie; Mellies & Vauth, 1989, für Syntax.)

(3) *Pragmatische/Semantische Faktoren*: In Tesak (1990b) konnte bei einem Agrammatiker gezeigt werden, daß es zu einem signifikanten Anstieg syntaktischer (*agrammatischer*) Fehler kam, wenn die Vorgaben bei identischer morphologischer und syntaktischer Struktur pragmatisch unplausibel (versus plausibel), semantisch abweichend (versus normal) oder abstrakt (versus konkret) waren. Auch für die Spontansprache läßt sich eine Auswirkung komplexer und ungewöhnlicher (im Sinne von »nicht voraussagbarer«) Redeabsichten auf die Struktur der agrammatischen Äußerung erwarten (Akhutina, 1991), wenn dies mitunter auch schwer nachzuweisen ist, weil die Zielstruktur ja immer nur über das Produzierte rekonstruiert werden kann.

(4) *Prämorbide individuelle Variation*: Wie aus der Alltagserfahrung bekannt, bestehen ja zwischen verschiedenen, in vieler Hinsicht sonst vergleichbaren Menschen große sprachliche Unterschiede (Tesak, 1991), die sich auch bei Aphasie auswirken können. Auch bei Sprachgesunden wurden bei verschiedenen Tests »agrammatische« Leistungen gefunden (Bates & Wulfeck, 1989; Bayer et al., 1987). Es ist also nicht unwahrscheinlich, der prämorbiden Variabilität einen Teil der Variabilität agrammatischer Sprache zuzuschreiben.

(5) *Normales versus Pathologisches*: Kolk et al. (1985), Andresen (1988) und Mellies & Vauth (1989) weisen darauf hin, daß vieles an aphasischer Sprache in den Bereich »normalen« Sprachverhaltens gehört. Die Frage, was an agrammatischen Äußerungen den Bereichen *pathologisch* versus *normal* zuzuordnen ist, ist keineswegs geklärt.

In einigen Untersuchungen wurde auch festgestellt, daß ältere Menschen in bezug auf ihre syntaktischen Fähigkeiten Defizite aufweisen (Kynette & Kemper, 1986; Kemper, 1986; Ulatowska, Hayashi, Cannito & Fleming, 1986; Übersicht in Baeriswyl, 1990). Kynette & Kemper (1986) zum Beispiel stellten fest, daß Siebzig- und Achtzigjährige viele Fehler bei der Produktion auch einfacher syntaktischer Strukturen machen: Obligatorische grammatische Morpheme (Artikel, Possessiv- und Relativpronomina) werden beispielsweise ausgelassen; zusätzlich werden nur einfache syntaktische Strukturen produziert und komplexere Konstruktionen vermieden. Da Aphasiker üblicherweise ältere Menschen sind, ist ein Einfluß von Defiziten, die nicht-aphasischer Ursache sind, denkbar.

(6) *Strategien und Kompensation*: Bekannt ist, daß Agrammatiker komplexe beziehungsweise problematische Konstruktionen vermeiden (Goodglass, 1976; Bates & Wulfeck, 1989; Feyereisen, 1984). In Tesak (1988) zeigt ein Agrammatiker, daß er bei zu komplexen Sachverhalten zu »Telegrammstil« greift, und nur mehr »Stichwörter« produziert. Kompensation kann in verschiedener Weise auftreten beziehungsweise in verschieden starkem Maße verwendet werden, wodurch Variabilität an der Oberfläche erscheinen kann, ohne daß notwendigerweise unterschiedliche Defizite vorliegen.

(7) *Ausprägung von Typizität und Schweregrad der Aphasie*: In bezug auf den Agrammatismus kann man gewisse Zusammenhänge zwischen Schweregrad der Aphasie und der Ausformung des Agrammatismus annehmen. Schwere Fälle sind auf Ein- und Zweiwortäußerungen beziehungsweise rein additive Sequenzen beschränkt, wohingegen leichtere Fälle durchaus längere Konstruktionen produzieren beziehungsweise anstreben. *Tendenziell* scheint, daß mit dem Schweregrad die Auslassungen ansteigen, bei Abnahme des Schweregrads mehr Substitutionen auftreten.

(8) *Psychologische Verfassung*: Adaptation (im Sinne der Produktion von »telegraphischen« Äußerungen) tritt angeblich vor allem in »entspannten« Situationen auf und weniger in formellen experimentellen Situationen; Heeschen vertritt auch die Ansicht, daß Adaptation eine Möglichkeit ist, sich von der Frustration zu befreien, die der typische Broca-Aphasiker aufgrund der Einsicht in seine sprachlichen Probleme hat (Flores d'Arcais & Lahiri, 1987:73f.). Kotten (1990) berichtet auch über Auswirkungen negativer Selbsteinschätzung von Aphasikern auf das Gesprächsverhalten. So spielt auch der emotionale Status eines Patienten möglicherweise eine Rolle für das Auftreten variabler agrammatischer Sprache.

(9) *Kognitive Überlastung*: Nespoulous et al. (1988) stellen fest, daß agrammatisches Sprachverhalten in Fällen geringerer kognitiver Belastung nicht auftritt. Ähnliche Beobachtungen finden sich auch in Tesak (1987; 1988; 1990c).

(10) *Zusätzliche Symptome*: Agrammatiker sind ja meist nicht nur agrammatisch, sondern weisen noch weitere Symptome auf, die eines Syndroms (zum Beispiel der Broca-Aphasie), die der Aphasie allgemein (zum Beispiel Wortfindungsschwierigkeiten; Blumstein, 1988), und auch andere, nicht-aphasische kognitive Beeinträchtigungen treten auf (Prins & Vermeulen, 1991). Auch diese Symptome wirken sich auf die Ausformung agrammatischer Rede in unterschiedlicher Weise aus, je nach Auftreten und Schweregrad. Über das Zusammenspiel der verschiedenen Symptome und gegenseitige Abhängigkeiten ist leider nur wenig bekannt.

(11) *Fokussierung der Aufmerksamkeit*: Nespoulous & Dordain (1991) zeigten, daß die Steuerung der selektiven Aufmerksamkeit auf ein bestimmtes Element die Leistung eines Agrammatikers in bezug auf Elemente der geschlossenen Klasse deutlich verbesserte. (Vgl. Carbonell, Valdois, Charnallet, Lyard & Pellat, 1991; Brookshire, 1974.)

(12) *Rekonstruktion von intendierten Äußerungen*: Ein notorisches Problem in der Aphasiologie ist die Rekonstruktion intendierter Äußerungen als Ausgangspunkt, um Fehlertypen und -häufigkeit bestimmen zu können. Natürlich ließe sich hier durch genaue Anwendung philologischer Vorgangsweisen das Problem verkleinern (Dressler, 1983), doch ist gegenwärtig uneinheitliches und intuitives Vorgehen beim Rekonstruieren und Zählen der Fehler eine weitere Ursache für das Auftreten von variablen Ergebnissen beim Auszählen agrammatischer Sprachproben.

(13) *Klinische Klassifikation*: Eine Quelle der Variation ist die Verwendung unterschiedlicher Klassifikationssysteme für die Auswahl der Aphasiker, die in den Studien zum Agrammatismus untersucht werden. Obwohl sich in den jüngeren Studien eine Besserung zeigt, weil standardisierte Aphasie-Tests wie der

BDAE (Goodglass & Kaplan, 1972) oder der AAT (Huber et al., 1983) als Grundlage verwendet werden, ist das Problem nicht kleiner geworden, weil auch ein Syndrom wie die Broca-Aphasie nicht für die Homogenität der Gruppen bürgt (vgl. Tyler, 1987; Caramazza, 1984) und auch ein typischer Broca-Aphasiker nicht alle Merkmale des Agrammatismus zeigen muß (Berndt, 1987).

(14) *Einzelsprachspezifische Faktoren*: Ein letzter Faktor betrifft die verschiedenen Sprachen der untersuchten Agrammatiker; oft werden Symptome gegeneinander aufgerechnet, die einen unterschiedlichen Stellenwert in der jeweiligen Sprache haben (zum Beispiel Wortstellung, vgl. Bates & Wulfeck, 1989). Agrammatismus tritt ja in allen Sprachen auf und hat durchaus verschiedene Erscheinungsformen (Tissot et al., 1973; Peuser & Fittschen, 1977; Panse & Shimoyama, 1973; Menn & Obler, 1990). Somit wird klar, daß sich die Definition von Agrammatismus gar nicht starr an bestimmte Symptome halten *kann*, sondern die jeweilige Sprachstruktur in Betracht ziehen muß (vgl. Perlman-Lorch, 1986; Kehayia & Jarema, 1991). Es steht zu vermuten, daß unter diesem Gesichtspunkt einzelne widersprüchliche Studien auf einen Nenner gebracht werden können.

Zusammenfassung

Es ist keineswegs verwunderlich, daß der Produktions-Agrammatismus in variabler Gestalt auftritt: zum einen gibt es methodische Probleme, zum anderen wirken individuelle, syndromspezifische, sprachspezifische, semantische, pragmatische, soziolinguistische, aufgaben- und textspezifische, kognitive, psychologische, allgemein aphasische und kompensatorische Faktoren auf die agrammatische Oberfläche (in noch unbekannter Weise) ein. Schließlich muß man noch die Möglichkeit in Betracht ziehen, daß es verschiedene Formen von Agrammatismus gibt.

Aus dem Gesagten ergibt sich auch eine Lösung für den zweiten oben genannten Problemkreis. Nicht Modelle einer eng beschränkten Domäne, sondern der Satzproduktionsprozeß in seiner Gesamtheit müssen den Ausgangspunkt bilden. Da solch ein vollständiges Modell aber erst in Ansätzen existiert (vgl. Levelt, 1989), ist gerade das Studium einer Erscheinung wie Agrammatismus sehr aufschlußreich, weil sie Hinweise auf relevante Größen solch eines Modells liefern kann. Dies impliziert keineswegs, daß die oben vorgestellten Ansätze keinen Wert mehr hätten. Das Gegenteil ist der Fall. Es geht jetzt darum, einzelne Ansätze zu modifizieren, sie zu kombinieren, Beschränkungen zu formulieren und einflußreiche Größen zu suchen. Man muß einfach beachten, daß die Hypothesen sich zum Produktions-Agrammatismus etwa so verhalten wie zum Beispiel Modelle der theoretischen Linguistik zur gesprochenen Alltagssprache.

Die zentrale Aufgabe der zukünftigen Forschung zum Produktions-Agrammatismus wird es sein, das *Zusammenspiel aus agrammatischem Defizit, Individuum, grammatischer Struktur, Performanz, Strategie/Kompensation und Kognition* zu entschlüsseln. Bevorzugtes methodisches Vorgehen werden wohl detaillierte *Einzelfallstudien* sein müssen, die dann in ihrer Gesamtheit vielleicht erlauben, eine *Typologie des Produktions-Agrammatismus* zu erstellen und das zugrundeliegende *Defizit* zu erkennen.

Experimentelle Techniken der Agrammatismus-Forschung

Die moderne Diskussion um den Agrammatismus ist stark durch die Anwendung experimenteller Techniken bei aphasischen beziehungsweise agrammatischen Patienten geprägt. Ausgangspunkt vieler experimenteller Studien zum Agrammatismus ist, daß der Produktions-Agrammatismus parallele Erscheinungen in allen Modalitäten und Aufgabenstellungen hat, das heißt, man nimmt an, daß Agrammatismus eine *zentrale Störung* ist. Durch experimentelle Studien erhofft man, die zugrundeliegenden Defizite besser erkennen zu können, die einer einfachen Beobachtung der Spontansprache oder im Rahmen einer klinischen Testbatterie nicht zugänglich sind. Bei rezeptiven und metalinguistischen Aufgabenstellungen besteht die Möglichkeit, die verwendeten linguistischen Stimuli genau zu kontrollieren. Wenn man für eine bestimmte experimentelle Technik auch Ergebnisse für Sprachgesunde hat, ist es aufschlußreich, diese mit Ergebnissen von Agrammatikern (oder von Aphasikern allgemein) zu vergleichen.

Im folgenden werden wichtige experimentelle Techniken beziehungsweise deren Ergebnisse in bezug auf Agrammatismus kurz dargestellt. Die meisten der besprochenen Studien sind *Gruppenstudien* mit *Broca-Aphasikern*, die *per definitionem* Aphasiker mit Produktions-Agrammatismus sind.

Methoden und Resultate

Satz-Bild-Zuordnen

Satz-Bild-Zuordnungen sind einfach durchzuführen. Nach (mündlicher oder schriftlicher) Vorgabe eines linguistischen Stimulus muß die Versuchsperson aus zwei oder mehreren Bildern das dem Stimulus entsprechende auswählen.

In einer Reihe von Untersuchungen wurde bei Agrammatikern eine Störung in Satz-Bild-Zuordnungen dann festgestellt, wenn zur richtigen Lösung eine syntaktische Analyse des verwendeten Stimulus-Satzes notwendig war. Verständnisaufgaben, bei denen das Verständnis der Lexeme (Nomina, Verba, Adjectiva) und allgemeines Weltwissen ausreichten, um zu einer richtigen Lösung zu kommen, wurden fehlerfrei oder mit wenigen Fehlern gelöst, wohingegen Sätze, deren Verständnis auf die Verarbeitung der grammatikalischen Elemente (freie und gebundene grammatikalische Morpheme) beruhte, nur schlecht oder gar nicht verstanden wurden (Goodglass, Gleason & Hyde, 1970; Shewan 1976; Caramazza & Zurif, 1976; Schwartz, Saffran & Marin, 1980; vgl. die Debatte Grodzinsky & Marek, 1988, versus Caramazza, 1988). Viele Studien sind daher auf sogenannte reversible Sätze ausgerichtet, wo eine simple lexikalische Strategie nicht zum Ziel führt (zum Beispiel *Den Knaben küßt das Mädchen*). Probleme treten vor allem bei passivischen Sätzen (Caplan, 1983b; Jarema, Kądzielawa & Waite, 1987; Grodzinsky, 1986), bei vertauschten Subjekt- und Objekt-Positionen und bei eingebetteten Relativsätzen (Grodzinsky, 1986; Goodglass, Blumstein, Gleason, Hyde, Green & Statlender, 1979; Ansell & Flowers, 1982), also bei der Verteilung der sogenannten thematischen Rollen auf (Berndt & Caramazza, 1980; Caramazza & Berndt, 1978; Marin, Saffran & Schwartz, 1976; Zurif, 1980). Plausiblen Subjekt-Objekt-Abfolgen wird der Vorzug gegeben (Gallagher & Canter, 1982).

Zusammenfassend gesehen ist es deutlich, daß Agrammatiker Schwierigkeiten haben, ein bestimmtes Bild auszuwählen, wenn grammatische Aspekte der linguistischen Stimuli berücksichtigt werden müssen. Doch gibt es viele Hinweise darauf, daß Agrammatiker nicht die einzigen sind, die Probleme solcher Art haben. Lesser (1978) zeigt, daß die Entdeckung von Subjekt-Objekt-Relationen auf der Basis der Wortstellung in aktiven und passiven Sätzen schwierig für *alle* Aphasiker ist, unabhängig von der (klinischen) Subgruppe, der die Patienten angehören. Shewan & Canter (1971) zeigen, daß syntaktische Komplexität nicht nur bei Agrammatikern, sondern auch bei nicht-agrammatischen aphasischen Gruppen zu mehr Fehlern führten. »Asyntaktisches« oder »agrammatisches« Verständnis wurde auch bei nicht-agrammatischen Leitungsaphasikern und bei Wernicke-Aphasie beziehungsweise flüssiger Aphasie entdeckt (Heilman & Scholes, 1976; Schwartz et al., 1985; Blumstein, Goodglass, Statlender & Biber, 1983; Caplan, 1985; Smith & Bates, 1987; Bates, Friederici & Wulfeck, 1987b; Caplan, Baker & Dehaut, 1985; Goodglass, 1968; Bates & Wulfeck, 1989). Andere Studien wiederum (Kolk & Friederici, 1985; Heeschen, 1985; Kudo, Tateshi, Kashiwagi & Segawa, 1982) finden keine qualitativen Unterschiede zwischen agrammatischen Broca-Patienten und paragrammatischen Wernicke-Patienten. Einzelne Fallstudien (Kolk, Van Grunsven & Keyser, 1985; Miceli, Mazzucchi, Menn & Goodglass, 1983; Nespoulous et al., 1990; Nespoulous et al., 1988; Caramazza & Hillis, 1989) zeigen sogar, daß Produktions-Agrammatismus ohne begleitende Schwierigkeiten bei Satz-Bild-Zuordnungen (beziehungsweise bei Verständnis-Aufgaben allgemein) auftreten kann.

Objekt-Manipulation

Bei Objekt-Manipulationen soll die Versuchsperson auf einen verbalen Stimulus hin bestimmte Handlungen ausführen, zum Beispiel mit Stofftieren den Inhalt eines Satzes darstellen. Im Unterschied zur Satz-Bild-Zuordnung hat dies den Vorteil, daß die Fehlermöglichkeiten nicht vorgegeben sind.

Smith & Mimica (1984) berichten über einen Objekt-Manipulations-Test, bei dem serbokroatisch sprechende Agrammatiker gebundene grammatische Morpheme recht gut interpretieren konnten. In dem Test, in dem die Faktoren Belebtheit, Wortstellung und Kasusmarkierung variiert wurden, zeigte sich, daß nur mehr 10 Prozent Fehler gemacht wurden, wenn diese drei Größen konkordant waren, aber 42 Prozent Fehler, wenn zwei der Größen im Widerspruch zueinander standen. Es komme, so Smith & Mimica, bei Konfliktsituationen zu kognitiver Überlastung, was dann zu den Fehlern führe (vgl. Bates & Wulfeck, 1989). Caplan & Hildebrandt (1988) berichten über drei Objekt-Manipulations-Tests mit einer größeren Gruppe von Aphasikern. Es zeigte sich, daß Fehler beim syntaktischen Verstehen (auch bei Satz-Bild-Zuordnungen) aus zumindest zwei Gründen entstehen: (1) Probleme mit Parsing-Strategien und bestimmten linguistischen Repräsentationen; (2) Verringerung der kognitiven Kapazität, die ein Patient für einen bestimmten Test zur Verfügung hat. Keine der Untergruppen war mit der Gruppe der Produktions-Agrammatiker identisch. Caplan & Hildebrandt (1988) meinen daher, daß es sich beim syntaktischen Defizit im Verständnis, wenn es bei Agrammatikern auftritt, bei den meisten, wenn nicht allen Fällen um eine allgemein aphasische Erscheinung handelt, die nicht direkt mit Produktions-Agrammatismus verbunden ist.

Beurteilen der Nähe von Elementen

Beim Beurteilen der Nähe von Elementen werden den Versuchspersonen zuerst Sätze in vollständiger Form dargeboten. Dann werden Drei-Wort-Gruppen benachbarter Elemente präsentiert. Die Versuchsperson muß die zwei Elemente bestimmen, die am engsten zusammengehören (Levelt, 1970).

Zurif, Caramazza & Myerson (1972) führten solch einen Test mit Broca-Aphasikern und Sprachgesunden durch. Die Broca-Patienten tendierten dazu, die lexikalischen Einheiten zusammen zu gruppieren, wohingegen Sprachgesunde sich an grammatischen Strukturen orientierten. Kurowski (1981) aber fand, daß auch nicht-agrammatische Wernicke-Patienten ähnlich gruppieren wie die Broca-Patienten von Zurif et al., und Kolk & Van Grunsven (1984) berichten einerseits ebenfalls über nicht-agrammatische Patienten, die abweichende Strukturen erstellen, sowie andererseits über Agrammatiker, die wie Normale gruppieren.

Grammatikalitätsurteile

Bei Grammatikalitätsurteilen (*grammaticality judgements*) müssen vorgegebene Sätze danach beurteilt werden, ob sie grammatisch oder ungrammatisch sind. Beispiel 1 ist ein grammatischer Satz des Deutschen, Beispiel 2 jedoch nicht:

1) *Jeden Morgen kämmt er sich die Haare.*

2) *Jeden Morgen kämmt wir uns die Haare.*

Heftig diskutiert werden die Leistungen von Agrammatikern in bezug auf die Fähigkeit, Sätze auf ihre Grammatikalität hin zu beurteilen. Einige Studien (Gardner, Denes & Zurif, 1975; Goodglass et al., 1970; Grossmann & Habermann, 1982; Luria, 1975, 1977) zeigten auf, daß Broca-Aphasiker Probleme haben, Abweichungen in Sätzen zu erkennen, wenn diese syntaktischer Natur sind, aber semantische Abweichungen gut erkennen können. Diese Studien sind aber aus den folgenden Gründen nur schwer zu deuten: Teilweise werden nicht syntaktische Konstruktionen, sondern nur kurze morphologische Paradigmen getestet, und teilweise werden Grammatikalitätsurteile vermischt mit Urteilen über Wahrheit oder Plausibilität, wodurch es bei semantisch plausiblen Sätzen zu einer Vernachlässigung grammatischer Aspekte kommen kann; es ist schließlich nicht klar, ob das beobachtete Verhalten agrammatismus-spezifisch ist (vgl. Howard, 1985; Linebarger, 1989). Linebarger et al. (1983) führten ein Satzbeurteilungs-Experiment durch, bei dem vorgegebene Sätze nur auf ihre Grammatikalität beziehungsweise Ungrammatikalität, die durch rein syntaktische Abweichungen konstruiert wurde, beurteilt werden mußten. Die vier untersuchten (englischsprachigen) Agrammatiker erbrachten bei dieser Untersuchung sehr gute Leistungen. Das ist besonders beachtenswert, weil diese vier Agrammatiker große Schwierigkeiten hatten, in Satz-Bild-Zuordnungs-Aufgaben syntaktische Hinweise auszunützen. De Bleser & Schuster (1987) kommen in ihrer Studie deutscher Agrammatiker zu dem Schluß, daß Probleme bei Satzbeurteilungen den Produktions-Agrammatismus nicht notwendigerweise begleiten.

Plausibilitätsurteile

Bei Plausibilitätsurteilen (*plausibility judgements*) sollen Sätze in bezug auf ihre pragmatische Plausibilität beurteilt werden. Plausiblen Sätzen wie *Der Vogel verschluckt den Wurm* kann man unplausible Sätze wie *Der Wurm verschluckt den Vogel* gegenüberstellen.

Schwartz et al. (1987) führten einen Plausibilitätstest mit Agrammatikern durch. In der Studie werden auch Sätze mit linguistischem Material, das für die Plausibilität keine Rolle spielt, verwendet (*The bird swallowed the worm / The worm swallowed the bird* versus *As the sun rose, the bird in the cool wet grass swallowed the worm quickly and went away / As the sun rose, the worm in the cool wet grass swallowed the bird quickly and went away*). Die Agrammatiker waren in der Lage, auch in den komplexeren Sätze gute Plausibilitätsurteile abzugeben, was nicht ohne syntaktische Analyse möglich ist.

Satzergänzungstests

Satzergänzungstests fordern von der Versuchsperson die Produktion (beziehungsweise Ergänzung) von fehlenden Elementen in Sätzen; die leere Stelle ist entweder im Schriftbild freigelassen oder wird bei mündlicher Darbietung zum Beispiel durch Klopfen angezeigt (*Die Frau ... laut gelacht*).

Kolk et al. (1985) führten mit einer Agrammatikerin einen Lückentest durch; die fehlenden Elemente waren Funktionswörter. Es zeigte sich, daß die Patientin in der Lage war, die Elemente einzusetzen, die sie in ihrer Spontansprache ausließ. Die Abwesenheit von Elementen in der Spontansprache heißt also nicht, daß diese Elemente unter keinen Umständen in Produktionstests produziert werden können. Bayer, De Bleser & Dronsek (1987) ließen Artikel- und Adjektivendungen ergänzen. Die untersuchten Agrammatiker waren trotz auftretender Fehler recht gut in der Lage, Nominalphrasen (Artikel – Adjektiv – Nomen) zu flektieren.

Satzordnungstests

Bei Satzordnungstests werden die Teile eines Satzes auf Plättchen vorgegeben, die dann zu einem vollständigen und korrekten Satz gelegt werden müssen.

Bei Satzordnungstests stellten Von Stockert (1972) und Von Stockert & Bader (1976) fest, daß Broca-Aphasiker nicht-reversible Deklarativsätze (*Die Kinder / spielen / im Garten*) sehr gut zusammensetzen können, daß sie aber dort, wo syntaktische Struktur und semantische Plausibilität im Widerspruch standen (*Der Hase / erschoß / den Jäger*), fast zu 90 Prozent den vom Weltwissen her plausiblen Aktor an die erste Stelle reihten. Im Gegensatz dazu waren die Wernicke-Patienten in der Lage, die grammatischen Strukturierungshinweise auszunützen.

Eine klare doppelte Dissoziation morphosyntaktischer Fähigkeiten und lexikalisch-semantischer Leistungen scheint gegeben (aber vgl. Kritik in Kean, 1978). Doch können Agrammatiker solche Satzordnungstests auch fehlerfrei lösen (De Bleser, Dronsek & Bayer, 1988; Miceli et al., 1983; Tesak, 1988).

All den bisher erwähnten Studien ist gemeinsam, daß sie *off-line* waren, wohingegen die folgenden Untersuchungen *On-line*-Experimente sind. Mit dem aus dem Computerjargon stammenden Metaphernpaar *on-line/off-line* ist eine Größe in die Diskussion eingeführt, die sehr wichtig in der experimentellen Psycholinguistik ist. *On-line* sind Experimente, wenn die Messung in dem Moment stattfindet, in dem das sprachliche Signal wahrgenommen wird; *off-line* sind Experimente, wenn Messung oder Beurteilung erst erfolgt, »wenn alles vorbei ist«, wie zum Beispiel beim Grammatikalitätsurteil.

Wortentscheidungsexperimente und Priming-Studien

Bei Wortentscheidungsexperimenten (*lexical decision tasks*) geht es darum, Buchstaben- oder Phonemketten als existierende Wörter oder als Nicht-Wörter zu identifizieren: *Hund* (beziehungsweise /hunt/) ist ein Wort der deutschen Sprache, *Hond* (beziehungsweise /hont/) hingegen nicht.

Bradley, Garrett & Zurif (1980) stellten fest, daß Agrammatiker Wörter der offenen und geschlossenen Klasse anders als normale Sprecher erkennen; nichtaphasische Sprecher haben bei Elementen der offenen Klasse einen Häufigkeitseffekt, das heißt häufigere Wörter haben eine kürzere Reaktionszeit (RZ), wohingegen Elemente der geschlossenen Klasse unabhängig von ihrer Frequenz immer gleich schnell erkannt werden (Bradley, 1978). Agrammatiker zeigen für *beide* Wortklassen einen Häufigkeitseffekt. Probleme ergeben sich daraus, daß das zugrundeliegende Experiment nicht repliziert werden konnte (Gordon & Caramazza, 1982; Kolk & Blomert, 1985) und daß nicht die Zugehörigkeit zu einer der Klassen allein relevant ist, sondern die syntaktische Funktion der Elemente (Menn & Obler, 1988; Petocz & Oliphant, 1988.)

Bei Untersuchungen zum mentalen Lexikon wurde bei Sprachgesunden in Wortentscheidungsexperimenten auch festgestellt, daß das zweite Wort eines Wortpaares schneller erkannt wird, wenn das erste Wort mit dem zweiten semantisch verwandt ist (*Hund–Katze*) als wenn das zweite Wort neutral oder ein Nicht-Wort ist (*Hand–Katze*; *Hond–Katze*). Man spricht dabei von einem sogenannten *semantischen Priming-Effekt.* Broca-Patienten zeigen solch einen Effekt in einem geringerem Maße als Wernicke-Aphasiker beziehungsweise Sprachgesunde (Blumstein, Milberg & Shrier, 1982; Milberg & Blumstein, 1981). Dies läßt Blumstein (1988) vermuten, daß Broca- und Wernicke-Patienten sich darin unterscheiden, inwieweit sie *automatische* und *kontrollierte* Prozesse im Wortabruf zur Verfügung haben. Automatische Prozesse sind extrem schnell, von kurzer Dauer und nicht kapazitätsbeschränkt; diese seien beim lexikalischen Abruf der Broca-Aphasiker wahrscheinlich beeinträchtigt. Kontrollierte Prozesse sind bewußter, langsamer und auch aufmerksamkeitsabhängig; diese seien bei den Wernicke-Patienten gestört.

In ähnlicher Weise meinen auch Friederici & Kilborn (1989), daß bei Agrammatikern ein Verlust (oder eine Beeinträchtigung) der automatischen Prozesse vorliegt, wodurch es nicht zur normalen Verarbeitung des Inputs (bei Verständnisaufgaben) kommt. Evidenz dafür kommt aus einer Priming-Studie. Sprachgesunde zeigen einen sogenannten *syntaktischen Priming-Effekt*, der darin besteht, daß Zielwörter schneller im Kontext eines grammatischen Satzes als in Isolation erkannt werden. Broca-Patienten zeigen das umgekehrte Muster: Wörter werden im syntaktischen Kontext langsamer erkannt als in Isolation. Der Kontext hat also einen verzögernden Effekt. Dies deuten Friederici und Kilborn als Zeichen dafür, daß agrammatische Broca-Aphasiker ein Problem in der automatischen Verarbeitung syntaktischer Strukturen haben. Wenn man allerdings das Zeitintervall vor der Darbietung des Zielworts größer werden läßt, dann verringert sich der inhibierende Effekt wieder. Dies unterstützt die These, weil in der zusätzlichen Zeit auftretende Probleme mit der Verarbeitung syntaktischer Information (partiell) gelöst worden sein könnten.

Wortwiedererkennungstests

Bei Wortwiedererkennungstests (*word monitoring*) geht es darum, bestimmte Wörter, die vorher spezifiziert werden, in Stimulus-Sätzen wiederzuerkennen, das heißt, bei Auftreten des gesuchten Wortes eine Taste zu drücken. Je nach Struktur der verwendeten Sätze ist die Reaktionszeit bis zum Erkennen des gesuchten Wortes unterschiedlich.

Marslen-Wilson & Tyler (1980) stellten fest, daß bei Sprachgesunden die Reaktionszeiten für das Erkennen von Zielwörtern je nach Art der vorgegebenen Stimuli unterschiedlich sind. Die Reaktionszeiten nehmen in der folgenden Reihenfolge zu: semantisch normales Satzpaar (*The church was broken into last night. Some thieves stole most of the LEAD of*), semantisch anomales Satzpaar (*The power was located in great water. No buns puzzle in the LEAD off the roof*) und »Wortsalat« (*In was power water the great located. Some the no puzzle buns in LEAD text the off*). Ebenso war die Reaktionszeit umso kürzer für die Zielwörter, je später diese in der Vorgabe auftraten. Dies ist aber nur gültig für normale und semantisch anomale Sätze, wohingegen bei »Wortsalat« dieser Positionseffekt nicht auftritt, was die Autoren darauf zurückführen, daß die Versuchspersonen für syntaktisch wohlgeformte Sätze syntaktische Repräsentationen erstellen, die das Wiedererkennen erleichtern. Die Erstellung einer syntaktischen Repräsentation ist beim »Wortsalat« natürlich nicht möglich.

Tyler (1985, 1987) berichtet über solch einen Wortwiedererkennungstest mit dem Agrammatiker DE. Ähnlich den Normalen zeigte er Reaktionszeiten, die in der Reihenfolge normal, semantisch anomal und »Wortsalat« abnahmen. Unterschiedlich war aber das Ergebnis für den Positionseffekt. Während die gesunden Kontrollprobanden bei semantisch anomalen Sätzen kürzere Reaktionszeiten mit nach hinten verlagertem Zielwort aufwiesen, spielte die Position im Satz für den Agrammatiker keine Rolle – die Reaktionen waren immer gleich schnell. Damit ist klar, daß der untersuchte Agrammatiker bei solchen Sätzen anders vorgeht als Sprachgesunde, indem er wahrscheinlich keine syntaktischen Repräsentationen erstellt. In einem weiteren Experiment wurden dann Sätze verwendet, die das Verhältnis des unmittelbar vorangehenden Verbs zum Zielwort variierten (*The crowd was waiting eagerly. The young man grabbed/buried/drank/slept the* GUITAR *and ...*). Die Sätze waren also normal (*grab the guitar*), pragmatisch implausibel (*bury the guitar*), inkorrekt in bezug auf Selektionsrestriktionen (*drink the guitar*) und syntaktisch unmöglich (*sleep the guitar*). Für Normale nimmt die Reaktionszeit in dieser Reihenfolge zu. Der untersuchte Agrammatiker zeigte ein vergleichbares Bild mit einer Ausnahme: Bei pragmatisch implausiblen Sätzen hatte DE die längste Reaktionszeit, das heißt bei dem abweichenden Satztyp, der für Sprachgesunde nur die geringste Verzögerung der Antwort bewirkte. Tyler schließt daraus, daß DE im Verständnis viel stärker auf pragmatische Hinweise aufbaut beziehungsweise angewiesen ist, um ein partielles syntaktisches Defizit auszugleichen. Interessant ist, daß bei der Aufgabe, die Sätze ohne Zeitmessung mit »gut« und »schlecht« zu beurteilen, der agrammatische Patient kein von den Normalen abweichendes Leistungsmuster zeigte, was auf die Wichtigkeit von *On-line*-Studien hinweist.

Wortwiedererkennungsexperimente werden auch verwendet, um Unterschiede zwischen Elementen der offenen und geschlossenen Klasse zu untersuchen (Friederici, 1987). Bei semantisch relevanten und semantisch irrelevanten Kontexten (*Der verarmte Spieler wollte ins Kasino gehen. Der Mann hoffte, Geld zu gewinnen* versus *Der verliebte Student wollte ins Grüne fahren. Der Mann hoffte, Geld zu gewinnen*) zeigte sich, daß Elemente der geschlossenen Klasse immer gleich schnell verarbeitet werden; die Elemente der offenen Klasse werden bei neutralem Kontext langsamer als die Elemente der geschlossenen Klasse verarbeitet, bei semantisch relevanten Kontexten wird die offene Klasse gleich schnell wie die geschlossene verarbeitet. In Friederici (1983) zeigen Wernicke-Patienten ein den Sprachgesunden ähnliches Verhalten (wenn auch deutlich verlangsamt). Broca-Aphasiker unterscheiden sich davon: Im semantisch neutralen Kontext werden beide Wortklassen gleich schnell erkannt; Sprachgesunde sind in dieser Bedingung schneller bei der geschlossenen Klasse. (Für eine Übersicht vgl. Friederici, 1987.)

Probleme

Problem 1: Dissoziationen

Aus der Zusammenschau der referierten Arbeiten ergibt sich, daß Produktions-Agrammatiker (beziehungsweise Broca-Aphasiker) zwar auch im Verständnis und bei verschiedenen anderen metalinguistischen Aufgabenstellungen Defizite in bezug auf grammatische Morpheme und syntaktische Strukturen aufweisen können, doch sind diese Defizite ***unterschiedlich ausgeprägt und keineswegs immer*** vorhanden. Defizite können bei einer Aufgabenstellung vorhanden sein, bei einer anderen Aufgabenstellung aber fehlen (zum Beispiel in Berndt, Salasoo, Mitchum & Blumstein, 1988; Linebarger et al., 1983; Baum, 1988). Diese Dissoziationen machen es nötig, die Idee einer »zentralen« agrammatischen Störung zurückzuweisen (vgl. Tesak, 1990a). Allerdings muß man beachten, daß es möglicherweise unterschiedliche Formen von Produktions-Agrammatismus gibt, unter denen durchaus auch eine Form von »zentralem« Agrammatismus sein könnte.

Problem 2: Abgrenzung der Agrammatiker

Die Zurückweisung einer »zentralen« Störung bei Agrammatismus wird zusätzlich dadurch motiviert, daß es noch keineswegs klar nachgewiesen ist, ob Produktions-Agrammatiker in ihren experimentellen Leistungen (rezeptiver, metalinguistischer Art) tatsächlich klar von anderen Aphasieformen (oder Sprachgesunden) abgrenzbar sind, also »typische« Leistungen zeigen. Die Tatsache, daß in vielen Studien geeignete Kontrollgruppen fehlen, vergrößert dieses Problem noch. Es gilt aber zu beachten, daß an der Oberfläche identische Leistungen unterschiedliche funktionale Basen und Ursachen haben können.

Problem 3: Selektive Datenerhebung

In experimentellen Untersuchungen werden spezielle Aspekte untersucht. Nicht geklärt ist, wie diese isolierten Details sich zum Gesamtkomplex des Produktions-Agrammatismus verhalten. Ein Bezug zum Produktions-Agrammatismus *muß* aber bestehen, weil Agrammatismus (beziehungsweise Broca-Aphasie) über spontansprachlichen Leistungen definiert ist, das heißt, die Versuchspersonen werden über Merkmale des Produktions-Agrammatismus ausgewählt. Es ist aber keineswegs klar, wie zum Beispiel rezeptive Leistungen in *On-line*-Studien zur Spontansprachproduktion in Beziehung stehen oder wie bestimmte Aspekte (zum Beispiel bei Wortentscheidungsexperimenten) zu konstitutiven Symptomen des Produktions-Agrammatismus wie verkürzte Satzlänge und syntaktische Vereinfachung stehen.

Problem 4: Die Interpretation der Daten

Bei allen experimentellen Techniken wird etwas gemessen oder gezählt, seien es Fehler bei einer *Multiple-choice*-Aufgabe oder die Reaktionszeit bis zu einem Tastendruck. Es ist aber keineswegs immer klar, wie die Ergebnisse zu interpretieren sind. Eine Satz-Bild-Zuordnung soll als Beispiel dienen. Leslie (1980) zeigte, daß Broca-Aphasiker bei Sätzen, die in bezug auf das Weltwissen syntaktischen und semantischen Widerspruch zeigen, fast immer der semantischen Lesart den Vorzug geben. In Situationen hingegen, wo sowohl Subjekt als auch Objekt implausibel waren, konnten dieselben Patienten sehr wohl dieselben syntaktischen Markierungen interpretieren. Dies läßt, wie auch beim Produktions-Agrammatismus, wieder die Notwendigkeit entstehen, strategische Aspekte miteinzubeziehen. Es zeigt auch, daß das Nicht-Anwenden einer Fähigkeit nicht mit dem Nicht-Anwenden-Können, also einem Defizit, gleichzusetzen ist. Ähnlichkeiten in den Leistungen von Broca- und Wernicke-Aphasikern bei Verständnis-Aufgaben könnten auf unterschiedliche Strategien und Kompensationsmechanismen zurückgehen, die bei *Off-line*-Experimenten wirksam sind. *On-line*-Experimente könnten hier vielleicht Unterschiede aufdecken, die in einer *Off-line*-Studie nicht entdeckt werden können.

Eine weitere noch nicht gelöste Frage ist, inwieweit zum Beispiel Satz-Bild-Zuordnungen und Objekt-Manipulations-Tests überhaupt adäquate Mittel sind, Verständnis von Sprache (beziehungsweise von linguistischen Strukturen) zu testen (Walker, 1988).

Problem 5: Gruppenstudien

In der kognitiven Neuropsychologie ist die Gruppenstudie mit pathologischen Fällen starker Kritik unterworfen worden. Das übliche Kriterium zur Gruppenbildung, nämlich die Einteilung in Syndrome (Broca-Aphasie, Wernicke-Aphasie, etc.), reicht nämlich nicht aus, um für eine homogene Gruppe zu bürgen, deren Ergebnisse sinnvoll interpretierbar wären (Caramazza & Martin, 1983; Caramazza, 1984; Ellis, 1987; Tyler, 1987). Die meisten der besprochenen Studien sind aber Gruppenstudien, deren Relevanz unter dem erwähnten Gesichtspunkt natürlich bestritten werden kann beziehungsweise wird (aber vgl. Kelter, 1990).

Zusammenfassung

Aus dem Überblick zu Ergebnissen experimenteller Studien und einer Darstellung zentraler Probleme wurde deutlich, daß es keineswegs klar ist, ob Produktions-Agrammatiker (oder Broca-Aphasiker) ein spezielles, typisch agrammatisches Defizit bei rezeptiven und metalinguistischen Leistungen aufweisen. Es treten Dissoziationen zwischen verschiedenen Aufgabenstellungen auf, und es gibt auch Schwierigkeiten bezüglich der Interpretation von erhobenen Daten in experimentellen Studien. Selektive Datenerhebung und Zweifel am Sinn von

Gruppenstudien lassen nur beschränkt eine Klärung des Phänomens des Produktions-Agrammatismus zu.

Ausblick

Trotz der Kritik und der dargestellten Probleme bieten experimentelle Techniken eine erfreuliche Perspektive. Zum einen werden die experimentellen Techniken immer feiner, zum anderen nehmen experimentelle Befunde (auch auf Einzelfallbasis) zu, so daß die Datenlage immer besser wird. Der Notwendigkeit, über strukturelle Charakterisierungen hinauszugehen und Verarbeitungs- und Prozeßmechanismen miteinzubeziehen, wird bereits vermehrt Rechnung getragen. Eine wesentliche Größe zukünftiger Forschung wird der Unterschied zwischen automatischen und kontrollierten Prozessen sein (Stark, 1988; Friederici & Kilborn, 1989; Blumstein, 1988).

Zentral ist es, genau zu bestimmen, inwieweit die in vielen Studien vorausgesetzte Syndrom-Einteilung von Aphasikern eine geeignete Grundlage für die Forschung ist und inwieweit der Brückenschlag von experimentellen Techniken zu Modellen der menschlichen Sprachproduktion (beziehungsweise zum Produktions-Agrammatismus) gelingt.

Ein Desiderat ist es, möglichst viele *On-line-* und *Off-line*-Tests bei Konstanthaltung der Identität der Versuchspersonen durchzuführen, um Vergleiche auf individueller Basis durchführen zu können. Es müssen diejenigen linguistischen Strukturen identifiziert werden, die nicht oder nur in abweichender Weise verarbeitet werden können, und die Ursachen dafür müssen spezifiziert werden.

Literatur

Ahlsén, E. & Dravins, C. (1990) Agrammatism in Swedish: Two case studies. In: L. Menn & L. Obler (eds.) *Agrammatism. A Cross Language Narrative Sourcebook*. Amsterdam: John Benjamins.

Akhutina, T. (1991) Is agrammatism an anomaly? In: J. Tesak (Hg.) *Neuro- und Patholinguistik. Grazer Linguistische Studien*, *35*, 65-81.

Andresen, H. (1988) Über die Folgen eines unzureichenden Sprachbegriffs für Aphasieforschung und -therapie. In: V. M. Roth (Hg.) *Kommunikation trotz gestörter Sprache. Aphasie–Demenz–Schizophrenie*. Tübingen: Narr.

Ansell, B. J. & Flowers C. R. (1982) Aphasic adults' use of heuristic and structural cues for sentence analysis. *Brain and Language, 16*, 61-72.

Alajouanine, T. (1968) *L'Aphasie et le langage pathologique.* Paris: J. B. Balliere & Fils.

Badecker, W. & Caramazza, A. (1985) On considerations of method and theory governing the use of clinical categories in neurolinguistics and cognitive neuropsychology: The case against agrammatism. *Cognition, 20*, 97-125.

Baeriswyl, M. (1990) *Sprachveränderungen im Alter.* Magisterarbeit, Universität Freiburg/Br.

Bates, E., Friederici, A. & Wulfeck, B. (1987a) Grammatical morphology in aphasia: Evidence from three languages. *Cortex, 23,* 545-574.

Bates, E., Friederici, A. & Wulfeck, B. (1987b) Sentence comprehension in aphasia: A cross-linguistic study. *Brain and Language, 32,* 19-67.

Bates, E., Friederici, A., Wulfeck, B. & Juarez, L. (1988) On the preservation of word order in aphasia: Cross-linguistic evidence. *Brain and Language, 33,* 323-364.

Bates, E. & Wulfeck, B. (1989) Comparative aphasiology: a cross-linguistic approach to language breakdown. *Aphasiology, 3,* 111-142.

Bayer, J., De Bleser, R. & Dronsek, C. (1987) Form und Funktion von Kasus bei Agrammatismus. In: J. Bayer (Hg.) *Grammatik und Kognition. Linguistische Berichte, Sonderheft 1,* 81-117.

Baum, S. R. (1988) Syntactic processing in agrammatism: evidence from lexical decision and grammaticality judgement tasks. *Aphasiology, 2,* 117-135.

Bennis, H., Prins, R. & Vermeulen, J. (1983) *Lexical-Semantic versus Syntactic Disorders in Aphasia: The Processing of Prepositions.* Publikaties van het Instituut voor Algemene Taalwetenschap, Universiteit van Amsterdam, 40.

Berko-Gleason, J., Goodglass, H., Green, E., Ackerman, N. & Hyde, M. R. (1975) The retrieval of syntax in Broca's aphasia. *Brain and Language, 2,* 451-471.

Berndt, R. S. (1987) Symptom co-occurence and dissociation in the interpretation of agrammatism. In: M. Coltheart, M. Sartori & R. Job (eds.) *The Cognitive Neuropsychology of Language.* Hillsdale, NJ: Lawrence Erlbaum.

Berndt, R. S. & Caramazza, A. (1980) A redefinition of the syndrome of Broca's aphasia: Implication for a neuropsychological model of language. *Applied Psycholinguistics, 1,* 225-278.

Berndt, R. S. & Caramazza, A. (1981) Syntactic aspects of aphasia. In: M. T. Sarno (ed.) *Acquired Aphasia.* New York: Academic Press.

Berndt, R. S., Salasoo, A., Mitchum, C. C. & Blumstein, S. (1988) The role of intonation cues in aphasics' performance of the grammaticality judgement task. *Brain and Language, 34,* 65-97.

Bhatnagar, S. & Whitaker, H. A. (1984) Agrammatism on inflectional bound morphemes – A case-study of a Hindi-speaking aphasic patient. *Cortex, 20,* 295-301.

Blumstein, S. E. (1988) Neurolinguistics: an overview of language-brain relations in aphasia. In: F. J. Newmeyer (ed.) *Linguistics: The Cambridge Survey. Vol. III: Language: Psychological and Biological Aspects.* Cambridge: Cambridge University Press.

Blumstein, S. E., Milberg, W. & Shrier, R. (1982) Semantic processing in aphasia: Evidence from an auditory lexical decision task. *Brain and Language, 17,* 301-315.

Bradley, D. C. (1978) *Computational Distinctions of Vocabulary Type.* Ph. D. Thesis, Massachusetts Institute for Technology.

Bradley, D. C., Garrett, M. F. & Zurif, E. B. (1980) Syntactic deficits in Broca's aphasia. In: D. Caplan (ed.) *Biological Studies of Mental Processes.* Cambridge, Mass.: MIT Press.

Brookshire, R. H. (1974) Differences in responding to auditory verbal materials among aphasic patients. *Acta Symbolica, 5,* 1-18.

Caplan, D. (1983a) A note on the "word order problem" in agrammatism. *Brain and Language, 20,* 155-165.

Caplan, D. (1983b) Syntactic comprehension in agrammatism: A lexical hypothesis. In: M. Studdert-Kennedy (ed.) *The Neurobiology of Language.* Cambridge: MIT Press.

Caplan, D. (1985) Syntactic and semantic structures in agrammatism. In: M.-L. Kean (ed.) *Agrammatism.* Orlando: Academic Press.

Caplan, D. (1986) In defense of agrammatism. *Cognition, 24,* 263-276.

Caplan, D. (1987) *Neurolinguistics and Linguistic Aphasiology. An Introduction.* Cambridge: Cambridge University Press.

Caplan, D., Baker, C. & Dehaut, F. (1985) Syntactic determinants of sentence comprehension in aphasia. *Cognition, 21,* 117-175.

Caplan, D. & Hildebrandt, N. (1988) *Disorders of Syntactic Comprehension.* Cambridge, Mass.: MIT Press.

Caramazza, A. (1984) The logic of neuropsychological research and the problem of patient classification in aphasia. *Brain and Language, 21,* 9-20.

Caramazza, A. (1988) When is enough, enough? A comment on Grodzinsky and Marek's "Algorithmic and heuristic processes revisited". *Brain and Language, 3,* 390-399.

Caramazza, A. & Berndt, R. S. (1978) Semantic and syntactic processes in aphasia: A review of the literature. *Psychological Bulletin, 85,* 898-918.

Caramazza, A. & Berndt, R. S. (1982) A psycholinguistic assessment of adult aphasia. In: S. Rosenberg (ed.) *Handbook of Applied Psycholinguistics.* Hillsdale, NJ: Lawrence Erlbaum.

Caramazza, A. & Berndt, R. S. (1985) A multicomponent deficit view of agrammatic Broca's aphasia. In: M.-L. Kean (ed.) *Agrammatism.* Orlando: Academic Press.

Caramazza, A. & Hillis, A. (1989) The disruption of sentence production: Some dissociations. *Brain and Language, 36,* 625-650.

Caramazza, A. & McCloskey, M. (1988) The case for single-patient studies. *Cognitive Neuropsychology, 5,* 517-528.

Caramazza, A. & Martin, R. S. (1983) Theoretical and methodological issues in the study of aphasia. In: J. B. Hellige (ed.) *Cerebral Hemisphere Asymmetry: Method, Theory, and Application*. New York: Praeger.

Caramazza, A. & Zurif, E. (1976) Dissociation of algorithmic and heuristic processes in language comprehension: Evidence from aphasia. *Brain and Language, 3*, 572-582.

Carbonell, S., Valdois, S., Charnallet, A., Lyard, G. & Pellat, J. (1991) On the effect of selective attention deficit in language processing: A single case study. In: J. Tesak (Hg.) *Neuro- und Patholinguistik. Grazer Linguistische Studien, 35*, 115-128.

Chomsky, N. (1981) *Lectures on Government and Binding*. Dordrecht: Foris.

Chomsky, N. & Halle, M. (1968) *The Sound Pattern of English*. New York: Harper & Row.

De Bleser, R. (1987) From agrammatism to paragrammatism: German aphasiological traditions and grammatical disturbances. *Cognitive Neuropsychology, 4*, 187-256.

De Bleser, R., Dronsek, C. & Bayer, J. (1988) Morphosyntactic processing in german agrammatism: A replication and revision of von Stockert / Bader (1976). *Cortex, 24*, 53-76.

De Bleser, R. & Schuster, A. (1987) Störungen der Wortfolge bei Aphasie. *Neurolinguistik, 1*, 1-26.

Dressler, W. U. (1983) Philologie und Aphasiologie. Ein Beitrag zu Theorie und Methodik der Patholinguistik. *Anzeiger der Österreichischen Akademie der Wissenschaften, Phil.-Hist. Klasse, 120. Jahrgang, Nr. 8*, 268-285.

Dressler, W. U. & Pléh, C. (1984) Zur narrativen Textkompetenz von Aphasikern. In: W. U. Dressler & R. Wodak (Hgg.) *Normale und abweichende Texte*. Hamburg: Buske.

Ellis, A. W. (1987) Intimitations of modularity, or, the modelarity of mind: Doing cognitive neuropsychology without syndromes. In: M. Coltheart, G. Sartori & R. Job (eds.) *The Cognitive Neuropsychology of Language*. Hillsdale, NJ: Erlbaum.

Ellis, A. W. & Young, A. W. (1988) *Human Cognitive Neuropsychology*. London: Erlbaum.

Feyereisen, P. (1984) How do aphasic patients differ in sentence production? *Linguistics, 22*, 687-710.

Fillenbaum, S., Jones, L. V. & Wepman, J. M. (1961) Some linguistic features of speech from aphasic patients. *Language and Speech, 4*, 91-108.

Flores d'Arcais, G. & Lahiri, A. (eds.) (1987) *Annual Report 8 des Max-Planck-Instituts für Psycholinguistik*. Nijmegen: MPI.

Friederici, A. D. (1982) Syntactic and semantic processes in aphasic deficits: The availability of prepositions. *Brain and Language, 15*, 249-258.

Friederici, A. D. (1983) Aphasics' perception of words in sentential context: Some real-time processing evidence. *Neuropsychologia, 21,* 351-358.

Friederici, A. D. (1984) *Neuropsychologie der Sprache.* Stuttgart: Kohlhammer.

Friederici, A. D. (1985) Levels of processing and vocabulary types: evidence from on-line comprehension in normals and agrammatics. *Cognition, 19,* 133-166.

Friederici, A. D. (1987) *Kognitive Strukturen des Sprachverstehens.* Berlin: Springer.

Friederici, A. D. & Kilborn, K. (1989) Temporal constraints on language processing: Syntactic priming in Broca's aphasia. *Journal of Cognitive Neuroscience, 1,* 262-272.

Gallagher, A. J. & Canter, G. J. (1982) Reading and listening comprehension in Broca's aphasia: Lexical versus syntactical errors. *Brain and Language, 17,* 183-192.

Garrett, M. F. (1976) Syntactic processes in sentence production. In: R. J. Wales & E. Walker (eds.) *New Approaches to Language Mechanisms.* Amsterdam: North Holland.

Garrett, M. F. (1980) Levels of processing in sentence production. In: B. Butterworth (ed.) *Language Production. Vol. 1.* London: Academic Press.

Garrett, M. F. (1984) The organization of processing structure for language production: Applications to aphasia research. In: D. Caplan, A. R. Lecours & A. Smith (eds.) *Biological Perspectives on Language.* Cambridge, MA: MIT Press.

Gleason, J., Goodglass, H., Green, E., Hyde, M. & Weintraub, S. (1980) Narrative strategies of aphasic and normal subjects. *Journal of Speech and Hearing Research,* 23, 370-382.

Goodglass, H. (1968) Studies on the grammar of aphasics. In: S. Rosenberg & J. H. Koplin (eds.) (1968) *Developments in Applied Psycholinguistics Research.* New York: MacMillan. (Wiederabgedruckt in: H. Goodglass & S. Blumstein (eds.) (1973) *Psycholinguistics and Aphasia.* Baltimore: The Johns Hopkins University Press.)

Goodglass, H. (1976) Agrammatism. In: H. Whitaker, & H. A. Whitaker (eds.) *Studies in Neurolinguistics. Vol. 1.* New York: Academic Press.

Goodglass, H., Blumstein, S. E., Gleason, J. B., Hyde, M. R., Green, E. & Statlender, S. (1979) The effect of syntactic encoding on sentence comprehension in aphasia. *Brain and Language, 7,* 201-209.

Goodglass, H., Gleason, J. B. & Hyde, M. R. (1970) Some dimensions of auditory language comprehension in aphasia. *Journal of Speech and Hearing Research, 13,* 595-606.

Goodglass, H. & Kaplan, E. (1972) *The Assessment of Aphasia and Related Disorders.* Philadelphia: LEA & Febiger.

Goodglass, H. & Menn, L. (1985) Is agrammatism a unitary phenomenon? In: M.-L. Kean (ed.) *Agrammatism*. Orlando: Academic Press.

Goodglass, H., Quadfasel, F. A. & Timberlake, W. H. (1964) Phrase length and the type and severity of aphasia. *Cortex, 1,* 133-153.

Gordon, B. & Caramazza, A. (1982) Lexical decision for open- and closed-class words: Failure to replicate differential frequency sensitivity. *Brain and Language, 15,* 143-160.

Grodzinsky, Y. (1984) The syntactic characterization of agrammatism. *Cognition, 16,* 99-120.

Grodzinsky, Y. (1986) Language deficits and the theory of grammar. *Brain and Language, 27,* 135-159.

Grodzinsky, Y. & Marek, A. (1988) Algorithmic and heuristic processes revisited. *Brain and Language, 33,* 216-225.

Grossmann, M. & Habermann, H. (1982) Aphasics' selective deficits in appreciating grammatical agreements. *Brain and Language, 16,* 109-120.

Hand, C. R., Tonkovich, J. D. & Aitchison, J. (1979) Some idiosyncratic strategies utilized by a chronic Broca's aphasic. *Linguistics, 17,* 729-759.

Heeschen, C. (1985) Agrammatism versus paragrammatism: A ficticious opposition. In: M.-L. Kean (ed.) *Agrammatism*. Orlando: Academic Press.

Heeschen, C. & Kolk, H. (1988) Agrammatism and paragrammatism. *Aphasiology, 2,* 299-302.

Heilman, K. M. & Scholes, R. J. (1976) The nature of comprehension errors in Broca's, conduction, and Wernicke's aphasics. *Cortex, 12,* 258-265.

Howard, D. (1985) Agrammatism. In: S. Newman & R. Epstein (eds.) *Current Perspectives in Dysphasia*. Edinburgh: Churchill Livingstone.

Howes, D. & Geschwind, N.(1962) *Statistical Properties of Aphasic Language*. Cambridge, Mass.: MIT Press.

Howes, D. & Geschwind, N. (1964) Quantitative studies of aphasic language. In: D. M. K. Rioch & E. A. Weinstein (eds.) *Disorders of Communication*. Baltimore: Williams & Wilkins.

Huber, W., Poeck, K., Weniger, D. & Willmes, K. (1983) *Der Aachener Aphasie Test*. Göttingen: Hogrefe.

Huber, W., Poeck, K. & Weniger, D. (1989) Aphasie. In: K. Poeck (Hg.) *Klinische Neuropsychologie*. Stuttgart: Thieme.

Isserlin, M. (1922) Über Agrammatismus. *Zeitschrift für die Gesamte Neurologie und Psychiatrie, 75,* 332-416.

Jakobson, R.(1964) Towards a linguistic typology of aphasic impairments. In: A. V. S. DeReuck & M. O'Connor (eds.) *CIBA Foundation Symposion on Disorders of Language*. London: Churchill.

Jakobson, R. (1956) Two aspects of language and two types of aphasic disturbance. In: R. Jakobson & M. Halle (eds.) *Fundamentals of Language.* The Hague: Mouton.

Jarema, G. & Kądzielawa, D. (1987) Agrammatism in Polish: a case study. *Aphasiology, 1,* 223-234.

Jarema, G., Kądzielawa, D. & Waite, D. (1987) On comprehension of active / passive sentences and language processing in a polish agrammatic patient. *Brain and Language, 32,* 215-232.

Kean, M.-L. (1977) The linguistic interpretation of aphasic syndromes: Agrammatism in Broca's aphasia, an example. *Cognition, 5,* 9-46.

Kean, M.-L. (1978) The linguistic interpretation of aphasic syndromes. In: E. Walker (ed.) *Explorations in the Biology of Language.* Hassocks: Harvester Press.

Kean, M.-L. (1980) Grammatical representations and the description of processing. In: D. Caplan (ed.) *Biological Studies of Mental Processes.* Cambridge, MA: MIT Press.

Kehayia, E. & Jarema, G. (1991) On Agrammatism in Greek. In: J. Tesak (Hg.) *Neuro- und Patholinguistik. Grazer Linguistische Studien, 35,* 47-63.

Keller, E. (1987) The cortical representation of motor processes of speech. In: E. Keller & M. Gopnik (eds.) *Motor and Sensory Processes of Language.* Hillsdale, NJ: Erlbaum.

Kelter, S. (1990) *Aphasien. Hirnorganisch bedingte Sprachstörungen und kognitive Wissenschaft.* Stuttgart: Kohlhammer.

Kemper, S. (1986) Imitation of complex syntactic constructions by elderly adults. *Applied Psycholinguistics, 7,* 277-288.

Kolk, H. H. J. & Blomert, L. (1985) On the Bradley hypothesis concerning agrammatism: The nonword-interference effect. *Brain and Language, 26,* 94-105.

Kolk, H. H. J. & Friederici, A. (1985) Strategy and impairment in Broca's and Wernicke's aphasics. *Cortex, 21,* 47-67.

Kolk, H. H. J., Heling, G. & Keyser, A. (1990) Agrammatism in Dutch: Two case studies. In: L. Menn & L. Obler (eds.) *Agrammatism. A Cross Language Narrative Sourcebook.* Amsterdam: John Benjamins.

Kolk, H. H. J. & Van Grunsven, M. J. F. (1984) Metalinguistic judgements on sentence structure in agrammatism – A matter of task misinterpretation. *Neuropsychologia, 22,* 31-39.

Kolk, H. H. J. & Van Grunsven, M. J. F. (1985) Agrammatism as a variable phenomenon. *Cognitive Neuropsychology, 2,* 347-384.

Kolk, H. H. J., Van Grunsven, M. J. F. & Keyser, A. (1985) On parallelism between production and comprehension in agrammatism. In: M.-L. Kean (ed.) *Agrammatism.* Orlando: Academic Press.

Kotten, A. (1990) Gruppentherapie: ein kritischer Überblick. Referat, *3. Workshop des Bundesverbandes Klinischer Linguisten,* Bad Salzhausen.

Kreindler, A., Mihailescu, L. & Fradis, A. (1980) Speech fluency in aphasics. *Brain and Language, 9,* 199-205.

Kudo, T., Tateshi, M., Kashiwagi, T. & Segawa, N. (1982) Sensitivity to functors in Japanese aphasics. *Neuropsychologia, 20,* 641-651.

Kurowski, K. (1981) *A Contrastive Analysis of the Comprehension Deficit in Posterior and Anterior Aphasia.* Unpubl. Master's Thesis, Brown University.

Kynette, D. & Kemper, S. (1986) Aging and the loss of grammatical forms: A cross-sectional study of language performance. *Language and Communication, 6,* 65-72.

Lecours, A. R., Lhermitte, F. & Bryans, B. (1983) *Aphasiology.* Sussex: Bailliere Tindall.

Leslie, C. (1980) *The interactive effects of syntax, pragmatics, and task difficulty in aphasic language comprehension.* Ph. D. dissertation, Columbia University.

Lesser, R. (1978) *Linguistic Investigations of Aphasia.* London: Arnold.

Leuninger, H. (1989a) *Neurolinguistik. Probleme, Paradigmen, Perspektiven.* Opladen: Westdeutscher Verlag.

Leuninger, H. (Hg.) (1989b) Modulare Sprachverarbeitung: Evidenz aus der Aphasie. *Frankfurter Linguistische Forschungen, Sondernummer, 2.*

Levelt, W. J. M. (1970) A scaling approach to the study of syntactic relations. In: G. B. Flores d'Arcais & W. J. M. Levelt (eds.) *Advances in Psycholinguistics.* Amsterdam: North Holland.

Levelt, W. (1989) *Speaking: From Intention to Articulation.* Cambridge, MA: MIT Press.

Linebarger, M. C., Schwartz, M.F & Saffran, E. M. (1983) Sensitivity to grammatical structure in so-called agrammatic aphasics. *Cognition, 13,* 361-392.

Linebarger, M. C. (1989) Neuropsychological evidence for linguistic modularity. In: G. N. Carlson & M. K. Tanenhaus (eds.) *Linguistic Structure in Language Processing.* Dordrecht: Kluwer.

Luria, A. R. (1970) *Traumatic Aphasia. Its Syndromes, Psychology, and Treatment.* The Hague: Mouton.

Luria, A. R. (1975) Two kinds of disorders in the comprehension of grammatical constructions. *Linguistics, 154/155,* 47-56.

Luria, A. R. (1977) Disturbances of grammatical operations in semantic aphasia. *Neurolinguistics, 6,* 169-176.

Magnúsdóttir, S. & Thráinsson, H. (1990) Agrammatism in Icelandic: Two case studies. In: L. Menn & L. Obler (eds.) *Agrammatism. A Cross Language Narrative Sourcebook.* Amsterdam: Benjamins.

Marin, O. S. M., Saffran, E. M. & Schwartz, M. F. (1976) Dissociation of language in aphasia: Implications for normal functions. *Annals of the New York Academy of Sciences, 280,* 868-884.

Marslen-Wilson, W. D. & Tyler, L. (1980) The temporal structure of spoken language understanding. *Cognition, 8,* 1-71.

Mellies, R. & Vauth, F. (1989) Strategie bei Defizit oder Was ist eigentlich aphasisch an der Aphasie? Vortrag, *Jahrestagung der Gesellschaft für Angewandte Linguistik,* Göttingen.

Menn, L. (1989) Comparing approaches to comparative aphasiology. *Aphasiology, 3,* 143-150.

Menn, L. & Obler, L. (1988) Findings of the cross-language aphasia study, phase I: agrammatic narratives. *Aphasiology, 2,* 347-350.

Menn, L. & Obler, L. (eds.) (1990) *Agrammatism: A Cross-Language Narrative Source Book.* Amsterdam: Benjamins.

Miceli, G., Mazzucchi, A., Menn, L. & Goodglass, H. (1983) Contrasting cases of Italian agrammatic aphasia without comprehension disorder. *Brain and Language, 19,* 65-97.

Miceli, G., Silveri, M. C., Villa, G. & Caramazza, A.(1984) On the basis for the agrammatics' difficulty in producing main verbs. *Cortex, 20,* 207-220.

Miceli, G., Silveri, M., Romani, C. & Caramazza, A. (1989) Variation in the pattern of omissions and substitutions of grammatical morphemes in the spontaneous speech of so-called agrammatic patients. *Brain and Language, 36,* 447-492.

Milberg, W. & Blumstein, S. E.(1981) Lexical decision and aphasia: Evidence for semantic processing. *Brain and Language, 14,* 371-385.

Nespoulous, J.-L. (1973) *Approche linguistique de divers phénomènes d' agrammatisme. Étude comparative. Application aux méthodes de diagnostic et de rééducation du langage.* Dissertation, Université Toulouse-Le Mirail.

Nespoulous, J.-L. & Dordain, M. (1991) Variability, attentional (?) factors and the processing of grammatical morphemes in sentence production by an agrammatic patient. In: J. Tesak (Hg.) *Neuro- und Patholinguistik. Grazer Linguistische Studien, 35,* 33-45.

Nespoulous, J. L., Dordain, M., Perron, C., Jarema, G. & Chazal, M. (1990) Agrammatism in French: Two case studies. In: L. Menn & L. Obler (eds.) *Agrammatism: A Cross Language Narrative Source Book.* Amsterdam: Benjamins.

Nespoulous, J.-L., Dordain, M., Perron, C., Ska, B., Bub, D., Caplan, D., Mehler, J. & Lecours, A. R. (1988) Agrammatism in sentence production without comprehension deficits: Reduced availability of syntactic structures and/or of grammatical morphemes? A case study. *Brain and Language, 33,* 273-295.

Nespoulous, J.-L., Villiard, P. & Lecours, A. R. (1989) What is to be done with linguistic variability – cross-linguistic or otherwise – when dealing with (aphasic) pathological data? *Aphasiology, 3,* 151-154.

Niemi, J. & Laine, M. (1989) The English language bias in neurolinguistics: new languages give new perspectives. *Aphasiology, 3,* 155-159.

Panse, F. & Shimoyama, T. (1973) On the effects of aphasic disturbance in Japanese: Agrammatism and paragrammatism. In: H. Goodglass & S. Blumstein (eds.) *Psycholinguistics and Aphasia.* Baltimore: Johns Hopkins University Press.

Parisi, D. (1987) Grammatical disturbances of speech production. In: M. Coltheart, M. Sartori & R. Job (eds.) *The Cognitive Neuropsychology of Language.* Hillsdale, NJ: Erlbaum.

Perlman-Lorch, M. (1986) *A Cross-Linguistic Study of Verb Inflections in Agrammatism.* Ph. D. Dissertation, Boston University.

Petocz, A. & Oliphant, G. (1988) Closed-class words as first syllables do interfere with lexical decisions for nonwords: Implications for theories of agrammatism. *Brain and Language, 34,* 127-146.

Peuser, G. (1978) *Aphasie.* München: Fink.

Peuser, G. & Fittschen, M. (1977) On the universality of language dissolution: The case of a Turkish aphasia. *Brain and Language, 4,* 196-207.

Pick, A. (1913) *Die agrammatischen Sprachstörungen.* Berlin: Springer.

Pick, A. (1931) Aphasie. In: A. Bethe & G. von Bergmann (Hgg.) *Handbuch der normalen und pathologischen Physiologie. Bd.15(2).* Berlin: Springer.

Prins, R. S. & Vermeulen, J. (1991) Aphasia after stroke. In: J. Tesak (Hg.) *Neuro- und Patholinguistik. Grazer Linguistische Studien, 35,* 1-31.

Rubens, A. B. (1975) Aphasia with infarction in the territory of the anterior cerebral artery. *Cortex, 11,* 239-250.

Saffran, E. M. (1982) Neuropsychological approaches to the study of language. *British Journal of Psychology, 73,* 317-337.

Saffran, E., Schwartz, M. & Marin, O. (1980) The word order problem in agrammatism: II. Production. *Brain and Language, 10,* 263-280.

Salomon, E. (1914) Motorische Aphasie mit Agrammatismus und sensorisch-agrammatischen Störungen. *Monatsschrift für Psychiatrie und Neurologie, 35,* 181-208, 216-275.

Schwartz, M. F., Linebarger, M. C. & Saffran, E. M. (1985) The status of the syntactic deficit theory of agrammatism. In: M.-L. Kean (ed.) *Agrammatism.* Orlando: Academic Press.

Schwartz, M. F., Linebarger, M., Saffran, E. M. & Pate, D. S. (1987) Syntactic transparency and sentence interpretation in aphasia. *Language and Cognitive Processes, 2,* 85-113.

Schwartz, M. F., Saffran, E. M. & Marin, O. S. M. (1980) The word order problem in agrammatism: I. Comprehension. *Brain and Language, 10,* 249-262.

Shewan, C. M. (1976) Error patterns in auditory comprehension of adult aphasics. *Cortex, 12,* 325-336.

Shewan, C. M. & Canter, C. J. (1971) Effects of vocabulary, syntax, and sentence length on auditory comprehension of adult aphasics. *Cortex, 7,* 209-226.

Smith, S. & Bates, E. (1987) Accessibility of case and gender contrasts for assignment of agent-object relations in Broca's aphasics and fluent anomics. *Brain and Language, 30,* 8-32.

Smith, S. & Mimica, I.(1984) Agrammatism in a case-inflected language: Comprehension of agent-object relations. *Brain and Language, 21,* 274-290.

Stark, J. A. (1988) Aspects of automatic versus controlled processing, monitoring, metalinguistic tasks and related phenomena in aphasia. In: W. U. Dressler & J. Stark (eds.) *Linguistic Analyses of Aphasic Language.* New York: Springer.

Stark, J. A. & Dressler, W. U. (1990) Agrammatism in German: Two case studies. In: L. Menn & L. Obler (eds.) *Agrammatism: A Cross Language Narrative Sourcebook.* Amsterdam: John Benjamins.

Stark, H. K., Dressler, W. U. & Moosmüller, S. (1988) Sociophonology and aphasia. In: W. U. Dressler & J. Stark (Hgg.) *Linguistic Analyses of Aphasic Language.* Berlin: Springer.

Tesak, J. (1987) Zur Ursache agrammatischen Sprachverhaltens. In: *Proceedings des XIV. Int. CIPL-Linguistenkongresses (Berlin, August 1987), im Druck.*

Tesak, J. (1988) *Kognitive Faktoren bei Agrammatismus.* Phil. Diss., Universität Graz.

Tesak, J. (1990a) Agrammatismus. Ergebnisse und Probleme der Forschung. *Neurolinguistik, 4,* 1-41.

Tesak, J. (1990b) Agrammatism and Pragmatics. Poster, *8. European Workshop on Cognitive Neuropsychology,* Bressanone.

Tesak, J. (1990c) *Agrammatism – Simply the Result of Reduced Capacity in Language Processing?* Typoskript, Universität Freiburg.

Tesak, J. (im Druck) Zur Variabilität linguistischer Aspekte in aphasischem Sprachverhalten. In: B. Simons (Hg.) *Gruppentherapie in der klinischen Linguistik.* Bern: Lang.

Tesak, J. (1991) Was ist normal? Zur Frage des Bezugsrahmens in der kognitiven Neurolinguistik. Vortrag, *2. Arbeitstagung der österreichischen Arbeitsgemeinschaft zur Erforschung der Psychopathologie höherer und höchster Hirnleistungen,* Innsbruck.

Tesak, J. & Dittmann, J. (1990a) Syntaktische Struktur in Telegrammen. Vortrag, *25. Linguistisches Kolloquium,* Paderborn.

Tesak, J. & Dittmann, J. (1990b) Telegramm-Stil bei Aphasikern und Sprachgesunden. Poster, *Jahrestagung der Arbeitsgemeinschaft zur Aphasieforschung und -behandlung,* Erlangen.

Tissot, R., Mounin, G. & Lhermitte, F. (1973) *L'Agrammatisme*. Brüssel: Dessart.

Tsvetkova, L. S. & Glozman, J. M. (1975) A neurolinguistic analysis of expressive agrammatism in different forms of aphasia. *Linguistics, 154/155*, 61-76.

Tyler, L. (1985) Real-time comprehension processes in agrammatism: A case study. *Brain and Language, 26*, 259-275.

Tyler, L. K. (1987) Spoken language comprehension in aphasia: A real-time processing perspective. In: M. Coltheart, M. Sartori & R. Job (eds.) *The Cognitive Neuropsychology of Language*. Hillsdale, NJ: Lawrence Erlbaum.

Ulatowska, H. K., Hayashi, M. M., Cannito, M. P. & Fleming, S. G. (1986) Disruption of reference in aging. *Brain and Language, 28*, 24-41.

Vogel, M., Ziegler, W. & Morasch, H.(1988) Sprechen. In: D. von Cramon & J. Zihl (Hgg.) *Neuropsychologische Rehabilitation*. Berlin: Springer.

Von Stockert, T. R. (1972) Recognition of syntactic structure in aphasic patients. *Cortex, 8*, 323-334.

Von Stockert, T. R. & Bader, L. (1976) Some relations of grammar and lexicon in aphasia. *Cortex, 12*, 49-59.

Wagenaar, E., Snow, C. & Prins, R. S. (1973) Spontaneous speech in aphasic patients: A psycholinguistic analysis. *Brain and Language, 2*, 281-303.

Walker, S. A. (1988) Dementia and dysphasia; 'like asking a blind man to describe an elephant'. *Aphasiology, 2*, 175-179.

Weniger, D. & Beck, G. (1985) Unterschiedliche Ausprägung der aphasischen Symptome in Mundart und Hochsprache. In: C. L. Naumann (Hg.) *Dialekt und Sprachstörungen*. Hildesheim: Olms.

Williams, S. E. & Canter, G. J. (1987) Action-naming performance in four syndromes of aphasia. *Brain and Language, 32*, 124-136.

Zurif, E. B. (1980) Language mechanisms: A neuropsychological perspective. *American Scientist, 68*, 305-311.

Zurif, E. B., Caramazza, A. & Myerson, R. (1972) Grammatical judgements of agrammatic aphasics. *Neuropsychologia, 10*, 405-417.

6. Paragrammatismus

Klaus-Jürgen Schlenck
Abteilung für Neurologie und Neuropsychologie, Fachklinik Enzensberg
Hopfen am See/Füssen

Definition

Der Ausdruck *Paragrammatismus* als Bezeichnung für eine Gruppe von sprachsystematischen Abweichungen in der syntaktischen Struktur, wie sie in der Spontansprache flüssiger aphasischer Patienten zu beobachten sind, taucht in der aphasiologischen Literatur erst relativ spät auf (zum wissenschaftsgeschichtlichen Hintergrund vgl. die ausführliche Darstellung von De Bleser, 1987). Er wurde von Kleist (1914) für die Beschreibung der Sprache eines paranoiden Patienten eingeführt und dem von aphasischen Patienten bereits seit längerem bekannten Agrammatismus gegenübergestellt. Kleist (1934) definiert Paragrammatismus wie folgt:

> *Neben dem schon länger bekannten Agrammatismus mit seinem Verlust beziehungsweise seiner Vereinfachung der Satzbildung, dem »Telegrammstil«, gibt es noch eine andere Art von Störung des grammatischen Ausdruckes, bei der die Satzbildung an sich nicht aufgehoben ist, sondern bei der sich die Kranken in der Wahl und Ausführung der Satzkonstruktionen vergreifen. Dabei werden oft verschiedene Satzgebilde miteinander vermengt und mannigfache Fehler der Wortstellung und der Wortabwandlung bei der Deklination, Konjugation und Komparation der Worte gemacht; besonders fehlerhaft ist auch der Gebrauch der spezifisch grammatischen Worte, der Artikel, Pronomina und Partikel, desgl. der Interpunktionszeichen beim schriftlichen Gedankenausdruck. Die unverkennbare Ähnlichkeit dieser Art von grammatischen Fehlleistungen mit den Paraphasien, den Vergreifungen in Lauten oder Worten veranlaßt mich, von einem Paragrammatismus als einer zweiten Art grammatischer Störung zu reden.*

Diese Definition enthält bereits alle Merkmale, die nach heutigen klinischen Beschreibungen den Paragrammatismus konstituieren (vgl. zum Beispiel Huber, Stachowiak, Poeck & Kerschensteiner, 1975). So wird zum Beispiel im Aachener Aphasietest (Huber, Poeck, Weniger & Willmes, 1983) in der Beurteilung der Spontansprache auf der Beurteilungsebene »syntaktische Struktur« für Paragrammatismus der Punktwert 3 vergeben. Dieser Punktwert wird vergeben für *lange, komplexe Sätze mit vielen Satzverschränkungen beziehungsweise Verdoppelungen von Satzteilen UND/ODER mit sehr vielen Satzabbrüchen UND/ODER mit vielen falschen Flexionsformen beziehungsweise Funktionswörtern.*

Demnach wird Paragrammatismus als eine Störung des Satzbaus verstanden, bei der die syntaktische Struktur nicht grundsätzlich aufgehoben ist, sondern bei der die Spontansprache im Gegenteil aus langen und syntaktisch komplexen Sätzen besteht. Bei diesen komplexen Sätzen fallen folgende sprachsystematische Symptome auf, die einzeln oder in Kombination auftreten können:

- Satzverschränkungen
- Satzteilverdoppelungen
- Satzabbrüche
- falsche Funktionswörter
- falsche Flexionsformen.

Ein Problem der Definition von Paragrammatismus ist die Abgrenzung gegenüber dem Agrammatismus. Die allgemeine Unterscheidung, wonach agrammatische Patienten eine reduzierte syntaktische Struktur zeigen und grammatische Wörter und Flexionsmorpheme auslassen, wohingegen paragrammatische Patienten grammatische Wörter beziehungsweise Morpheme durch andere, falsche, ersetzen, ist in dieser kategorischen Form nicht haltbar. Dieses Problem war bereits in der ersten Hälfte dieses Jahrhunderts, kurz nach der Einführung der Agrammatismus-Paragrammatismus-Dichotomie, bekannt (vgl. De Bleser, 1987). Gerade in den letzten Jahren häufen sich Studien, die durch detaillierte linguistische Analysen belegen, daß agrammatische Patienten keine homogene Patientengruppe in Bezug auf ihre syntaktischen Fehlleistungen bilden und häufig nicht nur Auslassungen, sondern auch Ersetzungen von grammatischen Morphemen zeigen (vgl. zum Beispiel Badecker & Caramazza, 1985; Miceli, Silveri, Romani & Caramazza, 1989). Manche Autoren ziehen daraus den Schluß, daß die Unterscheidung zwischen Agrammatismus und Paragrammatismus grundsätzlich unhaltbar ist (vgl. zum Beispiel Heeschen, 1985).

Das Argument, daß agrammatische Symptome (Auslassungen) und paragrammatische Symptome (Ersetzungen) bei denselben Patienten auftreten können, wird besonders deutlich illustriert in Grodzinsky (1984), der mehrere hebräisch sprechende agrammatische Patienten untersuchte. Im Hebräischen werden Flexionsmorpheme in Form von Infixen realisiert, also durch einen Vokalwechsel im Wortstamm. Eine Auslassung dieses Vokals würde zu einem Nicht-Wort führen, das zudem als Konsonantencluster nicht ausgesprochen werden kann. So ist es kaum überraschend, daß die untersuchten agrammatischen Patienten streng genommen teilweise paragrammatisch waren, indem sie nichtweglaßbare Flexionsmorpheme ersetzten, und teilweise agrammatisch waren, indem sie freie grammatische Morpheme (Funktionswörter) ausließen. Grodzinsky interpretiert diese Ergebnisse als »preference for phonologically null elements« bei agrammatischen Patienten. Dies würde bedeuten, daß agrammatische Patienten grammatische Morpheme immer dann auslassen, wenn dies möglich ist, ohne das betreffende Lexem (Inhaltswort) auch auszulassen. Ist dies nicht möglich, kann es zu falschen Flexionsformen kommen.

Dieses Prinzip läßt sich auch im Deutschen gut illustrieren. Betrachten wir folgenden Ausschnitt aus der Spontansprache eines Patienten mit Broca-Aphasie:

(...) und eh .. Kopf eh .. schmerzen eh .. und Visite .. eh ... Arzt Tablette geben

Der Ausschnitt enthält zwei grammatische Morpheme, nämlich die Pluralendung in *Kopfschmerzen* und das Infinitiv-Morphem *-en* in *geben*. Die Pluralendung ist richtig, während man das Infinitivmorphem als paragrammatisches Symptom interpretieren könnte, nämlich als Ersetzung für das finite Flexionsmorphem in *gibt* oder *gab*. Nun ist es aber so, daß das Verb *geben* nur in Verbindung mit einem Flexionsmorphem überhaupt als Wort existiert; der Verbstamm *geb* ist kein Wort des Deutschen. Wenn der Patient also das Wort nicht ganz ausläßt oder einen Neologismus produziert, muß er zwangsläufig irgendein Morphem auswählen. Typisch für agrammatische Patienten scheint zu sein, daß es in solchen Fällen zu infiniten Verbformen kommt, also in diesem Fall zu dem Infinitiv *geben* oder dem Partizip *gegeben* (vgl. zum Beispiel Schlenck & Springer, 1989).

Diese Erklärung ermöglicht eine Unterscheidung zwischen Agrammatismus und Paragrammatismus in Bezug auf grammatische Morpheme (vgl. Caplan, 1987, S. 287): Agrammatische Patienten tendieren dazu, grammatische Morpheme auszulassen, wenn dies möglich ist, ohne die bedeutungstragenden Inhaltswörter auch auszulassen oder Nicht-Wörter zu produzieren. Ist dies nicht möglich (bei Verben im Deutschen), kommt es zu Ersetzungen durch möglichst schwach markierte Formen (zum Beispiel infinite Verbformen). Paragrammatische Patienten dagegen zeigen diese Tendenz zu Auslassungen nicht, sondern tendieren eher dazu, grammatische Morpheme durch falsche zu ersetzen.

Was die übrigen paragrammatischen Symptome betrifft, ist die Abgrenzung gegenüber dem Agrammatismus weniger umstritten: Agrammatische Patienten produzieren kurze Sätze mit einfacher syntaktischer Struktur, während paragrammatische Patienten lange, syntaktisch komplexe Sätze produzieren. Bei paragrammatischen Patienten, aber nicht bei agrammatischen, kommt es zu vielen Satzverschränkungen und Satzteilverdoppelungen.

Daß eine Unterscheidung der Spontansprache nichtflüssiger (»agrammatischer«) Broca-Aphasiker von der Spontansprache flüssiger (»paragrammatischer«) Wernicke-Aphasiker aufgrund syntaktischer Kriterien grundsätzlich möglich ist, zeigt zum Beispiel eine Untersuchung von Penn & Behrmann (1986). In dieser Untersuchung wurde die Spontansprache von 38 Aphasikern syntaktisch nach der »Language Assessment, Remediation and Screening Procedure« (LARSP, Crystal, Fletcher & Garman, 1976; Crystal, 1982) analysiert. Die Ergebnisse dieser Analyse wurden einer Cluster-Analyse unterzogen, wobei sich sechs Haupttypen syntaktischer Profile herausbildeten. Eines davon, von den Autoren als »nonfluent/agrammatic« bezeichnet, umfaßte sechs Broca-Aphasiker, deren Sprache die Autoren als auf der Satz-, der Konstituenten- und der Wortebene stark eingeschränkt und fragmentarisch bezeichnen. Sehr deutlich davon unterschieden ist die Syntax einer Gruppe von sechs Wernicke-Aphasikern, von den Autoren als »low content group« bezeichnet, die sich durch »eingeschränkte« Flexion und durch viele Fehler und Stereotypien auszeichnete. Zu den Fehlern zählten Verstöße gegen die Wortstellung, falsche Konjunktionen und lexikalische Substitutionen. Es ist zu vermuten, daß diese Fehlerkategorien sich zumindest teilweise mit den oben aufgezählten paragrammatischen Fehlertypen decken, obwohl dies aus einer solchen quantitativen Analyse nicht eindeutig herauszulesen ist.

Penn und Behrmann fanden noch vier weitere deutlich voneinander unterschiedene Cluster, die sie als gemischt *(mixed)*, amnestisch *(anomic)*, flüssig *(fluent)* und minimal beeinträchtigt *(minimal)* bezeichnen. In jeder dieser vier Gruppen befand sich unter anderem je ein Patient mit Wernicke-Aphasie. Dies legt die Vermutung nahe, daß zwar die meisten, aber nicht alle Wernicke-Aphasiker paragrammatische Syntax zeigen, beziehungsweise daß es ein Kontinuum paragrammatischer Untertypen gibt. Diese Möglichkeit kann nur durch genauere, qualitative syntaktische Analysen der Spontansprache einer großen Anzahl von paragrammatischen Patienten untersucht werden.

Linguistische Beschreibung

Im folgenden Abschnitt soll versucht werden, die paragrammatischen Symptome linguistisch genauer zu beschreiben. Dies soll anhand des folgenden Spontansprachtranskripts erfolgen, in dem viele der oben aufgezählten Fehlertypen deutlich zu beobachten sind. Es stammt aus der Spontansprache des 53jährigen Wernicke-Aphasikers K. A., der drei Monate nach einem linkshirnigen Infarkt stationär in der Fachklinik Enzensberg behandelt wurde. Das Transkript stammt aus der Spontansprache der AAT-Abschlußuntersuchung, die folgendes Testprofil ergab (vgl. Tabelle 1):

Spontansprache	(0 - 5)	Untertests (Prozentränge)	
Kommunikation:	3	Token Test:	24
Artikulation:	5	Nachsprechen:	57
Automatische Sprache:	5	Schriftsprache:	66
Semantik:	3	Benennen:	46
Phonologie:	3	Sprachverständnis:	41
Syntax:	3		

Tabelle 1 AAT-Leistungsprofil des Wernicke-Aphasikers K.A.

Das folgende Transkript ist bereinigt um viele phonematische Paraphasien, die in diesem Zusammenhang keine Rolle spielen. Die einzelnen Teilsätze der Patientenäußerungen sind numeriert. Die Abkürzungen U. und P. stehen für Untersucher beziehungsweise Patient.

U: Freuen Sie sich auf zu Hause?

P: (1) ja .. natürlich..
(2) ich muß ja dann noch viel mehr arbeiten dann
(3) und mit meinem Chef muß ich sprechen werd ich mit ihm
(4) auch wenn meine Frau .. eh ..
(5) ja ich will ja auch arbeiten
(6) daß ich einmal hören will
(7) und auch die Kollegen sagen
(8) daß ich komm
(9) und wie es geht
(10) und am Dienstag kommt er morgen (...)

U: Was haben Sie für ein Gefühl, wie es mit der Sprache geht?

P: (11) das ist ja ganz gut
(12) und der Arm geht auch nicht schlecht
(13) das war ja sehr gut
(14) und ich bin spazieren bin ich am See
(15) weil das jeden Tag auch soll
(16) und täglich war ich jeden Tag spazieren

U: Da fühlen Sie sich jetzt fit?

P: (17) na ja .. ich kann schlecht schreiben
(18) weil ja auch Hand eh .. die Hand auch ..
(19) aber erst muß ich hören
(20) wie es geht
(21) und wie ich zurecht kommt ..

(22) und dann sprechen wir dann darüber mit dem Chef
(23) und daß wir dann weitermachen ...

U: Ich hab gehört, Ihr Sohn holt Sie ab. Wie alt ist Ihr Sohn eigentlich?

P: (24) Mein Sohn der is dreißig Jahren
(25) und ich muß das jetzt mal in drei Sätzen sagen
(26) daß der sich gut entwickelt hat
(27) sieht gut sieht der aus
(28) studiert hat er nicht
(29) aber eine Grundlage
(30) in Englisch is er zu Haus
(31) und schnell ist er schnell Leiter geworden
(32) weil er ja auch immer sagt
(33) ich wage zu sagen
(34) arbeiten arbeiten arbeiten (...)

Man sieht auf den ersten Blick, daß es sich hier um komplexe Syntax handelt. Was genau als syntaktisch komplex zu zählen ist, hängt in erster Linie von der zugrunde gelegten Syntax-Theorie ab: Verschiedene Theorien machen verschiedene Aussagen über syntaktische Komplexität. So gibt es zum Beispiel Versuche, basierend auf einer generativen Syntax-Theorie syntaktische Komplexität als Kontinuum zu erfassen (vgl. Frazier, 1985). Da aber die psycholinguistische Relevanz solcher Komplexitätserfassungen mit sehr feinen Abstufungen bisher noch umstritten ist, möchte ich mich hier an eine einfachere und weitgehend theorieunabhängige Definition halten: Ein Satz gilt dann als syntaktisch komplex, wenn mindestens eine seiner Konstituenten aus einem Teilsatz besteht, das heißt, wenn er subordinierte Sätze enthält. Von den 34 Teilsätzen sind 8 (Nr. 6, 8, 15, 20, 21, 23, 26 und 32) subordinierte Sätze, also Sätze, die Konstituentenfunktion im Matrixsatz haben. Die Konstruktionen Nr. 4 und Nr. 18 sind Fragmente von abgebrochenen Teilsätzen, offensichtlich ebenfalls von subordinierten Sätzen.

Nur bei zwei der 34 Teilsätze läßt sich eindeutig eine falsche Flexionsform erkennen, nämlich die falsche Verb-Flexion in Satz Nr. 21 und die falsche Plural- oder Kasus-Endung in Satz Nr. 24. In Satz Nr. 15 könnte man annehmen, daß ein Funktionswort ausgelassen ist, wenn man unterstellt, daß der Satz folgendermaßen lauten soll: *weil ich das jeden Tag auch soll.*

Die Sätze Nr. 2, 16, 22 und 31 weisen jeweils eine Konstituenten-Verdoppelung auf. Auffällig ist in allen vier Fällen, daß die verdoppelte Konstituente an zwei Stellen im Satz auftaucht, an denen sie syntaktisch möglich ist: Im Satz 2 erscheint das Adverb *dann* sowohl nach dem finiten Verb als auch als Nachtrag am Satzende. In den Sätzen 16, 22 und 31 ist jeweils eine Konstituente, *täglich* in

Satz 16, *dann* in Satz 22 und *schnell* in Satz 31, topikalisiert. Gleichzeitig erscheint die gleiche Konstituente, in Satz 22 in abgewandelter Form, an der Stelle, an der sie normalerweise stehen würde, wenn sie nicht topikalisiert wäre. Die in der neueren Transformationsgrammatik des Deutschen gängige syntaktische Beschreibung solcher Satzkonstruktionen bietet gleichzeitig einen interessanten Beschreibungsansatz für unsere Verdoppelungen. Da man für das Deutsche eine zugrunde liegende Verb-End-Stellung annimmt, würde zum Beispiel Satz 22 von einer Tiefenstruktur mit der folgenden Konstituentenabfolge abgeleitet:

– *(weil) wir dann darüber mit dem Chef sprechen*

Die Oberflächenstruktur, in der die Konstituente *dann* topikalisiert ist, würde über zwei Transformationen abgeleitet. In der ersten dieser Bewegungstransformationen wird das finite Verb vom Satzende an den Satzanfang bewegt, was in folgender Konstituentenabfolge resultiert:

– *sprechen wir dann darüber mit dem Chef t*

Das t (*trace*) markiert die Stelle, von der eine Konstituente wegbewegt wurde, hier also die Stelle, an der das Verb *sprechen* ursprünglich stand. Die zweite Transformation kann nun irgendeine Konstituente, zum Beispiel die Konstituente *dann*, an die erste Stelle, also vor das Verb bewegen. Dies ergibt dann folgende Konstruktion:

– *dann sprechen wir t darüber mit dem Chef t*

Jetzt sehen wir, daß in Satz 22 und analog ebenfalls in Satz 16 die verdoppelte Konstituente genau da auftaucht, wo hier das t steht. Innerhalb einer solchen Theorie lassen sich Satzteilverdoppelungen also beschreiben als Konstruktionen, bei denen Konstituenten nicht bewegt, sondern kopiert wurden. Statt das Adverb *dann* von der ursprünglichen Stelle an den Satzanfang zu bewegen, wurde es an den Satzanfang kopiert, weshalb es dann zweimal auftritt. Analog lassen sich auch die beiden anderen Verdoppelungen in Satz 2 und in Satz 16 beschreiben.

Mit einer solchen Analyse befinden wir uns natürlich auf der Ebene der linguistischen Beschreibung, nicht auf der Ebene der psycho- oder neurolinguistischen Modellbildung. Dennoch können solche Beschreibungen von großem neurolinguistischen Interesse sein. Ob sich eine solche Beschreibung auf Konstituentenverdoppelungen im allgemeinen ausdehnen läßt, hängt davon ab, ob in allen Fällen oder jedenfalls in der Mehrheit der Fälle die verdoppelte Konstituente an syntaktisch möglichen Satzpositionen steht, wie es in unseren Beispielen der Fall ist. Meines Wissens ist diese Frage bislang nicht untersucht worden.

Die Sätze 3, 14 und 27 enthalten Satzverschränkungen. In einer ausführlichen Studie über Satzverschränkungen unterscheiden Huber & Schlenck (1988) zwischen *Oberflächenverschränkungen* und *tiefen* Verschränkungen. Eine Oberflächenverschränkung liegt dann vor, wenn zwei Sätze eine gemeinsame Konstituente haben, die Bestandteil der syntaktischen Struktur beider Sätze ist und die mit der Wortordnung beider Sätze vereinbar ist. Bei der Konstruktion 3 ist die gemeinsame Konstituente das Verb *sprechen*, in Satz 14 das Verb *spazieren* und in Satz 27 das Adverb *gut*. In allen drei Konstruktionen ist die gemeinsame Konstituente Bestandteil zweier getrennter syntaktischer Strukturen, die Sätze sind also linear verschränkt. Die Struktur einer solchen Verschränkung wird im folgenden Baumdiagramm noch einmal verdeutlicht (vgl. Abbildung 1):

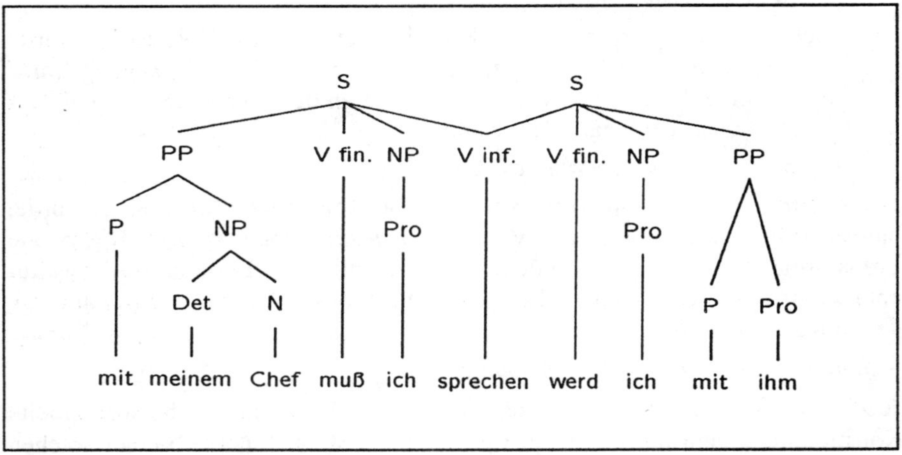

Abbildung 1 Syntaktische Oberflächenstruktur einer Satzverschränkung.

Beim Identifizieren solcher Satzverschränkungen ist es von entscheidender Wichtigkeit, die prosodische Struktur der Äußerungen zu beachten. Es ist nämlich manchmal der Fall, daß Konstruktionen, die Verschränkungen ähneln, dadurch entstehen, daß der Sprecher eine Satzkonstruktion abbricht und dann eine neue Konstruktion beginnt. Für das Beispiel 14 wäre diese Annahme dann plausibel, wenn vor der gemeinsamen Konstituente *spazieren* ein Prosodiebruch zu erkennen wäre, wenn also der Satz *spazieren war ich am See* eine eigene Tongruppe bilden würde. Man könnte dann annehmen, daß der Anfang, *ich muß*, lediglich ein Fragment eines abgebrochenen Satzes ist. Dies war in unserem Beispiel aber nicht der Fall. Eine ausführlichere Diskussion der Abgrenzung zwischen Satzabbrüchen und Satzverschränkungen findet sich in Huber & Schlenck (1988).

Neben diesen linearen Verschränkungen wird bei paragrammatischen Patienten häufig auch eine andere Art von Verschränkung beobachtet, die in Huber, Stachowiak, Poeck & Kerschensteiner (1975) als *Ableitungsverschränkung*, in Huber & Schlenck (1988) als *tiefe* Verschränkung bezeichnet wurde. In unserem Transkript findet sich keine solche tiefe Verschränkung, ein Beispiel aus Huber & Schlenck (1988) wäre die Äußerung *dat klappste*, verschränkt aus den Sätzen *dat schaffste* und *dat klappt*. Das Besondere an solchen Konstruktionen ist, daß sie nicht aus zwei getrennten, lediglich *linear* verschränkten Sätzen bestehen, sondern daß häufig morphologische Markierungen eines der beiden Sätze in Elementen des anderen Satzes enthalten sind (vgl. Fay, 1982, der solche Konstruktionen für das Englische untersucht und als »splice blends« bezeichnet). Dies ist auch hier der Fall: Das Wort *klappen* enthält die morphologische Markierung des Wortes *schaffen* der anderen Konstruktion.

Zur Häufigkeit, mit der Satzverschränkungen bei paragrammatischen Patienten auftreten, gibt es nur eine Studie an einer Gruppe von Patienten: Huber & Schlenck (1988) untersuchten die Spontansprache von 20 paragrammatischen Wernicke-Aphasikern anhand von jeweils etwa 10 Minuten langen Spontansprach-Interviews. Sie fanden im Median fünf Satzverschränkungen pro Patient, wobei tiefe Verschränkungen einen erstaunlich kleinen Anteil von nur 7 Prozent hatten. Dies könnte allerdings eine Folge der Tatsache sein, daß tiefe Verschränkungen oft nur dann zu erkennen sind, wenn aus dem Kontext hervorgeht, welches die beiden verschränkten Sätze sind. Da dies nicht immer der Fall ist, könnte der tatsächliche Anteil an tiefen Verschränkungen wesentlich höher liegen.

Ähnlich problematisch wie das Erkennen von tiefen Satzverschränkungen ist das Identifizieren von Wortverschränkungen. Daß Verschränkungen zwischen Wörtern, in der Regel zwischen morphologisch komplexen Wörtern, vorkommen, sieht man gelegentlich beim Benennen von Bildern. So zeigte ein 51jähriger Patient mit einer syndromspezifisch leichten Wernicke-Aphasie folgende Reaktionen bei der Aufgabengruppe Beschreiben »Situationen und Handlungen« des Untertests Benennen im AAT:

Zielsatz	**Reaktion**
Der Junge hat ein Glas zerbrochen	Ein Junge dem ein ... Gewese ... eine Gewese .. Gefäß ... eine Vase kaputt geht
Die beiden streiten sich.	Zwei Männer im Gespreit .. eh Gespräch . Streitgespräch
Die Lehrerin erklärt dem Mädchen etwas an der Tafel	Die Lülerin eh .. die Lehrerin mit ihrer Schülerin

Bei dem Neologismus *Gewese* wird aus dem Kontext deutlich, daß es sich um eine Verschränkung aus *Gefäß* und *Vase* handelt. Ebenso scheint *Gespreit* im zweiten Beispiel eine Verschränkung aus *Streit* und *Gepräch* zu sein. Wenn solche Konstruktionen in der Spontansprache beobachtet werden, werden sie wohl in aller Regel als phonematische Paraphasien beziehungsweise Neologismen klassifiziert. Wie fließend der Übergang zwischen Wortverschränkungen und phonematischen Paraphasien wirklich sein kann, sieht man sehr deutlich am dritten Beispiel: Es ist sicher plausibel, *Lülerin* als Verschränkung zwischen *Lehrerin* und *Schülerin* anzusehen, obwohl es sich bei dieser Antizipation des Anlautes um eine geradezu klassische phonematische Paraphasie handelt.

Zusammenfassend muß damit gerechnet werden, daß Verschränkungen bei Paragrammatismus sehr viel häufiger vorkommen, als man an der Oberfläche erkennen kann, wenn der Kontext keinen Hinweis auf die verschränkten Konstruktionen gibt. Verschränkungen scheinen grundsätzlich nicht auf die Beobachtungsebene Syntax beschränkt zu sein, sondern können auch auf den Ebenen Morphologie und Phonologie existieren.

Paragrammatismus in der Schriftsprache

Es scheint in der aphasiologischen Literatur zur Zeit unbestritten zu sein, daß es sich bei Aphasien um »supramodale« Störungen handelt. Dies bedeutet, daß aphasische Symptome, die in einer sprachlichen Modalität, zum Beispiel beim spontanen Sprechen, auftreten, in der Regel auch in anderen Modalitäten zu beobachten sind. So schreibt zum Beispiel Huber (1989):

> *Eine häufige klinische Beobachtung ist: Aphasische Patienten lesen und schreiben wie sie sprechen. Beim spontanen Schreiben eines Briefes oder eines Tagesablaufs zeigen sich dieselben oder ähnliche automatisierte Sprachelemente, semantische oder phonematische Paraphasien, agrammatische oder paragrammatische Sätze wie in der Spontansprache (vgl. zum Beispiel Goodglass u. Hunter, 1970, Ulatowska und Mitarbeiter, 1979).* (S. 164)

Es wäre also grundsätzlich wichtig, paragrammatische Symptome auch beim spontanen Schreiben zu beobachten und zu analysieren. Manche der Probleme, die sich bei der linguistischen Analyse paragrammatischer Symptome beim spontanen Sprechen ergeben, wie beispielsweise die Abgrenzung von Satzverschränkungen gegenüber Satzabbrüchen mit »fließendem« Neubeginn, sollten sich bei der Analyse von geschriebener Sprache leichter lösen lassen. Allerdings stößt die syntaktische Analyse des spontanen Schreibens bei paragrammatischen Patienten auf praktische Probleme: Erstens haben paragrammatische Patienten (meist Patienten mit Wernicke-Aphasie) in der Regel aufgrund ihrer semantischen und/oder phonologischen Defizite eine stark ausgeprägte Dysgraphie, weshalb Schreiben oft nicht oder nur eingeschränkt möglich ist. Zweitens haben aphasische Patienten meist aufgrund einer Hemiparese motorische Einschränkungen in der rechten Hand, was das Schreiben mühsam macht und flüssiges Schreiben ganz verhindert. Es kann daher kaum verwundern, daß es bisher kaum Studien gibt, die paragrammatische Symptome anhand längerer geschriebener Texte untersucht haben.

Schlenck, Prosiegel und Gerhards (1989) berichten über eine Patientin mit gekreuzter Aphasie, das heißt Aphasie bei einer Rechtshänderin nach einem rechtsseitigen Infarkt. Die Patientin zeigte beim spontanen Schreiben einen ausgeprägten Paragrammatismus, während sie beim spontanen Sprechen überraschenderweise agrammatisch war. Da bei dieser Patientin beim Schreiben alle paragrammatischen Symptome auftraten, soll der Fall hier kurz dargestellt werden.

Es handelt sich um den Fall der Patientin F. H., die reine Rechtshänderin war (Lateralitätsquotient von + 100 nach dem Edinburgher Fragebogen; Oldfield, 1970). Die Patientin wurde neun Monate nach einem Schlaganfall untersucht. Es handelte sich computertomographisch um einen rechtshirnigen hinteren Mediateilinfarkt unter Einbeziehung des Territoriums der striären Arterien. In der Single-Photonen-Emissions-Computer-Tomographie (SPECT) stellte sich das Infarktareal als ausgedehnte rechts-frontotemporoparietale Minderanreicherungszone dar. Eine linkshemisphärische Minderperfusion lag nicht vor.

Die neurolinguistische Eingangsuntersuchung mit dem AAT ergab folgendes Leistungsprofil (vgl. Tabelle 2):

Spontansprache	**(0 – 5)**	**Untertests (Prozentränge)**	
Kommunikation:	3	Token Test:	75
Artikulation:	4	Nachsprechen:	83
Automatische Sprache:	4	Schriftsprache:	95
Semantik:	3	Benennen:	83
Phonologie:	4	Sprachverständnis:	62
Syntax:	2		

Tabelle 2 AAT-Leistungsprofil der Patientin F.H.

Sowohl die Spontansprache als auch das Profil der Untertests sind typisch für das Syndrom der Broca-Aphasie, mit Ausnahme des herausragend guten Untertests Schriftsprache. Da die Patientin keine Dysgraphie und auch keine motorische Einschränkung der rechten Hand hatte, war es möglich, das spontane Schreiben zu analysieren. Dabei stellte sich heraus, daß die syntaktische Struktur beim spontanen Sprechen und Schreiben deutlich unterschiedlich war, wie die folgenden Ausschnitte verdeutlichen:

Spontanes Sprechen:

U: Können Sie bitte mal erzählen, wie das angefangen hat mit Ihrer Krankheit?

P: aufgrund der Substanz ... den Schlaganfall ... den eh .. heu eh.. die geringste Vorahnung ... überhaupt nicht ... d der Hitze zuzuführen ... d des allgemein sehr müde ... kleine Veränderung ... d den g g ganzen Tag ... den selben Tag ... bissele die Hitze zuschaffen machen ... um 10 Uhr morgens am See ... und 20 km ein Weg runter zur Firma fahren ... bei eh für mein Schwiegersohn... im Bus runter ... Bus rauf ... besser ehm PKW ... d die Temperatur ... weniger heiß (...)

Spontanes Schreiben (Orthographie und Interpunktion unverändert):

U (spricht): Sie haben doch einen Hund. Können Sie über den mal was schreiben?

P (schreibt): Ich habe zwei Hunde, einen grossen reinrassigen u. einen kleinen Mischling, der von sich sehr eingenommen ist. der Hund hat einen eigenen Charakter, die zwei sind noch sehr verschieden ist. Sehr scharf u. nicht bellen aber kleine bellt laut u. hat Angst. Der behandele ich als Kind, der Andere als Hund. Keinen Zuriger über Nacht, oder als er nach kam in der Wohnung.

U: Können Sie bitte nochmal aufschreiben, wie das mit Ihrem Arm ausgegangen ist?

P: Die Bildaufnahmen sehr gut danach wurden beide Aufnahmen gezeigt Die Schulterbartie zeigten sie oben am Schultergelenk am 2 Kugeln ausgekapselt 2 Personen haben sie im eingerenkt demnach wurde. Danach wurde ich nach Hause gebracht.

Man sieht deutlich, daß beim spontanen Sprechen syntaktische Auslassungen, also agrammatische Symptome, dominieren, während es beim spontanen Schreiben fast ausschließlich zu paragrammatischen Symptomen kommt. Während die Patientin beim spontanen Sprechen überhaupt keine syntaktisch komplexen Sätze bildete, enthält bereits der erste Satz des geschriebenen Textes einen eingebetteten Relativsatz. Der oben aufgeführte Ausschnitt enthält auch zwei schriftliche Satzverschränkungen. Bei der ersten ist an der Interpunktion deutlich zu erkennen, daß die Konstruktion als ein Teilsatz konzipiert ist: *(...), .die zwei sind noch sehr verschieden ist.* Es handelt sich um eine Oberflächenverschränkung, deren gemeinsame Konstituente die Adverbialphrase *sehr verschieden* ist. Die zweite Verschränkung, die Konstruktion *2 Personen haben sie im eingerenkt demnach wurde* ist ebenfalls eine Oberflächenverschränkung, wobei das Verb *eingerenkt* die gemeinsame Konstituente bildet. Hier gibt die Interpunktion allerdings keine Hinweise.

Ein genauer Vergleich zwischen 287 gesprochenen Wörtern mit 223 geschriebenen Wörtern brachte folgende Ergebnisse (vgl. Tabelle 3):

	Sprechen	**Schreiben**
Anzahl der Wörter:	287	223
Anzahl der Teilsätze:	95	26
medium length of utterance:	3,0	8,6
komplexe Sätze (%):	0	21
Agrammatische Fehler:		
(Anzahl / Anzahl dividiert durch Anzahl der Teilsätze)		
Auslassungen von obligatorischen Konstituenten:	63 / 0,66	5 / 0,16
Auslassungen des finiten Verbs:	74 / 0,78	5 / 0,16
Auslassungen von Funktionswörtern:	12 / 0,13	1 / 0,03
Auslassungen von Flexionsendungen:	2 / 0,02	0
Insgesamt:	151 / 1,6	11 / 0,34
Paragrammatische Fehler:		
(Anzahl / Anzahl dividiert durch Anzahl der Teilsätze)		
Satzverschränkungen:	0	4 / 0,13
Satzteilverdoppelungen:	0	6 / 0,19
falsche Funktionswörter:	2 / 0,02	5 / 0,16
falsche Flexionsendungen:	1 / 0,01	2 / 0,06
Insgesamt:	3 / 0,03	17 / 0,55

Tabelle 3 Syntax der Patientin F.H. beim spontanen Sprechen und Schreiben:

Obwohl also sowohl beim Sprechen als auch beim Schreiben agrammatische *und* paragrammatische Fehler auftreten, dominieren beim Sprechen die agrammatischen und beim Schreiben die paragrammatischen. Diese Ergebnisse sind sehr schwer theoretisch zu interpretieren, zumal es sich um einen Einzelfall mit gekreuzter Aphasie handelt, die sehr selten auftritt. Ähnliche Ergebnisse aus anderen Studien sind mir nicht bekannt. Was dieser Einzelfall aber sehr deutlich zeigt, ist, daß alle paragrammatischen Symptome auch beim Schreiben auftreten *können*. Es scheint mir eine wichtige Aufgabe für die Zukunft zu sein, ähnliche Vergleiche zwischen spontanem Sprechen und spontanem Schreiben bei möglichst vielen paragrammatischen Patienten anzustellen.

Neurolinguistische Erklärungsmodelle

Mögliche Entstehungsmechanismen für Paragrammatismus

Wenn wir davon ausgehen, daß paragrammatische Merkmale charakteristisch für bestimmte Typen von Aphasie sind, müssen wir eine Erklärung anbieten, warum es bei den betroffenen Patienten immer wieder zu paragrammatischen Fehlleistungen kommt, während andere, zum Beispiel agrammatische Patienten, solche Symptome nicht oder jedenfalls seltener zeigen. Innerhalb neurolinguistischer Sprachproduktionsmodelle kann das dem Paragrammatismus zugrunde liegende Defizit in verschiedenen Komponenten des Sprachsystems angesiedelt sein. Da diese Komponenten in verschiedenen Modellen überhaupt unterschiedlich organisiert sein können, beeinflußt das unseren Überlegungen zugrunde liegende Modell notwendigerweise unsere Sichtweise der paragrammatischen Symptome ganz entscheidend. Im folgenden sollen drei Versuche, das den paragrammatischen Symptomen zugrunde liegende Defizit innerhalb eines Sprachproduktionsmodells zu spezifizieren, etwas ausführlicher vorgestellt und diskutiert werden.

In einer ausführlichen Studie der syntaktischen Struktur der Spontansprache von fünf paragrammatischen Patienten diskutieren Butterworth & Howard (1987) vier mögliche Hypothesen über das dem Paragrammatismus zugrunde liegende Defizit:

(1) *Paragrammatismus als syntaktische Störung.* Eine syntaktische Störung läge nach Ansicht der Autoren nur dann vor, wenn alle oder jedenfalls einige der Regeln zur Bildung syntaktischer Strukturen, etwa Phrasenstrukturregeln, zerstört sind. Butterworth und Howard verwerfen diese Hypothese, da sie vorhersagen würde, daß paragrammatische Fehler grundsätzlich andersartig sein müßten als syntaktische Fehler, die als Versprecher bei Normalsprechern auftreten, bei denen diese Regeln ja intakt sind, und weil sie ebenfalls vorhersagen würde, daß fehlerhafte Konstruktionen nicht an anderer Stelle korrekt realisiert werden können. Beide Vorhersagen sind aber offensichtlich falsch, wie aus den Daten von Butterworth und Howard klar hervorgeht: Konstruktionen, bei denen paragrammatische Fehler auftreten, können durchaus an anderer Stelle korrekt realisiert sein, und alle Arten paragrammatischer Fehler können gelegentlich auch bei Normalsprechern beobachtet werden, nur eben wesentlich seltener.

Butterworth und Howard verwerfen die These von Paragrammatismus als syntaktischer Störung mit Recht, wenn man davon ausgeht, daß bei syntaktischen Störungen immer syntaktische Regeln zerstört sind. In einer Erwiderung auf diese Studie geht Harley (1990) aber davon aus, daß eine syntaktische Störung auch darin bestehen könnte, daß intakte Regeln falsch angewendet werden. In diesem Fall kann die These von der syntaktischen Störung durchaus gehalten werden, wie wir später sehen werden.

(2) *Paragrammatismus als Störung der lexikalischen Selektion.* Diese These geht davon aus, daß paragrammatische Fehler durch Fehler der lexikalischen Selektion zustandekommen. Der Vorteil einer solchen Theorie liegt darin, daß mit ihr paragrammatische Symptome und semantische Paraphasien, die ja bei Wernicke-Aphasie häufig gemeinsam auftreten, durch einen einheitlichen Entstehungsmechanismus erklärt würden. Diese These wird von Butterworth und Howard meines Erachtens zu Recht verworfen, da nur etwa die Hälfte der paragrammatischen Fehler in ihren Daten durch Selektionsfehler, die einzelne Wörter betreffen, erklärt werden können. Insbesondere Satzverschränkungen können durch ein solches Defizit nicht erklärt werden. Darüber hinaus finden Butterworth und Howard keine Korrelation zwischen der Auftretenshäufigkeit von Neologismen, die Probleme der lexikalischen Selektion anzeigen, und der Auftretenshäufigkeit von paragrammatischen Fehlern. Insgesamt scheint die These, daß Paragrammatismus auf ein Defizit in der lexikalischen Selektion zurückzuführen ist, nicht haltbar zu sein.

(3) *Paragrammatismus als Folge gestörter sprachlicher Monitorfunktionen.* Viele Sprachproduktionsmodelle enthalten Monitorfunktionen, die es dem Sprecher ermöglichen, Fehler vor oder nach der Artikulation zu entdecken und eventuell zu korrigieren. Ein Versagen dieser Monitorfunktionen könnte eventuell dazu führen, daß gerade paragrammatische Fehler, die ja häufig Fehler in langen komplexen Sätzen sind, nicht entdeckt werden können.

Nach Levelt (1983) basieren die Monitorfunktionen auf denselben Mechanismen, die auch für das Sprachverständnis benötigt werden. Butterworth und Howard verwerfen die These, da sie in ihren Daten keine Korrelation zwischen Auftretenshäufigkeit von paragrammatischen Fehlern und den Testwerten in Sprachverständnistests finden. Dies erscheint mir aus mehreren Gründen etwas voreilig: Erstens kann man davon ausgehen, daß für das Entdecken paragrammatischer Fehler sehr spezifische Sprachverständnisfähigkeiten beziehungsweise Parsing-Routinen benötigt werden, die mit derzeitigen Testverfahren nicht oder nicht isoliert von anderen Fähigkeiten meßbar sind. Zweitens gibt es Monitor-Modelle, die nicht oder nicht ausschließlich auf Sprachverständnis-Fähigkeiten basieren (vgl. zum Beispiel Schlenck, Huber & Willmes, 1987) und für die dieser Einwand also auch nicht zutreffen würde. Wir werden später auf die mögliche Rolle einer Störung des Monitors bei der Produktion von paragrammatischen Fehlern zurückkommen.

(4) *Paragrammatismus als Störung der sprachlichen Kontrolle.* Butterworth und Howard schlagen ein Sprachproduktionsmodell vor, in dem alle Komponenten redundante Outputs erzeugen und von je einem Kontrollsystem kontrolliert

werden. Die Kontrollsysteme haben lediglich die Aufgabe, die redundanten Outputs der einzelnen Module auf Identität zu prüfen. Durch Fluktuation in den Leistungen der Kontrollsysteme kommt es dazu, daß Fälle von Nicht-Identität nicht bemerkt werden. Wir werden im folgenden Abschnitt ausführlicher auf diese These zu sprechen kommen.

Paragrammatismus als Folge einer Störung der sprachlichen Kontrolle: Butterworth und Howard (1987)

Das Sprachproduktionsmodell von Butterworth & Howard (siehe auch Butterworth, 1980, 1985), dargestellt in Abbildung 2, enthält sechs Komponenten, von denen jedes ein eigenes Kontrollsystem hat.

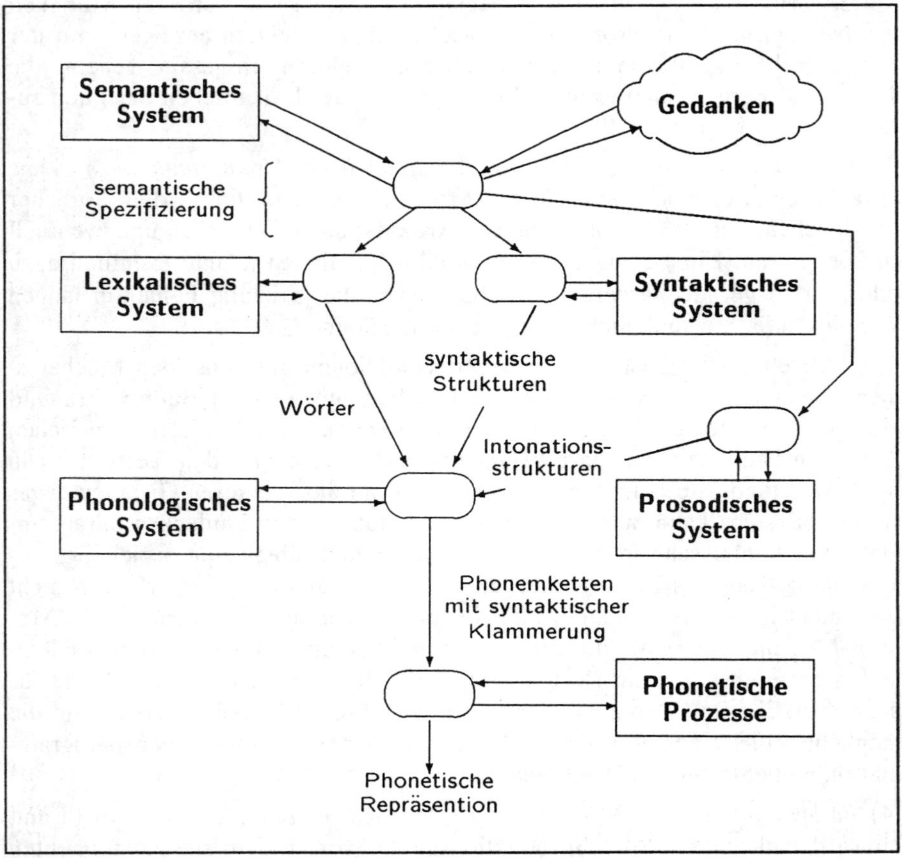

Abbildung 2 Sprachproduktionsmodell nach Butterworth & Howard (1987)

Die Aufgaben der einzelnen Komponenten werden etwa wie folgt beschrieben:

Das Semantische System (*Semantic System*) erstellt eine abstrakte semantische Repräsentation, die der Sprecherintention oder dem »Gedanken« entspricht. Welcher Art die Kodierung der »Gedanken« oder der semantischen Repräsentation ist, wird leider nicht spezifiziert. Das Output des Semantischen Systems, vielleicht in Form von Propositionen, wird von den folgenden drei Systemen parallel interpretiert:

Das Syntaktische System (*Syntactic System*) erstellt eine syntaktische Repräsentation in Form einer indizierten Klammerung (*labelled bracketing*), also eine Oberflächenstruktur, in der die Struktur und Abfolge der Satzkonstituenten spezifiziert ist.

Im Lexikalischen System (*Lexical Selection*) werden die Wörter eingesetzt, indem sie im Lexikon in zwei Etappen ausgewählt werden: Zunächst wird im semantischen Lexikon der Eintrag aufgrund der semantischen Spezifikation ausgewählt, der dann die Adresse für die Wortform im phonologischen Lexikon darstellt.

Das Prosodische System (*Prosody System*) ordnet der Äußerung eine prosodische Struktur zu, die mit der semantischen und pragmatischen Spezifizierung (zum Beispiel Fragesatz versus Aussagesatz, Thema-Rhema-Markierung etc.) übereinstimmt.

Im Phonologischen System (*Phonological Assembly System*) werden die Outputs der vorherigen drei Systeme zu einer komplexen Repräsentation integriert. Diese besteht aus einer Kette von Phonemen, die morphologische und syntaktische Klammerungen aufweisen und mit prosodischen Merkmalen versehen sind.

Die Phonetischen Prozesse (*Phonetic Processes*) schließlich interpretieren die Phonemkette als phonetische Merkmalsbündel, die dann die Sprechmotorik steuern.

Jedes dieser Systeme verfügt nun über ein eigenes Kontrollsystem (dargestellt durch die leeren Ovale in Abbildung 2), das vier Aufgaben hat:

- es initiiert die Operationen des Systems
- es leitet die Outputs anderer Systeme als Input des eigenen Systems weiter
- es kontrolliert das Output des eigenen Systems
- es beendet die Operation des eigenen Systems.

Butterworth und Howard erklären die Entstehung paragrammatischer Fehler als ein Versagen der Kontrollsysteme. Der Vorteil, den sie in dieser Erklärung sehen, liegt in den folgenden Vorhersagen, die sich aus einer solchen Erklärung ergeben: (1) Paragrammatische Fehler sollten sich nicht von Versprechern bei Normalsprechern unterscheiden, da auch bei Normalsprechern aufgrund von

Aufmerksamkeitsschwankungen die Kontrolle versagen kann. Dies entspricht allen uns bekannten Daten. (2) Sie sollten inkonstant sein, das heißt, eine Struktur, die einen paragrammatischen Fehler enthält, sollte möglicherweise an anderer Stelle korrekt sein, da nicht das sprachsystematische Wissen, sondern die sprachliche Kontrolle betroffen ist. Auch das ist mit den Daten vereinbar. (3) Die Häufigkeit der einzelnen paragrammatischen Fehlertypen sollte nicht miteinander korrelieren, da die Kontrollsysteme als Module ja unabhängig voneinander sind. Dies trifft in den Daten von Butterworth und Howard zu, obwohl die Autoren selbst zugeben, daß fehlende Korrelationen zwischen Fehlertypen bei nur fünf Patienten kein besonders starkes Argument sind. Allerdings deuten sich bei einer neueren Arbeit von Ehinger, Lutzenberger, Dittmann & Blanken (1990) ähnliche Ergebnisse an: Auch hier treten bei drei Patienten paragrammatische Symptome relativ unabhängig voneinander auf.

Leider gehen Butterworth und Howard nur sehr kurz auf die genauen Entstehungsmechanismen der verschiedenen Fehlertypen ein. Lediglich die Entstehung von Auslassungen, Paraphasien und Satzverschränkungen wird kurz skizziert. Auslassungen lassen sich am leichtesten durch Versagen eines Kontrollsystems erklären: Das Kontrollsystem des Lexikalischen Systems unterläßt es, die lexikalische Einsetzung zu initiieren.

Paraphasien könnten dadurch zustande kommen, daß die semantische Repräsentation, die das Input für das Lexikalische System bildet, nicht detailliert genug ist, um genau einem lexikalischen Eintrag zu entsprechen. Deshalb kämen jeweils mehrere lexikalische Einträge in Frage. Die ungenaue semantische Spezifizierung der Mitteilungsabsicht käme dadurch zustande, daß beim Transfer zwischen dem Semantischen System und dem Lexikalischen System Informationen »verlorengehen«. Wie dies genau geschehen soll, wird leider nicht beschrieben.

Besonders interessant im Rahmen neurolinguistischer Sprachmodelle sind Satzverschränkungen, weil sie immer das Zusammenspielen mehrerer Komponenten des Sprachsystems voraussetzen. Bereits Fay (1982) hat beobachtet, daß bei Satzverschränkungen häufig die Morphologie einer Konstruktion auf dem lexikalischen Material einer anderen Konstruktion operiert, daß an diesen Verschränkungen also die lineare Abfolge mehrerer Teilprozesse der Satzbildung sichtbar wird. Aufgrund dieses Zusammenspiels verschiedener Komponenten werden die Erklärungsversuche relativ komplex. Im folgenden werden wir auf die Erklärung von Butterworth und Howard etwas näher eingehen. Die Autoren argumentieren folgendermaßen (übersetzt aus Butterworth & Howard, 1987, S. 33-34):

Satzverschränkungen könnten das Resultat einer Übergenerierung von Material sein, die dadurch zustande kommt, daß die Operation von Systemen nicht beendet wird, wenn eine Repräsentation erstellt worden ist. Butterworth (1982) argumentiert, daß von jedem System für jede Repräsentation zwei Kandidaten routinemäßig produziert werden und daß die Kontrolle darin besteht, sie miteinander zu vergleichen, da es unwahrscheinlich ist, daß ein System denselben zufälligen Fehler zweimal machen würde. Wenn bei aphasischen Patienten beim Transfer zwischen den Systemen regelmäßig Information verloren geht, dann wird das Input eines Systems weniger detailliert sein und daher die Operationen des Systems weniger beschränken. Unter diesen Umständen ist es viel wahrscheinlicher, daß bei doppelter Ausführung einer Operation die beiden Versionen nicht identisch sind. Eine strenge Kontrolle verlangt nun, daß die Operation wiederholt wird, bis Gleichheit der beiden Repräsentationen erreicht ist. Wenn jedoch das Input unzureichend detailliert ist, könnte dies zu viel Zeit in Anspruch nehmen und, um eine für ein Gespräch akzeptable Flüssigkeit aufrecht zu erhalten, könnten die Sprecher gezwungen sein, die Kriterien zu senken oder sogar ganz auf die Kontrolle zu verzichten. In diesem Fall können beide Versionen zum nächsten System weitergeleitet werden, entweder nacheinander, was in zwei aufeinanderfolgenden Sätzen resultiert, die den gleichen Gedanken ausdrücken, oder gemeinsam, was irgendwie zu einer Verschränkung führt. Es könnte noch einen zweiten Grund geben, warum diese Patienten übergenerieren. Sie werden wahrscheinlich aus den Reaktionen ihrer Gesprächspartner, wie auch aus ihrer eigenen internen Kontrolle (wenn diese Mechanismen noch angewandt werden) erkannt haben, daß ihre Äußerungen nicht interpretierbar sind. Sie könnten daher eine Strategie annehmen, jeweils mehr als einen Versuch zu machen, eine Mitteilung auszudrücken, in der Hoffnung, daß einer dieser Versuche erfolgreich ist.

Diese Hypothese, daß Satzverschränkungen häufig in einen Kontext eingebettet sind, der den Versuch des Patienten anzeigt, den gleichen Gedanken auf mehrere Arten ausdrücken, illustrieren Butterworth und Howard mit folgendem Beispiel (S. 34):

I'm naughty there. I'm still naughty wrong. I'm wrong.

In der Untersuchung von Huber & Schlenck (1988) über Satzverschränkungen bei deutschen Wernicke-Aphasikern hat sich dies für tiefe Verschränkungen bestätigt, bei denen sehr häufig aus dem Kontext hervorgeht, daß der Sprecher den gleichen Gedanken mehrfach auszudrücken versucht, wobei dann einer der Versuche zu einer Verschränkung führt. Ein Beispiel aus dieser Untersuchung ist folgende Äußerung (Huber & Schlenck, 1988, S. 140):

weil die Kolleginnen und die Kollegen bei ehm ... sagten .. du machst das schon ... wird schon hinhauen ... ich war natürlich auch eh eh ehrlich auch überzeugt ... nit ... dat klappste

Diese Erklärung von Butterworth und Howard ist also zumindest für tiefe Satzverschränkungen plausibel. Die Voraussetzung für das Entstehen von Satzverschränkungen ist demnach, daß mehrere annähernd synonyme Sätze gleichzeitig zur Verfügung stehen, möglicherweise aus den von Butterworth und Howard ausgeführten Gründen. Im oben angeführten Beispiel sind dies die Versionen *du machst das schon*, *das wird schon hinhauen*, *das klappt* und *das schaffste*. Wie aber kommt es nun zu einer Verschränkung der beiden Sätzen *das klappt* und *das schaffste*, wobei die Morphologie des Wortes *schaffst* auf dem Wort *klappen* liegt? Butterworth und Howard erwähnen lediglich, daß es »irgendwie zur Verschränkung« (*some blend of the two*) kommen kann; sie bieten jedoch keinerlei Erklärung dafür, wie diese Verschränkung zustande kommen kann.

Satzverschränkungen als Folge von syntaktischer Übergenerierung und von gestörten Monitorfunktionen: Huber und Schlenck (1988)

Huber & Schlenck (1988) gehen bei ihrer Erklärung der Entstehung von Satzverschränkungen von dem in Abbildung 3 dargestellten Sprachproduktionsmodell aus.

Ausgehend von einer vorsprachlichen Mitteilungsabsicht, dem »Mitteilungsschema«, werden im Lexikon, das in Form von Netzwerken organisiert sein kann, die semantischen Einträge für das Prädikat und die Argumente der Mitteilung aktiviert. Parallel dazu können eine oder mehrere syntaktische Basisstrukturen aktiviert werden. Hierzu werden syntaktische Informationen von den lexikalischen Einträgen benötigt, etwa über die Subkategorisierungsmerkmale des Verbs, die bestimmen, welche Basisstruktur in Frage kommt. In dieser Phase können dann mehrere Basisstrukturen aktiviert werden, wenn das Mitteilungsschema so allgemein spezifiziert ist, daß mehrere Lexikalisierungen und mehrere Basisstrukturen ihr in gleicher Weise entsprechen. Unter Basisstrukturen verstehen die Autoren abstrakte syntaktische Repräsentationen, in denen die syntaktische Hierarchie der Konstituenten, aber nicht deren lineare Abfolge festgelegt ist.

Auf der nächsten Verarbeitungsstufe werden diese Strukturen morphologisch spezifiziert, wozu wiederum Informationen aus dem Lexikon benötigt werden (etwa über Numerus, Genus, Kasuszuweisung bei Verben und Präpositionen, etc.).

Als nächster Schritt der Verarbeitung werden alle möglichen Oberflächenstrukturen, die einer Basisstruktur entsprechen, erstellt. Erst danach wird eine

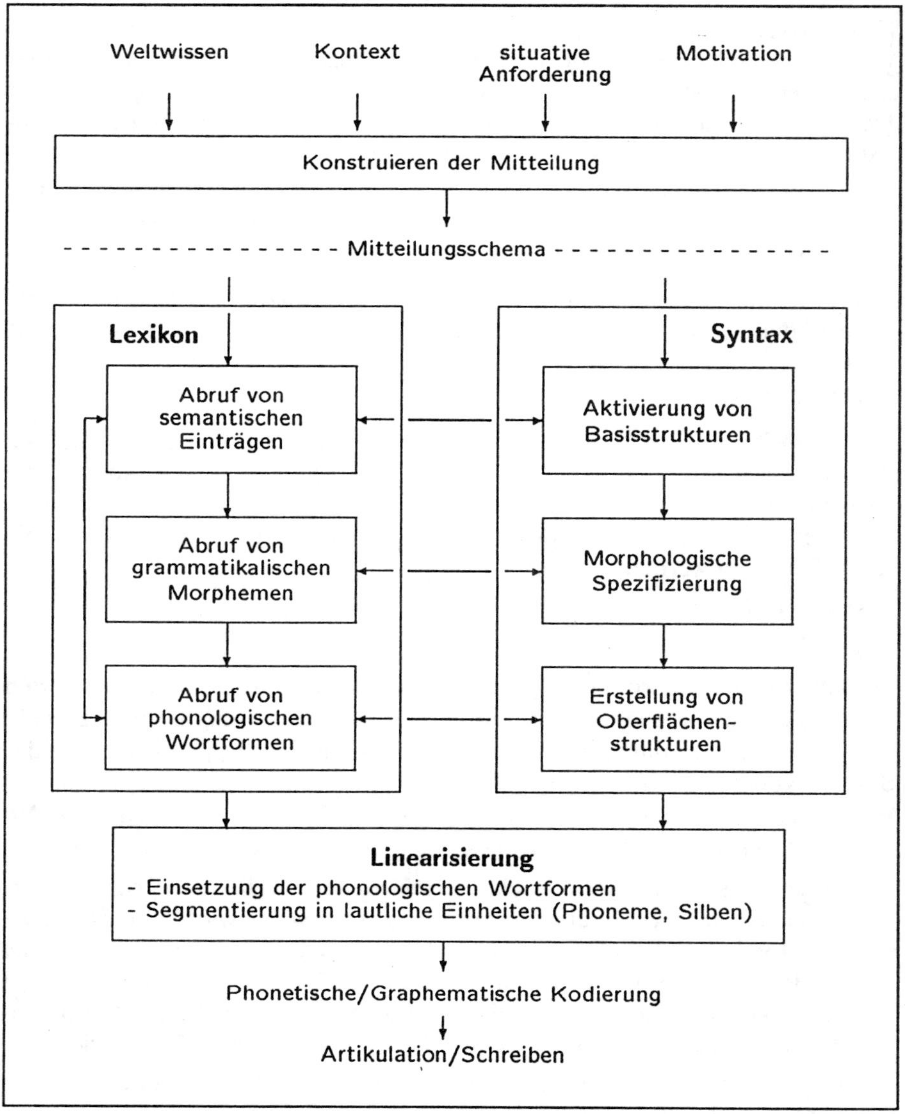

Abbildung 3 Sprachproduktionsmodell, Nach Huber & Schlenck (1988)

dieser Strukturen ausgewählt und linearisiert, das heißt in eine Kette phonologisch voll spezifizierter Wörter überführt. Für die Linearisierung wird diejenige Oberflächenstruktur ausgewählt, die der Mitteilungsabsicht am besten entspricht.

Tiefe Satzverschränkungen und Oberflächenverschränkungen werden in diesem Modell nun auf unterschiedliche Entstehungsursachen zurückgeführt. Huber und Schlenck illustrieren die Entstehung von tiefen Verschränkungen anhand des oben bereits diskutierten Beispiels der Äußerung *dat klappste*, deren Kontext ich hier noch einmal zitieren möchte:

weil die Kolleginnen und die Kollegen bei ehm ... sagten .. du machst das schon ... wird schon hinhauen ... ich war natürlich auch eh eh ehrlich auch überzeugt ... nit ... dat klappste

Das Mitteilungsschema, das dieser gesamten Äußerung zugrunde liegt, könnte in einer dem Prädikatenkalkül entsprechenden Schreibweise folgendermaßen aussehen:

SAGEN (KOLLEGEN (ERFOLG HABEN (ICH)))

Die Proposition *Erfolg haben (ich)* aus diesem Schema ist so allgemein, daß sie mehrere Lexikalisierungen des Prädikats zuläßt; unter anderem können die Lexikoneinträge für *klappen* und *schaffen* aktiviert werden. Diese wiederum benötigen aufgrund ihrer Subkategorisierung verschiedene Basisstrukturen, die parallel aktiviert werden:

klappen: (NP V)

schaffen: (NP (NP V)

Es muß nun eine Zuordnung der aktivierten Lexikoneinträge zu den aktivierten Basisstrukturen vorgenommen werden. Bei dieser Zuordnung kann es zu Fehlern kommen, etwa dann, wenn der Lexikoneintrag für *klappen* irrtümlich der Basisstruktur (NP (NP V) zugeordnet wird. Wenn dies geschieht, erhält das Wort *klappen* aufgrund der Tatsache, daß in der Basisstruktur die Subjekt-NP die Spezifizierung »2. Person Singular« trägt, ebenfalls diese Spezifizierung.

Für diese Basisstruktur werden nun verschiedene Oberflächen-Strukturen erstellt, von denen eine für die Linearisierung ausgewählt wird. In diesem Fall wird die topikalisierte Version ausgewählt, was dann zur Verschränkung *dat klappste* führt. Dieses Modell bietet eine explizite Erklärung für die Entstehung von tiefen Verschränkungen an und erklärt auch, warum häufig die Morphologie der einen Konstruktion auf Lexemen der anderen Konstruktion operiert.

Es müssen also folgende Voraussetzungen erfüllt sein, damit es zu einer tiefen Verschränkung kommen kann:

1) Die Mitteilungsabsicht muß so allgemein spezifiziert sein, daß sie mehrere Lexikalisierungen und mehrere Basisstrukturen zuläßt.
2) Bei der Zuordnung von aktivierten lexikalischen Einträgen zu den aktivierten Basisstrukturen muß ein Fehler passieren, also eine lexikalische Substitution.
3) Die sprachlichen Kontroll- oder Monitorfunktionen bemerken diesen Fehler nicht.

Für die Entstehen von Oberflächenverschränkungen bieten Huber und Schlenck eine andere Erklärung an, die ich hier mit dem oben beschriebenen Beispiel *ich bin spazieren bin ich am See* illustrieren möchte. Das Mitteilungsschema für diese Äußerung könnte folgendermaßen aussehen:

AM SEE (SPAZIEREN (ICH))

Diese Spezifizierung ist so eng, daß sie nur eine Lexikalisierung zuläßt. Die Basisstruktur

(NP (PP V))

wird aktiviert, und die entsprechenden lexikalischen Einträge werden ihr zugeordnet. Für diese Basisstruktur werden mehrere Oberflächenstrukturen erstellt, unter anderem die beiden folgenden:

NP AUX PP
PP AUX NP

Wenn wir nun annehmen, daß im Mitteilungsschema die Thema-Rhema-Struktur unzureichend spezifiziert ist, kann es passieren, daß keine dieser beiden Oberflächenstrukturen ausgewählt werden kann und beide zur Linearisierung gelangen. Alle für diese beiden Sätze vorgesehenen Wortformen sind jetzt im Lexikon aktiviert. Die Linearisierung besteht darin, daß sie entsprechend der Abfolge der abstrakten lexikalischen Adressen in den beiden Oberflächenstrukturen miteinander verkettet werden. Wenn beide Strukturen identische Adressen enthalten, wie dies hier ja der Fall ist, kann es vorkommen, daß der Verkettungsmechanismus irrtümlich von einer Struktur in die andere wechselt. Dies würde normalerweise dadurch verhindert, daß die Verkettung durch einen Monitor überwacht wird, der sich die vorangegangenen Verkettungen »merkt« und mit der jeweiligen Struktur vergleicht. Dadurch wird ein Wechsel der Struktur während der Verkettung verhindert. Wenn dieser Monitor jedoch gestört ist, kann es vorkommen, daß er einen Wechsel der Struktur nicht bemerkt, und es kommt zu einer Verschränkung in der linearen Abfolge der Konstituenten.

Für die Entstehung von Oberflächenverschränkungen müssen nach diesem Modell also zwei Voraussetzungen erfüllt sein.

1) Gleichzeitiges Vorliegen von mindestens zwei Oberflächenstrukturen bei der Linearisierung
2) Störung der Monitorfunktion

Das Modell bietet also explizite Erklärungen für die Entstehung von tiefen Verschränkungen und von Oberflächenverschränkungen an. Die Frage, warum solche Verschränkungen besonders häufig bei Wernicke-Aphasikern vorkommen, kann beantwortet werden, wenn man annimmt, daß die Sprache von Wernicke-Aphasikern einen komplexen Satzbau mit stilistischer Variation aufweist, häufig redundant ist, indem der gleiche Gedanke mehrfach formuliert wird, und daß bei Wernicke-Aphasikern die Monitorfunktionen stärker als bei anderen Aphasikern gestört sind. Die erste Voraussetzung ist offensichtlich gegeben und ist auch mit den Annahmen von Butterworth und Howard vereinbar. Die zweite Annahme ist indirekt in einer Studie von Schlenck, Huber & Willmes (1987) bestätigt worden, wonach bei Wernicke-Aphasikern sprachliche Monitor-Funktionen herausragend gestört sind.

Satzverschränkungen als Folge syntaktischer Störungen in Netzwerkmodellen: Harley (1990)

Harley (1990) sieht Paragrammatismus als eine syntaktische Störung. Allerdings nimmt er nicht an, daß syntaktische Regeln zerstört wären, sondern er stellt die Hypothese auf, daß erhaltenes Regelwissen falsch angewendet wird. Dies trägt der Tatsache Rechnung, daß paragrammatische Fehler normalen Versprechern ähneln und daß bei paragrammatischen Patienten häufig dieselbe Konstruktion einmal mit und einmal ohne paragrammatische Fehler zu beobachten ist.

Harley geht von einem Netzwerkmodell aus, wie es etwa in Stemberger (1985), Harley (1988) oder Dittmann (1988) beschrieben ist. In einem solchen Netzwerkmodell wird Sprachproduktion als ein Prozeß der Aktivierung von Einheiten aufgefaßt. Das Modell selber besteht aus mehreren Komponenten, die in interaktiver Beziehung zueinander stehen, das heißt, Aktivierungen können sich von einer Komponente zur nächsten hin ausbreiten. Zwischen den Komponenten bestehen also aktivierende Verbindungen, während innerhalb der Komponenten inhibierende Verbindungen bestehen. Alle Einheiten haben einen charakteristischen Ruhegrad der Aktivierung, der über die aktivierenden Verbindungen erhöht werden kann. Dies geschieht beispielsweise, wenn von einem Eintrag im semantischen Lexikon aus eine phonologische Repräsentation aktiviert wird. Innerhalb des phonologischen Lexikons bestehen zwischen den Einheiten inhibierende Verbindungen, so daß die aktivierte Einheit auf andere, ähnliche phonematische Repräsentationen einen hemmenden Einfluß ausübt.

Harley (1990) nimmt nun folgende Verarbeitungsstufen an: Ausgehend von einer Mitteilungsabsicht (*Message Level*) wird eine abstrakte konzeptuelle Repräsentation erstellt. Diese wiederum aktiviert eine »functional-level«-Repräsentation, die einen abstrakten semantischen Kode für alle Inhaltswörter und eine abstrakte syntaktische Repräsentation enthält. Der semantische Kode entsteht dadurch, daß lexikalische Knoten des Netzwerks, die mit der Spezifizierung in der Mitteilungsabsicht übereinstimmen, aktiviert werden. Aktivierte Einheiten üben dabei einen hemmenden Einfluß auf andere, semantisch ähnliche Knoten aus. Die abstrakte syntaktische Repräsentation spezifiziert Informationen wie thematische Rollen, Tempus und Kasus. Auch dies geschieht durch Aktivierung der entsprechenden Einheiten von der Mitteilungsabsicht aus und auch hier üben verschiedene, in paradigmatischer Relation zueinander stehende Einheiten einen hemmenden Einfluß aufeinander aus.

Diese »functional-level«-Repräsentation aktiviert Einheiten in zwei Netzwerken, zwischen denen Interaktionen bestehen, dem phonologischen (*content word phonology*) und dem syntaktischen (*syntactic unit network*). Im phonologischen Netzwerk werden phonematische Repräsentationen der Inhaltswörter aktiviert; ähnliche Einheiten üben einen hemmenden Einfluß aufeinander aus. Der Zeitpunkt der stärksten Aktivierung einer Einheit wird bestimmt durch das Input aus dem syntaktischen Netzwerk. Harley geht davon aus, daß im syntaktischen Netzwerk ganze syntaktische Einheiten, also Fragmente von syntaktischen Strukturen wie Satzrahmen oder Konstituentenrahmen repräsentiert sind. Im syntaktischen Netzwerk werden durch Aktivierung der entsprechenden Strukturfragmente die abstrakten syntaktischen Strukturen der »functional-level«-Repräsentation in Ketten syntaktischer Kategorien übersetzt. Diese wiederum stellen sicher, daß phonematischen Repräsentationen im phonologischen Netzwerk zum richtigen Zeitpunkt aktiviert werden. Auch im syntaktischen Netzwerk üben verschiedene Strukturfragmente einen hemmenden Einfluß aufeinander aus. Abbildung 4 faßt diese Verarbeitungsschritte noch einmal zusammen.

Harleys Hypothese ist nun, daß bei paragrammatischen Patienten die inhibierenden Verbindungen zwischen den Einheiten im syntaktischen Netzwerk zerstört sind. Dies kann dazu führen, daß gelegentlich mehrere konkurrierende Satzfragmente miteinander verkettet werden. Das läßt sich am Beispiel unserer oben angeführten Oberflächenverschränkung *Ich bin spazieren bin ich am See* illustrieren: Auf der Ebene der »functional-level«-Repräsentation werden die abstrakten semantischen Einträge sowie abstrakte syntaktische Informationen über thematische Rollen etc. aktiviert. Wenn auf dieser Ebene die inhibierenden Verbindungen intakt sind, kommt es dabei entweder zur Aktivierung falscher semantischer Einträge, was zu semantischen Paraphasien führen würde, oder zur Aktivierung falscher abstrakter syntaktischer Repräsentationen, was zu einem völlig anderen Satz führen könnte.

Ausgehend von der abstrakten Spezifizierung des Verbrahmens des intransitiven Verbs *spazieren*, der abstrakten Tempusspezifizierung, der Spezifizierung der thematischen Rollen, und so weiter, wird im syntaktischen Netzwerk beispielsweise die Kette

PRO AUX V

aktiviert. Diese übt einen hemmenden Einfluß auf andere, syntaktisch mögliche Ketten aus, beispielsweise auch auf die Kette

V AUX PRO.

Ist die inhibierende Verbindung zwischen diesen Einheiten jedoch zerstört, kann der hemmende Einfluß nicht geltend gemacht werden. Da sich in Netzwerkmodellen die Aktivierung konzentrisch nach allen Seiten ausbreitet, das heißt, jede aktivierte Einheit aktiviert ihrerseits die Einheiten, mit denen sie verbunden ist, kann es durch ein »Rauschen im System« (vgl. Dittmann, 1988) dazu kommen, daß mehrere ähnliche Strukturfragmente aktiviert werden. Diese hemmen sich aber gegenseitig, und zwar so, daß die Einheit mit der höchsten

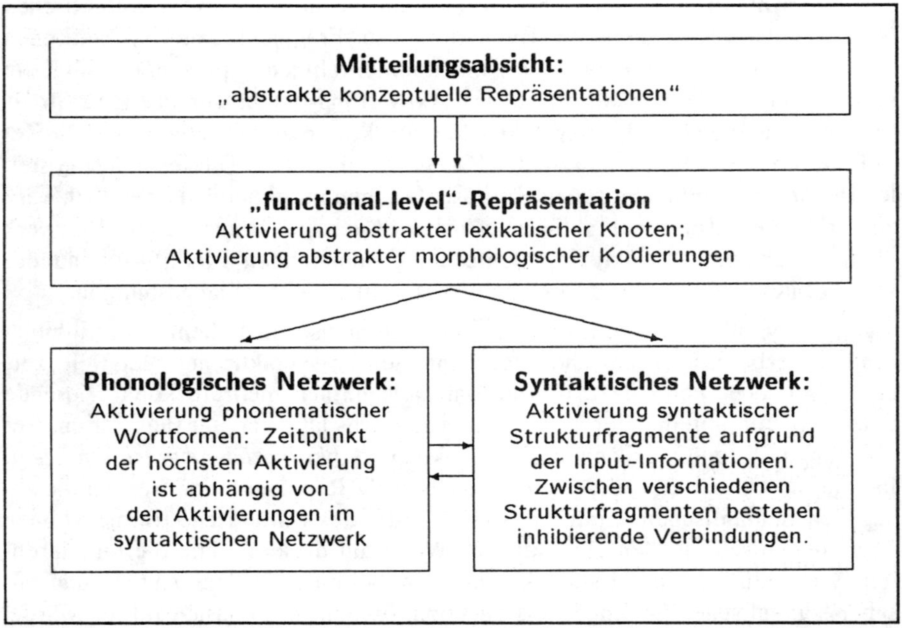

Abbildung 4 Sprachproduktionsmodell in Anlehnung an Harley (1990)

Aktivierung einen stärker hemmenden Einfluß auf die anderen Einheiten ausübt als umgekehrt. Dadurch wird der Unterschied in der Aktivierung der Einheiten immer größer, und am Ende bleibt nur bei einer Einheit die Aktivierung erhalten. Kann aber die Einheit mit der höchsten Aktivierung, hier die Kette »PRO AUX V« ihren hemmenden Einfluß nicht geltend machen, kann sich die Aktivierung einer anderen Einheit, hier der Kette »V AUX PRO« so weit aufbauen, daß sie ebenfalls die entsprechenden phonematischen Repräsentationen nacheinander aktiviert, so daß es zur Verkettung beider Strukturen kommt.

Die Stärke dieses Modells liegt meiner Ansicht nach darin, daß es semantische Paraphasien, phonematische Paraphasien und paragrammatische Fehler auf eine einheitliche Ursache zurückführt, nämlich auf die Zerstörung inhibierender Verbindungen. Dies erklärt, warum bei Wernicke-Aphasikern gerade diese Symptome häufig gleichzeitig vorliegen. Dehnt man dieses Modell auf andere aphasische Syndrome aus, so könnte man postulieren, daß bei Globaler Aphasie und bei Broca-Aphasie nicht die inhibierenden, sondern die aktivierenden Verbindungen betroffen sind, was dann zu starken lexikalischen Abrufstörungen und zu vielen Auslassungen führt.

Zusammenfassung und Diskussion

Der Begriff Paragrammatismus wird in der einschlägigen Literatur häufig gebraucht, um die syntaktische Struktur der Sprache von Patienten mit Wernicke-Aphasie zu charakterisieren. Er bezeichnet also die Sprache von flüssigen Patienten mit langen, syntaktisch komplexen Sätzen, bei denen falsche Funktionswörter, Satzteilverdoppelungen und Satzverschränkungen auftreten. Paragrammatismus wird häufig als ein Symptom bezeichnet, oft auch als das Leitsymptom der Wernicke-Aphasie. Es ist jedoch ungeklärt, ob es sich hier wirklich um ein Symptom handelt oder vielmehr um ein Bündel von Symptomen, die auch unabhängig voneinander auftreten können. Diese Frage hat einen empirischen und einen theoretischen Aspekt. Der empirische Teil der Frage lautet: Trifft es zu, daß die verschiedenen paragrammatischen Fehlertypen immer bei den gleichen Patienten auftreten, oder gibt es mehrere Untertypen von Paragrammatismus? Die bisherige Evidenz deutet eher auf das letztere hin: Weder in der Untersuchung von Butterworth und Howard (1987) an englischen Patienten noch in der Untersuchung von Ehinger et al. (1990) an deutschen Patienten fanden sich Korrelationen in der Auftretenshäufigkeit der einzelnen Fehlertypen. Allerdings ist in beiden Untersuchungen die Anzahl der untersuchten Patienten zu gering, um ernsthafte Schlüsse zuzulassen.

Für die neurolinguistische Theoriebildung stellt sich die Frage, ob die einzelnen paragrammatischen Fehlertypen auf ein gemeinsames Defizit zurückgeführt werden können oder ob ihnen verschiedene Entstehungsmechanismen zugrunde liegen.

In der vorliegenden Arbeit wurden drei Modelle diskutiert, die unterschiedliche Entstehungsmechanismen für Satzverschränkungen annehmen. In Teilaspekten sind diese unterschiedlichen Hypothesen jedoch durchaus miteinander vereinbar. So gehen beispielsweise Butterworth & Howard (1987) und Huber & Schlenck (1988) beide davon aus, daß die parallele Erstellung zweier unterschiedlicher Sätze bei tiefen Satzverschränkungen dadurch zustande kommt, daß das Input der syntaktischen Komponente von der Mitteilungsabsicht zu wenig detailliert ist, weshalb letztlich mehrere Varianten eines Satzes zur nächsten Verarbeitungsstufe gelangen. Auch Harley (1990) geht davon aus, daß bei paragrammatischen Patienten häufig mehrere Varianten eines Satzes aktiviert werden und daß dies eine Vorbedingung für das Entstehen einer Verschränkung ist. Butterworth und Howard bieten keine explizite Erklärung für den eigentlichen Vorgang der Verkettung zweier Satzstrukturen an. Huber und Schlenck gehen davon aus, daß es eine Vorbedingung für die Verkettung zweier Oberflächenstrukturen ist, daß zwei Oberflächenstrukturen gleichzeitig zur Linearisierung ausgewählt worden sind. Harley (1990) benutzt eine andere Terminologie, um die gleiche Hypothese auszudrücken: Zu dem Zeitpunkt, zu dem die phonologischen Wortformen im phonematischen Lexikon in der richtigen Abfolge aktiviert werden, sind im syntaktischen Netzwerk zwei verschiedene Strukturen oder Strukturfragmente aktiviert. Da die Aktivierungen dieses Netzwerks über den Zeitpunkt der Aktivierung der einzelnen Wortformen im phonologischen Lexikon entscheidet, kommt es dadurch zu Verschränkungen. Alle drei Modelle gehen also zumindest implizit davon aus, daß die tautologische, redundante, oft logorrhöisch überschießende Sprachproduktion der Patienten direkt mit dem paragrammatischen Satzbau zusammenhängt und nicht, wie zum Beispiel Poeck (1981, S. 105) annimmt, ein »Epiphänomen« darstellt, das im Prinzip unabhängig von der sprachsystematischen Symptomatik ist.

Trotz dieser Gemeinsamkeiten sollte man nicht die Unterschiede zwischen den Aussagen der verschiedenen Modelle aus den Augen verlieren. So nehmen Huber und Schlenck als eigentliche Ursache der Verkettung der beiden Strukturen die Störung einer Monitorfunktion mit Gedächtniskomponente an, während nach Harleys Theorie die Ursache in zerstörten inhibierenden Verbindungen innerhalb des syntaktischen Netzwerks liegt.

Abschließend möchte ich dafür plädieren, trotz der Tatsache, daß unser Wissen über die genauen Abläufe der Sprachproduktion zur Zeit sehr bruchstückhaft ist, die Erforschung dieser Abläufe nicht als eine rein akademische Spielerei zu betrachten. Es ist inzwischen fast unbestritten, daß Aphasietherapie dann besonders erfolgreich ist, wenn sie störungsspezifisch ist, das heißt, wenn sie bei dem der Störung zugrunde liegenden Defizit einsetzt.

Wenn man aufgrund expliziter theoretischer Annahmen über interne Prozesse der Sprachproduktion zu gezielten Hypothesen über die einem aphasischen Symptom oder Symptomenkomplex zugrunde liegenden Defizite kommt, liegt es nahe, versuchsweise Therapieverfahren daraus abzuleiten. Diese könnten entweder darin bestehen, strategische Kontrollmechanismen zu entwickeln, um die Symptome dann letztlich zu vermeiden (vgl. Harley, 1990, S. 90), oder darin, direkt an dem Defizit zu arbeiten. Geht man beispielsweise davon aus, daß die Hypothese von Huber & Schlenck (1988) zutrifft, wonach das den Satzverschränkungen zugrunde liegende Defizit primär eine Störung der Gedächtniskomponente der sprachlichen Monitorfunktionen ist, müßte ein erfolgreiches Training des sprachlichen Arbeitsspeichers zu einer Besserung der paragrammatischen Symptomatik führen. Ist ein solches Training nicht möglich, müßten Strategien entwickelt werden, die Belastung des sprachlichen Arbeitsspeichers während der Sprachproduktion möglichst gering zu halten.

In der Vergangenheit hat der Mangel an expliziten Modellen zur Erklärung von paragrammatischen Fehlern sicherlich dazu beigetragen, daß es gerade für dieses Störungsbild kaum gezielte Behandlungsansätze gibt, während für andere aphasische Symptome bereits eine große Zahl theoriegeleiteter therapeutischer Methoden existieren. Es ist zu hoffen, daß angesichts des zunehmenden Interesses der kognitiven Neurolinguistik an diesem Störungsbild in Zukunft theoriegeleitete Therapieverfahren entwickelt werden, die sich an expliziten Hypothesen über die den paragrammatischen Symptomen zugrunde liegenden Defizite orientieren.

Literatur

Badecker, B. & Caramazza, A. (1985) On considerations of method and theory governing the use of clinical categories in neurolinguistics and cognitive neuropsychology. *Cognition, 20*, 97-125.

Butterworth, B. (1980) Some constraints on models of language production. In: Butterworth, B. (Ed.) *Language Production. Volume 1: Speech and Talk.* London: Academic Press.

Butterworth, B. (1982) Speech errors: Old data in search of new theories. In: Cutler, A. (Ed.) *Slips of the Tongue and Language Production*. The Hague: Mouton.

Butterworth, B. (1985) Jargon aphasia: Processes and strategies. In: Newman, S. & Epstein, R. (Eds.) *Current Perspectives in Dysphasia.* Edinburgh: Churchill Livingstone.

Butterworth, B. & Howard, D. (1987) Paragrammatisms. *Cognition, 26*, 1-37.

Caplan, D. (1987) *Neurolinguistics and Linguistic Aphasiology. An Introduction.* Cambridge: Cambridge University Press.

De Bleser, R. (1987) From agrammatism to paragrammatism: German aphasiological traditions and grammatical disturbances. *Cognitive Neuropsychology, 4,* 187-256.

Dittmann, J. (1988) Versprecher und Sprachproduktion. Ansätze zu einer psycholinguistischen Konzeption von Sprachproduktionsmodellen. In: Blanken, G., Dittmann, J. & Wallesch, C. W. (Hgg.) *Sprachproduktionsmodelle.* Freiburg: HochschulVerlag.

Ehinger, A, Lutzenberger, C., Dittmann, J. & Blanken, G. (1990) Spontane Sprachproduktion bei Wernicke-Aphasie. Eine Pilotstudie. *Neurolinguistik, 4,* 69-81.

Fay, D. (1982). Substitution and splices: A study of sentence blends. In: Cutler, A. (Ed.) *Slips of the Tongue and Language Production.* Berlin: Mouton.

Frazier, L. (1985) Syntactic complexity. In: Dowty, D. R., Kartunnen, L. & Zwicky, A. M. (Eds.) *Natural Language Parsing.* Cambridge: Cambridge University Press.

Goodglass, H. & Hunter, M. (1970) A linguistic comparison of speech and writing in two types of aphasia. *Journal of Communication Disorders, 3,* 28-35.

Grodzinsky, Y. (1984) The syntactic characterization of agrammatism. *Cognition, 16,* 99-120.

Harley, T. A. (1988) Automatic and executive processing in semantic and syntactic planning: A dual process model of speech production . In: Zock, M. & Sabah, G. (Eds.) *Advances in Natural Language Generation.* London: Pinter.

Harley, T. A. (1990) Paragrammatisms: Syntactic disturbance or breakdown of control? *Cognition, 34,* 85-91.

Heeschen, C. (1985) Agrammatism and paragrammatism: A fictitious opposition. In: Kean, M. L. (ed.) *Agrammatism.* New York: Academic Press.

Huber, W. (1989) Alexie und Agraphie. In: Poeck, K. (Ed.) *Klinische Neuropsychologie, 2. Aufl.,* Stuttgart: Thieme.

Huber, W., Poeck, K., Weniger, D. & Willmes, K. (1983) *Aachener Aphasie Test.* Göttingen: Hogrefe.

Huber, W. & Schlenck, K. J. (1988) Satzverschränkungen bei Wernicke-Aphasie. In: Blanken, G., Dittmann, J. & Wallesch, C. (Hgg.) *Sprachproduktionsmodelle.* Freiburg: HochschulVerlag.

Huber, W., Stachowiak, F. J., Poeck, K. & Kerschensteiner, M. (1975) Die Wernicke-Aphasie. *Journal of Neurology, 210,* 77-79.

Kleist, K. (1914) Aphasie und Geisteskrankheit. *Münchener Medizinische Wochenschrift, 61,* 8-12.

Kleist, K. (1934). Kriegsverletzungen des Gehirns in ihrer Bedeutung für die Hirnlokalisation und Hirnpathologie. In: Bonhoeffer, K. (Hg.) *Handbuch der ärztlichen Erfahrungen im Weltkriege 1914–1918 (Bd. 4)*. Leipzig: Barth.

Levelt, W. (1983) Monitoring and selfrepair in speech. *Cognition, 14*, 41-104.

Miceli, G., Silveri, C., Romani, C. & Caramazza, A. (1989) Variation in the pattern of omissions and substitutions of grammatical morphemes in the spontaneous speech of so-called agrammatic patients. *Brain and Language , 36*, 447-493.

Oldfield, R. C. (1970) The assessment of handedness: The Edinburgh inventory. *Neuropsychologia, 9*, 97-113.

Poeck, K. (1981). Was verstehen wir unter aphasischen Syndromen? In: Schnelle, H. (Hg.) *Sprache und Gehirn*. Frankfurt: Suhrkamp.

Schlenck, K. J., Huber, W. & Willmes, K. (1987) "Prepairs" and repairs: Different monitoring functions in aphasic language production. *Brain and Language, 30*, 226-244.

Schlenck, K. J., Prosiegel, M. & Gerhards, W. (1989) Agrammatismus und Paragrammatismus bei gekreuzter Aphasie. *Poster, 16. Jahrestagung der Arbeitsgemeinschaft für Aphasieforschung und -behandlung*. Köln.

Schlenck, K. J. & Springer, L. (1989). Agrammatismus in der Rückbildung: Eine Fallstudie. *Neurolinguistik, 3*, 57-72.

Stemberger, J. P. (1985) An interactive activation model of language production. In: Ellis, A. W. (Ed.) *Progress in the Psychology of Language (Vol. 1)*. London: Erlbaum.

Ulatowska, H., Baker, T. & Stern, R. (1979) Disruption of written language in aphasia. In: Whitaker, H. & Whitaker, H. A. (Eds.) *Studies in Neurolinguistics (Vol. 4)*. New York: Academic Press.

7. Störungen der Textverarbeitung bei Aphasie

Jacqueline Stark
Kommission für Linguistik und Kommunikationsforschung, Wien
& Heinz Karl Stark
LBG Institut für Hirnkreislaufforschung, Wien

Einleitung [1]

In der heutigen Aphasiologie nimmt das theoretische und praxisbezogene Interesse an den Fähigkeiten, beziehungsweise positiven Leistungen eines Aphasikers bei der Bewältigung einer bestimmten sprachlichen Aufgabenstellung zu. Fragen wie die folgenden werden gestellt: Zu welchen kognitiven Leistungen ist ein Aphasiker überhaupt im Stande? Was kann der Aphasiker sprachlich noch leisten? Was sind die Grenzen seiner Fähigkeiten (unter optimalen Bedingungen)? Wie sieht die »kommunikative Kompetenz« eines Aphasikers aus?

Antworten auf diese Fragen würden eine realistische Einschätzung der Sprachtherapieziele und der Gesamtsituation des individuellen Menschen erlauben. Von allen linguistischen Ebenen beziehungsweise Einheiten ist die Analyse der »Text-« oder »Diskursebene« am besten geeignet, diese Fragen zu beantworten. Der »Diskurs« oder »Text« stellt sowohl die natürlichste als auch die komplexeste sprachliche Einheit dar. Ein Text ist als natürlichste Einheit anzusehen, weil der Mensch sich ständig in kommunikativen Alltagssituationen befindet, die den Einsatz der Gesamtheit aller zur Verfügung stehenden sprachlichen und nichtsprachlichen Mittel erfordern, um Diskurse zu führen, das heißt einen Text zu produzieren oder zu verstehen.

Menschliche Kommunikation läuft nicht in einzelnen unzusammenhängenden Worten oder Sätzen ab. Eine Reaktion geht über die lexikalische, morphologische, semantische und syntaktische Ebene hinaus, obwohl ein Text aus einem Wort oder einer Geste in einem bestimmten situativen Kontext oder bis zu mehreren Äußerungen, Paragraphen oder Handlungsfolgen bestehen kann. Aus dem vorherigen ist auch abzuleiten, daß ein Text als die umfassendste und gleichzeitig komplexeste linguistische Einheit zu betrachten ist und daß die

1 Wir möchten uns an dieser Stelle bei Prof. W. U. Dressler, Dr. Christiane Pons, Dr. Elke Starlinger und Dipl.Log. Karin Weithofer für die kritische Durchsicht dieses Manuskriptes bedanken.

Analyse von Texten eine interdisziplinäre Vorgangsweise voraussetzt. Bei der Textverarbeitung (Produktion und Verstehen) finden auch Interaktionen zwischen den linguistischen Ebenen statt. Fehler können bei Gesunden wie bei Aphasikern auf einer einzelnen linguistischen Ebene und auch in den Verarbeitungsprozessen zwischen ihnen vorkommen. Daher sollen in einer Textanalyse grundsätzlich sowohl jede einzelne sprachliche Ebene als auch die Interaktionen zwischen ihnen untersucht werden. Denn es ist wichtig zu wissen, welche Auswirkungen zum Beispiel semantische oder syntaktische Verarbeitungsschwierigkeiten auf der Wort- oder Satzebene für den ganzen Text oder Textteile haben können. Das Ziel dieser Arbeit ist es, Störungen der Textverarbeitung an Hand aphasischer Texte linguistisch zu analysieren. Nach einer Darstellung der wichtigsten texttheoretischen Begriffe, Modellvorstellungen und der Aphasiestudien über Text werden die einzelnen Defizite der Textverarbeitung an Hand von Textbeispielen mit Hinsicht auf Diagnoseverfahren und sprachtherapeutische Maßnahmen besprochen.

Entwicklung der Textlinguistik und derzeitige interdisziplinäre Forschung

Als Textlinguistik wertet van Dijk (1977) jede sprachwissenschaftliche Arbeit, die Text primär zum Untersuchungsgegenstand hat. Daher kann Textlinguistik als Bezeichnung für verschiedene Methoden und Theorien der Textverarbeitung gelten, die wir an dieser Stelle nur umreißen können. Der Beginn der Textlinguistik kann bei der Rhetorik der alten Griechen und Römer angesetzt werden (vgl. de Beaugrande & Dressler, 1981; für einen ausführlichen historischen Überblick über die Entwicklung der Textlinguistik wird der Leser auf de Beaugrande & Dressler, 1981 und Patry & Nespoulous, 1990 verwiesen). Nach de Beaugrande & Dressler (1981) beschäftigte sich die klassische Rhetorik mit der für die heutige Textlinguistik zentralen Frage: »Wie werden manifeste Strukturen durch Entscheidungs- und Auswahloperationen aufgebaut, und was sind die Implikationen solcher Operationen für die kommunikative Interaktion?« (S. 16).

Die Hauptgebiete der Rhetorik waren: die »inventio«, das Entdecken passender Ideen, die »elocutio«, das Entdecken adäquater Ausdrücke für Ideen, die »dispositio«, die Anordnung der Einheiten eines Textes und die »memoratio«, das Einprägen im Gedächtnis vor der »actio«, dem Vortrag. Aus diesen Kategorien sind schon die wesentlichen Bezugspunkte der Sprachproduktion allgemein und der Textproduktion im besonderen ableitbar, wie sie die Textlinguistik, Neurolinguistik oder kognitive Neuropsychologie untersuchen:

1) Das Aktivieren von Ideen (inventio) und deren Anordnung in eine lineare Kette (dispositio) können systematisch gesteuert werden.
2) Das Umsetzen der Idee in den geeigneten (sprachlichen) Ausdruck (elocutio) kann bewußt als Fertigkeit (»skill«) gelernt werden und bildet einen wichtigen Bestandteil der kommunikativen Kompetenz einer Person.
3) Eine gegebene Ideensequenz kann in qualitativ unterschiedlichen Texten realisiert werden (actio).
4) Texte sind Mittel der zielgerichteten Interaktion (vgl. de Beaugrande & Dressler, 1981) oder nach Hartman die »originären sprachlichen Zeichen«, die wir in sinnvollen, zielgerichteten Handlungen benutzen (vgl. Hartman, 1971 und Schmidt, 1976).
5) Die Speicherung beziehungsweise Lern- und Merkfähigkeit (memoratio) ist ein ganz wichtiger Teilbereich in der Psychologie, kognitiven Neuropsychologie oder Neurolinguistik sowie in den anderen kognitiven Wissenschaften (zum Beispiel artificial intelligence). Sie ist auch eine der störungsanfälligsten Funktionen bei organischen Hirnerkrankungen, insbesondere bei Aphasie oder Demenz. Die Speicherungsfähigkeit für Informationen kann kognitive Leistungen im allgemeinen und die Textproduktion im besonderen ganz entscheidend beeinflussen.

Ein zweiter Bereich, der eine jahrtausendealte Tradition in der Beschäftigung mit Texten aufweist, ist die Stilistik. Am Beginn der modernen Linguistik wurde der Satz als die größte strukturell inhärente Einheit angesehen, beschrieben und analysiert (vgl. Bloomfield). Strukturen, die über den Satz hinausreichten, wurden der Stilistik zugeordnet. Die Textebene wurde beim Strukturalismus und zum Teil bei der generativen Grammatik eher vernachlässigt. Der Linguist Harris (1952) machte auf die Notwendigkeit der Diskursanalyse aufmerksam und dehnte sein Analyseverfahren auf die Textebene aus.

Andere Vorläufer der heutigen Textlinguistik sind die Ansätze der Kulturanthropologen Malinowski, Propp, und Levi-Strauss, die Sprache als komplexe menschliche Tätigkeit verstanden. Sie untersuchten Mythen und Volksmärchen als texthafte sprachliche Kulturmanifestationen. In der Soziologie untersuchte die Ethnomethodologie soziale Interaktionen und die dabei stattfindenden Diskurse (Gumperz, Hymes, Goffman). Die Soziolinguistik widmete ihr Interesse verschiedenen Formen der Sprachverwendung, insbesondere dem Geschichtenerzählen und Konversationsanalysen (vgl. Labov & Waletzky, 1967). Die Literaturwissenschaft befaßte sich schon immer mit der Analyse bestimmter Texttypen und deren Strukturen. Die klassische Arbeit von Bartlett (1932) über Vergessen kann als Basis für heutige psychologische Experimente, die sich mit semantischem Gedächtnis und Story Grammar befassen (vgl. Kintsch, 1974;

Rumelhart, 1975) angesehen werden. Bartlett führte in dieser Studie den Begriff »Schema« als Form der Wissensspeicherung ein. Vertreter der künstlichen Intelligenzforschung entwickelten Computerprogramme für die automatische Verarbeitung von Texten (vgl. Winograd, 1972).

Die Linguistik erkannte die Notwendigkeit einer expliziten Textwissenschaft zu Beginn der siebziger Jahre (vgl. Hartman, 1971; Dressler, 1972; Beiträge in Ihwe, Band 1 und 2, 1973; und Kallmeyer et al., Band 2, 1974). Es wurden Textgrammatiken entwickelt (vgl. van Dijk, 1977).

Begriffsbestimmung

Definition von Text

Trotz unterschiedlicher theoretischer Auffassungen ist allen Definitionen gemeinsam, daß ein Text eine größere sprachliche Einheit ist, die über die Organisation von isolierten Einzelsätzen hinausgeht. Dressler (1972) definiert Text als »eine abgeschlossene sprachliche Äußerung« (S. 1). Eine operationalisierbare praxisrelevante Definition von Text bieten de Beaugrande & Dressler (1981) an; ein Text ist »eine kommunikative Okkurrenz, die sieben Kriterien der Textualität« (S. 3) erfüllen muß, um eben als »kommunikativ« zu gelten. Wenn nur eines der sieben Kriterien nicht erfüllt wird, ist der Text als »nicht kommunikativ« zu bezeichnen. (In dieser Arbeit verwenden wir den Terminus »Diskurs« beziehungsweise »Diskursebene« in ähnlicher Weise wie »Text« und »Textebene«. Bei der Literaturübersicht übernehmen wir die Termini der Autoren.)

Kriterien der Textualität

(vgl. de Beaugrande & Dressler, 1981, S. 3-14)

(A) Textzentrierte:

1) *Kohäsion* bezieht sich auf syntaktische, morphologische und lexikalische Mittel, wodurch Sätze zu Paragraphen verbunden werden. Dieses Kriterium betrifft die Art, wie die Komponenten des Oberflächentextes, das heißt wie die Worte miteinander verbunden sind. Der syntaktische Zusammenhang eines Textes ist damit gemeint. Ein Beispiel dafür ist:

   Kohäsiv: *Ein Mann raucht eine Zigarette. Er genießt sie, während er eine Zeitung liest.*

   Nicht kohäsiv: *Ein Mann raucht eine Zigarette. Ein Mann liest eine Zeitung.*

2) *Kohärenz* bezieht sich auf die semantische und pragmatische Zusammengehörigkeit eines Textes. Unter Kohärenz ist der logisch-semantische Zusammenhang eines Textes, beziehungsweise der Sinnzusammenhang eines Textes

gemeint. Kohärenz wird durch die bestimmte regelhafte Konfiguration von Konzepten (Begriffen) und deren Beziehungen (Relationen) untereinander gebildet. »Kohärenz ist nicht bloß ein Merkmal von Texten, sondern vielmehr das Ergebnis kognitiver Prozesse der Textverwender« (de Beaugrande & Dressler, 1981, S. 7). Ein Beispiel dafür ist:

Kohärent: *Der Dieb wurde nach Wohnungseinbrüchen verhaftet. Die Polizei sucht Geschädigte.*

Nicht kohärent: *Der Dieb wurde verhaftet. Die Wettervorhersage ist schlecht.*

(B) Verwenderzentrierte:

3) *Intentionalität*: Die Absicht beziehungsweise die Einstellung des Sprechers, einen Text zu produzieren, welcher kohärent und kohäsiv ist.
4) *Akzeptabilität*: Die Überprüfung beziehungsweise Festlegung der Gültigkeit eines Textes durch den Gesprächspartner.
5) *Informativität*: Das Ausmaß des Informationsgehalts, das heißt der Grad der Neuigkeit im Text: ob und wie neue oder bekannte Information geboten wird.
6) *Situationalität*: Die Variablen, die einen Text für eine bestimmte Kommunikationssituation relevant machen, zum Beispiel Zeit, Ort, Gesprächspartner, soziale Rollen.
7) *Intertextualität*: Dieses Kriterium bezieht sich auf die Aspekte, welche die Verwendung eines Textes von der Kenntnis eines oder mehrerer vorher aufgenommener Texte abhängig macht.

Diesen sieben konstitutiven Prinzipien stellen de Beaugrande & Dressler regulative Prinzipien, die auf Searle zurückgehen, gegenüber. Im Gegensatz zu der Funktion, die Textproduktion mittels der sieben Kriterien zu definieren, kommen den regulativen Prinzipien Kontrollfunktionen zu: (a) die Effizienz, welche von dem Ausmaß des Aufwands und der Anstrengung abhängt, der bei der Textproduktion notwendig ist, (b) die Effektivität eines Textes beziehungsweise der Eindruck, den ein Text auf den Gesprächspartner macht, und (c) die Angemessenheit eines Textes in einem Kontext in Relation zur Aufrechterhaltung der Kriterien der Textualität.

Patry & Nespoulous (1990) fassen die Diskursthemen mit einem Fragenkatalog über die Domäne der Diskursebene mit einer Grundsatzfrage und sechs weiteren Fragen zusammen:

1) Welche Charakteristika werden ständig bei erfolgreichem (kommunikativem) Diskurs beobachtet ?

ad Kohäsion:

2) Tragen manche linguistische Einheiten (»markers«) der lexikalisch-semantischen Ebene direkt und systematisch zur semantischen Kontinuität des Diskurses bei ?

ad Kohärenz:

3) Gibt es einige Aspekte der semantischen Kontinuität im Diskurs, die nicht unmittelbar durch linguistische Einheiten der Wortebene realisiert werden?
Zum Beispiel eine Schlußfolgerung, mit der der Sprecher/Hörer einen Sinnzusammenhang zwischen Sachverhalten auf Grund seines Wissens darüber, herstellen kann:
Ein Beispiel: *Der Dieb wurde verhaftet. Der Prozeß findet im Herbst statt.*

ad Makrostruktur:

4) Was ist die semantische Struktur und Organisation des linguistischen Materials, die der Produktion und dem Verstehen von Diskursen zugrundeliegen? Damit meint man: Wie wird ein Text global konstruiert?

ad Prozedurale Analyse:

5) Welche kognitiven Prozesse laufen zum Beispiel beim Lesen eines Buches oder Hören einer Geschichte ab, und wie interagieren diese Prozesse?

ad Pragmatik:

6) Ist es möglich, plausible Beziehungen zwischen linguistischem Inhalt und dem kontextuellen Rahmen eines Diskurses (wie zum Beispiel Situation, Gesprächspartner, Thema und soziale Position) zu identifizieren? Zum Beispiel wie verhält man sich sprachlich in einer Konversation mit guten Bekannten im Vergleich dazu, wie man sich gegenüber einem Arzt oder Richter verhält?

ad Konversationsanalyse:

7) Wie kann man linguistische Kommunikationsakte, an denen wenigstens zwei Personen teilnehmen, charakterisieren ?

Patry & Nespoulous teilen die fundamentalen Eigenschaften von Diskurs ferner in (a) Oberflächeneigenschaften (Kohäsion), (b) dazwischen liegende Eigenschaften (Kohärenz) und (c) Fernwirkung (»remote«) (Informativität, Intentionalität, Adäquatheit, Topikalität (Thema) und Texteinheit) ein.

Texttypen

Eine einheitliche Klassifikation der Texttypen oder Textsorten, das heißt eine Texttypologie steht nicht zur Verfügung. Nach de Beaugrande & Dressler (1981) hängt die Zuordnung eines Textes zu einer bestimmten Textsorte eher von der Funktion des Textes in der Kommunikation ab. Unter Klassen von Texten, das heißt Texte, bei denen man bestimmte Eigenschaften für bestimmte Zwecke erwartet oder globale Rahmengebilde, findet man alle möglichen Texte, wie zum Beispiel Verkehrszeichen, Kinderreim, Dialog, Zeitungsartikel, Parodien, Drama und anderes. Van Dijk (1980) zählt zwanzig Textsorten, die eine mögliche Superstruktur haben, unter anderem akademischer Vortrag, Predigt, Gebrauchsanweisung auf (S. 154).

Deskriptive, narrative und argumentative Texte werden unterschieden. Die deskriptiven Texte vermitteln Wissen über bestimmte Objekte und Situationen. Bei narrativen Texten werden Ereignisse und Handlungen in einer bestimmten Reihenfolge angeordnet, und bei argumentativen Texten liegt eine Bewertung von bestimmten Ideen vor. Eine klare Abgrenzung zwischen diesen Texten ist schwierig. Die Produktion eines Märchens, wie zum Beispiel »Rotkäppchen«, kann am besten als ein narrativer Text, der aber reproduktiv und im Gedächtnis gespeichert ist, bezeichnet werden (vgl. Stark & Dressler, 1990, S. 327). Ulatowska et al. (1981) stellten den narrativen dem prozeduralen Diskurs gegenüber. Prozeduraler Diskurs besteht aus einer Sequenz von Schritten, in denen beschrieben wird, wie etwas zu machen ist. Narrativer Diskurs wird in drei Typen gegliedert: (a) narrativer Diskurs im engen Sinne, bei dem alle Elemente der Superstruktur (zum Beispiel Setting, Komplikation und Lösung) vorhanden sind, (b) episodischer Narrativ mit temporal gebundenen Ereignissen (ohne Komplikation und Lösung) und (c) expositorischer Diskurs, der sich mit einem Thema und allen dazu zugehörigen Ereignissen befaßt und der eine thematische im Gegensatz zu einer chronologischen Organisation aufweist.

Textverarbeitungsmodelle

An dieser Stelle ist es nicht möglich, alle Textverarbeitungsmodelle zu skizzieren, nicht einmal ein Modell ausführlich zu behandeln. Wir beschränken uns auf eine Zusammenfassung der wichtigsten Ideen der Modellvorstellungen von van Dijk & Kintsch (1978, 1983 und Kintsch, 1988), da ihre Ansätze eine breite Anwendung finden. (Für eine Beschreibung der Modelle von Schmidt (1976) und de Beaugrande & Dressler (1981) wird der Leser auf die Originalarbeiten verwiesen. Eine gute einführende deutschsprachige Darstellung des Story Grammar-Konzeptes und der Ansätze von van Dijk & Kintsch ist in Ballstaedt et al. (1981) zu finden.) Die wichtigsten Begriffe dieser Modelle sind Proposition,

Textbasis, Mikrostruktur, Superstruktur, Makrostruktur, Inferenz, Makroregeln, globale und lokale Information, Kohärenz und Kohäsion. Definieren wir kurz einige dieser Begriffe:

Proposition ist die grundlegende semantische Einheit, bestehend aus einem Prädikat (P) oder Relationskonzept und einem oder mehreren Argumenten (A1, A2...), die Konzepte von Objekten und Gegebenheiten, zum Beispiel: *trinken, Mutter, Kaffee* (= P, A1, A2) sind. Die Prädikat-Argument-Struktur eines Satzes ist darunter zu verstehen.

Textbasis stellt die propositionale Repräsentation eines Textes, sowohl auf der Mikro- als auch auf der Makrostrukturebene dar.

Mikrostruktur ist der Teil der Repräsentation, der die lokale Information – die Wörter und Beziehungen zwischen diesen Wörtern –, die Bedeutung der Wörter, Phrasen und (verbundenen) Einzelsätze beinhaltet.

Makrostruktur ist der Teil der Textbasis, der die globale Information – die Hauptideen des Textes, das Thema beziehungsweise die Themen – beinhaltet.

Inferenz ist die Überbrückung der im Text fehlenden Information durch grammatisches und Weltwissen.

Superstruktur ist ein Schema oder Rahmengebilde, nach dem ein Text aufgegliedert werden kann. Man weiß, daß es sich um ein Märchen handelt, sobald man den Anfang hört oder liest: *Es war einmal ein* .....

Makroregeln haben die Aufgabe die Detailinformation der Mikrostruktur zu reduzieren und organisieren. Sie sind Regeln zur Änderung, das heißt Vergrößerung beziehungsweise Reduktion der umfangreichen Information des Textes, das heißt zur Zusammenfassung von Einzelheiten zu globaleren Strukturen ohne Verlust der wichtigen Information des Textes beziehungsweise umgekehrt zur Ausgestaltung der Makrostruktur.

In allen Ansätzen von van Dijk und Kintsch steht die semantische Struktur von Texten im Vordergrund. Daher gilt die Proposition als Basiseinheit der semantischen Struktur. Die Oberflächenstruktur eines Diskurses wird als ein Set von Propositionen interpretiert. Die semantische Struktur wird auf zwei Ebenen charakterisiert, nämlich auf der Mikrostruktur- und der Makrostrukturebene:

1) die Mikrostruktur ist die Struktur der einzelnen Propositionen und ihrer Beziehungen (»local information«) und

2) die Makrostruktur charakterisiert den Diskurs im »Ganzen« als eine Einheit, die zusammenhängend und kohärent ist. Makrostrukturen sind das Ergebnis von Inferenzprozessen. Graphisch dargestellt sehen diese zwei Ebenen in ihrer einfachsten Form so aus:

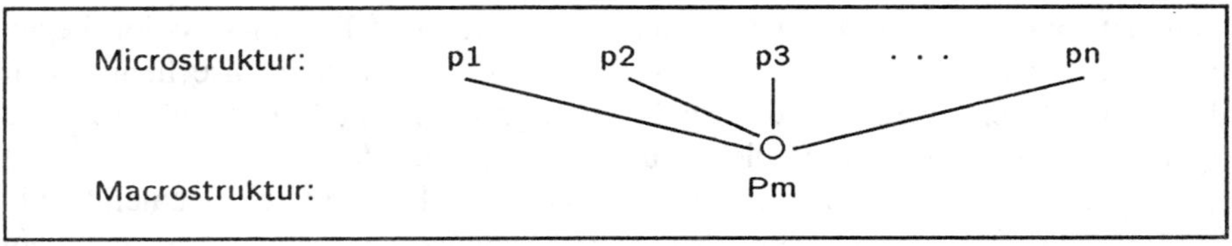

Die semantische Struktur eines Diskurses wird in bezug auf eine abstrakte Textbasis charakterisiert. Die Textbasis ist die Struktur, die während des Lesens/Hörens eines Textes gebildet wird. Sie repräsentiert die Bedeutung aller Einzelheiten in einem Text. Zwei Arten von Information sind in der Textbasis enthalten, nämlich lokale und globale Information. Es wird wiederum zwischen impliziter und expliziter Textbasis unterschieden: (a) Unter impliziter Textbasis versteht man den aktuellen Diskurs, der produziert wurde. (b) Die explizite Textbasis ist ein theoretischer Begriff und besteht aus den Propositionen, die für die Herstellung von Kohärenz in einem Text notwendig sind. Der Diskurs gilt nur dann als kohärent, wenn seine Sätze und Propositionen verbunden werden und wenn die Propositionen auf der Makrostrukturebene global organisiert sind.

Diese zwei Ebenen werden durch spezifische semantische Mapping-Regeln (Übertragungsregeln), das heißt Makroregeln, in Beziehung zueinander gesetzt. Eine grundlegende Annahme ist, daß keine Proposition getilgt werden kann, die für die weitere Interpretation notwendig ist. Es gibt drei Makroregeln, die unter der Kontrolle eines Schemas angewandt werden:

1) Auslassen: Jede Proposition, die weder für die direkte noch für die indirekte Interpretation einer nachfolgender Proposition notwendig ist, darf ausgelassen werden.

2) Generalisierung: Jede Folge von Propositionen darf durch eine allgemeine übergeordnete Proposition ersetzt werden, wenn diese die Folge beziehungsweise jede der Propositionen impliziert.

3) Konstruktion: Jede Folge von Propositionen darf durch eine Proposition substituiert werden, die einen globaleren oder umfassenderen Charakter des Ganzen hat (vgl. Ballstaedt et al., 1981, S. 70-73 für Beispiele dieser Makroregeln).

   Beispiel für die Anwendung der Makroregel »Auslassen«:

   Mikropropositionen: *Die Frau schält Kartoffeln. Die Frau wäscht die Kartoffeln. Die Frau gibt die Kartoffeln in einen Kochtopf. Die Frau stellt den Kochtopf auf den Herd. Die Frau schaltet den Herd ein.*

   Makroproposition: *Die Frau kocht Kartoffeln.*

Das Schema bezieht sich auf die globale Struktur der Textorganisation beziehungsweise die Superstruktur eines Textes, die den Aufbau entsprechend seiner Funktion festlegt. Damit wird auch der Texttyp festgelegt. Superstrukturen sind konventionalisiert und ermöglichen uns zu erkennen, daß ein bestimmter Text eine Erzählung, ein Narrativ ist, unabhängig vom Inhalt und der globalen Struktur. Die Superstruktur fungiert als eine Art Schema, auf das ein Text angepaßt wird.

Das Modell von Kintsch und van Dijk (1978) ist ein Verarbeitungsmodell, das drei Sets von Operationen spezifiziert:

1) Bedeutungselemente (Liste von Propositionen) eines Textes werden zu einem kohärenten Ganzen organisiert;
2) Die volle Bedeutung des Textes wird zu seinem Thema (»gist«) zusammengefaßt;
3) Neue Texte werden aus den Ergebnissen der Verstehensprozesse im Gedächtnis erzeugt.

Der Vorgang beim Verstehen eines Textes sieht nach diesem Modell folgendermaßen aus: Ein Leser sammelt semantische Einheiten, bis er an die Grenze eines Satzes oder einer Hauptkonstituente anlangt. Eine kohärente Struktur wird auf der Basis des Musters der Wiederholung von Argumenten unter den im Text vorhandenen semantischen Einheiten aufgebaut. Lücken im Text werden wenn notwendig durch Schlußfolgerungen (»Inferenzen«) überbrückt. Wegen Einschränkungen des Kurzzeitgedächtnisses wird der Text in Zyklen verarbeitet. Am Ende jedes Verarbeitungszyklus wird ein Kohärenzgraph konstruiert. Es werden bestimmte Propositionen selektiert und im »Buffer« (Arbeitsspeicher) gespeichert. Nur diese Propositionen stehen für die weitere Verarbeitung neuer Information zur Verfügung. Der Prozeß wird fortgesetzt bis ans Ende eines Textes. Das Resultat ist ein Netzwerk von kohärenten Propositionen.

Während das 1978er Modell als strukturell charakterisiert wird, bezeichnen die Autoren van Dijk & Kintsch im Modell von 1983 Diskursverstehen als einen strategischen Prozeß, das heißt als dynamisch, prozeßorientiert und on-line. Das Modell ist nicht ebenenorientiert, sondern komplexitätsorientiert. Es besteht ein ständiges Feedback zwischen mehr und weniger komplexen Einheiten. Strategien sind Teil unseres Allgemeinwissens, die formal als Produktionen repräsentiert werden können, das heißt, wenn bestimmte Bedingungen erfüllt sind, wird eine bestimmte Aktion ausgeführt. Diskursverarbeitung beinhaltet gleichzeitig im episodischen Gedächtnis die Repräsentation einer Textbasis und die auf den letzten Stand gebrachte Aktivierung. Ein allgemeines Kontrollsystem überwacht die Verarbeitungsprozesse.

Folgende zwei Repräsentationen werden parallel gebildet:

1) Die verbale Eingabe wird in eine Liste von (Kern-)Propositionen kodiert, die zu größeren Einheiten auf der Basis von Wissensstrukturen organisiert werden, um eine kohärente Textbasis zu bilden. Eine Makrostruktur wird aus dieser hierarchisch strukturierten Textbasis konstruiert, die die notwendigste Information der Textbasis repräsentiert.

2) Ein Situationsmodell wird konstruiert, in dem das Weltwissen einer Person mit der bis jetzt verarbeiteten Information aus dem Text vereint wird. Inferenzen sind ein Teil des Situationsmodells.

Das Resultat dieses Verstehensprozesses ist eine »Multi-Ebenen«-Aufzeichnung, die folgendes beinhaltet: (a) Gedächtnisspuren der linguistischen Eingabe und (b) der Bedeutung des Textes sowohl auf der lokalen als auch auf der globalen Ebene und (c) die Wirkung des Textes auf das Weltwissen.

Obwohl unter Diskursverstehen primär das Verstehen gelesener Texte in diesen Modellen behandelt wird, betonen van Dijk & Kintsch, daß Diskursproduktion nicht als Umkehrung des Verstehens gewertet werden kann, weil zu jedem Zeitpunkt in der Textverarbeitung dem Sprecher/Hörer verschiedene Arten von Information zur Verfügung stehen. Ein Sprecher hat die Aufgabe, eine Makrostruktur als semantischen Diskursplan zu konstruieren. Dieser Plan muß dann strategisch auf der lokalen Ebene umgesetzt werden, um die entsprechende Textbasis zu erzeugen. Es muß zwischen impliziter und expliziter Information gewählt werden. Lokale Kohärenz muß auf der Satzebene (Mikrostruktur) etabliert und die adäquaten Oberflächenstrukturen (Sätze) müssen formuliert werden. Dieser Prozeß wird durch verschiedene semantische, pragmatische und kontextuelle Daten kontrolliert.

Gegenüber dem Modell von 1983 schlägt Kintsch (1988) für sein Konstruktions-Integrationsmodell folgende Änderungen vor: Ein weniger starkes Produktionssystem wird angenommen, das eine Menge von Elementen erzeugt. Das richtige Element muß unter den Elementen vorhanden sein. Ein Integrationsprozeß tritt dann in Funktion, um die für den bestimmten Kontext richtigen Elemente in ihrer Aktivierung zu verstärken und die weniger adäquaten und falschen zu unterdrücken. Der Integrationsprozeß ist kontext-sensitiv und wählt das richtige aus den generierten Elementen aus. Durch einen Konstruktionsprozeß wird eine Textbasis aus der linguistischen Eingabe und dem Wissen des Sprechers/Verstehers gebildet, die in einer Integrationsphase zu einem kohärenten Ganzen gemacht wird. Für Kintsch ist die Wissensbasis (»knowledge base«) als ein assoziatives Netzwerk anzusehen. Der Konstruktionsprozeß wird als ein Produktionssystem bestehend aus vier Schritten zur Erzeugung einer Textbasis dargestellt: (a) Bildung der Konzepte und Propositionen, die direkt mit der linguistischen Eingabe korrespondieren, (b) Elaboration dieser Elemente durch Auswahl einer kleinen Anzahl ihrer am engsten verbundenen Nachbarelemente aus dem Allgemeinwissensnetz, (c) Schlußfolgern bestimmter zusätzlicher Propositionen und (d) Zuordnen von Assoziationsstärken zu allen Elementpaaren, die bereits erzeugt wurden.

Ein Hauptunterschied zum Modell von 1983 ist, daß weniger strikte Inferenzregeln, die auch zu widersprüchlichen und inkohärenten Ergebnissen führen können, angewandt werden. Dem Weltwissen (»general knowledge«) kommt eine größere Rolle zu: Das Wissen schränkt die Konstruktion von Diskursrepräsentationen auf jeder Ebene ein. Wortbedeutungen werden aktiviert, Propositionen werden gebildet und Inferenzen und Elaborationen werden ohne Bezug auf den Diskurskontext produziert. Das Resultat ist ein untereinander zusammenhängendes Netzwerk, welches durch einen ausbreitenden Aktivierungsprozeß zu einer kohärenten Struktur integriert wird.

Im Modell von 1983 wurde zwischen der Textbasis und dem Situationsmodell unterschieden: Das Situationsmodell entspricht einer Repräsentation des Textes, die mit anderem Wissen integriert wurde. Bei Kintsch (1988) korrespondiert eine integrierte Textbasis mit dem früheren Situationsmodell, weil irrelevante und widersprüchliche Information deaktiviert wurde, während wichtige Wissenselemente in der Textbasis absorbiert wurden.

Die Hauptideen und -begriffe dieser Ansätze kommen in der folgenden Auswahl der Aphasieliteratur über Textverarbeitung vor und werden bei unserer Analyse von einzelnen Texten von Aphasikern veranschaulicht. Im Appendix B ist ein Beispiel dafür, wie man eine Analyse eines Aphasikertextes durchführen kann, dargestellt.

Stand der Aphasieforschung über Textuntersuchungen

International wurden die ersten Textuntersuchungen bei Aphasikern um 1972 veröffentlicht. In der klassischen Aphasieliteratur (Kleist, Pick, Isserlin, Goldstein und viele andere) sind von Aphasikern produzierte Bildbeschreibungen als Beispiele wiedergegeben, jedoch lag eine genauere Textanalyse nicht vor. Die folgenden Studien werden nach Produktion versus Verstehen von Texten unterteilt, obwohl bei einer Nacherzählung oder beim Ergänzen eines vorgelesen Textes sowohl Produktion als auch Verstehen gleich wichtig sind: Der Text muß zuerst verarbeitet beziehungsweise verstanden werden, bevor er (re)produziert werden kann.

Textproduktion

Kotten (1972) demonstrierte die Notwendigkeit einer sehr differenzierten textlinguistischen Analyse an sieben aphasischen Texten (Beschreibung des Schneeballbildes aus dem Binetarium). Das Ziel ihrer Arbeit war, mit Hilfe von »linguistischen Verfahren aufzuzeigen, über welche sprachlichen Mittel die untersuchten Patienten in einer, zumindest in Umrissen abgrenzbaren, kommunikativen Situation noch spontan verfügen« (S. 6). Ein ähnliches Ziel lag den Textuntersuchungen von Engel (1977) zugrunde: Die sprachliche Kommunikationsfähigkeit sollte bei drei Textsorten (Interview, unmittelbare und wiederholte Reproduktion) im Bezug auf sprachliche Spontaneität und Stereotypie (Verwendung von Floskeln und anderem) untersucht werden. Die Aphasiker waren in der Lage, den Textrahmen für die zu übermittelnde Information abzustecken und sämtliche Variablen sprachlicher Spontaneität textsortenspezifisch einzusetzen. Bezüglich der Qualität der Wiedergabe analysiert nach Propositionskomponenten ließen sich die Aphasiegruppen nicht voneinander trennen. In einer Studie über Diskursmuster bei Aphasie stellte Ahlsén (1985) fest, daß die Diskursmuster der Aphasiker eine Zunahme der Abhängigkeit von nonverbaler und emotionaler Kommunikation aufwiesen. Die Änderungen sind auf die spontane Kompensation ihrer Schwierigkeiten, sich verbal auszudrücken, zurückzuführen.

Obwohl nicht als Textstudie gedacht, untersuchten Goodglass et al. (1972) die Satzproduktion von Broca-Aphasikern an Hand eines Geschichten-Ergänzungstests (»story completion«). Das Hauptaugenmerk war, welche syntaktischen Strukturen die Broca-Aphasiker in nach syntaktischen Kriterien konstruierten Texten produzieren konnten. Diese Methode wurde in abgeänderter Form von Berko Gleason et al. (1980) angewandt. Die Aufgabe bestand darin, nach Vorlesen von Texten diese Geschichten zu vorgelegten Zeichnungen nachzuerzählen. Signifikante Unterschiede in den Fähigkeiten, mündliche Nacherzählungen zu produzieren, konnten Berko Gleason et al. zwischen Wernicke- und Broca-Aphasikern und gesunden Versuchspersonen ermitteln. Der Informationsgrad war bei den Wernicke- und Broca-Aphasikern gemessen an Anzahl der erwarteten Zielwörter beziehungsweise bedeutungsvollen Themen verringert. Die Texte der Broca-Aphasiker hatten eine schlechtere Kohäsion, aber eine bessere Kohärenz als die der Wernicke-Aphasiker, obwohl die Wernicke-Aphasiker viel und die Broca-Aphasiker weniger produzierten. Im Vergleich zu den Kontrollpersonen war das Verhältnis Nomen zu Verben höher bei den Broca- und niedriger bei den Wernicke-Aphasikern. Die Texte der Aphasiker werden in folgender Weise charakterisiert: Einschränkung in der Produktion von Themen und Zielwörtern (»target lexemes«) aus der Vorgabe, Fehlen von Anaphora

(Rückverweis auf einen Referenten) und Gebrauch von vielen Pronomen, die ohne Referenz bleiben.

Ulatowska et al. (1981, 1983a, 1983b) analysierten die Produktion narrativer und prozeduraler Texte, Zusammenfassungen und moralische Bewertungen der Geschichten von leicht und mittelschwer gestörten Aphasikern. Die Superstrukturen der Narrative und die einzelnen Handlungsphasen bei den prozeduralen Texten – wie zum Beispiel Reifenwechsel – waren gut erhalten, ebenso die Kohäsion und Kohärenz. Große Schwierigkeiten hatten die Aphasiker bei den Zusammenfassungen. Die Bewertungen in Form eines Sprichwortes waren selbst für gesunde Kontrollpersonen schwierig, für Aphasiker jedoch unmöglich durchzuführen. Inhalt und Klarheit der Texte waren bei den Aphasikern geringer. Die Ergebnisse von Ulatowska und Mitarbeiter können kurz zusammengefaßt werden: (1) Die Komplexitätsreduktion ist als eine Kompensationsstrategie anzusehen, (2) die Fehlerhäufigkeit bewegte sich entlang eines Kontinuums von Aphasikern bis zu den Gesunden, (3) alle Fehler, die die Aphasiker machten, kamen auch bei Gesunden in spontaner, ungeplanter Rede vor, und (4) bei prozeduralem Diskurs waren die Aphasiker in der Lage, verschiedene Ebenen der Information (»script«) zu manipulieren.

Peuser (1983) verglich die mündliche und schriftliche Produktion des Märchens »Rotkäppchen«, um die Beziehungen beziehungsweise Assoziationen und Dissoziationen zwischen dem primären System der Lautsprache und dem sekundären System der Schriftsprache zu untersuchen: Ist geschriebene Sprache stärker betroffen als gesprochene Sprache oder umgekehrt, oder sind beide Modalitäten im gleichen Maße gestört? Die Qualität der geschriebenen Texte war insgesamt besser. Im Durchschnitt (alle Aphasietypen verschiedener Schweregrade) wurden 14 Propositionskomponenten des Märchens für beide Modalitäten produziert.

Im Rahmen einer vergleichenden Aphasiestudie mit dem Ziel, die syntaktischen Fähigkeiten von Agrammatikern zu erfassen, untersuchten Stark & Dressler (1990) die Produktion von verschiedenen narrativen Texten bei Broca-Aphasikern, die agrammatische Sprachproduktion aufwiesen, und verglichen sie mit Texten gesunder Kontrollpersonen (vgl. auch den Beitrag von J. Tesak in diesem Band). Differenzierte Analysen der syntaktischen und textspezifischen Aspekte der mündlichen (Erzählen und laut Lesen) und schriftlichen Texte zeigten, daß die primäre Störung der Agrammatiker auf der syntaktischen beziehungsweise morphosyntaktischen Ebene der Sprachverarbeitung lagen. Die Textebene war nur sekundär betroffen. Dies zeigte zum Beispiel ein Vergleich des satzsyntaktischen und textuellen Gebrauchs der Pronomen. Parallele Defizite wurden zwischen den verschiedenen Modalitäten gefunden.

In einer differenzierten Untersuchung von Dressler & Pléh (1988) über die narrative Textkompetenz von Aphasikern wurden verschiedene Subtypen von Textstörungen bei verschiedenen Texttypen ermittelt. Beeinträchtigungen der Textproduktion wurden als nichtspezifisch (für die Textebene) klassifiziert. Ein textspezifisches Resultat dieser Studie ist, daß besonders bei Wernicke-Aphasikern eine Beeinträchtigung der anaphorischen Koreferenz vorlag, die sowohl auf eine Störung der Kohäsion als auch der Kohärenz in Koreferenz zurückzuführen ist. In Dressler, Wodak & Pléh (1990) wurden geschlechtsspezifische Unterschiede bei der Verarbeitung von Texten beschrieben: Männer zum Beispiel ziehen deskriptive Sätze vor und schneiden bei der Aufgabe »Geschichten nacherzählen« besser ab. Sie wandeln die Aufgabe »Geschichten nacherzählen« in eine Bildbeschreibung um. Frauen ziehen narrative Strategien und Bewertungen, sogenannte »reflektive Sprechmuster«, vor.

Textverständnis

Die Leistungen von Aphasikern beim Verstehen von Texten wurde von Huber et al. (1975) mittels einer Text-Mehrfachbildauswahl zu vorgelesenen Geschichten untersucht. Ihre Ergebnisse wiesen auf unterschiedliche Störungen der Aphasietypen beim Erkennen bekannter metaphorischer Wendungen in ihrer übertragenen Bedeutung hin. Die Wernicke-Aphasiker machten im Durchschnitt die meisten Fehler, insbesondere Metaphernfehler, das heißt, sie zeigten auf das Bild, in dem die Metapher konkret dargestellt wird und nicht auf das Bild, in dem der Abschluß der Geschichte im Sinne der übertragenen Bedeutung der Metapher dargestellt wird. Zu einem gegenteiligen Resultat kamen Stachowiak et al. (1977), als sie Textverständnis mittels eines ähnlichen Verfahrens (Text-Mehrfachbildauswahltests) analysierten. Es sollten ähnlich wie bei Huber et al. die metaphorische Bedeutung des Topiks einer Geschichte erkannt werden. Aphasiker und Kontrollgruppen zeigten die gleichen Reaktionsmuster. Stachowiak et al. schloßen daraus, daß die Redundanz der Texte und des Bildmaterials die Störungen des Verstehens von isolierten Wörtern und Sätzen kompensieren kann.

In einer weiteren Studie verwendeten Huber und Gleber (1982) drei Versionen eines »Bildgeschichten-Ordnungstests« (»scrambled story«). Die Aufgabe bestand darin: (a) geschriebene Sätze passenden Bildern und Bilder vorgelesenen Texten zuzuordnen, die (b) aus Sätzen mit niedriger linguistischer Kohäsion und (c) aus Sätzen mit hoher linguistischer Kohäsion bestanden. Die meisten Fehler wurden bei den mündlichen Versionen des Tests gemacht. Die Leistungen der Global- und Wernicke-Aphasiker wiesen nahezu eine Zufallsverteilung auf. Der Grad der linguistischen Kohäsion hatte keinen Einfluß auf die Leistungen aller Aphasiegruppen. Dieses Ergebnis ist als Evidenz dafür zu werten, daß gehirngeschädigte Versuchspersonen sich primär auf Makrostrukturinformation stützten. Eine weitere Annahme dieser Studie ist, daß es zwei verschiedene kognitive Strategien gibt: eine deskriptive und eine nichtdeskriptive, welche auf pragmatischen Urteilen basiert. Beim Ordnen von Bildern neigen die Aphasiker dazu, die deskriptive Strategie anzuwenden.

Huber (1990) faßte die Ergebnisse dieser und neuer Untersuchungen zusammen und widmete sein Interesse einer unbeantworteten Frage, nämlich, ob der vorhersagbare Kontext dem aphasischen Hörer hilft, schwierige Sätze zu verstehen (das heißt, die Mikroverarbeitung wird verbessert), oder ob er bloß genügend Information liefert, um die Sätze überflüssig zu machen (das heißt, Makroverarbeitung wird unterstützt). Um diese Frage beantworten zu können, verglich Huber die Leistungen von Aphasikern in einem Textverständnistest mit Metaphernbeispielen wie (a) *Da hat er sich eine schöne Suppe eingebrockt*, die eine enge Beziehung zur konkreten, wörtlichen Bedeutung haben, und (b) *Die anderen nehmen ihn bis aufs Hemd aus*, die eine weit entfernte Beziehung zur konkreten, wörtlichen Bedeutung aufweisen. Huber fand, daß bei Metaphern mit enger Beziehung alle Versuchspersonen öfter auf das Bild zeigten, das die wörtliche Bedeutung darstellte. Global- und Wernicke-Aphasiker hatten große Schwierigkeiten bei beiden Bedeutungen, das heißt mit der übertragenen und wörtlichen Bedeutung. Für diese Patienten ist die wörtliche Bedeutung schwieriger zu verstehen, wenn eine ferne Beziehung zwischen den beiden Bedeutungen der Metapher vorliegt. Ein weiteres Ergebnis ist, daß Textverstehen durch nichtlinguistisches Wissen (»Weltwissen«) unterstützt wird. Die Annahme, daß Urteilen basierend auf Weltwissen bei schwer gestörten Aphasikern relativ intakt sei, müßte revidiert werden, denn die Makroverarbeitung sei ebenfalls beeinträchtigt (S. 169).

In einer Studie über methodologische Ansätze zur Erfassung des auditiven Verständnisses von Diskursen bei Aphasikern stellten Bond & Ulatowska (1985) fest, daß je mehr das Verstehen eines Satzes von dem Kontext abhängt, desto schwieriger ist der Text für einen Aphasiker zu verarbeiten. Die Kontextualisierung von Sätzen, das heißt die Notwendigkeit, Information, die außerhalb eines Satzes ist, für die Interpretation des Textes heranzuziehen, trug zum Verarbeitungsaufwand bei. Weiters hatten Aphasiker größere Schwierigkeiten mit Pronomen bei der Identifikation der gemeinten Person oder des gemeinten Objektes im Text als mit Nomen. Die Plausibilität der Stimuli spielte dabei eine Rolle.

Nicholas & Brookshire (1986) untersuchten den Einfluß der Sprechgeschwindigkeit bei der Textvorgabe auf die Leistung von Aphasikern beim Verstehen von narrativen Diskursen (Geschichten) und die Konsistenz dieses Einflusses gemessen an den Antworten auf die anschließend gestellten Fragen. Die Herausgehobenheit einer Information (»salience«) hatte den größten Effekt auf die

Leistungen. Hauptideen eines Diskurses wurden besser beantwortet als Fragen nach Details. Direkt ausgedrückte Details wurden besser verstanden als indirekt formulierte Details. Die Sprechgeschwindigkeit, mit der die Texte präsentiert wurden, hatte einen signifikanten Einfluß auf das Verstehen von Details bei der ersten Vorgabe und nicht bei einer Wiederholung der Aufgabe.

Zusammenfassend kann man sagen, daß die Arbeiten über Textproduktion und Textverständnis erst am Beginn einer interessanten Entwicklung stehen. Einzelne Aspekte sind untersucht worden. Mit jeder Analyse treten weitere und differenziertere Fragestellungen auf, die unser Verständnis der Textverarbeitungsprozesse bei Aphasikern verbessern sollen. Gegenüberstellungen der Leistungen von Patienten mit linkshirnigen Läsionen (Aphasiker) versus Patienten mit rechtshirnigen Läsionen sind auch erst am Beginn (vgl. die Beiträge in Joanette & Brownell (eds.), 1990). Verschiedene Modalitäten müssen bei der Textverarbeitung berücksichtigt werden. Die Vergleiche beider Patientengruppen mit Textproduktionen und Textverständnisleistungen gesunder Kontrollpersonen sind bei Textaufgaben von besonderer Bedeutung.

Diagnoseverfahren

Einige der bereits diskutierten Arbeiten hatten zum Ziel, ein Diagnoseverfahren für die Untersuchung der textspezifischen Aspekte der sprachlichen Verarbeitung zu entwickeln (vgl. Huber et al., 1975; Bond & Ulatowska, 1985). Die Verfahren zur Untersuchung der Textleistungen im weitesten Sinne stehen erst am Beginn. Der CADL (Communicative Abilities in Daily Living) von Holland (1980) und der ANELT (Amsterdam-Nijmegen Everyday Language Test), entwickelt von Blomert et al. (1990, Koster et al., 1988), sind als positive Änderungen in der Erfassung aphasischer Leistungen zu werten. Sie haben zum Ziel, die verbalen kommunikativen Fähigkeiten des Aphasikers in ihrer Gesamtheit zu erfassen. Jeder Aphasietest sollte mindestens eine Textaufgabe wie etwa eine Bildbeschreibung zusätzlich zum halbstandardisierten Interview beinhalten. Als dritte Aufgabe wäre die Nacherzählung einer Geschichte oder Fabel oder das Erzählen eines Märchens zu empfehlen, weil Informationen aus dem Gedächtnis (Langzeitwissen) aktiviert werden müssen. Produktion und Verständnis von Texten verschiedener Typen wie Interview, Bildbeschreibung, Nacherzählung, Rezept, Cartoon, Bildsequenzgeschichte, Zeitungsartikel, Gebrauchsanweisungen, Annoncen, Werbung und anderes sollten untersucht werden. Wie wir nun sehen werden, müssen die Analyseverfahren beziehungsweise die Auswertungsschemen für verschiedene Texttypen noch verfeinert und standardisiert werden.

Für die Diskursproduktion kommt es auf die Qualität und Quantität spontan generierter und reproduzierter Texte verschiedener Komplexität an. Die Güte der Produktion beziehungsweise Reproduktion kann in der Weise evaluiert werden, inwieweit es dem Aphasiker beim jeweiligen Text gelungen ist, (a) Kohäsion und (b) Kohärenz herzustellen, (c) situationsadäquat informativ zu sein und (d) die erforderliche Superstruktur zu produzieren. Die Informativität eines Textes wird in Bezug auf die Anzahl der expliziten Propositionen und die Anzahl der impliziten Propositionen, bei denen Kohärenz durch Schlußfolgern (Inferenzziehung) herstellbar oder nicht herstellbar ist, bewertet. Für das Diskursverständnis ist es wichtig, als Hörer/Leser aus der impliziten Textbasis heraus (a) die Makrostruktur, das heißt die Makropropositionen abzuleiten beziehungsweise zu rekonstruieren, (b) eine mögliche oder obligatorische Superstruktur zu erkennen, (c) den Text in seiner Funktion (Textsorte) zu identifizieren, (d) aus Makropropositionen entsprechende Mikropropositionen zu aktivieren beziehungsweise zu konstruieren sowie (e) die Mitteilungs- und Wirkungsabsicht eines Sprechers/Schreibers zu erkennen. Daher muß der Aphasiker je nach Aufgabenstellung entsprechende Wissensstrukturen und Strategien anwenden, um (a) auf das zum Text passende Bild zu zeigen, (b) Fragen über den Inhalt eines Textes zu beantworten und (c) eine Nacherzählung oder Ergänzung des gehörten oder vorgelesenen Textes zu geben. Die Nacherzählung vereint Verstehen, Wissensspeicherung und Produktion.

Methoden

Die Texte in dieser Arbeit wurden entweder auf Video aufgezeichnet oder auf Tonband oder auf beides aufgenommen. Anschließend wurden diese Aufzeichnungen transkribiert (laut Richtlinien des International Phonetic Alphabet (IPA)) und dann der Verständlichkeit halber transliteriert. Phonologische Fehler und Dialektmerkmale (Kodewechsel) wurden in den Transliterationen berücksichtigt. Daten von den folgenden acht Aphasikern werden präsentiert:

Patient 1: H.D. – Broca-Aphasie, schwer gestört: agrammatische Satzproduktion; getestet 34 Monate post onset; männlich; 46 Jahre alt; Elektriker, dann Tariferheber.

Patient 2: H.R. – Broca-Aphasie, mittelschwer bis leicht gestört; getestet 31 Monate und 128 Monate post onset; weiblich; 47 Jahre alt; kurze Zeit Büroangestellte, dann Hausfrau.

Patient 3: O.R. – Wernicke-Aphasie, schwer bis mittelschwer gestört; getestet drei bis 47 Monate post onset; männlich; Fremdenführer; 58 Jahre alt; polyglott.

Patient 4: H.B. – Broca-Aphasie, schwer bis mittelschwer gestört; 1 Monat bis 31 Monate; männlich; 50 Jahre alt; Zuckerbäcker.

Patient 5: J.E. – Wernicke-Aphasie, mittelschwer gestört; 12 Monate post onset; männlich; 71 Jahre alt; Bäcker.

Patient 6: F.T. – Wernicke-Aphasie, schwer bis mittelschwer gestört; 1 Monat bis 14 Monate post onset; männlich; 79 Jahre alt; pensionierter Richter.

Patient 7: L.H. – Globale Aphasie, schwer gestört; 12 Monate post onset; männlich; 59 Jahre alt; Hutmacher, dann Vorarbeiter.

Patient 8: M.H. – Transkortikal-sensorische Aphasie, schwer bis mittelschwer gestört; 1 Monat post onset; weiblich; 45 Jahre alt; Hausfrau.

AAT-Ergebnisse liegen für alle Patienten (außer für Patientin 8) vor. (Das Alter des Patienten beim ersten Test ist angegeben.)

Testmaterial

Beispiele folgender Texte beziehungsweise Texttypen werden in dieser Arbeit diskutiert:

I. Bildbeschreibung

1) Situationsbild
   a) »Keksdiebstahl« (»Cookie Theft«) aus Goodglass & Kaplan, 1983;
   b) »Blinde Kuh« – aus dem Binetarium
2) Cartoon – Bildsequenz von vier Handlungen (Loriot)
   »Der Bettler« (Inhalt: Ein Mann trifft einen Bettler; statt dem Bettler Geld in den Hut zu geben, nimmt er eine Münze aus dem Hut des Bettlers; der Bettler ist entsetzt).

II. Erzählung des Märchens »Rotkäppchen«

III. Nacherzählung einer vorgelesenen Geschichte

a) »Kind auf Schienen« (vgl. Dressler & Pléh, 1988 für eine Liste der Propositionen)
b) Texte aus dem Therapiematerial für Textverständnis (L. Springer et al.)

IV. Geschichten ergänzen (»story completion«) (Goodglass et al., 1972)

V. Rezept oder Instruktion – die Zubereitung eines Wiener Schnitzels

VI. Textverständnis wurde getestet durch

a) Beantwortung von Fragen zu einer vorgelesenen Geschichte

b) Zeigen auf die zum Inhalt des Textes passende Zeichnung (Mehrfachbildauswahl) (Therapiematerial für Textverständnis von L. Springer et al.)

Drei Aphasiker (Patient 1, 2, 3) mit unterschiedlichen sprachlichen Leistungen beziehungsweise Symptomen verschiedener Schweregrade produzierten eine Vielzahl von Texten, je zwei Texte von Ihnen – Keksdiebstahl und Rotkäppchen – sind im Appendix A wiedergegeben. Andere Textbeispiele werden an entsprechender Stelle weiter unten angeführt.

Störungen der Textverarbeitung

Primär für alle Analysen ist die Güte beziehungsweise Qualität der (Re-)Produktion, das heißt der semantische Gehalt des Textes gemessen an den bereits angeführten Evaluierungs- beziehungsweise Textualitätskriterien. Verstöße gegen diese Kriterien bilden die möglichen Symptome aphasischer Textverarbeitung. Die Frage stellt sich, ob Störungen, die primär den Text als Einheit oder dessen linguistische Ebene betreffen, existieren (vgl. Huber, 1990, S. 170; und Dressler & Pléh, 1988), oder ob der Text auf Grund satzsyntaktischer, semantischer oder lexikalischer Verarbeitungsschwierigkeiten sekundär betroffen ist. Eindeutige Evidenz für eine primäre Störung der Textebene liegt gegenwärtig noch nicht vor. Die Störungen, die nun besprochen werden, weisen darauf hin, daß zum Beispiel syntaktische und lexikalische Verarbeitungsschwierigkeiten eine Auswirkung auf die Textleistungen haben. Im Appendix B ist ein exemplarisches Beispiel einer Analyse eines Textes von einem Broca-Aphasiker in Form einer Matrix dargestellt. Diese Analyse wurde auf der Basis der wichtigsten Textualitätskriterien (de Beaugrande & Dressler, 1981) und dem Textverarbeitungsmodell von van Dijk und Kintsch (1983) durchgeführt. Aus dieser Matrix ist ablesbar, welche Bereiche der Textverarbeitung intakt sind – was der Patient noch leisten kann – und auf welchen Ebenen Störungen auftreten. In diesem konkreten Fall weist der Patient 4 primär Störungen bei der Verarbeitung syntaktischer und morphosyntaktischer Information auf. Die Textproduktion dieses Patienten ist sekundär gestört, das heißt, die satzsyntaktischen und morphosyntaktischen Verarbeitungsschwierigkeiten führen zu Fehlern, die die Kohärenz und Kohäsion und damit auch die Informativität in einem nur geringen Maße beeinträchtigen. Dieser Aphasiker ist in der Lage, die Superstruktur und die notwendigen Makropropositionen zu generieren und durch entsprechende Mikropropositionen zu differenzieren. Das heißt, er kann die im Bild vorgegebenen Personen, Sachverhalte und Handlungen in ihren wesentlichen Aspekten erfassen und sprachlich differenziert darstellen. Für den Hörer ist nur wenig Inferenzziehung notwendig, um die explizite Textbasis zu rekonstruieren beziehungsweise den Text zu verstehen. Die Qualität seiner Textplanung und Ausführung (Spalte: Abfolge) zeigt sich auch im Vergleich der Reihenfolge der

Propositionen im Text mit der sogenannten natürlichen Reihenfolge (»Ordo naturalis«), wie sie in der Bildvorlage im zeitlichen und sachlich-logischen Zusammenhang vorgegeben ist. In den folgenden Abschnitten werden nun die einzelnen Symptome der gestörten Textverarbeitung exemplarisch dargestellt.

Kohäsion

Eine klare Abgrenzung zwischen der grammatischen Kohäsion und der semantischen Kohärenz ist nicht möglich. Die Funktion der Kohäsion ist es, einen Text je nach Mitteilungs- und Wirkungsabsicht zu produzieren, in dem wenig Inferenz für dessen Interpretation notwendig ist. Kohäsion wird durch die Herstellung von (Ko-)Referenz zwischen Personen und Objekten in aufeinanderfolgenden Äußerungen durch folgende Strategien hergestellt:

a) korrekte Verwendung von beziehungsweise korrekten Wechsel zwischen indefinitem und definitem Artikel (*Ein Mann* (Einführung – erstes Mal) *Der Mann* ... (Verweis danach));

b) Verwendung von Pronomen als Anaphora (Rückverweis auf einen Referenten, der im Text bereits erwähnt wurde, zum Beispiel *Die Frau ..... Sie ....* ; Kataphora: Verweis eines Referenten, der später in den Text eingeführt wird, zum Beispiel: *Sie ist sehr lieb ... Frau Braun hat uns mehrmals geholfen*; Exophora: Verweis auf ein Objekt außerhalb des Textes, zum Beispiel *Der hat es getan* (gleichzeitiges Zeigen auf eine Zeichnung));

c) lexikalische Rekurrenz, das heißt Wiederholung der lexikalischen Einheiten beziehungsweise Verwendung von Synonymen und Antonymen, insbesondere Nomen und Verben, zum Beispiel: *Eine Frau ... Eine gute Mutter*);

d) Verwendung von Konjunktionen, die Teilsätze und Sätze verbinden, zum Beispiel: *Er ist krank geworden. Denn er trug nie einen warmen Mantel.*

Bei den Texten von Patient 1 (Broca), der eine agrammatische Satzproduktion aufweist, ist die Kohäsion beeinträchtigt. Die Mittel zur Herstellung der (Ko-) Referenz fehlen größtenteils. Er verwendet überhaupt keine Pronomen, kaum Synonyme als Anaphora und fast ausschließlich den indefiniten Artikel. Durch die Unvollständigkeit der Sätze kann man in vielen Fällen weder vom Text noch vom Weltwissen her entscheiden, wer handelt, zum Beispiel: *ein Wolf kommt und sieht Rotk. und Blumen ... pflückt Blumen.* Auf Grund der falschen oder Nichtverwendung des Artikels müßte man in Text 1 annehmen, daß noch mehr Personen (Buben – Mädchen – Frauen) an der Handlung beteiligt sind als in der Zeichnung abgebildet oder im Märchen vorkommen, zum Beispiel: *Bub ... ein Bub; ein Kind ... ein Mädchen bittet; Mutter ... andere Mann nein Frau; andere Mann ... Pförster.* Die einzige und häufig produzierte Konjunktion *und* wird als

Übergangspartikel, beziehungsweise Füllwort verwendet, um den Redefluß in Gang zu halten (vgl. Stark & Dressler, 1990, S. 331-332).

Im Gegensatz zu Patient 1 (schwere Broca) produziert Patientin 2 (mittelschwere Broca) Texte, die Kohäsion aufweisen. Ihre Texte sind durch viele syntaktische und phonologische Fehler gekennzeichnet. Die Verwendung von Pronomen als Anaphora ist eingeschränkt. Sie produziert oft die volle Nominalphrase, zum Beispiel: *Die Frau tut ihr Geschirr waschen... Aber die Frau träumt..* (anstelle von *Aber sie träumt ..*). In Text 5 kommt sogar ein Beispiel für Kataphora vor: *er ... der Jäger*. Die Patientin wechselt auch meistens textadäquat zwischen indefinitem und definitem Artikel. Durch die Wiederholung von lexikalischen Einheiten in abgeänderter Form wird ein Bezug hergestellt und ein zusammenhängender Ablauf einer Handlung geschildert. Im Gegensatz zu Patient 1 verwendet sie koordinierende und subordinierende Konjunktionen, zum Beispiel: *weil die Keksdose ..., während die Großmutter ..., weil die Großmutter ist krank..., daß sie nicht mehr ....* Eine Kohäsion zwischen Teilsätzen wird dadurch erzielt (was primär die Satzebene betrifft).

Die Kohäsion (und umso mehr die Kohärenz) ist bei Patient 3 (Wernicke) in den Texten 3 und 6 durch die satzsyntaktisch bedingte Verwechslung von Pronomen: *er–sie* beeinträchtigt. Mehrfache Wiederholungen von bestimmten Themen sind störend für die Kohäsion und besonders für die Kohärenz. Patient 3 (Wernicke) verwendet viele Pronomen und Artikel exophorisch oder referenzlos, das heißt, es gibt für den Hörer keine Möglichkeit der Inferenzziehung, um Kohärenz herzustellen.

Kohärenz

Die Kohärenz stellt die semantische beziehungsweise Sinnkontinuität eines Textes dar. Folgende Fragen sind im Bezug auf mögliche Störungen der Kohärenz aphasischer Texte von Bedeutung: Entsteht aus den einzelnen Sätzen/Äußerungen eine semantische Gesamteinheit beziehungsweise Text? Versteht man als Hörer/Leser den Inhalt des Textes (als Einheit)? Ist genügend Information vorhanden, notwendige Schlußfolgerungen zu ziehen (Inferenzen), oder sind die Lücken zwischen produzierten Einheiten zu groß, um Überbrückungen vornehmen zu können? Sind kontradiktorische oder sogar falsche Aussagen in ein und demselben Text vorhanden? Das heißt, ist die Herstellung von Kohärenz auf Grund der gebotenen Information (zu wenig, zu viel oder falsche Information) möglich? Die Texte 1 bis 6 weisen ein unterschiedliches Ausmaß an Kohärenz auf. Die Anzahl der produzierten Wörter korreliert nicht unbedingt mit dem Grad der Kohärenz und der Informativität: Kürzere Texte können kohärenter sein als weitabschweifende (von flüssig sprechenden (»fluent«) Aphasikern, schwer gestörten Amnestikern und mittel bis schwer gestörten Wernicke-Aphasikern). Eine wichtige Bedingung für die Beantwortung dieser Fragen ist, ob der Hörer mit dem Inhalt des Textes vertraut oder die Bildvorlage für ihn verfügbar ist.

Wie bereits erwähnt wurde, weisen die Texte von Patient 1 (Broca) wenige kohäsive Mittel auf. Dieser Umstand trägt zur Störung der Kohärenzbildung bei. Das Ausmaß der Kohärenz im Märchen und in der Bildbeschreibung unterscheidet sich wesentlich. Beim Märchen ist die Kohärenz für den Hörer ohne Vorwissen nur teilweise herstellbar, weil semantische und syntaktische Störungen einen Sinnzusammenhang nicht zulassen oder vom Zieltext gravierend abweichen. Dagegen ist bei der Bildbeschreibung für den Hörer auch ohne Bildvorlage die Kohärenz auf einer makrostrukturellen Ebene rekonstruierbar. Die Texte von Patientin 2 weisen trotz der morphologischen, syntaktischen und phonologischen Schwierigkeiten die größte Kohärenz auf. Bei Patient 3 (Wernicke) bricht die Kohärenz ab einem bestimmten Teil im Text und sogar mehrmals in einem Text zusammen. Die Ursachen dafür sind mehrere: (a) sehr viele Satzabbrüche, Satzverschränkungen, Korrekturen und Wortfindungsstörungen zerstören den intendierten Gedankenstrang, (b) Passagen von Jargon und die Produktion von Paraphasien lassen eine Interpretation bestimmter Teile des Textes nicht zu und (c) die Verwechslung von Subjektpronomen *(er – sie – es)* und auch von Nomina wie *Bub–Mädchen; Wolf–Jäger; Mann–Frau*, zum Beispiel: *Sie denkt an etwas, oder spricht er mit der Familie.* Die Produktion von inkorrekten Propositionen erschwert die Herstellung von Kohärenz zusätzlich. Im Text 6 »Rotkäppchen« (Wernicke) sind folgende falsche Propositionen: (1) Es gehen zwei Personen in den Wald, und dann ist das Kind wieder allein, (2) der Wolf schneidet sich selbst auf, und später schneidet der Jäger ihm den Bauch von der anderen Seite auf (*Den hat jemand schon aufgeschnitzt.*), und (3) der Wolf *hat im Bauch gsprochn*. (d) Perspektivenwechsel (der Erzähler wird zum Handelnden): Der Patient führt die erste Person ein: *deswegen bin ich ja hinkommen ...* Es kommt bei diesem Patienten auch zu einer Verschmelzung von Propositionen, wobei das Resultat falsch ist.

Ein gutes Beispiel für die Herstellung von falscher Kohärenz ist im folgenden Text 7 gegeben (von Patient 6, Wernicke): »Der Bettler«

> *Also ein Mann sieht einen Bettler, der ihm etwas geben soll. Der Mann schaut erstaunlich, daß er nichts hergeben will. Er schaut nur ganz zufällig und er will nichts geben. In dem Augenblick, weil der das Buch (= Hut) hinhält, greift er selber zu und nimmt ihr (= ihm) was weg. Und beim Nebenstück (= nächsten Bild) nimmt er ein Geld mit und der Bettler schaut jetzt ganz erstaunt, daß der ihm aus dem alten, wo er noch etwas drinnen war, nimmt er ihm das weg und das nimmt er mit und geht fort.*

In der ersten Äußerung wird eine falsche Referenz durch den falschen Kasus des Relativpronomens verursacht: *dem er* → *der ihm*. Im weiteren Verlauf ist es ohne Bildvorlage nicht möglich, eine richtige Referenz herzustellen. Erst in der letzten Äußerung ist ersichtlich, daß er den Cartoon verstanden hat, das heißt, wer wem was wegnimmt.

Verbale Perseverationen auf der Textebene beziehungsweise das Hängenbleiben an semantischen Inhalten, syntaktischen Strukturen von einer Äußerung zur nächsten oder von einem Text zum nächsten wurde von Stark (1984) analysiert. Wie störend die verbale und nonverbale Perseveration für die Kohärenz sein kann, wird in den folgenden Beispielen für das Ergänzen von Geschichten von einer Aphasikerin mit transkortikal-sensorischer Aphasie (Patientin 8) illustriert:

> VL: *Mein Freund kommt herein. Ich möchte, daß er sich nieder setzt. Daher sage ich ihm?* Patient: *Paß auf, damit dir nichts geschieht.* (Zielform: *Setz dich nieder!*) (Zielform der nächsten Geschichte: *Komm herein!*) Patient: *Paß auf, damit dir nichts passiert.* (VL: wiederholt) Patient: *Folge mir, damit dir nichts passiert* . (Zielform der nächsten Geschichte: *Trink die Milch!*) Patient: *Trink sie, damit du gesund bleibst.* (Zielform der nächsten Geschichte: *Schneide den Rasen!*) Patient: *Schneide den Rasenmäher, damit dir nichts passiert.* (VL: *Ein Baby hat ein Spielzeug. Ich nehme das Spielzeug weg. Was passiert?* Zielform der nächsten Geschichte: *Das Baby weint.*) Patient: *Spiele nicht mit dem Spielzeug, sonst passiert dir etwas.*
>
> .... (andere Sitzung)
>
> VL: *Peter arbeitet jeden Samstag. Er arbeitete letzten Samstag auch. Und nächsten Samstag ....?* Patient: *Da wird sein, daß er sein Schwester besucht.* VL: *Und wenn er nicht frei hat?* Patient: *Aber wenn er nicht frei hat* VL: *was muß er dann?* Patient: *Was muß er dann.* VL: *wiederholt Geschichte.* Patient: *Und am nächsten Samstag* VL: *wird er?* Patient: *wieder frei haben.* VL: *wieder arbeiten.* Patient: *wird er wieder arbeiten. Aber dann muß er seine Schwester besuchen.* VL: *Der Vater raucht seine Pfeife jeden Abend nach dem Abendessen. Das Abendessen ist gerade vorbei. Was wird jetzt passieren?* Patient: *Das Abendessen ist gerade vorbei. Was wird jetzt passieren? Es passiert, daß seine Schwester frei hat.*

Die Kohärenz dieser Texte kommt wegen der Perseverationen nicht zustande. Das Zusammenspiel von Textverständnis und Produktion ist bei dieser Aufgabe besonders wichtig. Die Sinnkontinuität ist sehr oft nicht gegeben. Die Komplexität dieses Phänomens erkennt man im folgenden Beispiel. Die Patientin perseverierte Teile aus zwei Geschichten und integrierte den Namen aus einer dritten, das heißt aus der letzten Vorgabe:

	Wo hast du	*Peters*	*Spielzeug*	*hingestellt ?*
SCT Testitem:	7a	8a	7b	7a

(Zielform für Item 8a: *Er* (= Peter) *wird wieder arbeiten*. Siehe oben für die Vorgabe dieser Geschichte.) Diese komplexen Beispiele sind als Beweise dafür anzusehen, daß der Text eine Einheit bildet. Man weiß von den Äußerungen der Patientin nicht, ob sie die Geschichte nicht verstanden hat oder ob das Perseverieren sie an der richtigen Ergänzung der Geschichte hindert. Patientin 8 perseveriert syntaktische Konstruktionen: Imperativ, Ergänzungsfrage und Inhalte aus den verschiedenen Geschichten. Dabei ist die erste Produktion, die dann perseveriert wird, nicht immer semantisch adäquat für die Geschichte. Die Ursache für die Perseverationen selbst muß auf der Basis der Störungen des einzelnen Patienten bestimmt werden. Bei dieser Patientin war die semantische Verarbeitung und die Wortfindung sehr beeinträchtigt. Ebenso ist die Inferenzziehung als Folge der semantischen Verarbeitungsstörungen und Sprachverständnisschwierigkeiten gestört. In bezug auf die Intentionalität nimmt man an, daß ein Aphasiker so wie ein gesunder Sprecher die Intention beziehungsweise Absicht hat, situationsadäquat einen Plan oder ein Ziel zu erreichen. Bei dieser Patientin ist die Intentionalität auch vorhanden. Die Durchführung der Intention wird durch mehrere »Störfaktoren« (Perseveration und anderes) beeinträchtigt beziehungsweise unmöglich gemacht wie in der nachfolgenden Bildbeschreibung von »Blinde Kuh«: *Da geschieht ein Unglück. Es bricht etwas und die Mutter ist unglücklich darüber .... Der Tochter fällt etwas hinunter und die Mutter ist unglücklich darüber und de-der Mutter – die freut sich darüber, daß die Tochter unglücklich ist.*

Die Intention, einen kohärenten situationsrelevanten Text zu produzieren, kann bei allen Aphasikern angenommen werden. Sie scheitern in ihrer Ausführung aus unterschiedlichen Gründen. Beim Patienten 3 (Wernicke) wird primär auf Grund seiner Wortfindungsschwierigkeiten sein Plan unterschiedlich gut ausgeführt. Das Fehlen an Kontrolle (»Monitoring«) bei der Sprachproduktion führt bei ihm zu einem Haftenbleiben an bestimmten Sachverhalten oder Themen und mehrfachen Wiederholungen. Patientin 2 (Broca) gelingt es besser, ihre intendierten Gedanken zu übermitteln. Diese Patientin hat primär Schwierigkeiten auf der syntaktischen Verarbeitungsebene. Bei längeren Sätzen weiß sie nicht mehr, wie der Satz zu beenden ist. Im Vergleich zu den anderen zwei Patienten verfügt der schwerstgestörte Patient 3 über die geringsten sprachlichen Mittel, sein Wissen in Form von Texten mitzuteilen: erhebliche Wortfindungsschwierigkeiten in Kombination mit sehr eingeschränkten syntaktischen Mitteln. Wie diese primären Störungen sich auf die Informativität des Textes auswirken, diskutieren wir im folgenden Abschnitt.

Informativität

Abhängig von einer Aufgabenstellung wird ein bestimmter Text produziert oder Informationen aus einem vorgelesenen Text werden interpretiert. Wie der Text verstanden wurde, wird daran gemessen, wie der Text wiedergegeben wird, Fragen darüber beantwortet werden oder auf ein dem Text oder der Frage entsprechendes Bild gezeigt wird. Wie gut ein Aphasiker die Aufgabe bewältigt, kann durch eine Analyse der explizit versus implizit (durch zusätzliche Inferenzen) ausgedrückten Propositionen bestimmt werden. Das heißt, inwieweit ist der Aphasiker in der Lage, den Inhalt des Textes trotz Schwierigkeiten auf der phonologischen, semantischen oder syntaktischen Ebene zu vermitteln?

Vergleichen wir nun die Texte 1 bis 3 des Bildes »Keksdiebstahl« (im Appendix A) in Bezug auf das Vorhandensein der grundlegenden Propositionen (vgl. Tabelle 1), deren Erweiterungen, falschen Propositionen und Wiederholungen:

(1)	Da sind eine Frau und zwei Kinder
(2)	Die Frau und die Kinder sind in der Küche
(3)	Die Frau wäscht das Geschirr ab / trocknet das Geschirr ab / wäscht ab.
(4)	Die Frau träumt (vor sich hin) / ist mit den Gedanken woanders / denkt an etwas
(5)	Der Wasserhahn ist aufgedreht
(6)	Das Wasser rinnt über / rinnt auf den Fußboden / läuft über
(7)	Die Kinder wollen Kekse nehmen / stehlen / naschen / essen
(8)	Der Bub steht auf einem Hocker / Stockerl
(9)	Der Bub nimmt Kekse aus der Keksdose.
(10)	Der Bub gibt dem Mädchen (einen) Keks(e)
(11)	Der Hocker wird umkippen / ist gerade dabei umzukippen
(12)	Der Bub wird hinunterstürzen.
(13)	Moral / Titel der Geschichte.

Tabelle 1 Propositionenliste für das Bild »Keksdiebstahl«

Es ist zu betonen, daß alle Propositionen auch von gesunden Sprechern nicht in ihren Erzählungen realisiert werden. Die in Tabelle 1 gegebene Reihenfolge der Propositionen ist die einfachste, aber nicht die einzig mögliche. Die genaue Formulierung der Proposition muß auch nicht eingehalten werden. Es stehen mehrere Versionen (Paraphrasen) zur Auswahl. Nur eines ist klar: Je mehr explizit ausgedrückte Information in einer zusammenhängenden Beschreibung des Bildes verwendet wird, desto informativer wirkt die Beschreibung auf den Hörer. Zudem verringert sich mit größerer Explizität der Verarbeitungsaufwand, weil für den Hörer weniger Inferenzziehung notwendig wird. In Tabelle 2 ist die Verteilung der verwendeten Propositionen dargestellt.

Patient 1 (Broca) produzierte vier explizite und fünf implizite Propositionen. Seine Propositionen sind, was die Syntax betrifft, einfach, aber sinngemäß. Die Kohäsion zwischen den einzelnen Sätzen/Propositionen ist schlecht. Patientin 2 (Broca) teilte acht Propositionen explizit mit, und drei sind implizit vorhanden. Patient 3 (Wernicke) produzierte je fünf explizite und implizite Propositionen. Patientin 2 produzierte daher die informativsten Texte.

Makropropositionen werden durch zusätzliche Mikropropositionen primär von Patientin 2 und Patient 3 erweitert. Das heißt, globale Informationen werden elaboriert. Redundante Wiederholungen als wörtliches und paraphrasisches Wiedererwähnen von bereits getroffenen Aussagen sind vor allem in den Texten von Patient 3 vorhanden. Sie können Ausdruck für verschiedene Verarbeitungsstörungen sein, zum Beispiel Haftenbleiben an einem bestimmten Thema, Wortfindungsstörungen und Textplanungsstörungen.

Nr. der Proposition	Patient 1 Expl.	Patient 1 Impl.	Patient 2 Expl.	Patient 2 Impl.	Patient 3 Expl.	Patient 3 Impl.
1	–	–	–	–	+	
2	–	–		+	+	
3	+		+		–	–
4		+	+		+	
5	+		+			+
6		+	+		+	
7		+		+		+
8		+		+		+
9	+		–	–		+
10	–	–	+		–	–
11		+	+			+
12	+		+		+	
13	–	–	+		–	–
Summe:	4	5	8	3	5	5

Tabelle 2 Propositionen des Bildes »Keksdiebstahl«

Die Informativität wird allgemein durch die Wortfindungsschwierigkeiten eingeschränkt. Im folgenden Textbeispiel prägt die anfängliche Wortfindungsschwierigkeit den gesamten Text 8 »Blinde Kuh« (produziert von Patient 6, Wernicke):

Also die vier Kinder spielen das berühmte – wie heißt das schon wieder. Na ja das weiß ich schon wieder nimmer. Ja ... dieses berühmte Spiel . der hat seine Hand vorgehalten und die Kinder ... wollen damit also, daß er allein das Keld (= ?) und die Kinder ... Die Mutter kommt erst später dazu, wie sie sieht, was er gemacht hat. Er hat nämlich nicht wie üblich geschaut, was man herumschaut, weil das zugehalten wird, sondern er greift irgendwohin. Das müßt er jetzt machen und das darf er nicht machen, denn er will damit dann das ganze hier zusammenhalten und alles fällt herunter . Ja das heißt. weiß ich auch nicht. Und erst in dem Augenblick wie- wie er das macht. In dem Augenblick kommt die Mutter dazu und sie hält die Hand ganz entsetzt, daß er das macht, weil sie weiß, was jetzt passiert. Alles wird hinuntergeworfen und alles ist kaputt gemacht. Aber wie das heißt? Wie heißt das, wenn die Kinder berühmte – alles weg.

In der Sprachtherapie wird man natürlich eingreifen, wenn ein Patient solche Wortfindungsschwierigkeiten zeigt. Diese Hilfeleistung ist beim Testen nicht zulässig, da sonst die Ergebnisse verfälscht werden.

Die nachträgliche Herstellung von Kohärenz in Texten von flüssig sprechenden (»fluent«) Aphasikern (insbesondere von schwer gestörten Wernicke- und amnestischen Aphasikern), das heißt die Rekonstruktion des Inhaltes ist sogar im situativen Kontext ein Problem, sowohl in der Sprachtherapie als auch bei der Analyse. Bei schwer gestörten Wernicke-Aphasikern und Amnestikern leiden die Textproduktion und das Textverstehen unter der Verwendung von inhaltsleeren Ausdrücken und der Reduktion eines Textes auf wenige »Themen«, die wiederholt werden. (vgl. Berko Gleason et al., 1980). Die verbalen Paraphasien machen eine Rekonstruktion des Gemeinten noch schwieriger. Alle diese Aspekte sind im folgenden Text 9 »Keksdiebstahl« (produziert von Patient 3, Wernicke, drei Monate post onset) vereint:

Die Munta hat hier .. diesen Teil hingemacht. also weg praktisch lauslassen . alles hin. Und links hat des eine zwei oder auch auf .. inzwischen aufgehoben und sagen des gehört einmal mir. Dort denn wo die Sachen bei mir drins und die hat mehr oder weniger vergessen darauf. Es schaut so aus, als wollt die überhaupt gar nicht gewußt, was los is. Und hat jetzt diesen Teil heraus und ihm mehr oder weniger nicht daran gedacht. Was is denn los mit ihr. Also die Dame hat gesehen, was dies eigentlich . I hab des . i hab des verlorn . und hat gesehen. Nein des ist äh verloren. Die is eh net da. I hab das lassn. Wie soll ma sagn i hab's net von da. Es ist weggefangen nicht. Er hat's vergessen drübm also. Sie hat irgendwie gesehen, es is weg von mir jetzt.

Bei diesem Text ist es nicht möglich den Ablauf beziehungsweise den konkreten Inhalt auch unter Einbeziehung der Gestik zu rekonstruieren. Die Informativität ist durch exaphorische Ausdrücke stark eingeschränkt. Nur eine Proposition verweist implizit mittels Exaphora (*darauf*) auf den objektiven Sachverhalt »Wasser abdrehen«: *Die (Frau) hat mehr oder weniger darauf vergessen darauf.* Im Vergleich zu diesem Text, ist seine letzte Produktion (Text 3) wesentlich kohärenter und informativer. Es ist die Superstruktur erkennbar; die Akteure und wesentlichsten Handlungen sind explizit oder implizit realisiert oder durch Schlußfolgern rekonstruierbar.

Superstruktur

Eine Superstruktur stellt eine mehr oder weniger konventionalisierte hierarchisch aufgebaute Form der Wissensorganisation dar. Im Bezug auf Textverarbeitungsstörungen, stellt sich die Frage, ob die aphasischen Texte eine solche Superstruktur haben. Nicht alle Textsorten weisen eine Superstruktur auf. Die Gliederung der Superstruktur für die Bildbeschreibung »Keksdiebstahl« sieht folgendermaßen aus:

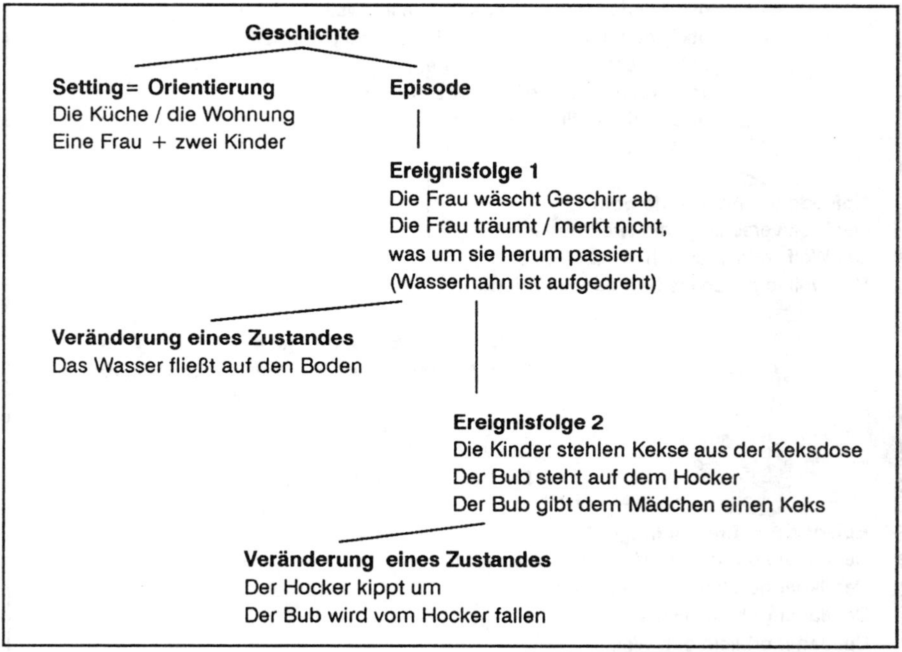

Bei der Bildbeschreibung (Texte 1 bis 3) ist eine Superstruktur in allen Texten, das heißt bei den drei verschiedenen Patienten erkennbar, obwohl einzelne Teilstrukturen von den Aphasikern in unterschiedlich differenzierter Weise sprachlich realisiert worden sind. Patientin 2 fängt sogar ihre Beschreibung mit einem Titel *(Die träumende Frau)* an.

Eine mit den wichtigsten Makropropositionen gefüllte mögliche Superstruktur für das Märchen »Rotkäppchen« hat folgenden Aufbau:

Geschichte

Setting
Orientierung
Es war einmal ein Mädchen,
Das Mädchen hieß Rotkäppchen,
weil es immer eine rote Kappe trug.
Rotkäppchen wohnte mit seiner
Mutter in einem Dorf am Waldesrand

Episode 1 = Ereignisfolge 1
Die Mutter berichtet Rotkäppchen
Die Großmutter ist krank
Die Mutter schickt Rotkäppchen mit
Kuchen und Wein zur Großmutter
Die Mutter warnt Rotkäppchen vor den
Gefahren im Wald
(Die Großmutter wohnt im Wald)

Episode 2 = Ereignisfolge 2
Rotkäppchen begegnet dem Wolf im Wald
Rotkäppchen erzählt dem Wolf über die Großmutter
Der Wolf empfiehlt Rotkäppchen,
Blumen für die Großmutter zu pflücken
Rotkäppchen pflückt Blumen
Der Wolf läuft zum Haus der Großmutter

Episode 3= Ereignisfolge 3
Der Wolf verschlingt die Großmutter
Der Wolf verkleidet sich als Großmutter
Der Wolf legt sich ins Bett der Großmutter

Episode 4 = Ereignisfolge 4
Rotkäppchen kommt ins Haus der Großmutter
Rotkäppchen wundert sich über die Großmutter
Rotkäppchen stellt drei Fragen
Der Wolf verschlingt Rotkäppchen
Der Wolf schnarcht im Bett

Episode 5 = Ereignisfolge 5
Der Jäger kommt zum Haus der Großmutter
Der Jäger hört lautes Schnarchen
Der Jäger geht ins Haus
Der Jäger erblickt den Wolf
Der Jäger schneidet dem Wolf den Bauch auf
Der Jäger rettet Rotkäppchen und die Großmutter
Der Jäger tötet den Wolf

Coda
Rotkäppchen, Großmutter und Jäger freuen sich
Moral: In Zukunft soll das Kind den Rat der Mutter befolgen

Die Struktur und der Text des Märchens – wie es erzählt wird oder wie man es in Märchenbüchern lesen kann – ist im Vergleich zur Bildbeschreibung sehr komplex. Die Superstruktur ist bei Patient 1 nur teilweise realisiert: Die Orientierung fehlt; Episode 1 und 2 sind am besten erhalten (in Telegrammstil!); Episode 3 und 4 sind nicht rekonstruierbar; Unter Berücksichtigung der verbalen Paraphasie: *Wolf→Hund* und *Bauch aufschneiden→abstechen*, ist die Episode 5 vorhanden, und die auf ein Wort reduzierte Coda *gut* ist im Text erschließbar. Die Superstruktur ist bei Patientin 2 sehr gut erhalten. Diese Patientin produzierte das Märchen mit dem üblichen Anfang (Orientierung): *Es war einmal ....* Der Text ist in den einzelnen Strukturkomponenten sehr differenziert und informativ. Patient 3 produzierte alle Episoden außer Episode 3. Durch Inferenzziehung in Episode 5 kann man Episode 3 rekonstruieren: *auch die Großmama sind reisbekommen.* Patient 3 kommentierte und bewertete zwei Handlungen: (a) Wölfe sind böse und Kinder arglos, (b) die Moral: Kinder sollen immer aufpassen.

Wahl des Diskurstyps

Die Verwendung der Zeitformen weist bei den Patienten unterschiedliche Fehler auf. Für die Bildbeschreibung erwartet man primär die Verwendung der Gegenwart (vgl. Stark & Dressler, 1990, S. 323-324). Für die Erzählung eines Märchens erwartet man den Gebrauch der Vergangenheit. Beim Wechsel in die direkte Rede, soll auch die Zeitform »Gegenwart« angewendet werden. Patient 1 verwendet die Gegenwart in beiden Textsorten, das heißt, er differenziert nicht zwischen vorangegangenen, gegenwärtigen und zukünftigen Handlungen, wie sie die Texte erfordern. Die Ursache für seinen eingeschränkten Gebrauch der Zeitformen liegt in der syntaktischen und morphosyntaktischen Störung. Patientin 2 differenziert sehr genau den Gebrauch der Zeitformen in beiden Textsorten. Diese Patientin macht vorwiegend morphosyntaktische Fehler. Patient 3 differenziert wohl zwischen den erforderlichen Zeiten, macht aber Fehler in seiner Wahl. Ein besonderes Charakteristikum seiner Texte ist der Perspektivenwechsel vom Erzähler zum Handelnden im Märchen. Patient 3 verwendet auch am meisten die direkte Rede, wobei nicht immer erkennbar ist, wer mit wem spricht.

Textverständnis

Das auditive Verständnis von Texten wurde bei den Patienten 1 (Broca), 2 (Broca), und 3 (Wernicke) untersucht. Der Inhalt einer Nacherzählung wurde als Maß des Verstehens angesehen. Alle drei Patienten erzählten das Wesentlichste der Geschichte nach. Der sogenannte Telegrammstil bei Patient 1 läßt erkennen, daß er den globalen Inhalt des Textes, die Makrostruktur verstanden hat, aber auch, daß er sich viele Details nicht merken konnte; vgl. das Beispiel: »Kind auf Schienen«

> *ah ... Kind spielen ... und ... Schienen kraxeln rauf .... ah ..... spielen und ... ah .... spielen und ah .... Kind passen nix mehr auf .... Und Schnellbahn ... 1,2 ... 1,2,3 hundert Meter und Pfiffe hören nix .... und rennt ah weg Schienen nach .... ah ... und ... ah ... mehr und mehr und mehr und mehr und .... 1,2 Meter und stehen und Mutter kommt und Kind ah ... drücken fest sammen ... Mutter ah .... Mutter ... ah ... und ah Mann ah ...... aber geht alles .. und rauf klettern und weiter fahren ... Und ah Bua alles in Ordnung.*

Anschließend wurden zwölf Fragen bezüglich des Inhaltes der Geschichte gestellt.

Die Antworten von Patient 1 zu den zwölf Fragen zeigen, daß er viele Informationen nur nicht sprachlich umsetzen konnte. Patient 1 und 2 beantworteten alle Fragen richtig und Patient 3 nur eine Frage falsch. Die Verständnisprüfung von 18 Texten, die eine Metapher enthalten (Material von L. Springer et al., vgl. Studien von Huber et al., Stachowiak et al.), ergab folgende Resultate: Patient 1 zeigte 16 mal auf die richtige Zeichnung aus 18 Texten. Bei vier Texten war eine anfängliche Unsicherheit in der Auswahl der richtigen Zeichnung zu beobachten. Er zeigte gleichzeitig auf die richtige Zeichnung und auf die Zeichnung, die die Metapher bildlich darstellte. Patientin 2 machte keine Fehler bei dieser Aufgabe. Nur einmal mußte eine Textvorgabe wiederholt werden. Patient 3 machte sechs Fehler (33 Prozent). Nur einmal zeigte er auf die Zeichnung, die die metaphorische Bedeutung darstellte, sonst waren seine Fehler gemischt. Selbst bei kurzen Textaufgaben (»story completion test«) manifestierten sich seine Sprachverständnisschwierigkeiten, wie das folgende Beispiel zeigt: (Textvorgabe: *Eine junge Frau schuldet ihrem Freund 100 Schilling. Sie geht ihren Freund besuchen. Sie nimmt das Geld aus ihrer Tasche, und ... dann?)* Patient 3: *Na ja, die Frau hat ein Tau/ das Geld weggenommen und zu einer anderen gegeben oder so auf die Art.* (Wiederholung) Patient 3: *Na ja, zuerst hätt ihm der Mann das Geld gegeben und der andere will es jetzt haben. Den gibt es wieder weg.* (Wiederholung) Patient 3: *Na ja, ich weiß nit, das gehört mir das Geld. Ich geb es/ Ich geb es jetzt der Mutti oder ich geb's irgendjemanden, nit. Die hat es mir gegeben. Ja, und das Geld gehört mit mir.* (Zielantwort: *Sie gibt dem Freund (ihm) das Geld zurück.*)

Die Ursachen der Textverständnisschwierigkeiten wurden selbst von Patient 3 sehr treffend beschrieben:

> *Der Vorgang ist leider so, wenn ich jetzt zwei, drei Namen sprich, verlier ich dann gleich den Zusammenhang .... Das Gehirn ist noch nicht so stark, daß das Ganze zusammenläuft. Es verliert sofort von einer Punkt aufs andere.*

Der Sinn ist Gott sei Dank da .. weiß ich schon den Sinn – die Tätigkeiten, zum Beispiel »Der Zug fährt«. Aber diese Kleinigkeiten – Mann – Frau, wie sie heißen, verlier ich noch. Es geht schon hinein, aber der Zusammenhang fällt schon ein bißl auseinander.

Mit anderen Worten, der Patient 3 hat Schwierigkeiten, die einzelnen Mikropropositionen zu verarbeiten, und umso größere Schwierigkeiten, je kompakter und komplexer die zu verarbeitende Information ist. Die Einheiten, die er bei der Produktion verwechselt (Pronomen, Nomen, Artikel und anderes) kann er beim Hören/Lesen auch nicht verarbeiten. Das heißt, Texte mit mehreren Pronomen bereiten ihm erhebliche Schwierigkeiten.

Andere Analysen der Textverarbeitung

Verbale versus nonverbale Kommunikation

In den Textbeispielen wurden bis jetzt die verbalen Aspekte der Textproduktion analysiert. Die nonverbalen Aspekte, das heißt die Anwendung von Gesten und Mimik anstelle oder als Begleitung der verbalen Produktion wurde noch nicht diskutiert. Die Notwendigkeit, beide Aspekte zu berücksichtigen, trifft besonders für schwer gestörte nicht-flüssig sprechende (»nonfluent«) Aphasiker (globale und Broca) zu. Andererseits wurde auf die Schwierigkeit, Texte von Wernicke-Aphasikern richtig zu deuten, mehrfach hingewiesen. Es ist genauso wichtig bei der Analyse der Textproduktion von Jargon-Aphasikern, die nonverbalen Aspekte in die Analyse einzubeziehen, weil das nichtverbale Kommunikationsverhalten zur Rekonstruktion des Gemeinten beitragen kann (vgl. Stark et al., 1988).

In einer kommunikativen Situation kann nonverbales Verhalten drei Funktionen haben: erstens eine parasemantische, zweitens eine parasyntaktische und drittens eine pragmatische (vgl. Scherer, 1984). Wir beschränken uns auf die parasemantische Funktion, das heißt die Substitution, Verstärkung, Kontradiktion oder Modifikation eines Teiles einer Äußerung oder der ganzen Äußerung durch eine Geste. Bei richtiger Anwendung von parasemantischen Gesten kann die verbale Produktion fehlen, und der Hörer versteht, was der Sprecher meint. Wir bringen eine Analyse des Texttyps »Instruktion« oder »Rezept«, bei dem eine Prozedur für die Zubereitung, in diesem Fall für die Zubereitung eines »Wiener Schnitzels«, verbal zu beschreiben war. Texte von Patienten 3, 4, 7 und einer Kontrollperson wurden auf Video aufgezeichnet und dann analysiert im Bezug auf die Produktion von notwendigen Handlungen (Propositionen) des Rezeptes, die in der nachfolgenden Tabelle 3 aufgezählt sind:

I.	**Zutaten**	
	Sie brauchen dazu: (a) 4-5 Kalbsschnitzel; (b) Salz; (c) Mehl; (d) Ei(er); (e) Semmelbrösel; und (f) Öl oder Fett	
II.	**Zubereitung**	
(1)	Nehmen Sie dazu Kalbsschnitzel vom Schlögel (= Keule).	
(2)	Klopfen Sie die Schnitzel.	
(3)	Salzen Sie die Schnitzel.	
(4)	Tauchen Sie die Schnitzel ins Mehl.	
(5)	Tauchen Sie die Schnitzel in ein gerührtes Ei.	
(6)	Tauchen oder wenden Sie die Schnitzel in Semmelbrösel (= Semmelmehl).	
(7)	Lassen Sie die Panier einige Minuten anziehen.	
(8)	Backen Sie die panierten Schnitzel in heißem Öl oder Fett.	
(9)	Backen Sie die Schnitzel ungefähr fünf Minuten auf jeder Seite.	

Tabelle 3 **Liste der Propositionen für das Rezept »Wiener Schnitzel«**

Vergleichen wir nun die Textprofile im Bezug auf die Anzahl der Propositionen, die explizit (E) oder implizit (I) produziert wurden. Die impliziten Propositionen wurden weiter in verbale (V) und durch eine Geste (G) rekonstruierbare unterteilt.

Nummer der Proposition	Patient 3	Patient 4	Patient 7	Kontrollperson
1	–	I	I+G	E
2	–	E	–	E
3	I+G	E	I+G	E
4	–	E+G	I+G	E
5	–	E+G	I+G	E
6	–	E+G	–	E
7	–	I+G	–	I+G
8	–	I	V+G	E
9	–	I+G	V+G	E+G

Tabelle 4 **Textprofile für die Zubereitung des Rezeptes »Wiener Schnitzel«**

Nach der Kontrollperson produzierte der Broca-Aphasiker die meisten expliziten Propositionen. Alle Propositionen, die er nicht explizit verbal oder als eine Geste realisierte, wurden implizit produziert. Der Wernicke-Aphasiker produzierte keine expliziten Propositionen und nur eine Geste für eine implizite Proposition, obwohl sein Text am längsten war. Der verbal schwerst gestörte Aphasiker, Patient 7, verwendete Gesten für die implizite Produktion von vier Propositionen.

Ein Beispiel für die Verwendung von Gesten bei Patient 7 (Global) ist in der Abbildung 1 illustriert:

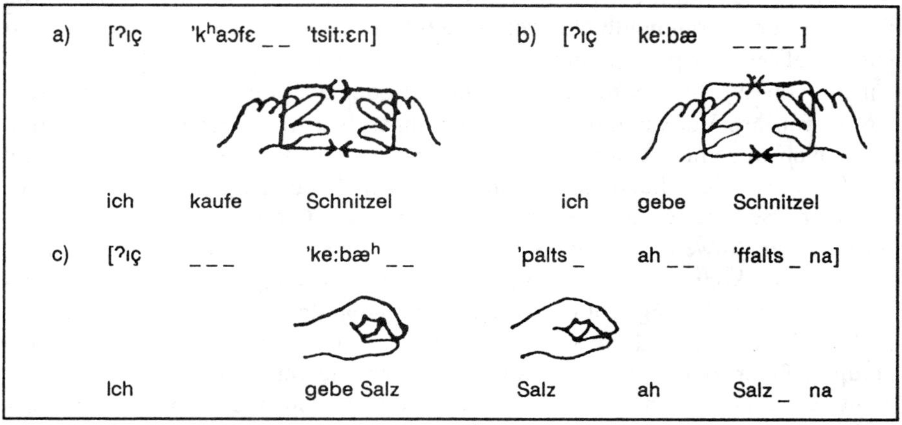

Abbildung 1 Parasemantische Gesten

Laut Kochbuch werden dreizehn Nomen und zwölf Verben im Rezept verwendet. Der Wernicke-Aphasiker (Patient 3) produzierte keine dieser Nomen und Verben, der Broca-Aphasiker (Patient 4) alle dreizehn Nomen und zehn Verben, der Globalaphasiker (Patient 7) drei Nomen und drei Verben, und die Kontrollperson produzierte alle dreizehn Nomen und zwölf Verben. Betrachten wir nun die Verwendung von Gesten. Sie ist als Verstärkung und Substitution für Nomen und Verben in Tabelle 5 zusammengefaßt:

	Nomen		Verb	
	Verstärkung	Substitution	Verstärkung	Substitution
Wernicke–Patient 3	1	0	0	0
Broca–Patient 4	0	0	7	0
Global–Patient 7	0	16	0	4
Kontrollperson	1	0	2	0

Tabelle 5 Die Repräsentation von Nomen und Verben als Gesten

Das Hauptergebnis ist: Der Globalaphasiker substituierte 16 Nomen durch entsprechende Gesten. Der Broca-Aphasiker unterstützte seine Produktion von sieben Verben durch Gesten.

Die Vergleiche der Verwendung von Gesten bei flüssig versus nicht-flüssig sprechenden Aphasikern bestätigen, daß eine Beziehung zwischen dem Grad und der Art der Sprachstörung und der Anzahl der verwendeten Gesten, die Prädikate und Argumente ersetzen, besteht. Die Funktionen »Verstärken« und »Substitution« der parasemantischen Gesten setzen einen erkennbaren Verweis auf die von Wörtern bezeichneten Objekte oder Sachverhalte (Referenz) voraus, damit ihre Verwendung als adäquat angesehen wird. Der Wernicke-Aphasiker blieb in seiner Anwendung der Gesten und Pantomime vage und konnte die Referenz nicht herstellen. Manche Gesten blieben nicht rekonstruierbar, und er perseverierte auch bestimmte Gesten. Der Globalaphasiker teilte nonverbal unter Anwendung von Gesten sehr viel von der verlangten Information mit. Deshalb können wir behaupten, daß seine sehr eingeschränkte Sprachproduktion nicht unbedingt auf eine Beeinträchtigung der konzeptuellen Ebene zurückzuführen ist, sondern seine Unfähigkeit, sich verbal auszudrücken, sein Hauptproblem bildet. Diese Studie zeigt, daß die Informativität eines Textes nicht nur von verbalen, sondern auch von nonverbalen Aspekten der kommunikativen Situation abhängt. Für die Therapie von verbal schwerst gestörten Pa-

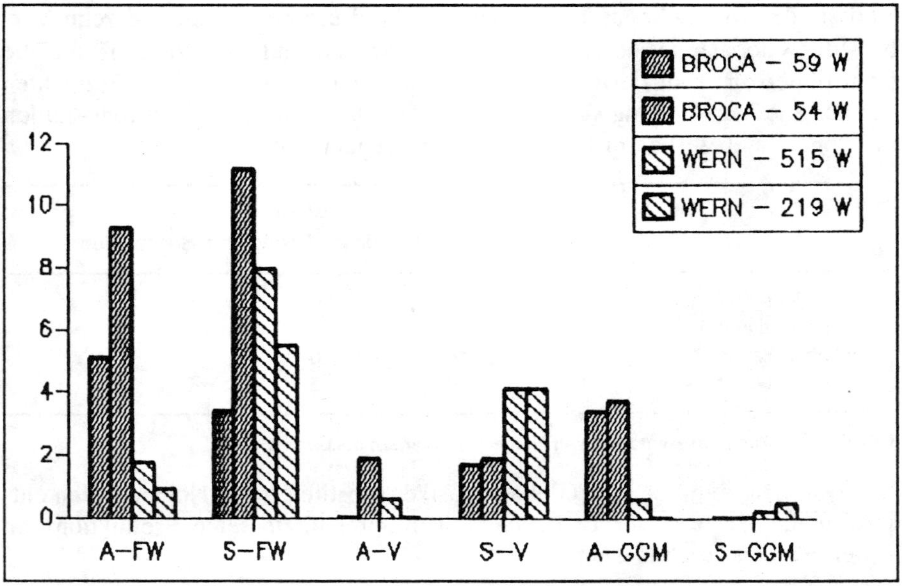

Abbildung 2a **Prozentualer Fehleranteil für sechs Fehlerkategorien von zwei Broca- und zwei Wernicke-Aphasikern in der Beschreibung des »Keksdieb«-Bildes**

tienten sind diese Ansatzmöglichkeiten von Bedeutung (vgl. Visual Action Therapy von Nancy Helm, adaptiert von L. Springer).

Broca- versus Wernicke-Aphasiker

Die sogenannten »Funktionswörter«, beziehungsweise die Wörter der »geschlossenen Klasse«-, das heißt Artikel, Pronomen, Präpositionen und gebundene grammatische Morpheme sind wesentlich für die Produktion von Sätzen. Wie bereits besprochen spielen diese Wortarten eine wichtige Rolle bei der Textverarbeitung. Sie dienen zur Herstellung von Kohäsion und Kohärenz in einem Text. Die Informativität eines Textes ist dann betroffen, wenn kontradiktorische Aussagen gemacht werden, wie zum Beispiel bei der Verwechslung von *er* und *sie* im Keksdiebstahlbild. Es stellt sich die Frage nach der Beziehung zwischen dem Vorhandensein von grammatischen Morphemen und dem Generieren von Propositionen. Eine weitere Frage ist, welche Art von Information wichtiger ist für die Einschätzung der kommunikativen Leistungen eines Aphasikers: eine Fehleranalyse der Verteilung von grammatischen Morphemen oder

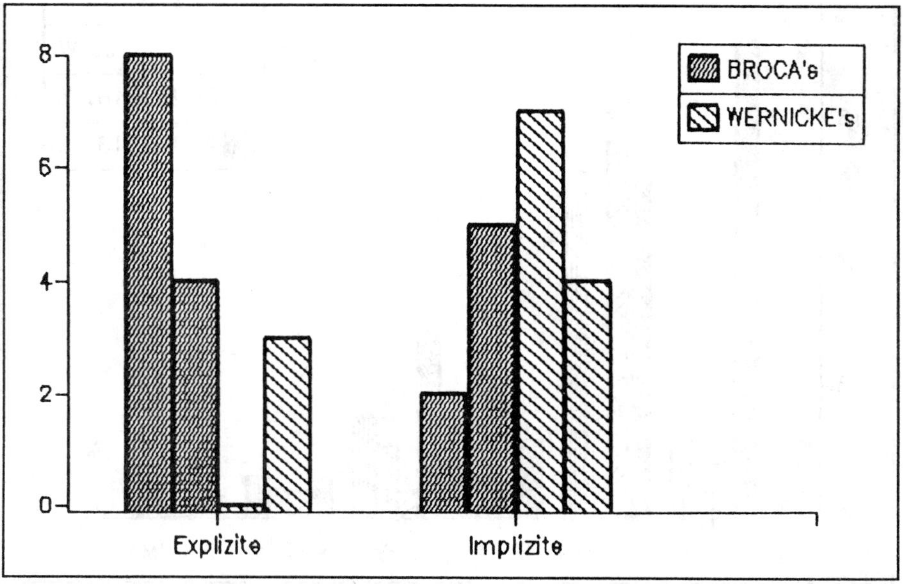

Abbildung 2b **Zahl der produzierten expliziten und impliziten Propositionen von zwei Broca- und zwei Wernicke-Aphasikern bei der Beschreibung des »Keksdieb«-Bildes**

das Vorhandensein von semantischer Information in der Form von Propositionen? Wir bringen eine grobe Gegenüberstellung der syntaktischen Leistungen von Broca- (Patient 2 und 4) und Wernicke-Aphasikern (Patient 3 und 5), eines Wernicke-Aphasikers in der Rückbildung (Patient 3) und eines Broca-Aphasikers (Patient 4) in der Rückbildung bei der Produktion des Kekdiebstahlsbilds in Bezug auf sechs Kategorien und die Anzahl der produzierten Propositionen. Die Fehlerkategorien der groben syntaktischen Analyse sind: (1) Auslassen von Funktionswörtern, zum Beispiel *er geht _ das Haus* (A-FW), (2) Substitution von Funktionswörtern, *sie→er* (S-FW), (3) Auslassen der Verbmorphologie, zum Beispiel *geantwortet→antwortet* (A-V), (4) Substitution der Verbmorphologie, zum Beispiel *er hat → er haben* (S-V), (5) Auslassen eines gebundenen grammatischen Morphems, *besuchen→suchen* (A-GGM), und (6) Substitution eines gebundenen grammatischen Morphems, zum Beispiel *befürworten/gefürworten* (S-GGM).

Ein Vergleich der Texte von zwei Broca- mit denen von zwei Wernicke-Aphasikern (Abbildung 2a und b) zeigt, daß die Broca-Patienten mehr Funktionswör-

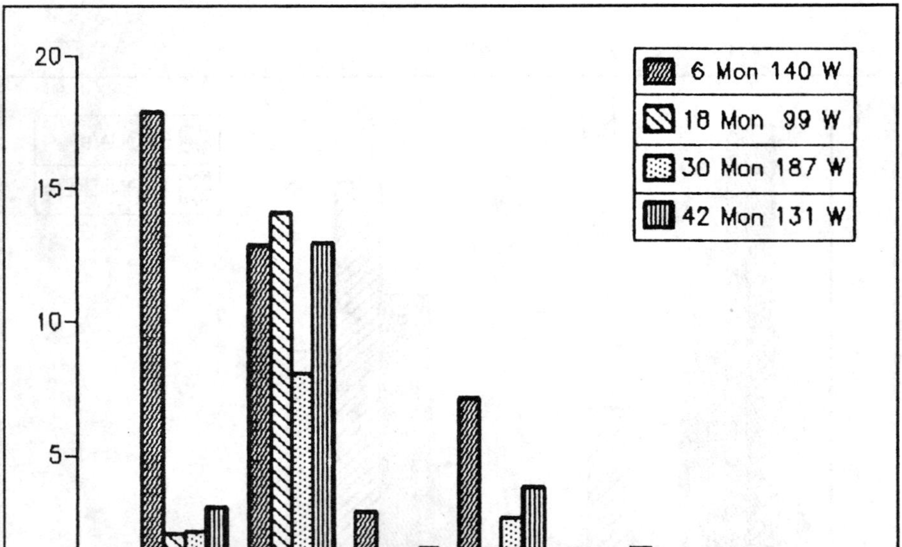

Abbildung 3a **Prozentualer Fehleranteil eines Broca-Aphasikers zu vier Untersuchungszeitpunkten (sechs Fehler-Kategorien, Beschreibung des »Keksdieb«-Bildes)**

ter und gebundene grammatische Morpheme auslassen, und die Wernicke-Patienten mehr Substitutionen der Verbmorphologie aufweisen. Beide Gruppen substituieren jedoch Funktionswörter, das heißt, daß die Verarbeitung der Funktionswörter problematisch für beide Gruppen ist. Die Unterschiede in der Anzahl der insgesamt produzierten Wörter sind sehr auffallend: Broca-Aphasiker produzierten 59 beziehungsweise 54 Wörter, Wernicke-Aphasiker hingegen 515 beziehungsweise 219 Wörter. Ein Vergleich der Anzahl der produzierten Propositionen gibt uns weitere Informationen über die Leistungen der Patienten. Mit viel weniger Wörtern drücken die Broca- mehr explizite Propositionen aus als die Wernicke-Patienten. Im Bezug auf die Anzahl der implizit ausgedrückten Propositionen unterscheiden sie sich nicht so stark voneinander.

Wenn man nun die Verteilung der Verwendung der grammatischen Kategorien eines Broca-Aphasikers in der Rückbildung (Abbildung 3a und b) anschaut, nehmen die Auslassungen von Funktionswörtern und die Substitutionen und Auslassungen der Formen der Verbmorphologie ab. Die Substitutionen der Funktionswörter bleiben bestehen. Im Bezug auf die Propositionen, liegt eine

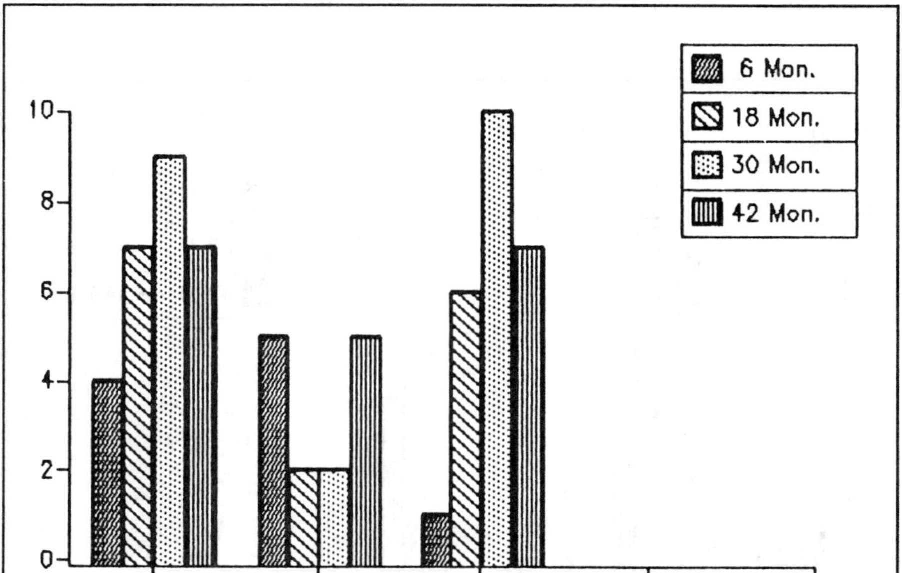

Abbildung 3b **Zahl der produzierten expliziten und impliziten Propositionen sowie Erweiterungen (Elaborationen) eines Broca-Aphasikers zu vier Untersuchungszeitpunkten (Beschreibung des »Keksdieb«-Bildes)**

allgemeine Zunahme der explizit ausgedrückten Propositionen und der Elaborationen zum Text vor. Broca-Aphasiker drücken mehr Propositionen aus, sie elaborieren beziehungsweise paraphrasieren die Propositionen auch. Die Anzahl der impliziten Propositionen variiert.

Wenn man die Rückbildung eines Wernicke-Aphasikers (Abbildung 4a und b) anschaut, sind die Resultate mit einem gewissen Vorbehalt zu interpretieren. Denn bei der Analyse grammatischer Fehler oder bei der Rekonstruktion des Gemeinten muß man doch wissen, was der Aphasiker mitteilen wollte. Wenn das nicht möglich ist, ist die Aussagekraft gering. Im Bezug auf die ersten Texte des Wernicke-Aphasikers ist die grammatische Analyse dadurch erschwert, daß man nicht genau weiß, was er eigentlich sagen wollte: Die Bildbeschreibungen sind als inhaltsleer zu charakterisieren. In der Rückbildung der Wernicke-Aphasie sieht es folgendermaßen aus: Die auffälligsten Substitutionen der Funktionswörter, wie zum Beispiel *sie*←→*er*, sowie Verwechslungen des Kasus und Geschlechts des Artikels sind erfaßt, andere mögliche Fehler nicht. Bei den realisierten Propositionen überwiegen die impliziten. Erst bei der vierten Bildbeschreibung 47 Monate post onset wurden fünf Propositionen explizit ausgedrückt. Elaborationen, das heißt Erweiterungen zum Text, die eher als vollstän-

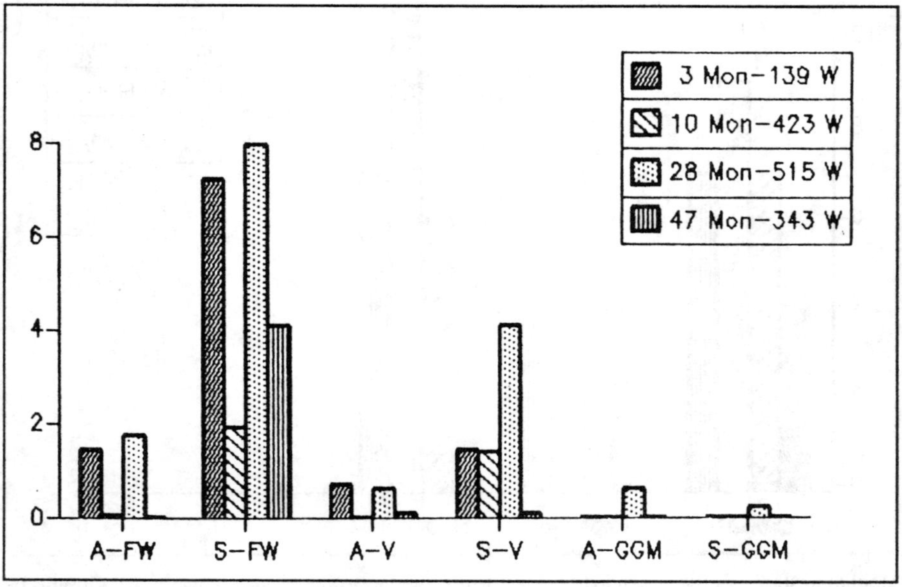

Abbildung 4a **Prozentualer Fehleranteil eines Wernicke-Aphasikers zu vier Untersuchungszeitpunkten (sechs Fehler-Kategorien, Beschreibung des »Keksdieb«-Bildes)**

digere Wiederholungen von Propositionen zu bezeichnen sind, wurden auch bei der vierten Testsitzung produziert. Das Hauptproblem des Wernicke-Aphasikers ist, seine Gedanken explizit auszudrücken. Dabei spielen seine Wortfindungsstörungen die größte Rolle.

Zusammenfassend kann man feststellen, daß eine semantische Analyse im Sinne der Zählung der Informationseinheiten (Propositionen) ein gutes Maß der Rückbildung der sprachlichen und nichtsprachlichen Fähigkeiten darstellt. Die positiven Leistungen des Aphasikers – was er schaffen kann – werden damit erfaßt. Eine an den tatsächlichen kommunikativen Fähigkeiten der Patienten orientierte Sprachtherapie könnte auf der Basis dieser Resultate beziehungsweise dieses Analyseverfahrens konzipiert werden.

Erklärungsversuch der Störungen der Textverarbeitung bei Aphasie

Die Sprachproduktion, beziehungsweise die Textproduktion der Patienten 1, 2 und 3 unterscheidet sich in mehrfacher Weise. Jedoch sind bei allen drei Patienten die syntaktische und morphosyntaktische Ebene am schwersten betrof-

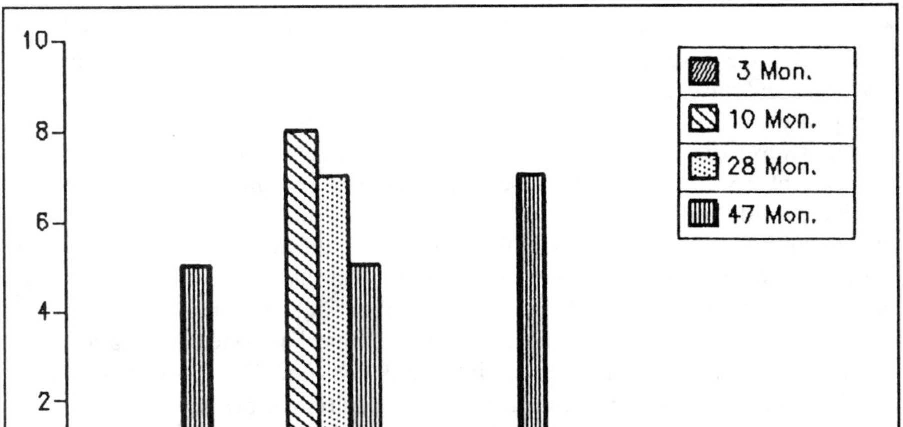

Abbildung 4b Zahl der produzierten expliziten und impliziten Propositionen sowie Erweiterungen (Elaborationen) eines Wernicke-Aphasikers zu vier Untersuchungszeitpunkten (Beschreibung des »Keksdieb«-Bildes)

fen. Die Satzproduktion ist bei Patient 1 und 2 als »agrammatisch« zu bezeichnen (vgl. Tesak, in diesem Band, und Stark & Dressler, 1990), wobei Patient 1 viel schwerer gestört ist. Bei Patient 3 ist die Satzproduktion als »paragrammatisch« zu charakterisieren: Er produziert komplexe syntaktische Konstruktionen mit vielen Substitutionen der Funktionswörter und Verbformen, Satzverschränkungen und anderem (vgl. Schlenck, in diesem Band). Das heißt, daß die Hauptverarbeitungsschwierigkeiten den Satz als linguistische Einheit betreffen und nur sekundär den Text als höhere Einheit. Es ist auch selbstverständlich, daß die satzsyntaktischen Auffälligkeiten auf der Text- beziehungsweise Diskursebene zum Vorschein kommen müssen. Wie können wir nun die Beeinträchtigung der Textproduktion bei den drei Patienten exakter beschreiben? Das Modell von Kintsch (1988) sieht ein Produktionssystem mit lockeren Inferenzregeln vor, die durch das Weltwissen zu jedem Zeitpunkt in der Verarbeitung eingeschränkt werden sollen. Wortbedeutungen werden aktiviert, und Propositionen werden on-line gebildet, aber es ist oft der Fall, daß eine relevante Information in dem Augenblick fehlt (vgl. Wortfindungsstörungen), wenn sie gebraucht wird.

Eine Textbasis wird basierend auf der linguistischen Eingabe und dem Weltwissen (auch über Syntax!) erzeugt und anschließend dann in einer Integrationsphase zu einem kohärenten Text zusammengefügt. Die Auflockerung der Inferenzregeln resultiert in einem Netzwerk, das als Textrepräsentation nicht geeignet ist. Eine inkohärente Textbasis wird in der Konstruktionsphase erzeugt. Die Ausbreitung der Aktivierung (»spreading of activation«) in der Integrationsphase hat die Funktion, die Textrepräsentation kohärent zu machen, beziehungsweise die Widersprüche und andere Unzulänglichkeiten zu beheben. Bei Patient 3 werden viele Wortbedeutungen aktiviert und viele Propositionen on-line gebildet. Vieles davon ist aber irrelevant, und es fehlt oft das richtige beziehungsweise gesuchte Wort. Die Information, die aus dem letzten Zyklus im Kurzzeit-Buffer (Arbeitsspeicher) übertragen wird und noch vorhanden ist, füllt daher eine momentane Lücke. Es werden auch viele Elemente der Textbasis elaboriert. Wenn nun die Integrationsphase fehlerhaft oder überhaupt nicht abläuft, das heißt die notwendige Einschränkung vom Weltwissen her ausfällt, werden irrelevante und widersprüchliche Propositionen produziert. Diese irrelevanten und widersprüchlichen Informationen werden nicht deaktiviert beziehungsweise inhibiert, wie es notwendig wäre. Die Aktivierung sollte sich ausbreiten, bis das System sich stabilisiert. Bei einem Wernicke-Aphasiker kann das System sich nicht stabilisieren, weil der Aphasiker ständig produziert. Das Resultat ist die Produktion vieler Satzabbrüche, irrelevanter und manchmal auch falscher Information wie zum Beispiel: *Zwei Personen gehen in den Wald; Der Wolf schneidet sich selber auf*; Verwechslung von *Wolf–Jäger* und *Mutter–*

Kinder. Das Perseverieren von Propositionen/Teilpropositionen könnte auch auf diese Weise erklärt werden, zum Beispiel: jemand hat den Wolf bereits aufgeschlitzt; er schneidet deshalb von der anderen Seite. Zwei Familien sind es → zwei Kinder gehen in den Wald (= Rotkäppchen). (Dies trifft besonders für die Perseverationen von Patientin 8 zu.) Patient 1 und 2 weisen andere Verarbeitungsschwierigkeiten auf. Bei Patient 1 werden weniger Wortbedeutungen aktiviert und unvollständige Propositionen on-line gebildet. Die Textbasis, die erzeugt wird, besteht aus unvollständigen Mikropropositionen und Makropropositionen. Elaborationsprozesse finden nicht statt. Ein unvollständiges Netzwerk wird daher erzeugt. Das heißt, die Einheiten die zur Integrationsphase gelangen, sind unvollständig. Das Netzwerk wird auch nicht durch die Ausbreitung der Aktivierung (»spreading of activation«) ergänzt, weil diese automatisch erfolgen sollte, aber unterdrückt wird. Daher bleiben die Produktionen unvollständig. Die notwendige Einschränkung vom Weltwissen her hat in diesem Fall mit unvollständigen Propositionen zu tun. Patientin 2 produziert wohl vollständigere Texte und nimmt daher eine Mittelstellung zwischen den beiden anderen Patienten ein. Diese Ausführungen sind als ein Versuch anzusehen, die Textproduktion von Aphasikern mit unterschiedlichen sprachlichen Leistungen und Symptomen an Hand eines Textverarbeitungsmodells zu deuten.

Therapieansätze

Mehrere grundlegende Überlegungen für die Entwicklung und Durchführung einer Sprachtherapie auf Diskursebene sind zu beachten. Sobald es der Zustand des Patienten erlaubt, sollte ein differenziertes neuropsychologisches Screening durchgeführt werden, um Informationen über die Leistungsfähigkeit höherer Hirnfunktionen und deren mögliche Störungen zu bekommen. Die Aufmerksamkeit mit ihren verschiedenen Teilfunktionen und die Gedächtnisleistungen, insbesondere die Lernfähigkeit, sind grundlegende Kriterien für die Therapie, insbesondere für die Textverarbeitung, wo das Material aus längeren beziehungsweise komplexen Einheiten besteht. Eine differenzierte und standardisierte Untersuchung der sprachlichen Leistungen einschließlich der Textebene, die besonders die prozessualen (qualitativen) Aspekte von Leistungen erfaßt, ist als selbstverständlich zu betrachten. Für den Aufbau der Therapie ist es wichtig zu wissen, wie ein Aphasiker eine Aufgabe löst. Wir wollen anhand der beschriebenen Symptome der Störung der Textverarbeitung beziehungsweise Textbeispiele versuchen, einige Vorschläge für die Aphasietherapie auf Diskursebene darzustellen.

Wie bereits angeführt, kommt es bei der Textverarbeitung darauf an, Texte verschiedener Komplexität und verschiedenen Typs verstehen und produzieren zu können, die kohäsiv, kohärent, informativ, situationsadäquat, akzeptabel und effizient sind. Bei der Sprachtherapie kommt es im texttheoretischen Sinn darauf an, daß der Aphasiker unter Anleitung einer Sprachtherapeutin oder eines Sprachtherapeuten in bewußter Weise übt, aus einer Intention oder einem vorgegebenen Thema heraus die entsprechende (a) Makrostruktur, das heißt die Makropropositionen, zu rekonstruieren oder zu formulieren, (b) eine mögliche oder obligatorische Superstruktur zu erkennen oder auszuwählen, (c) den Text in seiner Funktion (Textsorte) zu identifizieren oder zu gestalten, (d) aus Makropropositionen entsprechende Mikropropositionen zu aktivieren oder zu konstruieren sowie (e) die Mitteilungs- und Wirkungsabsicht eines Sprechers zu erkennen oder selbst als Sprecher seine Mitteilungs- und Wirkungsabsicht erfolgreich umzusetzen. Daher muß der Aphasiker je nach Aufgabenstellung entsprechende Wissensstrukturen und Strategien anwenden können.

Die Ziele der Therapie werden für die einzelnen Aphasiesyndrome verschieden sein, wenn nach den gleichen Textualitätskriterien therapiert wird. Bei Wernicke-Aphasikern wird man das globale Ziel haben, die enthemmte und gering kontrollierte Sprachproduktion zu vermindern, indem man das gestörte interne Feedback durch das Fremdfeedback des Therapeuten vorübergehend ersetzt, so daß der Patient über das externe Feedback (was er hört) seine interne Kontrolle wieder restituiert. Ebenso ist die gestörte Diskriminationsfähigkeit durch Verstehensaufgaben unterschiedlicher Art zu fördern. Das globale Ziel schaut bei Broca- und nicht-flüssig sprechenden Aphasikern im allgemeinen anders aus. Hier wird es notwendig sein, die übermäßige Selbstkontrolle (gehemmte, mühsame Sprachproduktion) zu lockern, um eine natürlichere, rhythmische Sprachverarbeitung zu ermöglichen. Diese globalen Ziele sind in den für die Textverarbeitung spezifischen Übungen immer zu berücksichtigen. Die linguistische Struktur der Übungstexte oder -diskurse muß auch immer auf den jeweiligen Schweregrad und die spezifischen sprachlichen Störungen abgestimmt werden.

Bei Störungen der Kohäsion sollen die verschiedenen sprachlichen Mittel zur Herstellung von (Ko-)Referenz zwischen Personen, Objekten und Handlungen, das heißt (a) korrekte Verwendung von indefinitem und definitem Artikel, (b) Gebrauch von Pronomen als Anaphora und Kataphora, (c) Verwendung von Synonymen und Antonymen und (d) Verwendung von Konjunktionen, um Teilsätze und Sätze zu verbinden, geübt werden. Der Texttyp ist natürlich bei der Planung einer Therapie zu berücksichtigen. So wird man zum Beispiel bei einem Rezept oder einer Instruktion überhaupt die richtige Verwendung von Konjunktionen üben, aber die Anwendung von Anaphora und Exaphora bei diesem Texttyp eher vermeiden.

Bei Störungen der Kohärenz beziehungsweise des semantischen Textzusammenhangs (Sinnkontinuität eines Textes) sollten Argumentationsstrategien geübt werden. Dafür eignen sich Übungen des Schlußfolgerns (Inferenzziehung), Begründens und Urteilens. Die Herstellung von Kohärenz soll unter verschiedenen Bedingungen, wie zu wenig, zu viel, widersprüchliche oder falsche Information, an Texten oder in Dialogen geübt werden.

Die Informativität eines Textes kann durch das Einengen auf relevante Informationen sowie durch die Erweiterung (Elaboration) eines Wissensbereichs, sei es auf der Wortebene (Wortfelder, Definitionen und andere Wortfindungsübungen) oder Satzebene (verschieden komplexe Prädikat-Argument-Strukturen), integriert in einem Text geübt werden. Im Speziellen wird die Anwendung der Makroregeln in verschiedenen Texten und Textsorten notwendig sein. Die Rekonstruktion von Texten soll systematisch trainiert werden. Für das Üben des Erkennens und der Anwendung von Superstrukturen in Texten bieten sich schriftliche Texte sowie alltägliche Handlungen einfacher und komplexer Art an. Wichtig für alle Übungen ist, daß der Sprachtherapeut sich das Material und die Kriterien in Form einer Problemlösungsstrategie aufbereitet und auch entsprechend vorgeht und dem Patienten auch Strategien des Problemlösens als notwendige Fertigkeit vermittelt.

Zusammenfassung

Wie anfangs betont und wie wir zu zeigen versuchten, ist die Textverarbeitung ein sehr komplexes Gebiet für die Neurolinguistik und die Sprachtherapie. Eine intensive Auseinandersetzung mit Sprachstörungen insbesondere auf der Textebene ist notwendig. Wir hoffen, mit diesem Beitrag die Textverarbeitungsstörungen bei Aphasie informativ beschrieben zu haben, ohne zu theoretisch geworden zu sein. Die präsentierten Texte und Textausschnitte, deren Analysen und Interpretationen sollen Anregungen für eine weitere Beschäftigung mit Texten bieten.

Literatur

Ahlsén, E. (1985) Discourse Patterns in Aphasia. *Gothenburg Monographs in Linguistics 5.* Department of Linguistics, University of Göteborg.

Ballstaedt, S.-P., Mandl, H., Schnotz, W. & Tergan, S.-O. (1981) *Texte verstehen, Texte gestalten.* München: Urban & Schwarzenberg.

Bartlett, F. C. (1932) *Remembering. A Study in Experimental and Social Psychology.* Cambridge: University Press.

de Beaugrande, R.-A. & Dressler W. U. (1981) *Einführung in die Textlinguistik.* Tübingen: Niemeyer.

Berko Gleason, J., Goodglass, H., Obler, L. K., Green, E., Hyde, M. R. & Weintraub, S. (1980) Narrative strategies of aphasic and normal speaking subjects. *Journal of Speech and Hearing Research, 23,* 370-382.

Blomert, L. (1990) What functional assessment can contribute to setting goals for aphasia therapy. *Aphasiology, 4,* 307-320.

Bond, S. & Ulatowska, H. (1985) Methodology for assessing auditory comprehension of discourse in aphasia. In: R. H. Brookshire (ed.) *Clinical Aphasiology, Vol. 15.* Minneapolis: BRK.

van Dijk, T. A. (1977) *Text and Context: Explorations in the Semantics and Pragmatics of Discourse.* London: Longmans.

van Dijk, T. A. (1980) *Textwissenschaft. Eine interdisziplinäre Einführung.* Tübingen: DTV.

van Dijk, T. A. & Kintsch, W. (1983) *Strategies of Discourse Comprehension.* New York: Academic Press.

Dressler, W. U. (1972) *Einführung in die Textlinguistik.* München: Niemeyer.

Dressler, W. U. & Pleh, C. (1988) On text disturbances in aphasia. In: W. U. Dressler & J. A. Stark (eds.) *Linguistic Analyses of Aphasic Language.* New York: Springer.

Dressler, W. U., Wodak, R. & Pleh, C. (1990) Gender-specific discourse difference in aphasia. In: Y. Joanette & H. Brownell (eds.) *Discourse Ability and Brain Damage. Theoretical and Empirical Perspectives.* New York: Springer.

Engel, D. (1977) *Textexperimente mit Aphatikern.* Tübingen: Narr.

Goodglass, H., Gleason, J. B., Bernholtz, N. A. & Hyde, M. R. (1972) Some linguistic structures in the speech of a Broca's aphasic. *Cortex, 8,* 191-212.

Goodglass, H. & Kaplan, E. (1983) *The Assessment of Aphasia and Related Disorders.* Philadelphia: LEA & Febiger.

Harris, Z. S. (1952) Discourse analysis. *Language, 28,* 1-30, 474-494.

Hartman, P. (1971) Text als linguistisches Objekt. In: W.-D. Stempel (Hg.) *Beiträge zur Textlinguistik.* München: Fink.

Holland, A. (1980) *CADL, Communicative Abilities in Daily Living. A Test for Functional Communication for Aphasic Adults.* Baltimore: University Park Press.

Huber, W. (1990) Text comprehension and production in aphasia: Analysis in terms of micro- and macrostructure. In: Y. Joanette & H. Brownell (eds.) *Discourse Ability and Brain Damage. Theoretical and Empirical Perspectives.* New York: Springer.

Huber, W. & Gleber, J. (1982) Linguistic and nonlinguistic processing of narratives in aphasia. *Brain and Language, 16,* 1-18.

Huber, W., Poeck, K., Weniger, D. & Willmes, K. (1983) *Aachener Aphasie-Test (AAT).* Göttingen: Hogrefe.

Huber, W., Stachowiak, F.-J., Kerschensteiner, M. & Poeck, K. (1975) Zur Diagnose von Sprachverständnisstörungen bei Aphasie. Methodische Überlegungen und Konstruktion eines Textverständnistests. *Archiv für Psychiatrie und Nervenkrankheiten, 220,* 87-97.

Ihwe, J. (1973) *Literaturwissenschaft und Linguistik, Band 1 und 2.* Frankfurt: Fischer.

Joanette, Y. & Brownell, H. (eds.) (1990) *Discourse Ability and Brain Damage, Theoretical and Empirical Perspectives.* New York: Springer.

Kallmeyer, W., Klein, W., Meyer-Hermann, R., & Siebert, H. J. (1974) *Lektürekolleg zur Textlinguistik, Band 1 und 2.* Frankfurt: Fischer.

Kintsch, W. (1974) *The Representation of Meaning in Memory.* Hillsdale, N.J.: Erlbaum.

Kintsch, W. (1988) The role of knowledge in discourse comprehension: A construction-integration model. *Psychological Review, 98,* 163-182.

Kintsch, W. & van Dijk, T. A. (1978). Toward a model of text comprehension and production. *Psychological Review, 85,* 363-394.

Koster, C. & Blomert, L. (1988) Verbal communicative behavior in aphasics: The everyday language test (ELT). In: E. Scherzer, R. Simon & J. Stark (eds.) *First European Conference on Aphasiology. October 3-6, 1987.* Wien: Allgemeine Unfallsversicherungsanstalt.

Kotten, A. (1972) *Sprache und Kommunikation bei Aphatikern, Linguistische Analysen.* Hamburg: Buske.

Labov, W. & Waletzky, J. (1967) Narrative analysis: Oral versions of personal experience. In: J. Helm (ed.) *Essays on the Verbal and Visual Arts.* Seattle: University of Washington.

Nicholas, L. E. & Brookshire, R. H. (1986) Consistency of the effects of rate of speech on brain-damaged adults' comprehension of narrative discourse. *Journal of Speech and Hearing Research, 29,* 462-470.

Patry, R. & Nespoulous, J.-L. (1990) Discourse analysis in linguistics: Historical and theoretical background. In: Y. Joanette & H. Brownell (eds.) *Discourse Ability and Brain Damage. Theoretical and Empirical Perspectives.* New York: Springer.

Peuser, G. (1983) Zweimal Rotkäppchen: Ein Vergleich der mündlichen und schriftlichen Textproduktion von Aphatikern. In: K. Günther & H. Günther (Hgg.) *Schrift, Schreiben, Schriftlichkeit.* Tübingen: Niemeyer.

Rumelhart, D. E. (1975) Notes on a schema for stories. In: D. G. Bobrow & A. Collins (eds.) *Representation and Understanding.* New York: Academic Press.

Schmidt, S. J. (1976) *Texttheorie.* München: Fink.

Stachowiak, F.-J., Huber, W., Poeck, K. & Kerschensteiner, M.(1977) Text comprehension in aphasia. *Brain and Language, 4,* 177-195.

Stark, H.-K., Bruck, J. & Stark, J. A. (1988) Verbal and nonverbal aspects of text production in aphasia. In: E. Scherzer, R. Simon & J. Stark (eds.) *First European Conference on Aphasiology. October 3-6, 1987.* Wien: Allgemeine Unfallsversicherungsanstalt.

Stark, J. A. (1984) *Verbale Perseveration bei Aphasie – Ein neurolinguistischer Ansatz.* Unveröffentlichte Dissertation der Universität Wien.

Stark, J. A. & Dressler, W. U. (1990) Agrammatism in German: Two case studies. In: L. Menn & L. K. Obler (eds.) *Agrammatic Aphasia, A Cross-Language Narrative Sourcebook.* Amsterdam: Benjamins.

Ulatowska, H., North, A. J. & Macaluso-Haynes, S. (1981) Production of narrative and procedural discourse in aphasia. *Brain and Language, 13,* 345-371.

Ulatowska, H., Freedman-Stern, R., Weiss-Doyel, A. & Macaluso-Haynes, S. (1983a) Production of procedural discourse in aphasia. *Brain and Language, 18,* 315-341.

Ulatowska, H., Freedman-Stern, R., Weiss-Doyel, A., Macaluso-Haynes, S. & North, A. J. (1983b) Production of narrative discourse in aphasia. *Brain and Language, 19,* 317-334.

Winograd, T. (1972) *Understanding Natural Languages.* New York: Academic Press.

Appendix A: Texte

Zeichenerklärung: / Abbruch
. kurze Pause (... lange Pause)
- Abbruch eines Wortes mit Neubeginn

Text 1: **»Keksdiebstahl« (»Cookie Theft«) Textsorte: Bildbeschreibung, Patient 1 (Broca)**
Sprechzeit: 4 Minuten 12 Sekunden
Charakteristika: Telegrammstil; geringe Kohäsion; bessere Kohärenz; informativ; Superstruktur vorhanden;
Hauptprobleme: syntaktische und morphosyntaktische Verarbeitung; Sprechapraxie; Wortfindung

Ah eine Keks /. ah Bub .. ah ah ah rauf ah krakseln. Und . Bub . nehmen und essen . Und ah .. ein Bub ../ Aha ah ... ein Bub . krakselt er auf und nimmt ../ Und . äh . nimmt Stuhl . äh bricht, und ah . Bub . fällt . hinunter. .. Und . ah ein Kind .. bitte äha und .. fällt. Ah . ah ein ah Mädchen .. ah . ein .. ah Mädchen bittet . ein Keks. .. Und . Mutter . wäscht ... ein und wischt ab, ... und ... Hahn . öh lauft Wasser . raus. Und . abstellen. . Und .. nichts .. schauen. . Und .. ich weiß nicht, . wo ah ...... abdrehen /.. Und .. eine ah .. Fenster .. und .. ah .. Türen / . Ein .. Fenster ah / Und da ... Und aha .. andere . Mann nein ah Frau. . Ah . weiß ich nicht. . Göt!

Text 2: **»Keksdiebstahl« (»Cookie Theft«) Textsorte: Bildbeschreibung, Patientin 2 (Broca)**
Sprechzeit: 6 Minuten 43 Sekunden
Stichwörter: Kohärenz besser als Kohäsion; sehr informativ; Superstruktur vorhanden; hohe Effizienz
Hauptprobleme: syntaktische und morphosyntaktische Verarbeitung; Sprechapraxie

Die- die träumende Frau. . Icht . ist . ein . die .. Wohnung . von eine Kücher . innen. .. Die Frau ...... hm die Frau tut . ihr . Geschirr . waschen. ... Aber . die Frau . träumt .. ah weiter. . Sie . wischt ... ahm ... mit einem Fessen . das . Deller . ab. . Aber .. ihren Augen / ...... Wie ein .. hm . hm .. hm jedenfalls . I . rinnt / . Steht vor der .. Abwasch, .. und der Hahn is offen .. offen .. offen. .. Das .. die .. Ge- Ge-Geschirr waschen / .. Ahm .. na .. hm .. Geschirr ... Was- Warterl- . Wanderl ... wird . von den . rinnene . Hahn .. immer .. immer .. voller. ... Dann ist er – es .. voll. .. Hm die Frau .. aber . immer wieder .. träumend. .. Das Wasser . ist .. ahm . wie einen .. Wasserbfall auf dem Boden .. gegangen. .. Aber .. die Frau noch immer .. träumt. .. Auf dem Boden . sch .. sch . sieht man . ein . Plütze Lacke. ... Aber die Frau . träumt . noch ehr- mehr. .. Z . und . und . z . ihre . zwei .. Kinder ... wollten- . wollten- .. wollten eine . Keks .. holen. .. Ah .. auf den . Schemel ...... kommt der . Bub, .. weil die Keksdose ... in den obern Kasterl . steht. .. Mit den l- linken Hand . gibts / . Er . will .. geben seiner Schwesser ein Keks. .. Mit der rechten Hand . ein ... in . die Dose . greift / .. Plötlich .. wirft / hm . Plötzlich hm ...... plötzlich ... ist der .. Hocker nicht mehr .. so .. sa . stabil. . Und . frall- . fall- . um ihm . der . Bub ... auf den .. Boden.

Text 3: **»Keksdiebstahl« (»Cookie Theft«) Textsorte: Bildbeschreibung, Patient 3 (Wernicke)**
Sprechzeit: 3 Minuten 22 Sekunden
Stichwörter: paragrammatisch; geringe Kohäsion (Exaphora!); bessere Kohärenz; sehr redundant; Superstruktur vorhanden; geringere Informativität (im vgl. zu Patientin 2); geringe Effizienz Hauptprobleme: Wortfindung, syntaktische, morphosyntaktische und phonologische Verarbeitung

Ja des is in der Küche. Da is die ah Fraun , und zwei Kinder. . Ein Mädchen und ein Bub. . Und äh . äh .. die Tatsache / Ös es geht um folgendes: .. Ah . die .. öh .. Frau die momentan . i der . Nuance / Also sie denkt momentan ih weg, .. und dadurch ensteht . vor ihm, . daß das Wasser runterhällt. . Also sie fapf . pf im Auge / Also nicht im Auge sonern sie denkt momentan, daß sie ma öl automatisch is. Daß /. Sie . denkt an irgend etwas, oda spricht er mit der Familie. Oder irgend etwas / . Aber sie is jetzt . nur momentan . ein einen Augenblick weg. Und in diesn Moment . fällt das Wasser herunter, weil er vergessn hat. Und is runtergang. Des is da grinnt. Dazu is noch gekommen, . die zwei. Dies ist der Bub und das Mädchen haun dieses Keks / . in den obern Teil gelegt hat. . Und haun weiter hat vergessn. Der siehts eigentlich. Jöh . öh dös momentan den ih nich gedacht. . Also sieht ihr / Sie hat praktisch den /. I weiß nicht was passiert is. Aber die Frau hat momentan was anders gedacht dran. . Und öh da hat sie decht, so jetz geh i. Vielleicht an Keks geholt habm . Der geht hinein, . und hap . oben . eine von diesn . ah Kekern. hineingegebm. . Dummerweise oder leider . hat sie das untn auf so ein Seck Sack Seckel Sackerl gesprochn. . Und öh aber dies auf . etwas höher auf dem . öh . Seckseckerl gemacht. Und auf einmal fällt er auch runta. Das heißt, es is jetz dabei, . daß er . runterfällt. . Und öh wahrscheinlich wird er jetzt . aufhaun. . Na und der wollt noch irgendwas anders auch. Nicht! .

Text 4: **»Rotkäppchen« Textsorte: Erzählung mündlich, Patient 1 (Broca)**
Sprechzeit: 4 Minuten 44 Sekunden

Stichwörter: ausgeprägter Telegrammstil; geringe Kohäsion und Kohärenz; wenig informativ; Superstruktur nicht vollständig;
Hauptprobleme: syntaktische und morphosyntaktische Verarbeitung;
Sprechapraxie; Wortfindung

Ich zähle Rothäppchen. .. Ah Mutter . ah . backt Kuchen . und . andere Sachen. . Und . schickt . eine Mädchen . weg. .. Ah Rotkäppchen /.. Und . ein Wolf . kommt . und sieht Rotkäppchen. .. Und ah .. ah . ah . Blumen ah / Und ah und .. pflückt . Blumen. . Und ah . ah Wolf ah geht. . Und ah ah und . ah ah ist .. ah . eine Mutter. .. Und pflückt Blumen . viele Blumen. . Und . geht und nichts mehr. .. Rotkäppchen .. und ah .. hören . hörn und sehn . und ah / . Weiß ich nicht! Ah Kopf und ...... und .. Mutter .. ah ah gibt sie mehr Milch. Weiß ich nicht. Ah und Mutter ah Blumen . gebm. Und Mutter ah /.. Und und . und . nichts mehr /.. und gessn und ah . und wöde . und schläft ein. . Und . ah andere Mann ah ah Pförster .. ah . Hund .. abstechn. . Mehr und aufmachen und herausnehmen / Und alles ah .. Mutter und ah ein Mädchen .. leben. .. Und ah und ah .. alles / . Und .. mein und schläft ah gut.

Text 5: **»Rotkäppchen« Textsorte: Erzählung mündlich, Patientin 2 (Broca)**
Sprechzeit: 22 Minuten 42 Sekunden
Stichwörter: Kohärenz besser als Kohäsion; sehr informativ; Superstruktur sehr differenziert;
Hauptprobleme: syntaktische, morphosyntaktische und Verarbeitung, Sprechapraxie, Wortfindung

Hm . Es war einmal ein ... Frau .. mit . ihrer .. Kind und .. ihrer Mutter, .. und alle drei . is . alle drei waren arm. ... Die Mutter .. und . das . ah Kind . leben ... am . Rand . einen riesengroßer Wald. .. Während die Großmutter .. drinnen . in den Wald eine Hütte hat. ... Einmal ... sagte .. die Mutter: »Groß-Rotkäppchen, . willst du so nett sein und die Großmutter besucht, weil die Großmutter . ist krank«. .. Das / .»Ja« sagte das . Mädchen. .. Sie hatte die . Großmutter . sehr lieb. .. Einmal sagte .. sie, . die Großmutter.. zum Kind: . »Willst du ein Münze haben?« »Ja«, sagte es, . . »Das is gut« » .. Ah und sie sind /.. Und sie nähte den Kind eine krote Kappe . und und strickte auf des .. Mü-. Kappe hm .. eine Blume. ... Und .. und den Kind .. hatte die Mütze so gefallen, .. daß sie .. nicht mehr . auf . na . nk . den Tag die Mütze .. gebaufhabm ... hat. hat. . Jedenfalls die Großmutter . ist jetzt krank . und das Mädchen .. sollte .. der Großmutter . einen . Besuch . abstatten. ... Aber . die Mutter.. aber die Mutter hat einen Korb, .. und . und drinn . ist eine Flasche Wein .. und . eine . Gugllupf. ... Aber .. sagte die Mutter:. .....« Groß- Grotkäppchen .. ahm geh auf dem rikdirekten Weg .. zum Häusl .. von der Großmutter, .. weil wenn du rechtn durch den Weg direkt .. bist, . kannt dein dein . die .. der Wolf .. nicht . auf . dich .. hm ... gehn. . Na jedenfalls . das Mädchen ... kommt .. auf dem Weg . ahm am / ..... Das Mädchen . kompft .. auf dem Weg . zu Großmutter ... ein, ein ... und . trifft ein Wolf. .. Der Wolf . sagt zu dem . Kind:.»Guten Tag ..was machst du da?«.. Das Kind war antwortet: . »Die Großmutter . ist krank . geworden, und ich .. bring . der Großmutter einen Korb .. voll guten . Sachn.« ... »Aha«, dachte sich der Wolf, »Aber wär es nicht noch . schön die Großmutter . mit einen riesn . großn . Strauch . Mu- Mut- . ah .. Blumen erfreun ?«.. »Ja«, dachte sich sehr das Grotkäppchen . »Das . ist eine gute . Idee. Ich will nur/ ...... Ich will nur von den Weg .. im Wald gehn ... und . der Großmutter .. Bhlumen .. Blumen pflücken« / ...... Und ein spi . einein . bißl . später hat das Kind einen . griesengrodn Blumen.strauch . in der Hand .. und geht .. wieder . auf der Weg, auf der Weg ... der .. ahm . Großmutter Hütte . gewa- gelangt ... Ah.. Es klopft an das- der- die Türn- Türe, . aber ... die Großmutter . antwortet nicht. ...... Dann drückt . das Kind . die Tür.schl- schalle hinunter, .. und sieh da, das Häusl .ist . offen. ...... Es trikt herein . und-. und zum Bett . der Großmutter. .. »Großmutter«,. sagte sie, »Großmutter .. Warum .. hast du . so .. große . Augen?« Derm die Mut- Großmutter . sagte: . »Das .. is dek . den Kind, .. Damit ich dich mehr / . Damit . ich dich .... sehen . ka- . kannz,« meinte . die .. Großmutter .. aber . der . Großmutter ist . es .. der Wolf. ... Und .. das Kind . wunderte sich aber,.. sie dachte es: .komisch . »Großmutter, .. warum . kannst . du die Nase ?«.. na ...... Ohrn . Ohrn /.. Ahm Warum so- so groß sind . sei .. die Ohrn. .. Aber . derm Wolf dacht / . beantwortete . mit der . St- Stimme . von der Großmutter:.»Damit ich dich .. hören kann. . Noch hördn kann.« »Großmutter, warum ist sei . dein Mund so groß?« .. Ahm .. plötzlich .. ahm . spant- .sprang . er aus dem Bett, »damit ich dich ..fressa . kann!« Und ..und das . Rot . käppchen ist. von den Wolf ... in seine Bauk .. gewandert. ...... Und . und . dann . ist der Wolf ... zum . zurück. ... Ahm .. der Wolf . hat ... in das Bett wieder gelegt, weil man, ... wenn man / Ahm .. hm er hat gegessn .. und ... ist müs ge- ge- . gewordn . und ahm .. und hat gescha- scha- . schlafen. .. Ha .. später kam er, . Kam . der Jäger .. bo ... und .. bei der Großmutter . ihren .. Häusl vorbei ... Ahm .. der

. Jäger . dachte sich: ... »Die arme kranke Frau. .. Ahm .. vielleicht sollte . ich . noch . eine Sprung ah .. zum ihr gehn.« ... ph .. Und wie der . Pförser . die Türe aufgemacht hat, .. tönte -... tönte .. ein schla- Schlarchn- . Schnarchen an seine . Ohr. .. »Komisch«, . dachte sich . der Pförster, .»Die Großmutter . schnarkt . nicht« . Und jetz ist . der Pförster . auf .. die neugierige .. neugierige . wordn. .. Er . gink a an . das Bett . von der Großmutter, und er-. erschrakt er. .. »Nur- . nur ein . Wolf . kann . solche Laute . von . sich . geben.« ...... »Hm« dachte . sich, .»ich will . den Wolf . töten. .. Aber vielleicht doch die Großmutter lebts vielleicht doch noch«. . Also . ging er in die Küche und kam mit eine Riesen.messer ... zurück. . Und . und . und er schnitt dem Bauch durch, . und sah- sah . er ahm, .. wie der-. das Rotkäppchen . aus dem Bauch wieder . wer . wiesder . hm .. hinaus . hüpft. . Und noch einen Schnitt .. noch, . und die Großmutter .. kam . hin . heraus. . Der Wolf . war so hungri, . daß . er . die zwei Menschen . mit .. Haut und Haar gefressen . hat. ..ahm. Und nähte den Bauch . seinen . Bauch . zu, . und .. und .. und . er ging mit ihm . vor den . Hoh ah .. in den Wald zurück .. und . st- . drückte ... die Gewehr . auf ihm . ab ... . und er war .. tot.

Text 6: **»Rotkäppchen« Textsorte: Erzählung mündlich, Patient 3 (Wernicke)**
Sprechzeit: 8 Minuten 11 Sekunden
Stichwörter: paragrammatisch; geringe Kohäsion; bessere Kohärenz; redundant; Superstruktur vorhanden; geringere Informativität (im vgl. Patientin 2); geringe Effizienz und Akzeptabilität;
Hauptprobleme: Wortfindung, syntaktische, morphosyntaktische und phonologische Verarbeitung;

Das is die ahm Grot. Großbütterin / Gut . Grut . Bu- Grut- Blut. Nja. Blut is sagma . Rotküchen. Rotküchen . Rotküchen . Rotküchen . käppchen käppchen . Rotkäppchen. Rotkäppchen. Rotkäppchen. Rotkäppchen. ja Rotkäppchen. Ah des is eine ein junges Mädchen. Das . äh. äh . zwei Maschi(n)- zwei Familien sin. Und zwar normalerweise wohnt äh beim . beim. Haus im Zentrum. Also nicht so weit weg. Und der zweite drin im Wald. Und zwar ist dort immer die ganz alte Frau f. Die ganz alte Frau, die hat arm dort. Öh geh schaut was los is! Sie- sie muß auf Besuch. Vielleicht ist sie auch etwas krank gewesen.. Wahrscheinlich ist sie krank gewesen. Deswegen bin ich ja hinkommen. Es ist ja Entfernung. Na und so entstanden is . Und sie hat gedacht,. so jetzt die mit dem Mutti sag du zur kleinen . zum zum Mädi sag i »Paß auf, nehm ein Korb. da gebma verschiedene Sachen hinein. Du kannst zum Beispiel irgendwas zum Trinken . Kannst an an- an- an- ah.. Tee oder oder irgendein . äh irgend ah . Söh. oder zum Beispiel is ah . Nja wann zum Beispiel der Mann, der schießen kann imma oder der bald kommt's auch was bringen. Also du kannst irgend was mitbringen eine Kuchn und verschiedenes.« Gehen wir. na habm wir des rüber gehn, . und sind langsam hineingegangen . Da is ein ein Land . Da is ein sch. We- ein sch ein Weg. ein Weg. Und sie sind dann schön langsam . in .in Wald . direkt. Ja. na und auf einmal kommt von der Seite irgendwie.der Wald – der Wolf- der Wolf. Ja, der Wolf/ irgendwie die Kinder denken sie immer das Gute. Warum soll ma was Böses sagen. Leider ist eben so . Er hat net gebissen . Des is relativ . »Was machst du denn, net?« sagt er »Ja, ich kenn .. sehr gut die Mutti«. sagt er: »Die kennst du ja? Sag »Ich würde eben sogar noch . etwas . Blumen . bringen., wenn du willst« Sagt er: »Na, wenn das wirklich makst. Das ist aber sehr sehr lieb. Nicht.« Sagt er ja. sagt er mit den Wolf. Sag i ihr »Ich habt entlang vom vom . We-. Wang- .vom .Welt von wie sagt man ahm. Wand- . Wend entlang . ah . und öh . auf da schaust .in der Gegend . Das ist a bis in der Nähe. Schaust halt irgendwie herum ein gutn. Blumen.« sagt er. Ohne Tag mach ohne weiters. Da komm ma dann gemeinsam zusammen. Und ich bringe ihr Blumen. Und du gehst vorlesn. Sagt er: »Das is aber lieb von dir.« Du bist . Der hat sich gedacht. Das ist ein Tier. Nicht. des is . Warum nicht. nicht. der Wolf. Nicht! Na und der Zwischenzeit . kommt . döh .. ah das Haus, das kleine Häuschen . das Häuschen. Hat geklopft einmal. Naja is gar niemand da. Hat er noch einmal geklopft. Nicht!. Na ja hat er aufgedrückt. Denkt er si. Ah is niemand da. Is er dann weggegangen. Na und . öh. Er das meine Mädchen. hat einmal so komisch gesagt, »vielleicht bist du jetz krank irgendwas . is nicht sch nich spaziell irgendwas ist nicht in Ordnung«. Nicht. Und ah öh er hat gesagt. Öh sie drinnen hat sie so ein Tuch herüber auch. Nicht! Hat er gesagt. Hat er geschlafen vielleicht . Na und er-. er sagt: »Das is so merkwürdig. Ah. Sie sprikt irgendwie eine Art, die man weiß« Er sagt ihm immer. und setzt sich zu ihr hinein. Sagt er: »Was hast du denn gemacht öh Mutti?« Sagt er: »Ah .. Naja« , hat er gesagt: . äh »Das eine find ich nicht richtig. Der Nase ist eigent- nicht richtig. Wieso gibts dech da. Die Nase ist nicht richtig.« Dann hat er gesagt das zweite: »Das große Augen. Bist du denn so krank?« So großen Na und jetzt schaut er noch sagt er: »Das große M- M- Mund«. Und dies Moment beißt von drinnen . der Wolf und beißt herum . schneid es durch . Und . dreid ist drinnen. Also hm das noch einmal. Aber den drinnen .. Na entlange der des Waldes . geht öh der Wolf . Nicht der Wolf . sondern der . ähm der . wie sagt man . der die fö. Wie heißt er geschwind, der sogenannte .. der Jäger . Der Jäger . ah geht vorbei und denkt er sich. wahrscheinlich auch zum beim bösen. Hat er gsagt. »I weiß net. ist so merkwürd drinnen. Es ist so schaut so komisch aus«. sagt er »Ich werd doch zur Sicherheit schauen. Sie ist krank vielleicht. auch« . Knopft einmal . Niemand dabei. . Denkt er sich,. »Na, des gibts net. Da ist irgendwas nicht in Ordnung. Nicht«. Ist denn doch ah da Jäger is dann / . aufgemacht dem . da aufgemacht . die . . Tür. Ist alles ruhig und schnaucht hrr. . Auf einmal schaut er, sag, »Um Gottes Willen! Das ist ja der Wolf! Den hat jemand schon aufgeschnitzt. Na«, er hat gsagt: . »Na, vielleicht. kann man noch . irgendwas machn«. Er hat ein Messer und hat's .. wieder von der andern Seite / hat er das ganze aufgemacht. Und auf einmal kommt / Gott sei Dank, .. ist das kleine Kind und auch die Großmama / .. sind reisbekommen. Man sagt, um Gottes Willen, sollte . daß wir jetzt / . Im letzten Moment . ist der / . wir noch . aus dem tot herausgekommen. Jetzt ist es passiert. Sons wär nix passiert . Sons wär nix passiert, und der Wolf hätte schon langsam, so langsam im Bauch gesprochen. Net! Na jetz ham ma den Wolf ham ma dann . gleich rausgschmissn, ihm irgendwo hineinbaden, und wir haben dann rein und haben noch in Ruhe – sag i. »In Zukunft« sagt der Wolf . na.. der Jäger – der Jäger . sag i, »In Zukunft bitte gibts acht. . Ihr müßt mit dem Wolf das nicht machen, weil das is ja net so. Wir müßt acht gebm, und Zukunft stell dir, was passiert hast. Ja sin ma beisammgangen,« sagt er. So . Na und die Großmama . der ist vielleicht auch ein Kuch / hams a Schnitt gemachen. Dann . hat der ein Wein mitgemacht ein bißerl, und Ding ham mas ausgetrunken. Na, und der Wolf / . ham ma gesagt: »Also . in Zukunft« / Also das worum es gegangen ist /. »Zukünftig . unbedingt den Wolf . vorsichtig machen . Achtung! Und nie nicht etwas machen, daß womöglich jemand hineingeht. Das dürfen . nimmer machen, weil ihr habts geglaubt die Kinder, man muß schaun. Denn Wolf is eine Angst mus . Gefohrt . Gefohr, dem muß man acht geben . Deswegen in Zukunft . nur wengs- . weg- . weg- weg- weg- weg«.

Appendix B: Schema für eine Textanalyse eines Aphasikertextes

Textaufgabe: Bildbeschreibung

Patient: B.H.

Aphasietyp: Broca

Textsorte: Deskriptiver Narrativ

Schweregrad: mittel

post onset: 30 Monate

Titel: Keksdiebstahl

Zeichenerklärung:

EF1 = Ereignisfolge 1
OEF1 = Orientierung (Setting) der Ereignisfolge 1
CEF2 = Coda der Ereignisfolge 2
MAKRO = Makroproposition
MIKRO = Mikroproposition
Expl = Explizite Proposition
Impl = Implizite Proposition
Wied. = Wiederholung einer bestimmten Proposition
Korr. = Korrektur einer bestimmten Proposition
KORR6 = Korrektur der 6. Proposition
Anaph = Anaphora
SYN = Syntaktischer Fehler
SEM = Semantischer Fehler
MORPH = Morphologischer Fehler
Extern = Proposition, durch Referenz auf Weltwissen rekonstruiert
\+ = Vorhandensein eines Merkmals
− = Fehlen eines Merkmals
Abfolge = natürliche Abfolge von Ereignissen im Zieltext
(zum Beispiel: 4+ Proposition 4 im Text entspricht der natürlichen Reihenfolge;
5- Proposition 5 im Text weicht von der natürlichen Reihenfolge ab
Implizite Textbasis sind die Propositionen 1 – 18;
explizite Textbasis sind die Propositionen 1 – 20

	Propositionenliste (Oberflächenstruktur) (Reihenfolge wie im Text realisiert)	Super struktur	Propo- sition	Expl	Impl	Elab	Wied. Korr.	Anaph	Kohäsion Text	Kohäsion Satz	Kohärenz Text	Kohärenz Satz	Inferenz Text	Inferenz Satz	Ab- folge	Fehler
1)	Eine Frau wascht das Geschirr ab.	EF1	MAKRO	+					+	+	+	+			1+	
2)	Und wischt die Teller mit einem Handtuch oder Geschirrtuch . ah	EF1	MIKRO	+		+1	KORR2	+	+	–	+	+		+	2+	SEM+MORPH
3)	Teller wischt.wischt mit einem Geschirrtuch ab	EF1	MIKRO	+			KORR2	+	+	–	+	–		+	2A+	SYN+MORPH
4)	Aber die Frau schaut in die Ferne.	EF1	MIKRO	+		+9		+	+	+	+	+			3+	
5)	Und sieht nicht	EF1	MIKRO	+		+9		+	+	+	+	+			4+	
6)	Das Wasser zum Überlauf . ah .	EF1	MAKRO		+			+	+	–	+	–		+	5+	SYN+MORPH
7)	daß, das Wasser wird . hat das Wasser . das Wasser überlauft.	EF1	MAKRO	+			KORR6	+	+	–	+	+		+	5A	SYN+MORPH
8)	Und das Wasser wird schon . ist überlauft ah.	EF1	MAKRO	+			KORR6	+	+	+	+	+		+	5B+	SYN+MORPH
9)	Aber die Frau merkt das nicht.	EF1	MAKRO	+				+	+	+	+	+			4A+	
10)	Zwei Kinder, ein Mädchen und ein Bub steht in der Küche	OEF2	MAKRO	+		+10			+	+	+	+			1+	MORPH
11)	Und der Bub will die Keks naschen.	EF2	MAKRO	+				+	+	+	+	+			2+	
12)	Und der Bub gibt aus.die Keks aus der Dose.	EF2	MIKRO	+		+11	KORR12	+	+	+	+	+			5–	SYN
13)	Und gibt die Keks ein Stück. zum. ah. das Mädchen oder ihr Schwester.	EF2	MIKRO	+			KORR13	+	+	–	+	–		+	6–	
14)	Aber der Bub hat ein Stockerl genommen .	EF2	MAKRO	+				+	+	+	+	+			3–	
15)	Und wird gleich . ah gleich.	EF2	MAKRO	–	+			+	+?	–	+	–	+	+	9–	SYN
16)	Weil das Stockerl hat nur drei ah Füße	EF2	MIKRO	+		+14		+	+	+	+	+	+			
17)	Und das Stockerl fällt um.	EF2	MAKRO	+		+14		+	+	+	+	+			8+	
18)	Und der Bub wird im nächsten Augenblick hin . ah . unterfallen.	CEF2	MAKRO	+			KORR15	+	+	+	+	+	+	+	9A+	MORPH
19)	Der Bub ist auf den Hocker geklettert.	EF2	MIKRO	–	–	+14		–	–	–	–	–	EXTERN		4–	
20)	Die Frau ist in der Küche.	OEF1	MAKRO	–	–			–	–	–	–	–	EXTERN		1–	

8. Die kognitive Neurolinguistik des Schreibens

Gerhard Blanken
Neurologische Klinik der Universität Freiburg

Einleitung

Mit diesem Beitrag sollen zwei Ziele zugleich erreicht werden: Zum einen sollen die sogenannten »erworbenen Agraphien«, das heißt die Muster gestörten Schreibens, die bei ehemals kompetenten Schreibern als Folge einer Hirnschädigung auftreten, neurolinguistisch beschrieben werden. Zum anderen sollen die zahlreichen und unterschiedlichen Beobachtungen zur Pathologie des Schreibens in eine theoretische Perspektive eingeordnet werden. Diese Perspektive wird durch ein Modell der sprachlichen Informationsverarbeitung gebildet.

Die Pathologie der Schriftsprache hat in der deutschen beziehungsweise deutschsprachigen Forschung eine besondere Rolle gespielt. Der Leser sei für die historische Entwicklung der Agraphieforschung auf die entsprechenden Abschnitte in Leischner (1969) und De Bleser, Bayer & Luzzatti (1987) verwiesen. Auch in jüngerer Zeit sind von der deutschen Agraphieforschung wesentliche Impulse für die allgemeine Aphasiologie ausgegangen (zum Beispiel De Bleser et al., 1987; Friederici, 1978; Friederici, Schönle & Goodglass, 1981; De Langen & v. Cramon, 1986; Leischner, 1969; Peuser, 1980; Weigl, 1972). Charakteristisch für die Entwicklung auch der deutschen »Agraphiologie« war die zunehmende Einbeziehung von kognitiven Modellen der Sprachverarbeitung.

Während die deutsche Agraphieforschung die Gruppenstudie weitgehend als das methodische Paradigma erster Wahl ansah, entwickelte sich in England, eingeleitet durch die Arbeit von Marshall & Newcombe (1973), und später auch in Frankreich, Nordamerika und Japan ein vorwiegend am Einzelfall orientierter Zugang zu den Störungen der Schriftsprache (vgl. zum Beispiel Coltheart, Patterson & Marshall, 1980; Marshall, 1987). Die Konfrontation der schriftsprachlichen Störungsmuster einzelner Patienten mit Modellen der Sprachverarbeitung hat inzwischen eine Vielzahl theoretisch relevanter Arbeiten zum Lesen und Schreiben hervorgebracht. Im Kontext des vorliegenden Kapitels sollen diese Studien, die aufgrund detaillierter Beschreibungen und experimenteller Einzelfallbefunde unser Wissen über theoretische Aspekte der Schriftsprachverarbeitung beziehungsweise des Schreibens erweitert haben, im Vordergrund stehen.

Im Rahmen dieses einführenden Überblicksartikels wird versucht, dem Leser die wichtigsten Informationen zu den publizierten Einzelfalluntersuchungen und deren Interpretationen möglichst verständlich und zusammengefaßt zugänglich zu machen. Fallbeobachtungen und theoretische Schlußfolgerungen sollen dabei, soweit dies möglich ist, getrennt dargestellt werden. Kritische Anmerkungen und die Position des Autors sind kenntlich gemacht.

Überlegene Schreibleistungen bei flüssigen Aphasikern

Paradoxerweise möchte ich diesen Aufsatz über agraphische Schreibstörungen mit Beschreibungen von Fällen beginnen, die im Vergleich zur mündlichen Sprachproduktion überlegene beziehungsweise selektiv verschonte schriftliche Leistungen demonstriert haben. Klare Dissoziationen zwischen mündlicher und schriftlicher Sprachproduktion können zwar nur relativ selten gefunden werden. Basso, Taborelli & Vignolo (1978) berichten, daß in ihrer Studie nur zwei von 500 untersuchten Patienten mit flüssiger Sprachproduktion eine auffällige Dissoziation zugunsten schriftlicher Äußerungen zeigten. Dennoch sind die Schlußfolgerungen, auch wenn sie nur von wenigen Einzelfällen abgeleitet werden können, von allgemeinem theoretischen Interesse, wie unten deutlich werden wird.

Wir werden uns in diesem Abschnitt auf Patienten mit flüssiger mündlicher Sprachproduktion beschränken. Dies hat folgenden Grund: Sobald artikulationsbezogene Störungen (zum Beispiel dysarthrischer oder sprechapraktischer Natur) beteiligt sind, ist die Beobachtung einer Dissoziation zwischen Laut- und Schriftsprache nicht mehr ohne Zusatzuntersuchungen plausibel, denn der aphasische Anteil an der mündlichen Produktionsstörung könnte sehr gering sein. Dies haben Studien zu Patienten mit Aphemie/Sprechapraxie (zum Beispiel Nebes, 1975) und auch Studien zu Patienten mit Sprachautomatismen (vgl. Blanken, De Langen, Dittmann & Wallesch, 1989; Blanken, Wallesch & Papagno, 1990) gezeigt.

Patient AF (Hier & Mohr, 1977)

AF, ein 28jähriger LKW-Fahrer entwickelte nach einer Enzephalitis des linken Temporallappens eine flüssige Aphasie (nach Hier & Mohr eine Wernicke-Aphasie), wobei sein schriftliches Benennen im Vergleich zum mündlichen relativ verschont blieb. Seine Spontansprache war artikulatorisch unauffällig, nicht agrammatisch organisiert und gekennzeichnet durch semantisch »leere« Wörter, semantische Paraphasien und Wortfindungsstörungen. Seine schriftlichen

Leistungen waren den mündlichen auf der Einzelwortebene deutlich überlegen. Längere und komplexere Sätze konnte AF jedoch schriftlich nicht produzieren.

Ein Vergleich seiner schriftlichen und mündlichen Benennleistungen für frequente Wörter ergab nur 4 Prozent korrekte Antworten in der mündlichen Aufgabe im Gegensatz zu 52 Prozent in der schriftlichen Version. Das Diktatschreiben war hingegen schwer gestört und gelang nur bei einigen hochfrequenten Wörtern. Die Fehleranalyse seiner schriftlichen Produktion zeigte nur seltene gröbere Abweichungen von der Zielform (zwölf von 300). Die übrigen Fehler bestanden aus Ersetzungen (zum Beispiel BADY für *baby*), Auslassungen (zum Beispiel FIRT für *first*), Hinzufügungen (WARTER für *water*) und Umstellungen einzelner Buchstaben (zum Beispiel ONARGE für *orange* oder STEETR für *street*) oder aus mehrfachen Fehlern dieser Typen.

Patientin MH (Bub & Kertesz, 1982a)

In einer sorgfältigen Fallanalyse berichten Bub & Kertesz (1982a) über die 66jährige Lehrerin MH, die nach einem Schlaganfall eine auffällige Dissoziation ihrer mündlichen und schriftlichen Sprachproduktion zeigte. Die Autoren beschreiben ihre Spontansprache als phonologisch, prosodisch und syntaktisch korrekt. Ihre Äußerungen waren jedoch durchsetzt von zahlreichen Wortfindungsstörungen, Umschreibungsversuchen und leeren Stellvertreterwörtern, die insbesondere dann auftraten, wenn inhaltstragende Wörter erwartet werden konnten.

Das mündliche Objekt-Benennen war nahezu aufgehoben. Auch war sie außerstande, aus einer Gruppe von vier Abbildungen zwei Items herauszusuchen, deren Namen sich reimten (zum Beispiel *hat* (Hut) und *cat* (Katze), was auf ein wirkliches Wortfindungs- und nicht nur artikulationsbezogenes Problem schließen läßt. Auf der anderen Seite zeigte sie sich in einem erstaunlichen Maße in der Lage, die ihr gezeigten Gegenstände schriftlich zu benennen. Zum Beispiel konnte sie in einer mündlichen Benennaufgabe nur eins von zwanzig Objekten korrekt benennen; siebzehn der Fehlreaktionen waren Auslassungen. In der schriftlichen Version der Aufgabe kam es jedoch zu fünfzehn von zwanzig korrekten Reaktionen. Drei der Fehler waren orthographisch abweichend (SALK für *salt*; PELLOW für *pillow*; FRIDE für *fridge*). Die beiden übrigen Fehler bildeten semantische Paragraphien (PANTS für *suit*; BUS für *train*). Von Interesse ist, daß die Patientin auch gelegentlich versuchte, sich dem Zielwort semantisch anzunähern. Zum Beispiel schrieb sie beim Zielwort *newspaper* zunächst READ, um dann den korrekten Namen niederzuschreiben.

Patient RD (Ellis, Miller & Sin, 1983)

RD war bei Durchführung der Studie 70 bis 71 Jahre alt. Er hatte eine einfache Schulbildung und war während seines Berufslebens überwiegend als Lagerist beschäftigt gewesen. Einundzwanzig Monate vor Beginn der Studie hatte er einen Schlaganfall erlitten, der eine aphasische Sprachstörung verursachte. Sein spontanes Sprachverhalten war konsistent mit der Diagnose einer Wernicke-Aphasie: schlechtes auditives Sprachverständnis bei flüssiger Sprachproduktion mit im Vordergrund stehenden phonematischen Neologismen und phonematischen Paraphasien.

Auch das mündliche Benennen war insbesondere durch die häufigen phonematischen Neologismen schwer gestört. Auffällig war, daß RD – war Schreibmaterial zur Hand – die neologistisch entstellten Wörter häufig korrekt aufschreiben konnte. Zum Beispiel nannte er einen Pinguin (Engl. *penguin*) einen SENTENS, konnte dann aber unmittelbar danach das korrekte Wort aufschreiben. Ähnlich bezeichnete er einen Elefanten (Engl. *elephant*) als ENELAST...KENELTEN oder einen Schraubenzieher (Engl. *screwdriver*) als KISTRO, war aber in der Lage, beide Objektabbildungen fehlerfrei schriftlich zu benennen. Daß seine schriftlichen Benennfähigkeiten in der Tat weitaus besser als seine mündlichen Leistungen erhalten waren, konnte durch mehrere vergleichende Benennprüfungen bestätigt werden. Insgesamt waren nur 29 von 100 mündlichen Benennversuchen erfolgreich, während beim schriftlichen Benennen 71 von 100 korrekt realisiert werden konnten.

Patient RB (Blanken, 1990)

RB, von Beruf kaufmännischer Angestellter, war zur Zeit der Untersuchung 43 Jahre alt. Neun Monate vor Beginn der Studie hatte er eine aphasische Sprachstörung entwickelt, verursacht durch multiple und bilaterale Hirnembolien. Seine Spontansprache war relativ flüssig und prosodisch variabel, vermittelte aber nur sehr wenig Information. Die vielen Satzabbrüche und das Fehlen von Inhaltswörtern verwiesen auf Störungen in der Wortfindung. Daneben waren auch phonologische Fehlleistungen erkennbar. Die AAT-Ergebnisse (Huber, Poeck, Weniger & Willmes, 1983) ergaben eine Zuordnung zum Wernicke-Aphasiesyndrom. Ungewöhnlich für einen Wernicke-Aphasiker war die Tatsache, daß RB ständig Schreibzeug mit sich führte und spontan versuchte, sich über die schriftliche Modalität mitzuteilen. Zum Beispiel versuchte er im Interview des AAT, die Fragen des Untersuchers schriftlich zu beantworten.

In formaleren Testsituationen wie zum Beispiel beim mündlichen Benennen wurden RBs phonologische Störungen stärker sichtbar als in der Spontansprache. Dabei zeigte er ein auffälliges Störungsmuster. Sein Hauptfehlertyp (beim

Benennen 64 von 250) bestand aus Ganzwortsubstitutionen, die eine phonologische Ähnlichkeit zum Zielwort aufwiesen (sogenannte formale Paraphasien, zum Beispiel SCHUH für *Stuhl*; STRASSE für *Spaten*). Eine Untergruppe (etwa 20 Prozent) dieser Fehler zeigte eine zusätzliche semantische Ähnlichkeit (zum Beispiel BOOT für *Floß*; BEUTEL für *Euter*). Semantische Paraphasien waren vergleichsweise selten (fünf von 250). Daneben traten auch phonematisch entstellte Antworten auf (33 von 250).

Sein schriftliches Benennen derselben Objekte war den mündlichen Leistungen weit überlegen. Während in der mündlichen Aufgabe nur 47,2 Prozent der Reaktionen korrekt waren, konnte er in der schriftlichen Version in 92,8 Prozent der Fälle den Namen fehlerfrei niederschreiben. Ebenso wichtig wie die klare Dissoziation zwischen den möglichen korrekten Leistungen ist die Tatsache, daß formale Paraphasien, obwohl dominant in der mündlichen Sprachproduktion, bei den schriftlichen Benennversuchen nicht auftraten.

Das orthographische (Ausgangs-)Lexikon

Bestandteil der meisten Sprachverarbeitungsmodelle in der Psycho- und Neurolinguistik ist ein Langzeitspeicher, in dem alle phonologischen Informationen auf der Wortebene repräsentiert sind (vgl. Dittmann, in diesem Band). Dieses System wird häufig das »phonologische (Ausgangs-)Lexikon« genannt. Die Einheiten, die hier gespeichert und aktiviert werden, sind die phonologisch-lexikalischen Wortformen. Weiterhin wird in der Regel davon ausgegangen, daß die Aktivierung dieser Wortformen initiiert und kontrolliert wird durch ein semantisches System, das den formbezogenen Prozessen hierarchisch übergeordnet ist.

Alle oben beschriebenen Patienten zeigten deutliche Störungen im Umgang mit diesem phonologischen (Ausgangs-)Lexikon. AF und MH litten beide unter schweren Wortfindungsstörungen. RDs Äußerungen waren voller Neologismen, und RBs mündliche Sprachproduktion war vorwiegend durch formale Paraphasien charakterisiert. Alle beschriebenen Patienten zeigten eine flüssige Sprachproduktion. Somit können keine artikulationsbezogenen Probleme für die schlechten Leistungen im mündlichen Benennen verantwortlich gemacht werden. Bub & Kertesz (1982a) konnten durch MHs völliges Versagen in einer Bilder-Reim-Aufgabe, die keine offene Sprachproduktion verlangte, zusätzliche Evidenz dafür geben, daß in der Tat eine schwere Störung der Wortfindung auch in der »inneren« Sprache vorlag. Auf der anderen Seite hatten alle Patienten gemeinsam, daß ihre schriftlichen Leistungen den mündlichen weit überlegen waren und daß sie in Situationen einer völlig blockierten oder schwer gestörten phonologischen Wortformproduktion die Zielwörter häufig korrekt aufschreiben konnten.

Die Tatsache, daß die Patienten korrekte Schreibleistungen trotz gestörter mündlicher Wortformproduktion erbringen konnten, kann starke Evidenzen dafür geben, daß den schriftlichen und mündlichen Sprachfunktionen (relativ) unabhängige Komponenten des Sprachverarbeitungssystems zugrunde liegen. Speziell kann angenommen werden, daß neben dem phonologischen (Ausgangs-) Lexikon ein weiteres Lexikon für schriftliche Wortformen existiert. Ein solches System soll hier »orthographisches (Ausgangs-)Lexikon« genannt werden (vgl. das »orthographic output lexicon« bei Hatfield & Patterson, 1984a, Patterson, 1986). Andere Autoren bezeichnen dieses System als »graphemic output logogen system« (Morton, zum Beispiel 1980), »graphemic output lexicon« (Ellis, 1982, 1988a) oder als »internal spelling dictionary« (Margolin, 1984).

Welcher Art sind die Repräsentationen des orthographischen (Ausgangs-)Lexikons? Nach Ellis (1982) und Ellis & Young (1988) kann auf jeden Fall gesagt werden, daß die Informationen über die gespeicherten Schriftformen einen relativ abstrakten Charakter haben müssen. Die orthographischen Wortformen können nicht aus fertigen motorischen Mustern bestehen, denn sie dienen motorisch sehr unterschiedlichen Schreibprozessen (zum Beispiel dem Handschreiben auf dem Papier und an der Tafel, dem Maschinenschreiben oder dem Legen von Buchstabenkärtchen). In der linguistischen Terminologie müssen die Repräsentationen deshalb als »graphematisch« beschrieben werden (vgl. zum Begriff des »Graphems« Henderson, 1985; Kohrt, 1986; Günther, 1988:68ff.). Jedoch reicht diese Bestimmung noch nicht aus. Gespeichert sein müssen ebenfalls Informationen auf der Wort- oder Grapholexemebene, das heißt, es müssen Informationen über Graphemgruppen und über die korrekte Graphemabfolge repräsentiert sein. Aus diesem Grunde wird hier der Terminus »orthographisches (Ausgangs-)Lexikon« dem Terminus »graphematisches (Ausgangs-)Lexikon« vorgezogen.

Die mögliche Dissoziation – gestörter Zugang zum phonologischen (Ausgangs-) Lexikon bei relativ intaktem Zugang zum orthographischen (Ausgangs-)Lexikon – ist offenbar nicht verträglich mit Theorien des Schreibens, die eine phonologische Verarbeitung als *notwendige* Voraussetzung für den Schreibprozeß geübter Schreiber annehmen. Im Rahmen der Agraphieforschung wurde von Luria (1970) die Theorie vertreten, daß für den Schreibprozeß zunächst eine Segmentierung des phonologischen Wortes in seine Phoneme erfolgen müsse und dann eine Übersetzung der einzelnen Phoneme in die korrespondierenden Grapheme. In abgeschwächter Weise verfolgte auch Weigl (1972) eine solche Theorie. Ihm zufolge werden nur die phonologisch nicht voraussagbaren Wörter oder Wortteile dauerhaft gespeichert. Die übrige graphematische Verarbeitung wird aus der Wortphonologie abgeleitet. Nolan & Caramazza gaben dieser Theorie eine neue Wendung. Sie vertraten 1983 die Hypothese, daß die orthographische Information schneller verblaßt/versiegt als die phonologische Information und durch phonologische Operationen während des Schreibprozesses aufgefrischt und reaktiviert werden muß. Im Licht der oben berichteten Fallstudien scheinen Theorien dieser Art die Rolle des (relativ) autonomen orthographischen Wissenssystems zu unterschätzen.

Stattdessen legen die hier gesammelten Fallbeobachtungen den Schluß nahe, daß eine direkte (nicht phonologisch vermittelte) Verbindung zwischen dem semantischen System und dem orthographischen (Ausgangs-)Lexikon besteht und daß dieser Weg von den oben beschriebenen Patienten benutzt werden konnte. Zwei Einschränkungen müssen hier gemacht werden: Erstens soll dies nicht heißen, daß bei anderen Patienten oder bei Sprachgesunden nicht auch ein phonologisch vermittelter Weg genommen werden kann (siehe dazu unten) und zweitens kann auch von den oben genannten Patienten nicht zuverlässig angenommen werden, daß sie *ausschließlich* den »direkten« semantisch-orthographischen Weg genommen haben, denn die Funktionen ihres phonologischen (Ausgangs-)Lexikons waren nicht völlig aufgehoben. Was aus den Fallbeschreibungen erschlossen werden kann, ist die *Existenz* eines separaten orthographischen Wissens und die *Existenz* einer direkten Verbindung zwischen dem semantischen System und diesem Wissen.

Zusätzlich zu den modalitätsspezifischen Leistungsunterschieden kann auch das Fehlermuster der Patienten Evidenzen für den Gebrauch der semantisch-orthographischen Route liefern. Falls die Patienten nach phonologischen Vorgaben schreiben würden, sollten auch die Schreibfehler phonologisch motiviert sein, das heißt die lautsprachlichen Fehlertypen sollten auch im schriftlichen Sprachgebrauch sichtbar werden. Diese Voraussage kann am besten durch das Fehlermuster bei RB widerlegt werden. Formale Paraphasien (zum Beispiel ZAHN für *Kran*), sein Hauptfehlertyp im mündlichen Benennen, fehlten völlig in der schriftlichen Benennversion. Weiterhin sind auch viele segmentale Fehler der oben genannten Patienten nicht über phonologische Faktoren zu erklären, zum Beispiel die Buchstabenverstellung bei AF (STEETR für *street*) oder die Buchstabenauslassung bei MH (FRIDE für *fridge*). Beide Fehler würden von vielen Agraphieforschern als »phonologisch unplausible Fehler« klassifiziert werden, da die Wortveränderung keiner möglichen Übersetzung aus dem phonologischen Kode entspricht. Stattdessen geben die fehlerhaften Wörter Hinweise auf eine partiell korrekte Rechtschreibung, das heißt die Patienten hatten, wenn auch unvollständig, Zugang zur wortspezifischen orthographischen Information. So wurde das /i:/ in STEETR korrekt realisiert (und nicht wie das /i:/ in *team*, *scene*, *bee* oder *thief*) und in FRIDE wurde das ‚E' geschrieben, obwohl es nicht gesprochen wird. Ellis (1982) schlug deshalb vor, den Zugriff zum orthographischen (Ausgangs-)Lexikon nicht als einen Alles-oder-nichts-Prozeß aufzufassen, sondern die Möglichkeit einer partiellen Aktivation der Zielform anzunehmen.

Abbildung 1 zeigt die drei relativ unabhängigen Teilsysteme der Sprachverarbeitung als Ausschnitt aus einem Sprachverarbeitungsmodell.

Gestörter Zugang zum orthographischen (Ausgangs-)Lexikon

Im vorigen Abschnitt sind Patienten diskutiert worden, deren orthographische Leistungen verglichen mit ihren phonologisch-lexikalischen Leistungen relativ gut erhalten waren, was Evidenzen für die Existenz eines (relativ) autonomen orthographischen Lexikons geben konnte. Im folgenden soll über Patienten berichtet werden, die in relativ selektiver Weise den Zugang zu diesem orthographischen Wissen weitgehend verloren haben.

Patient RG (Beauvois & Derouesné, 1981)

Der 63jährige Franzose RG, von Beruf Manager im Verkauf von Landmaschinen, war etwa ein Jahr vor Beginn der Studie wegen eines links parieto-occipital sitzenden Angioms operiert worden. Er besaß eine relativ gute Schulbildung, und seine prämorbiden orthographischen Fähigkeiten waren nachweislich auf einem recht hohen Niveau gewesen. Der Patient litt unter einer modalitätsspezi-

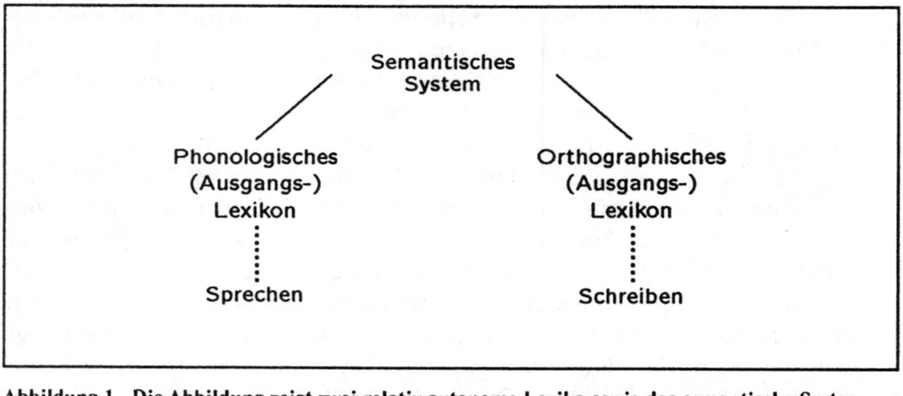

Abbildung 1 Die Abbildung zeigt zwei relativ autonome Lexika sowie das semantische System. Das phonologische (Ausgangs-)Lexikon speichert alle wortrelevanten phonologischen Informationen; das orthographische (Ausgangs-)Lexikon enthält Informationen über die Wortorthographie. Das semantische System hat direkten Zugang zu beiden Systemen.

fischen (taktilen) Aphasie, einer phonologischen Alexie und einer Agraphie. Die übrigen Sprachleistungen des Patienten waren unauffällig.

Beim Diktatschreiben bot RG folgendes Bild: Er war nahezu fehlerfrei beim Schreiben von Nichtwörtern[1]. Daneben zeigte er jedoch viele Fehler bei realen Wörtern mit sogenannter ambiguer Orthographie, das heißt bei Wörtern, deren Schreibweise nicht sicher aus der Phonologie ableitbar ist. Letzteres trifft in der französischen Orthographie auf eine Vielzahl von Grapholexemen zu. So könnte zum Beispiel das /o/ in *chateau* potentiell auch wie in CHATO, CHATAU, CHATAUX oder CHATOT zum Ausdruck gebracht werden. Daß allein *chateau* korrekt ist, beruht auf einer orthographisch-lexikalischen Konvention. Die Kenntnis solcher Konventionen ist ebenfalls notwendig bei Wörtern, deren Schreibweise für das jeweilige Schriftsystem Ausnahmecharakter hat, sogenannte irreguläre Wörter (wie zum Beispiel das Wort /fam/ (Frau)→<femme>, wo das Phonem /a/ mit dem Graphem <e> wiedergegeben wird)[2]. Nur 38 Prozent dieser irregulären Wörter konnten von RG korrekt geschrieben werden, verglichen mit 99 Prozent korrekten Reaktionen bei den Nichtwörtern, darunter mehrsilbige Wörter wie *ziguno* und *nozija*. Beauvois & Derouesné betonen, daß die überwiegende Zahl der Fehler bei den ambiguen und irregulären Wörtern phonologisch plausibel war (wie zum Beispiel MESSIEU für *monsieur*; MANTO für *manteau*; BONNAI für *bonnet*; ERBE für *herbe*). Weiter fanden sie in RGs Schreibfehlern eine gewisse Tendenz zur Ökonomisierung und zum Gebrauch frequenter graphischer Lösungen. Zum Beispiel wurden bei den realen Wörtern »stille« Buchstaben (zum Beispiel PATIEN für *patient*) weggelassen, oder das Phonem /o/ wurde bei den Nichtwörtern häufiger als einfaches <o> realisiert und nicht als zum Beispiel <eau>, was nicht nur die einfachere, sondern auch die häufigere graphische Darstellung für /o/ im Französischen ist.

---

1 Unter Nichtwörtern sollen im Rahmen dieses Aufsatzes nur Nonsenswörter verstanden werden, die aufgrund ihrer phonologischen Struktur Wörter der betreffenden Einzelsprache sein könnten, also phonotaktisch legal und aussprechbar sind. Solche Nichtwörter werden auch Pseudowörter genannt.

2 Auch im Deutschen spielen lexikalisch-orthographische Konventionen eine Rolle, wenn auch eine geringere als zum Beispiel im Französischen oder Englischen. Orthographisches Wissen ist erforderlich zum Beispiel bei Wörtern mit Auslautverhärtung (zum Beispiel *Hand, Berg, Lob*), Wörtern mit »stillen« Konsonanten (zum Beispiel *Uhr, Reihe*), Wörtern mit Vokalverdoppelungen (zum Beispiel *Boot, Staat*), Wörtern mit F beziehungsweise V (zum Beispiel *Vater* vs. *Fahrer*), Wörtern mit W beziehungsweise V (zum Beispiel *Ware* vs. *Vase*) und bei Wörtern mit bestimmten Graphemen wie <ch> oder <qu> (zum Beispiel *Fuchs* vs. **Fux* oder **Fucks*, *Quelle* vs. **Kwelle*). Gemeinsam ist all diesen Wörtern, daß ihre korrekte Schreibweise nicht oder nicht eindeutig aus ihrer phonologischen Form abgeleitet werden kann. Von großer Bedeutung ist das orthographische Wissen für das Schreiben vieler Lehn- und Fremdwörter (zum Beispiel *Garage, Chef, Baby*).

Das beschriebene Fehlleistungsmuster war keineswegs auf das Diktatschreiben beschränkt, sondern fand sich ebenfalls im spontanen Schreiben und beim schriftlichen Benennen. Es war auch nicht bezogen auf die schriftliche Realisierung. RGs Leistung beim mündlichen Buchstabieren von vorgegebenen Zielwörtern war der beim Schreiben vergleichbar.

Patientin TP (Hatfield & Patterson, 1983)

Nach einer cerebralen Blutung wurde der 50jährigen TP ein links temporo-parietal gelegenes Hämatom und ein links occipito-temporal situiertes Angiom operativ entfernt. Vier Monate später war ihre Sprache flüssig und grammatisch unauffällig. Sie litt jedoch unter schweren Wortfindungsstörungen. Daneben fand sich eine ausgeprägte alektische Störung. Das Einzelwortverständnis war nur leicht gestört.

Ihre Schreibleistungen erinnerten stark an das Muster, das Beauvois und Derouesné für den Patienten RG beschrieben haben. Zum Beispiel schrieb TP bei dem Versuch, eine Bildergeschichte wiederzugeben, den Satz: *She is stil lafing about the to men being cros* (Zielsatz: *She is still laughing about the two men being cross*). Ähnlich wie RG schien auch TP über die korrekte lexikalische Orthographie nicht mehr verfügen zu können und nach direkten Übersetzungen der Lautsprache in die Schriftsprache zu suchen. Dies zeigte sich auf deutliche Weise beim Diktatschreiben von irregulären Wörtern, bei denen phonologische Schreibversuche scheitern müssen. So schrieb sie zum Beispiel ANSER für *answer*, SOURD für *sword*, FLUD für *flood* und SUTTEL für *subtle*. Ihre orthographischen Störungen wurden ebenfalls beim Schreiben von Sätzen mit homophonen Wörtern (zum Beispiel *male – mail, write – right*) sichtbar. Die Sätze waren nur mit einer Schreibweise kompatibel, dennoch wählte sie bei 46 Prozent korrekten Lösungen in 29 Prozent die homophone Alternative. Hingegen ging bei Wörtern, deren Orthographie im hohen Maß phonologisch voraussagbar war (zum Beispiel *lunch, thing, spent*), TPs Fehlerzahl drastisch zurück. In 93 Prozent der Fälle war hier eine korrekte Lösung möglich.

Beide soeben beschriebenen Patienten zeigten eine klare Leistungsdissoziation zwischen den beiden folgenden Aufgabentypen. Das Schreiben von Wörtern, deren Schreibweise lexikalisch das heißt konventionell festgelegt war, erwies sich als deutlich gestört. Auf der anderen Seite konnten phonologisch voraussagbare Wörter und (bei RG) Nichtwörter mit hoher Sicherheit korrekt geschrieben werden. Als hervorstechendes Fehlermuster zeigten sich immer wieder phonologisch plausible Regularisierungsversuche der ambiguen oder irregulären Zielformen (NEFFUE für *nephew*; BOURJOISI für *bourgeoisie*).

Oben war das System des orthographischen (Ausgangs-)Lexikons als der Ort eingeführt worden, an dem die orthographischen Informationen gespeichert und abgerufen werden können. Die Fallbeschreibungen zeigen, daß sowohl für RG als auch für TP die Berücksichtigung der konventionellen, wortspezifischen Schreibweise ein relativ selektives Problem beim Schreiben bildete. Es kann deshalb angenommen werden, daß in beiden Fällen der Zugang zu den Informationen des orthographischen (Ausgangs-)Lexikons gestört war.

Es muß jedoch angemerkt werden, daß für beide Patienten der Zugang zum orthographischen (Ausgangs-)Lexikon nicht völlig aufgehoben war. Dies erhellt aus folgenden Beobachtungen: Erstens konnte ein Teil der irregulären Wörter (zum Beispiel bei RG 20 von 52, zum Beispiel *tabac*; *femme*) völlig korrekt geschrieben werden. Zweitens konnten zum Teil auch in fehlerhaft geschriebenen Wörtern orthographisch kritische Eigenschaften korrekt realisiert werden (zum Beispiel HYSTOIRE für *histoire*; ORTOGRAPHE für *orthographe*), oder alle Buchstaben des Zielwortes wurden realisiert, aber traten in falscher Reihenfolge auf (zum Beispiel BYCICLETTE für *bicyclette*). Diese Beobachtungen sind mit der Annahme eines vollständigen Verlustes orthographischen Wissens nicht kompatibel. Eher sprechen sie für temporäre Störungen in der Aktivierung dieses Wissens. Eine solche Aktivierungsstörung scheint nicht nur auf der Ganzwortebene möglich zu sein, sondern kann sich offenbar auch auf Teile der Zielformen oder Abfolgeeigenschaften der Zielgrapheme beschränken, wie die obigen Beispiele zeigen. Unterstützung findet diese Interpretation auch in möglichen wechselhaften orthographischen Lösungsversuchen. So schrieb RG zum Beispiel das Zielwort *habile* einmal als HABIL (also mit »stillem« H) und bei einer späteren Gelegenheit als ABILLE (also mit »stillem« E). Insgesamt scheint somit bei RG und TP kein unwiederbringliches orthographisch-lexikalisches Defizit vorzuliegen, sondern eine stark reduzierte Fähigkeit zur Aktivation beziehungsweise vollständigen Aktivation der orthographischen Zielformen.

Patienten mit einer relativ selektiven Zugangsstörung zum orthographischen (Ausgangs-)Lexikon sind in der Forschungsliteratur mit unterschiedlichen Bezeichnungen versehen worden. Autoren, die die Störungsursache hervorheben wollten, sprachen von einer »lexikalischen« beziehungsweise »orthographischen Agraphie« (vgl. zum Beispiel Beauvois & Derouesné, 1981; Roeltgen & Heilman, 1984; Gonzales Rothi, Roeltgen & Kooistra, 1987). Andere betonten die verbliebenen Fähigkeiten beziehungsweise die Art der Fehler und bezeichneten das Störungsbild in Anlehnung an alektische Störungsformen als »Oberflächenagraphie« (zum Beispiel Hatfield, 1983; Marshall, 1987) oder einfach als »phonologisches Schreiben« (Hatfield & Patterson, 1983), da hier auf einer relativ oberflächennahen, sub-lexikalischen Ebene geschrieben wird. Dieser positive Aspekt, das heißt die Tatsache, daß RG und TP in Gegenwart orthographischlexikalischer Störungen auf einer segmentalen Ebene schreiben konnten, soll Gegenstand des folgenden Abschnitts sein.

Die phonologisch nicht-lexikalische Schreibroute

Oben ist beschrieben worden, was bei Zugangsstörungen zum orthographischen Wortspeicher passiert. Es kommt zu häufigen Rechtschreibfehlern und zwar relativ selektiv bei solchen Wörtern, die nach lexikalischen Konventionen geschrieben werden müssen. Die Fehler sind dabei häufig gut voraussagbar, denn die Patienten – salopp formuliert – schreiben so, wie sie sprechen. Deshalb gelingen ihnen solche Wörter am besten, deren Orthographie mit einer aus der Wortphonologie abgeleiteten Schreibweise übereinstimmt. Auch beim Schreiben von Nichtwörtern, die nicht mit Hilfe lexikalischen Wissens geschrieben werden können, sind ihre Leistungen relativ unbeeinträchtigt. Viele Agraphie-

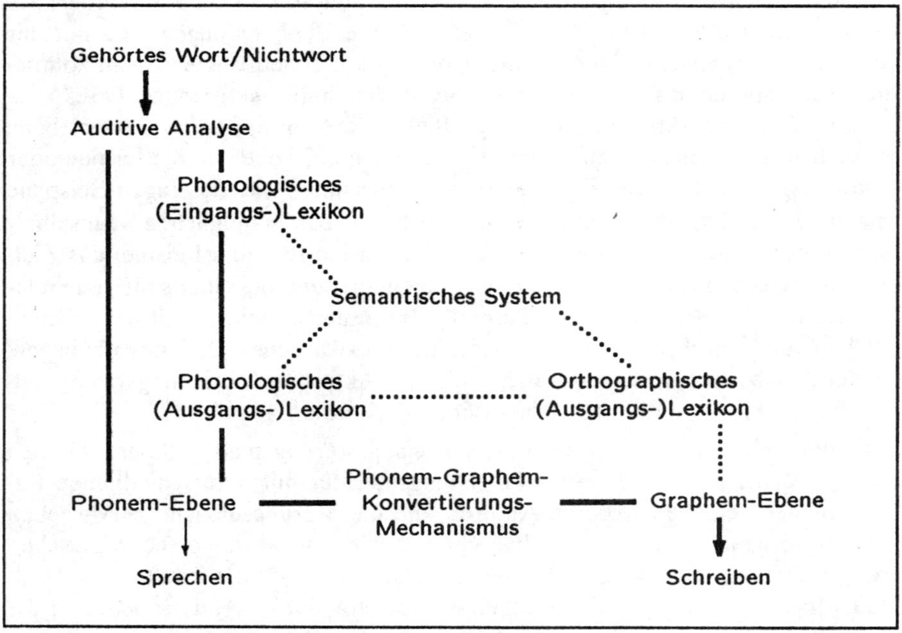

Abbildung 2 **Die fetten durchgezogenen Linien des vorliegenden Modellausschnitts stellen den Weg der Informationsverarbeitung für Wörter (via Lexikon) und Nichtwörter beim Schreiben über die sogenannte phonologische Route dar. Die anderen Komponentenverbindungen sind durch durchbrochene Linien angezeigt (siehe dazu unten). Das vorliegende Modell entspricht in vielen Eigenschaften dem Logogen-Modell von Morton (zum Beispiel 1980) und verwandten Modellen (vgl. Ellis 1982, 1988 und Patterson, zum Beispiel 1988).**

forscher haben deshalb den Schluß gezogen, daß es mindestens zwei unterschiedliche Schreibrouten gibt, eine lexikalische und eine nicht-lexikalische Schreibroute, und daß Patienten mit orthographisch-lexikalischen Störungen auf die zweite, die nicht-lexikalische Route zurückgeworfen sind. Dieser Annahme zufolge schreiben Patienten wie RG oder TP reale Wörter mit einer auch dem Sprachgesunden prinzipiell zur Verfügung stehenden Schreibroute. Allerdings verwendet der Sprachgesunde diese Route nur bei Nichtwörtern oder bei Wörtern, deren orthographische Schreibweise er nicht kennt.

Welche Teilsysteme und Prozesse sind beim Schreiben über die nicht-lexikalische Route involviert? Nach der Zwei-Wege-Theorie werden die auditiv analysierten Nichtwörter direkt und die Wörter nach einer lexikalischen Verarbeitung (im phonologischen Lexikon) in einen phonematisch-segmentalen Kode übersetzt (»Phonem-Ebene«). Hier ist der Ort, wo das Nichtwort/Wort in seine konstitutiven Phoneme zerlegt werden kann. Die aktivierten Phonemketten werden dann einem graphematischen Kode zugeordnet. Dieser Transkodierungsprozeß geschieht mittels eines gesonderten Mechanismus, der »Phonem-Graphem-Konvertierung«. Das Ergebnis dieses Prozesses ist eine graphematische Repräsentation auf der »Graphem-Ebene«, die in der Lage ist, die peripheren, das heißt motorik-nahen Schreibprozesse zu steuern. Abbildung 2 gibt einen Überblick über die Komponenten und über den Weg beim Schreiben über die phonologisch nicht-lexikalische Routine. In den folgenden Abschnitten werden die beim »phonologischen Schreiben« beteiligten Verarbeitungskomponenten genauer charakterisiert, und es werden die Fehlermuster beschrieben, die bei relativ selektiven Störungen einer der drei Komponenten erwartet werden können.

Die Phonem-Ebene (der phonologische Arbeitsspeicher)

Die meisten Modelle der spontanen mündlichen Sprachproduktion (zum Beispiel von Garrett, Dell, Berg, Levelt; vgl. Dittmann, in diesem Band) gehen übereinstimmend davon aus, daß in der phonologischen Planung mindestens zwei Teilprozesse unterschieden werden müssen: eine mehr ganzheitliche lexikalische Aktivation und eine mehr einzelheitliche Aktivation phonematischer Segmente. Allerdings unterscheiden sich diese Theorien erheblich, was die Art und Enge der Zusammenarbeit dieser Teilprozesse angeht (vgl. wiederum Dittmann, in diesem Band). Ohne hier in Details der phonologischen Planung gehen zu wollen, kann plausiblerweise angenommen werden, daß sich die Enkodierungsprozesse für Nichtwörter von den Planungsprozessen für vertraute Wörter erheblich unterscheiden. Nichtwörter könnten zwar aufgrund ihrer phonologischen Struktur reale Wörter der betreffenden Einzelsprache sein; sie stellen jedoch für den Sprecher völlig neue Wortformen dar, das heißt, sie sind weder im phonologischen Lexikon repräsentiert, noch sind sie mit einer Bedeutung verbunden. Daraus folgt, daß die phonologische Verarbeitung von Nichtwörtern (zum Beispiel beim Nachsprechen, Diktatschreiben oder lauten Lesen) primär die sub-lexikalischen phonologischen Prozesse belastet. Diese Stufe der phonologischen Verarbeitung wurde oben als die Phonem-Ebene bezeichnet.

Man kann davon ausgehen, daß die Phonem-Ebene offen ist für eine Reihe von mentalen Operationen, zum Beispiel der aufmerksamkeitsgesteuerten Fokussierung auf bestimmte phonologische Eigenschaften der Zielform, der Segmentierung einer Phonemkette in ihre Glieder und der kurzfristigen Speicherung phonematischen Materials. Morton (zum Beispiel 1980) sieht hinsichtlich dieser Funktionen eine Nähe dieses Systems zum sogenannten »Arbeitsgedächtnis« (»working memory«, vgl. Baddeley, 1986) und führte deshalb im Rahmen seines Logogenmodells den Terminus »Antwort-Arbeitsspeicher« (»response buffer«) ein (vgl. auch den verwandten Begriff »phonologischer Arbeitsspeicher« von Caramazza, siehe unten).

Wie aus Abbildung 2 ersichtlich, spielt die »Phonem-Ebene« beziehungsweise der »Antwort-Arbeitsspeicher« nicht nur eine Rolle bei der Verarbeitung von Nichtwörtern, sondern auch von realen Wörtern. Im Unterschied zu den Nichtwörtern liegt hier allerdings eine Kontrolle durch die aktivierten Lexikoneinträge vor. In Hinblick auf die Wortproduktion unterscheidet sich das hier gewählte Modell deutlich vom Logogenmodell von Morton und seinen Varianten (zum Beispiel Ellis, 1982; Patterson, 1988). Während der Antwort-Arbeitsspeicher die fertige phonematisch kodierte Information vom Lexikon (oder Logogen-System) übernimmt und speichert, werden nach der hier verfolgten Modellvorstellung die Zielphoneme erst auf der Phonem-Ebene aktiviert und geordnet. Deshalb ist unser Modell kompatibel mit hierarchischen Netzwerkmodellen (vgl. Dell, Stemberger), deren Netze zugleich Speichereigenschaften aufweisen (Berg).

Welches Antwort- und Fehlermuster beim Schreiben ist im Rahmen des oben abgebildeten Modells (vgl. Abbildung 2) voraussagbar, wenn durch eine Hirnverletzung eine relativ selektive Störung der Phonem-Ebene beziehungsweise des phonologischen Arbeitsspeichers ausgelöst wurde? Zunächst kann man erwarten, daß nur das Schreiben von Nichtwörtern beinträchtigt sein sollte, denn reale Wörter können über den (per Hypothese) intakten semantisch-orthographischen Weg geschrieben werden. Zweitens sollten die auftretenden Schreibfehler verraten, aus welchem System sie stammen, das heißt, sie sollten *phonologisch* rekonstruierbar sein. Drittens sollten phonologische Fehler nicht nur beim Schreiben, sondern auch in mündlichen Aufgaben (zum Beispiel beim Nachsprechen, lauten Lesen) nachweisbar sein.

Caramazza, Miceli & Villa (1986) beschreiben den Patienten IGR, dessen Antwort- und Fehlermuster weitgehend mit den soeben formulierten Erwartungen übereinstimmt. IGR, ein rechtshändiger, 40jähriger, italienischer Ingenieur, entwickelte nach einem rechtshirnigen Schlaganfall eine (nach initial globaler Aphasie) leichtere flüssige Aphasie mit nur gelegentlichen phonematischen Paraphasien und leichten Sprachverständnisstörungen. Die Verarbeitung von realen Wörtern (in der Spontansprache, beim Benennen, Lesen, Nachsprechen) war nahezu ungestört. Die Verarbeitung von Nichtwörtern war jedoch deutlich beeinträchtigt (mit 71, 84,4 beziehungsweise 75,8 Prozent korrekten Reaktionen beim Diktatschreiben, lauten Lesen und Nachsprechen). Die überwiegende Zahl der Fehler bestand aus Ersetzungen, Hinzufügungen, Auslassungen oder Vertauschungen einzelner Grapheme beziehungsweise Phoneme. Die fehlerhaften Segmente zeigten in der Mehrzahl eine klare phonologische Relation zu den Zielsegmenten, so auch beim Schreiben: Zum Beispiel wurde in 17 von 20 Fällen das Zielphonem /d/ durch den Buchstaben ‚t' wiedergegeben, und alle Fehler bei den Vokalen setzten sich aus anderen Vokalen zusammen.

Die Phonem-Graphem-Konvertierung

Der Phonem-Graphem-Konvertierungsmechanismus hat die Aufgabe, die ausgewählten phonologischen Segmente auf einer sub-lexikalischen Ebene in die entsprechenden graphematischen Segmente zu übersetzen. Wie oben gesagt, wird bei Oberflächenagraphikern angenommen, daß dieser Mechanismus intakt ist; hingegen ist ihr Zugriff zum orthographischen Lexikon gestört. Gibt es auch den umgekehrten Fall, also Patienten mit intaktem lexikalischen Zugriff bei gestörter Phonem-Graphem-Konvertierung? In der Tat sind solche Fälle beschrieben worden. Patienten mit einer relativ selektiven Schädigung der Phonem-Graphem-Konvertierung werden als »phonologische Agraphiker« bezeichnet. Damit liegt insgesamt der Sachverhalt einer sogenannten »doppelten Dissoziation« vor. Die doppelte Dissoziierbarkeit kognitiver Funktionen gibt starke Evidenzen für die relativ autonome Repräsentation dieses Teilsystems und bestätigt somit die Entscheidung, den Phonem-Graphem-Konvertierungsmechanismus als eine eigenständige Komponente in das Modell in Abbildung 2 aufzunehmen.

Welche Verhaltensvoraussagen sind bei einer selektiven Störung der Konvertierungsmechanismen aus unserem Modell in Abbildung 2 ableitbar? Erstens ist klar, daß die gesamte mündliche Sprachproduktion potentiell unbeeinflußt bleiben sollte. Zweitens sollte auch das Schreiben, insoweit es sich um reale Wörter handelt, unauffällig sein, da in dem Modell eine direkte Verbindung zwischen dem semantischen System, dem orthographischen (Ausgangs-)Lexikon und der Graphem-Ebene vorgesehen ist. Drittens sollte das Schreiben von Nichtwörtern schwer gestört sein, denn dieser Vorgang setzt einen intakten sub-lexikalischen

Konvertierungsmechanismus voraus. Viertens sind bei einer Blockierung der Phonem-Graphem-Übersetzungen keine phonologisch plausiblen Fehler (vom Typ MESSIEU für *monsieur* oder FLUD für *flood*) zu erwarten.

Shallice (1981) beschreibt den etwa 55jährigen Computerhändler PR, dessen mündliche Sprachstörung (vier Jahre nach einem Infarkt im Versorgungsbereich der linken mittleren Hirnarterie) bis auf leichte Zeichen einer Leitungsaphasie zurückgebildet war. Allerdings erwies sich PR als weitgehend unfähig, Nichtwörter zu schreiben oder mündlich zu buchstabieren. Beim Diktatschreiben waren nur neun von 50 Nichtwörtern korrekt, während bei den realen Wörtern 47 von 50 fehlerlos waren (bei nach phonologischer Struktur und Länge vergleichbaren Zielformen). Gelang ihm gelegentlich das Schreiben eines Nichtwortes, so gab er häufig an, ein reales Wort als »Vermittler« gebraucht zu haben. So schrieb er zum Beispiel SYM für *sim* (mit dem Wort *symbol* als Vermittler). PR war durchaus in der Lage, die Nichtwörter nachzusprechen, die er nicht schreiben konnte. Mnestische Probleme konnten experimentell als Ursachen dieses spezifischen Defizits ausgeschlossen werden. Inhaltswörter, darunter auch Wörter mit irregulärer Schreibweise, schrieb er zu über 90 Prozent korrekt. PRs Fehlertypen bestanden dabei überwiegend aus visuell-ähnlichen Wortsubstitutionen (zum Beispiel SHINE für *shy*), morphologischen Fehlern (zum Beispiel SPILT für *spill*), segmentalen Schreibfehlern (zum Beispiel Auslassungen oder Ersetzungen von Buchstaben) und Omissionen (Nullreaktionen).

Über die Patientin MH (beschrieben von Bub & Kertesz 1982a) ist oben schon in anderem Zusammenhang berichtet worden. Ihre Spontansprache war geprägt durch Wortfindungsstörungen. Das schriftliche Benennen war weitaus besser erhalten als das mündliche. Auch im Diktatschreiben von (regulären und irregulären, konkreten und abstrakten) Wörtern war sie sehr erfolgreich. Beim Schreiben von diktierten Nichtwörtern versagte sie jedoch nahezu vollständig. Von zwanzig Nichtwörtern (alle einsilbig, vier Buchstaben und graphotaktisch legal) konnte nur eine Zielform korrekt realisiert werden.

PR und MH erfüllen weitgehend die oben formulierten Verhaltenserwartungen. Demnach kann im Rahmen der hier verfolgten Modellvorstellung angenommen werden, daß beide Patienten unter einer (relativ) selektiven Schädigung der Phonem-Graphem-Konvertierungsmechanismen litten. Gleichzeitig scheint in beiden Fällen der Zugriff zum orthographischen Lexikon relativ erhalten zu sein, wie die guten Ergebnisse bei den regulären und irregulären Inhaltswörtern zeigen. Wichtig ist die Beobachtung, daß irreguläre aber ebenso reguläre Wörter über die lexikalische Route geschrieben werden konnten. Dies gibt Evidenzen dafür, daß nicht allein orthographisch-konventionelle Wortformen im Lexikon gespeichert sind, sondern auch die phonologisch ableitbaren Wörter (vgl. Weigl, 1972, und Nolan & Caramazza, 1983, für andere Auffassungen).

Eine Reihe von Patienten mit phonologischer Agraphie zeigt spezielle Schwierigkeiten beim Schreiben von Funktionswörtern. So konnte Shallice' Patient PR hochfrequente Funktionswörter (25 von 40 korrekt) signifikant schlechter schreiben als die vergleichbaren Inhaltswörter (39 von 40 korrekt). Auch in der Kleingruppenstudie von Roeltgen, Sevush & Heilman (1983) waren drei von vier Patienten mit Symptomen einer phonologischen Agraphie durch Funktionswortschwächen gekennzeichnet. Allerdings wiesen Patient Nr. 2 (Roeltgen et al., 1983) und auch MH keine klaren wortklassenspezifischen Dissoziationen auf, so daß nicht auf eine notwendige Assoziation zwischen Verletzungen der Phonem-Graphem-Konvertierungsmechanismen und Funktionswortdefiziten geschlossen werden kann.

Wir haben bisher versucht, den Mechanismus der Phonem-Graphem-Konvertierung als eine eigenständige Komponente des Sprachverarbeitungssystems zu identifizieren, indem wir Patienten mit (relativ) selektiven Störungen oder Verschonungen dieses Mechanismus als Evidenzträger herangezogen haben[3]. Versuchen wir nun, einen Blick ins Innere dieser Komponente zu werfen.

In mehreren Studien haben Goodman & Caramazza (1986a, 1986b; Goodman-Schulman & Caramazza, 1987) die genauere Natur der Phonem-Graphem-Konvertierungsprozesse für das Englische untersucht. Die englische Sprache besitzt keine klare 1 : 1 Zuordnung zwischen Phonemen und Graphemen. Stattdessen lassen sich viele Phoneme graphisch auf unterschiedliche Weise realisieren. Das Phonem /o/ kann zum Beispiel durch ‚o', ‚o_e', ‚oa', ‚ow' oder ‚ou' ausgedrückt werden (vgl. *both, code, coat, own, four*) und das Phonem /k/ erscheint schriftlich als zum Beispiel ‚c', ‚k', ‚ck' oder ‚ch' (vgl. *cab, keep, back, chorus*). Die Frage ist, nach welchen Prinzipien ein Schreiber die Phonem-Graphem-Abbildung vornimmt, wenn ihm die wortspezifischen orthographischen Konventionen nicht zugänglich sind.

Goodman und Caramazza untersuchten das Schreibverhalten der 24jährigen JG, die als Folge eines geschlossenen Schädel-Hirn-Traumas eine relativ selektive Oberflächenagraphie entwickelt hatte. Die experimentelle Untersuchung ergab verschonte Leistungen beim Schreiben von Nichtwörtern (34 von 34 korrekt). Beim Diktatschreiben von realen Wörtern zeigte JG eine starke Abhängigkeit von der Frequenz der Zielwörter (46 Prozent der infrequenten versus 85

3 Vgl. auch, daß der Phonem-Graphem-Konvertierungsmechanismus (innerhalb des phonologischen Schreibprozesses) gestört sein kann in Gegenwart eines relativ intakten Graphem-Phonem-Konvertierungsmechanismus (des phonologischen Leseprozesses), was für die relative Unabhängigkeit beider Mechanismen spricht (siehe Beauvois & Derouesné, 1981; Shallice, 1981; Bub & Kertesz, 1982a,b; Marshall, 1987).

Prozent der frequenten Zielwörter korrekt). Wortklassen- oder Abstraktheitseffekte waren nicht erkennbar. Die weit überwiegende Zahl (87 Prozent) ihrer orthographischen Verstöße bestand aus phonologisch plausiblen Fehlern. Tabelle 1 zeigt Beispiele dieses Fehlertyps aus dem Korpus von JG.

Zielwort	Reaktion	Zielwort	Reaktion
priest	PREAST	pierce	PEARCE
crisp	KRISP	deny	DENIE
conquer	CONKORE	fresh	FREASH
grief	GREEF	cabin	KABBIN
journal	JERNAL	fabric	PHABRICK
germ	JERM	cheer	CHERE
knock	NOCK	urge	EARGE
chief	CHEEF	debt	DETE
lamb	LAM	share	SHAIR
ruin	REWIN	evil	EVALE
drama	DROMMA	pirate	PIRET
future	FEUTURE	leopard	LEPPARD
curtain	KIRTIN	nuisance	NEWCENCE
circle	CERCULE	else	ELCE
huge	HUDGE	catch	KATCH

Tabelle 1 Beispiele phonologisch plausibler Schreibfehler bei JG (aus Goodman & Caramazza, 1986b)

Gibt es Prinzipien, die den Phonem-Graphem-Übersetzungen zugrunde liegen und die – falls sie bekannt wären – es erlauben würden, JGs orthographische Fehler vorauszusagen? Es ist nicht unplausibel zu vermuten, daß die Auftretensfrequenz von Phonem-Graphem-Abbildungen in der betreffenden Einzelsprache eine wichtige Rolle bei der Graphemauswahl spielt. Dieser Gedanke wurde schon von Beauvois & Derouesné (1981) vorgebracht. Zum Beispiel wird in der französischen Orthographie das Phonem /i/ in 98 Prozent der Fälle durch den Buchstaben ‚i' realisiert und nur in 2 Prozent durch ‚y'. Man könnte von der Vermutung ausgehen, daß die frequentere Phonem-Graphem-Übersetzung auf lexikalischer Ebene auch beim Schreiben über die phonologische Route bevorzugt wird. Dieser Hypothese folgend diktierten Goodman und Caramazza der Patientin JG reale Wörter aus zwei Listen, eine bestehend aus Wörtern mit hochfrequenten Phonem-Graphem-Abbildungen und eine andere, die eher seltene Konvertierungsmuster beinhaltete. Das Ergebnis bestätigte die Erwartungen. Tatsächlich schrieb JG die Wörter mit frequenten Phonem-Graphem-Optionen signifikant häufiger korrekt als die übrigen Wörter (vgl. auch den Fall MW in Goodman & Caramazza, 1986c). Jedoch ist diese Hypothese in einer starken Form nicht aufrechtzuerhalten. Eine Voraussage wäre dann nämlich, daß bei mehrfachen Schreibversuchen desselben Wortes in *konsistenter* Weise die frequenteste Abbildung gewählt werden würde; dies war jedoch nicht der Fall. So schrieb sie zum Beispiel *chorus* einmal als COURAS, bei einer anderen Gelegenheit aber als KOURASE, obwohl im Englischen ‚c' gegenüber ‚k' die frequentere Lösung für das Phonem /k/ darstellt. Eine solche Variabilität wurde auch von Beauvois & Derouesné beschrieben. Neben der Tendenz zur Anwendung frequenter und möglichst simpler Phonem-Graphem-Abbildungen (zum Beispiel RAMO für *rameau*) fanden auch sie Beispiele für komplexere und weniger häufig gebrauchte Lösungen (zum Beispiel NEAU für *nos*).

Ist die Phonem-Graphem-Konvertierung ein kontext-sensitiver Mechanismus? Können die silbeninterne Position und die Relation zu den Nachbarsegmenten bei der Phonem-Graphem-Umwandlung berücksichtigt werden? Drei Argumente sprechen für eine kontextuelle Sensitivität: Erstens: JG verstieß nur selten gegen graphotaktische Beschränkungen in ihren phonologisch plausiblen Fehlern (bei weniger als 0,5 Prozent ihrer Fehler). Zweitens: Ihre Graphemauswahl für initiale, interne und finale Silbenpositionen spiegelte (grob) die Normwerte für das Englische wieder (zum Beispiel ist ‚s' für /s/ silbeninitial häufiger als -final, oder ‚ck' für /k/ steht nie in silbeninitialer Position). Drittens: Sie berücksichtigte, ob das Nachbarphonem ein Vokal oder Konsonant war (zum Beispiel kann das Phonem /s/ durch ‚s' oder ‚c' realisiert werden, vor Konsonanten jedoch nur durch ‚s'). Sie berücksichtigte auch den Folgevokal (zum Beispiel wird das Phonem /s/ nur vor den Vokalen ‚e', ‚i' und ‚y' durch den Buchstaben ‚c' realisiert (zum Beispiel *cedar*, *cigar* und *cycle*); vor ‚a', ‚o' und ‚u' wird ‚c' als /k/ gesprochen)[4].

Zusammenfassend erscheint der Phonem-Graphem-Konvertierungsmechanismus als eine (relativ) eigenständige Komponente der Sprachverarbeitung, die trotz einer möglichen Variabiltät und Fluktuation in der Wahl von Übersetzungsoptionen frequente und graphisch weniger komplexe Lösungen bevorzugt. Nach Daten von Goodman und Caramazza kann der Konvertierungsmechanismus dabei die Häufigkeit von Phonem-Graphem-Abbildungen für einzelne Sil-

4 Baxter & Warrington (1987) kamen in der Analyse ihres Falls KT zu anderen Ergebnissen als Goodman und Caramazza. Erstens fanden sie – neben partiellen Bestätigungen – Evidenzen gegen eine klare Frequenzabhängigkeit der Phonem-Graphem-Konvertierung. Zweitens interpretieren sie bestimmte Leistungen von KT [wie die Desambiguierung von /k/ vor Konsonanten (dort /k/ immer ‚c' wie zum Beispiel *crop*) oder die Konsonantenverdopplung (von ‚l', ‚f' oder ‚s' nach kurzem Vokal; zum Beispiel *doll*)] als Hinweise auf Einheiten der Phonem-Graphem-Konvertierung oberhalb einzelner Phoneme (»multiple sound units«). Die Bewertung dieser Befunde ist jedoch nicht unproblematisch, da bei KT, ein Fall fortgeschrittener Demenz mit verlorenem semantischen Sprachverständnis bei erhaltenem Nachsprechen, residuale orthographisch-lexikalische Fähigkeiten nicht ausgeschlossen werden können (vgl. Goodman-Schulman, 1988; Baxter & Warrington, 1988 für eine Diskussion).

benpositionen berücksichtigen. Weiterhin können Informationen über Nachbarsegmente eine Rolle bei der Graphemauswahl spielen, so daß insgesamt ein kontext-sensitiver Mechanismus angenommen werden kann.

Die Graphem-Ebene (der graphematische Arbeitsspeicher)

Caramazza, Miceli, Villa & Romani (1987) beschreiben den graphematischen Arbeitsspeicher (»graphemic buffer«) als »a working memory system that temporarily stores a graphemic representation for conversion into specific letter shapes (for written spelling) or letter names (for oral spelling)«. Der Arbeitsspeicher empfängt als Input graphematische Informationen aus dem orthographischen (Ausgangs-)Lexikon oder aus dem Phonem-Graphem-Konvertierungsmechanismus. Während das Lexikon orthographische Wortformen als Ganzheiten aktiviert, bildet auf der Ebene des Arbeitsspeichers das Graphem (in der Regel als Teil einer Graphemkette) die relevante Verarbeitungseinheit. Nach Caramazza sind beide Komponenten nur durch ihre Input-/Outputwege miteinander verbunden und ansonsten völlig autonom. Die Wahl des Terminus »Graphem-Ebene« als Teil des Modells in Abbildung 2 soll in bezug auf diese Autonomiehypothese auf eine Differenz zu der Position von Caramazza hinweisen. Anders als in Caramazzas streng modularer Theorie wird in hierarchischen Netzwerkmodellen, die der Verfasser vertritt, eine enge Kooperation zwischen lexikalischen und sub-lexikalischen Aspekten der Sprachverarbeitung angenommen. Auch im Rahmen eines Netzwerkmodells ist die Hypothese einer (relativ) selektiven Störung der Graphem-Ebene möglich. Weiter unten soll über empirische Evidenzen für eine mögliche (relativ) umschriebene Störung der Graphemverarbeitung berichtet werden.

Zunächst kann wieder – inzwischen als vertraute Übung – gefragt werden, welches Verhaltensmuster bei einer Reduktion der Verarbeitungseffizienz der Graphem-Ebene aufgrund der gewählten theoretischen Vorgaben(vgl. Abbildung 2) erwartbar ist. Folgende Voraussagen sind möglich (vgl. Caramazza et al., 1987): 1. Bei Störungen der Graphem-Ebene sollte potentiell nur die schriftliche Sprachproduktion betroffen sein. 2. Die Schreibstörung sollte aufgrund der strategischen Lage der Graphem-Ebene in allen Aufgaben auftreten (zum Beispiel im spontanen Schreiben, schriftlichen Benennen und Diktatschreiben). 3. Auch sollte die Störung nicht auf das Handschreiben beschränkt sein, sondern in allen Ausgangsmodalitäten auftreten (zum Beispiel Maschineschreiben, mündliches Buchstabieren), da die Graphemverarbeitung für alle Ausgangsprozesse gleichermaßen vorausgesetzt werden muß. 4. Weil sowohl die lexikalische als auch die sub-lexikalische Schreibroutine über die Graphem-Ebene führt, sollte beim Diktatschreiben das Schreiben von Wörtern und auch von Nichtwörtern gestört sein. 5. Es sollten keine Ganzwortfehler (semantisch, visuell und/

oder phonologisch ähnliche Wörter) auftreten, da Wortsubstitutionen (per Hypothese) oberhalb der Graphem-Ebene entstehen. 6. Die auftretenden Schreibfehler sollten nicht phonologisch erklärt werden können, denn die Phonem-Ebene wird als intakt angenommen. 7. Die segmentalen Fehler sollten nicht Wahrscheinlichkeiten der Phonem-Graphem-Abbildungen widerspiegeln; anderenfalls könnte eine Zugriffsstörung zum orthographischen Lexikon vorliegen. 8. Die segmentalen Fehler sollten phonematisch unplausible Nichtwörter ergeben und sollten sich manifestieren als Ersetzungen, Auslassungen, Hinzufügungen und Vertauschungen von Graphemen beziehungsweise Buchstaben beziehungsweise mehrfachen oder gemischten Fehlern dieser Sorten. 9. Der Faktor der Wortlänge sollte eng mit der Fehlerhäufigkeit verkoppelt sein, denn jedes zusätzliche Graphem bildet eine potentielle Fehlerquelle.

LB ist ein 65jähriger rechtshändiger Italiener mit akademischer Bildung. Acht Monate nach einem ausgedehnten linksseitigen Insult wurde LB wegen einer Schreibstörung neurolinguistisch untersucht (Caramazza, Miceli, Villa & Romani, 1987). Seine Lautsprache hatte sich bis zu diesem Zeitpunkt weitgehend restituiert.

Die experimentelle Untersuchung seines Schreibverhaltens ergab (grob) vergleichbare Störungen beim Schreiben von Wörtern und Nichtwörtern für das Diktatschreiben, das mündliche Buchstabieren und das sogenannte verzögerte Kopieren (»delayed copy«). Die letztere Aufgabe beinhaltete die freie Reproduktion eines gezeigten Schriftbildes nach einer Pause von drei Sekunden. In keiner Aufgabe war ein Wortklassen-, Abstraktheits- oder Wortfrequenzeffekt nachweisbar. Allerdings waren seine Leistungen in allen drei Aufgaben für Wörter konsistent besser als für Nichtwörter. Die Länge der Zielformen erwies sich als von entscheidender Bedeutung. Beim Diktat hatten die korrekten Wörter durchschnittlich nur 5,93 und die fehlerhaften Wörter 8 Buchstaben.

Auch das schriftliche Benennen war mit 65/124 fehlerhaften Reaktionen deutlich gestört. Nur vier der Fehler konnten auf semantische oder perzeptive Fehlleistungen zurückgeführt werden. Wieder erwies sich die Wortlänge, aber nicht die Frequenz als fehlerauslösender Faktor.

Um andere Komponenten als mögliche Fehlerquellen auszuschließen, wurden folgende Prüfungen durchgeführt: 1. Eine Nachsprechaufgabe zeigte praktisch unauffällige Leistungen für Wörter und Nichtwörter, auch für solche, die LB nicht korrekt schreiben konnte. Dies läßt auf eine intakte Phonem-Ebene schließen. 2. Einzelne CV-Silben konnten nach Diktat korrekt geschrieben werden, was gegen eine Verletzung des Phonem-Graphem-Konvertierungsmechanismus spricht. 3. Beim Schreiben von Wörtern mit ambiguen Phonem-Graphem-Abbildungen machte LB 23/40 Fehler, darunter nur einen phonologisch plausiblen Fehler. Dies zeigt, daß LB reale Wörter nicht über die phonologische Route schrieb (im Sinne einer Oberflächenagraphie).

Die Fehleranalyse ergab, daß etwa die Hälfte der Fehler beim Diktatschreiben realer Wörter aus Ersetzungen, Hinzufügungen, Auslassungen und Vertauschungen einzelner Grapheme beziehungsweise Buchstaben bestand. Über 40 Prozent der restlichen fehlerhaften Wörter zeigten mehrfache beziehungsweise gemischte Fehler dieser vier Typen. Auslassungen und Mehrfachfehler traten insbesondere bei den längeren Stimuli auf. In etwa 10 Prozent des Gesamtkorpus kam es zu Verletzungen orthographischer Regeln des Italienischen (zum Beispiel TEMPTO für *tempo*), was auf Einschränkungen im Umgang mit graphotaktischen Informationen verweist. Eine Analyse der Fehlerpositionen ergab eine Fehlerhäufung in der Wortmitte, ein Befund der mit Erhebungen zu Verschreibern bei Sprachgesunden übereinstimmt (vgl. Wing & Baddeley, 1980).

In der Tat, die beschriebenen Leistungsdissoziationen und das Fehlermuster des Patienten LB sind weitgehend kompatibel mit einer Reduktion der Verarbeitungseffizienz auf der Graphem-Ebene. Ist der Fall auch kompatibel mit der Hypothese eines gestörten graphematischen Arbeitsspeichers? Nach Caramazza und Mitarbeitern ist dieser Arbeitsspeicher völlig unabhängig von lexikalischen Prozessen und sollte deshalb Wörter und Nichtwörter gleich gut oder gleich schlecht verarbeiten. Diese Voraussage traf jedoch nicht zu. Wörter konnten sowohl beim Diktatschreiben und mündlichen Buchstabieren als auch beim verzögerten Kopieren besser geschrieben werden als Nichtwörter. Man muß daraus schließen, daß die Hypothese von Caramazza und Mitarbeitern zu stark war und daß auch auf der Graphem-Ebene lexikalische Einflüsse wirksam werden können.

Weitere Patienten mit (relativ) selektiven Störungen der Graphem-Ebene sind beschrieben worden. Wie LB zeigte der italienische Patient FV (beschrieben von Miceli, Silveri & Caramazza, 1985, vgl. auch Miceli, Silveri & Caramazza, 1987) beim Diktatschreiben keine Wortklassen-, Wortfrequenz- und Abstraktheitseffekte. Er schrieb Wörter besser als Nichtwörter und kurze Stimuli besser als lange Stimuli. Das Fehlermuster ähnelte dem von LB. Ein Problem bei diesem Patienten war, daß seine Leistungen beim verzögerten Kopieren nahezu perfekt waren, ein Sachverhalt der bei der Hypothese einer Arbeitsspeicherstörung von den Autoren nicht erwartet wurde. Man muß allerdings berücksichtigen, daß erstens FV eine leichtere Störung aufwies als LB (FV machte nur etwa halb so viele Fehler wie LB) und daß zweitens auch bei LB das Kopieren die geringste Fehlerzahl auslöste. Ein Rest an Erklärungsbedarf bleibt jedoch auch bei dieser Betrachtung übrig. Abweichend vom Fall LB (und von der Korpusanalyse »normaler« Verschreiber) war bei FV auch das Fehlen eines Positionseffektes. Die Fehler waren etwa gleichmäßig über alle Buchstabenpositionen verteilt (vgl. in diesem Zusammenhang auch Hillis & Caramazza, 1989).

Die lexikalisch nicht-semantische Route

Bisher sind zwei unterschiedliche Routen beschrieben worden, die uns im Schreibprozeß zur Verfügung stehen: Zum einen eine »zentrale« Route, das heißt eine direkte Verbindung zwischen dem semantischen System, dem orthographischen (Ausgangs-)Lexikon und der Graphem-Ebene, zum anderen eine »periphere« Route, die eine kleinteilige Übersetzung eines phonologischen Kodes in einen graphematischen Kode voraussetzt. Morton (1980) machte den Vorschlag, daß daneben ein dritter, ein mittlerer Weg existieren könnte, ein Weg, der durch eine Verbindung der beiden Ausgangslexika ermöglicht würde. Dieser Weg beinhaltet – wie die sub-lexikalische Route – einen phonologisch vermittelten Schreibprozeß, jedoch auf einer lexikalischen Ebene. In unserem Modell und für den Fall des Diktatschreibens involviert diese Route die folgenden Verarbeitungsschritte (vgl. Abbildung 3): Nach der auditiven Analyse wird

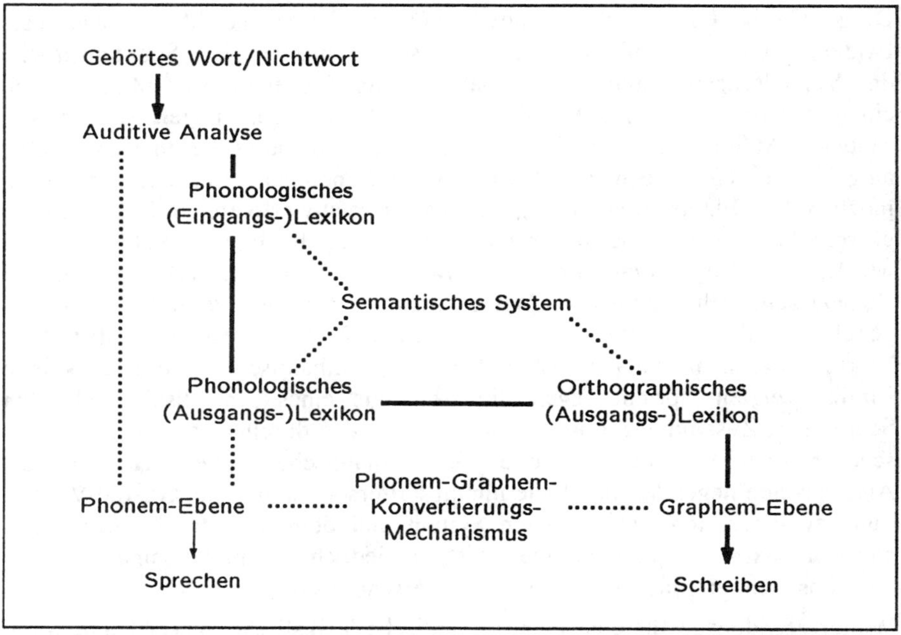

Abbildung 3 Modellausschnitt für die Einzelwortverarbeitung. Die fetten durchgezogenen Linien zeigen den Weg für das Diktatschreiben über die lexikalisch nicht-semantische Route.

das gehörte Wort zunächst im phonologischen (Eingangs-)Lexikon identifiziert. Der gefundene lexikalische Eintrag aktiviert zum Zweck der Sprachproduktion den entsprechenden Eintrag im phonologischen (Ausgangs-)Lexikon. Die folgende Annahme ist entscheidend für die »dritte« Schreibroute: Es existiert ein »direkter« (semantisch nicht vermittelter) Weg vom phonologischen (Ausgangs-)Lexikon zum orthographischen (Ausgangs-)Lexikon. Nach dieser Annahme ist es möglich, daß die aktivierte phonologisch-lexikalische Einheit (zum Beispiel /ta:k/) die korrespondierende orthographisch-lexikalischen Einheit (zum Beispiel <Tag>) unter Umgehung semantischer Prozesse adressieren kann. Das orthographische (Ausgangs-)Lexikon ist dann wieder (wie beim Schreiben über die Semantik) mit der Graphem-Ebene verbunden. Der soeben beschriebene Weg soll als die »lexikalisch nicht-semantische Schreibroute« bezeichnet werden (vgl. Patterson, 1986). Welche empirischen Evidenzen liegen vor, die diese Hypothese unterstützen können? Wie oben werden wir uns auch hier auf die Frage beschränken, ob es Daten aus der Sprachpathologie gibt, die die *Existenz* einer solchen Route nahelegen und nicht, wie und unter welchen Bedingungen diese Route – falls es sie gibt – von Sprachgesunden angewendet wird.

Der sorgfältige Fallbericht von Patterson (1986) bietet vielleicht die bisher beste Evidenz für das lexikalisch nicht-semantische Schreiben. Die Spontansprache des Verwaltungsbeamten GE, 47 Jahre, bestand drei bis vier Monate nach einem cerebral-vaskulären Unfall fast ausschließlich aus einigen wenigen stereotypen Äußerungen. Mündliches Benennen und lautes Lesen waren völlig aufgehoben. Nachsprechen und schriftliches Benennen waren nur sehr selten möglich. Im Diktatschreiben hingegen war er relativ erfolgreich. Dabei schrieb er irreguläre Wörter (wie *yacht* oder *circuit*) ebenso häufig korrekt (79 Prozent) wie reguläre Wörter (79 Prozent), ein Befund, der auf einen relativ erhaltenen Zugang zum orthographischen Wissen verweist. Vorteile für Inhaltswörter gegenüber Funktionswörtern und für konkrete Wörtern gegenüber abstrakten Wörtern waren nicht nachweisbar. Daß diese semantischen Variablen keinen Einfluß zeigten, spricht gegen die Annahme eines semantisch mediierten Schreibens. Zusammengenommen scheint GE also durchaus auf einer lexikalischen Ebene, aber unter Umgehung des semantischen Systems zu schreiben. Als zugrunde liegende Pathologie nimmt Patterson an, daß bei GE die Verbindung zwischen dem semantischen System und dem orthographischen (Ausgangs-)Lexikon weitgehend aufgelöst ist, daß jedoch sowohl das semantische als auch das orthographische Wissen relativ verschont sind.

Weitere Evidenzen für eine nicht-semantische lexikalische Schreibroute konnten Goodman & Caramazza (1986) liefern. Patterson hatte berichtet, daß GE beim Diktat häufiger Wörter wie *their* und *there* oder *sole* und *soul* verwechselte. Solche Konfusionen bei nicht-homographischen Homophonen sind erwartbar bei Patienten, die weitgehend ohne semantische Kontrolle schreiben, und wurden von Goodman & Caramazza auch für die Patientin JG berichtet. JG zeigte Symptome einer Oberflächenagraphie, insbesondere bei Zielwörtern niedriger Frequenz (vgl. oben). Ihr Sprachverständnis war weitgehend erhalten. Diktierte man ihr zusammen mit einer eindeutigen Definition ein infrequentes Zielwort, das eine ebenfalls infrequente homophone Alternative hat, so kam es überwiegend zu phonologisch plausiblen Fehlern, das heißt sie schrieb über die sub-lexikalische Route. Gab man ihr ein Zielwort niedriger Frequenz (zum Beispiel *nun* (Nonne)) mit einer frequenten homophonen Alternative (*none* (keine,(r),(s)), so tendierte sie dazu, das semantisch definierte Zielwort durch das frequentere homophone Pendant zu ersetzen, das heißt sie schrieb das homophone aber graphisch abweichende Pendant orthographisch korrekt auf (zum Beispiel NONE). Dieses Verhalten wäre nicht erwartbar, wenn der Schreibprozeß durch das semantische System angestoßen und überwacht worden wäre. Denn schon beim semantischen Verstehen des Zielwortes und seiner Definition (zum Beispiel *Nonne – eine Frau, die sich ganz in den Dienst der Kirche gestellt hat*) hätte die homophone Alternative unterdrückt werden müssen. Weiterhin können Bedeutungsverwechselungen (semantische Paragraphien) aufgrund der großen semantischen Distanz zwischen den homophonen Alternativen weitgehend ausgeschlossen werden. Man kann also, ähnlich wie bei GE, auch bei JG Störungen der Adressierung des orthographischen (Ausgangs-)Lexikon durch das semantische System annehmen. Für frequentere Wörter scheint jedoch der Zugang zum orthographischen Wissen über eine nicht-semantisch lexikalische Route möglich zu sein.

Bisher ist über zwei Patienten berichtet worden, die über ihr semantisches Wissen relativ gut verfügen konnten. Ihr Problem war, dieses Wissen orthographisch anzuwenden. Daneben existieren jedoch auch Patienten, die unter Zugangsstörungen zum semantischen System oder unter degradierten semantischen Repräsentationen leiden. Auch Patienten mit dieser Symptomatik (»word-meaning deafness«, vgl. Ellis, 1984; Kohn & Friedman, 1986; Kremin, 1986) haben verschonte Schreibleistungen über eine lexikalische Route demonstriert. Bei Patienten dieses Typs kommt es immer wieder zu folgenden Situationen: Sie schreiben diktierte Wörter orthographisch korrekt, haben aber gleichzeitig kein semantisches Verständnis des Wortes. Dieses Muster, das heißt korrektes Schreiben auch irregulärer Wörter ohne begleitendes Verständnis, ist ebenfalls kompatibel mit der Vorstellung, daß in diesen Fällen über eine nicht-semantische aber lexikalische Route geschrieben wird (vgl. Roeltgen, Rothi & Heilman, 1986 für weitere Fälle von Dissoziationen zwischen dem semantischen System und dem lexikalischen Schreibsystem).

Fassen wir noch einmal zusammen, welches Verhaltensmuster bei Patienten mit einer (relativ) selektiv verschonten nicht-semantisch lexikalischen Schreibroute erwartbar ist. Beim Diktatschreiben sollten irreguläre und ambigue Wörter genauso gut wie reguläre Wörter geschrieben werden können. Die Inhaltsseite der Zielwörter sollte keinen Einfluß ausüben, das heißt, es sollte unerheblich sein, ob das Zielwort konkret oder abstrakt ist oder ob sein Referent gut oder schlecht abbildbar beziehungsweise vorstellbar ist. Auch sollten keine Wortklasseneffekte auftreten, das heißt, die grammatischen Funktionswörter sollten nicht schlechter geschrieben werden als inhaltstragende Wörter. Weiterhin können semantisch fehlerhafte Substitutionen bei nicht-homographischen Homophonen auftreten. Bei anderen Zielwörtern sollten jedoch keine semantischen Fehler auftreten, da der Schreibprozeß vom semantischen System dissoziiert ist. Diese Abkoppelung kann durch unterschiedliche funktionale »Läsionen« verursacht werden: Erstens durch eine zentrale Störung der semantischen Repräsentationen oder einer Aktivierungsstörung semantischen Wissens von Seiten des phonologischen (Eingangs-)Lexikons; beide Ursachen ziehen schwere Defekte im Sprachverständnis nach sich; zweitens durch eine Unterbrechung der Verbindung zwischen dem semantischen System und dem orthographischen (Ausgangs-)Lexikon; in diesem Fall kann das vorhandene semantische Verständnis nicht in den orthographischen Schreibprozeß eingebracht werden.

Die »Tiefenagraphie«

Soeben haben wir gesagt, Wortklasseneffekte (zum Beispiel besondere Probleme beim Schreiben von Funktionswörtern) und semantische Effekte (zum Beispiel Abstraktheitseffekte) seien beim Schreiben über die nicht-semantische lexikalische Route nicht zu erwarten. Entscheidend sei hier allein, ob die Zielform Wortcharakter habe, das heißt phonologisch und orthographisch lexikalisch repräsentiert sei. Semantische und Wortklasseneffekte sind auch bei Oberflächenagraphie, also für das Schreiben über die periphere phonologische Route nicht erwartbar, denn dieser Schreibprozeß erfolgt auf einer sub-lexikalischen Ebene, die die Zielformen unter segmentalen Kriterien verarbeitet. Auch hier spielen semantische Faktoren und die Zugehörigkeit zu einer grammatischen Wortkategorie keine Rolle. Das Fehlen dieser Effekte bei Benutzung der oben genannten Routen ist insbesondere deshalb so bedeutsam, weil auf der anderen Seite Patienten beschrieben worden sind, die drastische semantische und Wortklasseneffekte zeigen. Auch das Fehlermuster dieser Patienten, insbesondere das Auftreten von semantischen Paragraphien, läßt darauf schließen, daß semantische Prozesse in ihren Schreibleistungen involviert sind. Patienten mit dieser Symptomatik wurden als »Tiefenagraphiker« bezeichnet.

Newcombe & Marshall (1980) und Nolan & Caramazza (1983) dokumentierten Symptome von Tiefenagraphie bei Patienten mit gleichzeitigen tiefenalektischen Störungen (vgl. zu erworbenen Lesestörungen De Bleser, in diesem Band). Der folgende Fall zeigt jedoch, daß beide Symptomkomplexe – Tiefenalexie und -agraphie – dissoziieren können.

Bub & Kertesz (1982b) berichten über die 21jährige JC, die nach einem Schlaganfall eine Broca-Aphasie mit recht guten Sprachverständnis- und mündlichen Benennleistungen entwickelte. Das Nachsprechen von einzelnen Wörtern und von Nichtwörtern war fehlerfrei. Das Diktatschreiben von Nichtwörtern war jedoch fast vollständig aufgehoben. Beim Diktatschreiben realer Wörter ergab sich folgendes Bild: Reguläre und irreguläre konkrete Nomina konnten weitaus besser geschrieben werden als die regulären und irregulären abstrakten Nomina (75 Prozent beziehungsweise 80 Prozent korrekt versus 45 Prozent beziehungsweise 33 Prozent korrekt). Erhebliche Schwierigkeiten bereitete auch das Schreiben von Verben (35 Prozent korrekt) und insbesondere von Funktionswörtern (30 Prozent korrekt). Bei den Nomina kam es zu vielen semantischen Paragraphien (zum Beispiel CLOCK für *time*, TABLE für *chair*). Bei den Funktionswörtern traten Substitutionen innerhalb der Klasse der Funktionswörter auf (zum Beispiel MY für *our*, THEIR für *they*) sowie viele Auslassungen (Nullreaktionen). Das Lesen aller Zielwörter war dagegen völlig fehlerfrei.

Über einen Fall mit globaler Aphasie bei residualen schriftsprachlichen Fähigkeiten berichten Blanken et al. (1990). Nach einem schweren Schädelhirntrauma war die mündliche Sprachproduktion von PI, einem 30jährigen Mechaniker, auf einige Sprachautomatismen reduziert. Das Sprachverständnis war ebenfalls schwer gestört. PI war nicht in der Lage, Objektabbildungen nach dem Reim ihrer Namen zuzuordnen (zum Beispiel *Bäcker–Wecker–Fahrrad*), Schriftbilder nach Reim zuzuordnen (zum Beispiel *Tour–Kur–Ring*) oder Schriftbilder mit dem phonetisch ambiguen Anfangsbuchstaben < V > (vgl. zum Beispiel *Vase, Vater*) durch Zeigen auf vorgegebene Alternativen (zum Beispiel *Faden* versus *Waage*) zu desambiguieren, so daß die Leistungen des phonologischen Ausgangssystems auch in »stillen« Aufgaben völlig aufgehoben waren. Das Diktatschreiben war jedoch partiell erhalten. Abbildbare Nomina konnten zum größten Teil, wenn auch meist fehlerhaft (nur 17 Prozent korrekt), geschrieben werden. PI erwies sich jedoch als völlig unfähig, Funktionswörter und Nichtwörter zu schreiben. Im schriftlichen Benennen war PI mit 33 Prozent korrekten Reaktionen erfolgreicher als im Diktatschreiben. Seine Fehler bestanden überwiegend aus semantisch inadäquaten Reaktionen (zum Beispiel ZEH für *Fuß*, GOTT für *Glocke*, BAU für *Haus*), partiell fehlerhaften (zum Beispiel PFEIF für *Pfeife*) und neographischen Antworten (zum Beispiel KIRNE für *Buch*) und vielen Fragmenten (zum Beispiel F.. für *Fuchs*, H.. für *Hammer*).

Der Fall GA von Patterson & Shewell (1987) zeigt, daß auch flüssige Aphasiker tiefenagraphische Symptome aufweisen können. In ihrer Spontansprache produzierte GA lange, komplexe Sätze mit vielen Funktionswörtern. Inhalttragende Wörter waren selten. Die benutzten Nomina und Verben waren meist hochfrequent und semantisch unspezifisch. Beim Diktatschreiben zeigte sie das umgekehrte Bild: große Probleme mit Funktionswörtern und vergleichsweise guten Erfolg bei den Inhaltswörtern (bei frequenz- und längenangepaßten Zielwörtern). Neben Auslassungen und partiell korrekten Reaktionen produzierte sie semantische Paragraphien (zum Beispiel LIGHTNING für *torch*) und Flexions- beziehungsweise Derivationsfehler (EYE für *eyes*).

Wie kann diesen pathologischen Bildern im Rahmen unseres Modells Rechnung getragen werden? Eine Einordnung ist nicht einfach. Die folgende Diskussion soll einige dieser Schwierigkeiten verdeutlichen.

Allen bisher bekannten Fällen mit tiefenagraphischen Symptomen ist gemeinsam, daß ihre Fähigkeit, Nichtwörter zu schreiben, schwer gestört oder aufgehoben war, also ihre phonologische Schreibroute erheblich verletzt war. Es ist deshalb denkbar, daß das tiefenagraphische Schreiben auf einer isoliert arbeitenden semantisch-lexikalischen Schreibroute basiert und daß die auftretenden Symptome das natürliche und konsequente Produkt eines Schreibens allein über die Semantik sind. Eine solche Interpretation wurde von Patterson & Shewell (1987) für die Patientin GA nahegelegt (vgl. auch Kremin & Ohlendorf, 1988). Zur weiteren Erhärtung dieser Hypothese müßte jedoch bei einem Drei-Routen-Modell zusätzlich nachgewiesen werden, daß auch die Funktionsfähigkeit der lexikalisch nicht-semantischen Route bei Patienten mit Tiefensymptomen stark reduziert ist. Dies wurde bis jetzt leider bei keinem der relevanten Patienten systematisch untersucht beziehungsweise diskutiert.

Eine Implikation der oben genannten Hypothese wäre, daß eine schwere Störung oder gar völlige Aufhebung der phonologischen Ausgangsprozesse für den Schreibprozeß tiefenagraphische Symptome zur Folge haben sollte. Dies scheint jedoch nicht der Fall zu sein. Levine, Calvino & Popovics (1982) beschreiben den Patienten EB, bei dem – auch in seiner sogenannten »inneren Sprache« – keine Evidenzen für noch vorhandene phonologische Fähigkeiten gefunden werden konnten. Dennoch – er schrieb Funktions- und Inhaltswörter mit großem Erfolg, und nur sehr selten kam es beim schriftlichen Benennen zu semantisch inadäquaten Reaktionen. Auch sein spontanes Schreiben war gut erhalten und zeigte nur sehr leichte dysgrammatische Symptome. Der Verlust der Phonologie scheint somit keine hinreichende Ursache für das Auftreten tiefenagraphischer Symptome zu bilden. Eine neue Wendung der oben genannten Idee, vorgebracht von Ellis, könnte den Fakten näher kommen. Er vermutet, daß die semantisch-lexikalische Schreibroute nicht nur in relativ isolierter Weise benutzt, sondern auch geschädigt sein muß, um die häufigen semantischen Fehler und die schlechten Leistungen bei abstrakten Wörtern zu erklären (Ellis & Young, 1988, S. 173).

Es ist wichtig, die semantischen Probleme der Patienten mit semantischen Paragraphien näher anzuschauen. Semantische Fehler, die beim Diktatschreiben auftreten, können im Rahmen unseres Modells mindestens drei verschiedene Ursachen haben: 1. Es kann eine Störung schon beim Zugang zum semantischen System vorliegen. 2. Die semantischen Repräsentationen des semantischen Systems selbst sind verletzt. 3. Der Weg vom semantischen System zum orthographischen (Ausgangs-)Lexikon ist gestört. Für das schriftliche Benennen gelten nur die beiden letzten Ursachen, da das Zielwort vorher nicht auditiv verarbeitet werden muß. Bei den oben beschriebenen Patienten war PIs Sprachverständnis schwer gestört und auch GAs rezeptive Leistungen waren für abstrakte Items stark eingeschränkt, so daß bei beiden Patienten die Ursachen (1) und (2) nicht ausgeschlossen werden können. Allein JCs semantische Fehler waren auf die graphische Ausgangsmodalität beschränkt und traten sowohl beim Diktatschreiben als auch schriftlichen Benennen auf, was auf eine Läsion vom Typ (3) hinweist. Es muß hinzugefügt werden, daß der Status modalitätsspezifischer semantischer Störungen in der Forschung umstritten ist. Wenn man bereit ist, modalitätsspezifische semantische Repräsentationen anzunehmen (Shallice, 1987), dann sind auch im Fall ihrer Störung semantische Fehler, die sich auf eine Modalität (zum Beispiel hier auf das Schreiben) beschränken, voraussagbar. Forscher, die einen ausschließlich modalitätsneutralen semantischen Kode postulieren, bringen die modalitätsspezifischen semantischen Fehler mit lexikalischen Zugangsstörungen in Zusammenhang, lassen also modalitätsspezifische semantische Paragraphien beim Zugriff auf das orthographische (Ausgangs-)Lexikon entstehen (vgl. Caramazza & Hillis, im Druck; Marshall, 1987), eine meines Erachtens problematische Hypothese. Eine dritte, bisher nicht diskutierte Möglichkeit wäre, ähnlich wie Caramazza und Marshall lexikalische Zugangsstörungen anzunehmen, zusätzlich jedoch ein gestörtes Feedback von Seiten des Lexikons zurück zum semantischen System, was eine semantische Fehlaktivation auslösen könnte. Dieser Ansatz setzt einen parallel-interaktiven Ansatz der Modellbildung voraus. Was auch immer richtig sein mag, so ist doch deutlich geworden, daß die semantischen Störungen bei Tiefenagraphie nicht über einen Leisten geschlagen werden dürfen.

Eine weitere Frage richtet sich auf den Zusammenhang zwischen semantischen Störungen und Wortklasseneffekten. Es sind Patienten beschrieben worden, die beim Diktatschreiben klare Funktionswortdefizite aufwiesen, gleichzeitig aber keine oder nur sehr geringe semantische Störungen (vgl. zum Beispiel Shallice, 1981; Kremin, 1987; Funnell & Allport, 1987). Dies bedeutet, daß Probleme beim Schreiben von Funktionswörtern auch unabhängig von semantischen Störungen auftreten können. Wie steht es mit der anderen Richtung der Dissoziation? Aus Fallbeschreibungen mit tiefenalektischer Symptomatik hat Coltheart (1980) die Regel extrapoliert, daß immer wenn semantische Paralexien auftreten, auch Wortklasseneffekte nachweisbar sind. Er schloß deshalb darauf, daß semantische Lesestörungen fest mit Problemen beim Lesen von Funktionswörtern assoziiert sind, das heißt, daß die tiefenalektische Symptomatik eine nicht nur häufig, sondern notwendig miteinander vorkommende Symptomverbindung darstelle, also in einem strengen Sinn Syndromcharakter habe. Gilt auch für die Tiefenagraphie, daß Wortklasseneffekte beobachtet werden können, falls semantische Schreibstörungen vorliegen? Meines Wissens ist ein Fall mit häufigen semantischen Paragraphien, Abstraktheitseffekten und gleichzeitigen guten Leistungen beim Schreiben von Funktionswörtern nicht gefunden worden; zu ergänzen ist natürlich: ... nicht gefunden worden bei einem Patienten, der in relativ isolierter Weise über die semantisch-lexikalische Route schrieb. Solange ein solcher Fall nicht gefunden wird, ist es möglich, bei den Tiefenagraphikern semantische Faktoren für die Wortklasseneffekte verantwortlich zu machen. Hinzuzufügen ist noch, daß die bei der Patientin GA gelegentlich aufgetauchten Flexions- und Derivationsfehler einer gesonderten Erklärung bedürfen. Im Gegensatz zu den erworbenen Lesestörungen (Alexien) ist dieser Gegenstand jedoch wenig erforscht. Es ist zu hoffen, daß in Zukunft morphologisch motivierten Schreibfehlern mehr Aufmerksamkeit zugewendet wird.

Das Modell und einige offene Fragen

Die Beschreibungen und Diskussionen von Einzelfällen mit erworbenen Agraphien haben relativ starke Evidenzen dafür geliefert, mindestens drei unterschiedliche kognitiven Routen für das Diktatschreiben anzunehmen (vgl. Abbildung 4):

a) die *semantisch-lexikalische Route* (auditive Analyse, phonologisches (Eingangs-)Lexikon, semantisches System, orthographisches (Ausgangs-)Lexikon, Graphem-Ebene);

b) die *lexikalisch nicht-semantische Route* (auditive Analyse, phonologisches (Eingangs-)Lexikon, phonologisches (Ausgangs-)Lexikon, orthographisches (Ausgangs-)Lexikon, Graphem-Ebene);

c) die *phonologische Route* (auditive Analyse, Phonem-Ebene, Phonem-Graphem-Konvertierungsmechanismus, Graphem-Ebene).

Tabelle 2 gibt einen Überblick über die voraussagbaren stimulusabhängigen Dissoziationsmuster und Fehlertypen bei relativ selektiven Störungen von fünf Komponenten der Sprachverarbeitung und beim tiefenagraphischen Symptomkomplex. Die Tabelle zeigt nur die hervorstechenden Symptome und vernachlässigt aus Gründen der Übersichtlichkeit einige oben genannte wichtige Fehlertypen (zum Beispiel visuell und/oder phonologisch ähnliche Wortsubstitutionen, morphologische Fehler, partielle orthographische Fehler, Neographien und Fragmente).

Im Verlauf dieses Aufsatzes sind viele Untersuchungsergebnisse an agraphischen Patienten zusammengetragen worden, die empirische Evidenzen für ein Sprachverarbeitungsmodell des obigen Typs liefern konnten. Eine zentrale Annahme dieser Modellhypothese ist, daß Wörter und Nichtwörter über unterschiedliche Routen und unter Beteiligung unterschiedlicher Komponenten verarbeitet werden. Es soll darauf hingewiesen werden, daß dieser Ansatz nicht von allen Forschern geteilt wird. Vertreter der lexikalischen Analogie-Hypothese glauben, daß ein gesonderter Verarbeitungsprozeß für Nichtwörter nicht angenommen werden muß. Stattdessen vermuten sie, daß Wörter und Nichtwörter

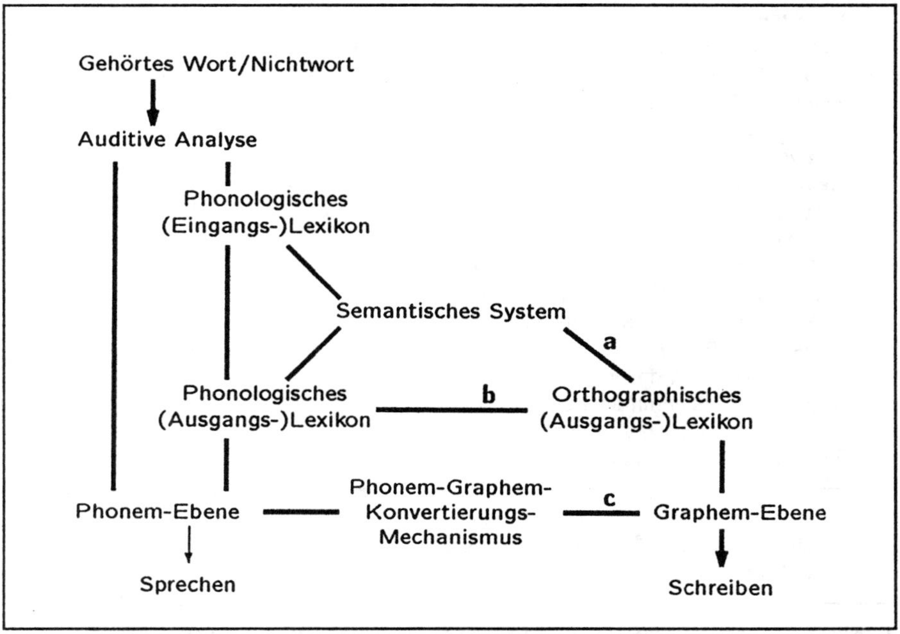

Abbildung 4 **Drei-Routen-Modell für die schriftliche Einzelwortproduktion; (a) die semantisch-lexikalische Schreibroute, (b) die lexikalisch nicht-semantische Schreibroute und (c) die nicht-lexikalische beziehungsweise phonologische Schreibroute. Das Modell entspricht in vielen Eigenschaften dem Logogen-Modell von J. Morton; siehe Text zu den Differenzen zum Morton-Modell.**

über ein einheitliches System geschrieben werden, wobei die Nichtwörter in Analogie zu Mustern ähnlicher realer Wörter verarbeitet werden (vgl. Campbell, 1983 und für das Lesen Marcel, 1980 und Kay & Marcel, 1981).

In der Modellhypothese des vorliegenden Aufsatzes (siehe Abbildung 4) ist (im Gegensatz zur Position von zum Beispiel Caramazza) keine streng-modulare Theorie verfolgt worden, und lexikalische Einflüsse auf sub-lexikalische Prozesse sind im Rahmen unseres Modells durchaus möglich. Jedoch wurde an einer Trennung der lexikalischen und nicht-lexikalischen Route und der involvierten Prozesse festgehalten, da wichtige empirische Beobachtungen in der Agraphieforschung (zum Beispiel die Möglichkeit annähernd perfekter Schreibleistungen bei Nichtwörtern in Gegenwart schwer gestörter orthographischer Leistungen) mit der lexikalischen Analogie-Theorie nicht kompatibel ist.

Effekte/Fehlertypen	OAL	PE	PGK	GE	SS	TA
Stimuluseffekte						
Regulär vs. irregulär	+	–	–	–	–	–
Wort vs. Nichtwort	–	+	+	–	?	+
Inhalts- vs. Funktionswort	–	–	?	–	–	+
Konkret vs. abstrakt	–	–	–	–	–	+
Kurz vs. lang	–	+	–	+	–	–
Frequent vs. infrequent	–	–	–	–	+	+
Fehlertypen						
Phonologisch plausible orthographische Fehler (zum Beispiel SCHEFF für *Chef*)	+	–	–	–	–	–
Phonologisch unplausible segmentale Fehler (zum Beispiel SRTAND für *Strand*)	–	–	+	+	–	+
Semantische Fehler (zum Beispiel VATER für *Mutter*)	–	–	–	–	–	+
Segmentale Fehler mit phonologischem Bezug (zum Beispiel DANNE für *Tanne*)	–	+	–	–	–	–
Fehlendes Wortverständnis	–	–	–	–	+	?

\+ = dominanter Stimuluseffekt/Fehlertyp
– = nicht erwartbarer Stimuluseffekt/Fehlertyp
? = möglicher Stimuluseffekt/Fehlertyp

Tabelle 2 **Die dominanten Stimuluseffekte und Fehlertypen beim Diktatschreiben als Folge relativ selektiver Störungen der folgenden kognitiven Komponenten: orthographisches (Ausgangs-)Lexikon (OAL), Phonem-Ebene (PE), Phonem-Graphem-Konvertierungsmechanismus (PGK), Graphem-Ebene (GE), und semantisches System (SS) im Sinne der »Worttaubheit«; zusätzlich sind die Symptome der Tiefenagraphie (TA) angegeben.**

Ein weiterer kontrovers diskutierter Punkt ist die Frage nach der Anzahl der notwendigerweise zu unterscheidenden Lexika. Während das Logogen-Modell von Morton für jede Modalität ein eigenes Lexikon, also vier Lexika umfaßt, glauben Allport & Funnell (1981; vgl. auch Allport, 1983), nur zwei Lexika – eines für gesprochene Sprache und eines für geschriebene Sprache – annehmen zu müssen. Neuere Argumente für und gegen ein gemeinsames Lexikon beim Lesen und Schreiben können in Campbell (1987) und Coltheart & Funnell (1987) gefunden werden. Da die Kontroverse relativ offen und weiter im Fluß ist, sind innerhalb dieses Aufsatzes zur Charakterisierung dieses ambiguen Status die lexikalischen Input- und Output-Modalitäten mit Klammern versehen worden (zum Beispiel »orthographisches (Ausgangs-)Lexikon«).

Bisher ist überwiegend auf Störungen der Einzelwortverarbeitung eingegangen worden. In den beiden folgenden Abschnitten sollen – weniger ausführlich – Störungsmuster beschrieben werden, die zum einen unterhalb der Graphem-Ebene anzusiedeln sind und zum anderen die Satzebene betreffen, das heißt die grammatische Organisation schriftlicher Äußerungen.

Sub-graphematische Schreibstörungen

Goodman & Caramazza (1986c) beschreiben den Fall MW, der nach einem linkshemisphärischen Infarkt folgendes Fehlermuster zeigte: MW produzierte phonologisch plausible Fehler beim Schreiben von ambiguen und irregulären Wörtern im Sinne einer Oberflächenagraphie (zum Beispiel GROCE für *gross*). Daneben kam es zu vielen segmentalen Schreibfehlern, die nicht phonologisch erklärt werden konnten (Ersetzungen, Auslassungen, Hinzufügungen, Vertauschungen und Kombinationen dieser Typen, zum Beispiel DAT für *cat*, MOSE für *mouse*, GAMRE für *game*, PALY für *play*). Diese segmentalen Fehler tauchten in allen schriftlich durchgeführten Aufgaben auf (Diktatschreiben von Wörtern, Nichtwörtern und Buchstaben, schriftliches Benennen, spontanes Schreiben und Kopieren). Fehler dieser Art traten jedoch nicht auf, wenn MW die Zielformen mündlich buchstabieren sollte. Goodman und Caramazza schließen auf eine modalitätsspezifische Störung sub-graphematischer Prozesse. Die Konvertierung von abstrakten graphematischen Informationen in artikulatorisch zu realisierende Buchstabennamen (mündliches Buchstabieren) sei bei MW intakt. Hingegen sei die Zuordnung von Graphemen zu visuellen Buchstabenformen gestört.

Eine ähnliche Dissoziation zwischen schriftlicher Performanz und mündlichem Buchstabieren beschrieben schon Kinsbourne & Rosenfield (1974). Auch bei diesem Einzelfall kam es beim Schreiben zu einer Häufung segmentaler Fehler unabhängig von der Art der Aufgabe; das mündliche Buchstabieren war hingegen relativ erhalten. Die umgekehrte Dissoziation – gestörtes mündliches Buchstabieren bei relativ verschonten Schreibleistungen – wurde von Kinsbourne & Warrington (1965) berichtet. Allerdings war die hier berichtete Störung nicht auf das Alphabetsystem beschränkt, sondern erstreckte sich auch auf das Zahlensystem.

In allen oben genannten Fällen war der motorische Schreibprozeß weitgehend unauffällig, und die von den Patienten geschriebenen Buchstaben waren in der Regel gut lesbar. Über einen Fall mit motoriknaher Schreibstörung berichten Baxter & Warrington (1986). Der nicht-aphasische Patient IDT war vollkommen unfähig, auch nur kurze hochfrequente Wörter zu schreiben. Das mündliche Buchstabieren war jedoch relativ intakt, was eine korrekte Graphemauswahl nahelegt. Beim Diktatschreiben von Einzelbuchstaben kam es zu vielen Substitutionen, unvollständigen Buchstaben und Formen, die wie Vermengungen zweier unterschiedlicher Buchstaben aussahen. Ähnlich fehlerhaft waren auch seine Versuche, vorgegebene Großbuchstaben in Kleinbuchstaben (und umgekehrt) zu konvertieren. Wesentlich bei diesem Fall ist die relative Verschonung praktischer und konstruktiver Fähigkeit außerhalb der Domäne des Schreibens. Baxter und Warrington nehmen für IDT eine selektive Störung der Aktivierung graphisch-motorischer Muster an (»graphic motor patterns«, vgl. Ellis, 1982). Schreibstörungen dieses Typs werden häufig als »apraktische Agraphien« bezeichnet (vgl. Roeltgen & Heilman, 1983 und Coslett, Gonzales Rothi, Valenstein & Heilman, 1986 für weitere Fälle mit selektiver apraktisch-agraphischer Symptomatik; vgl. für weitere Informationen insbesondere Margolin, 1984).

Crary & Heilman (1988) berichten über einen Patienten mit apraktischer Agraphie, der deutliche Defizite hinsichtlich der visuellen Vorstellung von Buchstabenformen aufwies (»letter imagery«). Die Autoren vermuten, daß zwei unterschiedliche Formen von apraktischer Agraphie existieren könnten. Bei dem ersten Typ sei die Konvertierung von Buchstabenformen in motorische Schreibprogramme gestört, bei dem zweiten Typ liege bereits ein Defizit auf der Ebene der Repräsentationen von Buchstabenformen vor. Patienten des letzteren Typs hätten Probleme mit der bildhaften Vorstellung von Buchstaben, auch ohne sie schriftlich realisieren zu müssen.

Hinzuweisen ist auf ein weiteres »peripheres« agraphisches Störungsbild, die sogenannte »afferente Agraphie«. Das Störungsmuster besteht aus fehlerhaften Buchstabenrealisationen, insbesondere Auslassungen oder Wiederholungen von Buchstaben oder ihren Teilen, und einer Vernachlässigung der linken Papierhälfte beim Handschreiben und wird auf eine Kombination von linksseitigem Neglect und gestörten visuellen und kinästhetischen Rückkopplungsprozessen zurückgeführt (vgl. die Fallstudie von Ellis, Young & Flude, 1987, Ellis, 1988b und die dort angegebene Literatur).

Schreiben auf der Satzebene

Leider existieren nur relativ wenige Hinweise und Untersuchungsergebnisse zu den syntaktischen Leistungen agraphischer Patienten. Dies mag damit zusammenhängen, daß es zum einen für viele agraphische Patienten nicht oder nur sehr mühsam möglich ist, mehr als einzelne Wörter zu schreiben, und daß zum anderen wichtige Beobachtungen, insbesondere zu auffälligen Dissoziationen zwischen der mündlichen und schriftlichen Satzbildung, in den meisten Fällen nicht gemacht werden konnten. In der Tat gilt für die Mehrzahl aphasisch-agraphischer Patienten, daß sie auf grammatischer Ebene ähnlich schreiben, wie sie sprechen (vgl. zum Beispiel Goodglass & Hunter, 1970).

In einigen Studien kann man jedoch explizite Hinweise auf grammatische Fähigkeiten agraphischer Patienten finden. Patterson (1988) beschreibt für den Oberflächenagraphiker TP (siehe oben; vgl. Hatfield & Patterson, 1983) ähnliche Leistungen beim spontanen Schreiben und Sprechen. TP schrieb und sprach grammatisch korrekt und hatte keine Probleme mit Funktionswörtern. In beiden Modalitäten litt er unter zahlreichen Wortfindungsstörungen und neigte zum Gebrauch semantisch unspezifischer Wörter. Patterson vermutet eine Abhängigkeit der schriftlichen Satzbildung von der Lautsprache oder eine gemeinsame Basis der grammatischen Leistungen beider Modalitäten.

Assal, Buttet & Jolivet (1981) berichten über den Fall JFM, der – nach ihrer Formulierung – mündlich das Bild einer Wernicke-Aphasie bot und sich schriftlich wie ein Broca-Aphasiker verhielt. Sowohl beim spontanen Schreiben als auch beim Schreiben diktierter Sätze produzierte er ausschließlich konkrete Nomina, was die Autoren an den Telegrammstil von Broca-Aphasikern erinnerte. Aus heutiger Sicht ist die Beschreibung von JFM konsistent mit dem Muster einer Tiefenagraphie.

Dafür, daß die Satzbildung bei Patienten, die über die semantisch-lexikalischen Route schreiben, schwer gestört sein kann, liefert auch der Fall MH Evidenzen (siehe oben, Bub & Kertesz, 1982a). Während ihre mündliche Spontansprache durch flüssige, grammatisch korrekte, aber mit vielen Wortfindungsstörungen und semantisch allgemeinen Ausdrücken durchsetzte Äußerungen geprägt war, war die schriftliche Satzproduktion »by correct choice of content words but with very poor control over function words, verbs and morphemes« charakterisiert. Bub und Kertesz vermuten, daß ein direkter Zugriff des semantischen Systems auf das orthographische (Ausgangs-)Lexikon auf die Einzelwortebene beschränkt ist und daß die satzbildenden Prozesse eng mit phonologischen Prozessen verkoppelt sind.

Die Hypothese von Bub und Kertesz stimmt mit einer Vielzahl von Beobachtungen an weiteren Patienten, die ebenfalls über die semantisch-lexikalische Route schrieben, überein. Aber wie paßt die Annahme von Bub und Kertesz zu dem Fallbericht von Levine et al. (1982), den wir oben schon kurz erwähnt haben? Levine und Mitarbeiter beschrieben den Patienten EB, der fast stumm war und dessen phonologischen Fähigkeiten auf der Wortebene vollständig aufgehoben waren. Demnach müssen wir schließen, daß EB ausschließlich über die semantisch-lexikalische Route schreiben konnte. Sein spontanes Schreiben war jedoch weitgehend grammatisch korrekt und unauffällig. Der Fall EB legt die Annahme nahe, daß Fähigkeiten der Satzbildung in der Schriftsprache nicht notwendig mit der Aufhebung der lexikalischen Phonologie verloren gehen müssen, mithin daß grammatische Prozesse beim Schreibprozeß von phonologischen Operationen dissoziierbar sind.

Evidenzen, die in eine ähnliche Richtung weisen, sind auch in der Fallbeschreibung von Schlenck, Prosiegel & Gerhards (1989) zu finden. Es handelt sich hier um eine rechtshändige Patientin, die nach rechtshemisphärischem Insult eine Aphasie entwickelte (sogenannte »gekreuzte Aphasie«). Ihre mündliche Spontansprache war eindeutig agrammatisch organisiert. Hingegen entsprach das Leistungsmuster, das beim spontanen Schreiben beobachtet werden konnte, den Beschreibungen des sogenannten Paragrammatismus, das heißt es, kam zu langen, komplexen Sätzen mit Satzverschränkungen und Satzteilverdoppelungen sowie Substitutionen von grammatischen Morphemen.

Gibt es einen modalitätspezifischen direkten Zugriff zu morphosyntaktischen Kenntnissen beim Sprechen und Schreiben, oder ist die Satzbildung im Schreibprozeß auf die Führung der Phonologie angewiesen? Weitere Fallbeschreibungen von Patienten mit krassen Dissoziationen, insbesondere weit überlegenen morphosyntaktischen Leistungen in der schriftlichen gegenüber der mündlichen Sprachproduktion könnten mehr Licht auf diese Frage werfen.

Literatur

Allport, D. A. (1983) Language and cognition. In: R. Harris (Hg.) *Approaches to Language*. Oxford: Pergamon.

Allport, D. A. & Funnell, E. (1981) Components of the mental lexicon. *Philosophical Transactions of the Royal Society (London)*, *B 295*, 397-410.

Assal, G., Buttet, J. & Jolivet, R. (1981) Dissociations in aphasia: A case report. *Brain and Language*, *13*, 223-240.

Baddeley, A. D. (1986) *Working Memory*. Oxford: Oxford University Press.

Basso, A., Taborelli, A. & Vignolo, L. A. (1978) Dissociated disorders of speaking and writing in aphasia. *Journal of Neurology, Neurosurgery, and Psychiatry, 41,* 556-563.

Baxter, D. M. & Warrington, E. K. (1986) Ideational agraphia: A single case study. *Journal of Neurology, Neurosurgery, and Psychiatry, 49,* 369-374.

Baxter, D. M. & Warrington, E. K. (1987) Transcoding sound to spelling: Single or multiple sound unit correspondence? *Cortex, 23,* 11-28.

Baxter, D. M. & Warrington, E. K. (1988) The case for biphoneme processing: A rejoinder to Goodman-Schulman. *Cortex, 24,* 137-142.

Beauvois, M. F. & Derouesné, J. (1981 Lexical or orthographic agraphia. *Brain, 104,* 21-49.

Berg, Th. (1988) *Die Abbildung des Sprachproduktionsprozesses in einem Aktivationsflußmodell.* Tübingen: Niemeyer.

Blanken, G. (1990) Formal paraphasias: A single case study. *Brain and Language, 38,* 534-554.

Blanken, G., De Langen, E., Dittmann, J. & Wallesch, C. W. (1989) Implications of preserved written language abilities for the functional basis of speech automatisms (recurring utterances): A single case study. *Cognitive Neuropsychology, 6,* 211-249.

Blanken, G., Wallesch, C. W. & Papagno, C. (1990) Dissociations of language functions in aphasics with speech automatisms (recurring utterances). *Cortex, 26,* 41-63.

Bub, D. & Kertesz, A. (1982a) Evidence for lexicographic processing in a patient with preserved written over oral single word naming. *Brain, 105,* 697-717.

Bub, D. & Kertesz, A. (1982b) Deep agraphia. *Brain and Language, 17,* 146-165.

Campbell, R. (1983) Writing nonwords to dictation. *Brain and Language, 19,* 153-178.

Campbell, R. (1987) One or two lexicons for reading and writing words: Can misspellings shed any light? *Cognitive Neuropsychology, 4,* 487-499.

Caramazza, A. & Hillis, A. E. (im Druck) Modularity: A perspective from the analysis of acquired dyslexia and dysgraphia. In: R. M. Joshi (Hg.) *Written Language Disorders.* Dordrecht, Holland: Kluwer Academic Publishers.

Caramazza, A., Miceli, G., Villa, G. & Romani, C. (1987) The role of the graphemic buffer in spelling: Evidence from a case of acquired dysgraphia. *Cognition, 26,* 59-85.

Coltheart, M. (1980) Deep dyslexia: A review of the syndrome. In: M. Coltheart, K. Patterson & J. C. Marshall (Hgg.) *Deep Dyslexia.* London: Routledge and Kegan Paul.

Coltheart, M. & Funnell, E. (1987) Reading and writing: One lexicon or two? In: A. Allport, D. MacKay, W. Prinz & E. Scheerer (Hgg.) *Language Per-*

ception and Production: Relationships between Listening, Speaking, Reading, and Writing. London: Academic Press.

Coltheart, M., Patterson, K. E. & Marshall, J. C. (Hgg.) (1980, 1987[2]) *Deep Dyslexia.* London: Routledge and Kegan Paul.

Coslett, H. B., Gonzales Rothi, L., Valenstein, E. & Heilman, K. M. (1986) Dissociations of writing and praxis: Two cases in point. *Brain and Language, 28,* 357-369.

Crary, M. A. & Heilman, K. M. (1988) Letter imagery deficits in a case of pure apraxic agraphia. *Brain and Language, 34,* 147-156.

De Bleser, R., Bayer, J. & Luzzatti, C. (1987) Die kognitive Neuropsychologie der Schriftsprache. Ein Überblick mit zwei deutschen Fallbeschreibungen. *Linguistische Berichte, Sonderheft 1,* 118-162.

De Langen, E. G. & von Cramon, D. (1986) Phänomenologie der Agraphie. *Nervenarzt, 57,* 719-726.

Ellis, A. W. (1982) Spelling and writing (and reading and speaking). In: A. W. Ellis (Hg.) *Normality and Pathology in Cognitive Functions.* London: Academic Press.

Ellis, A. W. (1984) Introduction to Byrom Bramwell's (1897) case of word meaning deafness. *Cognitive Neuropsychology, 1,* 245-248.

Ellis, A. W. (1988a) Modelling the writing process. In: G. Denes, C. Semenza & P. Bisiacchi (Hgg.) *Perspectives on Cognitive Neuropsychology.* Hove and London: Lawrence Erlbaum.

Ellis, A. W. (1988b) Normal writing processes and peripheral acquired dysgraphias. *Language and Cognitive Processes, 3,* 99-127.

Ellis, A. W., Miller, D. & Sin, G. (1983) Wernicke's aphasia and normal language processing: A case study in cognitive neuropsychology. *Cognition, 15,* 111-144.

Ellis, A. W. & Young, A. W. (1988) *Human Cognitive Neuropsychology.* Hove and London: Lawrence Erlbaum.

Ellis, A. W., Young, A. W. & Flude, B. M. (1987) "Afferent dysgraphia" in a patient and in normal subjects. *Cognitive Neuropsychology, 4,* 465-486.

Friederici, A. D. (1978) Ein neurolinguistisches Modell der phonischen und graphischen lexikalischen Performanz. *Linguistische Berichte, 55,* 48-58.

Friederici, A. D., Schönle, P. W. & Goodglass, H. (1981) Mechanisms underlying writing and speech in aphasia. *Brain and Language, 13,* 212-222.

Funnell, E. & Allport, A. (1987) Non-linguistic cognition and word meanings: Neuropsychological explorations of common mechanisms. In: A. Allport, D. MacKay, W. Prinz & E. Scheerer (Hgg.) *Language Perception and Production. Relationships between Listening, Speaking, Reading, and Writing.* London: Academic Press.

Gonzales Rothi, L. J., Roeltgen, D. P. & Kooistra, C. A. (1987) Isolated lexical agraphia in a right-handed patient with a posterior lesion of the right cerebral hemisphere. *Brain and Language, 30,* 181-190.

Goodglass, H. & Hunter, M. (1970) A linguistic comparison of speech and writing in two types of aphasia. *Journal of Communication Disorders, 3,* 28-35.

Goodman, R. A. & Caramazza, A. (1986a) Aspects of the spelling process: Evidence from a case of acquired dysgraphia. *Language and Cognitive Processes, 1,* 263-296.

Goodman, R. A. & Caramazza, A. (1986b) Phonologically plausible errors: Implications for a model of the phoneme-grapheme conversion mechanism in the spelling process. In: G. Augst (Hg.) *New Trends in Graphemics and Orthography.* Berlin: De Gruyter.

Goodman, R. A. & Caramazza, A. (1986c) Dissociation of spelling errors in written and oral spelling: The role of allographic conversion in writing. *Cognitive Neuropsychology, 3,* 179-206.

Goodman-Schulman, R. A. (1988) Orthographic ambiguity: Comments on Baxter and Warrington. *Cortex, 24,* 129-135.

Goodman-Schulman, R. A. & Caramazza, A. (1987) Patterns of dysgraphia and the nonlexical spelling process. *Cortex, 23,* 143-148.

Günther, H. (1988) *Schriftliche Sprache. Strukturen geschriebener Wörter und ihre Verarbeitung beim Lesen.* Tübingen: Niemeyer.

Hatfield, F. M. (1983) Aspects of acquired dysgraphia and implications of reeducation. In: Ch. Code & D. J. Müller (Hgg.) *Aphasia Therapy.* London: Edward Arnold.

Hatfield, F. M. & Patterson, K. E. (1984) Interpretation of spelling in aphasia: The impact of recent developments in cognitive psychology. In: F. C. Rose (ed.) *Progress in Aphasiology. (Advances in Neurology, Vol. 42).* New York: Raven Press.

Henderson, L. (1985) On the use of the term 'grapheme'. *Language and Cognitive Processes, 1,* 135-148.

Hillis, A. E. & Caramazza, A. (1989) The graphemic buffer and attentional mechanisms. *Brain and Language, 36,* 208-235.

Huber, W., Poeck, K., Weniger, D. & Willmes, K. (1983) *Der Aachener Aphasie Test.* Göttingen: Hogrefe.

Kay, J. & Marcel, T. (1981) One process not two in reading aloud: Lexical analogies do the work of nonlexical rules. *Quarterly Journal of Experimental Psychology, 33 A,* 397-413.

Kinsbourne, M. & Rosenfield, D. B. (1974) Agraphia selective for written spelling. *Brain and Language, 1,* 215-225.

Kinsbourne, M. & Warrington, E. K. (1965) A case showing selectively impaired oral spelling. *Journal of Neurology, Neurosurgery, and Psychiatry, 28,* 563-566.

Kohn, S. E. & Friedman, R. B. (1986) Word-meaning deafness: A phonological-semantic dissociation. *Cognitive Neuropsychology, 3,* 291-308.

Kohrt, M. (1986) The term 'grapheme' in the history and theory of linguistics. In: G. Augst (Hg.) *New Trends in Graphemics and Orthography.* Berlin: De Gruyter.

Kremin, H. (1987) Is there more than ah-oh-oh? Alternative strategies for writing and repeating lexically. In: M. Coltheart, R. Job & G. Sartori (Hgg.) *The Cognitive Neuropsychology of Language.* London: Erlbaum.

Kremin, H. & Ohlendorf, I. (1988) Einzelwortverarbeitung im Logogen-Modell: Neurolinguistische Evidenzen. *Neurolinguistik, 2,* 67-100.

Leischner, A. (1969) The agraphias. In: P. S. Vinken & G. W. Bruyn (Hgg.) *Handbook of Clinical Neurology, Vol. 4.* Amsterdam: North-Holland.

Levine, D. N., Calvanio, R. & Popovics, A. (1982) Language in the absence of inner speech. *Neuropsychologia, 20,* 391-409.

Luria, A. R. (1970) *Traumatic aphasia.* The Hague: Mouton.

Marcel, T. (1980) Surface dyslexia and beginning reading: A revised hypothesis of the pronounciation of print and its impairments. In: M. Coltheart, K. Patterson & J. C. Marshall (Hgg.) *Deep Dyslexia.* London: Routledge.

Margolin, D. I. (1984) The neuropsychology of writing and spelling: Semantic, phonological, motor, and perceptual processes. *The Quarterly Journal of Experimental Psychology, 36A,* 459-489.

Marshall, J. C. (1987) Routes and representations in the processing of written language. In: E. Keller & M. Gopnik (Hgg.) *Motor and Sensory Processes of Language.* Hillsdale, N.J.: Lawrence Erlbaum.

Marshall, J. C. & Newcombe, F. (1973) Patterns of paralexia: A psycholinguistic approach. *Journal of Psycholinguistic Research, 2,* 175-199.

Miceli, G., Silveri, M. C. & Caramazza, A. (1985) Cognitive analysis of a case of pure dysgraphia. *Brain and Language, 25,* 187-212.

Miceli, G., Silveri, M. C. & Caramazza, A. (1987) The role of the phoneme-to-grapheme conversion system and of the graphemic output buffer in writing. In: M. Coltheart, Sartori, G. & Job, R. (Hgg.) *The Cognitive Neuropsychology of Language.* London: Erlbaum.

Morton, J. (1980) The logogen model and orthographic structure. In: U. Frith (Hg.) *Cognitive Processes in Spelling.* London: Academic Press.

Nebes, R. D. (1975) The nature of internal speech in a patient with aphemia. *Brain and Language, 2,* 489-497.

Newcombe, F. & Marshall, J. C. (1980) Response monitoring and response blocking in deep dyslexia. In: M. Coltheart, K. E. Patterson & J. C. Marshall (Hgg.) *Deep Dyslexia.* London: Routledge and Kegan Paul.

Nolan, K. A. & Caramazza, A. (1983) An analysis of writing in a case of deep dyslexia. *Brain and Language, 20,* 305-328.

Patterson, K. E. (1986) Lexical but nonsemantic spelling? *Cognitive Neuropsychology, 3,* 341-367.

Patterson, K. (1988) Acquired disorders of spelling. In: G. Denes, C. Semenza & P. Bisiacchi (Hgg.) *Perspectives on Cognitive Neuropsychology.* Hove and London: Lawrence Erlbaum.

Peuser, G. (1980) Gesprochene und geschriebene Sprache und das Verhältnis von lexikalischer Paraphasie und Paragraphie. In: K. Gloning & W. U. Dressler (Hgg.) *Paraphasie. Untersuchungen zum Problem lexikalischer Fehlleistungen.* München: Fink.

Roeltgen, D. P., Gonzales Rothi, L. & Heilman, K. M. (1986) Linguistic semantic agraphia: A dissociation of the lexical spelling system from semantics. *Brain and Language, 27,* 257-280.

Roeltgen, D. P. & Heilman, K. M. (1983) Apractic agraphia in a patient with normal praxis. *Brain and Language, 18,* 35-46.

Roeltgen, D. P. & Heilman, K. M. (1984) Lexical agraphia. *Brain, 107,* 811-827.

Roeltgen, D. P., Sevush, S. & Heilman, K. M. (1983) Phonological agraphia: Writing by the lexical-semantic route. *Neurology (Cleveland), 33,* 755-765.

Schlenck, K.-J., Prosiegel, M. & Gerhards, W. (1989) *Agrammatismus und Paragrammatismus bei gekreuzter Aphasie.* Poster, Arbeitstagung für Aphasieforschung und -behandlung, Köln.

Shallice, T. (1981) Phonological agraphia and the lexical route in writing. *Brain, 104,* 413-429.

Shallice, T. (1987) Impairments of semantic processing: Multiple dissociations. In: M. Coltheart, G. Sartori & R. Job (Hgg.) *The Cognitive Neuropsychology of Language.* London: Erlbaum.

Weigl, E. (1972) Zur Schriftsprache und ihrem Erwerb – neuropsychologische und psycholinguistische Betrachtungen. *Probleme und Ergebnisse der Psychologie, 43,* 45-105.

Wing, A. M. & Baddeley, A. D. (1980) Spelling errors in handwriting: A corpus and a distributional analysis. In: U. Frith (Hg.) *Cognitive Processes in Spelling.* London: Academic Press.

Anmerkung:

Die hier gewählte Argumentation schuldet viel den ausgezeichneten Überblicksartikeln von Ellis (1982, 1988a), Ellis & Young (1988) und Patterson (1988). Der Leser sei ausdrücklich auf diese Arbeiten verwiesen.

9. Formen und Erklärungsmodelle der erworbenen Dyslexien

Ria De Bleser
Neurologische Klinik der RWTH Aachen

Einleitung

Erworbene Dyslexien sind Störungen des Lesens, die meist bei Patienten mit einer linkshemisphärischen, fokalen Hirnkrankheit auftreten, in einigen Fällen auch bei diffuser Hirnschädigung, obwohl die Patienten prämorbid gut lesen konnten. Die Bezeichnungen »Dyslexie« und »Alexie« werden heutzutage manchmal synonym verwendet. Einige Autoren verwenden den Ausdruck »Dyslexie« für Entwicklungsstörungen und »Alexie« für erworbene Störungen, andere machen einen Unterschied zwischen partiellen Störungen (Dyslexien) und totalen Lesestörungen (Alexien).

In Sprachen mit alphabetischen Schriftsystemen können Störungen beim Lesen von Einzelbuchstaben vorliegen (»literal alexia« nach Benson, Brown & Tomlinson, 1971) oder beim Lesen von Wörtern (»verbal alexia« nach Benson et al., 1971). Bei letzterer Störungsart fehlen die zum Lesen notwendigen Graphem-Phonem-Korrespondenz-Regeln oder die Verknüpfung zur Bedeutung. In den meisten Fällen treten jedoch beide Erscheinungsformen zusammen auf. Diese können dann im Ausprägungsgrad unterschiedlich akzentuiert sein.

In nicht-alphabetischen Schriftsystemen wie im Japanischen, das neben einem ideographischen System (Kanji) über ein silbisches System (Kana) verfügt, kann eines dieser Systeme selektiv betroffen sein (Sasanuma, 1980, 1985). Wir werden im folgenden nur alphabetische Orthographien besprechen.

Klinisch gesehen treten Dyslexien selten als isolierte Störung auf. Sie sind meistens mit einer Störung des Schreibens (Dysgraphie) und/oder mit einer allgemeinen Störung der Sprache (Aphasie) assoziiert (Kremin, 1982).

In den letzten 20 Jahren hat die Forschung in der Neuropsychologie hauptsächlich durch Untersuchungen zur Dyslexie wichtige Erkenntnisse für die kognitive Psychologie erbracht. Die genaue Kennzeichnung unterschiedlicher Lesestörungen führte zur Ausarbeitung der internen Struktur eines komplexen kognitiven Systems. Somit konnten die konstituierenden Einzelkomponenten der internen Struktur isoliert und nach ihrer Funktion bestimmt werden. Bevor wir diese neueren psychologischen Ansätze vorstellen, werden wir kurz die neuroanatomisch orientierte Behandlung der erworbenen Lesestörungen skizzieren.

Neuroanatomische Klassifikation der Dyslexien

In neuroanatomisch orientierten Arbeiten werden nur totale Störungen (»literal alexia«) als modalitätsspezifische Störungen des Lesens betrachtet. Die partiellen Lesestörungen (»verbal alexia«, Dyslexien) hingegen werden nicht als Störungen des Leseapparates selbst interpretiert, sondern als Folge einer aphasischen Störung der gesprochenen Sprache gedeutet (»aphasische Alexie«). Es wird angenommen, daß die Art der Störung in beiden Modalitäten (gesprochene Sprache und Schriftsprache) gleich ist, wenn auch das Ausmaß der Störung in der später erworbenen schriftsprachlichen Modalität größer sein kann.

Ein moderner Vertreter dieser Richtung ist Benson (1979). Er unterscheidet drei modalitätsspezifische Alexiesyndrome, für welche er jeweils eine andere neuroanatomische Grundlage annimmt.

Die *parieto-occipitale Alexie.* Diese wird in der Literatur häufig als »Alexie mit Agraphie« bezeichnet. Das Lesesinnverständnis sowie das laute Lesen von Buchstaben und Wörtern ist den Patienten unmöglich. Das Lesen von Zahlen ist auch gestört. Es liegt ebenfalls eine vollständige Störung des Schreibens vor, bis auf die Fähigkeit zu kopieren. Meist ist auch eine aphasische Störung, nämlich eine amnestische Aphasie, vorhanden.

Die Alexie mit Agraphie und die neuroanatomische Grundlage dieser Störung im Gyrus angularis wurde bereits von Déjerine (1891) beschrieben. Dieser französische Autor betrachtete den Gyrus angularis als Verbindungspunkt zwischen den visuellen Zentren und dem visuellen Gedächtnis.

Die *occipitale Alexie.* Diese Form wird häufig als »reine Alexie« bezeichnet. Hier liegt bei den Patienten ebenfalls eine komplette Störung des Lesens sowohl von Buchstaben als auch von Wörtern vor. Das Lesen von Zahlen ist jedoch meistens erhalten. Die Patienten können sowohl spontan als auch nach Diktat schreiben, aber sie sind unfähig, das Geschriebene wieder zu lesen. Das Lesen kann jedoch fazilitiert werden, wenn andere somato-sensorische Information vorhanden ist, wie zum Beispiel, wenn Wörter mit dem Finger nachgefahren oder Buchstaben in der Handfläche des Patienten gemalt werden. Die Patienten haben meistens eine Anomie für Farben und neurologisch liegt in der Regel eine homonyme Hemianopsie vor (Stachowiak & Poeck, 1976).

Geschwind & Fusillo (1966) haben dieses Syndrom neuroanatomisch als ein posteriores Diskonnexionssyndrom gedeutet: Bei einer Läsion im linken occipitalen Cortex, wobei auch das Splenium des Corpus Callosum in Mitleidenschaft gezogen wird, ist die (linke) Spracharea von der (rechten) visuellen Area getrennt und visuo-verbale Assoziationen, wie sie zum Lesen notwendig wären, sind nicht länger möglich. Im Gegensatz zu Buchstaben und Schriftwörtern ist das Benennen von Gegenständen relativ gut erhalten, weil dazu andere, nicht-visuelle Assoziationen wie taktile, gustatorische und so weiter gemacht werden können, die über die intakten Teile des Corpus Callosum zum linken Sprachgebiet gelangen.

Diese moderne Erklärung ist fast deckungsgleich mit der Interpretation, die Déjerine (1892) für die reine Alexie anbot.

Die *frontale oder »dritte Alexie«* wurde von Benson (1977) zu den zwei bekannten Formen (parieto-occipitale Alexie und occipitale Alexie) hinzugefügt. Er beobachtete, daß Patienten mit Broca-Aphasie häufig eine literale Alexie hatten, das heißt, sie konnten Buchstaben und geschriebene Wörter nicht benennen und zeigten disproportionale Störungen im Lesesinnverständnis trotz gutem auditiven Verständnis. Dies würde auf ein zusätzliches frontales Lesezentrum hinweisen.

Bereits Lichtheim (1885) berichtete von ähnlichen Störungsmustern bei Patienten mit Broca-Aphasie, und diese waren nicht vereinbar mit den Aussagen seines Modells (Abbildung 1). Bei einer Störung in M (Broca-Aphasie) sollte die Verbindung OAB und deshalb das Lesesinnverständnis erhalten sein.

Lichtheim nahm an, daß bei Broca-Patienten mit Leseschwierigkeiten eine zusätzliche Störung in A vorliegen würde, das heißt, sie hätten eine globale Apha-

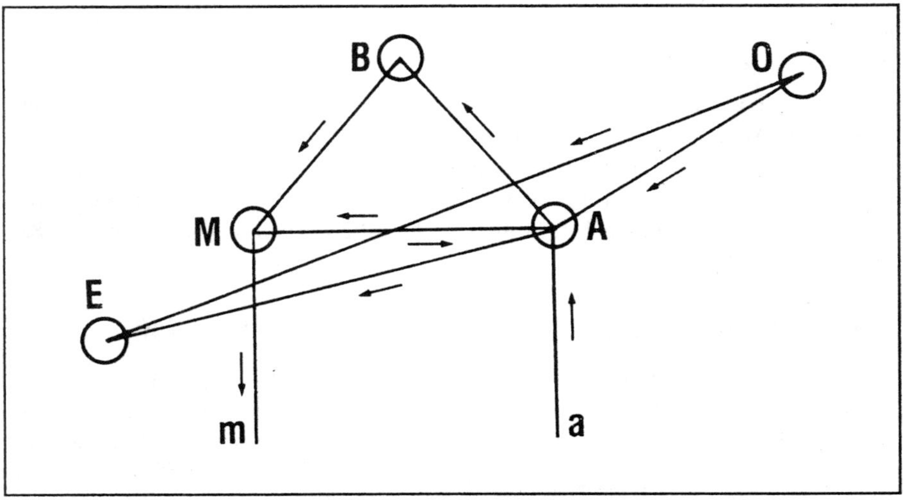

Abbildung 1

sie in Rückbildung und somit eine Läsion, die nicht nur frontale, sondern auch posteriore Gebiete betraf.

Im Gegensatz zu den beiden bereits etablierten Alexieformen fehlen noch ausreichende funktionale und neuroanatomische Belege für eine »dritte Alexie«: In einer neuroradiologischen Korrelationsstudie fanden Boccardi, Bruzzone und Vignolo (1984) keine Unterschiede zwischen den Läsionen von Broca-Patienten mit versus ohne Alexie.

In De Bleser & Luzzatti (1989) wird gezeigt, wie die neuro-anatomische Behandlung der modalitätsspezifischen Lesestörungen direkt an die Modellvorstellung der klassischen deutschen Aphasiologie anschließt. Nach den damaligen theoretischen Sprachverarbeitungsmodellen war es unmöglich, partielle Störungen des Lesens zu postulieren und folglich zu beobachten, da nach Wernicke (1886) kein graphematisches Lexikon (Schriftwortspeicher) angenommen wurde, sondern nur Einzelgrapheme, wohingegen für die gesprochene Sprache keine sublexikalischen Einheiten (Einzelphoneme), sondern nur ein phonologisches Lexikon vorgesehen war.

Mit anderen Worten: Entweder war das Lesen bereits auf der Ebene der Grapheme gestört (echte Alexie), oder es lag eine lexikalische Störung (phonologisch und/oder semantisch) vor, die primär die gesprochene und sekundär die geschriebene Sprache beeinträchtigte (aphasische Alexie).

In modernen *kognitiven* Wortverarbeitungsmodellen wird die Schriftsprache parallel und nicht untergeordnet zur gesprochenen Sprache behandelt. Im sprachlichen Gedächtnis wird sowohl ein graphematisches als auch ein phonologisches Lexikon vorgesehen, und neben Einzel*graphemen* werden auch Einzel*phoneme* angenommen.

Ein weiterer Unterschied zwischen den neuroanatomischen und den modernen kognitiven Analysen liegt darin, daß die neuroanatomisch orientierten Autoren eine Mischung aus klinischen, anatomischen und psychologischen Gesichtspunkten zur Unterscheidung verschiedener Lesestörungen handhabten, während die neuere kognitive Literatur ausschließlich psychologisch relevante Kriterien verwendet.

Kognitiv-psychologische Klassifikation der Dyslexien

Der Fortschritt in der theoretischen Erforschung der erworbenen Dyslexien ist vor allem durch die Anwendung von Wortverarbeitungsmodellen (vgl. insbesondere das Logogenmodell, zum Beispiel Morton, 1970) zustandegekommen, die aufgrund von Leseexperimenten mit gesunden Sprechern erstellt wurden. Das Modell in Abbildung 2 nimmt drei Routen zur Wortverarbeitung beim Lesen an:

1. eine semantisch-lexikalische Route, über die das geschriebene Wort unmittelbar mit der Wortbedeutung verknüpft wird;
2. eine phonologisch-lexikalische Route, über die das orthographische Wort unmittelbar mit dem phonologischen Wort verknüpft wird;
3. eine nicht-lexikalische Route, über die Graphem-Phonem-Korrespondenzen (im folgenden G-P-K) hergestellt werden.

Die zweite (mittlere) Route wurde in älteren Wortverarbeitungsmodellen nicht angenommen (Marshall & Newcombe, 1966), ihre Existenz wurde jedoch anhand von neuropsychologischen Einzelfalluntersuchungen unzweideutig belegt (Schwartz, Saffran & Marin, 1980; siehe auch »direkte Dyslexie« unten).

Das Logogenmodell diente als theoretischer Rahmen für die Untersuchungen über das Leseverhalten ausgewählter Patienten.

Der gesunde Mensch kann beim Lesen alle drei erwähnten Routen gleichzeitig benutzen, bei Patienten mit hirnorganischen Störungen hingegen kann es zu ausschließlicher Bevorzugung einer einzelnen Route kommen.

Im Anschluß an das Logogenmodell erfolgten weitere theoretische Vorschläge und Ausarbeitungen der Subsysteme des Modells (zum Beispiel von Coltheart, 1978; Forster, 1976; Morton & Patterson, 1980). Dieser Modelltypus wird insgesamt als die Klasse des Zwei-Bahnen-Modells bezeichnet, weil die Vorschläge alle gemeinsam haben, daß sie für die Verarbeitung einer Buchstabenkette zwei grundsätzlich verschiedene Prozeduren annehmen, nämlich eine lexikalische (Route 1 und 2) und eine nicht-lexikalische (Route 3). Die nicht-lexikalische G-P-K-Route ist notwendig, um Neologismen und unbekannte Wörter zu lesen. Weil diese nicht im Lexikon gespeichert sind, können sie nicht durch Assoziation einer graphematischen mit einer phonologischen Repräsentation produziert werden, sondern sie müssen über ein Regelsystem realisiert werden, das orthographische Segmente in phonologische übersetzt (zum Beispiel SCH-T-UH-L = /ʃ-t-ū-l/).

Andererseits gibt es in jeder Sprache orthographisch unregelmäßig geschriebene Wörter (zum Beispiel deutsch: BUS = /b-ŭ-s/). Diese würden bei Anwendung des G-P-K regularisiert werden (i.e. /b-ū-s/). Orthographisch unregelmäßige Wörter können also nur über die lexikalische Prozedur korrekt gelesen werden, das heißt, die visuellen Merkmale des geschriebenen Wortes werden unmittelbar einer lexikalischen Repräsentation im Langzeitspeicher zugeordnet.

In diesem Modelltypus wird weiterhin angenommen, daß die graphematischen, die semantischen und die phonologischen Repräsentationen jeweils einen eigenen Speicher haben, nämlich im visuellen (graphematischen) Input-Lexikon, im semantischen Lexikon und im phonologischen Output-Lexikon. Zugriff zum phonologischen Output-Lexikon vom graphematischen Lexikon aus kann entweder unmittelbar erfolgen (Route 2) oder aber mittels des semantischen Systems (Route 1).

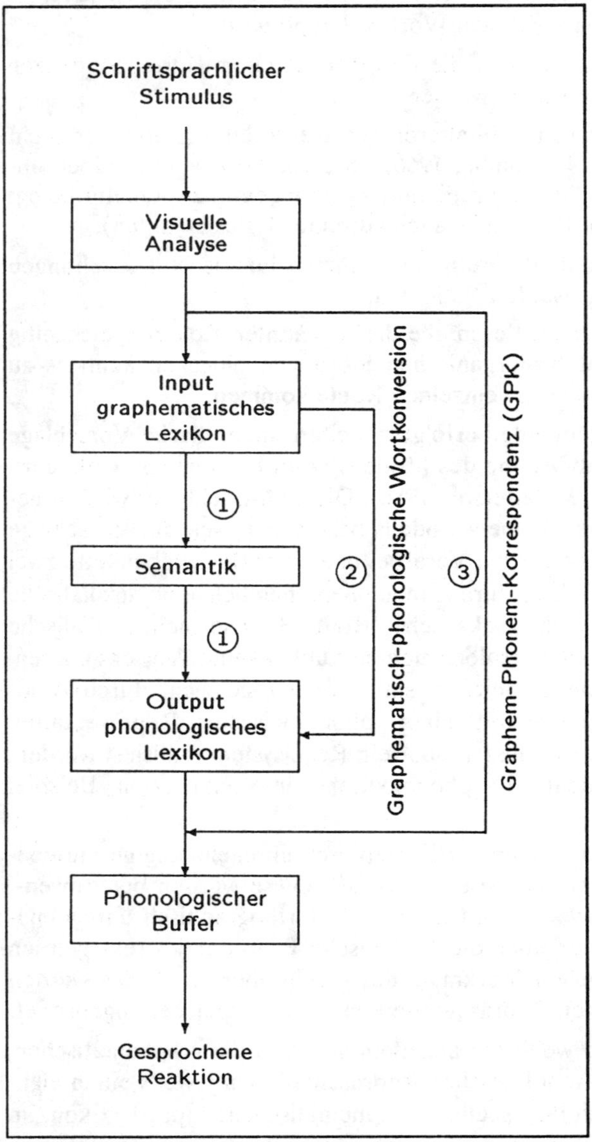

Abbildung 2

In der Diskussion werden wir einige umstrittene Themen in der Klasse der Zwei-Bahnen-Modelle besprechen, die zu einem alternativen Modell geführt haben. Allerdings werden wir uns für die neuropsychologische Klassifikation der Dyslexien auf ein Zwei-Bahnen-Modell wie in Abbildung 2 weiterhin beziehen, da dieser Modelltyp am häufigsten den neuropsychologischen Untersuchungen zugrunde liegt und die theoretische Kontroverse noch nicht dazu geführt hat, das Modell endgültig durch ein anderes zu ersetzen.

Nach Shallice & Warrington (1980) unterscheidet man zwei große Gruppen von Dyslexieformen, nämlich die peripheren Dyslexien, wobei die funktionale Störung sehr früh im Informationsverarbeitungssystem angesetzt werden muß, und die zentralen Dyslexien, die das eigentliche Lesesystem betreffen.

Die zentralen Dyslexien

Die Tiefendyslexie

Hiermit wird ein Symptomenkomplex bezeichnet, der zuerst von Marshall & Newcombe (1966, 1973) beschrieben wurde. Bei dieser Störung kann der Patient Neologismen überhaupt nicht lesen und beim Lesen von Wörtern macht er folgende charakteristische Fehlerarten:

- semantische Fehler: für das Zielwort wird ein semantisch-assoziiertes Wort produziert,
  zum Beispiel: Prinz → König;
- visuelle Fehler: es erfolgt eine dem Zielwort visuell ähnliche Reaktion,
  zum Beispiel: Gigant → Gitarre;
- morphologische Fehler: für ein flektiertes oder deriviertes Wort wird ein morphologisch ähnliches substituiert,
  zum Beispiel: gerettet → retten
  größer → groß
  schuldig → Schuld;
- visuelle und darauf basierende semantische Fehler,
  zum Beispiel: Sympathie → (Symphonie) → Orchester.

Konkrete Wörter werden im allgemeinen besser gelesen als Abstrakta (»Konkretheitseffekt«), Nomina werden besser realisiert als Adjektive, die wiederum besser als Verben und letztere besser als Funktionswörter (»Wortarteffekt«).

Meistens hat ein Patient mit dieser Lesestörung eine nichtflüssige Aphasie.

Ursprünglich (Marshall & Newcombe, 1973) wurde diese Störung so interpretiert, daß die nicht-lexikalische phonologische Route (Graphem-Phonem-Korrespondenz) außer Funktion war. Daraus folgte, daß Neologismen nicht gelesen werden konnten, aber es erklärte nicht unbedingt das Vorkommen semantischer Paralexien bei diesen Patienten. Um die Störungen zusammenhängend zu erklären, wurde angenommen, daß das semantische System an sich instabil ist (Saffran, Schwartz & Marin, 1976; Newcombe & Marshall, 1980): Ein Wort würde semantisch verwandte Wörter anziehen, und es bedarf des phonologischen G-P-K-Systems, um die korrekte Wahl zu treffen.

Diese Interpretation erwies sich schnell als unzureichend, da Patienten mit einer anderen Dyslexieform gefunden wurden (phonologische Dyslexie, siehe unten), die ebenfalls Neologismen nicht lesen konnten (das heißt, die phonologische Graphem-Phonem-Route war außer Funktion), die jedoch keine semantischen Paralexien produzierten.

Für das Auftreten semantischer Paralexien bei Patienten mit Tiefendyslexie mußte deshalb eine zusätzliche Störung im semantischen System selbst angenommen werden (Nolan & Caramazza, 1983; Morton & Patterson, 1980; Shallice & Warrington, 1980).

Weitere Fallbeschreibungen zeigten, daß die Tiefendyslexie keine funktional homogene Störung ist, weil die begleitende semantische Störung unterschiedliche Formen annahm: entweder war der Zugriff zum korrekten semantischen Item nicht möglich, die semantische Repräsentation selbst gestört, oder der Patient war unfähig, bei erhaltener Semantik die passende phonologische Form zu aktivieren.

Das Auftreten eines *Konkretheitseffektes* und eines *Wortarteffektes* wurde von einigen Autoren als Evidenz für multiple semantische Systeme gedeutet. Warrington & Shallice (1979) nahmen unterschiedliche semantische Systeme für Konkreta und Abstrakta an, wobei das System der Abstrakta bei den meisten Patienten mit Tiefendyslexie selektiv gestört wäre.

Weitere Evidenz für diese Aufteilung der semantischen Systeme wird von Warrington (1981) in der Beschreibung eines Patienten angeboten, der im Gegensatz zu Tiefendyslektikern abstrakte Wörter besser las als Konkreta. Wörter unterschiedlicher Wortarten (Funktionswörter, Adjektiva usw.) wären ebenfalls in spezialisierten semantischen Systemen gespeichert und könnten deshalb selektiv gestört sein.

Andere Autoren deuteten das Vorliegen eines Konkretheits- und Wortarteffekts als Folge einer allgemeinen lexikalischen Funktion, nämlich Bildhaftigkeit (»imageability«) (Saffran, Schwartz & Marin, 1976; Coltheart, 1980). Sie nahmen an, daß die Tiefendyslexie die Leseleistungen in der rechten Hemisphäre widerspiegelte. Infolge der linkshemisphärischen Läsion würden die Patienten beim Lesen Subsysteme der rechten Hemisphäre aktivieren, die normalerweise nicht verwendet werden und die sich auf konkrete, hochfrequente, bildhafte Nomina beschränken, wie man es aus der Forschung mit »Split-Brain«-Patienten kennt (Zaidel, 1985).

Zusammenfassend nach Abbildung 2 sind die Mechanismen, die der Tiefendyslexie zugrundeliegen, folgende: Die Außerstandsetzung der Routen 3 (G-P-K) und 2 (direkte, phonologisch-lexikalische Route) und die ausschließliche Verwendung der (partiell geschädigten) semantischen Route 1.

Die direkte Dyslexie

Patienten mit einer »direkten Dyslexie« lesen ohne Lesesinnverständnis, das heißt, sie können die semantische Route nicht verwenden. Dies wird zum Beispiel durch das Fehlen eines »semantic priming« Effekts erwiesen. Bei einer solchen Aufgabe müssen die Patienten Wörter lesen, denen entweder ein semantisch relationiertes Item oder ein nicht-verwandtes Item vorausgeht. Gesunde Versuchspersonen zeigen dabei eine schnellere Leseleistung, wenn eine semantische Ähnlichkeit zwischen »prime« und Zielwort besteht (Bub, Cancellière & Kertesz, 1985).

Obwohl die Patienten in verschiedenen Aufgaben eine schwere semantische Input-Störung zeigen, können sie sowohl unregelmäßig als auch regelmäßig geschriebene Wörter korrekt und flüssig lesen. Neologismen hingegen können sie überhaupt nicht realisieren, weil die Graphem-Phonem-Route nicht aktiviert werden kann.

Patienten mit einer direkten Dyslexie bieten starke Evidenz für eine direkte, phonologisch lexikalische Route, wobei das graphematische Lexem unmittelbar mit dem entsprechenden phonologischen Lexem verknüpft wird (»word-specific print-to-sound-associations«). Orthographisch unregelmäßige Wörter können nämlich nur über eine lexikalische Prozedur gelesen werden, das heißt, eine Prozedur, wobei das graphematische Wort (zum Beispiel *Bus*) unmittelbar das phonologische Wort (/bŭs/) aktiviert; die Verwendung einer nicht-lexikalischen Route (G-P-K-Route) würde zu Regularisierungen führen (Bus: /b ū s/).

Die erste Fallbeschreibung (Schwartz, Marin & Saffran, 1979; Schwarz, Saffran & Marin, 1981) war insofern nicht ganz überzeugend, als daß die Patientin einige Nicht-Wörter lesen konnte und dazu tendierte, unregelmäßige Wörter zu regularisieren. Ein reiner Fall von direkter Dyslexie wurde von Lytton und Brust (1989) berichtet. Der Patient (mit Wernicke-Aphasie) konnte Neologismen nicht lesen, aber Wörter wurden ohne jegliches Verständnis korrekt realisiert, unabhängig von der orthographischen Regularität.

Zusammenfassend liegt nach Abbildung 2 bei der direkten Dyslexie ein Ausfall der semantischen Route 3 und der G-P-K-Route 1 vor, so daß das Lesen ausschließlich über die direkte Route 2 realisiert wird.

Die phonologische Dyslexie

Patienten mit phonologischer Dyslexie sind unfähig, Neologismen zu lesen, wie die Patienten mit Tiefendyslexie und mit direkter Dyslexie. Im Gegensatz zu Tiefendyslektikern produzieren sie jedoch keine semantischen Paralexien, und im Gegensatz zu Patienten mit direkter Dyslexie verfügen sie über ein gutes Sprachverständnis.

In den ersten Fallbeschreibungen (Derouesné & Beauvois, 1979) wurde darauf hingewiesen, daß Patienten mit phonologischer Dyslexie eine reine Symptomatik hatten, die durch eine einzelne Funktionsstörung, nämlich der Graphem-Phonem-Konversion, zustande kam. Bei Patienten mit Tiefendyslexie oder mit direkter Dyslexie mußten mindestens zwei Störungen angenommen werden, zum einen der Graphem-Phonem-Konversion und zum anderen des semantischen Systems (siehe oben).

Probleme für diese Interpretation der phonologischen Dyslexie als »reine Dyslexieform« kamen von weiteren Untersuchungen über das Lesen von Neologismen, das je nach Stimulusmerkmalen sehr heterogen war und sowohl zu Nullreaktionen als auch zu Substitutionen und Auslassungen einzelner Segmente und schließlich auch zu Lexikalisierungen führte. Dabei bestimmte die graphematische Komplexität das Ausmaß der Abweichung. Darüber hinaus konnten pseudohomophone Neologismen (zum Beispiel das englische Nichtwort *leef* ist homophon mit dem Wort *leaf*) häufig richtig realisiert werden (Derouesné & Beauvois, 1985).

Die Annahme einer reinen Störung durch Ausfall der Graphem-Phonem-Korrespondenz konnte solche Unterschiede nicht erklären und das Syndrom mußte revidiert werden als Störung in einer bestimmten Stufe der Graphem-Phonem-Korrespondenz.

Patienten, die zu Neologismen Nullreaktionen produzierten, könnten offensichtlich G-P-K nicht aktivieren. Für Patienten, die graphematisch komplexere Neologismen schlechter lesen konnten als graphematisch einfache, mußte angenommen werden, daß G-P-K zwar aktiviert wird, aber daß die Konversionsregeln gestört waren. Für andere Patienten mußte die Störung im phonologischen Kurzzeitgedächtnis (»phonological response buffer«) angesetzt werden (siehe Abbildung 2). In diesem Subsystem werden die Ergebnisse der einzelnen Graphem-Phonem-Korrespondenzen in ihrer Reihenfolge kurzfristig bis zur Artikulation gespeichert. Eine Störung dieses Gedächtnissystems würde zu einem Unterschied zwischen homophonen und nicht-homophonen Neologismen führen. Bei nicht-homophonen Neologismen wäre die Gedächtnisspanne zu kurz, um zu einer korrekten Artikulation führen zu können, bei pseudo-homophonen Neologismen wäre das Endprodukt identisch mit einem Eintrag im phonologischen (Langzeit-)Lexikon, womit es in Verbindung steht, und die pseudo-homophonen Items könnten dadurch besser behalten werden. Allerdings wäre die Voraussage für Patienten mit dieser Art von phonologischer Dyslexie, daß sie auch beim Nachsprechen und/oder beim Schreiben von Neologismen Schwierigkeiten haben würden (Bub, Black, Howell & Kertesz, 1987; Caramazza, Miceli & Villa, 1986).

Zusammenfassend liegt nach Abbildung 2 bei der phonologischen Dyslexie eine Unfähigkeit vor, entweder die G-P-K-Route zu aktivieren, bei erhaltener Aktivierung bestimmte Regeln zu verwenden oder das Ergebnis bei erhaltenen G-P-K-Regeln in dem phonologischen Speicher zu behalten. Die beiden lexikalischen Routen (Route 1: semantisch, Route 2: phonologisch) können dahingegen beim Lesen einwandfrei eingesetzt werden.

Die Oberflächendyslexie

Patienten mit einer Oberflächendyslexie können nach Marshall & Newcombe (1973) orthographisch regelmäßige Wörter und Neologismen signifikant besser lesen als orthographisch unregelmäßige Wörter. Letztere werden »regularisiert«, das heißt, nach den Regeln des einzelsprachlichen Schriftsystems und nicht nach der jeweiligen orthographischen Ganzwortspeicherung realisiert. Diese Patienten verfügen offensichtlich nicht über die direkte Route und lesen ausschließlich über die Graphem-Phonem-Route.

In orthographisch transparenten Sprachen wie dem Deutschen sind solche Störungen schwer aufzudecken, da unregelmäßige Graphem-Phonem-Korrespondenzen kaum vorhanden sind und Patienten mit einer Oberflächendyslexie flüssig lesen.

Ursprünglich wurde angenommen, daß die Oberflächendyslektiker bei homophonen allographischen Wörtern (zum Beispiel *Stil–Stiel; Miene–Mine*) unfähig sein sollten, die korrekte Bedeutung zu finden, da die Bedeutungsattribution erst nach der Graphem-Phonem-Umwandlung (das heißt, wo beide Allographen phonologisch äquivalent sind) stattfinden würde (Coltheart, 1981).

Inzwischen haben weitere Untersuchungen auch für diese Dyslexieform mindestens zwei neue Untergruppen mit funktional unterschiedlicher Störung gezeigt (Kay & Patterson, 1985; Margolin, Marcel & Carlson, 1985).

Bei einigen Patienten muß die Störung, wie anfänglich angenommen, präsemantisch gedeutet werden, das heißt, sie verfügen nicht über die direkte Route und haben auch keinen Zugriff zur semantischen Route. Die Bedeutung, die sie für ein Wort angeben, ist nicht die des Zielitems (Englisch »listen«: hören) sondern die der Reaktion (Englisch »Liston«: The boxer). Bei anderen Patienten jedoch ist die Störung post-semantisch anzusetzen: die direkte Route steht nicht zur Verfügung, die Patienten können jedoch zur semantischen Repräsentation des Schriftwortes gelangen, aber sie können die entsprechende phonologische Form nicht aktivieren und weichen deshalb auf die einzig vorhandene Graphem-Phonem-Route aus. Diese Patienten können im Gegensatz zu den präsemantisch Gestörten die Bedeutung des Zielwortes erfassen, auch wenn sie es fälschlicherweise regularisiert lesen.

Zusammenfassend liegt nach Abbildung 2 bei der Oberflächendyslexie entweder ein Ausfall (1. Untertyp) oder eine Störung der Aktivierung (2. Untertyp) der beiden lexikalischen Routen vor, und es wird ausschließlich die 3. Route der G-P-K beim Lesen verwendet.

Die peripheren Dyslexien

Das buchstabierende Lesen (»letter-by-letter-reading«)

Diese Dyslexieform ist deckungsgleich mit der reinen Alexie, wie sie aus der klassischen Literatur (zum Beispiel Déjerine, 1892) überliefert wurde.

In moderneren Fallbeschreibungen (Patterson & Kay, 1982; Shallice & Saffran, 1986; Coslett & Saffran, 1989; Bub, Black & Howell, 1989) wird versucht, diese Störung genauer zu beschreiben und funktional zu erklären.

Patienten mit buchstabierendem Lesen versuchen, die Buchstaben eines Wortes meist laut zu benennen (zum Beispiel durch Nachfahren mit dem Finger) um so mühevoll das Zielwort zusammenzustellen. Manchmal werden bei dieser Strategie visuell ähnliche Buchstaben substituiert und kurze Wörter (drei Buchstaben) werden schneller und genauer gelesen als lange (sieben bis acht Buchstaben) (Patterson & Kay, 1982). Obwohl diese Störung häufig von einer Hemianopsie nach rechts begleitet ist (»occipitale Alexie«), ist sie nicht darauf zurückzuführen, denn: einerseits gibt es Patienten mit Hemianopsie ohne Lesestörung, andererseits haben Warrington & Shallice (1980) die Blickfeld-Unabhängigkeit der reinen Alexie eindeutig festgestellt.

Die Autoren verwendeten Stimuli, wobei eine Zahl zu benennen war, die entweder vor oder nach einem Wort aus acht Buchstaben tachistoskopisch angeboten wurde. Die Leistung ihres Patienten war dabei normal.

Auch wenn die Lesestörung demnach nicht die Folge einer Wahrnehmungsstörung war, muß sie dennoch nach Warrington & Shallice (1980) sehr früh im orthographischen System angesiedelt werden, und zwar im Bereich der visuellen Analyse (siehe Abbildung 2). In diesem Subsystem wird die Buchstabenkette nach bekannten Einheiten (Buchstaben, Grapheme, Silben, Morpheme) aufgeteilt. Im Gegensatz zur Oberflächendyslexie werden die graphematischen Einheiten und die orthographischen Regeln einer Sprache nicht länger respektiert beziehungsweise erkannt, und der Patient muß kompensatorisch beim Wortlesen buchstabierend vorgehen.

Nach Abbildung 2 ist bei einer Störung der visuellen Wortanalyse, wie sie beim buchstabierenden Lesen angenommen wird, der Zutritt zum eigentlichen Lesesystem unmöglich.

Genau betrachtet, gehört nur das buchstabierende Lesen (»reine Alexie«) zur Kategorie der peripheren Dyslexien. Die beiden anderen Formen beziehen sich nicht spezifisch auf das orthographische Verarbeiten, sondern sie sind Begleiterscheinungen von allgemeinen neuropsychologischen Störungen. Der Vollständigkeit wegen werden sie hier kurz erwähnt, vor allem weil sie differentialdiagnostisch von der reinen Alexie unterschieden werden müssen.

Die Neglect-Dyslexie

Bei rechtsseitigen Läsionen können Störungen des Lesens auftreten, die sich auf den linken Teil des Wortes, das heißt, kontralateral zur Läsion, beschränken. Kinsbourne & Warrington (1962a) beschrieben sechs Patienten mit dieser Störung, die beim Lesen Paralexien zum linken Wortteil produzierten, sowohl bei kurzen als auch bei längeren Wörtern und auch bei unterschiedlichen Wortarten.

Durch Manipulation der Stimuli (zum Beispiel Verschiebung des Items) konnte gezeigt werden, daß die zentrale Wortrepräsentation und der eigentliche Lesevorgang ungestört sind. Die Aufmerksamkeitsstörung für eine Seite beschränkt sich nicht auf das Lesen, sondern sie betrifft allgemein alle visuellen Stimuli, wie zum Beispiel das Verarbeiten von Bildern.

Die agnostische Dyslexie

Agnostische Störungen sind Störungen der Wahrnehmung, die bei bilateralen Läsionen im occipitalen Cortex vorliegen können. Kinsbourne & Warrington (1962b) beschrieben bei vier Patienten Symptome einer reinen Alexie (buchstabierendes Lesen, siehe oben) im Zusammenhang mit einer Simultanagnosie.

Die Patienten konnten zwar elementare Wahrnehmungsaufgaben erfüllen, aber bei komplexeren Bildern benannten sie charakteristischerweise nur einzelne Bestandteile des Bildes, ohne diese zu einem Gesamtbild zusammensetzen zu können.

Beim tachistoskopischen Erkennen verschiedener Buchstaben (und Zahlen) konnten die Patienten nur ein einzelnes Item benennen. Diese extrem eingeschränkte Aufmerksamkeit für Buchstaben beruht auf den gleichen Mechanismen wie die Simultanagnosie, das heißt, sie betrifft sämtliche visuelle Stimuli. Wie bei der Neglect-Dyslexie bedarf es auch bei der agnostischen Dyslexie deshalb keiner eigenständigen funktional-sprachlichen Erklärung, sondern sie folgt aus einem nicht-sprachlichen neuropsychologischen Störungsmuster.

Tabelle 1 gibt eine Zusammenfassung der kognitiv-psychologischen Dyslexieformen mit den jeweiligen gestörten und erhaltenen Subsystemen nach dem Modell in Abbildung 2 und mit den Hauptstörungsmerkmalen beim Lesen von Wörtern und Neologismen.

Dyslexieformen	Funktionale Systeme Zentral Route 1 (Semantik)	Route 2 (direkt)	Route 3 (G-P-K)	Peripher Visuelle Analyse	Hauptmerkmale Wörter	Neologismen
I. Zentrale Dyslexien						
a) Lexikalische Dyslexien						
1. Tiefendyslexie	geschädigt ■ Input zur Semantik oder ■ Semantik oder ■ Output von Semantik	außer Funktion	außer Funktion	erhalten	semantische Paralexien und Konkretheitseffekt und Wortarteneffekt	Unmöglich: Nullreaktionen
2. Direkte Dyslexie	außer Funktion	erhalten	außer Funktion	erhalten	fehlendes Lesesinnverständnis und erhaltenes lautes Lesen von orthographisch regelmäßigen und unregelmäßigen Wörtern	Unmöglich: Nullreaktionen
3. Phonologische Dyslexie	erhalten	erhalten	geschädigt ■ GPK oder ■ phonologischer Buffer	erhalten	erhaltenes Lesen von orthographisch regelmäßigen und unregelmäßigen Wörtern	Gestört: Phonematische Fehler / Nullreaktionen / Lexikalisierungen ■ Effekt von graphematischer Komplexität oder ■ Effekt von Homophonie mit Lexemen
b) Nicht-lexikalische Dyslexie						
4. Oberflächendyslexie	kein Zugriff zum ■ Input: prä-semantisch oder ■ Output: post-semantisch	siehe Route 1	erhalten	erhalten	erhaltenes Lesen von orthographisch regelmäßigen und Regularisierung von unregelmäßigen Wörtern	erhalten

II. Periphere Dyslexien						
1) Buchstabierendes Lesen	kein Zugriff	kein Zugriff	Zugriff nur über Einzelbuchstaben	geschädigt für verbales Material: Graphemanalyse unmöglich	buchstabierend: visuelle Fehler	siehe Wörter
2) Agnostische Dyslexie	kein Zugriff	kein Zugriff	Zugriff nur über Einzelbuchstaben	geschädigt im Allgemeinen: Wahrnehmung nur von Einzelteilen	buchstabierend: visuelle Fehler	siehe Wörter
3) Neglekt-Dyslexie	gestörter Zugriff nur über rechtes Wortsegment	siehe Route 1	siehe Route 1, 2	geschädigt im Allgemeinen: Aufmerksamkeitsstörung für linkes Segment	Auslassung des linken Segmentes	siehe Wörter

Tabelle 1: Kognitiv-psychologische Klassifikation der Dyslexien

Diskussion

Die schnelle Entwicklung in der Dyslexieforschung der letzten 20 Jahre hat selbstverständlich zu Meinungsunterschieden und zur Abgrenzung von Problemgebieten geführt. Diese betreffen vor allem die nicht-lexikalische Prozedur.

Coltheart (1978, 1985) hatte nach Venetzky (1970) vorgeschlagen, daß die Einheit bei dieser Prozedur das Graphem im Sinne von Venetzkys »functional spelling unit« war, das heißt ein Buchstabe oder eine Buchstabenkombination, die mit einem Einzelphonem übereinstimmt. Die Graphem-Phonem-Korrespondenz-Regel wurde definiert als Übersetzung eines Graphems in das Phonem, das damit am häufigsten verbunden ist (zum Beispiel Deutsch: v = /f/ wie in *Vater* und nicht /v/ wie in *Vase*).

Diese Annahme einer nichtlexikalischen Prozedur wurde von Kay & Marcel (1981) angezweifelt. Die Autoren konnten zeigen, daß die phonematische Realisierung eines bestimmten Graphems in Neologismen von der Vorgabe eines visuell-orthographisch ähnlichen Wortes und nicht von der G-P-K-Häufigkeit abhängig war. Zum Beispiel würde *Vabe*, unmittelbar nach *Vater* angeboten, als *Fabe* realisiert werden, aber nach *Vase* als *Vabe*.

Aufgrund dieser Ergebnisse konstruierten die Autoren eine alternative Theorie, nämlich die »lexikalische Analogietheorie«.

Diese lehnt eine nicht-lexikalische Prozedur beim Lesen ab. Neologismen werden nach supra-graphematischen Einheiten segmentiert und die Segmente aktivieren Wörter im Lexikon, die ähnliche Segmente enthalten. Die phonologische Realisierung von Neologismen folgt deshalb einer lexikalischen Prozedur.

Die Kontroverse zwischen dem Zwei-Bahnen-Modell und dem Modell der »lexikalischen Analogie« besteht immer noch (Humphreys & Evett, 1985). Auch andere Bereiche wie zum Beispiel die Repräsentation morphologisch komplexer Wörter bedürfen noch weiterer Forschung (De Bleser & Bayer, 1989). Allgemein kann man sagen, daß die Subsysteme in den kognitiven Modellen in vielerlei Hinsicht noch unterdeterminiert sind.

Dennoch sind die bereits gewonnenen Erkenntnisse zum Lesen in der kognitiven Neuropsychologie erheblich. Wir wollen sie hier noch einmal zusammenfassen.

Wie in Absatz 2 besprochen, machte die klassische und moderne neuroanatomische Forschung einen Unterschied zwischen modalitätsspezifischen Alexien, wo überhaupt kein Lesen möglich ist (»literal alexia«) und »aphasischen Alexien« (»verbal alexia«), die keine eigenständigen Lesestörungen darstellten, sondern aus einer supramodalen Aphasie folgten.

Das Sprachsystem und die sprachsystematischen Störungen wurden primär als phonologisch betrachtet. Die Schriftsprache wurde davon nur abgeleitet und hatte kein (graphematisch) lexikalisches System, sondern sie bestand lediglich aus einer festen Zahl von Buchstaben, die erst über das phonologische System sprachliche Eigenschaften erhielten.

Die moderne Forschung hat die Annahme der Supramodalität aphasischer Störungen aufgegeben und geht davon aus, daß jede sprachliche Modalität sowohl über ein lexikalisches als auch ein nicht-lexikalisches System verfügt (mit Ausnahme der »lexikalischen Analogietheorie«). Daraus folgt, daß Störungen der gesprochenen Sprache (Aphasien) und der geschriebenen Sprache (Dyslexien) prinzipiell modalitätsspezifisch sein können. Auf dieser Grundlage konnten verschiedene Formen von Lesestörungen entdeckt und deren funktionale Störungsmechanismen bestimmt werden.

Literatur

Benson, D. F., Brown, J. & Tomlinson, E. B. (1971) Varieties of alexia. *Neurology, 21,* 951-957.

Benson, D. F. (1977) The third alexia. *Archives of Neurology (Chicago), 34,* 327-331.

Benson, D. F. (1979) *Aphasia and agraphia.* New York: Churchill Livingston.

Boccardi, E., Bruzzone, M. G. & Vignolo, L. A. (1984) Alexia in recent and late Broca's aphasia. *Neuropsychologia, 22,* 745-754.

Bub, D., Cancellière, A. & Kertesz, A. (1985) Whole-word and analytic translation of spelling-to-sound in a non-semantic reader. In: Patterson, K. E., Coltheart, M. & Marshall, J. C. (eds.) *Surface dyslexia.* London: Erlbaum.

Bub, D., Black, S., Howell, J. & Kertesz, A. (1987) Speech output processes and reading. In: Coltheart, M., Sartori, G. & Job, R. (eds.) *The cognitive neuropsychology of language.* London: Erlbaum.

Bub, D., Black, S. & Howell, S. (1989) Word recognition and orthographic context effects in a letter by letter reader. *Brain and Language, 36,* 357-376.

Caramazza, A., Miceli, G. & Villa, G. (1986) The role of the (output) phonological buffer in reading, writing and repetition. *Cognitive Neuropsychology, 3,* 37-76.

Coltheart, M. (1978) Lexical access in simple reading tasks. In: Underwood, G. (ed.) *Strategies of information processing.* London: Academic Press.

Coltheart, M. (1980) Reading, phonological recoding and deep dyslexia. In: Coltheart, M., Patterson, K. & Marshall, J. (eds.) *Deep dyslexia.* London: Routledge & Kegan Paul.

Coltheart, M. (1981) Disorders of reading and their implications for models of normal reading. *Visible Language, 15,* 245-286.

Coltheart, M. (1985) Cognitive neuropsychology and the study of reading. In: Posner M. I. & Marin O. S. M. (eds.) *Attention and Performance, vol. II.* Hillsdale, N.J.: Erlbaum.

Coslett, H. B. & Saffran, E. M. (1989) Evidence for preserved reading in "pure alexia". *Brain, 112,* 327-359.

De Bleser, R. & Bayer, J. (1989) Morphological reading errors in a German case of deep dyslexia. In: Nespoulous, J. L. & Villiard, P. (eds.) *Morphology, Phonology, and Aphasia.* New York: Springer.

De Bleser, R. & Luzzatti, C. (1989) Models of reading and writing and their disorders in classical German aphasiology. *Cognitive Neuropsychology, 6,* 501-513.

Déjerine, J. (1881) Sur un cas de cécité verbale avec agraphie suivi d'autopsie. *Mémoires Société Biologique, 3,* 197-201.

Déjerine, J. (1882) Contribution à l'étude anatomopathologique et clinique des différentes variétés de cécité verbale. *Mémoires Société Biologique, 4,* 61-90.

Derouesné, J. & Beauvois, M. F. (1979) Phonological processing in reading, data from alexia. *Journal of Neurology, Neurosurgery and Psychiatry, 42,* 1125-1132.

Derouesné, J. & Beauvois, M. F. (1985) The "phonemic" stage in the non-lexical reading process, evidence from a case of phonological alexia. In: Patterson, K. E., Coltheart, M. & Marshall, J. C. (eds.) *Surface Dyslexia.* London: Erlbaum.

Forster, K. I. (1976) Accessing the mental lexicon. In: Wales, R. J. & Walker, E. C. T. (eds.) *New approaches to the language mechanisms.* Amsterdam: North Holland.

Geschwind, N. & Fusillo, M. (1966) Colour naming defects in association with alexia. *Archives of Neurology, 15,* 137-146.

Humphreys, G. W. & Evett, L. J. (1985) Are there independent lexical and non-lexical routes in word processing? An evaluation of the dual route theory of reading. *The Behavioral and Brain Sciences, 8,* 689-740.

Kay, J. & Marcel, A. J. (1981) One process not two in reading aloud, lexical analogies do the work of non-lexical rules. *Quarterly Journal of Experimental Psychology, 33A,* 397-413.

Kay, J. & Patterson, K. E. (1985) Routes to meaning in surface dyslexia. In: Patterson, K. E., Coltheart, M. & Marshall, J. C. (eds.) *Surface dyslexia.* London: Erlbaum.

Kinsbourne, M. & Warrington, E. K. (1962a) A variety of reading disability associated with right hemisphere lesions. *Journal of Neurology, Neurosurgery and Psychiatry, 25,* 339-344.

Kinsbourne, M. & Warrington, E. K. (1962b) A disorder of simultaneous form perception. *Brain, 85,* 461-486.

Kremin, H. (1982) Alexia, theory and research. In: Malatesha, R. N. & Aaron, P. G. (eds.) *Reading disorders, varieties and treatments.* New York: Academic Press.

Lichtheim, L. (1985) On aphasia, *Brain, 7,* 433-484.

Lytton, W. W. & Brust, J. M. C. (1989) Direct dyslexia. Preserved oral reading of real words in Wernicke's aphasia. *Brain, 112,* 583-594.

Margolin, D. I., Marcel, A. J. & Carlson, N. R. (1985) Common processes in dysnomia and postsemantic dyslexia, processing deficits and selective attention. In: Patterson, K. E., Coltheart, M. & Marshall, J. C. (eds.) *Surface dyslexia.* London: Erlbaum.

Marshall, J. C. & Newcombe, F. (1966) Syntactic and semantic errors in paralexia. *Neuropsychologia, 4,* 169-176.

Marshall, J. C. & Newcombe, F. (1973) Patterns of paralexia, a psycholinguistic approach. *Journal of Psycholinguistic Research, 2,* 175-199.

Morton, J. (1970) A functional model for memory. In: D. A. Norman (ed.) *Models for human memory.* New York: Academic Press.

Morton, J. & Patterson, K. E. (1980) A new attempt at an interpretation, or, an attempt at a new interpretation. In: Coltheart, M., Patterson, K. E. & Marshall, J. C. (eds.) *Deep dyslexia*. London: Routledge.

Newcombe, F. & Marshall, J. C. (1980) Transcoding and lexical stabilization in deep dyslexia. In: Coltheart, M., Patterson, K. E. & Marshall, J. C. (eds.) *Deep dyslexia*. London: Routledge.

Nolan, K. A. & Caramazza, A. (1983) An analysis of writing in a case of deep dyslexia. *Brain and Language, 20,* 305-328.

Patterson, K. E. & Kay, J. (1982) Letter by letter reading, psychological descriptions of a neurological syndrome. *Quarterly Journal of Experimental Psychology, 34A,* 411-441.

Saffran, E. M., Schwartz, M. F. & Marin, O. S. M. (1976) Semantic mechanisms in paralexia. *Brain and Language, 3,* 255-265.

Sasanuma, S. (1980) Acquired dyslexia in Japanese, clinical features and underlying mechanisms. In: Coltheart, M., Patterson, K. E. & Marshall, J. C. (eds.) *Deep dyslexia*. London: Routledge.

Sasanuma S. (1985) Surface dyslexia and dysgraphia, how are they manifested in Japanese? In: Patterson, K. E., Coltheart, M. & Marshall, J. C. (eds.) *Surface dyslexia*. London: Erlbaum.

Schwartz, M. F., Saffran, E. M. & Marin, O. S. M. (1980) Fractionating the reading process in dementia, evidence for word-specific print-to-sound associations. In: Coltheart, M., Patterson, K. E. & Marshall, J. C. (eds.) *Deep dyslexia*. London: Routledge.

Shallice, T. & Saffran, E. M. (1986) Lexical processing in the absence of explicit word identification, evidence from a letter-by-letter reader. *Cognitive Neuropsychology, 3,* 429-458.

Shallice, T. & Warrington, E. K. (1980) Single and multiple component central dyslexic syndromes. In: Coltheart, M., Patterson, K. E. & Marshall, J. C. (eds.) *Deep dyslexia*. London: Routledge.

Stachowiak, F. J. & Poeck, K. (1976) Functional disconnection in pure alexia and colour naming deficit demonstrated by facilitation methods. *Brain and Language, 3,* 135-143.

Venetzky, R. L. (1970) *The structure of English orthography*. Den Haag: Mouton.

Warrington, E. K. (1981) Concrete word dyslexia. *British Journal of Psychology, 72,* 175-196.

Warrington, E. K. & Shallice, T. (1979) Semantic access dyslexia. *Brain, 102,* 43-63.

Warrington, E. K. & Shallice, T. (1980) Word-form dyslexia. *Brain, 103,* 99-112.

Wernicke, C. (1886) Nervenheilkunde. Die neueren Arbeiten über Aphasie. *Fortschritte der Medicin, 4,* 463-482.

Zaidel, E. (1985) Language in the right hemisphere. In: Benson, D. F. & Zaidel, E. (eds.) *The dual brain*. New York: Guilford.

10. Nonverbale Kommunikation bei Aphasie

Manfred Herrmann[1]
Abteilung für Rehabilitationspsychologie, Universität Freiburg

Einführung

Es mag vielleicht zunächst verwundern, in einem linguistischen Textbuch zur Aphasieforschung und -therapie eine Arbeit zur nonverbalen Kommunikation zu finden, einem Themenkomplex also, welcher der linguistischen Theorie und Empirie nur beschränkt zugänglich ist. Dennoch gibt es Argumente, warum in einer Einführung in die linguistische Aphasiologie auch die nonverbale Kommunikation Berücksichtigung finden sollte:

- Einerseits ist die Geschichte der Aphasieforschung aufs engste mit dem nonverbalen Verhalten der Patienten verknüpft. Die Kompetenz zur adäquaten (beziehungsweise nicht adäquaten) nonverbalen Kommunikation war häufiger Ausgangspunkt, um Struktur und Qualität einer zentralen Sprachstörung zu definieren.
- Andererseits ist die nonverbale Kommunikation insbesondere bei schweren Aphasikern ein zentraler Bestandteil der logopädischen Therapie. Linguistisch strukturierte Sprachtherapie und nonverbale Behandlungsansätze schließen sich nicht aus, sondern bauen aufeinander auf und ergänzen sich gegenseitig.

Der folgende Text versucht, beiden Argumenten gerecht zu werden. Zum einen soll eine Einführung in die Theorie und Empirie der nonverbalen Kommunikation bei Aphasie gegeben werden, zum anderen werden aber auch nonverbale Behandlungsansätze in Therapie und Rehabilitation der Patienten dargelegt und diskutiert. Notwendigerweise ist eine solche Darstellung verkürzt. Nonverbale Kommunikation kann immer nur insoweit thematisiert werden, wie sie in Zusammenhang mit Aphasie und Aphasieforschung steht. Zur vertiefenden Einarbeitung in den Gegenstand ist dem Text eine nach Sachgebieten geordnete Literaturliste beigegeben.

---

1 Viele Anregungen im vorliegenden Aufsatz entstammen einem gemeinsamen Forschungsprojekt mit Thomas Reichle, dem ich zu Dank verpflichtet bin. Weiterhin bedanke ich mich bei Frau Anja Baur für das Korrekturlesen der Manuskriptversion dieser Arbeit.

Bedeutung der nonverbalen Kommunikation bei Aphasie

Bei Patienten mit schweren Aphasien ist die sprachliche Kommunikationsfähigkeit oft extrem eingeschränkt, zum Teil nur noch auf repetitive Sprachphänomene (recurring utterances, Automatismen, Echolalien, ...) reduziert. Es erscheint evident, daß gerade für diese Patientengruppe nonverbale Verhaltensweisen eine mögliche sprachkompensatorische Kommunikationsform darstellen können. So wurde bereits in den fünfziger Jahren versucht, nonverbale Behandlungsansätze in die Therapie schwerer Aphasiker mit einzubeziehen, beziehungsweise den Blickwinkel sprachtherapeutischer Interventionen von der Restitution sprachlicher Verhaltensmuster in Richtung auf alternative nonverbale Kommunikationsweisen zu lenken (Goldstein & Cameron, 1952; Sklar & Bennett, 1956). Der Hintergrund dieser Ansätze basierte auf den Erfahrungen vieler Sprachtherapeuten, mit Aphasikern zu arbeiten, die als »sprachtherapieresistent« galten und auch nach oft jahrelanger Therapie keine Verbesserungen ihrer sprachlichen Kommunikationsmöglichkeiten zeigten. Eine Reihe von Studien konnten dann auch Verbesserungen der kommunikativen Fertigkeiten dieser Patientengruppe mit Hilfe nonverbaler Techniken aufweisen. Eine Bedeutung der nonverbalen Kommunikation bei Aphasie liegt daher offensichtlich in der praktischen Relevanz dieser Kommunikationsform für eine effizientere (Sprach-)Therapie.

Zunächst bleibt jedoch die Frage zu klären, ob Aphasiker überhaupt in der Lage sind, ihre sprachlichen Defizite und Störungen mittels nonverbaler Medien zu kompensieren. Denn die Sprachpathologie dieser Patienten und ihre klinische Manifestation ist nur ein, wenn auch häufig dominierendes Symptom einer hirnorganischen Schädigung und fast immer mit einer Vielzahl neurologischer, neuropsychologischer und emotional-affektiver Dysfunktionen vergesellschaftet. Es stellt sich also das Problem, ob die cerebrale Schädigung nicht immer auch nichtsprachliche Fertigkeiten, beziehungsweise deren kognitive und instrumentelle cerebrale Verarbeitungsprozeduren mit beeinträchtigt. In dieser Problemstellung liegt dann auch die zweite Bedeutung des Themenkomplexes »nonverbale Kommunikation und Aphasie«.

Es wäre jedoch verfehlt, die beiden skizzierten Betrachtungsweisen gegeneinander abzugrenzen, erstere quasi als »praktische« und zweitere als »theoretische« Bedeutung der Themenstellung zu bezeichnen. Denn was nützen die besten nonverbalen Therapieansätze, wenn es sich erweisen sollte, daß der Patient infolge seiner Hirnschädigung gar nicht in der Lage ist, von diesen Therapien zu profitieren. Daher soll zunächst auf die Bedeutung der nonverbalen Kommunikation in Bezug auf die Frage nach der Natur einer aphasischen Störung eingegangen werden. Daß diese Problematik schon aktuell war, noch bevor der Terminus »Aphasie« zur Bezeichnung einer Sprachstörung geprägt wurde, soll ein Exkurs in die Geschichte der Aphasieforschung belegen.

Nonverbale Kommunikation im Kontext früher Aphasieforschung

In einer der ersten systematischen Falldarstellungen einer zentralen Sprachstörung beschreibt Broca (1861b) Monsieur Lelong, einen 84jährigen ehemaligen Eisenbahnarbeiter, welcher seit Ostern 1860 nach einem Sturz von der Treppe an einer Sprachstörung litt und nur noch vier Worte artikulieren konnte: *oui (ja), non (nein), tois* (in der Bedeutung von *trois, drei*) und *toujours (immer)*. Zwischen ihm und Broca ergab sich folgendes Gespräch:

– Seit wieviel Jahren sind Sie im Bicêtre[2]*? – Trois, und er hob acht Finger.*

– Haben Sie Kinder ? – Oui.

– Wieviel ? – Trois, und er hob vier Finger.

– Wieviel Jungen ? – Trois, er hob zwei Finger.

– Wieviel Mädchen ? – Trois, er hob noch einmal zwei Finger.

All dies war absolut richtig.

– Können Sie die Zeit von einer Uhr ablesen ? – Oui.

– Wieviel Uhr ist es ? – Trois, er hob zehn Finger. (Es war zehn Uhr.)

Broca, 1861b, S. 400-401 (Übersetzung M.H.)

Aus dieser Sequenz wird deutlich, daß der Patient trotz seiner minimalen sprachlichen Fertigkeiten mittels nonverbaler Zeichen durchweg adäquat zu kommunizieren imstande war. In seinen allgemeinen Bemerkungen zur Sprache differenzierte Broca sehr genau zwischen einer »faculté du langage articulé« (Fähigkeit zur artikulierten Sprache; nur diese soll in der später nach Broca benannten Hirnregion ihr substantielles Korrelat finden) und einer »faculté du langage générale« (allgemeine Sprachfähigkeit).

Auch Wernicke wies im Rahmen von Fallstudien immer wieder auf die nonverbalen Verständigungsmöglichkeiten seiner Aphasiepatienten hin. So beispielsweise im Falle einer 78jährigen Kutscherswitwe mit »motorische Aphasie«:

> *»Sie ist vollständig sprachlos, bei gutem Bewußtsein, zeigt auf den Mund, um die Unmöglichkeit zu sprechen zu bezeichnen.«* Wernicke, 1893, S. 53

oder einer 59jährigen »Inquilinengenossin«[3] nach einem Schlaganfall:

---

[2] Bicêtre: Krankenhaus in Paris

[3] Inquilin: Ungeziefer; Patientin aus hygienisch bedenklichen Verhältnissen

> *»Durch Gesten kann man sich ihr leidlich verständlich machen; wenigstens gibt sie die Hand, wenn sie ihr entgegengereicht wird, zeigt die Zunge, wenn man ihr auf den Mund deutet oder es vormacht etc.«* Wernicke, 1893, S. 61

Er warnte gar den Diagnostiker, »nichts durch Gesten zu verrathen« (1893, S. 37), könnte dieser doch auf ein besseres als de facto vorhandenes Sprachverständnis schließen. Für Wernicke war ein intaktes »Gestenverständnis und -vermögen« eine wesentliche Grundlage seiner Auffassung über die Natur der aphasischen Symptome, welche in dem Postulat der absoluten Unabhängigkeit von Sprache und Denken ihr zentrales Thema hatte.

Völlig konträrer Auffassung waren andere frühe Aphasieforscher, zum Beispiel Finkelnburg. Auch er illustrierte sein grundlegendes Verständnis einer Sprachstörung in einer Reihe von Fallbeschreibungen:

> *»Den zweiten Fall bot eine 48jährige, seit langer Zeit herzleidende Tagelöhnerswittwe dar, welche im November 1860 nach einem heftigen Erkältungsfieber von leichten Zuckungen im rechten Arme befallen wurde und zugleich den Gebrauch der Sprache verlor. [...] Beim gemeinsamen Tischgebete machte sie, die als fromme Katholikin aufgewachsen war, nie aus eigenem Antriebe das Zeichen des Kreuzes, was sie in gesunden Tagen nie versäumt hätte: wenn die Umgebung sie dazu aufforderte, so griff sie unsicher tastend bald hinters Ohr, bald nach dem Halse, [...]«* Finkelnburg, 1870, S. 450

Finkelnburgs Auffassung zufolge verweist die defizitäre »Gesten- und Gebärdenproduktion« seiner Patienten auf eine Störung des begrifflich symbolischen Verständnisses. Demzufolge sei eine Sprachstörung auch besser als »Asymbolie« denn als »Aphasie« zu bezeichnen. Ähnlich wie Finkelnburg argumentierte eine Reihe weiterer »Aphasie«-Forscher, auch wenn sie zur Benennung einer Sprachstörung unterschiedliche Termini vorschlugen (Spamer, 1876; Kussmaul, 1877; Jackson, 1878).

Die nonverbale Kommunikation der Patienten war also in der frühen Aphasieforschung ein wesentliches Medium, um Auffassungen über die Natur, beziehungsweise zugrundeliegende Pathologie einer Sprachstörung darzustellen.

Diese divergierenden Auffassungen sind auch in der gegenwärtigen Forschung noch aktuell und Ausgangspunkt einer Reihe empirischer Studien zur nonverbalen Kommunikation bei Aphasie.

Empirische Forschung zur nonverbalen Kommunikation bei Aphasie

Nachfolgend werden drei verschiedene Zugangswege zur nonverbalen Kommunikation bei Aphasie aufgezeigt. Neurologische Modelle zur cerebralen Repräsentation der nonverbalen Kommunikation können im Rahmen dieses Textes nicht berücksichtigt werden (vgl. hierzu beispielsweise die Arbeiten von Kimura).

Der experimentelle Zugang

Die im Rahmen experimenteller Studien gewonnenen Befunde geben Anlaß zu drei verschiedenen Hypothesen über den Zusammenhang einer Sprachstörung mit dem nonverbalen Verhalten der Patienten:

1. Asymbolie-Hypothese
2. Independenz-Hypothese
3. Interferenz-Hypothese

Im folgenden werden diese Hypothesen dargestellt und anhand einer Reihe ausgewählter experimenteller Studien illustriert. Auf die hierbei üblich Trennung in Produktion und Rezeption nonverbaler Kommunikation wird aus Gründen einer übersichtlicheren Darstellung verzichtet.

Ad 1. Asymbolie-Hypothese

Aufbauend auf der bereits dargelegten Auffassung Finkelnburgs gehen die Verfechter dieser Hypothese davon aus, daß ein aphasisches Krankheitsgeschehen immer auch mit Störungen im nichtsprachlichen Bereich assoziiert ist. Demzufolge ist eine Aphasie als eine übergeordnete Störung des symbolischen und begrifflichen Verständnisses zu verstehen, welche neben sprachlichen Symbolen auch nichtsprachliche, etwa Gesten oder Pantomimen, in Mitleidenschaft zieht. Die Autorengruppe um Duffy & Duffy konnte in ihrer ersten Arbeit zur nonverbalen Kommunikation bei Aphasie (Duffy, Duffy & Pearson, 1975) darstellen, daß Aphasiker im Vergleich mit einer rechtshemisphärisch geschädigten und einer sprachgesunden Kontrollgruppe die schlechtesten Leistungen beim Pantomimenerkennen zeigten. Diese Defizite schienen sehr eng mit dem Schweregrad der Aphasie korreliert zu sein. In weiteren Arbeiten (vor allem Duffy & Duffy, 1981; vgl. auch Literaturverzeichnis) konnten die Autoren darstellen, daß nicht nur die Rezeption, sondern ebenso die Produktion von Pantomimen bei Aphasikern zumeist schwer beeinträchtigt und ebenso mit dem Ausprägungsgrad der aphasischen Störung korreliert ist. Duffy und Mitarbeiter betonen, daß als Ursache dieser Störung weder allgemeine intellektuelle Leistungsminderungen oder Abbauerscheinungen, noch Störungen in Planung oder Ablauf intentionaler Bewegungsmuster (beispielsweise Apraxien) verantwortlich gemacht werden können, sondern daß diesem defizitären nonverbalen Verhalten eine zentrale symbolische Störung (Asymbolie) der verinnerlichten, zur Planung und Organisation notwendigen »inneren Sprache« zugrunde liegt. Mit dieser Auffassung übereinstimmende Befunde werden zum Beispiel von Pickett (1974) und Kadish (1978) berichtet.

Ad 2. Independenz-Hypothese

Vertreter dieses Ansatzes, welcher letztlich auf die Auffassung von Wernicke rekurriert, postulieren die Dissoziation beziehungsweise funktionale Unabhängigkeit der sprachverarbeitenden Mechanismen von der Fähigkeit zur Produktion oder Rezeption nonverbaler Symbole. Zwar können auch bei Aphasikern die Fähigkeiten zur nonverbalen Kommunikation gestört sein, jedoch resultieren diese Defekte nicht aus der sprachlichen Störung, sondern sind als Produkt begleitender neuropsychologischer Beeinträchtigungen, etwa apraktischer Störungen, zu verstehen. Diese Auffassung vertraten bereits Goodglass & Kaplan (1963) in der ersten und richtungsweisenden experimentellen Arbeit zur nonverbalen Kommunikation bei Aphasie. Die Autoren untersuchten die Gesten- und Pantomimenproduktion von 20 Aphasikern und 19 hirnverletzten nichtaphasischen Kontrollpersonen. Die Gruppe der Aphasiker war im Vergleich mit der Kontrollgruppe in der Fähigkeit zur Gesten- und Pantomimenproduktion zwar schwerer beeinträchtigt, konnte jedoch auch vorgespielte Pantomimen häufig nicht richtig imitieren. Aufgrund dieses Befundes interpretierten Goodglass & Kaplan die nonverbalen Defizite ihrer Aphasiepatienten als Folge einer gleichzeitig vorliegenden apraktischen Störung. Im Gegensatz zur Produktion nonverbaler Kommunikation untersuchte Varney (1978) die Pantomimenerkennung aphasischer Patienten im Zusammenhang mit der visuellen Modalität der Spracherkennung, dem Lesesinnverständnis. Er fand zwar einen engen Zusammenhang zwischen Beeinträchtigungen des Lesesinnverständnisses und der Erkennung von Pantomimen, aber keine ausgeprägte Korrelation zwischen dem Schweregrad der Aphasie und Defiziten in der Pantomimenerkennung. Varney konstatiert, daß selbst schwere Aphasiker durchaus in der Lage sind, Pantomimen richtig zu identifizieren. Diese Befunde, die von Ferro, Mariano, Castro-Caldas & Santos (1980) bestätigt wurden, widersprechen jedoch den Grundannahmen der Asymbolie-Hypothese. Auch in weiteren Untersuchungen des Autors (Varney, 1982; Varney & Benton, 1982) konnten Zusammenhänge zwischen nonverbalen Beeinträchtigungen und Störungen in verschiedenen, eine Aphasie begleitenden Teilleistungsstörungen (Alexie, kognitive Beeinträchtigungen) aufgezeigt werden.

Ad 3. Interferenz-Hypothese

Nach den bisher dargelegten Auffassungen ist eine Aphasie notwendigerweise mit Beeinträchtigungen des nonverbalen Verhaltens assoziiert (Asymbolie) beziehungsweise völlig unabhängig von nonverbalen Defiziten (Independenz) zu interpretieren. Die Vertreter der Interferenz-Hypothese sehen in der Gegensätzlichkeit dieser Standpunkte jedoch nur einen scheinbaren Widerspruch, welcher durch eine differenziertere Analyse der verschiedenen interagierenden Verarbeitungs- und Produktionsprozesse der nonverbalen Kommunikation aufgehoben werden kann. Die nonverbale Kommunikation wird als ein vielschichtiges Phänomen interpretiert, welches auf verschiedenen Ebenen des menschlichen Verhaltens repräsentiert ist. In Arbeiten zur Interferenz-Hypothese (hier sind vor allem Feyereisen und Seron zu nennen: Feyereisen & Seron, 1982; Feyereisen, Seron & de Macar, 1981; Feyereisen, 1983; Seron, van der Kaa, Vanderlinden, Remits & Feyereisen, 1982) werden unterschiedliche, jedoch interagierende Prozesse der Kodierung und Dekodierung nonverbaler Signale postuliert. Abbildung 1 zeigt ein vereinfachtes und leicht modifiziertes Diagramm der hypothetischen Operationen und Kontextvariablen bei der Produktion nonverbaler Handlungen (in Anlehnung an Feyereisen & Seron, 1982).

Auch im Rahmen dieser Hypothese werden Beeinträchtigungen und Defizite in der nonverbalen Kommunikation von Aphasikern angenommen. Diese Störungen des nonverbalen Kommunikationsverhaltens müssen jedoch spezifischer und unter Einbeziehung cerebraler Informationsverarbeitungsprozeduren (beispielsweise elementare neuropsychologische Mechanismen wie Wahrnehmungsfunktionen, Gedächtnis, Reizerkennung und -diskrimination) analysiert werden. Weiterhin spielt der situative oder kommunikative Kontext der nonverbalen Handlungen eine wesentliche Rolle. Durch die Einbeziehung dieser Kontextvariable wird die ökologische Validität (das heißt die Übertragbarkeit beziehungsweise Repräsentativität experimenteller Befunde für den Kontext der Alltagskommunikation) vieler bisher dargestellter Studien relativiert. Denn es gilt sich zu vergegenwärtigen, daß die Ergebnisse der meisten experimentellen Studien in laborähnlichen Situationen gewonnen wurden und keineswegs die nonverbale Alltagskommunikation der Patienten reflektieren. So konnten beispielsweise Wallace & Canter (1985) in einer Studie mit schweren Aphasikern aufzeigen, daß die Patienten bei Verwendung von persönlich relevantem Sprachmaterial signifikant bessere Leistungen zeigen, als beim Gebrauch von vergleichsweise irrelevanten Aufgaben- oder Problemstellungen. Auch in Studien des Autors und von Mitarbeitern (Herrmann, Reichle, Lucius-Hoene, Wallesch & Johannsen-Horbach, 1988; Herrmann, Koch, Johannsen-Horbach & Wallesch, 1989) konnte dargestellt werden, daß selbst schwere nichtflüssige Aphasiker in natürlichen Kommunikationssituation (zum Beispiel in der Kommunikation mit Angehörigen) durchaus mittels nonverbaler Kommunikationsstrategien sprachliche Störungen zu kompensieren in der Lage sind.

Zusammenfassend kann festgehalten werden, daß die Ergebnisse experimenteller Forschung Defizite in der nonverbalen Kommunikation bei Aphasikern aufzeigen. Über die Ursache dieser Beeinträchtigung existieren jedoch konträre Auffassungen.

Der pragmatische Zugang

Unabhängig von der Problematik, ob Aphasiker überhaupt in der Lage sind, sich mittels nonverbaler Kommunikationskanäle zu verständigen, wurden vor allem in den USA schon sehr früh Wege gesucht, nonverbale Medien in die Therapie von Sprachstörungen einzubeziehen. Folgende sogenannte »Nonspeech Communication Modes« können hierbei unterschieden werden:

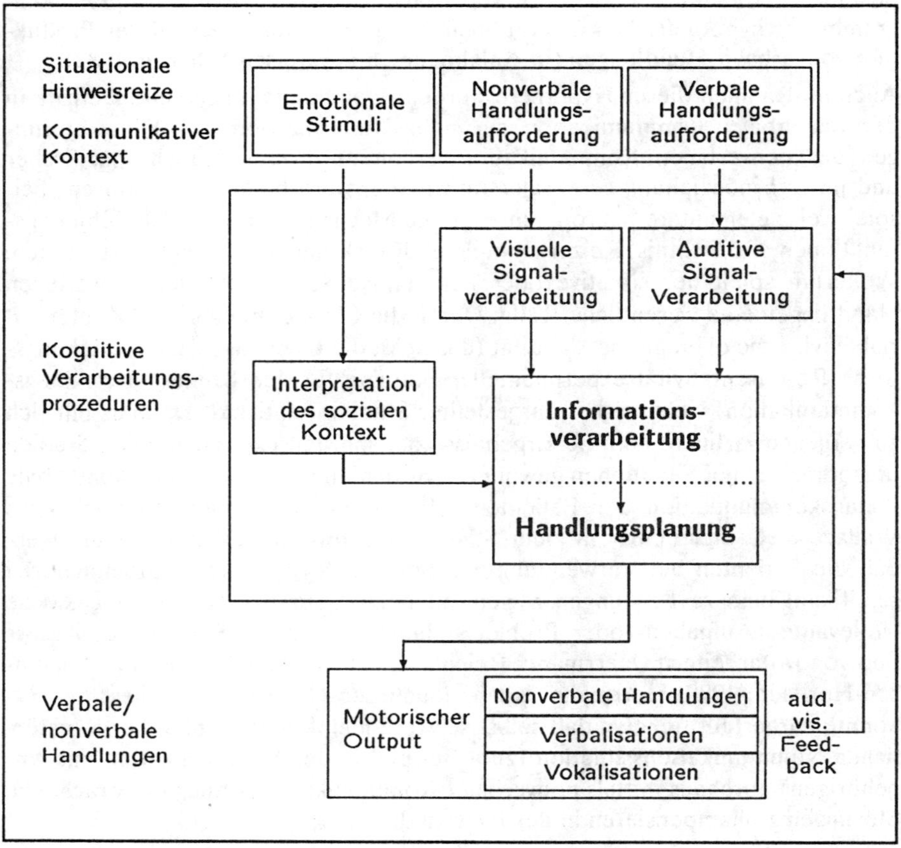

Abbildung 1 **Hypothetische Operationen und Kontextvariablen bei der Produktion nonverbaler Handlungen (modifiziert nach Feyereisen & Seron, 1982)**

1. Pantomime und/oder Gestik
2. manuelle Zeichensprachen
3. manipulierbare Symbolsysteme
4. Kommunikations- und Konversationstafeln
5. elektronische Kommunikationssysteme oder sonstige technische Kommunikationshilfen

Nachfolgend werden diese nonverbalen Kommunikationshilfen exemplarisch dargestellt. (Einen detaillierten Überblick gibt Silverman, 1980; eine kurze Darstellung nonverbaler Behandlungsansätze mit Therapiebeispielen geben Johannsen-Horbach und Wallesch, 1988).

Ad 1. Pantomime und/oder Gestik

Von den Autoren, welche Pantomime und/oder Gestik als nonverbalen Behandlungsansatz in der Therapie mit Aphasikern propagieren, werden mehrere Argumente für die Auswahl dieses Mediums geltend gemacht:

a) Sprachhandlungen können mittels pantomimischer Inszenierung initiiert und erleichtert werden.
b) Pantomime oder Gestik können im Rahmen von Wortfindungs- oder Formulierungsproblemen kompensatorische Funktion haben.
c) Spontaneität und Aufmerksamkeitsspanne sowie auditorisches und visuelles Gedächtnis sollen verbessert werden.

Inzwischen liegen eine ganze Reihe von verschiedenen Programmen zum Pantomimentraining bei Aphasikern vor. So werden beispielsweise im Rahmen der »Visual Action Therapy (V.A.T.)« nach Helm (Helm-Estabrooks, Fitzpatrick & Barresi, 1982) die Patienten schrittweise damit konfrontiert, pantomimische Gesten für bestimmte Gegenstände oder Handlungen zu benutzen. Ähnliche Programme, welche auf einer Gesten- oder Pantomimenproduktion basieren, werden von Schlanger und Mitarbeitern (Tennenbaum & Schlanger, 1969; Schlanger & Schlanger, 1970; Schlanger & Freiman, 1979) oder Stuart-Smith & Wilks (1979) vorgestellt. Die Erfolge dieser Behandlungsansätze sind jedoch strittig. Waren die Autoren in der frühen Phase dieser Therapieprogramme noch davon überzeugt, daß durch den Einsatz von Gesten und Pantomime nicht nur das Spektrum der Kommunikationsmöglichkeiten aphasischer Patienten erweitert wird, sondern ebenso Verbesserungen in den sprachlichen Modalitäten zu erreichen sind, so wird von anderen Therapeuten die generelle Effizienz dieser Behandlungsansätze relativiert (so etwa Springer, 1985 über die V.A.T.).

Ad 2. Manuelle Zeichensprachen

Diese Zeichensprachen bauen zumeist auf schon vorhandenen gestischen Kommunikationssystemen auf und wurden für die Belange aphasischer Patienten modifiziert. Beispiele hierfür sind:

- American Sign Language (AMESLAN): ein gestisches Kommunikationssystem, welches für Taubstumme in den USA entwickelt wurde.
- American Indian Sign Language (AMERIND): ebenfalls ein gestisches Kommunikationssystem, welches von nordamerikanischen Indianern entwickelt und zum Informationsaustausch zwischen einzelnen Stämmen benutzt wurde. Mit AMERIND wurden auch die ersten englisch- oder spanischsprechenden Siedler in Amerika empfangen.
- »Talking Hands« (Chen 1965, 1968, 1971): ein manuelles Alphabet für die nichtplegische oder -paretische Hand. Die Autorin berichtet Erfolge in der Therapie mit Aphasikern, räumt jedoch ein, daß Patienten mit Wernicke-Aphasie kaum Fortschritte beim Erlernen dieses Kommunikationssystems zeigten. Durch die Kop-

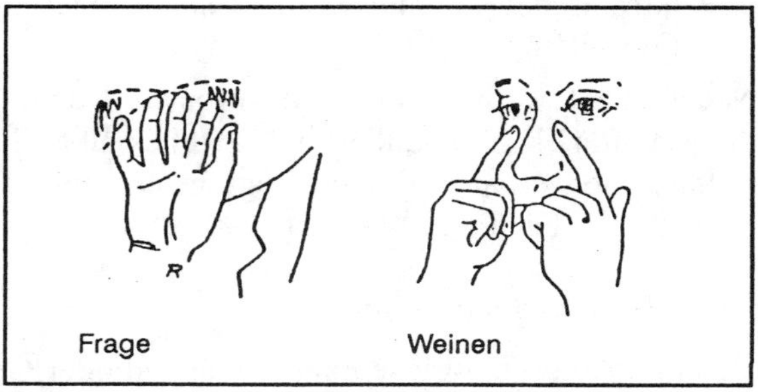

Abbildung 2 AMERIND-Zeichen (aus Tomkins, 1969)

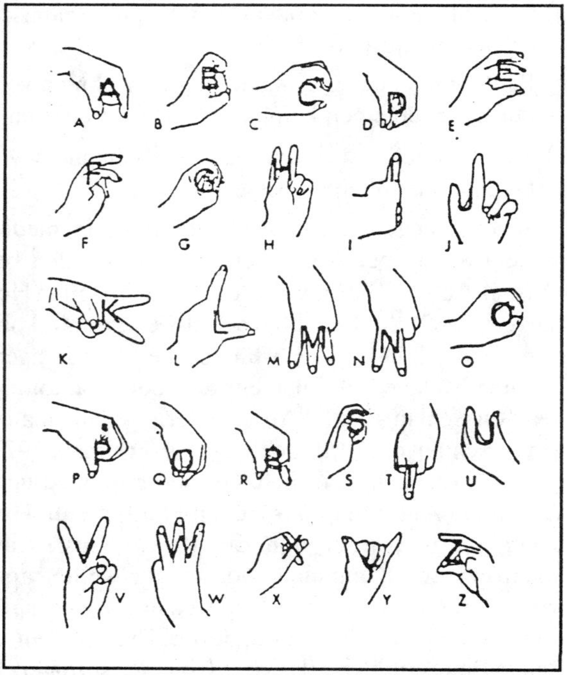

Abbildung 3 »Talking Hands«: Alphabet für Linkshänder (nach Chen, 1968)

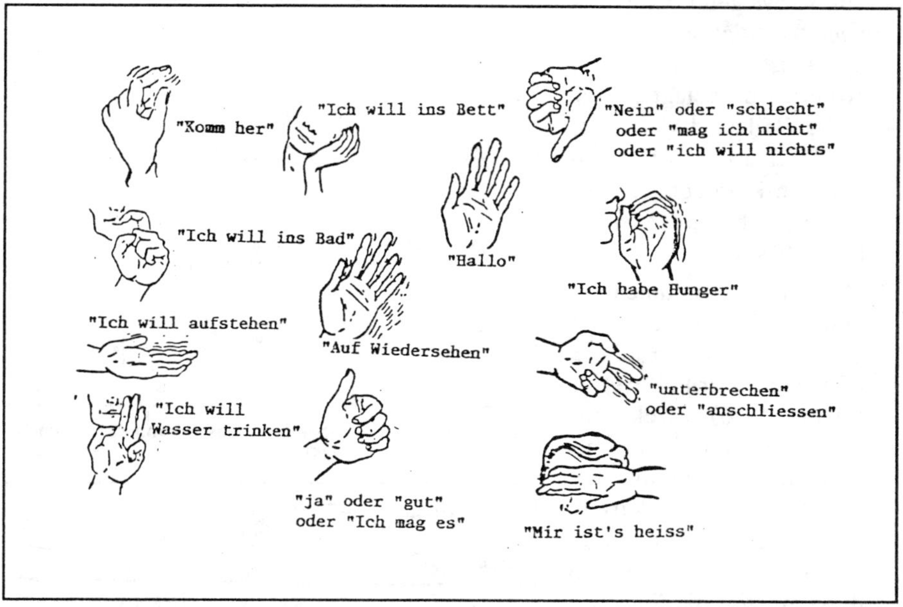

**Abbildung 4 »Manuelle Selbsthilfe-Signale«
(nach Eagleson, Vaughn & Knudson, 1970 mit deutscher Übersetzung)**

pelung von Gesten und manuellem Alphabet konnte die Effizienz dieser Therapieform zum Teil gesteigert werden (Chen, 1971).

- »Manual Self-Care Signals« (Eagleson, Vaughn & Knudson, 1970): dieses System basiert auf der Vermittlung von größtenteils körperlichen Grundbedürfnissen mittels zwölf standardisierter gestischer Zeichen.

Ad 3. Manipulierbare Symbolsysteme

Im Gegensatz zu den bislang referierten manuellen Aktivitäten sind Symbolsysteme definiert als »ein Satz sensorischer (visueller, auditiver oder taktiler) Bilder oder Zeichen, welche im Sinne einer Beziehung (Assoziation) oder Übereinkunft für etwas anderes stehen oder auf etwas anderes hindeuten« (Silverman, 1980, S. 86; Übersetzung M. H.). Als Beispiele seien genannt:

- Photos, Zeichnungen
- »Bliss«-Symbole: ein von C. K. Bliss (1965) entwickeltes Symbolsystem, welches dem Benutzer erlauben sollte, mittels sogenannter Piktogramme universell, das heißt ohne Bezug auf unterschiedliche Laut- und Schriftsprachsysteme, schriftliche Botschaften auszutauschen. Die therapeutische Anwendung

mit vorwiegend expressiv beeinträchtigten Aphasikern ist in mehreren Arbeiten dargelegt (Ross, 1979; Bailey, 1983; Bristow & Fristoe, 1984; Johannsen-Horbach, Cegla, Mager, Schempp & Wallesch, 1985).

- »Visual Communication System (VIC)«: ein von Gardner und Mitarbeitern (Gardner, Zurif, Berry & Baker, 1976) direkt für aphasische Patienten entwickeltes System aus sogenannten Indexkarten. Im Vergleich zu Bliss-Symbolen repräsentieren diese Karten die linguistische Struktur der amerikanischen Sprache und verlangen ein geringeres Abstraktionsvermögen.

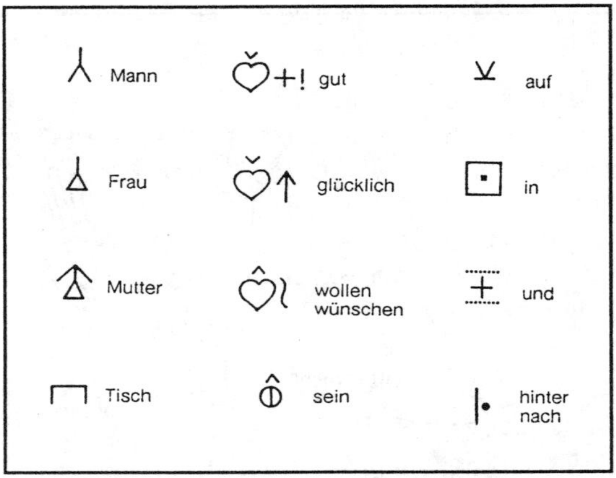

Abbildung 5 »Bliss«-Symbole (aus Johannsen-Horbach et al., 1985)

Ad 4. Kommunikations- und Konversationstafeln

Hierbei handelt es sich zumeist um Kombinationen von auf Tafeln abgedruckten Buchstaben oder Wörtern mit Bildern, welche von den Patienten mitgeführt und in entsprechenden Situationen benutzt werden. Ein Beispiel zeigt die »Initial Communication Chart for Aphasics« nach Sklar & Bennett (1956):

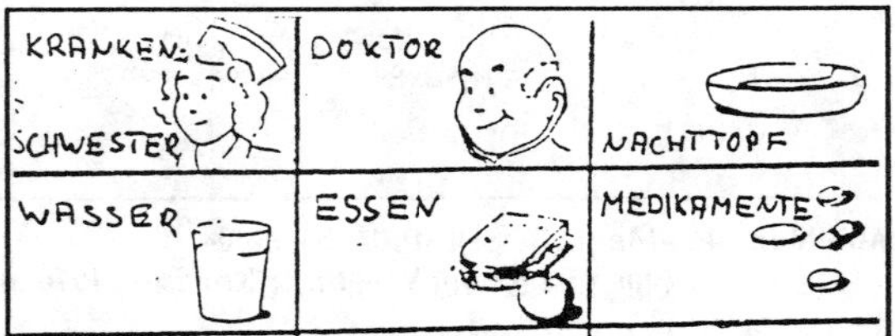

Abbildung 6 »Initiales Kommunikationsblatt für Aphasiker« (nach Sklar & Bennett, 1956 in deutscher Übersetzung)

Ad 5. Elektronische Kommunikationssysteme oder sonstige technische Kommunikationshilfen

Hier bieten sich vielfältige Anwendungsmöglichkeiten, welche von Magnetkarten-gesteuerten »Sprach-Apparaten« (»Language Master«, »Canon Communicator®«) bis zur Benutzung von Home-Computern mit spezieller Kommunikations- (oder auch Therapie-)Software reichen. Durch die zunehmende Verbreitung elektronischer Medien wird dieser Markt sicherlich weiter expandieren, wobei sich der therapeutische und praktische Nutzen dieser Kommunikationshilfen im Alltag erst noch erweisen muß.

Inwieweit diese pragmatischen Beiträge zur nonverbalen Kommunikation bei Aphasikern effizient und sinnvoll eingesetzt werden können, hängt von einer Reihe unterschiedlicher Faktoren ab und ist für jedes System kritisch zu hinterfragen. Zunächst muß gefordert werden, daß sowohl von Seiten des Patienten als auch dessen sozialen Umfeldes (Angehörige, Partner, Pfleger etc.) eine Kommunikationsbereitschaft oder ein Kommunikationsdruck existiert. Weiterhin ist die Akzeptanz nonverbaler Medien vorauszusetzen. Es zeigt sich, daß gerade dieser Punkt ein häufig unüberwindbares Problem darstellt, denn viele Patienten wie auch Angehörige verbinden mit der Inanspruchnahme nonverbaler Medien einen Verzicht auf sprachrestituierende therapeutische Bemühungen und assoziieren ein Scheitern der Therapie. Des weiteren sind die dargestellten Beiträge hinsichtlich ihrer Praktikabilität (Umsetzbarkeit im nicht-klinischen/therapeutischen Bereich) als äußerst heterogen zu beurteilen. Einige Verfahren (Gestensysteme, Bliss-Symbole) verlangen ein Abstraktionsvermögen, welches viele Patienten nicht oder nicht mehr erbringen können. Schließlich sollte genau überdacht werden, welche Funktion ein bestimmtes nonverbales Medium im Therapieprozeß haben soll. Nonverbale Kommunikationssysteme können sprachliche Handlungen total ersetzen, unterstützen oder ergänzen oder auch dazu beitragen, Sprache zu initiieren (vgl. auch Kap. 5).

Die Effizienz der dargestellten pragmatischen Beiträge ist insgesamt schwer einzuschätzen, da es bislang kaum methodisch kontrollierte Therapieerfolgsstudien, welche Aufschluß über therapeutische Indikation und Effekt der einzelnen Verfahren geben könnten (eine Metaanalyse gestischer Verfahren geben Peterson & Kirshner, 1981 und Silverman, 1980), gibt.

Der integrative Zugang

Im Gegensatz zu den bislang dargestellten Ansätzen versucht der integrative Zugang, die nonverbale Kommunikation nicht abgetrennt, sondern im Zusammenhang der Gesamtkommunikation der Patienten zu betrachten. Wie bereits weiter oben dargestellt, wird die ökologische Validität vieler experimenteller Studien dadurch vermindert, indem die Fähigkeit zur nonverbalen Kommunikation in alltagsfernen Laborexperimenten überprüft wurde. Die hierbei gewonnenen Befunde lassen sich nicht auf die »natürliche« Kommunikation der Patienten im sozialen Kontext der Familie generalisieren und geben keinen Aufschluß darüber, ob Aphasiker trotz beeinträchtigter nonverbaler Fähigkeiten in Alltagssituationen mittels nonverbaler Medien kommunizieren können. Dagegen konnten einige Studien aufzeigen, daß Aphasiker in »natürlichen« Kommunikationssituationen durchaus in der Lage sind, mittels nonverbaler Zeichen adäquat zu kommunizieren, beziehungsweise aus eigenem Antrieb versuchen, sprachliche Defizite nonverbal zu kompensieren und dies auch zu leisten imstande sind (Behrmann & Penn, 1984; Glosser, Wiener & Kaplan, 1986; Herrmann et al., 1988, 1989). Bereits 1965 unterschied Taylor eine »clinical performance« von einer »functional performance«. Die »clinical performance« zeichnet sich dadurch aus, daß im Rahmen standardisierter Antwort- und Verhaltensbedingungen defizitäre Kommunikation meß- und beobachtbar gemacht werden soll, wohingegen die »functional performance« sich an der spontanen, alltäglichen Kommunikation der Patienten orientiert. Oder anschaulicher:

> *»Wenn wir einen Patienten auffordern, seinen Namen zu schreiben, führt er, da ihm eine Aufgabe gestellt wurde, eine ‚klinische' Handlung aus. Wenn er andererseits jedoch bei einer Bank einen Scheck mit seinem Namen unterzeichnet, handelt er ‚funktional'. [...] Ein Patient, welcher nicht in der Lage ist, auch nur ein Item eines Sprachverständnis-Tests zu beantworten, mag durchaus angemessen antworten, wenn ihm zufällig eine Frage gestellt wird.«*
> Taylor, 1965, S. 102 (Übersetzung M. H.)

Als Reaktion auf diese Trennung entstanden vorwiegend in den USA Aphasietests, welche sich nicht nur an den sprachlichen, sondern an den kommunikativen (mit expliziter Berücksichtigung der nonverbalen) Fähigkeiten der Patienten orientierten (»Functional Communication Profile«, Taylor, 1965; »Porch Index of Communicative Abilities«, Porch, 1967 oder »Communication Abilities in Daily Living«, Holland, 1980).

Den Ansätzen des integrativen Zugangs ist gemeinsam, daß sie sich nicht mehr am Defizitverhalten der Patienten orientieren, sondern den Blickwinkel verstärkt auf die verbliebenen (vor allem nonverbalen) kommunikativen Fähigkeiten richten und in die therapeutische Behandlung einbeziehen. So steht auch die »Sprach«-therapie (beziehungsweise die Zentrierung auf die Restitution sprachlicher Fertigkeiten) nicht mehr im Blickpunkt dieses therapeutischen Ansatzes, sondern die Verbesserung der kommunikativen Fertigkeiten der Patienten. Erste Versuche, diesen Zugang in therapeutische Programme (»funktionale Kommunikationstherapie«, Aten, Caligiuri & Holland, 1982) umzusetzen, berichten über bedeutende Verbesserungen der kommunikativen Fähigkeiten der Patienten. Auch im deutschsprachigen Therapieraum populär geworden ist ein Therapieprogramm zur »Förderung der kommunikativen Effektivität bei Aphasikern« (PACE: »Promoting Aphasics' Communication Effectiveness«) nach Davis & Wilcox (1981, 1985). Diese Therapiemodell beruht unter anderem darauf, den Patienten zu ermutigen und zu befähigen, mittels vielfacher Kommunikationskanäle Informationen auszutauschen, diesen Austausch durch Rollenspiele in der Therapiesituation einzuüben und in den Alltag zu transferieren. Als Kommunikationskanäle gelten neben residualen sprachlichen Fertigkeiten vor allem nonverbale Medien: schriftsprachliche oder graphische Fähigkeiten, verschiedene gestische Kommunikationsformen und Pantomime.

Zusammenfassung:

Befunde aus der experimentellen Forschung sprechen dafür, daß die nonverbalen Fähigkeiten von Aphasikern beeinträchtigt sind. Ob die Ursache dieser Beeinträchtigung jedoch in begleitenden neuropsychologischen Dysfunktionen (zum Beispiel Apraxie) oder in der Sprachstörung als solcher (Asymbolie) zu suchen ist, kann aus den vorliegenden Daten nicht entschieden werden. Neuere Forschungen legen es nahe, die Störungsmuster im Kontext vielfältiger und interagierender Informationsverarbeitungsprozesse zu analysieren. Ungeachtet dieser Problematik wurden vielfältige künstliche nonverbale Kommunikationshilfen in die Therapie von Aphasikern eingeführt. Der Nutzen dieser Medien ist jedoch häufig auf den Einsatz im klinischen Bereich beschränkt. Demgegenüber versuchen neuere Therapieverfahren, die verbliebenen nonverbalen Fertigkeiten der Patienten zu nutzen und im Rahmen einer möglichst alltags-orientierten Therapie zur Verbesserung der kommunikativen Fähigkeiten der Patienten und ihrer Angehörigen anzuwenden.

Nonverbale Kommunikation: Definition, Kategorien und Funktionen

Bislang wurde über nonverbale Kommunikation referiert, ohne darauf einzugehen, was unter diesem Titel zu verstehen ist. Dieses Vorgehen illustriert jedoch auch das Problem vieler experimenteller Studien zum Thema nonverbale Kommunikation bei Aphasie. Denn häufig wird über dasselbe Thema geforscht, ohne daß der Begriff nonverbale Kommunikation einheitlich definiert wäre. So beinhaltet die Forschung über nonverbale Kommunikation häufig Pantomime, seltener Gestik, noch seltener Mimik, manchmal auch Graphik und Schriftsprache oder paraverbale Merkmale wie Intonation und Prosodie. Unabhängig von der Aphasieforschung gibt es bis heute kein einheitliches Konzept darüber, was als nonverbale Handlung zu verstehen sei. Grenzen manche Autoren sprachliche von nonverbalen Handlungen dadurch ab, daß letztere nicht stimmlich produziert sind (nonvokal), so plädieren andere Autoren dafür, jegliche kommunikative Handlungen, die außerhalb der inhaltlichen Bedeutung eines Sprachzeichens stehen, als nonverbal zu bezeichnen. Diese Kontroverse soll hier nicht weiter vertieft werden. Zunächst sei nur auf zwei Abgrenzungskriterien verbaler und nonverbaler Handlungen verwiesen, welche für die Analyse nonverbaler Kommunikation unerläßlich sind (vgl. auch Blunk, 1985):

I. Die Bedeutung einer nonverbalen Handlung ist immer abhängig vom situativen und kommunikativen Kontext. Während Sprachzeichen zwar ebenfalls kontextabhängig ihre Bedeutung variieren können, so ist ihre inhaltliche Interpretation jedoch weitgehend situations- und kontextunabhängig.

II. Die kommunikative Bedeutung einer nonverbalen Handlung ergibt sich zumeist erst in der Interaktion mit einem Kommunikationspartner. Im Gegensatz zu Sprachzeichen müssen nonverbale Handlungen häufig interpretativ erfahren werden. Das heißt, nicht jedes nonverbale Element hat, auch wenn beabsichtigt, zugleich eine kommunikative Funktion, während andererseits nonverbalen Elementen auch dann eine kommunikative Funktion zugeschrieben werden kann, wenn diese vom Kommunikationspartner nicht intendiert ist.

Im folgenden werden sechs verschiedene Kategorien nonverbaler Elemente und anschließend deren mögliche kommunikative Funktion dargestellt. Die Auswahl dieser Elemente erfolgte nicht aus theoretischen Erwägungen, sondern aufgrund ihrer praktischen Relevanz. Sie sind aus der Literatur zu experimentellen Untersuchungen der nonverbalen Kommunikation bei Aphasikern abgeleitet und haben sich darüberhinaus auch bei Studien des Autors als sinnvoll erwiesen. Die Differenzierung dieser nonverbalen Kommunikationselemente beabsichtigt lediglich, dem Aphasietherapeuten ein mögliches deskriptives System zur Beobachtung und Klassifikation der non-verbalen Kommunikation seiner Patienten anzubieten.

I. Automanipulationen / Fremdmanipulationen

Die Ausdruckspalette dieser nonverbalen Kommunikationsformen ist vielfältig. Kimura (1973) subsumiert hierunter »jegliche Handlung, welche aus der Berührung des eigenen Körpers resultiert, beispielsweise Kratzen, das Haar zurückstreichen etc.« (1973, S. 46; Übersetzung M. H.). Feyereisen (1983) erweitert diese Vorgabe noch durch Fremdmanipulationen (mit Gegenständen spielen, mit den Fingern trommeln). Kennzeichen dieses nonverbalen Elementes ist, daß sich die kommunikative Bedeutung für den Kommunikationspartner nicht unmittelbar ableiten läßt. Zwar können auch Auto-/Fremdmanipulationen auf einer metakommunikativen Ebene Ausdruck einer emotionalen Grundbefindlichkeit sein, diese läßt sich aus dem kommunikativen Kontext jedoch nicht erschließen. Für die Kommunikation des Patienten haben diese Elemente zunächst also keine Bedeutung, weisen aber nach Ansicht von Feyereisen auf Probleme des verbalen Verschlüsselungsprozesses hin.

II. Sprachbegleitende Gestik

Dieses nonverbale Element geht in den gesamten gestisch-mimischen Ausdruck ein, indem sprachbegleitend der Inhalt des Gesprochenen verdeutlicht oder unterstrichen wird. Es handelt sich hierbei um innerlich mit dem Sprechprozeß verbundene Handlungen, die den Akt des Sprechens untermalen. Butterworth, Swallow & Grimston (1981) bezeichnen diese Art der Gestik als »batonic movements« (»taktgebende« Bewegungen), welche zusammen mit Sprache vorkommen und zur Sprachakzentuierung (»emphasis«) dienen. Sie sind jedoch nicht in der Lage, die Bedeutung der sprachlichen Botschaft selbständig zu übermitteln.

III. Emotional-expressive Gestik

Während viele Autoren Mimik für das zentrale Medium des emotionalen Ausdrucks halten, erweist sich dieses nonverbale Element zugleich als am schwersten einer deskriptiven Analyse zugänglich. Eine isolierte Betrachtung der Mimik und deren Ausdruckskomponenten (etwa durch die »Facial Action Scoring Technique«, FAST nach Ekman & Friesen, 1978) würde den Rahmen der Beobachtung sämtlicher nonverbaler Kommunikationselemente aphasischer Patienten sprengen. Blunk (1985) zum Beispiel verweist darauf, daß nur drei der 30 unterscheidbaren Muskelsysteme des Gesichts (M. masseter, Mm. orbicularis oculi et oris) noch »direkte nichtsoziale Funktionen (haben)« (obwohl die Vertreter der funktionellen Anatomie hier anderer Auffassung sein dürften). Da die durch Mimik vermittelte Information zumeist emotionaler Natur ist, erwies es sich als sinnvoll, diese zusammen mit den gestischen Teilen des Gefühlsausdrucks in eine Kategorie »emotional-expressive Gestik« einzuordnen. Hierbei handelt es sich ausschließlich um die emotional-reaktive Ebene der Gestik und nicht um emotionale Grundbefindlichkeit. Innerhalb dieser Kategorie werden unmittelbar mit dem Kommunikationsgeschehen zusammenhängende emotionale Reaktionen (»vor Entsetzen die Haare raufen«, »erstauntes Gesicht«, »vor Wut mit der Faust auf den Tisch klopfen« etc.) subsumiert.

IV. Beschreibende Gestik

Dieses Element nonverbaler Kommunikation ist in der Literatur mit verschiedenen Termini bezeichnet (»Index« nach Peirce, »Illustrator« nach Ekman & Friesen). Es bezeichnet Handlungen, die im Gegensatz zur sprachbegleitenden Gestik einen von der Sprache unabhängigen eigenen Sinngehalt aufweisen, welcher die sprachlich dargelegte Information verdeutlichen, verstärken, modifizieren, dieser aber auch widersprechen kann. Deskriptive Gesten sind Handlungen, die beispielsweise die Benützung eines nicht real vorhandenen Gebrauchsgegenstandes zeigen (Drehbewegung mit der Hand für »Schraubenzieher«). Ebenso zählt das Deuten auf vorhandene Bezugsobjekte zur beschreibenden Gestik. Durch den von der Sprachhandlung unabhängigen Sinngehalt kann dieses Element auch als Sprachsubstitut wirken.

V. Kodifizierte Gestik

Häufige Synonyme dieser Gestik sind »symbolische Gesten« (Peirce) oder »ikonisch kodierte Embleme« (Ekman & Friesen). Sie besteht aus potentiell sprachersetzenden und in ihrer Konfiguration mehr oder weniger festliegenden nonverbalen Kommunikationselementen. Diese werden in der Regel bewußt und intentional eingesetzt, und »ihre Bedeutung ist direkt verbal übersetzbar, wenn auch durchaus kontextabhängig« (Blunk, 1985, S. 181). Wallbott (in Scherer & Wallbott, 1979, S. 103) illustriert diese Gestik an folgenden Beispielen: »der hochgereckte Daumen des Anhalters, das Tippen an die Stirn, wie es bei Autofahrern manchmal zu beobachten ist, oder die Handzeichen eines Verkehrspolizisten«. Diese Gesten sind Ausdruck sozialer Konventionen und somit interindividuell (zum Teil auch interkulturell) verständlich. Auch viele der oben dargelegten künstlichen nonverbalen Kommunikationshilfen gehören in die Gruppe der kodifizierten Gestik. Interessant für die Aphasieforschung und -therapie ist diese Form der Gestik insofern, als ihr Gebrauch nach den Aussagen der Vertreter der »Asymbolie-Hypothese« bei Aphasikern am stärksten beeinträchtigt ist.

VI. Pantomime

Die bei Aphasikern am häufigsten untersuchte Kategorie nonverbaler Kommunikationselemente ist zweifelsohne die Pantomime. Bereits Jackson (1878) schenkte ihr gesonderte Aufmerksamkeit, und auch in der ersten experimentellen Arbeit zur nonverbalen Kommunikation bei Aphasie (Goodglass & Kaplan, 1963) war sie ein zentraler Untersuchungsgegenstand. Pantomime wird im Gegensatz zur beschreibenden oder kodifizierten Gestik über die Abwesenheit der Sprache, der Beteiligung der gesamten Körpermuskulatur und die obligat sprachersetzende Funktion definiert. Sie besteht aus einer Reihe gestischer Handlungselemente, welche sequentiell geordnet sind und sich durch ihren häufig imitativen Charakter der Einzelelemente auszeichnen. Pantomime kann im Gegensatz zu den bisher beschriebenen nonverbalen Kommunikationselementen einen komplexen Prozeß sprachunabhängig abbilden. Sie bildet somit, ebenso wie kodifizierte Gestik, eine eigene Sprache, welche zeitunabhängig und kulturübergreifend angewendet werden kann.

In Abbildung 7 sind die beschriebenen Kategorien nonverbaler Kommunikationselemente noch einmal zusammenfassend dargestellt. Sie lassen sich bei der deskriptiven Analyse des nonverbalen Kommunikationsprozesses eines Patienten in der Interaktion mit einem Kommunikationspartner im allgemeinen gut

I. Automanipulationen / Fremdmanipulationen
Handlungen, welche ohne einen für einen Fremdbeobachter erschließbaren Zusammenhang zum Kommunikationsgeschehen stehen, das heißt weder eine Sprachhandlung reflektieren noch eine kontextbezogene kommunikative Funktion erfüllen.

II. Sprachbegleitende Gestik
Handlungen, welche zur Unterstützung der Sprache eingesetzt werden, ohne diese jedoch keiner eigenständigen Interpretation zugänglich sind.

III. Emotional-expressive Gestik
Handlungen (Gestik und Mimik), welche Ausdruck einer emotionalen Reaktion sind. Diese können sprachbegleitend oder sprachersetzend sein, sind zumeist jedoch unwillkürlicher Natur und reflektieren immer eine emotionale Reaktion.

IV. Beschreibende Gestik
Handlungen, welche im Zusammenhang mit der Sprache eine Information inhaltlich beschreiben. Sie besitzen unabhängig von der Sprache einen Sinngehalt und sind somit auch sprachunabhängig interpretierbar.

V. Kodifizierte Gestik
Handlungen, welche im Zusammenhang mit der Sprache oder aber auch als deren Substitut eine Information durch kodifizierte, kontextunabhängig definierte Zeichen darstellen. Der Sinngehalt dieser Zeichen ist über Konvention definiert.

VI. Pantomime
Handlungen von komplexer, sequentiell aufbauender Natur, welche immer als Sprachersatz fungieren. Pantomime überträgt eine Information durch den systematischen Gebrauch einer gestischen Handlungsreihe. Sie ist willkürlich und intentional auf die Darstellung einer Information gerichtet.

Abbildung 7

abgrenzen. Gleichwohl können im Verlauf eines Kommunikationsprozesses einzelne nonverbale Kommunikationselemente völlig unterschiedliche Funktionen erfüllen.

Feyereisen & Seron (1982) unterscheiden hierbei fünf verschiedene Hypothesen über die allgemeine Funktion der Gestik:[4]

1) »Substitution hypothesis«:
   Gestik kann eine Information anstelle einer Sprachhandlung übertragen und Sprache somit ersetzen.
2) »Connotative meaning hypothesis«:
   Gestik unterstützt eine sprachliche Information.
3) »Semantic planning hypothesis«.
   Durch Gesten wird der Inhalt einer sprachlich dargelegten Information strukturiert. Gestik erfüllt für die Sprache somit die gleiche Aufgabe wie die Interpunktion für die Schriftsprache.
4) »Ontogenetic hypothesis«:
   Die Bedeutung der Gestik als Informationsträger korreliert negativ mit der Höhe der Sprachentwicklung. Ursprünglich (auf der Stufe der sensomotorischen Sprachentwicklung) noch eigentlicher Informationsträger, wird die Gestik mit steigender Sprachkompetenz für die Informationsübermittlung überflüssig beziehungsweise redundant.
5) »Social interactive hypothesis«:
   Gestik reguliert die soziale Interaktion und trägt beispielsweise mit dazu bei, dem Kommunikationspartner zu signalisieren, wann er zu Rede und Gegenrede berechtigt ist.

Diese Hypothesen beziehen sich auf die normalerweise nicht sprachpathologisch verzerrte Kommunikation zwischen Normalsprechern. Die Analyse der Funktion nonverbaler Kommunikationselemente bei Aphasikern muß sich jedoch an einem anderen Bezugssystem messen. Denn ein sprachpathologisch gestörtes Kommunikationssystem

> *» [...] bedeutet konsequenterweise, daß die Kommunikationsstörung eines Aphasikers zugleich auch eine Kommunikationsstörung des gesunden Partners verursacht. Daraus ergibt sich, daß von dem gesunden Partner unter Umständen Verstehens- und Verständigungstechniken verlangt werden, welche*

---

4 Andere, an der linguistischen Terminologie orientierte Ansätze unterscheiden eine parasemantische, parasyntaktische und parapragmatische Funktion nonverbaler Kommunikationselemente (vgl. Blunk, 1985).

von seinen üblichen Techniken in ungestörter Kommunikation abweichen.«
Kotten, 1976, S. 58

Demzufolge haben nonverbale Kommunikationselemente sowohl für den Patienten wie auch für dessen sprachgesunden Kommunikationspartner im Vergleich zur Kommunikation zwischen Normalsprechern häufig andere Funktionen. Kotten (1976) differenziert sieben verschiedene Kategorien der Funktion nonverbaler Kommunikationselemente, die in Abbildung 8 in leicht modifizierter Form wiedergegeben sind. Diese Kategorien sind in Bezug auf die sprachsubstituierende Funktion der nonverbalen Kommunikation als ein Kontinuum

I. Total ersetzend Das nonverbale Element ersetzt eine sprachliche Reaktion vollständig. Das heißt, daß eine nonverbale Handlung zeitlich in Bezug auf Beginn und Ende dieser Handlung definiert werden kann und daß diese Handlung einen eigenen nichtsprachlichen, vom Beobachter ableitbaren Sinngehalt besitzt.
II. Ein Stück ersetzend Das nonverbale Element ergänzt eine sprachliche Handlung. Durch die nonverbale Reaktion soll das Gefüge der sprachlichen Handlung komplettiert werden.
III. Aufbauend Das nonverbale Element leitet eine Sprachhandlung ein und dient als Hilfestellung für die Realisierung einer primär intendierten Sprachhandlung.
IV. Stützend Das nonverbale Element unterstützt eine sprachliche Handlung (»emphasis«). Die stützende Funktion kann sowohl informativ (beispielsweise beschreibende Gestik) als auch emotional (emotional-expressive Gestik) sein.
V. Konventionell stützend Das nonverbale Element verdeutlicht eine sprachliche Handlung durch konventionelle Symbolik. Für die Übermittlung der eigentlichen Information ist dieses Element redundant, denn diese liegt bereits sprachlich ausgearbeitet vor.
VI. Begleitend Das nonverbale Element steht mit dem Sprachgeschehen in keinem reflektiven Zusammenhang. Die isolierte Betrachtung dieses nonverbalen Elementes in Bezug auf das Sprachgeschehen ergibt keine sinnvoll interpretierbare Aussage.
VII. Nullstufe Kein für einen Fremdbeobachter erschließbarer Zusammenhang zum Kommunikationsgeschehen.

Abbildung 8

zu sehen, welches vor allem bei der Indikationsstellung nonverbaler Behandlungsansätze in der Aphasietherapie (siehe nächsten Abschnitt) eine wesentliche Rolle spielt. Nonverbales Kommunikationselement und dessen kommunikative Funktion sind in einigen Subkategorien redundant (so hat beispielsweise Pantomime immer eine die Sprache »total ersetzende« Funktion). Dennoch ist es wichtig, streng zwischen den Beschreibungsebenen »nonverbales Kommunikationselement« und dessen »kommunikativer Funktion« zu unterscheiden: Erstere hat einen rein deskriptiven Charakter und beschreibt das »wie« der nonverbalen Kommunikation, zweitere ist explikativer Natur und beschreibt das »wozu« des nonverbalen Kommunikationselementes.

In einer eigenen Studie konnten der Autor und Mitarbeiter (Herrmann et al., 1988) zeigen, daß schwer expressiv beeinträchtigte chronische Aphasiker in der freien Kommunikation mit ihren Angehörigen im Vergleich zu diesen sowohl signifikant häufiger als auch signifikant länger mittels nonverbaler Kommunikationskanäle kommunizierten. Dabei benutzten die Patienten nonverbale Kommunikationselemente häufiger als Sprachsubstitut. Nichtteilnehmende Beobachter dieser Situation werteten 74 Prozent der nonverbalen Kommunikationselemente der Patienten als sinnvoll und adäquat im Rahmen der natürlichen Kommunikationssituation.

Nonverbale Kommunikation in Therapie und Rehabilitation

Die Bedeutung des Einsatzes nonverbaler Hilfsmittel innerhalb der logopädischen Therapie, wie auch der medizinischen, krankengymnastischen, ergotherapeutischen und psychosozialen Rehabilitation variiert sowohl von Patient zu Patient als auch im Verlaufe des gesamten Rehabilitationsprozesses. So können in der initialen Phase einer aphasischen Erkrankung nonverbale Techniken eine erste Kommunikationsgrundlage mit dem Patienten bilden, welche bei frühzeitiger und erfolgreicher Sprachtherapie zunehmend durch die Restitution sprachlicher Fähigkeiten vernachlässigbar werden. Ebenso kann bei schweren und chronischen Verlaufsformen der Sprachstörung die nonverbale Kommunikation mit dem Patienten einzige effektive Kommunikationsform bleiben. Weiterhin ist zu betonen, daß der Einsatz nonverbaler Behandlungstechniken und linguistisch strukturierter Sprachtherapie sich nicht ausschließen, sondern ergänzen sollten. Wie bereits dargelegt, können nonverbale Kommunikationselemente sehr verschiedene Funktionen aufweisen, die auch im Rahmen der Sprachtherapie unterschiedlich nutzbar gemacht werden können. Daher ist zu fordern, daß der Einsatz nonverbaler Kommunikationstechniken nicht unreflektiert oder als »ultima ratio« geschieht, sondern auf der Basis einer differentiellen Indikationsstellung. Die grundlegenden Fragen eines solchen Indikationsbegriffes können zum Beispiel folgende Form haben:

Für *welchen Patienten* ist *welche nonverbale Kommunikationstechnik wann* und mit *welchem Ziel* angezeigt?

Für den Patienten ist zunächst zu fordern, daß er im Rahmen einer schweren expressiven Sprachstörung keine Möglichkeiten einer effektiven sprachlichen Kommunikation mehr bietet. Gleichzeitig muß gesichert sein, daß der Patient zur Kommunikation motiviert und befähigt ist (vor allem in frühen Phasen der Erkrankung kann im Rahmen eines hirnorganischen Psychosyndroms oder begleitender neuropsychologischer Störungen von Gedächtnis, Vigilanz, Konzentration oder Praxis die Fähigkeit zur Kommunikation stark eingeschränkt sein). Auch bei der Auswahl der nonverbalen Technik können durch begleitende neurologische oder neuropsychologische Dysfunktionen enge Grenzen gesteckt sein. Wie bereits betont, stellen einzelne nonverbale Kommunikationstechniken unterschiedlich hohe Ansprüche an Abstraktionsvermögen oder Intelligenz des Patienten und sind hinsichtlich ihrer Praktikabilität ebenso verschieden. Weiterhin gilt es hier zu berücksichtigen, welche nonverbalen Techniken der Patient von sich aus zur Kompensation seiner sprachlichen Störung benutzt und welchen Erfolg diese Techniken bezüglich einer adäquaten Kommunikation haben. Die Auswahl einer Kommunikationstechnik wird auch entscheidend von dem Zeitpunkt, zu welchem diese Technik eingesetzt werden soll, beeinflußt. So können einfache Kommunikationstafeln dem Patienten während der initialen Phase seiner Erkrankung dazu verhelfen, Grundbedürfnisse zu artikulieren, während sie im Laufe fortgeschrittener Rehabilitationsbemühungen die kommunikativen Ansprüche des Patienten nur noch beschränkt abbilden können. Entscheidend für die Auswahl einer Technik ist auch das Ziel der therapeutischen Interventionsbemühungen, welches sich zudem im Verlauf des Therapie- und Rehabilitationsprozesses mehrfach ändern kann. Da, wie bereits beschrieben, die kommunikative Funktion nonverbaler Kommunikationselemente und Kommunikationstechniken sehr verschieden sein kann, eignen sich die einzelnen Techniken auch unterschiedlich gut hinsichtlich ihrer Möglichkeiten, diese Zielvorgaben zu erfüllen. Es gibt bislang jedoch nur sehr wenig methodisch kontrollierte Therapieerfolgsstudien für den Einsatz nonverbaler Techniken in der Aphasietherapie, und somit fällt es auch schwer, für unterschiedliche Zielvorgaben einzelne Techniken vorzuschlagen. Beispiele für den Einsatz einzelner nonverbaler Kommunikationssysteme bei verschiedenen Patienten mit unterschiedlichen Zielvorgaben geben auf der Basis therapeutischer Erfahrung Johannsen-Horbach & Wallesch (1988).

Unabhängig von der Diskussion einzelner Therapietechniken sollten beim Einsatz nonverbaler Behandlungsverfahren (insbesondere in der Therapie chronischer und schwerer Aphasiker) zwei Bedingungen erfüllt sein:

1. Die Kommunikationstechnik sollte den natürlichen Kommunikationszusammenhang des Patienten wahren. Daraus folgt, daß der Transfer einer Technik in die Alltagskommunikation des Patienten gewährleistet sein muß. Dies aber kann nur durch die Aufklärung und Einbeziehung von Familienangehörigen in die Therapie geleistet werden. Daher ist es auch wesentlich, vor dem Einsatz oder dem Erlernen künstlicher nonverbaler Kommunikationstechniken die verbliebenen kommunikativen Fertigkeiten des Patienten zu untersuchen und im Zusammenspiel mit Angehörigen oder natürlichen Kommunikationspartnern zu fördern.
2. Die logopädische Therapie ist nur ein Teil eines vielschichtigen Rehabilitationsverfahrens. Dennoch ist der Logopäde aufgrund seiner therapeutischen Zielsetzung am ehesten in der Lage, die Bedeutung alternativer Kommunikationstechniken für den Patienten zu erfassen und adäquat anzuwenden. Er steht daher in der Pflicht, im Sinne interdisziplinärer Rehabilitationsarbeit kooperierende Berufsgruppen (Ärzte, Ergotherapeuten, Krankengymnasten, Pfleger, Sozialhelfer, Psychologen etc.) über verbliebene kommunikative Fertigkeiten des Patienten zu unterrichten und sie in entsprechende Techniken einzuweisen.

Fallbeschreibung

einer gelungenen Kompensation sprachlicher Defizite durch nonverbale Kommunikationselemente.

Abschließend soll die Relevanz nonverbaler Kommunikationsmedien für Aphasiker an einer Falldarstellung illustriert werden. Da sich die pantomimischen und gestischen Verhaltensweisen des Patienten im Rahmen eines Textbeitrages nur schlecht darstellen lassen, werden hier die graphischen Fertigkeiten im Vordergrund stehen.

Herr H. erlitt fünf Jahre vor dieser Untersuchung einen Mediainsult mit Infarzierung ausgedehnter Anteile des Temporal- und Parietallappens. Als Folge dieses Ereignisses trug er unter anderem eine schwere globale Aphasie und apraktische Störungen davon. Die lautsprachliche Kommunikation ist unverändert extrem eingeschränkt und auf wenige Automatismen begrenzt. Dennoch gelingt es dem Patienten heute, mittels nonverbaler Kommunikationselemente, wie Gesten, Pantomime, Graphik und Schriftsprache seine Alltagskommunikation ohne größere Probleme zu meistern. Bei der Kommunikation mit *fremden*

Personen setzt Herr H. vorwiegend Schriftsprache und Graphik ein. So auch in einer Untersuchung unserer Arbeitsgruppe (Herrmann et al., 1989):

Auf die Frage »Hatten Sie früher Hobbies oder Interessen, die Sie heute nicht mehr ausüben können?« zeichnet der Patient spontan folgendes Bild:

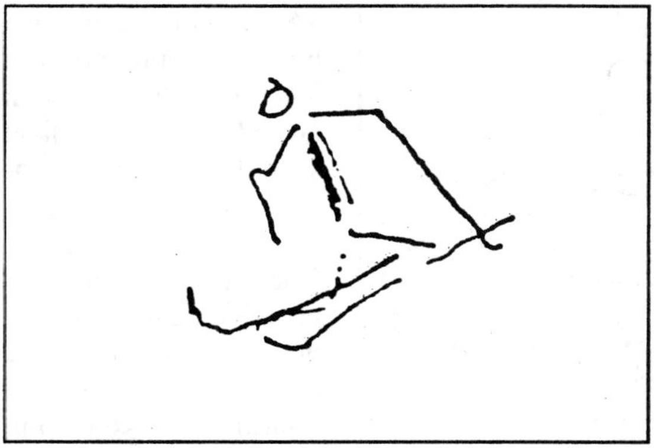

Er stand daraufhin auf und vermittelte durch eine Pantomime, die ohne Probleme als »Kegeln« interpretiert werden konnte, daß er diesen Sport auch heute noch ausüben könne.

Darauf angesprochen, was er normalerweise zum Frühstück zu sich nehme, fertigte Herr H. zunächst folgende Zeichnung:

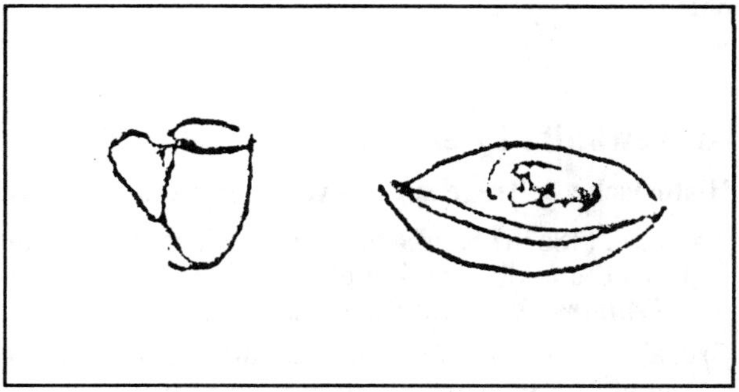

bestätigte die Interpretation »Kaffee und Brötchen«, vermittelte dem Untersucher dann aber durch den Gebrauch beschreibender Gestik, daß er auch noch etwas anderes zu sich nehme. Er zeichnete das folgende Bild:

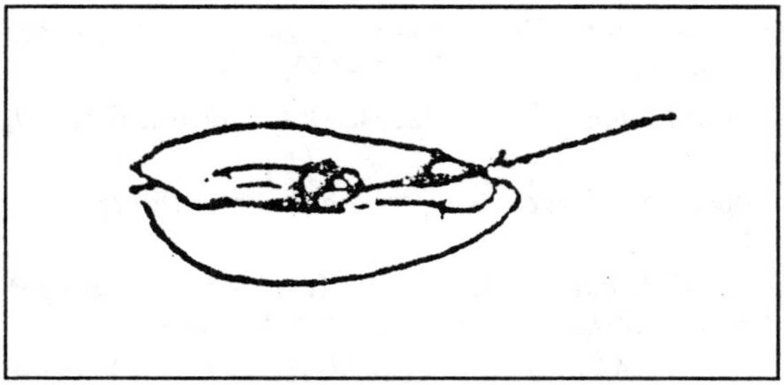

Die darauffolgende Kommunikationssequenz ergab, daß Herr H. früher sehr gerne Spiegeleier zum Frühstück gegessen habe, seine Frau ihm diese jedoch aufgrund seines hohen Cholesterinspiegels nur noch selten zubereite.

Auf seine Abendaktivitäten angesprochen, machte sich Herr H. mit Sorgfalt an die folgende Zeichnung, die dann auch schnell als »Spiele im Familienkreis« interpretiert werden konnte:

Bereits 1977 wies Holland darauf hin, daß »Aphasiker vermutlich besser kommunizieren als sprechen«. Ein Grund hierfür liegt sicherlich in der Fähigkeit vieler Aphasiepatienten, sprachliche Defizite mittels nonverbaler Kommunikationselemente kompensieren zu können, auch wenn die nonverbale Kommunikation selbst sich in Standardexperimenten häufig als beeinträchtigt erwiesen hat.

Ausgewählte Literatur

Historische Beiträge zur nonverbalen Kommunikation bei Aphasie

Broca, P. (1861a) Remarques sur le siège de la faculté du language articulé, suivies d'une observation d'aphémie (perte de la parole). *Bulletin de la Societé d'Anthropologie de Paris, 36,* 330-357.

Broca, P. (1861b) Nouvelle observation d'aphémie produite par une lesion de la moitié postérieure de deuxième et troisième circonvolutions frontales. *Bulletin de la Societé d'Anthropologie de Paris, 36,* 398-407.

Finkelnburg, D. C. (1870) Niederrheinische Gesellschaft, Sitzung vom 21. März 1870 in Bonn. *Berliner Klinische Wochenschrift, 7,* 449-450, 460-462.

Jackson, J. H. (1878) On affection of speech from disease of the brain. *Brain, 1,* 304-330.

Kussmaul, A. (1877) *Die Störungen der Sprache – Versuch einer Pathologie der Sprache.* F. C. W. Vogel, Leipzig

Pick, A. (1908) Über Asymbolie und Aphasie. In: Pick, A. (ed.) *Arbeiten aus der deutschen psychiatrischen Universitätsklinik in Prag.* Berlin: S. Karger.

Spamer, C. (1876) Über Aphasie und Asymbolie, nebst Versuch einer Theorie der Sprachbildung. In: Gudden, B. v., Leyden, E., Meyer, L., Meynert, Th.

& Westphal, C. (eds.) *Archiv für Psychiatrie und Nervenkrankheiten – VI. Band*. Berlin: Verlag von August Hirschwald.

Wernicke, C. (1893) Der aphasische Symptomencomplex – eine psychologische Studie auf anatomischer Basis. In: Wernicke, C. *Gesammelte Aufsätze und kritische Referate zur Pathologie des Nervensystems*. Berlin: Fischer's medicinische Buchhandlung.

Übersichtsarbeiten

Alajouanine, T. & Lhermitte, F. (1964) Nonverbal communication in aphasia. In: de Reuck & O'Connor (eds.) *Ciba Foundation Symposium – Disorders of Language*, London: J. & A. Churchill.

Bay, E. (1962) Aphasia and nonverbal disorders of Language. *Brain, 85*, 411-426.

Chester, S. L. & Egolf, D. B. (1974) Nonverbal communication and aphasia therapy. *Rehabilitation Literature, 35*, 231-233.

Christopoulou, C. & Bonvillian, J. D. (1985) Sign language, pantomime, and gestural processing in aphasic persons: A review. *Journal of Communication Disorders, 18*, 1-20.

Egolf, D. B. & Chester, S. L. (1973) Nonverbal communication and the disorders of speech and language. *Journal of the American Speech and Hearing Association (ASHA), 15*, 511-518.

Ekman, P. & Friesen, W. V. (1978) *The facial action code: A manual for the measurement of facial movements*. The Consulting Psychologists' Press, Palo Alto.

Ekman, P. & Friesen, W. V. (1979) Handbewegungen. In: Scherer, K. & Wallbott, H. (eds.) *Nonverbale Kommunikation*, Weinheim: Beltz.

Ekman, P., Friesen, W. V. & Tomkins, S. S. (1971) Facial affect scoring technique: A first validity study. *Semiotica, 3*, 37-58.

Feyereisen, P. & Seron, X. (1982) Nonverbal communication and aphasia. *Brain and Language, 16*, 191-237.

Goldstein, K. (1936) On the neurology of gestures. *The Journal of Psychology, 2*, 301-316

Hécaen, H. (1975) The relationship between aphasia and disturbances of gestures and perception. In: Lenneberg, E. H. & Lenneberg, E. (eds.) *Foundations of Language Development – A Multidisciplinary Approach*. New York: Academic Press.

Kimura, D. (1973) Manual activity during speaking. *Neuropsychologia, 11*, 45-55.

Kimura, D. (1976) The neural basis of language qua gesture. In: Whitaker, H. A. (ed.) *Studies in Neurolinguistics – Vol. 2*. New York: Academic Press.

Kimura, D. & Archibald, Y. (1974) Motor function of the left hemisphere. *Brain, 97*, 337-350.

Peirce, C. S. (1932) Speculative grammar. In: Peirce, C. S. *Collected Papers, Vol. 2.* Cambridge: Harvard University Press.

Peterson, L. N. & Kirshner, H. S. (1981) Gestural impairment and gestural ability in aphasia: A review. *Brain and Language, 14,* 333-348.

Zangwill, O. L. (1975) The relation of nonverbal cognitive functions to aphasia. In: Lenneberg, E. H. & Lenneberg, E. (eds.) *Foundations of Language Development – A Multidisciplinary Approach*. New York: Academic Press.

Empirische Arbeiten zur nonverbalen Kommunikation bei Aphasie

Aten, J. L., Caligiuri, M. P. & Holland, A. L. (1982) The efficacy of functional communication therapy for chronic aphasic patients. *Journal of Speech and Hearing Disorders, 47,* 93-96.

Behrmann, M. & Penn, C. (1984) Nonverbal communication of aphasic patients. *British Journal of Disorders of Communication, 19,* 155-168.

Blunk, R. and Weniger, D. (1978) *Recognition and imitation of gestures in brain-damaged patients.* International Neuropsychological Symposion, Oxford.

Blunk-Müller, R. (1979) *Untersuchung zum Gesten- und Pantomimenverständnis aphasischer und nichtaphasischer Patienten.* Diss. med., Berlin.

Buck, R. & Duffy, R. J. (1980) Nonverbal communication of affect in braindamaged patients. *Cortex, 16,* 351-362.

Busch, C. R., Brookshire, R. H. & Nicholas, L. E. (1988) Referential communication by aphasic and nonaphasic adults. *Journal of Speech and Hearing Disorders, 53,* 475-482.

Cicone, M. (1979) The relation between gesture and language in aphasic communication. *Brain and Language, 8,* 324-349.

Daniloff, J. K., Noll, J. D., Fristoe, M. & Lloyd, L. L. (1982) Gesture recognition in patients with aphasia. *Journal of Speech and Hearing Disorders, 47,* 43-49.

Davis, S. A., Artes, R. & Hoops, R. (1979) Verbal expression and expressive pantomime in aphasic patients. In: Lebrun, Y. & Hoops, R. (eds.) *Problems of Aphasia*. Amsterdam: Swets & Zeitlinger.

Duffy, J. R., Duffy, R. J. & Mercaitis, P. A. (1984) Comparison of the performance of a nonfluent aphasic on a pantomime referential task. *Brain and Language, 21,* 260-273.

Duffy, J. R. & McEwan, W. J. (1978) A study of the relationship between symbolism and pantomime recognition in aphasics. *Folia Phoniatrica, 30,* 286-292.

Duffy, J. R. & Watkins, L. B. (1984) The effect of response choice relatedness on pantomime and verbal recognition ability in aphasic patients. *Brain and Language, 21,* 291-306.

Duffy, R. J. & Buck, R. W. (1979) A study of the relationship between propositional (pantomime) and subpropositional (facial expression) extraverbal behaviors in aphasics. *Folia Phoniatrica, 31,* 129-136.

Duffy, R. J. & Duffy, J. R. (1981) Three studies of deficits in pantomimic expression and pantomimic recognition in aphasia. *Journal of Speech and Hearing Research, 24,* 70-84.

Duffy, R. J., Duffy, J. R. & Pearson, K. L. (1975) Pantomime recognition in aphasics. *Journal of Speech and Hearing Research, 18,* 115-132.

Ferro, J. M., Mariano, M. G., Castro-Caldas, A. & Santos, M. E. (1980) Gesture recognition in aphasia: A recovery study. *Journal of Clinical Neuropsychology, 2,* 277-299.

Feyereisen, P. (1983) Manual activity during speaking in aphasic subjects. *International Journal of Psychology, 18,* 545-556.

Feyereisen, P., Seron, X. & de Macar, M. (1981) The interpretation of different categories of gestures in aphasic subjects. *Neuropsychologia, 19,* 515-521.

Feyereisen, P., Barter, D., Goossens, M. & Clerebaut, M. (1988) Gestures and speech in referential communication by aphasic subjects: Channel use and efficiency. *Aphasiology, 2,* 21-32.

Gainotti, G. & Lemmo, M. A. (1976) Comprehension of symbolic gestures in aphasia. *Brain and Language, 3,* 451-460.

Goodglass, H. & Kaplan, E. (1963) Disturbances of gesture and pantomime in aphasia. *Brain, 86,* 703-720.

Herrmann, M., Koch, U., Johannsen-Horbach, H. & Wallesch, C. W. (1989) Communicative skills in chronic and severe nonfluent aphasia. *Brain and Language, 37,* 339-352.

Herrmann, M., Reichle, T., Lucius-Hoene, G., Wallesch, C. W. & Johannsen-Horbach, H. (1988) Nonverbal communication as a compensative strategy for severely nonfluent aphasics – a quantitative approach. *Brain and Language, 33,* 41-54.

Kadish, J. (1978) A neuropsychological approach to the study of gesture and pantomime in aphasia. *South African Journal of Communication Disorders, 25,* 102-117.

May, A. le, David, R. & Thomas, A. P. (1988) The use of spontaneous gesture by aphasic patients. *Aphasiology, 2,* 137-146.

Meuse, S. & Marquardt, T. P. (1985) Communicative effectiveness in Broca's aphasia. *Journal of Communication Disorders, 18,* 21-34.

Netsu, R. & Marquardt, T. P. (1984) Pantomime in aphasia: Effects of stimulus characteristics. *Journal of Communication Disorders, 17,* 37-46.

Pickett, L. W. (1974) An assessment of gestural and pantomimic deficit in aphasic patients. *Acta Symbolica, 5,* 69-86.

Schwartz, L. (1978) Sign comprehension in global aphasia. *Cortex, 14,* 112-118.

Seron, X., van der Kaa, M. A., Remits, A. & Vanderlinden, M. (1979) Pantomime interpretation and aphasia. *Neuropsychologia, 17,* 661-668.

Seron, X., van der Kaa, M. A., Vanderlinden, M., Remits, A. & Feyereisen, P. (1982) Decoding paralinguistic signals: Effects of semantic and prosodic cues on aphasics' comprehension. *Journal of Communication Disorders, 15,* 223-231.

Varney, N. R. (1978) Linguistic correlates of pantomime recognition in aphasic patients. *Journal of Neurology, Neurosurgery and Psychiatry, 41,* 564-568.

Varney, N. R. (1982) Pantomime recognition defect in aphasia: Implications for the concept of asymbolia. *Brain and Language, 15,* 32-39.

Varney, N. R. & Benton, A. L. (1982) Qualitative aspects of pantomime recognition deficit in aphasia. *Brain and Cognition, 1,* 132-139.

Wallace G. J. & Canter, G. J. (1985) Effects of personally relevant language materials on the performance of severely aphasic individuals. *Journal of Speech and Hearing Disorders, 50,* 385-390.

Arbeiten zur nonverbalen Kommunikation als Medium der Aphasietherapie

Bailey, S. (1983) Blissymbolics and aphasia therapy: A case study. In: Code, C. & Müller, D. J. (eds.) *Aphasia Therapy.* London: Edward Arnold.

Blunk, R. (1985) Möglichkeiten und Grenzen mimisch-pantomimischer Kommunikationshilfen bei Aphasie. In: Springer, L. & Kattenbeck, G. (eds.) *Aphasie.* München: tuduv.

Bonvillian, J. & Friedman, R. (1978) Language development in another mode: The acquisition of signs by brain-damaged adults. *Sign Language Studies, 19,* 111-120.

Bristow, D. & Fristoe, M. (1984) Learning of Blissymbols and manual signs. *Journal of Speech and Hearing Disorders, 49,* 145-151.

Brown, J. W., Leader, B. J. & Blum, C. S. (1983) Hemiplegic writing in severe aphasia. *Brain and Language, 19,* 204-215.

Chen, L. C. Y. (1965) Stroke patients communicate with talking hands. *Journal of the American Medical Association, 193,* 33.

Chen, L. C. Y. (1968) "Talking hand" for aphasic stroke patients. *Geriatrics, 23,* 145-148.

Chen, L. C. Y. (1971) Manual communication by combined alphabet and gestures. *Archives of Physical Medicine and Rehabilitation, 52,* 381-384.

Cohen, L. K. (1976) *Communication aids for the brain damaged adult.* Sister Kenny Institute, Minneapolis.

Davis, G. A. & Wilcox, J. (1981) Incorporating parameters of natural conversation in aphasia treatment. In: Chapey, R. (ed.) *Language Intervention Strategies in Adult Aphasia.* Baltimore/London: Williams & Wiggins.

Disimoni, F. G. (1981) Therapies which utilize alternative or augmentative communication systems. In: Capey, R. (ed.) *Language Intervention Strategies in Adult Aphasia.* London: Williams and Wiggins.

Eagleson, H. M., Vaughn, G. R. & Knudson, A. B. C. (1970) Hand signals for dysphasia. *Archives of Physical Medicine and Rehabilitation, 51,* 111-113.

Gardner, H., Zurif, E. B., Berry, T. & Baker, E. (1976) Visual communication in aphasia. *Neuropsychologia, 14,* 275-292.

Glass, A. V., Gazzaniga, M. S. & Premack, D. (1973) Artficial language training in global aphasics. *Neuropsychologia, 11,* 95-103.

Goldstein, K. & Cameron, H. (1952) New method of communication for the aphasic patient. *Arizona Medicine, 8,* 17-21.

Green, G. (1982) Assessment and treatment of the adult with severe aphasia: Aiming for functional generalization. *Australian Journal of Human Communication Disorders, 10,* 11-23.

Green, G. (1984) Communication in aphasia therapy: Some of the procedures and issues involved. *British Journal of Disorders of Communication, 19,* 35-46.

Hamanaka, T. & Ohashi, H. (1974) Aphasia in pantomimic sign language. *Studia Phonologica, 8,* 23-35.

Helm-Estabrooks, N., Fitzpatrick, P. M. & Barresi, B. (1982) Visual action therapy for global aphasia. *Journal of Speech and Hearing Disorders, 47,* 385-389.

Holland, A. L. (1980) *Communicative abilities in daily living: A test of functional communication for aphasic adults.* University Park Press, Baltimore.

Holland, A. L. (1982) Observing functional communication of aphasic adults. *Journal of Speech and Hearing Disorders, 47,* 50-56.

Johannsen-Horbach, H., Cegla, B., Mager, U., Schempp, B. & Wallesch, C. W. (1985) Treatment of chronic global aphasia with a nonverbal communication system. *Brain and Language, 24,* 74-82.

Johannsen-Horbach, H. & Wallesch, C. W. (1988) Indikationen nonverbaler Behandlungsansätze in der Aphasietherapie. *Neurolinguistik, 2,* 1-20.

Kirshner, H. & Webb, W. (1981) Selective involvement of the auditory-verbal modality in an aquired communication disorder: Benefit from sign language therapy. *Brain and Language, 13,* 161-170.

Kotten, A. (1976) Die kommunikative Funktion nonverbaler Umwegleistungen. In: Peuser, G. (ed.) *Interdisziplinäre Aspekte der Aphasieforschung.* Köln: Rheinlandverlag.

Mayberry, R. (1976) If a chimp can learn sign language, surely my nonverbal client can too. *Journal of the American Speech and Hearing Association (ASHA), 18,* 223-238.

Moody, E. J. (1982) Sign language acquisition by a global aphasic. *The Journal of Nervous and Mental Disease, 170,* 113-116.

Porch, B. E. (1967) *Porch index of communicative ability.* Consulting Psychologists' Press, Palo Alto.

Ross, A. J. (1979) Study of the application of Blissymbolics as a means of communication for a young brain-damaged adult. *British Journal of Disorders of Communication, 14,* 103-109.

Rowley, D. T. (1983) Artificial languages and communication aids in aphasia therapy. In: Code, C. & Müller, D. J. (eds.) *Aphasia Therapy.* London: Edward Arnolds.

Schlanger, P. H. & Freiman, R. (1979) Pantomime therapy with aphasics. *Aphasia, Apraxia, Agnosia, 1,* 34-39.

Schlanger, P. H. & Schlanger, B. B. (1970) Adapting role playing activities with aphasic patients. *Journal of Speech and Hearing Disorders, 35,* 229-235.

Silverman, F. H. (1980) *Communication for the speechless.* Prentice-Hall, Englewood Cliffs.

Skelly, M. (1979) *Amerind gestural code based on universal american indian hand talk.* New York: Elsevier North Holland.

Skelly, M., Schinsky, L., Smith, R. W., Donaldson, R. C. & Griffin, G. M. (1975) American indian sign: A gestural communication system for the speechless. *Archives of Physical Medicine and Rehabilitation, 56,* 156-160.

Sklar, M. & Bennett, D. N. (1956) Initial communication chart for aphasics. *Journal of the Association of Physical and Mental Rehabilitation, 10,* 43-53.

Spiegel, D., Balick, S. & Green, G. (1976) Mime in language therapy and clinical training. *Archives of Physical Medicine and Rehabilitation, 57,* 35-38.

Stuart-Smith, V. G. & Wilks, V. (1979) Gesture program: A supplement to verbal communication for severely aphasic individuals. *Australian Journal of Human Communication Disorders, 2,* 37-50.

Tennenbaum, D. & Schlanger, B. B. (1969) Gestural communication with aphasics in a dyadic situation. *Ohio Journal of Speech and Hearing, 4,* 23-29.

Tomkins, W. (1969) *Indian Sign Language.* New York: Dover Publications.

Vanderheiden, G. (1978) *Non-Vocal Communication Resource Book.* New York: University Park Press.

11. Aphasietherapie auf neurolinguistischer Basis*

Anneliese Kotten,
Abteilung für Sprachtherapie, Fachklinik Bad Heilbrunn

Einleitung

Verschiedene Richtungen der Linguistik und der Psycholinguistik haben Inhalte und Methoden der Aphasietherapie unterschiedlich beeinflußt. Neuere Theorien und Modelle der Psycho- und Neurolinguistik sind in der Aphasieforschung primär zu diagnostischen Zwecken eingesetzt worden. Bisher gibt es nur wenige Therapiestudien, die sich moderner neurolinguistischer Modelle bedienen (vgl. die Einführung in diesen Band für kognitive Modelle der Sprachverarbeitung und Blanken, 1988a für methodologische Grundlagen der kognitiven Neurolinguistik).

Um die Vorteile der neuen Ansätze zu verdeutlichen, wird zunächst im 1. Teil dieses Kapitels ausführlich dargestellt, welche Annahmen und welche Probleme mit dem linguistischen Ansatz verbunden sind. Der 2. Teil des Kapitels behandelt exemplarisch Therapiestudien auf der Basis moderner neurolinguistischer Theorien.

Allgemeine Grundlagen einer linguistischen Aphasietherapie

Traditionell geht man von drei verschiedenen Konzepten aus, die bei der Rückbildung aphasischer Symptome eine Rolle spielen können: die Reaktivierung, die Reorganisation und die Kompensation.

Zunächst ist festzustellen, daß diese Termini mehrdeutig sind, da hierdurch sowohl physiologische als auch funktionale Prozesse umrissen werden können.

Weiter ist folgendes auffällig:

Reaktivierung und *Reorganisation* können auch bestimmten Rückbildungsphasen zugeordnet werden. Hierbei ist zu berücksichtigen, daß diesen Phasen unterschiedliche *Therapieziele* und unterschiedliche *Therapietechniken* entsprechen.

---

* Für Eva-Maria Engl-Kasper zum 40. Geburtstag

Die *Kompensation* nimmt eine gewisse Sonderstellung ein, über die später noch zu sprechen sein wird.

Reaktivierung durch Stimulation

Die in der Praxis am weitesten verbreitete Annahme zum Wiedererwerb der Sprache besagt:

Es gibt keinen echten »Verlust« von Sprache, sondern der Schwellenwert im Zugang zu beziehungsweise in der Verfügbarkeit von Sprache hat sich erhöht.

Zwei bekannte Verfahren basieren auf dieser Annahme. Für den einen Ansatz (Stimulation nach Schuell) spielen linguistische Überlegungen keine Rolle. Die Aphasie wird als einheitliche Störung mit unterschiedlichen Zusatzproblemen gesehen. Da jedoch auf diesem Ansatz basierende Stimulationstechniken auch in anderen Verfahren als Hilfstechniken eingesetzt werden, kann man ihn nicht einfach als historisch überholt ad acta legen (zur Methode siehe Schuell, 1974 sowie Duffy, 1986).

Der zweite Ansatz (Deblockierung nach Weigl) berücksichtigt insbesondere im Hinblick auf die Speicherung von Sprache die psycholinguistischen Erkenntnisse der sechziger und siebziger Jahre.

Auf diesen Ansatz soll etwas näher eingegangen werden.

Der Deblockierungsmethode nach Weigl liegt die Beobachtung zugrunde, daß bei einer Aphasie die verschiedenen Modalitäten unterschiedlich schwer betroffen sein können. Ferner wird angenommen, daß kein echter Funktionsverlust beziehungsweise kein echter Verlust des Sprachwissens (der sprachlichen »Kompetenz« nach der damaligen linguistischen Terminologie) vorliegt, sondern daß eine Blockierung im Zugang zu sprachlichen Speichern beziehungsweise sprachlichen Subsystemen vorhanden ist.

Das Verfahren nützt die Modalitätsunterschiede in der Aktivierung sprachlicher Formen beziehungsweise sprachlicher Prozesse in folgender Weise:

Die weitgehend intakte Verarbeitung einer sprachlichen Einheit in einer – relativ – gut erhaltenen Modalität wird dazu eingesetzt, um dieselbe sprachliche Einheit in einer (oder mehreren) gestörten Modalität(en) zu deblockieren. Nach Weigl setzt dieses Verfahren jedoch voraus, daß es zumindest *eine* Modalität gibt, deren Funktion zu etwa 70 Prozent erhalten geblieben ist (vgl. Weigl, 1979).

Auf einen sehr wichtigen Punkt macht Springer (1986) aufmerksam:

Die Praxis hat gezeigt, daß intakte Modalitäten nicht beliebig als Deblockanten benützt werden können, sondern daß in etwa ähnliche Verarbeitungsmechanismen zwischen intakten und zu deblockierenden Funktionen bestehen müssen

(Aufbau und exemplarische Therapieverläufe siehe Weigl, 1979; Wiegl-Crump & Königsknecht, 1973; Ulatowska & Richardson, 1974).

Im Hinblick auf mögliche Effekte ist zu beachten:

Die zugrundeliegende Theorie der lexikalisch-semantischen Speicherung in hierarchisch gegliederten Feldern läßt einen Generalisierungseffekt erwarten, das heißt, daß auch ungeübtes Wortmaterial wieder verfügbar wird. Auch dieses Verfahren ist primär im Akutstadium beziehungsweise im Anfangsstadium der Stabilisierung (oder aber bei herausragenden Modalitätsunterschieden auch später) wirksam.

Insgesamt ist festzuhalten:

Der Deblockierungsmethode liegt ein relativ frühes Prozeßmodell der Sprachverarbeitung zugrunde, dessen Basis – nämlich die cross-modale Verbindung von sprachlichen Speichern und modalitätsspezifischen Zugängen zu diesen Speichern – in sehr verfeinerter Form erst wieder in den Prozeßmodellen der kognitiven Neurolinguistik auftaucht.

Reorganisierung

Hier lassen sich eine Reihe sehr unterschiedlicher Verfahren anführen, die sowohl verhaltensorientiert als auch sprachorientiert aufgebaut sind.

Gemeinsam liegt diesen Verfahren die Vorstellung zugrunde, daß eine gewisse »Plastizität des Gehirns« eine – wenn unter Umständen auch begrenzte – Erholung ermöglicht.

Während der Aspekt des »Lernens« bei stimulativen Verfahren keine Rolle spielt, wird »Lernen« im Rahmen einer möglichen Reorganisation von Funktionen nicht ausgeschlossen.

Da im weiteren nur mehr linguistisch orientierte Überlegungen eine Rolle spielen, sei für einen umfassenden Überblick über derzeit verwendete Verfahren auf Chapey (1986) verwiesen.

Kompensation

Die gemeinsame Grundlage aller Überlegungen zur Kompensation besteht darin:

Ein bestimmter physiologischer und/oder sprachlicher Prozeß kann nicht mehr auf dem normalen Wege aktiviert werden. Die notwendige Aktivierung ist nur auf einem Umweg erreichbar. Hierbei es durchaus möglich, daß – oberflächlich gesehen – sprachliche beziehungsweise schriftsprachliche Leistungen erreicht werden, die in ihrer Struktur einer Reorganisation des ursprünglichen funktionalen Systems ähnlich sehen. Kritische Faktoren zur Unterscheidung von Reorganisation und Kompensation sind sowohl die längere Zeit, die für den »Umweg« gebraucht wird als auch externe oder interne Hilfsstrategien, die zum Erreichen einer bestimmten sprachlichen Leistung eingesetzt werden müssen.

Bisher gibt es eindeutige Forschungsergebnisse zu kompensatorischen Techniken nur bei der Wiedergewinnung der Schriftsprache (vgl. Hatfield, 1983, Lesser, 1987, de Partz, 1986). Wir sind daher beim Wiedererwerb anderer linguistischer Mittel nach Abschluß der Akutphase weiterhin auf Hypothesen angewiesen.

Auf eine gänzlich andere Art von Kompensation, nämlich den Einsatz alternativer Kommunikationsmöglichkeiten, zielt die sogenannte PACE-Therapie ab (vgl. hierzu Davis & Wilcox, 1985 sowie Glindemann und Springer, 1989).

Grundannahmen und Grundprobleme linguistischer Verfahren

Linguistisch orientierte Therapieverfahren basieren auf folgenden Annahmen:

- Es ist sowohl eine Schädigung der mentalen Repräsentation des Sprachsystems denkbar als auch eine Unterbrechung beziehungsweise Schädigung im Zugang zum (mental repräsentierten) Sprachsystem.

Eine weitere Annahme besagt:

- Sprachliche Funktionen sind in Subsystemen (zum Beispiel Phonologie, Syntax, Semantik) organisiert.

Für die Beurteilung der Symptomatik und ebenso für den symptomorientierten Aufbau der Therapie ist die nächste Hypothese von entscheidender Bedeutung:

- Sprachliche Subsysteme sind isoliert störbar und ebenso isoliert trainierbar.

Theoretisch könnten sich hieraus unmittelbar Handlungsanweisungen zur Konstruktion von Therapieaufgaben ergeben.

Eine derartige Formulierung läßt jedoch die mögliche Interaktion der einzelnen Systeme außer acht. Darin liegt ein Problem, das sowohl bei der *Beurteilung der Symptome* als auch bei der *Konstruktion von Therapie-Aufgaben* beachtet werden muß, da unberücksichtigte (aber mögliche) Interaktionen die Interpretation sprachlicher Leistungen beziehungsweise Fehlleistungen erschweren.

Hierzu zwei Beispiele:

Phoneme bewirken per Definition die Bedeutungsunterscheidung von Wörtern. Bei Aufgaben zur auditiven Diskrimination von Wörtern wird oft mit Minimalpaaren (Bedeutungsunterscheidung durch ein einziges Phonem) gearbeitet. Bei korrekten Antworten kann zunächst nicht beurteilt werden, ob die Wahrnehmung des Phonemunterschiedes oder die Wahrnehmung der unterschiedlichen

Bedeutung zur Differenzierung ähnlicher Wörter geführt hat (zu den Stufen der auditiven Differenzierung vgl. Franklin, 1989).

Weitaus komplexer ist das Problem im Bereich der Syntax. Oft sind bestimmte thematische »Rollen« (zum Beispiel »Agent/Objekt«) mit der Bedeutung von Verben eng verknüpft. Satzbewertungsaufgaben, die diesen Aspekt nicht berücksichtigen, erlauben keine Beurteilung der syntaktischen Analysefähigkeiten eines Patienten.

Das Zusammenspiel von Syntax und Semantik wird in verschiedenen Grammatikmodellen unterschiedlich gesehen. Insbesondere die sogenannte Valenz-Grammatik stellt die Verknüpfung von Syntax und Semantik in den Mittelpunkt (vgl. hierzu Kotten, 1985).

Unterschiede in der mentalen Repräsentation

Forschungsergebnisse deuten darauf hin, daß in der mentalen Repräsentation der linguistischen »Ebenen« oder »Subsysteme« Unterschiede bestehen, die infolgedessen auch Konsequenzen für die Rückbildung einer Aphasie haben (können).

Diese Unterschiede können wie folgt umrissen werden:

Phonologische beziehungsweise syntaktische Störungen treten sehr wahrscheinlich nur als Folge fokaler Schädigungen auf. Hier kann eine isolierte Störung auch auf physiologischer Basis angenommen werden.

Störungen des lexikalischen Zugriffs beziehungsweise der semantischen Verarbeitung finden sich sowohl bei begrenzten Herden als auch bei sehr diffusen Störungen. Sie können auch auftreten, ohne daß eine Aphasie vorliegt.

Dies weist darauf hin, daß Störungen in der Wortfindung (beziehungsweise in der semantischen Verarbeitung) einen Sonderstatus einnehmen. Diese Sonderstellung der Semantik kann sich auch bei der Rückbildung einer Aphasie in bisher nicht ausreichend geklärter Weise auswirken.

So vermutet zum Beispiel Lesser (1985), daß die Rückbildung verschiedener Aspekte des Sprachsystems auf unterschiedlichen Prozessen beruht, wobei die konzeptuelle beziehungsweise semantische Ebene primär auf Stimulierung und Reorganisation anspricht. Es ist daher nicht auszuschließen, daß Verbesserungen speziell in der Syntax sowie im Bereich Schriftsprache *nach* Abschluß der Akutphase durch andere Prozesse erreicht werden, nämlich insbesondere durch Kompensation.

Inter- und intramodale Leistungsunterschiede

Bekanntlich gibt es viele Patienten, deren rezeptive Leistungen besser (oder auch schlechter) sind als ihre produktiven Leistungen. Dieser Befund ist zunächst trivial. Es finden sich jedoch auch innerhalb einer einzigen Modalität Leistungsunterschiede. Diese Variabilität in der Sprachverarbeitung kann durch rein system-linguistische Ansätze zwar beschrieben, jedoch nicht ausreichend erklärt werden.

Es ist daher notwendig – gerade auch, um die Begrenzung system-linguistisch fundierter Therapieverfahren zu beleuchten – dieses Problem etwas ausführlicher darzustellen.

Assoziation/Dissoziation von Symptomen

Um die unterschiedlichen Kombinationen von Symptomen aber auch deren mögliche Dissoziation zu charakterisieren, schlägt Parisi (1985) folgende Unterscheidung vor:

- Assoziationen/Dissoziationen von Symptomen *innerhalb* einer Modalität beziehungsweise *innerhalb* einer Aufgabenstellung. (Diese Assoziationen/Dissoziationen sind »intratask«).
- Assoziationen/Dissoziationen, die *zwischen* Modalitäten beziehungsweise Aufgabenstellungen vorhanden sind. (Diese Assoziationen/Dissoziationen sind »intertask«).

Nach Parisi können klassische linguistische Modelle zwar die »intratask« Assoziationen/Dissoziationen erklären. Die klassische Linguistik ist demgegenüber aber nicht in der Lage, »intertask« Assoziationen/Dissoziationen zu interpretieren oder vorherzusagen.

Hierzu ein Beispiel:

Linguistische Ansätze können den Unterschied in der Produktion von Aktivsätzen und Passivsätzen bei Bildbeschreibungen agrammatischer Patienten erklären. Wobei dahingestellt bleiben soll, ob die Erklärung zutrifft oder nicht. Linguistische Ansätze können jedoch nicht vorhersagen, ob sich der gleiche Unterschied zum Beispiel beim Nachsprechen oder beim Sprachverständnis zeigen wird. Und wenn ein solcher Unterschied auftaucht, ist er durch rein linguistische Mittel nicht zu erklären.

Da Assoziationen/Dissoziationen von Symptomen bei individuellen Patienten, die einem gemeinsamen »Syndrom« zugeordnet werden (zum Beispiel Broca-Aphasie), stark variieren können, ergibt sich auch noch ein weiteres Problem, das bisher primär im Zusammenhang mit »Agrammatismus« diskutiert worden ist.

Dieses Problem betrifft die therapeutische Relevanz von Gruppenstudien.

Hier ist zu fragen:

Inwieweit sind die Ergebnisse der üblichen Gruppenstudien therapeutisch verwertbar, das heißt, inwieweit lassen sich daraus generelle Therapieprogramme ableiten? Neuere Forschungsergebnisse stellen den Wert solcher Gruppenstudien deutlich in Frage. So hat sich in den letzten Jahren immer klarer zeigen lassen, daß zum Beispiel Phänomene wie »Agrammatismus« nicht mehr als einheitliches »Symptom« verstanden werden können, sondern daß es sich hierbei um ein sehr komplexes Bild handelt, welches sehr verschiedene Aspekte beinhaltet (für einen Überblick siehe Tesak, 1990).

Entscheidend ist jedoch dabei, daß sogar bei einem vergleichbaren Störungsbild der Oberflächenstruktur von Sätzen unterschiedliche Mechanismen dieses Störungsbild bewirkt haben können. Als Konsequenz ergibt sich daraus, daß es keine generelle Agrammatismustherapie geben kann. Gleiches gilt auch für Wortfindungsstörungen, die ebenfalls durch sehr unterschiedliche Mechanismen zustande kommen.

Die hier angeschnittenen Probleme führten zur Entwicklung von Sprachverarbeitungsmodellen, die im 2. Teil vorgestellt werden.

Nicht-linguistisch relevante Faktoren

Auch nicht-linguistische Faktoren müssen sowohl für die Diagnose als auch für die Therapie berücksichtigt werden. Insbesondere hat die eingeschränkte Kapazität des sogenannten »Arbeitsspeichers« einen unmittelbaren Einfluß auf die produktive/rezeptive Verarbeitung von Sätzen.

Auch die *Verlangsamung von Prozessen* kann Folgen für die Sprachverarbeitung haben. Dies gilt insbesondere für die Verarbeitung komplexer Sätze.

Reichen der Arbeitsspeicher und/oder die Verarbeitungsgeschwindigkeit nicht aus, können die verschiedenen Beziehungen innerhalb eines komplexen syntaktischen Gebildes nicht gleichzeitig bearbeitet werden.

Es kommt daher zu Einschränkungen sowohl bei der Produktion als auch bei der Rezeption von komplexen Sätzen.

Den Einfluß der zu geringen Verarbeitungsgeschwindigkeit auf die Satzverarbeitung konnten Kolk & Heeschen (1990) in einem Simulationsexperiment am Computer zeigen. Dieses Experiment ergab, daß Minimalwerte bei der Synchronie von syntaktischen und semantischen Verarbeitungsmechanismen nicht unterschritten werden dürfen.

Basisprinzipien zur Konstruktion linguistisch motivierter Therapieaufgaben

Abgesehen von kleineren Varianten finden sich folgende Prinzipien in allen Therapieprogrammen auf linguistischer Basis:

- Die Aufgaben werden direkt auf die verschiedenen sprachlichen Subsysteme (oder Ebenen) zugeschnitten.
- Die Reihenfolge der Aufgaben wird innerhalb einer Modalität beziehungsweise innerhalb eines sprachlichen Subsystems nach Schwierigkeitshierarchien gesteigert. Diese Schwierigkeitshierarchien laufen entweder entlang einer Achse zunehmender *Ähnlichkeit* zwischen den Items oder aber zunehmender *Komplexität* (zum Beispiel bei der Syntax) oder aber zunehmender *Abstraktheit* (beziehungsweise zunehmender Seltenheit) im Bereich des Lexikons (vgl. auch Kotten, 1981).

Auswahl von Aufgabenstellungen

Üblicherweise werden folgende Kriterien angewendet:

Wenn etwa 70 Prozent der Lösungen korrekt sind, ist die Aufgabe für den betreffenden Patienten angemessen. Bei einer geringeren Fehlerquote ist die Aufgabe zu leicht, bei Zufallstreffern ist die Aufgabe unangemessen.

Ferner ist zu beachten:

Da auch innerhalb einer einzigen Modalität die Leistungen bei unterschiedlichen Aufgabenstellungen deutlich variieren können, ist zu überprüfen, bei welchen Aufgabenstellungen ein sprachliches Element (oder eine Regel) verarbeitet werden kann.

Für die praktische Anwendung linguistischer Verfahren ist daher immer wieder zu berücksichtigen:

Linguistische Überlegungen bestimmen den *Inhalt* einer Übung. Das anzuwendende *Verfahren* muß sich demgegenüber danach richten, welche Leistungsunterschiede in den einzelnen Modalitäten beziehungsweise bei verschiedenen Aufgabenstellungen vorhanden sind.

Vergleiche verschiedener Verfahren sind bisher noch viel zu wenig durchgeführt worden. (Ausnahmen sind Huber, Mayer & Kerschensteiner, 1978 zur Therapie des phonematischen Jargon sowie Kotten, 1989 und Stachowiak, 1987 zum Wiedererwerb lokaler Präpositionen).

Lerneffekte von Übungen und Transfer in die Spontansprache

Zur Charakterisierung linguistischer Verfahren muß noch ein weiterer Punkt beachtet werden:

Die überwiegende Zahl der Übungen beinhaltet einen metalinguistischen Umgang mit Sprache. Dies kann Konsequenzen für die Umsetzung der erarbeiteten Einheiten beziehungsweise Regeln in die Spontansprache haben, und zwar selbst dann, wenn die Anwendung des Geübten auch bei ungeübtem Material gelingt.

So konnten zum Beispiel Schlenck und Springer (1989) in einem Fall von chronischem Agrammatismus zeigen, daß die betreffende Patientin in ihrer Spontansprache über das Niveau einfacher S-V-O-Sätze nicht hinauskam, obwohl Lerneffekte bei Übungen zu komplexen Sätzen nachweisbar waren.

Das gleiche Phänomen zeigt sich auch bei der Therapiestudie von Weniger, Springer & Poeck (1987) zum Training der Modalverben, obgleich die zu übenden sprachlichen Formulierungen in typische Alltagssituationen eingebettet waren.

Es ist daher festzuhalten, daß der übliche Nachweis eines Lerneffektes anhand von ungeübtem, jedoch gleichstrukturiertem Material noch nichts über die Auswirkungen auf spontane Leistungen aussagt.

Diese Einschränkung gilt *auch* für die bisher veröffentlichten Therapiestudien auf der Basis neurolinguistischer Prozeßmodelle.

Beispiele symptomorientierter linguistischer Verfahren

Komplette Arbeitsprogramme, die sowohl die verschiedenen linguistischen Ebenen als auch die unterschiedlichen Modalitäten berücksichtigen, wurden von Engl, Kotten, Ohlendorf & Poser (1982) sowie Shewan & Bandur (1986) veröffentlicht.

Als Beispiele für spezielle Übungsprogramme zum Agrammatismus seien zwei Arbeiten erwähnt, die auf unterschiedlichen linguistischen Ansätzen beruhen.

Das Syntaxprogramm von Helm-Estabrooks & Ramsberger (1986) richtet sich nach den Schwierigkeitshierarchien, die bei psycholinguistischen Untersuchungen zur Satzproduktion festgestellt wurden.

Es werden in der angegebenen Reihenfolge elf Satzkonstruktionen erarbeitet (Imperativ mit intransitiven/transitiven Verben; W-Fragen; Aussagesätze mit transitiven/intransitiven Verben; Vergleich; Passiv; Ja/Nein-Fragen; Objektsätze mit direktem und indirektem Objekt; eingebettete Sätze; Futur).

Das Verfahren benützt kleine Geschichten mit Bildunterstützung, um die Zielsätze zu evozieren.

Das Satzbildungsprogramm in Kotten (1985) geht einen gänzlich anderen Weg. Die Abfolge der Übungen richtet sich nach der sogenannten Wertigkeit (Valenz) der Verben. Die Wertigkeit wird danach bestimmt, wieviele Ergänzungen ein Verb notwendigerweise haben muß, damit ein syntaktisch korrekter Satz entsteht. Bei den Übungen wird als Hilfestellung die Zahl der erforderlichen Ergänzungen mit Pfeilen markiert. Diese beiden Beispiele können verdeutlichen, daß sehr verschiedene Übungsverfahren auf linguistischer Basis denkbar sind.

Abschließend seien noch einige Veröffentlichungen genannt, die in exemplarischer Weise einen Überblick über die derzeit üblichen linguistischen Übungsverfahren geben. Bei dieser Liste wurden insbesondere leicht erreichbare Publikationen berücksichtigt:

Greitemann (1988), Hatfield (1979), Hatfield & Shewell (1983), Springer (1986), Stachowiak (1987), Weniger, Huber, Stachowiak & Poeck (1980), Weniger und Springer (1989).

Therapieverfahren auf kognitiv-neurolinguistischer Basis

Im Vergleich zu den system-linguistischen Ansätzen bieten die Verfahren, die sich an den Prozeß-Modellen der kognitiven Neurolinguistik orientieren, folgende Vorteile:

- Die Modelle betten die linguistisch beschreibbaren Subsysteme in einen mentalen Prozeß der Informationsverarbeitung ein, der in bestimmten Verarbeitungsstufen abläuft.
- Es werden getrennte Speicher für die einzelnen Subsysteme angenommen, wobei die Speicher untereinander in Verbindung stehen.
- Die Aktivierung der Speicher geschieht in einer bestimmten Reihenfolge.
- Es können modalitätsspezifische input-output Verarbeitungen anhand ein und desselben Prozeßmodells beschrieben werden, da modalitätsspezifische Speicher beziehungsweise Prozesse in das Modell einer generellen Informationsverarbeitung integrierbar sind.

Störungen lassen sich nun zum Beispiel dadurch interpretieren, daß Prozesse, die innerhalb eines bestimmten Speichers ablaufen, nicht die notwendige Höhe der Aktivierung erreichen oder aber daß keine Verbindung zwischen den Speichern besteht. Da die verschiedenen Modalitäten in einem solchen Prozeßmodell berücksichtigt werden, läßt sich auch das Problem der Assoziationen beziehungsweise der Dissoziationen von Symptomen, welche durch den klassischen system-linguistischen Ansatz nicht zu interpretieren waren, besser klären.

Ein grundlegendes Problem dieser neuen Modelle darf jedoch nicht übersehen werden.

Es ist fraglich, ob die Annahme eines seriellen Verarbeitungsprozesses ausreicht, um bestimmte Fehlleistungen zu erklären oder ob unter Umständen auch Rückkopplungsmechanismen eine Rolle spielen (vgl. hierzu Stemberger, 1985).

Ich möchte hierauf nicht weiter eingehen, sondern im folgenden diejenigen Therapieverfahren beschreiben, die auf den gängigen Prozeßmodellen basieren. Da derartige Modelle jedoch primär zu diagnostischen Zwecken angewendet wurden, gibt es bisher nur sehr wenige Therapiestudien auf dieser Grundlage.

Benennen und Wortfindung

Das hier beschriebene Modell, das sogenannte Logogen-Modell, wurde von Morton (vgl. zum Beispiel Morton, 1985) entwickelt. Da in diesem Modell die Bildbenennung im Mittelpunkt steht, spielt die Verarbeitung von visueller Information eine besondere Rolle.

Das Logogen-Modell

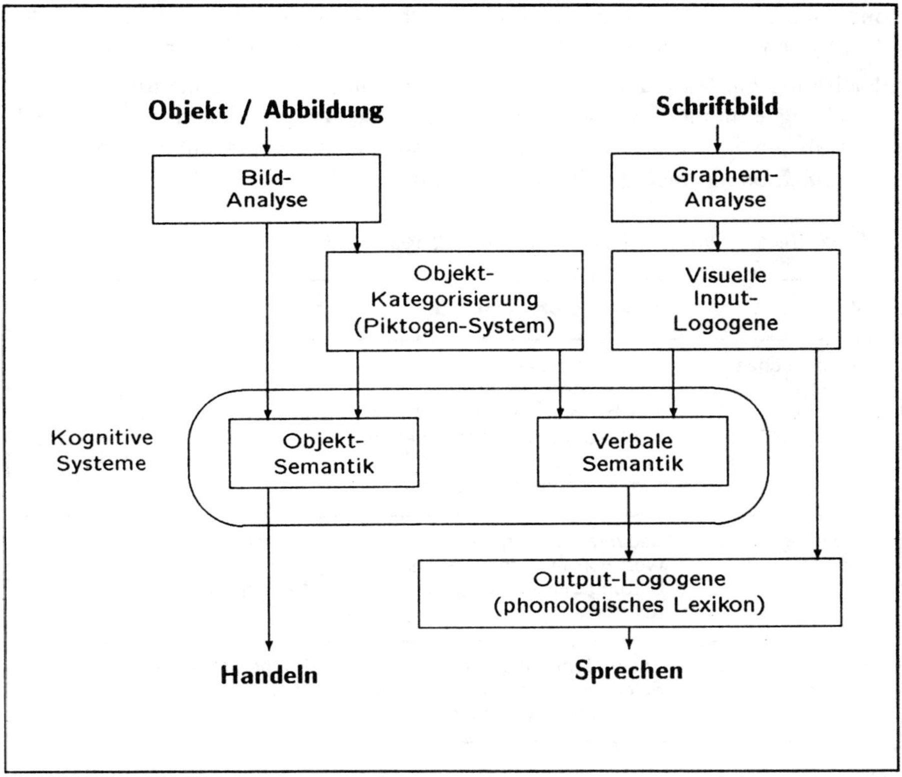

(adaptiert aus Morton, 1985)

Grundannahmen

Die Stadien für die Objekt- beziehungsweise Bildbenennung lassen sich wie folgt beschreiben:

(Für die folgende Darstellung vgl. Kremin und Ohlendorf, 1988). Nach dem Erkennen des Bildes (Objektes) wird seine entsprechende semantische Repräsentation abgerufen. Wichtig ist hierbei, daß die semantische Repräsentation nicht mit »Wörtern« (»lexikalischen Einträgen«) verwechselt werden darf. Dies leuchtet unmittelbar ein, wenn man berücksichtigt, daß ein und dasselbe Objekt verschiedene Bezeichnungen haben kann (zum Beispiel *Pferd: Roß, Gaul, Mähre*).

Die semantische Repräsentation wird für den Zugriff zum phonologischen Lexikon (Output-Logogen-System) benützt. Ein Output kann jedoch immer nur dann erreicht werden, wenn ein bestimmtes Aktivierungsniveau vorhanden ist. Die Abfolge dieser einzelnen Schritte läßt typische Fehler erwarten. Dies konnte auch in einer Reihe von Studien nachgewiesen werden (vgl. Kay & Ellis, 1987; Kohn & Goodglass, 1985; Mitchum, Ritgert, Sandson & Berndt, 1990).

Gleichzeitig gibt es jedoch auch Hinweise darauf, daß die Semantik eine Sonderstellung einnimmt. Diese Sonderstellung ist dadurch gekennzeichnet, daß sehr wahrscheinlich *ein einziges System* semantischer Repräsentationen sowohl die *Produktion* als auch das *Verstehen* vermittelt.

Erwartbare Fehler in Hinblick auf jeweils gestörte Prozesse

Stufe	**mögliche Störungen z. B.**	**sprachliche Fehlleistung z. B.**
Semantisches Lexikon	– Verringerung oder Verlust von Kategorien – eine generelle Verringerung der Wortbedeutungsrepräsentationen – Probleme beim Zugang zum semantischen Lexikon	– Fehler beim Bestimmen / Sortieren von Wörtern in spezifischen Kategorien – semantische Paraphasien
Phonologisches Lexikon	– Beeinträchtigung der Wort-Form-Repräsentationen – Störung der phonologischen Kontrolle	– Anomische Umschreibungen – Neologistischer Jargon
Phonologisches Ordnen	– Beeinträchtigung der Selektion beziehungsweise der Reihenfolge von Phonemen	– Phonematische Paraphasien

Phonetische Planung	– Beeinträchtigung beim »mapping« (Abbilden) von phonemischer zu phonetischer Realisation	– Sprechapraxie

(adaptiert aus Lesser, 1987)

Für die Interpretation der Störungen ist nach Lesser (1987) ferner die Unterscheidung zwischen Schädigung (*degradation*) der Repräsentationen und Störungen im Zugang (*access*) zu repräsentiertem Sprachwissen von besonderer Bedeutung:

Nur Zugangsstörungen zeigen eine Fluktuation in der Leistung.

Erwartbare Reaktionen auf Hilfestellungen

Entsprechend dem jeweiligen Störungsort im vorgegebenen Prozeßmodell kann die Wirksamkeit von semantischen oder phonematischen Hilfestellungen postuliert werden (vgl. Blanken, 1989).

- *Störungen auf der Ebene des semantischen Systems:*

  Auf Hilfen wird hier unterschiedlich reagiert.

  Korrekte Anlaute sollen die korrekte Zielform auslösen. Falsche Anlaute (die sich auf semantisch verwandte Items beziehen) sollen bei dieser Störung ebenfalls akzeptiert werden. Diese »Hilfestellungen« lösen jedoch semantische Paraphasien aus.

- *Unterbrechung von semantischem System und phonologischem Output-Lexikon:*

  Korrekte oder falsche Anlauthilfen sind weitgehend unwirksam. Es sind keine semantisch relationierten Benennversuche zu erwarten. Es gibt eher formbezogene Annäherungen an das Zielwort.

- *Erhöhte Schwellenwerte im phonologischen Output-Lexikon:*

  Da hier das semantische System korrekt arbeitet, jedoch aufgrund einer reduzierten Aktivierbarkeit der nachfolgende Prozeß nicht erfolgen kann, ist die adressierte Einheit nicht abrufbar. Hier ist zu erwarten, daß (korrekte) Anlautvorgaben dazu führen, daß alle Lexikoneinträge zu dem betreffenden Anlaut aktiviert werden. Falsche Vorgaben rufen dagegen keine Reaktion hervor, da sie sich nicht auf schon aktivierte semantische Spezifizierungen beziehen.

Therapeutische Konsequenzen

Aus der Analyse der gestörten Prozesse lassen sich sehr spezifische Therapieprogramme ableiten, deren Wirksamkeit überprüfbar ist.

- Bei Störungen auf der Ebene des semantischen Systems ist zu erwarten, daß Übungen zur Reorganisation dieses Systems wirksamer sind als Übungen, welche die phonologische Repräsentation betreffen.

  Dementsprechend haben semantische Kategorisierungs- beziehungsweise Differenzierungsaufgaben hier ihren angemessenen Platz. Entsprechende Therapiestudien wurden von Howard, Patterson, Franklin, Morton & Orchard-Lisle (1985 a/b) durchgeführt.

- Bei einer (partiellen) Diskonnexion zwischen semantischem und phonologischem Lexikon ist zu erwarten, daß exemplarisch trainierte Zugriffsstrategien auf das (weitgehend) intakte Output-Lexikon eine Verbesserung des Informationsflusses zwischen beiden Systemen bewirken.

  Methodisch saubere Therapiestudien liegen hierzu nicht vor, obgleich in diesem Zusammenhang immer wieder auf die Untersuchung von Wiegel-Crump & Königsknecht (1973) verwiesen wird. Es kann daher auch keine generelle Strategie empfohlen werden, wie die Verbindung zwischen diesen beiden Systemen verbessert werden soll.

  Unter Berücksichtigung modalitätsspezifischer Unterschiede im Zugriff auf mentale Repräsentationen/Prozesse ist jedoch denkbar, daß Zugriffe kompensatorisch (zum Beispiel über schriftlich vorgegebene Lückenwörter) gebahnt werden können (vgl. auch Lesser, 1987).

  Sollten kompensatorische Techniken wirksam werden, ist auch ein gewisser Generalisierungseffekt auf ungeübtes Material zu erwarten, da nicht *Wörter* sondern *Zugriffstechniken* geübt worden sind.

- Bei pathologisch erhöhten Schwellenwerten im phonologischen Output-Lexikon sind sowohl andere Therapiestrategien als auch andere Effekte zu erwarten.

  Da die semantischen Prozesse relativ ungestört sind, sind semantische Übungen ohne Wirkung.

  Da Assoziationen zwischen semantischem und phonologischem System nicht aufgehoben sind, haben Zugriffsübungen zum Lexikon keinen Erfolg. Aufgrund der Störungen kann keine Generalisierung stattfinden. Übungseffekte sind *nur* bei *gelernten* Wörtern zu erwarten.

Therapiestudien zur Wortfindung
Verbales Lernen: Eine Einzelfallstudie (Blanken, 1989)

Als Versuchsperson wurde ein Patient mit chronischer Aphasie ausgewählt, dessen Spontansprache nur aus einigen wenigen Wörtern bestand.

Vor Beginn des Experiments wurden Testaufgaben eingesetzt, um folgende Fragen zu klären:

- Welche Prozesse beim Wortabruf sind noch weitgehend intakt?
- Welche Prozesse sind gestört, beziehungsweise welche Verbindungen sind unterbrochen?

Zur Klärung dieser Fragen wurden folgende Testaufgaben eingesetzt:

- Funktionenvergleichsprüfung. Hierbei wurden verschiedenen Funktionen wie zum Beispiel Nachsprechen, Diktatschreiben, Benennen usw. mit identischen Stimuli überprüft. Dieser Vergleich ergab relativ erhaltene Leistungen im Nachsprechen.
- Nonverbales Bilderzuordnen (»Weltwissen«). Zuordnen von Bildmaterial, welches die Zusammengehörigkeit von zwei Items (zum Beispiel *Pyramide–Palme*, unter Ausschluß einer *Tanne*) überprüfen sollte, ergab keine Ausfälle. Das heißt, die schlechten Benennleistungen des Patienten beruhten nicht auf visuell-kognitiven Verarbeitungsstörungen.
- Zuordnen von gesprochenem Wort zu Bild. Es gab vier Bilder. Außer dem Zielbild wurden je ein semantischer beziehungsweise phonematischer Ablenker sowie ein beziehungsloses Item vorgelegt. Im konkreten Fall löste der Patient fast alle Aufgaben korrekt, das heißt, daß sein auditiv-lexikalisches Diskriminierungsvermögen relativ intakt war.
- Prüfung auf »stilles« Wortwissen. Hierbei sollte festgestellt werden, ob der Patient Informationen über Anlaut oder Wortlänge eines gesuchten Wortes besaß. Dies wurde durch Zuordnungsaufgaben überprüft. Die Leistungen bei diesen Aufgaben zeigten, daß der Patient wenig Informationen darüber aktivieren konnte, mit welchem Buchstaben ein Wort beginnt beziehungsweise wie lang es ist.
- Reaktionen auf semantisch korrekte sowie semantisch ablenkende Hilfen. Der Patient konnte in hohem Maße von semantisch korrekten Anlauthilfen profitieren, obgleich auch in einigen Fällen semantische Paraphasien durch falsche, jedoch auf semantisch verwandte Wörter zielende Anlautvorgaben evozierbar waren.

Aus den Testergebnissen läßt sich folgende Grundstörung erschließen:

Es liegt sehr wahrscheinlich eine Aktivierungsstörung korrekt angesteuerter Lexikoneinträge im phonologischen Lexikon vor. Das heißt, die Schwellenwerte bei der Aktivierung der korrekten Wortformen sind erhöht.

In einem solchen Fall ist kein Transfer von geübtem auf ungeübtes Material zu erwarten, sondern nur eine Verbesserung im Bereich der geübten Wörter.

Der mangelnde Transfer konnte für den oben beschriebenen Fall experimentell nachgewiesen werden.

Experiment 1: Es wurden acht Tage lang die Benennungen von 20 Bildern geübt, die der Patient in einem Vortest nicht benennen konnte. Als Hilfestellung wurde immer zuerst der Anlaut und bei ausbleibender Reaktion das ganze Wort vorgesprochen. Nach der Übungsphase wurde ein Vergleich der Benennleistung bei geübten und nichtgeübten Bildern vorgenommen. Während bei dem geübten Material die Benennleistung von 0 von 20 auf 9 von 20 stieg, war für ungeübtes Material kein Transfer nachweisbar. Interessanterweise gab es wortspezifische Effekte, da einige Wörter fast immer, andere nie ohne Hilfe aktiviert werden konnten.

Experiment 2: Das Übungsverfahren war wie im Experiment 1. Das Bildmaterial war jedoch aus vier Kategorien entnommen. Ferner wurden 20 Homonyme ausgewählt, wobei jeweils nur die eine Bedeutungsvariante eines Paares in der Übungsphase benannt wurde. Auch hier zeigte sich ein klarer Übungseffekt ohne Transfer. Allerdings konnten bei den Homonymen 8 von 10 der ungeübten Bilder benannt werden (Aktivierung der Wortform!).

Als Konsequenz ergibt sich nach Blanken (1989) für die Therapie in vergleichbaren Fällen:

Da kein Transfer von geübtem auf ungeübtes Material zu erwarten ist, sollte durch repetitive Übungen ein kleiner alltagsrelevanter Wortschatz erarbeitet werden.

Gruppenstudien zur Wirksamkeit und Stabilität semantischer/phonematischer Hilfen

In den verschiedenen Gruppenstudien wurden die unmittelbare Wirkung sowie die Stabilität verschiedener Hilfstechniken bei der Wortfindung überprüft. (Vgl. Howard et al., 1985 a/b; Patterson, Purell & Morton, 1983).

Das Problem der Parallelisierung der Versuchspersonen wurde dadurch umgangen, daß in einem Vortest diejenigen Bilder ermittelt wurden, die von den Teilnehmern nicht benannt werden konnten. Das heißt, daß die Übungswörter nach den individuellen Schwierigkeiten variierten.

Um die Wirksamkeit verschiedener Hilfstechniken zu überprüfen, wurden Übungswörter (und Kontrollwörter) nach dem Zufallsprinzip auf die unterschiedlichen Übungsmethoden verteilt (Howard et al., 1985 a/b).

Es wurden folgende Hilfstechniken eingesetzt:

- Semantische Hilfen

a) Zuordnen eines vorgesprochenen Wortes zu einem Bild (Auswahlmenge: vier);

b) ein geschriebenes Wort einem Bild zuordnen (Auswahlmenge: vier);

c) Ja/Nein-Urteil bezüglich der Kategorie beziehungsweise der Eigenschaft(en) des Zielwortes.

- Phonematische Hilfen

a) Anlautvorgaben;
b) Nachsprechen;
c) Reimurteile.

An dem entscheidenden Experiment (Howard et al., 1985 b) nahmen zwölf Patienten mit deutlichen Wortfindungsstörungen teil. Der Krankheitsbeginn lag bei allen mindestens sechs Monate zurück. Weitere Bedingungen waren, daß die Patienten gut nachsprechen konnten und keine visuellen Probleme hatten.

Die Ergebnisse der Studien zeigten übereinstimmend folgendes Bild:

- Phonematische Hilfen wirken unmittelbar (sogenannte »Prompts«). (Ausnahmen sind Unterbrechungen von semantischem System und phonologischem Output-Lexikon). Der Effekt phonematischer Hilfen hielt jedoch nur *wenige Minuten* an.
- Semantische Hilfestellungen wirkten demgegenüber *etwa 24 Stunden*.

  Abgesehen von der unterschiedlichen Dauer der Effekte zeigten sich unterschiedliche Generalisierungseffekte. Diese Effekte (zugunsten der semantischen Hilfen) waren jedoch schon nach sechs Wochen nicht mehr nachweisbar.

Das Ergebnis dieser Untersuchung ist kompatibel mit den Resultaten einer Untersuchung von Cohen, Engel, Kelter & List (1979) zu kontextuellen Benennhilfen. Bei dieser Untersuchung wurden nur solche Patienten ausgeschlossen, die entweder Jargon oder Recurring Utterances produzierten.

Wie in der Studie von Howard et al. wurde das Übungsmaterial aus denjenigen Bildern zusammengestellt, die in einem Vortest nicht benannt werden konnten. Die Bilder wurden anschließend in drei Gruppen unterteilt. Eine Gruppe diente zur Kontrolle. Bei den beiden anderen Gruppen wurden zwei Arten von Kontexten als Hilfe benützt.

a) Kurze sinnvolle Sätze, die auf das Zielwort hinweisen (*In der Oase steht eine hohe grüne ...*, Zielwort *Palme*).
b) Redewendungen, Kinderreime, Liedanfänge und ähnliches (zum Beispiel: *Der Kerl bringt mich noch auf die ...*, Zielwort *Palme*).

Es zeigte sich, daß beide Arten von kontextuellen Hilfen wirksam waren, wobei jedoch nicht jedes Wort über die kontextuellen Hilfen erreicht werden konnte. Ferner zeigte sich zunächst eine bessere Wirksamkeit von Hilfestellungen durch festgelegte Redewendungen. Ein Nachtest ergab jedoch, daß diejenigen Wörter, die durch freie Sätze gebahnt worden waren, auch zu einem späteren Zeitpunkt wieder abrufbar waren.

Da festgelegte Redewendungen automatisiert sind und daher ohne bewußte semantische Verarbeitung abgerufen werden können, zeigt das Resultat *auch dieser* Studie die Relevanz semantischer Mechanismen beim Wortabruf.

Satzproduktion

Bei der Produktion von Sätzen werden unterschiedliche Stufen durchlaufen, die von der Planung eines kommunikativen Inhaltes (*message*) bis hin zur konkreten Realisation reichen.

Fehlleistungen gesunder Sprecher bei der Satzproduktion haben zu Modellen geführt, welche die Reihenfolge der einzelnen Schritte verdeutlichen können.

Am weitesten verbreitet ist das Modell von Garrett, welches hier in vereinfachter Form wiedergegeben wird (vgl. zum Garrett-Modell die Einleitung in diesem Band).

Es werden fünf Repräsentationsebenen angenommen. Für die Planung therapeutischer Schritte bei Störungen der Satzproduktion sind die drei ersten Ebenen von besonderem Interesse. Sie werden deshalb ausführlicher beleuchtet.

Die prozessualen Ebenen der Satzproduktion lassen sich wie folgt beschreiben:

- Inhaltsebene (*message level representation*).
  Diese Ebene bezieht sich auf die zu vermittelnden kommunikativen Inhalte. Diese Repräsentationsebene ist bei vielen Aphasikern nicht betroffen (vgl. Blanken, 1988 b).
- Funktionale Ebene (*functional level representation*).
  Hier werden lexikalische Einheiten ausgewählt und ihre thematischen Rollen (»Agent/Objekt/Instrument« usw.) festgelegt. Auf dieser Ebene ist die Wahl des Verbs entscheidend, da seine möglichen Ergänzungen (»Argumente«) die Auswahl weiterer Inhaltswörter bestimmen. Durch diese Auswahl wird auch der syntaktische Rahmen vorbestimmt, der entscheidet, welches Element an welche Stelle kommen soll. Genau hier liegt die Verbindung von Syntax und Semantik.
  Störungen bei einer angemessenen Wahl von Verben können schon auf dieser Ebene zu Störungen der Satzbildung führen. Eine weitere Störungsmöglichkeit besteht darin, daß zwar ein passendes Verb aktiviert wird, jedoch kein Gefühl für die entsprechenden thematischen Rollen vorhanden ist.
- Positionale Ebene (*positional level representation*).
  Hier laufen simultan verschiedene Prozesse ab. Die Elemente des semantischen Lexikons werden auf die Eintragungen des phonologischen Lexikons

abgebildet. Gleichzeitig werden die ausgewählten Elemente entsprechend ihrer thematischen Rollen in die verschiedenen Positionen eines syntaktischen Rahmens eingebettet.

Auf dieser Ebene sind die meisten Störungen zu erwarten:

Es können Probleme beim Übergang von der funktionalen zur positionalen Ebene auftreten. Unabhängig davon sind Probleme beim Zusammenfügen des syntaktischen Rahmens denkbar und/oder Schwierigkeiten (Fehler) bei der Zuweisung von Elementen des syntaktischen Rahmens (vgl. Lesser, 1987).

Während die älteren Agrammatismustheorien einschließlich der darauf basierenden Therapieansätze sich im wesentlichen mit den Störungen bei der Planung des syntaktischen Rahmens und der Einordnung von Elementen in diesen Rahmen beschäftigt haben, versuchen neuere Ansätze, die Schwierigkeit auf der höheren Ebene (funktionale Ebene) zu berücksichtigen.

Dabei steht insbesondere die Zuweisung von thematischen Rollen im Mittelpunkt.

Verstehen thematischer Rollen

Die Fähigkeit, thematische Rollen zu verstehen, kann anhand von Sätzen zu Bildern untersucht (und auch geübt) werden (vgl. Lesser, 1987).

Folgende Unterscheidungen spielen hierbei eine Rolle:

- Es soll zwischen Wortpaaren (Verben) unterschieden werden, deren thematische Rollen in umgekehrter Beziehung stehen.
  (*Der Mann kauft Obst – Der Mann verkauft Obst*)
- Es soll zwischen Sätzen unterschieden werden, in denen Agent(en) und Objekt(e) eher durch die *Semantik* eines Verbs oder Adjektivs als durch den syntaktischen Rahmen bestimmt werden.
  (*Die Kerze scheint – Die Kerze scheint auszugehen*)
- Es soll zwischen Sätzen unterschieden werden, in denen die Verben zwar hinsichtlich ihrer Bedeutung, nicht aber hinsichtlich ihrer thematischen Rollen differieren.
  (*Das Mädchen füllt die Tasse – Das Mädchen leert die Tasse*)

Da die Zuweisung thematischer Rollen *vor* derjenigen Ebenen erfolgt, auf der die Planung der phonologischen Repräsentation geschieht, können reine Verständnisübungen zu einer Verbesserung sowohl im Satzverständnis als auch in der Satzproduktion führen.

Bisher wurden zwei Therapieexperimente veröffentlicht, welche explizit auf den hier dargestellten Überlegungen basieren (Byng & Coltheart, 1986; Jones, 1986).

Eines der beiden Experimente wird im folgenden ausführlich besprochen, da sich das Verfahren leicht wiederholen läßt.

Therapie auf funktionaler Ebene: Eine Fallstudie

Jones (1986) entwarf für einen chronisch agrammatischen Patienten, der ohne Erfolg mit den üblichen Methoden zur Satzbildung behandelt worden war, ein Therapieprogramm auf funktionaler Basis.

Vor Beginn der Therapie wurden Tests zur Produktion als auch zum Verständnis von Sätzen durchgeführt.

Produktionsaufgaben, welche einen erzwungenen Einsatz von Verben verlangten (Bildbeschreibung), gaben einen Hinweis darauf, daß der Patient möglicherweise Restkenntnisse darüber besaß, welche thematischen Rollen mit einem gegebenen Verb verbunden sind. Gleichzeitig war jedoch fraglich, ob er Informationen darüber aktivieren konnte, wie thematische Rollen in syntaktische Strukturen abgebildet werden können. Auch die Ergebnisse der rezeptiven Aufgaben zeigten, daß die Hauptschwierigkeit des Patienten darin bestand, Bedeutungsrelationen in einen syntaktischen Rahmen abzubilden. Da der Patient noch ein gewisses Verständnis dafür besaß, mit welchen Fragewörtern welche Konstituenten erfragt werden können, wurde die Therapie gänzlich auf dieser Restfähigkeit aufgebaut. Hierbei wurde ausschließlich mit Satzbewertungsaufgaben gearbeitet.

Das Programm enthielt folgende Schritte in der angegebenen Reihenfolge:

- Erkennen des Verbs (und zwar bei verschiedenen Flexionsformen)
- Erkennen des Aktors (Subjekt)
- Erkennen des Objekts. Hierbei wurde zunächst nur mit transitiven Verben gearbeitet, die einen menschlichen Aktor und ein unbelebtes Objekt erfordern (»irreversible« Sätze). Anschließend wurden diese Rollenbeschränkungen aufgehoben.
- Es wurden Verben eingeführt, die eine präpositionale Ergänzung (hier »Ort«) obligatorisch erfordern. Anschließend wurden auch Verben benutzt, welche keine obligatorische Ortsergänzung haben (zum Beispiel *Sie ißt im Restaurant*). Die Präpositionalphrasen wurden an unterschiedliche Stellen im Satz verteilt, um sicherzustellen, daß diese Bedeutungsrelationen in jeder Position korrekt erkannt werden konnten.

- Es wurden Sätze mit Konstituenten eingeführt, die durch *wann/warum/wie*-Fragen zu ermitteln waren.
- Es wurden Sätze vorgegeben, in denen Positionen vertauscht oder obligatorische Ergänzungen ausgelassen waren. Der Patient hatte die Sätze zu korrigieren und die fehlenden Ergänzungen durch entsprechende Fragewörter zu erfragen.
- Einführung komplexer Satzstrukturen, wobei zunächst irreversible Passivsätze im Vordergrund standen.

Abgesehen von der Verbesserung der rezeptiven Satzanalyse hatte das Therapieprogramm deutliche Auswirkungen auf die Sprachproduktion, wobei jedoch erhebliche Unterschiede in der Spontansprache und bei Bildbeschreibungen zu sehen waren. Während Bildbeschreibungen nun relativ häufig sogar komplexe Sätze hervorriefen, bestand die Spontansprache weiterhin überwiegend aus einzelnen Substantiven sowie aus Verben, die unterschiedliche Ergänzungen erfordern. Der wesentliche Fortschritt war jedoch darin zu sehen, daß der Patient nun versuchte, trotz der unvollständigen Sätze die thematischen Rollen der isoliert geäußerten Wörter für einen Zuhörer erkennbar zu machen.

Verarbeitung von Schriftsprache

Im Vordergrund der Forschungen standen bisher die verschiedenartigen Lesestörungen. Demgegenüber wurden Schreibstörungen bis jetzt relativ wenig untersucht.

Die Lesestörungen werden daher in diesem Abschnitt im Mittelpunkt stehen.

Die Untersuchung sehr verschiedenartiger Lesefehler führte zur Konstruktion von Modellen, welche die stufenweise Verarbeitung des Schriftbildes bis hin zum Aussprechen des Wortes abbilden sollen.

Aus den verschiedenen Modellen (vgl. auch De Bleser, Bayer & Luzzatti, 1987) wurde zur Illustration das Modell ausgewählt, welches auf dem Deckblatt zur »Oberflächenalexie« von Patterson, Marshall & Coltheart (1985) zu finden ist.

Die Boxen sollen die Abfolge der einzelnen Prozesse illustrieren. Die Linien zeigen Verbindungen zwischen Prozessen an, wobei die gestrichelten Linien zunächst als hypothetische Verbindungen zu verstehen sind.

Als wichtigste Information soll das Modell verdeutlichen, daß verschiedene Routen vom Schriftbild zum Wort möglich sind (vgl. den Beitrag von R. De Bleser in diesem Band).

Lesestörungen können nun entweder als Störungen innerhalb der verschiedenen Prozesse oder aber als Unterbrechung verschiedener Routen interpretiert werden.

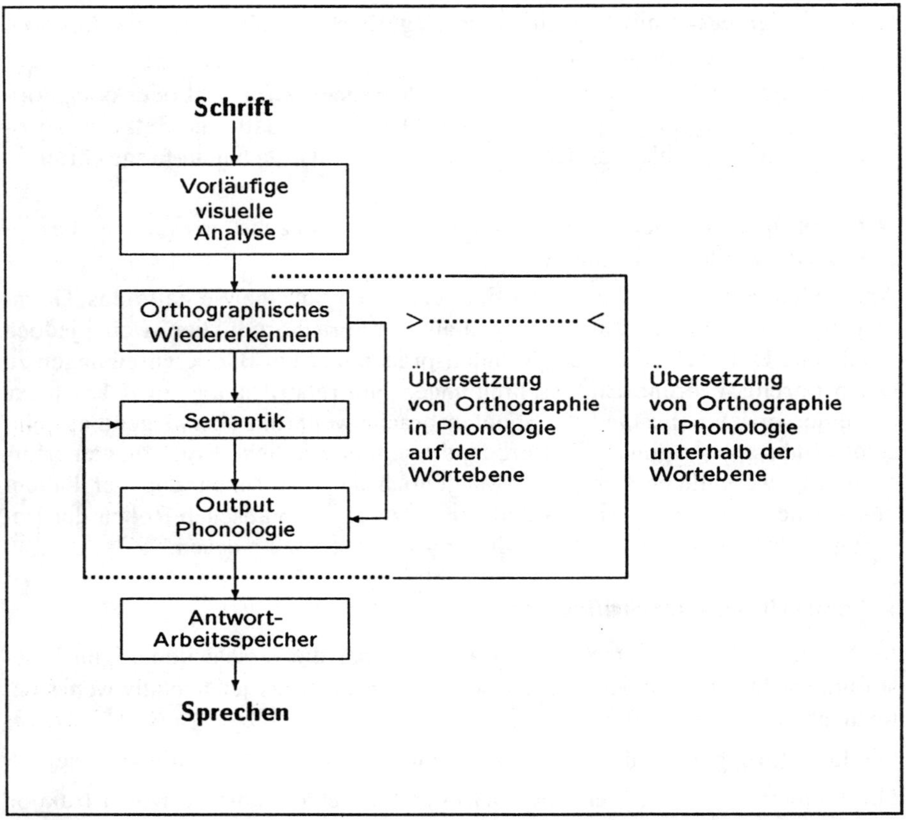

(nach Patterson et al. 1985)

Es wird angenommen, daß sich typische Fehlerkombinationen ergeben, je nachdem welcher Prozeß beziehungsweise welche Route gestört ist.

Daraus wurden die beiden Alexiesyndrome »Tiefenalexie« und »Oberflächenalexie« abgeleitet.

Im Verlauf der Forschung stellte sich heraus, daß beide Alexieformen *keine einheitlichen Syndrome* sind. Zwar können die Syndrombezeichnungen als Grobklassifikationen beibehalten werden, es sind jedoch für jeden einzelnen Fall genauere Analysen erforderlich (vgl. auch De Bleser et al., 1987).

Unter diesem Vorbehalt sollen häufig vorkommende Symptome der beiden Alexieformen kurz umrissen werden.

Häufige Symptome bei Tiefenalexie

- Es gibt einen Wortarteneffekt. Inhaltswörter werden besser gelesen als Funktionswörter.
- Es gibt einen semantischen Effekt. Gut vorstellbare Wörter werden besser gelesen als abstrakte Wörter.
- Es finden sich morphologische Fehler, insbesondere bei Wörtern mit Vor- und Nachsilben sowie bei Flexionen.
- Nonsens-Wörter können nicht gelesen werden.

Häufige Symptome bei Oberflächenalexie

- Phonematische Paralexien bis hin zu Neologismen.
- Falsche Segmentierungen (falsche Unterteilung von Silben und ähnliches mit der Konsequenz, daß falsche Betonungen entstehen).
- Mißachten von Kontextregeln bei der Realisierung von Graphemen.
- Umsetzen von Graphemketten in Phonemketten ohne Aktivierung der Bedeutung.
- Häufig ein Wortlängeneffekt, meist kein Wortarteneffekt.
- Nonsens-Wörter können gelesen werden, jedoch oft fehlerhaft.

Die Leitsymptome deuten darauf hin, daß unterschiedliche Routen benützt werden. Man muß jedoch davon ausgehen, daß auch diejenige Route, die für den Leseprozeß eingesetzt wird, gestört ist.

Therapie von Lesestörungen

Einen allgemeinen Überblick gibt de Langen (1988). Eine weitere deutsche Publikation (Hanke, 1987) beschreibt zwar einen Therapieaufbau auf modellorientierter Grundlage. Es handelt sich hier jedoch um einen relativ untypischen Fall. Daher wird zur Illustration die Therapiestudie von de Partz (1986) vorgezogen.

Therapie einer Tiefenalexie: Eine Fallstudie

De Partz (1986) beschrieb den Wiederaufbau des Lesens bei einem Fall von Tiefenalexie. Auch dieser Fall ist in gewisser Weise untypisch, da der Patient Linkshänder war und zunächst eine schwere Wernicke-Aphasie mit vielen phonematischen Entgleisungen zeigte.

Vor der Therapie wurde eine genaue Analyse der gestörten/erhaltenen Leistungen durchgeführt.

Die Analyse ergab:

- Buchstaben konnten weder laut gelesen noch auf Auftrag gezeigt werden. Das Nachsprechen vorgesprochener Buchstaben gelang korrekt.
- Bei lexikalischen Entscheidungsaufgaben (Wörter von Non-Wörtern unterscheiden) machte der Patient einige Fehler, da er sowohl einige Non-Wörter als auch einige Wörter (Abstrakta/Verben) falsch bewertete.
- Der Vergleich von Inhalts- und Funktionswörtern ergab einen Wortklasseneffekt zugunsten der Nomina.
- Bei der Untersuchung der Variablen »Abbildbarkeit«, »Gebrauchshäufigkeit«, »orthographische Regularität« sowie »Wortlänge« ergab sich nur bei der Abbildbarkeit ein deutlicher (positiver) Effekt.
- Beim Zuordnen von Schriftbild zu Bildern ergaben sich sowohl semantische als auch derivationale Fehler.

Aus den Ergebnissen läßt sich schließen, daß sowohl die semantische als auch die phonologische Verarbeitung (Graphem-Phonem-Korrespondenz) schwer beeinträchtigt waren.

Für den Aufbau der Therapie wurde folgende Strategie gewählt:

- Einsatz der verbliebenen lexikalischen Fähigkeiten für die Verarbeitung einfacher und komplexer Grapheme.

Stufe 1: Es wurden Code-Wörter für Buchstaben erarbeitet. Anschließend lernte der Patient, das erste Phonem eines jeden Code-Wortes zu isolieren und mit dem entsprechenden Buchstaben (Graphem) zu verbinden. In einem weiteren Schritt wurde das Buchstabieren von Wörtern und Non-Wörtern geübt.

Auf dieser Stufe wurden noch keine Wörter verwendet, deren Grapheme aufgrund spezieller Kontextregeln anders auszusprechen waren als das jeweils isoliert vorgegebene Graphem.

Stufe 2: Es wurden komplexe Graphem-Phonem-Konversionen erarbeitet. Hierbei wurde das relativ erhaltene Lesen von Inhaltswörtern als Hilfsmittel benützt. Entweder wurden für bestimmte Buchstabenkombinationen Homophone gelernt (zum Beispiel für *,au'* : /o/ das Codewort *eau* [Wasser]) oder es wurden Wörter, in denen spezielle Graphemkombinationen vorkamen, als Codewörter eingeübt.

Nach neun Monaten intensiver Therapie hatte sich die Leseleistung des Patienten dahingehend verändert, daß kaum noch semantische Fehler beziehungsweise Wortarteneffekte auftauchten. Im Vordergrund standen nun Lesefehler als Folge fehlerhafter Graphem-Phonem-Konversionen.

Stufe 3: Hier wurde insbesondere die kontextabhängige Umsetzung von Graphemen geübt. Um den Einfluß der Semantik möglichst auszuschalten, wurden hier bevorzugt Abstrakta und Non-Wörter eingesetzt.

Als Ergebnis dieser intensiven Langzeittherapie konnte erreicht werden, daß der Patient nun auch Sätze langsam aber korrekt lesen konnte. Er war nun auch in der Lage, seine eigenen Fehler zu korrigieren.

Aus diesem Therapieverlauf läßt sich schließen:

Der Patient hat gelernt, anhand kompensatorischer Mechanismen eine zuvor massiv beeinträchtigte Leseroute wieder zu benützen.

Schlußbemerkung

Alle hier vorgeführten Therapiestudien zeigen exemplarisch, wie die Annahmen neurolinguistischer Modelle in die Praxis umgesetzt werden können. Inwieweit jedoch die Verfahren und die Ergebnisse insbesondere der Einzelfallstudien repräsentativ sind und in anderen vergleichbaren Fällen mit den gleichen Ergebnissen wiederholt werden können, muß noch gezeigt werden.

Danksagung

Ich möchte Gerhard Blanken für Anregungen und kritische Durchsicht des Manuskriptes recht herzlich danken.

Literatur

Blanken, G. (1988 a) Anmerkungen zur Methodologie der Kognitiven Neurolinguistik. *Neurolinguistik, 2,* 127-147.

Blanken, G. (1988 b) Zur Ausgrenzbarkeit der Formulierungsprozesse. Neurolinguistische Evidenzen. In: G. Blanken, J. Dittmann & C.W. Wallesch (Hgg.) *Sprachproduktionsmodelle.* Freiburg: HochschulVerlag.

Blanken, G. (1989) Wortfindungsstörungen und verbales Lernen bei Aphasie: Eine Einzelfallstudie. *Neurolinguistik, 3,* 107-127.

De Bleser, R., Bayer, J. & Luzzatti, C. (1987) Die kognitive Neuropsychologie der Schriftsprache. Ein Überblick mit zwei deutschen Fallbeschreibungen. *Linguistische Berichte, Sonderheft 1,* 118-162.

Byng, S. & Coltheart, M. (1986) Aphasia therapy research: Methodological requirements and illustrative results. In: E. Hjelmquist & L. G. Nilson (eds.) *Communication and Handicap: Aspects of Psychological Compensation and Technical Aids.* North-Holland: Elsevier Science Publishers.

Chapey, R. (1986) (ed.) *Language Intervention Strategies in Adult Aphasia.* Baltimore, London: Williams & Wilkins.

Cohen, R., Engel, D., Kelter, S. & List, G. (1979) In: G. Peuser (Hg.) *Studien zur Sprachtherapie*. München: Fink.

Davis, A. G. & Wilcox, M. J. (1985) *Adult Aphasia Rehabilitation. Applied Pragmatics*. San Diego: College Hill Press.

Duffy, J. R. (1986) Schuell's stimulation approach to rehabilitation. In: R. Chapey (ed.) *Language Intervention Strategies in Adult Aphasia*. Baltimore, London: Williams & Wilkins.

Engl, E. M, Kotten, A. Ohlendorf, I. & Poser, E. (1982) *Sprachübungen zur Aphasiebehandlung. Ein linguistisches Übungsprogramm mit Bildern*. Berlin: Marhold.

Franklin, S. (1989) Dissociations in auditory word comprehension. Evidence from nine fluent aphasic patients. *Aphasiology, 3,* 189-207.

Glindemann, R. & Springer, L. (1989) PACE-Therapie und sprachsystematische Übungen. Ein integrativer Vorschlag zur Aphasietherapie. *Sprache–Stimme–Gehör, 13,* 188-192.

Greitemann, G. (1988) Sprache. In: D. von Cramon & J. Zihl (Hg.) *Neuropsychologische Rehabilitation. Grundlagen–Diagnostik–Behandlungsverfahren*. Heidelberg: Springer.

Hanke, R. (1987) Zur Therapie schriftsprachlicher Störungen. Eine modellorientierte Einzelfallstudie. *Neurolinguistik, 1,* 41-57.

Hatfield, F. M. (1979) Aphasiebehandlung: Methoden und Ansichten. In: G. Peuser (Hg.) *Studien zur Sprachtherapie*. München: Fink.

Hatfield, F. M. (1983) Aspects of acquired dysgraphia and implications for reeducation. In: C. Code & D. Müller (eds.) *Aphasia Therapy. Studies in Language Disability and Remediation. Vol. 6.* London: Edward Arnold.

Hatfield, F. M. & Shewell, C. (1983) Some applications of linguistics to aphasia therapy. In: C. Code & D. Müller (eds.) *Aphasia Therapy. Studies in Language Disability and Remediation. Vol. 6.* London: Edward Arnold.

Helm-Estabrooks, N. & Ramsberger, G. (1986) Treatment of agrammatism in long-term Broca's aphasia. *British Journal of Disorders of Communication, 21,* 39-47.

Howard, D., Patterson, K. E., Franklin, S., Morton. J. & Orchard-Lisle, V. M. (1984) Variability and consistency in picture naming by aphasic patients. In: F. C. Rose (ed.) *Progress in Aphasiology. Advances in Neurology, Vol. 43.* New York: Raven Press.

Howard, D., Patterson, K. E., Franklin, S., Orchard-Lisle, V. M. & Morton, J. (1985 a) The facilitation of picture naming in aphasia. *Cognitive Neuropsychology, 2,* 49-80.

Howard, D., Patterson, K. E., Franklin, S., Orchard-Lisle, V. M. & Morton, J. (1985 b), Treatment of word retrieval deficits in aphasia: A comparison of two therapy methods. *Brain, 108,* 817-892.

Huber, W., Mayer, I. & Kerschensteiner, M. (1978) Phonematischer Jargon bei Wernicke-Aphasie. Untersuchungen zum Verlauf der Therapie. *Folia Phoniatrica, 30,* 119-135.

Jones, E. V. (1986) Building the foundations for sentence production in a nonfluent aphasic. *British Journal of Disorders of Communication, 21,* 63-83.

Kay, J. & Ellis, A. (1987) A cognitive neuropsychological case study of anomia. *Brain, 110,* 613-629.

Kohn, S. E. & Goodglass, H. (1985) Picture-naming in aphasia. *Brain and Language, 24,* 266-283.

Kolk, H. & Heeschen, C. (1990) Adaption symptoms and impairment symptoms in Broca's aphasia. *Aphasiology, 4,* 221-231.

Kotten, A. (1981) Aphasietherapie: Linguistisch gesteuerter Wiedererwerb der Muttersprache. In: G. Peuser & S. Winter (Hgg.) *Angewandte Sprachwissenschaft: Grundlagen–Bereiche–Methoden.* Bonn: Bouvier.

Kotten, A. (1985) Die Behandlung des »rezeptiven Agrammatismus«. In: H. Andresen & A. Redder (Hgg.) Aphasie: Kommunikation von Aphatikern in Therapiesituationen. *Osnabrücker Beiträge zur Sprachtheorie, 32,* 85-110.

Kotten, A. (1989) Evaluation von Aphasietherapie. *Neurolinguistik, 3,* 83-106.

Kremin, H. & Ohlendorf, I. (1988) Einzelwortverarbeitung im Logogen-Modell. Neurolinguistische Evidenzen. *Neurolinguistik, 2,* 67-101.

de Langen, E. (1988) Lesen und Schreiben. In: D. v. Cramon & J. Zihl (Hgg.) *Neuropsychologische Rehabilitation. Grundlagen–Diagnostik–Behandlungsverfahren.* Heidelberg: Springer.

Lesser, R. (1985) Aphasia therapy in the early 1980s. In: St. Newman & R. Epstein (eds.) *Current Perspectives in Dysphasia.* London: Churchill Livingstone.

Lesser, R. (1987) Cognitive neuropsychological influences on aphasia therapy. *Aphasiology, 1,* 189-200.

Mitchum, Ch., Ritgert, B,, Sandson, J. & Berndt, R. S. (1990) The use of response analysis in confrontation naming. *Aphasiology, 4,* 361-380.

Morton, J. (1985) Naming. In: St. Newman & R. Epstein (eds.) *Current Perspectives in Dysphasia.* London: Churchill Livingstone.

Parisi, D. (1985) A procedural approach to the study of aphasia. *Brain and Language, 26,* 1-15.

de Partz, M.-P. (1986) Re-education of a deep dyslexic patient: Rationale of the method and results. *Cognitive Neuropsychology, 3,* 149-177.

Patterson, K.; Purell, C. & Morton J. (1983) Facilitation of word retrieval in aphasia. In: C. Code & D. Müller (eds.) *Aphasia Therapy. Studies in Language Disability and Remediation. Vol. 6.* London: Edward Arnold.

Patterson, K. E. Marshall, J. C. & Coltheart, M. (1985) (eds.) *Surface Dyslexia. Neuropsychological and Cognitive Studies of Phonological Reading.* London: Lawrence Erlbaum.

Schlenck, K. J. & Springer, L. (1989) Agrammatismus in der Rückbildung: Eine Fallstudie. *Neurolinguistik, 3,* 57-72.

Schuell, H. (1974) *Aphasia Theory and Therapy. Selected Lectures and Papers of Hildred Schuell.* L. F. Sies (ed.) Baltimore: University Park Press.

Shewan, C. M. & Bandur, D. L. (1986) *Treatment of Aphasia. A Language Oriented Approach.* London: Taylor & Francis.

Springer, L. (1986) Behandlungsphasen einer syndromorientierten Aphasietherapie. *Stimme–Sprache–Gehör, 10,* 22-29.

Stachowiak, F.-J. (1987) Computer als Werkzeug der Sprachtherapie. *Neurolinguistik, 1,* 57-94.

Stemberger, J. P. (1985) An interactive activation model of language production. In: A. W. Ellis (ed.) *Progress in the Psychology of Language. Vol. 1.* London: Lawrence Erlbaum.

Tesak, J. (1990) Agrammatismus. Ergebnisse und Probleme der Forschung. *Neurolinguistik, 4,* 1-41.

Ulatowska, H. K. & Richardson, S. M. (1974) A longitudinal study of an adult with aphasia: Considerations for research and therapy. *Brain and Language, 1,* 151-166.

Weigl, I. (1979) Neuropsychologische und psycholinguistische Grundlagen eines Programms zur Rehabilitierung aphasischer Störungen. In: G. Peuser (Hg.) *Studien zur Sprachtherapie.* München: Fink.

Weniger, D. & Springer, L. (1989) Therapie der Aphasien. In: K. Poeck (Hg.) *Klinische Neuropsychologie.* Stuttgart, New York: Thieme.

Weniger, D., Huber, W., Stachowiak, F.-J. & Poeck, K. (1980) Treatment of aphasia on a linguistic basis. In: M. T. Sarno & O. Höök (eds.) *Aphasia. Assessment and Treatment.* Stockholm: Almquist & Wiksell.

Weniger, D., Springer, L., Poeck, K. (1987) The efficacy of deficit-specific therapy materials. *Aphasiology, 1,* 215-222.

Wiegel-Crump, C. & Königsknecht, R. A. (1973) Tapping the lexical store of the adult aphasic: Analysis of improvement made in word-retrieval skills. *Cortex, 9,* 411-418.

Neurolinguistik

Zeitschrift für Aphasieforschung und -therapie

Zwei Hefte pro Jahr

Herausgegeben von Gerhard Blanken und Ernst G. de Langen

Gerhard Blanken, Jürgen Dittmann und
Claus-W. Wallesch (Hgg):

Sprachproduktionsmodelle

Neuro- und psycholinguistische Theorien
der menschlichen Spracherzeugung

Die Untersuchung der Produktion von Sprache war der Erforschung perzeptiver Sprachprozesse lange Zeit nachgeordnet worden. Dieses Buch widmet sich nun speziell der Modellierung der Sprachproduktion. Es führt Vertreter unterschiedlicher Disziplinen, wie der Sprachpsychologie, Psycholinguistik, Neurolinguistik, Neurologie und Logopädie zusammen, um vor dem Hintergrund der verfügbaren Datenzusammenhänge modellhafte Vorstellungen über Strukturen und Prozesse menschlicher Sprachproduktion zu entwickeln.

Inhalt: Über die Erforschung der menschlichen Sprachproduktion (J. Dittmann, G. Blanken und Claus-W. Wallesch, Freiburg). Sprachproduktion als Systemregulation (T. Herrmann, Mannheim). Versprecher und Sprachproduktion (J. Dittmann, Freiburg). Zur Ausgrenzbarkeit der linguistischen Formulierungsprozesse (G. Blanken, Freiburg). Satzverschränkungen bei Wernicke-Aphasie (W. Huber und K.-J. Schlenck, Aachen). Neurologische Sprachproduktionsmodelle (C.-W. Wallesch, Freiburg). Sprachproduktionsmodelle und »nonverbale« Behandlungsmethoden (H. Johannsen-Horbach und C.-W. Wallesch, Freiburg).

HochschulVerlag: ISBN 3-8107-5048-4 – 200 Seiten – DM 30,-